# HUGO RAHNER

GRIECHISCHE MYTHEN
IN CHRISTLICHER DEUTUNG

SAMMLUNG
# ÜBERLIEFERUNG UND WEISHEIT

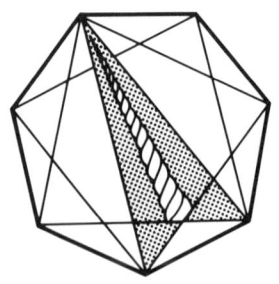

HERDER BASEL

HUGO RAHNER

# GRIECHISCHE MYTHEN IN CHRISTLICHER DEUTUNG

Mit 11 Abbildungen
und einem Geleit- und Schlüsselwort
von
Alfons Rosenberg

HERDER BASEL

Das Werk erschien bis zur 3. Auflage 1966 im
Rhein-Verlag AG, Zürich

3. Auflage der Neuausgabe 1989

Alle Rechte vorbehalten – Printed in Germany
© Verlag Herder Basel 1984
Herstellung: Freiburger Graphische Betriebe 1989
ISBN 3-906-37107-7

Homer, Dante und ein anderer Dichter

Handzeichnung Raffaels (Windsor)
Aus R. und E. Boehringer
Homer-Bildnisse I, Tafel 119

# INHALT

Geleit- und Schlüsselwort . . . . . . . . . . . . . . . . . .  IX

Vorwort zur 3. Auflage . . . . . . . . . . . . . . . . . . . .  7

## ERSTER TEIL · MYSTERION

Das christliche Mysterium und die heidnischen Mysterien . . .  19

Das Mysterium des Kreuzes . . . . . . . . . . . . . . . . . .  55

Das Mysterium der Taufe . . . . . . . . . . . . . . . . . . .  74

Das christliche Mysterium von Sonne und Mond

    Einführung . . . . . . . . . . . . . . . . . . . . . . . .  89

  I. Die Ostersonne
    *Der Sonntag* . . . . . . . . . . . . . . . . . . . . . . .  100
    *Der Ostertag* . . . . . . . . . . . . . . . . . . . . . .  105

  II. Die Weihnachtssonne . . . . . . . . . . . . . . . . . .  121
    *Das Epiphaniefest* . . . . . . . . . . . . . . . . . . . .  124
    *Das Weihnachtsfest* . . . . . . . . . . . . . . . . . . .  133

  III. Das Mysterium des Mondes . . . . . . . . . . . . . . .  141
    *Der Weihnachtsmond* . . . . . . . . . . . . . . . . . . .  143
    *Der Ostermond* . . . . . . . . . . . . . . . . . . . . . .  152

## ZWEITER TEIL · SEELENHEILUNG

Einführung . . . . . . . . . . . . . . . . . . . . . . . . . .  161

  I. Moly, das seelenheilende Kraut des Hermes . . . . . . .  161

  II. Mandragore, die ewige Menschenwurzel . . . . . . . . .  197

## DRITTER TEIL · HEILIGER HOMER

Einführung . . . . . . . . . . . . . . . . . . . . . . . . . . 241

I. Der Weidenzweig vom Jenseitstor . . . . . . . . . . . 245
    *Die hellenische Symbolik vom Weidenzweig* . . . . . . . 247
    *Die christliche Symbolik vom Weidenzweig* . . . . . . . . 255

II. Odysseus am Mastbaum . . . . . . . . . . . . . . . . . 281
    *Die Seefahrt des Lebens* . . . . . . . . . . . . . . . . . . 291
    *Die Versuchung der Sirenen* . . . . . . . . . . . . . . . 300
    *Der Mastbaum des Kreuzes* . . . . . . . . . . . . . . . 315

Nachwort . . . . . . . . . . . . . . . . . . . . . . . . . . . 329

Anmerkungen . . . . . . . . . . . . . . . . . . . . . . . 335

Abbildungen und ihre Quellen . . . . . . . . . . . . . . 384

Autorenregister . . . . . . . . . . . . . . . . . . . . . . . 385

Sachregister . . . . . . . . . . . . . . . . . . . . . . . . . 390

# GELEIT- UND SCHLÜSSELWORT

I.

> Abgehau'ne Wurzeln schlagen wieder aus
> verdeckte Wahrheiten enthüllen sich
> es ist ein neues Licht
> das nach langer Nacht am Horizonte
> unsrer Erkenntnis hervorbricht.
>
> *Giordano Bruno*

Dieser einst auf den Geistesprozeß der Renaissance hinweisende Vers kann mit Fug und Recht einer Neuausgabe des einzigartigen Werkes von Hugo Rahner S.J. „Griechische Mythen in christlicher Deutung" vorangesetzt werden. Denn er steht in Analogie zum Schicksal und zur Wirkung dieses originellen Werkes, das 1945 erstmals im inzwischen untergegangenen Rhein-Verlag an die Öffentlichkeit gelangte. Seitdem ist es zwar den Kennern einer christlichen Esoterik unvergessen geblieben, auch wenn es zum Leidwesen Vieler nach seiner dritten Auflage nicht mehr wieder aufgelegt worden ist. Darum ist es dem Verlag Herder als hohes Verdienst anzurechnen, daß er dies Werk als einen verborgenen Schatz wieder ans Tageslicht, das will sagen, zu erneuter Drucklegung, befördert hat. Gerade heute, da der christliche Glaube wiederum von rationalistischer Deutung bedroht ist, leitet das Werk Hugo Rahners auf allerdings ungewöhnlichen Wegen zu einer den innerchristlichen Rationalismus überwindenden Gesamtschau des Glaubens an. Denn Hugo Rahner legt „nach langer Nacht der Erkenntnis" Quellen frei, welche einst in der christlichen Frühzeit sprudelten. Auch wenn inzwischen dieser geniale Kenner der Theologie der Väter, ja, es darf gewagt werden zu sagen, deren Mythologie, gestorben ist, so hat er uns doch diese seine ungewöhnliche Glaubensinterpretation hinterlassen. Und bei aller Trauer über seinen Verlust lebt er doch in seinem Werke fort. Mit den „Griechischen Mythen in christlicher Deutung" aber ist ein alter, scheinbar verdorrter Zweig der christlichen Symboltheologie wieder neu erblüht.

Dies sein Werk, das nach seiner eigenen Aussage der Heraufkunft eines christlichen Humanismus dienen will, wurde von ihm zusammengefügt aus verstreuten Aufsätzen in theologischen Zeitschriften und aus Vorträgen, die er vor allem an den berühmten Eranos-Tagungen gehalten hat. Sie haben damals dort größtes Aufsehen erregt, schon darum, weil Hugo Rahner in seinen Darlegungen den versunkenen Kontinent der Symboltheologie erneut zutage gebracht hat.

Der Titel dieses Buches ist nicht gerade verführerisch. Aber Hugo Rahner hat auch gegen den Rat seiner Freunde auf diesem bestanden – was als Zeichen seiner Bescheidenheit und Aufrichtigkeit zu werten ist. Er lehnte zudem in seiner Wahrheitsliebe jede propagandistische Polierung ab. In diesem Buchtitel ist gleichsam das Programm des ganzen Werkes enthalten. Denn es berichtet vom Mythos, also einer vorchristlichen Geistform, und näherhin von dem der Griechen, der schon durch die gemeinsame Sprache in geheimem und öffentlichem Bezug zum Evangelium steht. Doch handelt es nicht nur vom Mythos, sondern ebenso von dessen Integrierung in die Botschaft Jesu durch eine gemäße Deutung nach dem Vorbild der Alexandriner, ohne jedoch diese nachzuahmen, obwohl Hugo Rahner ein profunder Kenner deren Theologie war.

Bisher allerdings haben die Theologen den Mythos strikte von der evangelischen Offenbarung unterschieden, während Hugo Rahner sich einer gegensätzlichen Methode bedient: er sieht nach dem Vorbild der antiken Christen im Mythos eine verhüllte Voraussage des Mysteriums Jesu Christi. Oder, um dies mit seinen eigenen Worten auszudrücken: „Der Christ, der jetzt im Sonnenlicht steht, kann rückwärts blickend mit bestürzter Liebe entdecken, wie die Lampen der Antike den kommenden Helios der Gerechtigkeit vorherspiegeln." Zugleich aber versucht Hugo Rahner jede unangemessene Vermischung von Mythos und Offenbarung zu vermeiden. Vielmehr unternimmt er es, mit unverwischbarer Klarheit das Unterscheidende zwischen dem griechischen Mythos und dem christlichen Mysterium darzulegen, im Wissen darum, wie dennoch beide wachstümlich mit einander verbunden sind.

2.

Doch was ist eigentlich der Mythos? Dies neu zu erfragen erscheint angesichts der heutigen Geistesverwirrung, hervorgerufen durch den Gegensatz von mythischem Imaginieren und rationalistischem Begriffsdenken vonnöten. Selbst ein so grosser, christlich geprägter Geist wie Teilhard de Chardin kann sich von dem irrtümlichen Begriff der „mythischen Fabelei" nicht freimachen. Jedenfalls ist es möglich und notwendig festzustellen, daß der Mythos aus der allgemein-menschlichen Sphäre vorrationaler Erfahrungen hervorgegangen ist. Er stammt aus der unmittelbaren Anschauung – und durch das Gemüt bewirkt spricht er auch wieder zum Gemüt. Darum bedarf der Mythos nicht nachträglicher rationaler Erklärungen, obwohl diese in Spätzeiten immer wieder versucht wurden. Er wird vielmehr durch ein dem Menschen eigentümliches Organ verifiziert – er ist dem Menschen ohne Reflexion verständlich. Wenn aber die Mythen, die die mündliche Überlieferung von der Welt- und Gotteserfahrung eines Volkes darstellen, gesammelt und schriftlich fixiert werden und so das entsteht, was man Mythologie, Mythenwissenschaft nennt, dann befinden wir uns jeweils in der Spätzeit einer Kultur, d. h. in einer Zeit, die auf die hohen Güter, die ein Volk durch seine Besten hervorgebracht, nur noch zurückschauen kann. In einer Spätzeit wie der unseren sind aber die Mythen nicht nur gesammelt und analysiert, sondern auch diffamiert worden. Was im Glauben für heutige Begriffe fremd oder ungewöhnlich erscheint, das wird, meist entwertend, unter dem Oberbegriff Mythos zusammengefaßt. Aus solcher Gesinnung ist schließlich die von Bultmann begründete, einflußreiche theologische Schule entstanden. Sein Anliegen hat er als „Entmythologisierung" formuliert. Gemeint ist damit die Ausscheidung alles dessen aus dem Evangelium, was modernem rationalistischem Denken anstößig und unglaubwürdig erscheinen kann. Er möchte darum biblische Formulierungen aus der Verkündigung ausmerzen, wie z. B. Himmel, Hölle, Engel, Teufel, Auferstehung, die Wiederkehr des Erlösers in den Wolken, die Jungfrauengeburt, alle Wunder, soweit sie nicht psychosomatisch erklärbar sind. Bultmann, ein ernster Gelehrter, wollte durchaus ein Christ sein. Nur war er der – irrtümlichen – Anschauung, dies wäre nur unter den von ihm gesetzten Prämissen möglich, ja nur dann hätte der christliche Glaube eine Zukunft. Seine „Entmythologisierung" wollte darum eine totale Innerlichkeit begründen und den Glauben gleichsam in eine Ethik verwandeln. Aber die Entwicklung hat schon wenige Jahrzehnte nach seiner Verkündigung erwiesen, daß durch seine Anschauungen der christliche Glaube noch mehr ausgedörrt wurde, zwar verinnerlicht, aber auch abstrahiert, jeder sinnlichen Anschauung beraubt – und dies gerade durch die Ausmerzung der angeblich mythischen Elemente. Es hat sich mit aller Deutlichkeit gezeigt, daß jedenfalls auf diesem Weg die Substanzentleerung des christlichen Glaubens nicht aufzuhalten sein wird.

Eine Anzahl von Dichter aber hat einen gegenläufigen Weg eingeschlagen. Sie verbanden den alten Mythos mit den Problemen und den Erlebnisweisen unserer Zeit. Hierbei ist z. B. an Claudel, Sartre, Brecht, Hasenclever, Camus, Giraudoux, aber auch an Klassiker wie Kleist, Wieland, Goethe, Gluck, Metastasio und viele andere zu erinnern. Es hat sich erwiesen, daß Dichter und Musiker gerade durch die Verknüpfung des Mythos mit den Problemen der Gegenwart einen unmittelbaren Zugang zur Erlebnisfähigkeit der Hörer und Zuschauer gewannen. Denn der Mythos wirkt auch ohne Erklärung, ohne Berührung mit der Ratio unmittelbar auf den Seelengrund ein und ruft die dort schlummernden Urbilder wach. Durch die Wiederbringung des im Grunde unvergänglichen Mythos ist es möglich geworden, die dicke Kruste von Skepsis, falsch verstandener Rationalität und intellektueller Selbstbespiegelung zu durchbrechen.

Denn Mythen sind ihrem Wesen nach sinndeutende Berichte von inneren oder äußeren Vorgängen. Sie wollen die Erscheinungen des Seins im Dasein nicht durch Begriffe, sondern durch Geschichten aufschlüsseln – Mythen sind Botenberichte des Seins. Auch sind sie kollektive Schöpfungen der Völker und niemals eines Einzelnen. Darum formuliert ein Kenner der Mythen, Walter F. Otto: „Mythos und sein Gegensatz Logos bedeuten beide das Wort. Aber Logos ist das Wort als Gedachtes, Sinnvolles, Überzeugendes. Mythos aber bedeutet von Anfang an durchaus das

Wort von dem, was geschehen ist oder geschehen soll, das Wort, das Tatsachen berichtet oder durch seine Aussprache Tatsache werden muß, das autoritative Wort. Doch hat sich der Sinn des Wortes Mythos allmählich in sein Gegenteil verkehrt. Denn ursprünglich meinte er gerade das wahre Wort, das keinen Zweifel und keine Nachahmung zuläßt, das Wort des berufenen Zeugen. Die alten Mythen wollen also als volle Wahrheit verstanden und heilig gehalten werden. Der ursprüngliche Mythos bezeugt sich selbst dadurch, daß er eine Macht ist, die ins Leben greift, in den Haltungen und Handlungen der Menschen in Erscheinung kommen muß."

Diese Gedanken werden durch einen Wissenden um den Mythos unter den Naturforschern dieses Jahrhunderts, Edgar Dacqué, ergänzt. Er bemerkt in seinem noch immer wichtigen Buch „Das verlorene Paradies": „Die Mythen sind sinnliche Darstellungen und Erklärungen des naturhaften Geschehens, des Werdens wie des Vergehens der Natur, der Welt, der Götter und Menschen, als lebendiger Ausdruck innerer und innerster Natur- und Weltwesenheiten, deren Offenbarwerden eben diese Welt, diese Natur ist und die vom Menschen gesehen, erlebt und begriffen werden. Die Mythen sind also Geschichtsschreibung innerer Sicht, sie geben eine Natur- und Menschengeschichte dem Wesen nach, wenn auch in Bildern und Symbolen, die uns phantastisch dünken. Alles, was uns so aus Urzeiten herkommt, ist nicht nur erzählt um des äußern Ablaufes und Geschehens willen, sondern es ist zugleich eine Darstellung mit innerer Bedeutung ... Mythos ist das große seelenhafte Einheitserlebnis im Geschehen, jenseits aller persönlich bewußten Formung."

Die Mythen sind darum gleichsam eine Ursprache der Menschheit; sie verbinden alle Zeiten, Völker und Kulturen miteinander, so verschieden sie auch in ihren Eigenheiten sein mögen. In der mythischen Überlieferung ist, im Gegensatz zu der modernen, von allem Seelischen abstrahierenden Wissenschaft, der innere Bereich miteingeschlossen – man könnte darum den Mythos auch durchseelte Erkenntnis nennen.

Wir haben nun eine Periode der Mythenfeindschaft von etwa 200 Jahren, des Mißverständnisses dessen, was Mythos eigentlich ist, hinter uns: Mythos verstanden als bloße Fabelei und als prälogische und darum primitive Verstehensweise der Welt. Aber heute beginnt sich eine Wende solchen Mythosverständnisses abzuzeichnen. Dies ereignet sich als Protest gegen das Entzaubern und Verdinglichen der Schöpfung durch das Leitbild der Aufklärung, die alles verwarf, was nicht mit den Sinnen oder der Rechenkunst faßbar ist. Diese Intentionen sind nun offensichtlich im Verklingen. Gerade die bedeutendsten Wissenschaftler erkennen und verkünden, daß nur ein falsches Mythosverständnis und eine falsche Wissenschaftsgläubigkeit zueinander im Gegensatz stehen. Die in Bildern des Mythos verschlüsselte Wahrheit beginnt wieder aufzuleuchten, so daß ein bedeutender Mythologe wie Karl Kerényi zu formulieren vermag: „Der Mythos ist die in Göttlichkeit aufgegangene Welt."

Wenn aber dem so ist, wenn die volle Subjektivität des Menschen genau so ein Erkenntnisorgan ist wie die Wahrnehmung der objektiven Dingwelt und ihrer Funktionen, dann wird auch ein neues Verständnis des Menschen möglich. Dann muß, was Goethe nachdrücklich verkündet hat, die gesamte Schöpfung und ihr Inbegriff, der Mensch, gleichnishaft verstanden werden. Alles Erscheinende in der Schöpfung weist auf die die Erscheinung bewirkenden geistigen Kräfte hin. Die Welt wird dann, was sie, wenigstens in den letzten hundert Jahren, im Bewußtsein aufgehört hat zu sein, wiederum bedeutungsvoll. Es wird wieder möglich sein, die Welt, die seit dem Anbruch der Moderne nur als Steinbruch und Ausbeutungsobjekt gesehen und behandelt wurde, wieder ernst zu nehmen und mit Ehrfurcht zu behandeln. Sie ist ja dann Gleichnis einer höheren Wirklichkeit. Von da aus könnte die schwindende religiöse Gesinnung der Menschheit wieder erneuert werden – nicht durch einen neuen religiösen Überbau, sondern, indem es gelingt, das Wirken des Schöpferischen in der Welt wieder im Wesen der Religion zu erhorchen oder zu schauen.

Dazu aber muß der Mensch erst wieder angeleitet werden – freilich nicht dadurch, daß man ihn in das Schema einer Ideologie preßt, sondern, indem das Organ in ihm gestärkt wird, das einst in voller Aktion, dann schrumpfend, wieder zu seiner Kraft und Wahrnehmungsfähigkeit zurückkehrt. Hiezu müßte er die Gabe des schauenden Denkens, das man auch das mythische nennen könnte, wieder gewinnen. Dies ist freilich bereits für den heutigen Erwachsenen nicht leicht zu erreichen. Denn er wird durch Massenmedien, aber auch durch die Schallplattenindustrie zum rein passiven Wahrnehmen erzogen. Dadurch fällt sowohl das Beste wie das Schlechteste in ihn wie in einen großen Topf hinein. Wir sind Glieder nicht nur einer materiellen, sondern auch einer geistigen Konsumsgesellschaft. Wir können nicht aus ihr aussteigen, so gern wir dies auch manchmal möchten, aber wir können sie verändern, indem wir uns selber verändern. Und dies heißt: wir vermögen die Welt und damit uns selber neu zu sehen und zu werten. Gewiß wird es immer nur eine Minderheit sein, welche auf einem neuen Weg vorangeht. Aber nicht die Menge, sondern die Einsichtigen, die aus ihr herauswachsen, entscheiden das geistige Schicksal der Menschheit.

Es hat sich im 18. Jahrhundert, im Zeitalter der Aufklärung, nicht anders verhalten. Während die Menge der kleinen Geister einem fanatischen Verstandkult huldigte, der schließlich grotesk mit der Inthronisierung eines nackten Weibes als Göttin Vernunft auf dem Hauptaltar von Notre Dame beinahe schon endete, wandten sich die Erleuchteten tieferen Einsichten zu. Kleist, Mozart und der jüngere Goethe witterten ein transnaturales Element in der Weltveranstaltung. Die mythische Welterfahrung schlug allenthalben durch und gelangte z. B. durch Hölderlin und Novalis zu erneuter Gestalt. Und heute ist es nicht anders; während die Menge und das Gros der Wissenschaftler noch in der Brühe des Aufklärichts schwimmt, sind einige von ihnen diesem entstiegen, so Walter Heitler, Adolf Portmann, Joachim Illies, Carl Friedrich von Weizsäcker oder die großen Mythologen dieses Jahrhunderts, Walter F. Otto, Karl Kérényi, Dichter wie Erhart Kästner, Werner Bergengruen und Theodor Däubler, um nur wenige Beispiele zu nennen.

3.

Doch wenn auch Hugo Rahner an den Mythos als die allgemeinmenschliche Überlieferung vom Heile, ja, als Vorklang des Mysteriums Christi erinnert, so ist die Voraussetzung hiefür sein ungemeines Verständnis der Symbole. Hugo Rahner ist darum, ähnlich wie Carus, Kreuzer oder Bachofen im 19. Jahrhundert, einer der Wiedererwecker des Symbolverständnisses für unsere Tage. Denn die Mythen beruhen auf dem Wesen und Wirken der Symbole, oder wie dies Bachofen formulierte: der Mythos ist gehandeltes Symbol. Doch ist es nicht das wichtigste in der Arbeit des großen Patristikers, daß er mit der Bedeutung der vorchristlichen und christlichen Symbole derart vertraut ist, daß seine Theologie etwas ungemein Farbiges und Duftendes, das will sagen, in all ihrer Klarheit etwas Blumenhaftes aufweist. Noch bedeutungsvoller ist, daß Hugo Rahner ein symbolisches Weltbild entfaltet hat. Wenn der Paläontologe Edgar Dacqué einem seiner Hauptwerke den Titel gab „Leben als Symbol", so könnte man wesentliche Teile des Werkes von Hugo Rahner umschreiben mit der Formulierung „die Schöpfung als Symbol". Wenn auch diese ins Wort gefaßte Anschauung gänzlich der Wesensart dieses Patristikers entspricht, so hat er sich doch, um seine Idee zu realisieren, vor allem auf die symbolische Theologie der Alexandriner, insbesondere auf diejenige des Origenes bezogen. Denn zu den großen Tradenten, die antike, sowohl jüdische wie griechische Weisheit als Mitgift in die werdende christliche Theologie einbrachten, gehörte vor allem Origenes. „Diese sichtbare Welt", so lehrte er, „enthält einen Unterricht über die unsichtbare Welt, und der irdische Bestand faßt in sich gewisse ‚Gleichnisse der himmlischen Dinge', damit wir von den Dingen, die unten sind, aufsteigen können zu denen, die im Himmel sind. Nach dem Bilde der himmlischen Dinge gab der Schöpfer den irdischen Geschöpfen eine gewisse Ähnlichkeit, aus der ihre Mannigfaltigkeit leichter zusammengefaßt und durchschaut werden könnte. Und vielleicht hat Gott, wie er den Menschen nach ‚seinem Bild und Gleichnis' schuf, so auch den übrigen Geschöpfen die Ähnlichkeit mit himmlischen Urbildern gewährt, und vielleicht hat sogar jedes Irdische so sehr ein Gegenbild und eine Ähnlichkeit im Himmlischen, daß auch noch das Senfkorn, das kleinste unter allen Samenkörnern, sein Bild und seine Ähnlichkeit im Himmel besitzt ... so daß sie zwar auf der einen Seite den Menschen leiblichen Nutzen und Dienst gewähren, anderseits aber Gestalt und Bild des Unsichtbaren enthalten, aus denen die Seele angeleitet und erzogen werden kann, auch die unsichtbaren und himmlischen Dinge zu schauen."

Dieser von Hugo Rahner übersetzte Text des Origenes, dessen Gesinnung sich der Übersetzer, man muß sagen „aus Geistesverwandtschaft" zueigen gemacht hat, ist aber von weittragender Bedeutung: denn er enthält in der Sprache des antiken Platonismus die Schau eines symbolischen Weltbildes. Aber diese Anschauung vom Weltganzen, die sich in den Thesen des Origenes ausprägt, ist keineswegs sein originales Eigentum. Denn sie ist genährt aus den geistigen Quellen des alten Orients und des griechischen Denkens und Imaginierens. Und da Hugo Rahner sich der Weltschau des Origenes anschließt, dürfen wir feststellen, daß seine geistigen Wurzeln, die sich einerseits zum blühenden Baum des Evangeliums entfalten, bis in die Frühzeit des menschlichen Geistes hinabreichen. Man darf darum die Geisteswelt Hugo Rahners als einen in Christus gipfelnden Universalismus bezeichnen, als eine symbolische Weltschau, in der sich das Obere im Unteren spiegelt und das Untere auf das Obere und Ewige zurückverweist. Aus solcher Sicht ergibt sich die Erkenntnis, daß diese ganze Welt und alle ihre Erscheinungen Symbole des Geistes sind, woraus sich nach Hugo Rahner auch die Umkehrung ergibt: daß das Geistprinzip im Menschen, das solche Transparenz des Irdischen auf das Himmlische zu erschauen vermag, selber ein erstgegebener Inbegriff des Kosmos und als Spiegel des Makrokosmos ein Mikrokosmos ist. Denn nach Origenes heißt es: „Alles, was da sichtbar ist, dieser ungeheure Kosmos, der auf den Schöpferbefehl Gottes durch den Logos bereitet wurde, zeigt zugleich in Figuren ... das an, was im Mikrokosmos, das ist im Menschen ward."

Aus solcher Einsicht, die aus der Urkraft der menschlichen Weisheit, dem Nous, stammt, ergibt sich, daß die Symbole, als Sichtbarwerdung der Urbilder des Seins oder des Weltsinns, keineswegs willkürlich erfindbar sind. Die Symbole können nur durch die schauende Vernunft des Menschen kund werden, weil die Welt durch ihre göttliche Herkunft selber ein Symbol des Geistes ist. Das Geistprinzip vermag es aber durch seine echte, objektive Hingeordnetheit auf Gott und die Welt, die Wirklichkeit ins Symbol zu fassen. Indem der Nous die Schöpfung derart schaut, tritt durch ihn aus aller Erscheinung die Welt als Symbol, d. h. als eine auf den Weltgrund und das Weltganze unteilbare und unerklärbare, aber unmittelbar einleuchtende Manifestation des Wesentlichen hervor. Darum bedeutet echtes Symbol nach Edgar Dacqué ein reines Darstellen des Urquells und damit ein Zurückführen des Abgeleiteten zum Ursprünglichen. Das Symbol ist deshalb nicht nur ein Abbild des Ursprünglichen, sondern darüber hinaus ein vom Geist gesetzter Ausdruck einer Wirklichkeit. Darum erscheint im Symbol das Symbolisierte selbst – es ist in ihm in der Weise des opus operatum gegenwärtig und ausstrahlend.

Darum läßt sich mit Edgar Dacqué sagen: „Symbolisch ist ganz allgemein jenes Wissen, jener Daseinszustand, in dem das sinnhaft Empirische lebendiger Ausdruck des ihm Immanenten einer höheren Wirklichkeit ist. Ein Symbol ist für uns niemals ein von außen herangebrachtes Abbild von etwas, was kausal, phänomenal oder gegenständlich wäre. Es bezieht sich immer auf das diesen Kategorien Transzendente, auf das Unnennbare, Ungreifbare, Unbeschreibliche, was sich von innen her lebendig in ihm objektiviert ... Echtes Symbol hat seine eigne immanente Lebendigkeit, denn es enthält Jenseitiges."


4.

Nochmals sei darauf hingewiesen, von welch großer Bedeutung für Hugo Rahner seine Mitwirkung an den Eranostagungen von 1940 bis 1945 war. Dort konnte er vor einer interessierten und ausgewählten Hörerschaft und vor Vertretern vieler Fakultäten endlich die von ihm wiederentdeckte Symboltheologie in ihrer ganzen Fülle und Schönheit entfalten. „Griechische Mythen in christlicher Deutung" war die Frucht dieser Eranosreden, ein Werk von völliger Singularität. Denn im Gegensatz zu der in unserem Jahrhundert vorherrschenden Tendenz, die christliche Theologie und das Bibelverständnis von den Spuren des griechischen, sowohl kosmischen wie begrifflichen Denkens zu reinigen, ist für Hugo Rahner die Verchristlichung des Griechentums vor allem durch die frühen griechischen Väter (so z. B. Clemens von Alexandrien oder Origenes) ein notwendiger und fruchtbarer Vorgang, der die christliche Substanz nicht mindert, sondern bereichert. Er schreibt dazu: „Der Humanismus des Christen ist, Hellas in Christus zu sehen, das griechische Wort ewig zu machen, indem er es aus seiner (am Ganzen der Menschheitsgeschichte gemessenen) Kleinheit erlöst, indem er es heimholt in seinen Dialog mit Gott ... so ist es denn das Anliegen auch dieses Buches, ... zu zeigen, wie griechisches Frommsein von der Kirche heilig gemacht wurde." Freilich strebt Hugo Rahner mit dieser Absicht und Gesinnung nicht einen antik-mittelalterlich-modernen Synkretismus an, sondern vielmehr die Heimholung der vorchristlichen Weisheit und Gotterkenntnis, der Zeugnisse Gottes aller Zeiten in die Fülle und in das Licht Christi. Simone Weil hat – unabhängig von Hugo Rahner – in ihrer „Vorchristlichen Schau" ähnliches angestrebt, sie wollte aufweisen, daß die Morgenröte Christi im Altertum untrennbar mit dem vollen Aufgang der Sonne Christi verbunden ist.

Der große Entwurf Hugo Rahners ist höchst aktuell und beispielgebend. Denn die Begegnungen des christlichen Glaubens mit den asiatischen Religionen werden offensichtlich von Jahrzehnt zu Jahrzehnt unausweichlicher und intensiver. Darum werden in Zukunft die Christen vor die Frage gestellt sein, in welcher Weise sie das Wahrheitsgut, die Wahrheitsfunken der nichtchristlichen Religionen in das christliche Glaubensgur werden aufnehmen können. Das Problem ist von dem spanisch-indischen Theologen Raymondo Pannikar („Christus, der Unbekannte im Hinduismus") angesichts der sich anbahnenden Begegnung von Hinduismus und Christentum in entscheidender Weise aufgenommen worden. Hierfür hat Hugo Rahner durch seine Darstellung der Begegnung von Kirche und Griechentum wichtige Vorarbeit geleistet.

Endlich erschien 1964, lange erwartet, eine weitere Sammlung der symbol-theologischen Arbeiten Hugo Rahners unter dem Titel „Symbole der Kirche. Die Ecclesiologie der Väter". Mit diesen Arbeiten wird ein unbekannt gewordener Schatz gehoben und wie schon in den „Griechischen Mythen in christlicher Deutung" eine Art des Denkens und Anschauens der Offenbarung vermittelt, die auf erstaunliche Weise der Denkart der Heiligen Schrift ähnelt. Und nicht erst in diesem Werk, aber in ihm insbesondere, enthüllt sich, wie schon in kleineren Arbeiten zuvor (so in seinen Hymnenübersetzungen von „Mater Ecclesia"), die leidenschaftliche Kirchenliebe Hugo Rahners, sein von der Theologie der Frühzeit bestimmtes Kirchenbild, das allerdings auch Symbole verwendet, die dem heutigen, vom Rationalismus bestimmten Christen fremd erscheinen müssen. Zweifellos hat die von Hugo Rahner wiederentdeckte und aktualisierte Vätertheologie durch ihre Bildhaftigkeit auch auf die Dogmatische Konstitution des zweiten Vatikanischen Konzils „De Ecclesia" gewirkt – besonders in der Ausfaltung von Bilderreihen zur Bestimmung des Wesens der Kirche und dies ohne scharfe begriffliche Fixierung. Allerdings wird gerade das zentrale Bild der Konstitution „De Ecclesia", das „Volk Gottes", von den Vätern nicht oder doch nur selten gebraucht. Jedenfalls ist durch die Symboltheologie Hugo Rahners die Ecclesiologie der Väterzeit, jener Frühzeit, in der die Kirche – wie heute wieder – um ihr Selbstverständnis rang, erneut ins Spiel gekommen. Die Folgen davon sind noch nicht abzusehen und werden sich erst in Zukunft zeigen. Es ist auf jeden Fall Hugo Rahners innigstes Anliegen, durch die Eröffnung der Schätze der Väter und durch ihr Beispiel die Christen dazu zu bewegen, daß sie sich wieder anglühen lassen von der feurigen Begeisterung der frühchristlichen Gemeinde, sich mitreißen lassen von ihrem Elan und sich inspirieren lassen von ihrer Intuition. So versucht Hugo Rahner auf seine Weise, die Theologie aus dem Ghetto des Rationalismus, oder – wie er es formuliert – aus ihrer „Vergehirnlichung" herauszuführen.

Und zuletzt sei noch auf einen köstlichen Aspekt der Schriften des großen Patristikers hingewiesen: das ist sein Stil, in dem sich die Worte zu blühender Schönheit fügen. Dieser wahrhaft „schöne" Stil entstammt aber nicht nur einer besonderen Begabung Hugo Rahners – er ist vielmehr der Ausdruck seiner „schönen, lauteren Seele". In dieser beglückenden Formulierung wird nämlich das zu Sagende und das Gesagte unteilbar eins – ein Zeichen der Größe und Einfachheit Hugo Rahners, die jeden beglückte, der den Vorzug hatte, diesem lauteren Manne mit seiner „ernst-heiteren" Gesinnung persönlich zu begegnen.

Die Herkunft jenes Mottos, das einst Hölderlin seinem „Hyperion" vorangesetzt hat, ist bis in unsre Gegenwart nicht bekannt gewesen. Es war Hugo Rahner, der die Herkunft jenes Verses entdeckt hat. Es stammt nach seinen Forschungen aus einem 1640 seinem Ordensvater Ignatius von Loyola gewidmeten Prachtwerk. Dies Motto des „Hyperion" charakterisiert aber nicht nur den geistigen Habitus Hölderlins, sondern auch denjenigen Hugo Rahners. Darum sei dieses Geleit- und Schlüsselwort auch mit seinen Worten beschlossen:

„*Nicht begrenzt werden vom Größten und dennoch einbeschlossen sein vom Geringsten, das ist göttlich.*"

Zürich, den 20. März 1984, Frühlingsanfang

*Alfons Rosenberg*

# VORWORT

Dieses Buch ist schüchtern. Denn es spricht von den Mythen der Hellenen und dem Mysterium des Christentums. Es führt ab von den lärmenden Straßen unserer Tage in den stillen Tempelbezirk, wo sich Hellas und Kirche begegnet sind. Alles darin ist scheinbar überholt, antiquarisch, fernliegend. Und jedes Wort wendet sich, um mit Pythagoras zu sprechen, nur an die wenigen, die mitlernen, nicht an die Menge, die nur eben zuhört. «Wenig nur werde gesagt, das andre bleibe verhüllt[1].»

Aber für diese Lernenden sei die Grundkraft angedeutet, die das Buch zu schreiben gebot. Was hier steht, ist der lebendigen Tischrunde derer zu eigen geschenkt, die glauben, daß unser Abendland zusammenbrach, um neu geboren zu werden; dem Eranos der Ahnenden, die, wie einst Platon in seinem unsterblichen siebenten Brief, durch alle politischen Trümmer hindurch in das Reich des Ewigen schauen; die da um das tröstende Gesetz des Geistes wissen, daß der Dämon im Menschen nur darum niederreißen darf, auf daß der Engel im Menschen mit schüchterner Hand die Quellen des Lebens neu aufspüre. Paläste stürzen nur, um Schätze bloßzulegen. Götzen wanken nur, um Altäre freizugeben, auf denen ein gereinigter Geist opfern kann.

Wir sind Barbaren geworden und möchten wieder Hellenen sein. Viele bemühen sich um diese Heimführung, und wer immer sich dazu berufen fühlt, sei unseres ehrfürchtigen Dankes gewiß. Es ist nicht gelehrte Laune, sondern strenge Verpflichtung, wenn sich wissende Geister an den Eranos-Tagungen in Ascona[2] gerade in diesem Land, in dem sich einst Erasmus heimisch fühlte, darangeben, die verschütteten Quellen eines wahren Humanismus wieder aufzuspüren. Aber im Suchen trennen sie sich. Die einen steigen zur Höhe, ihr Gefolge ist klein, aber Erasmus schreitet ihnen voran und Winckelmann ist auch dabei: sie suchen nach dem geistumleuchteten, strengen Lebensideal, das sich einst in den paar Auserwählten der Akademie und der Stoa als ewiges Menschenvorbild verwirklicht hat. Die anderen steigen in die Tiefen der abgründigen

Seelen, und ihr Gefolge wird mählich größer, der dunkle Genius Bachofens erlebt eine Auferstehung: wer wollte leugnen, daß ihnen tieferes Verständnis gegeben ist für die nächsten Mysterien der Psyche als den Stoikern von einst und von heute? Aber alle suchen den Menschen, und alle sind erfüllt von dem Glauben, durch wissenden Rückgriff in die Welten der hellenischen Antike, droben oder drunten, im ruhigen Äther des Olymp oder im Flußschilf der Kabiren, den ganzen Menschen wieder zu entdecken, den homo humanus. Wird er so jemals zu finden sein?

Hier nun möchte sich tapfer der Geist einfügen, aus dem die Aufsätze dieses Buches geschrieben sind. Denn der vor Gott Schüchterne muß notwendig vor den Menschen mutig sein. Wir möchten Wege weisen für einen christlichen Humanismus, für die ungeheure Möglichkeit jenes ‹neuen Menschen›, von dem Paulus nach Kolossai schrieb[3], in dem sich Barbar und Hellene einen durch Christus, den menschgewordenen Gott, der da ist alles in allem.

Erst dem Menschen, der glaubend weiß, daß ein Mensch Gott ist, sind überhaupt die geltenden Maße gegeben zur Umgrenzung dessen, was der Mensch ist. Nur er weiß, woher es doch kommt, daß man den Menschen und damit das Humane nicht finden kann, wenn man nur den Menschen sucht. Erst von der Menschwerdung Gottes aus wird die schmerzvolle Erfahrung der Geschichte durchschaubar, daß der Geist des Menschen an einem bloßen Monolog mit sich selbst (und wäre er noch so sublim und schön) verdorren muß. Denn der Mensch ist der fleischgewordene Dialog mit Gott, hervorgegangen aus dem ewigen Zwiegespräch, von dem als Urkunde jeglichen Humanismus' der erste Laut geschrieben steht: «Lasset uns den Menschen schaffen nach unserem Bild und Gleichnis.» Von da an kann der Mensch Gott eine Antwort zurückgeben, aber nur in dem, der da ist Anthropos und Logos. Denn nur so, wie er angesprochen wurde, kann der Mensch dem lebendigen Gott entgegenreden; alles andere ist letztlich doch nur Monolog mit selbstgespielten Göttern. Gott hört nur sein eigenes Wort.

In dieser scharfen Umgrenzung durch das Fleisch des menschgewordenen Logos aber liegt zugleich die aufsprengende Grenzenlosigkeit eines christlichen Humanismus inne. Jetzt dürfen wir es wagen (nein, wir müssen es), mit einer umarmenden Geste in dieses christliche Menschenbild alles aufzunehmen, was je in den Längen der Geschichte und in den Tiefen der Seele Wahres und Erhabenes gedacht und getan wurde. Alles, was wahr und gut war, hat seinen Ausgang aus dem Logos und seinen heimlichen Zielsinn auf den Menschgewordenen, ob es nun dem denkenden und dem gütigen Menschen bewußt wurde oder nicht; alles, was groß und edel getan wurde, floß aus einer Kraft, die uns der enthüllende Logos als seine eigene Gnade offenbar machte. In diesem Wissen erhebt sich der christliche Humanismus über alles bloß geschichtliche oder seelenkundliche Interesse an der Entfaltung der Menschheitsideale. Der humane Christ hat nur eine einzige Möglichkeit der Stellung zur Welt: er liebt. Lieben aber kann man nur eine Person, und darum liebt er das Humane in all seinen Formen und Gestalten einzig in dem Menschen, von dem Paulus gesagt hat: «Das All ist geschaffen in der Bewegung auf ihn hin[4].» Das ist der Sinn jenes Worts, das ein antiker Christ geschrieben hat und zu dem sich dieses Buch bekennt: «Christus ist der Logos, an dem das ganze Menschengeschlecht seinen Anteil erhalten hat. Und alle, die gemäß diesem Logos lebten, sind Christen, auch wenn sie für gottlos gehalten wurden wie bei den Griechen Sokrates und Heraklitos[5].»

Das führt uns aber zu einer noch genaueren Umschreibung dessen, was wir unter christlichem Humanismus verstehen. In Christus stehen wir an der Zeitwende der Menschenkultur: Gott hat seine Offenbarung in die Welt des griechischen Geistes und des römischen Imperiums hineingesprochen, und die Kirche hütet diese Wahrheit in den griechischen Lauten ihres heiligen Buches und in der Erblehre, die vom lateinischen Rom ausgeht. Darum wird im wesentlichen die Kirche griechisch sprechen, auch wenn für eine entgeistigte Welt das alte Hellas in abgründige Vergessenheit sänke; und sie wird lateinisch beten, auch wenn alle Barbaren in Zukunft der Sprache Roms vergäßen. Gleich wie es bis zum Ende der Menschentage gutes Brot geben wird und edlen Wein, Wasserquellen und Ölfrüchte, und dies um des Mysteriums der Christen willen, also ist auch das Erbe von Hellas und Rom heimgenommen in den Schoß der Kirche, immerdar bereit, von dort in neuer Geburt hervorzubrechen zu schöner Jugend. Darum ist der Humanismus des Christen die Liebe zur Sprache Gottes. Und in den Geschicken der Kultur, die dem offenbarenden Gott die Menschensprache bereitet hat, sieht er den auf Christus hindeutenden Finger des Geistes walten. Das Licht, das mitten in menschlicher Finsternis sich in Hellas entzündet hat, ist nur erborgtes Sonnenlicht: Christus aber ist die Sonne. Und das Raunen und Reden, das sich, sehnsüchtig nach dem Wahren und Schönen drängend, in den Geistern Griechenlands vernehmen läßt, ist immer nur wie ein verlorener Ton aus der von oben herabstürzenden Wortgewalt des Logos, eine «innere Sehergabe, die auf das Wahre hinzielt[6]», ohne es noch deutlich zu wissen. Der Christ aber, der jetzt im Sonnenlicht steht, kann rückwärtsblickend mit bestürzter Liebe entdecken, wie die Lampen der Antike den kommenden Helios der Gerechtigkeit vorherspiegeln. Das ist sein Humanismus: Hellas in Christus zu sehen; das griechische Wort ewig zu machen, indem er es aus seiner geschichtlichen Besonderung herausnimmt, es aus seiner (am Ganzen der Menschengeschichte gemessenen) Kleinheit erlöst, indem er es heimholt in seinen Dialog mit Gott: denn auch der feinste Humanismus müßte verdorren, wenn er sich nur aussprache im Monolog mit dem Griechischen an sich oder mit den am Griechischen ablesbaren Ursituationen einer reinen Menschlichkeit. Unsterblich bleibt das Erbe des hellenischen Geistes nur, wenn es geborgen wird im Schrein des Logos, dessen Worte griechisch aufgeschrieben sind.

So ist es denn das Anliegen auch dieses Buches, an ein paar bedacht zusammengefügten Beispielen zu zeigen, wie griechisches Frommsein von der Kirche heilig gemacht wurde. Nicht, als wollten wir die Grenzen zwischen dem strebenden Menschen und dem schenkenden Gott verwischen; aber auch niemals so, als bliebe die Kluft zwischen Gott und Mensch ohne Brücke. Hellas ist heimgekehrt. Und das nächtige Licht der antiken Lampe stammt doch von der Sonne. Dies den Liebhabern der Humanitas von heute zu zeigen, ist ebenso dringlich wie einst, als sich Griechenland und Christentum zum erstenmal fanden. Damals hat Clemens von Alexandrien ein Wort geschrieben, dem sich unser Buch tief verpflichtet fühlt:

«Pythagoras und seine Schüler, zusammen mit Platon, sind ihrer inneren Sehergabe, die ins Wahre hinzielte, gefolgt, und dies nicht ohne Hilfe Gottes. Und so stimmten sie in manchem mit den Worten der Propheten überein. Sie durchforschten die Wahrheit in Teilen und im Ganzen und gaben ihr die Ehre mit Gedankenprägungen, die klar mit dem greifbaren Wesen der Dinge in Einklang standen: denn es ward ihnen eine Ahnung zuteil von dem, was mit der Wahrheit selbst verwandt ist. Darum gleicht die griechische Liebe zur Weisheit einer Lampe, deren Docht sich die Menschen angezündet haben:

«Das Licht geschickt sich borgend von der Sonne Strahl[7].»

Nachdem aber Gottes Logos verkündet ward, leuchtete erst das ganze heilige Licht auf. Darum ist das geborgte Licht bei Nacht sehr nützlich. Aber wenn es Tag ist, wird alles Feuer überstrahlt, und die ganze Nacht wird erleuchtet durch die gewaltige Sonne des geistigen Lichtes[8].»

Damit ist die geistige Haltung gekennzeichnet, in der wir dieses Buch geschrieben haben und verstanden wissen wollen. Ein kurzes Wort zur Einführung in die einzelnen Teile sei hinzugefügt.

Zunächst zur äußeren Form. Die Mehrzahl der Kapitel dieses Buches sind aus der Arbeit an Eranos hervorgegangen, zwei weitere Vorträge, zum selben Themenkreis gehörig, schlossen sich organisch an[9]. Die Formulierungen der Ursprungsform wurden teilweise belassen.

Der Band ist dennoch nicht zufällig oder willkürlich. Darum auch ein einführendes Wort zur inneren Form, die den Teilen ihre Einheit gibt. Das Ganze will eine Art von antik christlicher Psychagogie sein. Unter den verhüllenden Bildern der hellenischen Mythologie soll ein Weg des Aufstiegs gewiesen werden zu den Höhen christlicher Verklärung. Darum benannten wir das Buch mit dem Titel: *Griechische Mythen in christlicher Deutung*. Schon die griechischen Weisen haben die Hochziele ihrer Seelenführung nur in Mythen aussprechen können; das Unsagbare daran war die Ahnung einer Wegrichtung, die dann vor der christlichen Deutung (und wir schöpfen sie aus den Schätzen der Kirchenväter und der Theologen, die für die Bildgewalt der Alten noch einen Sinn bewahrt haben) kühn auf Christus hin ausgezogen wurde. «Die Alten lehren ihre Weisheit durch andeutende Gleichnisrede», sagt Clemens von Alexandrien[10], «und ich denke da an Orpheus, an Linos, Musaios, Homeros, Hesiodos und all die Wissenden dieser Art. Für die Menge der Vielen war ihnen ihre dichterische Psychagogie wie ein verhüllender Teppich.» Diesen Schleier haben die christlichen Griechen weggerafft. Der Mythos wurde gewandelt in das Mysterium.

Ausgangspunkt dieses Hinaufführens der Psyche in die Höhen der christlichen Verklärung ist darum das griechische *Mysterion;* und so überschreiben wir den ersten Teil dieses Buches. Was immer zur Geschichte und zur Deutung der griechischen Mysterien gesagt werden mag: als Ausdruck der Frömmigkeit und der Lebensgestaltung sind sie doch das Tiefste, was der hellenische Geist hervorgebracht und ersehnt hat. Die Mythen, auf denen die Mysterien beruhen oder die sie aus sich herauszeugen, mögen so bunt und unfaßlich sein wie immer: was in den geistigsten Formen der griechischen Mysterien zum Licht drängte, steht in jenem ahnenden Wort in Platons Phaidros[11], das der Christ Clemens als Vordeutung der im Logos geschenkten Erfüllung neu aufnimmt: «Wenn die Seele ganz einsam geworden und ganz zu sich selbst gekommen ist, dann hat sie die wahre und aller menschlichen Fähigkeiten überlegene Weisheit gewonnen – dann, wenn die Sehnsucht sie von hier weg wie auf Flügeln zum Himmel emporträgt. Damit meint Platon, daß die Seele, wenn sie durch Liebe der Weisheit zum Ziel der Hoffnung gelangt ist, den Anfang eines anderen, ewigen Lebens erreiche.» Auch für die christliche Seelenführung ist tragender Grund und wandelndes Urelement das Mysterium, und nicht von ungefähr haben die antiken Väter der Kirche ihre Einführungen in das Wesen des christlichen Glaubens ‹mystagogische Katechesen› genannt. Es ist darum zunächst das ernste Anliegen dieses ersten Teils unseres Buches, mit unverwischter Klarheit das Verhältnis zwischen den griechischen Mysterien und dem christlichen Mysterium darzulegen. Von diesem festen Standpunkt aus kann dann aber gezeigt werden, wie der hellenische Christ zur Gestaltung und zur Deutung seines neuen Mysteriums mit heller Geistesfreiheit in die Schätze der Vergangenheit greift, um sie auf seinen Altar zu legen. Alle Lampen Griechenlands, so glaubt er kühn, brennen für die Sonne Christus. Wir zeigen dies hier für das Mysterium des Kreuzes, der Taufe und des mit Helios und Selene sich umschwingenden Kirchenjahres – und es sind nur ein paar kleine, wenngleich genau ausgeführte Skizzen zu einem Gesamtbild des in der Kirche fortlebenden hellenischen Erbes. Schon hier wird greifbar, was wir unter christlichem

Humanismus verstehen wollen: jene wunderbar kühn ausgreifende Geste des hellenischen Christen, mit der er alles zu Christus heimholt, den Wasserquell und die Gestirne, sein Meer und seine schnellen Schiffe, Homer und Platon und die mystischen Zahlen der Pythagoräer. Alles war Vorbereitung, darum dient alles zur Deutung.

Aus dem dunklen Schoß des Mysteriums gilt es jetzt, zur Höhe zu steigen in bemühendem Reifwerden. Davon soll der zweite Teil dieses Buches berichten, und wieder mögen die Bilder antiker Mythen dem deutenden Christen Gelegenheit geben zu zeigen, wie sich die hellenischen Ahnungen in der Psychagogie der Kirche vollendet haben: *Seelenheilung* sei darum dieser Teil benannt. Es war ja schon ein verhängnisvolles Unverständnis des griechischen Frommseins, daß man im 18. Jahrhundert die eigene Aufgeklärtheit in die hellenische Seele zurückspiegelte, und solche Illuminaten, für die jegliche Mystik und alles Dunkle, Sündige und nach Erlösung Verlangende ‹ein fremder Tropfen im griechischen Blut› ist, gibt es auch heute noch. Aber wer verstände dann das verborgenste Sehnen in Mythos und Mysterium? Wer könnte so selbst die Geheimnisse der Odyssee deuten? Nein, gerade der Grieche wußte gar viel von den abgründigen und den himmlischen Mächten, zwischen die sich der ringende Mensch gestellt sieht; er ist wahrhaft der ewige Odysseus, der über Meere und Monstren siegend zu einer Heimat zieht, ungeheuer gefährdet, aber der Ankunft gewiß, weil vom Gotte geleitet. Auch diese seelenkundigste aller griechischen Ahnungen sieht nun der Christ in seiner Logosbotschaft von Himmel und Hölle, von Urfall und Gnadenerlösung enthüllt. Aus den Mythen, die von solcher Ahnung gebildet wurden und die in der christlichen Antike ihre deutende Vollendung fanden, haben wir zwei ausgewählt: den homerischen Mythos von der seelenheilenden Pflanze Moly, die der lichte Hermes dem von der höhlendunklen Circe bedräuten Odysseus gab; und die uralten Volkssagen von der Menschenwurzel Mandragora. Wieder ergibt sich aus dieser Mythengeschichte, was wir unter christlichem Humanismus verstehen wollen: die von den Griechen geahnte und von der Kirche vollendete Einsicht darein, daß der seelische Aufstieg, die Überwindung des Dunklen, die Heilung der geheimen Wunde des Menschen nur möglich ist, wenn sich der Mensch glaubend an Gott hingibt, wenn er den erstickenden Kreis einer Selbsterlösung aufsprengt. Human wird der Mensch nur in Gott: darin liegt die Heilung seiner Seele beschlossen.

Und endlich: dieses Aufsteigen aus dem Dunkel, dieses Lichtwerden der schwarzen Menschenwurzel zu schöner Blüte, hat einen endgültigen Zielsinn. Odysseus muß heimkehren, und der Christ strebt zum Himmel. Davon soll der dritte Teil des Buches handeln, darin vollendet sich die hellenische und die christliche Psychagogie, die den einzelnen Teilen des Buches ihre heimliche Einheit geben soll. Führer zu den letzten Höhen des Aufstiegs soll uns Homer sein, den ein antiker Christ einmal den ‹weisesten Zeugen› genannt hat[12]. Wir überschreiben darum den dritten Teil mit dem Wort *Heiliger Homer*. In der geheimnisvollen Nekyia der Odyssee, wo der Held nach Norden zum Eingang der Unterwelt fährt, wird die Landschaft des Totenreiches beschrieben; da steht das Wort von dem ‹fruchtbaren Weidenbaum›, das den Ausgangspunkt einer ganzen Bildwelt des Jenseits darstellt. Die Weide ist das antike Symbol der sich selbst sterbenden Keuschheit und zugleich des sich selbst immer wieder zeugenden Lebens, und daraus deutet sich die christliche Antike eine wunderbare Vollendung: nicht mehr an den Ufern des Totenreichs, sondern an den lebendigen Wassern des ewigen Lebens grünt die Weide, und mit ihren keuschen, lebenquellenden Zweigen schmückt sich die vollendete Seele. Oder in dem Bild des anderen Mythos, den uns wiederum der heilige Homer gedichtet hat: Odysseus ist der Heimkehrer, der an allen Gefahren siegreich vorbeifährt, weil er an den Mastbaum seines Schiffes gebunden ist. In der christlichen Deutung heißt das, ausgesprochen mit den Worten des Clemens[13]: «Angefesselt an das Kreuzholz wirst du losgebunden sein von jeglichem Untergang. Gottes Logos wird dein Schiff steuern, und in den Hafen des Himmels wird dich heimkehren lassen das Pneuma, das heilige.»

So eint sich denn der Ausgang zum Anfang. Was im Dunkel der Mysterienweihe begann, in schmerzlicher Seelenheilung hinanführte, vollendet sich im Licht des ewigen Lebens. In der christlichen Deutung der griechischen Mythen sehen wir die schöne Aufgabe eines wahren Humanismus. Die Kirche hat doch das beste

Erbe der Hellenen angetreten, hat ihre Irrtümer streng und gütig berichtigt und hat so aus den zerfallenden Trümmern der Tempel die unvergänglichen Güter geborgen – für uns, die wir als späte Nachfahren Christen und Hellenen sein wollen. Die Kirche allein ist heute noch jugendlich lebende Antike und wird niemals antiquarisch sein. Denn sie allein kennt im Licht des Logos das Maß der Höhen und der Tiefen menschlicher Seelen. Darum konnte sie am besten deuten, was die Griechen geahnt haben. Friedrich Wolters hat einmal von Augustinus gesagt[14]: «Ein Jahrhundert vor der Schließung der platonischen Akademie durch Justinian hat er den ganzen Schatz des griechischen Geistes in die Civitas Dei gerettet und so bewahrt bis zur schöneren Geburt: so daß wir heute wieder den Weg zurück über die Brücken des Kreisstroms finden, auf unseren Fahnen das flammende Wort: Hellas, ewig unsre Liebe.» Und Stefan George, sein Meister, leihe uns das abschließende Wort zum Ausdruck dessen, was der beste Sinn auch dieses Buches sein soll[15]:

«Aus diesen Trümmern hob die Kirche dann ihr Haupt,
die freien nackten Leiber hat sie streng gestaupt,
doch erbte sie die Prächte, die nur starrend schliefen
und übergab das Maß der Höhen und der Tiefen
dem Sinn, der beim Hosiannah über Wolken blieb
und dann zerknirscht sich an den Gräberplatten rieb.»

Mit diesem Vorwort erschien der Band 1945. Wenn er jetzt zum dritten Male aufs neue seinen Weg antritt, so kann man an ihm das Gesetz ablesen, dem alles Geschriebene untertan ist: Bücher bleiben stehen und bleiben bestehen. Was hier einmal still geschrieben wurde in jenen schon halb vergessenen Tagen nach dem Gebrüll des Krieges, als die Herzen aller Wissenden sich einen Augenblick lang sehnten nach einem schöneren Abendland, klingt heute noch überholter als damals, in Wirklichkeit ist es noch wichtiger geworden.

Das Buch soll immer wieder Zeugnis ablegen vom Wirken des Ewigen Logos, der Fleisch geworden ist und doch schon heimlich wirksam war in den hohen Geistern der hellenischen ‹praeparatio evangelica›.

Aber ich möchte mich heute klarer zu den Worten des reif gewordenen Hölderlin bekennen, der aus Hellas sich schüchtern zu Christus heimtastete: «Es hindert aber eine Scham mich, Dir zu vergleichen die weltlichen Männer.» Nach Hellas kommt Patmos. Und so lese denn jeder, wenn er die letzte Seite dieses Buches umgeblättert hat, die Worte, die in Hölderlins Fragment der Patmoshymne stehen:

«Wie Morgenluft sind nämlich die Namen
seit Christus. Werden Träume. Fallen wie Irrtum
auf das Herz und tötend, wenn nicht einer
erwägt, was sie sind, und begreift.»

Innsbruck, Frühjahr 1966                             Hugo Rahner

Erster Teil · Mysterion

# DAS CHRISTLICHE MYSTERIUM
## UND DIE HEIDNISCHEN MYSTERIEN

> «Komm, ich will Dir den Logos zeigen und die Mysterien des Logos, und ich will sie Dir erklären in Bildern, die Dir vertraut sind[1].»

In diesem Wort aus dem Protreptikos des Clemens von Alexandrien wird das ganze Problem ausgesprochen, das uns nun beschäftigen soll und das den reichen Ertrag der Kenntnisse, die wir aus anderen Darlegungen der Eranos-Tagungen mitgenommen haben, in Vergleich setzt mit dem inneren Wesen und den äußeren Formen des antiken Christentums. Auch der menschgewordene Logos hat seine Mysterien, ja sein ganzes Heilswerk ist ‹das Mysterium, das vor den Äonen und den Geschlechtern verborgen war, jetzt aber offenbar wurde den Heiligen[2]›. Aber ist es religiös und geschichtlich erlaubt, das christliche Mysterium in Vergleich zu setzen mit den Mysterienkulten, die das entstehende Christentum umgaben? Oder dürfen wir wenigstens vom Mysterium der Christen sprechen in Bildern, die der Welt der hellenistischen Mysterien entnommen sind? Hat das nicht schon Paulus getan? Ist nicht jedenfalls vom zweiten bis zum fünften Jahrhundert ein breiter Strom griechischer Mysterienfrömmigkeit in die Kirche eingedrungen und hat das biblisch einfache Christentum gewandelt zu der sakramental mystischen Form, wie sie im byzantinisch-russischen, ja in einem etwas bescheideneren Umfang auch im lateinischen Kirchenmysterium weiterlebt? Fragen, mit denen sich die Religionsgeschichte seit mehr denn einem halben Jahrhundert in leidenschaftlichem Forschen und in bunter Wandlung der Meinungen auseinandersetzt. Und auch heute ist des Fragens und des Antwortens noch lange kein Ende.

So ist es denn meine Aufgabe, zunächst den Stand der Forschung auf diesem Fragegebiet vorzulegen. Und wenn wir in diesen nicht zu umgehenden, wenngleich recht theoretischen Darlegungen die Grenzen und die Berührungspunkte zwischen antiken Mysterien und christlichem Mysterium aufgedeckt haben, können wir uns mit Hilfe dieser untadeligen und wissenschaftlich sauberen Methode zwei Aspekten des christlichen Mysteriums zuwenden, an denen mit besonderer Deutlichkeit gezeigt werden kann, worin sich die beiden zu vergleichenden Größen sowohl unterscheiden als auch beeinflussen: dem christlichen Mysterium des Kreuzes und dem Mysterium der Taufe. Wir werden dies tun wie einst der große Christ und Grieche Gregorios von Nazianz in seiner herrlichen Rede zum Taufmysterium am Festtag der Lichter[3]. Nachdem er vor dem Geist seiner Hörer all die wirre Pracht der antiken Mysterien hat vorüberziehen lassen, hebt er an, von dem Mysterium der Christen zu sprechen: «mit zitternder Zunge und bebendem Geist und Herzen, wie jedesmal, wenn ich von Gott spreche.»

Die Mysterien der hellenistischen Umwelt des entstehenden Christentums sind ohne Zweifel der ‹Hauptfaktor des geistigen Lebens der alten Welt[4]› und ‹das letzte Wort der heidnischen Religionen[5]›. Das allein schon hat dem Geist des religionsgeschichtlich eingestellten modernen Menschen immer neue Versuche der Vergleichung mit dem Christentum entlockt. Nach den Vorträgen, die wir hier hören durften, liegt die ungeheure Amplitude des religiösen Denkens, das wir unter den Sammelbegriff *Mysterien* einbeziehen, deutlich vor Ihnen: von den ethnologischen Uranfängen der vorantiken Mutterkulte bis zu der sublimen Vergeistigung in den hermetischen Lesemysterien und bei Plotin, und von da bis in die islamische und östlich christliche Gebetsmystik; von den Kabiren bis zur Kaaba; von den Sumpftiefen des Saktismus und der Barbelognostiker (vor deren Darlegung uns graute, weil wir alle im Geiste doch noch Griechen sind) bis in die hehre Nachtfeier von Eleusis. Welche Welt von Gegensätzen, welch eine ungeheure Mischung von lunar-mütterlicher Finsternis und solar denkendem Wachsein sprechen wir aus mit dem einen Wort Mysterium. Schon das muß uns behutsam vorsichtig machen, wenn wir diese Größe in Vergleich setzen mit dem antiken Christentum, das auf einmal mitten aus dieser wirren Welt emporblüht. Dazu kommt, daß auch das Christentum in einem wahren Sinn seine Entfaltungsgeschichte hat, eben weil es lebendig ist und sich nicht einfangen läßt in die tote Statik eines bloßen Begriffs und eines geschriebenen Worts. So wird es denn vor allem die Aufgabe meiner Darlegungen sein, zunächst an einem gedrängten Überblick über die Geschichte dieser

Vergleichung das ganze Wagnis und die Schwere der Probleme erahnen zu lassen, die sich im Versuch einer gedanklichen oder gar genetischen Zusammenschau der beiden zu vergleichenden Größen ergeben. Sodann muß zunächst die reiche Differenziertheit der Vergleichsobjekte aufgezeigt werden, um klarer zu machen, in welchem Stadium ihrer geschichtlichen Entwicklung sie überhaupt in quellenmäßig angebbare Berührung traten. Dann erst können wir mit sicherem historischem Takt die wesentlichen Unterschiede und die gegenseitigen Beeinflussungen zwischen antikem Mysterienwesen und christlicher Religion feststellen.

Eines steht fest, wenn wir die reiche Geschichte der Vergleichung zwischen antiken Mysterien und antiker Kirche überschauen: es war fast immer diese drängende Vergleichsfrage, die überhaupt angeregt hat, das dem Mittelalter, ja auch noch dem Humanismus ganz verschüttete Gebiet der spätantiken Mysterienreligionen neu zu durchforschen. Ist doch schon das erste Werk, das sich ernsthaft wieder mit griechischer Mysterienreligion befaßt, die ‹Exercitationes de rebus sacris› des Isaak Casaubonus[6], der Versuch eines calvinischen Christen, das sakramentale Wesen der katholischen Kirche als genetisches Ergebnis aus dem Einfluß antiker Mysterien darzutun. Und zu Beginn des 19. Jahrhunderts, als der berühmte Aglaophamus Chr. A. Lobecks der seichten Aufklärung des griechenbegeisterten 18. Jahrhunderts ein Ende setzte, war man auch gleich zur Hand, wesentliche Bestände der katholischen Religion als Nachwirkungen des antiken Mysterienwesens zu bezeichnen. Das merkwürdigste, heute ganz vergessene Buch, das ich dazu kenne, ist das Werk von Fr. Nork ‹Der Mystagog oder Deutung der Geheimlehren und Feste der christlichen Kirche[7]›. Indessen wandte sich die klassische Philologie (wohl in einem rechten Instinkt gegen diese dunkel mystizierende Wissenschaft) noch einmal von den Mysterien ab – ihr berühmtestes Opfer ist ja bekanntlich J. J. Bachofen, der seine Gegner also sprechen ließ: «Wir wollen keine Theologie, am wenigsten das mystisch-symbolische Halbdunkel einer physischen Unsterblichkeitslehre. Dieser ‹höhere Blödsinn› verkennt die klassische, auch am Grabe befreundeter Wesen sich bewährende frische und helle Denkweise[8].» Erst unserem Jahrhundert war es vorbehalten, gute Grundlagen wissenschaftlicher Forschung zu legen (man denke nur an die Werke von Cumont, Hepding, Frazer, Wilamowitz, Kern – um wahllos nur ein paar der wichtigsten Namen zu nennen). Aber alsogleich entstand auch die Schule der vergleichenden Religionsforschung, die mit einem Eifer ohnegleichen den Bezügen zwischen antikem und christlichem Mysterium nachspürte, um den wesentlichen Beitrag der Mysterien zur Entstehung oder doch wenigstens zur Ausgestaltung des kirchlichen Christentums aufzuzeigen. Indessen ist auch hier der ersten Begeisterung die nüchterne Forschung langsam nachgefolgt, und so können wir diese Versuche füglich in drei sich ablösende Gruppen gliedern, deren letzte den neuesten Stand der Frage darstellt.

Die erste Gruppe stellt ein eigentliches Abhängigkeitsverhältnis fest zwischen antikem Mysterienwesen und entstehendem Christentum, insonderheit der Theologie des Paulus. Zunächst sieht man da das Gemeinschaftliche zwischen den beiden Vergleichsgrößen in dem Begriff der ‹Wiedergeburt›. Dem Altmeister Usener folgend, forschen auf diesem Weg vor allem Dietrich und Reitzenstein. Des letzteren großes Werk[9] «Die hellenistischen Mysterien nach ihren Grundgedanken und Wirkungen» übernimmt für weite Kreise die Führung. Zuerst in einem neuentdeckten sogenannten ‹iranischen Erlösungsmysterium›, später dann in dem angeblich vorchristlichen Kult der Mandäer, glaubte er das Quellgebiet christlicher Lehre gefunden zu haben[10]. Die Forschung hat seitdem über beides nüchtern und im Grund vernichtend geurteilt. Und schon vor der eigentlichen Erledigung der mandäischen und iranischen Theorie meldete C. Clemen seine besonnenen Zweifel an in dem immer noch lesenswerten Buch[11] «Der Einfluß der Mysterienreligionen auf das älteste Christentum». Darin spricht er das trotz aller Schärfe durchaus berechtigte Verdikt aus[12]: «Einfach vorauszusetzen, daß womöglich alle Mysterien überall schon im ersten christlichen Jahrhundert vorhanden gewesen seien, ist wissenschaftlicher Unfug.» Einen zweiten ertragreichen Punkt der Vergleichsmöglichkeit zwischen antiken Mysterien und christlicher Heilslehre wollte man dann in dem Begriff der «Nachahmung des Kultheros» gefunden haben. Es sei dies das allen spätantiken Mysterien Gemeinsame, in liturgisch-mystischem Dromenon den sterbenden und auferstehenden Kultgott nachzuahmen und so seiner jenseitig wirkenden Kräfte teilhaft zu werden – es sei dies aber auch die Grundstruktur der christlichen Lehre von Erlösung und Sakrament. Führend ist hier W. Bousset geworden mit seinem Werk[13] «Kyrios Christos». Bei aller Vorsicht und Besonnenheit in den einzelnen Deduktionen sieht Bousset dennoch in der allen Mysterien gemeinsamen kultischen Nachahmung des sterbenden und auferstehenden Gottes «die geistige Atmosphäre, innerhalb deren das paulinische Mitsterben und Mitauferstehen mit Christus steht[14]». Das ist aber, meint er, nicht grobe Entlehnung, sondern eine mehr unbewußte Hingabe an eine machtvoll wirkende Grundform religiösen Denkens der Gesamtantike. Man lese dazu W. Leipoldts sonst so gelehrtes Buch[15] «Sterbende und auferstehende Götter», um zu erfassen, wie tiefgreifend Boussets Auffassung weiterwirkt; am radikalsten ist der Franzose A. Loisy in seinem glänzend geschriebenen Werk[16] «Les mystères païens et le mystère chrétien». Für ihn ist das Wesen sowohl der griechischen Mysterien als auch des Christentums (wie es Paulus prägte) die kultisch-rituelle Begehung des Todes und der Auferstehung des Kultheros: «mythe et rite» entsprechen sich. Mythos ist im Christentum das große Drama der Welterlösung durch den Christus, wie Paulus es unter dem Einfluß der Gottmenschmythen seiner Zeit in die schlichte Jesuserzählung der Evangelien hineindeutet. Der Ritus aber ist das kleine Drama der mystischen Initiation des einzelnen[17]. «Die Überzeugung des Paulus, der die Wiedergeburt des Christen durch die Taufe und durch den Glauben annimmt, enthält nicht mehr und nicht weniger Widersprüche als die der Eingeweihten in Eleusis, deren Glaube das Unterpfand der seligen Unsterblichkeit durch ihre Teilnahme an der Angst und Freude der Demeter empfing; als die des Lucius, der dieselbe Versicherung durch seine Teilnahme an dem Tod, dem Begräbnis und der Auferstehung des Osiris erhält; als die der Kybele-Gläubigen, denen der Glaube ewige Wiedergeburt erwirkte, und zwar durch das blutige Taurobolium, das sie mit dem gestorbenen und wiedererstandenen Gott vereinte[18]». Im einzelnen vorsichtiger, in der Grundposition aber gleich sind die Ausführungen von S. Angus in einem Werk[19] «The Mystery-Religions and Christianity». Die grundsätzliche Möglichkeit, ja die Bewiesenheit einer genetischen Abhängigkeit des Urchristentums von den antiken Mysterien ist mithin auch heute noch für viele Gelehrte das Fundament weiterer Einzelforschungen. Aber es zeigen sich auch schon allenthalben Ansätze zu einer genaueren Erfassung des Problems, und deren Ergebnis kann nicht mehr bezweifelt werden: von einer eigentlich genetisch geschichtlichen Abhängigkeit wesentlich christlicher Positionen vom hellenistischen Mysterienwesen kann keine Rede sein. Man lese dazu, was schon C. Clemen als Ergebnis seiner Forschungen zu buchen hat, und neuestens hat K. Prümm in einer Reihe von Werken dargetan, wie wenig stichhaltig alle bisherigen rein religionsgeschichtlichen Erklärungen der Entstehung des Christentums sind[20]. Damit wird indes der hohe Wert der Einzelerkenntnisse, die dieses Vergleichen auf dem Gebiet der genaueren Erfassung antiken Mysterienwesens gezeitigt hat, in keiner Weise herabgedrückt.

Auf die zweite Gruppe von Forschungen zum gleichen Problem kann ich hier nur hinweisen: die genauere Darlegung und die zum Teil ablehnende Stellungnahme gehört eher in das innere Gebiet katholischer Theologie. Es ist die sogenannte ‹Mysterienlehre›, wie sie unter Führung von O. Casel vor allem die Mönche von Maria Laach ausgebaut haben[21]. Sie distanziert sich mit reichem geschichtlichem Wissen von den eben besprochenen Theorien einer irgendwie genetischen Abhängigkeit. Aber sie nimmt als dennoch Gemeinsames das ‹Kulteidos› des Mysteriums an, das sich schattenhaft und unvollkommen, aber dennoch irgendwie vorbildlich (als eine vom alles durchwirkenden Logos gelenkte Pädagogie auf Christus hin) in den antiken Mysterien vorgebildet hat, um dann im christlichen Mysterium seine gottgewirkte Vollendung zu finden. Dieses Eidos, unter dem beide Größen zusammengeschaut und auch in Wahrheit verglichen seien, ist die im Mysterium sich immer wieder neu vollziehende «Kultpräsenz der Erlösungstat»: das erlösende Wirken des sterbenden und auferstehenden Gottes wird im Nachvollzug des Mysterienritus, über Raum und Zeit hinaus, jeweils neu zur Wirklichkeit an der Gemeinschaft der Einzuweihenden. G. Söhngen hat versucht, die theologischen Probleme, die sich aus einer solchen Sicht ergeben, zu klären in seinem Werk[22] «Symbol und Wirklichkeit im Kultmysterium». Wie weit sich diese Theorie als richtig erweist für einen späteren Zeitpunkt der sakramentalen Ausgestaltung des christlichen Mysteriums (etwa im vierten und fünften Jahrhundert), kann hier nicht ausgeführt werden; für die Zeit der Entstehung des Christentums und der paulinischen Mysteriumstheologie wird man sie angesichts der neuesten sprachgeschichtlichen Forschungen, die das Wortbild ‹Mystérion› betreffen[23], wohl ablehnen müssen. Hier ist die Auseinandersetzung noch in vollem Fluß.

So bleibt denn noch die dritte Gruppe. Ihr bisheriges Forschungsergebnis ist von sauberster Methode. Sie unterscheidet zunächst einmal viel genauer als die Vertreter der beiden vorgenannten Gruppen zwischen der Entstehung der grundlegenden christlichen Positionen, wie sie bei Paulus und den urchristlichen Schriftstellern vorliegen, und der Auseinandersetzung des späteren, vollentwickelten Christentums mit den ebenfalls erst später (das ist erst vom zweiten nachchristlichen Jahrhundert ab) vollentwickelten spätantiken Mysterien. Sie unterscheidet ferner mit aller Deutlichkeit die Abhängigkeit im genetischen Sinn von der Abhängigkeit der ‹Anpassung›: wenn Paulus oder gar die den Kult ausgestaltenden Kirchenväter des dritten und vierten Jahrhunderts Wort und Bilder und Gesten aus der Welt der Mysterien herübernehmen, so nicht als die Suchenden, sondern die Besitzenden, nicht um die Sache, sondern das Kleid zu gestalten – so, wie es der alexandrinische Clemens ausdrückte in unserem Motto: «Ich will euch die Mysterien des Logos deuten in den Bildern, die euch vertraut sind.» Damit wird diese Gruppe von Forschern dem tiefsten Wesen beider Vergleichsobjekte gerechter: sie gerät nicht in die Gefahr, das Wesen des Christentums zu nivellieren, um es als genetisches oder doch wenigstens phänomenologisches Ergebnis der Mysterien zu erweisen; aber sie gerät auch nicht in die allzuoft verwirklichte Gefahr, das Wesen der so unendlich vielfältigen antiken Mysterien heimlich zu verchristianisieren – das haben schon die alten Kirchenväter getan, um gegen die «teuflische» Entlehnung der Mysterienkulte aus dem Christentum anzukämpfen, das haben noch mehr moderne Forscher getan, bei denen so oft «das Bild dieser Kulte in christlichen Farben gezeichnet wird[24]». Gegen diese Vermischung im genetisch abhängigen Sinn hat schon Harnack ein deutliches Wort gesprochen: «Jene vergleichende Mythologie, die alles mit allem kausal verbindet, feste Zäune niederreißt, trennende Abgründe spielend überbrückt und aus oberflächlichen Ähnlichkeiten Kombinationen spinnt», die gelte es zu überwinden. «Auf diese Weise», fährt er fort, «kann man im Handumdrehen Christus zum Sonnengott, die zwölf Apostel zu den zwölf Monaten machen, sich bei der Geburtsgeschichte Christi an alle Göttergeburtsgeschichten erinnern lassen, um der Taube willen bei der Taufe alle mythologischen Tauben einfangen, dem Esel beim Einzug in Jerusalem alle berühmten Esel beigesellen und so mit dem Zauberstab der ‹Religionsgeschichte› jeden spontanen Zug glücklich beseitigen[25].» So ist man in der neuesten Forschung mit glücklicher Besonnenheit viel eher geneigt, die wesentlichen Unterschiede der beiden zu vergleichenden Religionsformen zu betonen – um gerade dadurch dann besser imstande zu sein, etwaige Abhängigkeiten richtig abzuschätzen. Der protestantische Theologe G. Kittel hat darum in seinen zu Uppsala gehaltenen Vorträgen über «Die Religionsgeschichte und das Urchristentum[26]» das Ideal aufgestellt: «Es ist nicht Zeichen von wissenschaftlicher Bedeutung, sondern des flachen Dilettantismus, wenn religionsgeschichtliche Arbeit in der Aufzeigung von Analogien und Ähnlichkeiten sich erschöpft. Nicht im Sinn einer Apologetik, sondern im Sinn geistiger Erkenntnis gilt der Satz, daß religionsgeschichtliche Forschung ihr Ziel nicht in der Nivellierung hat, sondern in der am Vergleich entstehenden Herausarbeitung der Konturen des Eigenen der Religionen. Das Wesen der Dinge, letztlich das eigentliche Wesen der einzelnen Religion und so auch des Christentums als Religion zu erkennen, ist tiefster Sinn religionsvergleichender Arbeit in der Theologie[27].» Fr. J. Dölger und sein Schülerkreis haben in diesem Sinn dem Problemkreis «Antike und Christentum» neue Antworten und besonnene Methoden gegeben, und das gesamte Material, das in wissenschaftlichen Zeitschriften zerstreut oft wertvollste Förderungen vorlegt, hat mit unendlicher Mühe K. Prümm in seinem Werk gesammelt: «Das antike Heidentum nach seinen Grundströmungen. Ein Handbuch zur biblischen und altchristlichen Umweltkunde.»

Ja es ist sogar heute zu konstatieren, daß man in der Abwehr gegen die liberal-historischen Vermengungen zwischen antikem Mysterienwesen und entstehendem Christentum übers Ziel hinausschießt und nun umgekehrt einer völligen Unvergleichbarkeit der beiden Größen das Wort redet. Es liegt ja doch auf der Hand, daß die gesamte dialektische Theologie, die nach all der liberalen Auflösung christlicher Substanz die Begriffe Offenbarung und Wort Gottes wieder ganz neu entdeckt hat, für jegliche religionsvergleichende Fragen instinktiv nur Ablehnung empfinden muß. Karl Barths Dogmatik zeugt dafür in jedem Kapitel. Man kann das zunächst um der Sauberkeit der Erkenntnis von der letzthinnigen Unvergleichlichkeit des Christentums nur begrüßen. Wie sehr man in diesem theologischen Kreis in der Freude der neugefundenen Eigenständigkeit die früher so gepriesene ‹Religionsgeschichte› ablehnt, dafür mag ein schönes Wort Zeugnis sein, das E. Fascher in seinem Werk «Vom Verstehen des Neuen Testamentes[28]» geschrieben hat: «Wir sind in die Weite gegangen, wir haben in der Religionsgeschichte auf der Suche nach Parallelen die ganze Welt durchstreift, aber wir sind auf dem Wege nach Hause, und es mag uns gehen wie dem verlorenen Sohn, daß wir sehen, wie schön es daheim ist.» Das ist, sage ich, zunächst sehr gut: aber es steht zu fürchten, daß man auch hierin wieder zu weit geht und, um eines Supranaturalismus willen, aus dem Christentum wieder eine sozusagen «unmenschliche», rein nur jenseitige Wortreligion konstruiert.

Dagegen betonen die Forscher, die wir in dieser unserer dritten Gruppe vereinigt sehen, bei aller Klarheit der wesentlichen Scheidung, doch auch wieder die grundsätzliche und geschichtlich verwirklichte Möglichkeit einer unwesentlichen Beeinflussung. Die Kirche ist nicht ein Gebilde im luftleeren Raum, sondern eine Fortsetzung der Menschwerdung Gottes: das heißt, sie muß sich mit der ihr von Christus zur Behütung anvertrauten Offenbarung an Menschen wenden, an den Menschen also zunächst des griechisch-römischen Raums mit seiner Sprache und seiner Kultur. Darum ist ihre Geschichte die immer weiter wachsende Körperbildung des Offenbarungsworts. Die Seele dieses Körpers, den wir die Kirche nennen, ist vom Himmel – aber sein Blut ist aus den Griechen und seine Sprache ist aus Rom. Und der Kontaktpunkt, wo die Seele das immer neu einströmende Blut umwandelnd aufnimmt, das heißt die Weise, wie bei aller Geschiedenheit dennoch das antike Mysterienwesen auf das Christentum einwirken konnte, ist dreifach. Zunächst (um es so auszudrücken) von unten her: die christliche Offenbarung wendet sich wesentlich an den Menschen, das heißt an ein geistleibliches Wesen, das auch die jenseitigsten Wahrheiten immer nur in der Sinnengebundenheit von Wort und Bild und Geste ausdrücken kann, mithin gerade im Religiösen sich immer des Symbols bedienen muß. Die Bedeutungskraft der Symbole aber ist dem Menschen vorgegeben, wird nicht willkürlich von ihm konstruiert, ist folglich in ihren Urformen in jeder Religion vorhanden und gehört zu den Archetypen alles menschlichen Gottsuchens. – Hier liegt übrigens die theologische Begründung dafür vor, daß die Forschung C. G. Jungs nicht etwa, wie man manchmal gemeint hat, eine Repristination alter liberaler ‹Religionsgeschichte› mitsamt ihren oberflächlichen ‹Abhängigkeiten› darstellt, sondern in eine viel tiefer liegende Schicht der Gemeinsamkeit alles Religiösen hinabstößt, in die geheimnisvolle Welt der urmenschlichen Archetypen – die katholische Theologie würde sagen, in die allen Menschen gemeinsame, auf Gott hin angelegte Natur, die in eben dieser in immer gleichen Urformen sich äußernden ‹Religiosität› auch ansprechbar ist für eine mögliche Offenbarung des sprechenden Gottes, der dann nur in ‹menschlichem› Wort sprechen kann, wenn er von Menschen verstanden werden soll. Das Aufzeigen dieser archetypischen Gemeinsamkeit bedeutet mithin (bei aller Diskutierbarkeit der dafür im einzelnen beigebrachten Belege) in keiner Weise eine Nivellierung von Natur und Offenbarung, von bloß menschlichem Frommsein und übernatürlichem Glauben.

Zweitens gibt es darum auch die Möglichkeit eines Kontaktpunkts von der Mitte her: das heißt im eigentlich historischen Raum der Beeinflussungen – darüber werden wir nachher noch eingehend zu reden haben. Aber diese entlehnende Berührung wird sich, wenn wir einmal das Wesen der christlichen Offenbarung klar scheidend erfaßt haben, immer nur in den unwesentlichen Bezirken abspielen.

Drittens endlich hat die katholische Theologie der Religionsgeschichte niemals aus dem Auge verloren, daß sich auch noch ein Kontaktpunkt von oben her ergibt: es geht ein gottgewirkter Sinn durch die religionsgeschichtliche Entwicklung der Menschheit, insonderheit der spätantiken Völker, und sie ist nicht nur Krisis im Sinne des Römerbriefs, sondern auch Pädagogie auf Christus hin. «Dennoch ließ sich Gott nicht unbezeugt», sagt der gleiche Paulus[29]. Das antike Mysterienwesen ist der Altar mit der Inschrift: Dem unbekannten Gott.

Wenn wir uns nun der Frage nähern, wie sich konkret die Auseinandersetzung zwischen Mysterien und Christentum vollzogen hat – und diese Darstellung wird wesentlich mit Hilfe der eben gezeichneten Grundsätze der dritten Gruppe vorgelegt werden –, dann ist ein zusammenfassender Rückblick auf das Wesen und die Geschichte der antiken Mysterien unerläßlich. Denn nur indem wir die reiche Differenziertheit dieses Gebildes fest im Auge behalten, sind wir imstande, es mit dem ebenso klar gezeichneten Wesen des Christentums zu vergleichen. ‹Mysterien› sind etwas ganz anderes in der eleusinischen oder kabirischen Frühzeit und etwas ganz anderes in der Zeit des dritten nachchristlichen Jahrhunderts – bei aller gleichbleibenden Grundstruktur. Christentum ist, bei aller göttlich gleichbleibenden Grundstruktur, in seiner wachsenden äußeren Gestalt etwas ganz anderes in den schlichten Tauf riten der Apostelgeschichte und in dem prunkvoll reichen Zeremonial beim Pseudoareopagiten. Und doch ist es gerade das Kennzeichen der früheren Religionsvergleicherei gewesen, Primitives mit Entwickeltem sorglos zu mischen, Zeugnisse miteinander in wunderlicher Jonglierkunst zu vergleichen, die Jahrhunderte auseinanderliegen oder aus Höhen und Tiefen des Religiösen stammen, die sich nie berührt haben.

So fragen wir denn zuerst nach der geschichtlichen Entwicklung des Mysterienwesens, um besser abschätzen zu können, in welchem Augenblick seiner Entfaltung es mit dem Christentum in Berührung trat.

Wir wissen heute, gerade durch den bedeutsamen Forschungsanteil der Ethnologie[30], daß die im griechischen Leben immer machtvoller aus der Tiefe tauchenden Mysterien ein religiöses Erbe sind aus der «Welt, worein die Griechen traten», um ein Wort von F. Kern[31] zu gebrauchen; letzte, vom Geist der Hellenen verklärte und dennoch vorgriechisch dunkle Nachgeburten aus vorarischen Muttergottreligionen. Geschichtlich zu erfassen sind sie für uns in dem Augenblick, wo sie in Gegensatz treten zu der ionischen Diesseitigkeit der homerischen Religion, die zwar noch im fünften Jahrhundert den apollinischen Glanz der griechischen Marmorgebilde hervorbrachte, aber keine Überwindung der ‹orphischen Ängste› bot, die den frommen Menschen nächtig bedräuen. Denn «durch schöne Gestaltung der Götter des Todes schafft man dessen Rätsel und Druck nicht hinweg[32]». Und je zersetzender zuerst der Geist der attischen Komödie, später dann der Rationalismus der Stoa auf den althergebrachten Götterglauben wirkten, um so angstvoller flüchtete sich der spätgriechische Mensch in die geheimnisvollen Bezirke der Mysterienkulte. Die Frömmigkeit wird wärmer, aber auch überhitzter; man greift, um das Neue auszudrücken, zu dem vermeintlich Uralten zurück, zu Orpheus und Pythagoras. K. Latte hat diesen Wandel des frommen Lebensgefühls vom Klassischen zum Hellenistischen hin mit den Worten gekennzeichnet: «Der neue Lebensrhythmus der lauten, lärmenden Steigerung des eigenen Wesens tritt an Stelle der Selbstbescheidung in Wort und Gefühl, die bis dahin als Kennzeichen des kultivierten Menschen gegolten hatten. Jetzt sucht man auch bei den Göttern das Barocke, Pathetische, gegenüber der olympischen Ruhe der klassischen[33].» Gleichzeitig strömen nun in die seit Alexander aufgesprengten und zerfallenden Grenzmauern des griechischen Geistes die ungriechischen Mysterienkulte des Ostens ein; ja der schwarze Fetischstein der Magna Mater wandert aus Pessinunt nach Rom, ihm folgt die milde Isis der Ptolemäer, und überall weinen die frommen Frauen um den gestorbenen Adonis. Umsonst wehrt sich dagegen das besonnene Griechentum, umsonst das nüchterne Rom der Republik. Denn all diese fremden Kulte (die wir indes nicht allsogleich mit eigentlichen Mysterienfeiern gleichzusetzen haben) sprechen das religiöse Bedürfnis des Menschen besser aus als der offizielle Kult der nationalen Götter. Cumont hat gewiß recht, wenn er sagt: «Wenn auch der Triumph der orientalischen Kulte bisweilen den Anschein eines Wiedererwachens der ursprünglichen Barbarei hervorruft, so stellen sie doch in Wahrheit einen fortgeschritteneren Typ dar als die alte nationale Frömmigkeit. Sie sind weniger primitiv, weniger einfach, mit mehr Organen ausgestattet als die alte griechisch-italienische Idololatrie[34].»

Indessen – und das ist eine grundlegende Feststellung, zu deren Erweis die Forschung immer mehr Belege beibringt – ist dieser Prozeß der Mysterisierung des hellenistischen Frommseins im Augenblick der christlichen Zeitenwende noch keineswegs beendet, ja noch nicht einmal in vollen Gang gekommen. Was wir für das erste Jahrhundert festzustellen vermögen, ist ein Zustand, den ich (mit einem nicht sehr gut gebildeten, aber zutreffenden Wort) als ‹Mysterienluft› bezeichnen möchte. Man denke nur an die gleichzeitigen, von Poseidonios ausgehenden Systeme der Philosophie, die alle dahin tendieren, Religionsersatz zu werden, Lebenstrost, Jenseitsversicherung, Theosophie und neupythagoräische Theurgie, somnium Scipionis. Dagegen ist zu dieser Zeit der Wirkumfang der eigentlichen Mysterieneinweihungen noch sehr auf Zirkel und auserwählte Orte, an die sie gebunden bleiben, beschränkt.

Anders wird dies erst vom zweiten nachchristlichen Jahrhundert an. Wie sich die Philosophie immer mehr zu dem Henotheismus neuplatonischer Färbung verdichtet, so bildet sich im frommen Fühlen und Streben ein Zustand heraus, den man glücklich die «spätantike dogmatische Koine[35]» genannt hat: es ist dies jener solare Pantheismus, dessen Geschichte wir in den Vorträgen des Eranos von 1943 kennengelernt haben[36], und darin wieder als Herzstück der Aufstieg der heilssehnsüchtigen Seele auf lunaren Wegen zu einem seligen Jenseits, das man sich nun nicht mehr im unterirdischen Hades denkt, sondern in einem astral-himmlischen Droben. Und diese Geisteshaltung ist es gewesen, die sich nun auch all der vielfältigen Formen der bisher noch bescheidenen Mysterienfeiern bemächtigt, nicht nur der östlichen Gebilde korybanthischer Raserei (um ihre ungriechische Wildheit mit theosophischen Symbolismen zu veredeln), sondern selbst der nüchtern heiligen Eleusinien, um in ihnen das zu finden, was schon Cicero in einem berühmten Wort in ihnen suchte: «In diesen Weihen erkennen wir die Grundlage des Lebens, und wir lernen hier nicht bloß froh zu leben, sondern auch mit besserer Hoffnung zu sterben[37].» Aber es läßt sich bei genauerem Zusehen doch gar nicht leugnen, daß in diesem Umschmelzungsprozeß die einzelnen Mysterienfeiern, so sehr ihre populäre und aufs ganze Imperium ausgreifende Bedeutung steigen mochte, ihr ursprüngliches Wesen verloren: in den wunderlichsten Mischgebilden konnte jetzt jedermann von dieser Mysterienspeise kosten und nippen; es entstand nun das, was Festugière trefflich die «Lesemysterien[38]» genannt hat: Beispiele klassischer Prägung sind dafür die hermetischen Schriftensammlungen, die von Dieterich rekonstruierte sogenannte Mithrasliturgie, oder der «Königliche Weg» des Philon[39]. So steht im 3. Jahrhundert – und erst jetzt – das spätantike Mysterienwesen vor uns, das ist seine Gestalt, wie wir sie aus der Fülle von Zeugnissen, die uns nun (und nicht vorher) aus antiken und aus christlichen Berichten vorliegen, rekonstruieren können. Und wer die subtile Aufgabe unternimmt, rückschließend das uralt-bodenständige Wesen der Mysterien aus diesen Allerweltsmysterien herauszusondern, darf sich niemals täuschen lassen von den Worten, wie sie von Plutarch bis Jamblichos zu finden sind.

Dieses Gebilde des späten Mysterienwesens müssen wir kurz noch genauer kennzeichnen – denn mit ihm wird sich das antike Christentum auseinanderzusetzen haben. Wir versuchen, seine in allen Teilformen gemeinsamen Grundzüge zu umreißen.

Eines ist allen Mysterien von ihrer Urzeit her geblieben: es sind Kulte einer Mutterreligion, in denen das göttliche Weib und ihr männlicher Geselle den Mittelpunkt bilden[40]. Ein urtümlich pflanzerisches Brauchtum verdichtet sich zur Kultlegende, und diese hinwiederum zu einem Mysterienritus, dessen Begehung den Einzuweihenden der Kräfte der Gottheit teilhaft werden läßt. Ursprünglich sind diese Mysterien durchaus Vegetationskulte, Fruchtbarkeitsriten, und die große Mutter ist die Verkörperung der immer neu quellenden und allgebärenden Naturkraft. Aber gerade darin liegt das Besondere, das ‹Mystische› der Mysterien: in dem jährlichen Aufleben und Sterben der Natur, im Wachsen und Zeugen und Hinsinken der Lebewesen, erschaut der Mensch der Mysterien ein Dahinterliegendes, und das ‹Symbol› des Naturgeschehens ist ihm nur die eine Hälfte des *Symbolon:* die andere dazu passende Hälfte ragt ins Jenseits, über das Sterben hinaus. Es steht fest, daß sich ganz früh schon an die mystischen Riten dieser Vegetationskulte Jenseitshoffnungen angeknüpft haben, und die Götter des Wachstums sind meist auch die Götter der Toten. So wird das uralte Mysterium, seitdem es der griechische Geist geläutert hat, zu einem Geheimnis des rätselhaften Lebens schlechthin, zu einer Weihung der immer neues Leben zeugenden Ahnenkette (C.G. Jung hat sie die «Apokatastasis der Ahnenleben» genannt), zu einer im schlichten Symbol der sterbenden und auferstehenden Natur erschauten und miterlebten Weihung der zukunftzeugenden Geschlechtskraft. Alles Lebendige quillt auf aus dem Mutterschoß der Erde, alles kehrt zu ihr zurück, und das Grab ist wiederum bergender Schoß neuen Lebens. «Ἅπαντα τίκτει χϑών πάλιν τε λαμβάνει» lautet ein schönes Fragment aus Euripides. Und durch alle Mysterien murmelt das uralte Lallgebet zur Erdmutter, das Aischylos in den Choephoren (890 f.) aufbewahrt hat: Μᾶ γᾶ μᾶ, γᾶ, βοὰν φοβερὸν ἀπότρεπε[41]. So bleibt denn das Tiefste dieser Mysterien durchaus einbeschlossen in den ungesprengten Kreis natürlichen Lebens: das ist das ‹mystère naturel›, von dem wir schon in früheren Eranos-Vorträgen gehört haben.

Damit hängt eng eine zweite Eigenart der Mysterien zusammen. Sie sind eine Gefühlsreligion. Sie wenden sich nicht an den denkenden oder gar grübelnden Verstand des Frommen, sie sind keine ‹Lehre› und kein ‹Dogma›, und die tausendfältig variierende Kultlegende ist für das fromme Tun belanglos. Hepding hat das für die Mysterien des Attis schön dargetan. Dieser Mysterienkult ist «frei von allem Dogmatismus» sagt er, und das gleiche gilt für fast alle anderen antiken Kulte, «im wesentlichen besteht er vielmehr in der Ausübung bestimmter, alt überlieferter Riten. Diese sind das Feste, Bleibende; wer in genauer Ausführung dieser rituellen Vorschriften die Götter verehrt, der ist εὐσεβής nach der Auffassung der Alten[42].» Somit wendet sich der Mysterienbrauch wesentlich an das fromm-dunkle Gefühl, ja in gewissen Formen geradezu an die Nerven der Mysten. «Allen Mysterien gemeinsam ist ein Ritual, das sich mit starken äußeren Mitteln, mit grellen Ton- und Lichtwirkungen an das Gefühl wendet, und eine vieldeutige Symbolik, die die elementaren Vorgänge zu Abbildern übersinnlicher Geheimnisse erhöht. Die Nähe der Gottheit wird den Gläubigen dadurch viel unmittelbarer zum Erlebnis als in den verblaßten Kulten ...

alles ist darauf angelegt, die innere Sammlung, der die Hast des Lebens sonst keinen Raum läßt, gewaltsam zu erzwingen ... so erklärt sich auch die Bevorzugung ekstatischer Kulte, vor deren ungebändigtem Taumel die hellenische Seele sonst nur Schauder empfunden hatte[43].» Nun ist gewiß richtig (darauf machte mich an Eranos Karl Kerényi feinsinnig aufmerksam), daß wir solche Schilderungen der aufregenden Mysterienriten vorsichtig beurteilen müssen: denn wir werden dabei wohl allzusehr beeinflußt von den antiken Berichten, die zweifellos literarische Aufmachung sind und viel eher in die Gattung der ‹Lesemysterien› gehören. Das klassische Beispiel dafür ist des Apuleius Bericht von der Isisweihe. Und hierher gehört auch die berühmte Beschreibung, die Plutarch von dem Eindruck einer Mysterienweihe gibt: «Zuerst Irrgänge und mühevolles Umherschweifen, gewisse erfolglose und gefährliche Gänge in der Finsternis. Dann vor der Weihe selbst alle Schrecknisse, Schauer und Zittern, Schweigen und ängstliches Staunen. Hierauf bricht ein wunderbares Licht hervor, freundliche Gegenden und Wiesen nehmen uns auf, und es zeigen sich uns Stimmen und Tänze und die Herrlichkeit heiliger Gesänge[44].» Aber trotz aller Vorsicht werden wir sagen dürfen: Mysterienkult war durchaus Gefühlsfrömmigkeit. «Die Mysten sollen nichts lernen, sondern etwas erleiden und so zur Tauglichkeit geformt werden[45]» lautet ein Fragment aus Aristoteles: οὐ μαθεῖν ἀλλὰ παθεῖν das ist das Ziel der Initiation.

Ein drittes und letztes Kennzeichen soll hier noch kurz angedeutet werden, und es gilt dies besonders von den Mysterien, wie sie sich uns in ihrem Endstadium, in der Häufung und zugleich Auflösung, darstellen. Ich möchte die Stimmung der spätantiken Frommen, aus der das Mysterienwesen seine so zähe Lebenskraft sog, eine ‹nervöse Heilsunsicherheit› nennen, das Oszillieren der ausgesternden Lebenskraft eines sterbenden religiösen Gebildes. In der Müdigkeit des Zerfallens nimmt das Mysterienwesen alles in sich auf, was von außen her herangetragen wird – auch Christliches. Und zugleich geschieht das Seltsame, daß seine im Absterben dekomponierten Elemente von neuem Blut aufgenommen werden und in neuen Adern weiterfließen, in Byzanz und bei den Arabern – und im Christentum. Diesem Zustand aber entspricht die Seelenhaltung der Frommen: eine ungeheuer gesteigerte Heilssehnsucht, aber eine sublim müde, weltflüchtige Philosophie und eine wirre Fülle von Mysterien, die das Heil versprechen. Auf dem Marmoraltar, den im Jahre 376 nach Christus der Römer Sextilius Agesilaus Aedesius der Großen Mutter und ihrem Gesellen Attis weiht, zählt der fromme Mann die Mysterien auf, in die er eingeweiht ist und die ihm ‹ewige Neugeburt› verhießen: «pater patrum dei Solis invicti Mithrae, hierofanta Hecatarum, dei Liberi archibucolus, taurobolio criobolioque in aeternum renatus[46].» Und die vornehme Römerin Paulina war laut ihrer Grabschrift «sacrata apud Eleusinam deo Baccho Cereri et Corae, sacrata apud Laernam deo Libero et Cereri et Corae, sacrata apud Aegynam deabus, taurobolita, Isiaca, hierophanta deae Hecatae[47].» Das ist wirklich das Ende. Also müssen wir niemals nur das Mysterienwesen, sondern auch die Mysterienverwesung anschauen, wenn wir abschätzen wollen, ob und wie dies alles auf das Christentum einen Einfluß ausgeübt hat.

Diesem Überblick über den geschichtlichen Wandel und die typischen Merkmale der Mysterien müßte nun ein ähnlicher Überblick über Wesen und Wandel des Christentums im gleichen Zeitraum gegenübergestellt werden. Denn so sehr in den ersten fünf Jahrhunderten Lehre und Leben des Christentums durch die Klammer der apostolischen Tradition zu einer strikten Einheit zusammengefaßt bleibt, so sehr ist es auch richtig, daß sich in der gleichen Zeit ein ungeheurer Wandel vollzog an der sichtbaren Kirchengestalt in Lehrausdruck und Ritus und geistlichem Lebensideal. Eine Vergleichung zwischen Mysterien und Christentum muß demnach stets auch die Perioden dieses Kirchenwandels vor Augen behalten. Die Theologie des Paulus und des Origenes und des Augustinus: welche Welten von Wandlungen in der lebendigen Einheit der gleichbleibenden Wahrheit! Das urchristliche Herrenmahl in Korinth und das von goldener Bilderwand verborgene Mysterium des byzantinischen Ritus: welche Wandlung in der lebendigen Einheit des gleichen Glaubens! Hier gilt es behutsam zu sondern und zu scheiden, sozusagen die Jahrhunderte an ihrem Platz zu lassen. Man kann, um etwa ein Beispiel anzuführen, den angeblichen Mysteriencharakter der in der Taufe sich vollziehenden Mimesis des gestorbenen und auferstandenen Christus, wie das Paulus im Römerbrief lehrt, nicht mit einem Wort aus Kyrillos von Jerusalem nachweisen, und man darf den Pseudoareopagiten mit seiner spätgriechischen Mysteriensprache nun nicht doch wieder heimlich auf den Areopag des Paulus zurückversetzen. Und so bleibt es denn bei den wohlbedachten Cäsuren der altchristlichen Lebensentfaltung: die Urzeit (1./2. Jahrhundert) wird abgelöst von der Zeit der Ausgestaltung in Theologie und Ritus (3. Jahrhundert), und darauf baut sich organisch die endgültige Gestalt der Kirche auf, wie sie die Antike ihr zu geben berufen war (4./5. Jahrhundert).

Dem aber entsprechen nun die drei Perioden des spätantiken Mysterienwesens, und jetzt erst sind wir imstande, die gleichsam kontrapunktische Annäherung und Abstoßung zwischen den beiden zu vergleichenden religiösen Größen richtig zu überblicken.

Das Urchristentum, geformt vor allem durch die paulinische Theologie, sieht sich in jene Welt gestellt, die wir von der ‹Mysterienluft› durchweht fanden. Somit ist es ein Unding, etwa genau herausbringen zu wollen, gegen welches ‹Mysterium› Paulus im Kolosserbrief schreibt, oder welches Mysterium die endgültige ‹Quelle› sei für die Lehren des Römerbriefs oder des ersten Petrusbriefes. Hören wir nocheinmal den besonnenen C. Clemen über diese wichtigste der Fragen aus dem ganzen Komplex der Beziehungen zwischen Mysterien und Christentum: «Das Christentum unterschied sich von den Mysterienreligionen durch seinen geschichtlichen Charakter und die ganz andersartige Bedeutung, die man der Erscheinung und dem Tod des christlichen Erlösers zuschrieb ... und so darf man mit Heinrici sagen: ‹Fragt man nach dem Gesamtcharakter des Urchristentums, so könnte es eher eine Antimysterienreligion genannt werden als eine Mysterienreligion[48]›.» Man wird indessen bei Paulus, ja auch noch bei Ignatius oder in anderen urchristlichen Schriften, ein sich anpassendes Eingehen auf eine gedämpfte Art von Mysteriensprache nicht verneinen können.

Ganz anders liegen die Dinge in der zweiten Periode. Das dritte Jahrhundert ist nicht nur die Zeit der überbordenden Mysterisierung des ganzen spätantiken Denkens und die Zeit der Einverleibung der Mysterien in die neuplatonische Theosophie und Mystik; in der gleichen Zeit bilden sich Theologie und Kultus der

Kirche zu festgefügten Gebilden aus. Hier setzt nun (und erst hier) die unmittelbare Aussprache zwischen Mysterien und Christentum ein. Die Apologeten, alle überbietend Tertullian, bekämpfen die Mysterien als ‹diabolische Nachäffungen› christlicher Wahrheit; die Bestreiter der üppig wuchernden Gnosis decken auf, wie die Theurgen der neuen Lehren das Christliche mischen mit Mythen und Riten der Mysterien; die Theologen, allen voran Clemens von Alexandrien, beginnen, den griechischen Menschen das Mysterium des Logos zu zeigen in Bildern, die ihnen vertraut sind. Und von ihrer theologischen Sprache ist das griechische Christentum für immer geformt worden – G. Anrich[49] hat schon vor fünfzig Jahren belesen und behutsam diesen langsam von Alexandrien aus anhebenden Prozeß dargestellt und gezeigt, wie sich eine gewisse Mysterien-Terminologie im kirchlichen Sprachgebrauch einführte; und die neuesten Untersuchungen über die Wortgeschichte von *Mysterion* und *sacramentum*[50] lassen noch deutlicher erkennen, wie sich in dieser Periode sowohl aus abwehrender Apologetik als auch aus heimholender Adaptation in Theologiesprache und in Kultgestaltung manches Gedankengut und Wortbild aus dem Mysterienwesen ins Christentum eingewandelt hat.

Nocheinmal anders endlich steht die Frage der Beziehung zwischen Mysterien und Christentum am Ende der antiken Religion, in der Zeit der zerfallenden Allerweltsmysterien. Sie sind nun, trotz der Reaktion des Kaisers Julian, kein lebendiger Gegner mehr, mag man auch jetzt noch in manchen Zirkeln (denn auf solch aristokratisch sich absondernde Geheimzirkel zieht sich seltsamerweise ganz am Ende der Mysterienkult wieder zurück) eine neuplatonische Christengegnerschaft im Sinne des Porphyrios erneuern oder in Alexandrien das literarische Werk des Julian als ‹hellenische Hochburg gegen die Herrlichkeit Christi[51]› preisen. Diesem sterbenden Gegner entspricht indessen auf der Seite des siegreichen Christentums eine – man möchte fast sagen manirierte Mysterienterminologie, in der nun unbedenklich eine Fülle von Ausdrücken, eine Geheimdisziplin und manches liturgische Tun übernommen werden. Man denke nur an das klassischste Beispiel, den Pseudoareopagiten mit seiner für die byzantinische Zukunft so wichtigen Sprechweise. Aber schon vor ihm hören wir Chrysostomos von den «schauervollen und frierenmachenden Mysterien» predigen, und an dem so bedeutsamen Wandel der liturgischen Formen, die wir aus den sogenannten Apostolischen Konstitutionen oder aus Basilius ablesen können, wird erfaßbar, wie sich Hellenismus langsam wandelt zu Byzantinertum – und in eben diesem Prozeß gehen auch die letzten, abgegriffenen Erbstücke aus dem Schatz der Mysterien in christlichen Besitz über, um dort in einem ganz anderen Sinne neuen Glanz zu erhalten.

Diese dreifache Schichtung im Werden und in der Begegnung der beiden Vergleichsgrößen muß also vorsichtig voneinander geschieden werden, den verschiedenen Schriftschichten eines Palimpsestes vergleichbar. Erst dann dürfen wir es wagen, Unterschied und Ähnlichkeit zwischen Mysterien und Christentum anzugeben und zu werten. Diese Aufgabe obliegt uns nun: wir werden uns bemühen zu zeigen, wie das Christentum in seinem von Gott in Christus geoffenbarten Wesen weder in Entstehung noch in Entfaltung irgend etwas Wesentliches mit dem antiken Mysterienwesen zu tun hat – wir werden also die trennenden Unterschiede mit scharfer Klarheit angeben. Aber wir werden dann ebenso zeigen müssen, wie seit dem dritten Jahrhundert die antike Kirche dem mysterienfreudigen Griechen entgegenkommt, um ihm ihre eigenen Mysterien zu deuten in den altvertrauten Bildern und Worten. Clemens von Alexandrien ist ihr Chorführer, in dem berühmten Mysterienkapitel seines Protreptikos redet er den hellenischen Menschen also an: «Komm, du Betörter, nicht auf den Thyrsos gestützt, nicht mehr mit Efeu bekränzt. Wirf weg die Stirnbinde, wirf weg das Hirschfell, werde nüchtern! Ich will dir den Logos zeigen und die Mysterien des Logos, und ich will sie dir deuten in den Bildern, die dir vertraut sind. Hier ist der von Gott geliebte Berg, nicht mehr wie der Kithairon ein Schauplatz von Tragödien, sondern geweiht den Dramen der Wahrheit ... O wie wahrhaft heilig sind diese Mysterien, wie lauter ist dieses Licht! Heilig werde ich, da ich eingeweiht bin in die Mysterien. Der Herr enthüllt die heiligen Zeichen, denn er selbst ist der Hierophant. Und mit den Engeln wirst du einst den Reigen tanzen um den ungeschaffenen und unvergänglichen und wahrhaft einzigen Gott – und Gottes Logos stimmt ein in unsere Loblieder[52].»

Wenn wir nach einem Wort griechischer Prägnanz suchen, das kurz und erschöpfend das tiefe Problem des Verhältnisses zwischen antikem und christlichem Mysterium auszudrücken vermag, so möchte ich in einem übertragenen Sinn die christologische Tessera des Konzils von Chalkedon anwenden: ἀσυγχύτως καὶ ἀδιαιρέτως, «unvermischt aber ungetrennt». Es gilt auch in unserem Problem, die sozusagen gottmenschliche Mitte zu halten zwischen einer allzumenschlichen Vermengung im Sinne einer genetischen oder ideellen Abhängigkeit und einer unmenschlichen Trennung, als sei das Wesen des Christentums in allen seinen Belangen eine mit jeglichem Menschenwerk schlechthin inkommensurable Größe.

So ist es denn zunächst meine Pflicht, mit der Schärfe jener oben gezeichneten untadeligen Methode das ‹Unvermischte› vorzulegen: den wesentlichen Unterschied zwischen der Offenbarungsreligion des Christentums und den antiken Mysterien; zwischen dem μυστήριον ἀποκεκρυμμένον (Eph. 3, 9) der Christen und den μυστήρια der Hellenisten; zwischen dem «mystère naturel» *(Mysteria)* griechischer Mysteriensymbolik und dem «mystère surnaturel» *(Mysterion)* der neutestamentlichen Heilslehre. Und dies nicht im Sinn einer bloßen Apologetik, sondern im Dienst der reinen Historie.

Der gleiche Clemens von Alexandrien, den wir vorhin noch zu den Hellenen sprechen hörten «in Bildern, die ihnen vertraut sind», legt einmal mit einer Schärfe ohnegleichen den wesentlichen Unterschied zwischen antiken Mysterien und christlichem Mysterium dar: «Soll ich dir nun auch die Mysterien aufzählen? Ich will ihre Geheimnisse nicht ausplaudern, wie es Alkibiades getan haben soll. Aber ich will, geleitet vom Logos der Wahrheit, ganz deutlich den in ihnen verborgenen Schwindel aufdecken.» Und nachdem er dann in einem berühmten, für die Erforschung der antiken Mysterien grundlegend wichtigen Kapitel die wichtigsten ihrer Kultfeiern beschrieben hat, fährt er fort: «Das also sind die Mysterien der Gottlosen. Gottlos aber nenne ich mit Recht diejenigen, die den wahrhaft seienden Gott nicht kennen ... ich aber zeige euch dies, damit ihr endlich euren Irrweg aufgebt und wieder zum Himmel zurück euren Lauf nehmet. Denn auch wir waren einmal Kinder des Zorns wie die übrigen: aber Gott, der da reich ist an Barmherzigkeit, hat uns in seiner großen Liebe, als wir durch unsere Sünden tot waren, wieder lebendig gemacht mit Christus. Lebendig ist ja der Logos, und wer mit Christus begraben ist, wird mit Gott erhöht. Nicht mehr sind wir Kinder des Zorns, denn wir haben uns vom Irrtum losgerissen und eilen der Wahrheit entgegen[53].»

Hier vernehmen wir also aus dem Munde des alexandrinischen Griechen und Christen, der doch gewiß nicht im Verdacht einer Mysterienfeindlichkeit steht, mit paulinischen Worten und paulinischer Schärfe den unüberbrückbaren Gegensatz im Wesen der beiden Vergleichsgrößen. Das *Mystérion* der neutestamentlichen Offenbarung, wie sie zunächst bei Paulus vorliegt (Röm. 16, 25 f.; 1. Kor. 2, 7/10; Kol. 1, 26 f.; Eph. 1, 8/10; 3, 3/12) kann etwa so zusammengefaßt werden: *Mystérion* ist die in den Tiefen der Gottheit von Ewigkeit her geplante und verborgene göttlich freie Entschließung zur Heilung des in der Sünde von Gott getrennten Menschen; dieser verborgene Ratschluß wird in Christus dem Gottmenschen offenbar, der durch seinen Tod allen Menschen das ‹Leben› schenkt, das heißt, sie beruft zur Teilnahme an seinem eigenen göttlichen Leben, das im Glauben und im Sakrament sittlich wollend umfaßt wird und sich jenseits des irdischen Todes auswirkt in der seligen Schau vollendeter Gotteinigung.

Mysterion ist mithin, jedenfalls bei Paulus, der Inbegriff des in Christus geoffenbarten Erlösungsratschlusses und seiner Auswirkung[54]. Mysterion ist das ungeheure Drama der Menschenerlösung, das aus den Tiefen Gottes ausgeht, in Christus und der Kirche sichtbar wird und in die Tiefen Gottes heimkehrt, das «Drama der Wahrheit[55]», wie Clemens von Alexandrien später sagen wird. Darum ist Mysterion immer zugleich ein Offenbarwerden und ein Verborgenbleiben der göttlichen Heilstat: offenbar in der Wahrheitsmitteilung durch den verkündenden Christus; verborgen in der Unbegreiflichkeit der auch nach der Mitteilung nicht voll einzusehenden, nur vom Glauben umfaßbaren göttlichen Aussage. Denn es ist dieses Mysterion das Drama der Übernatur, der jegliche Menschnatur und jegliches Menschendenken wesentlich übersteigenden Aufnahme des Geschöpfes in die Kindschaft. Das christliche Mysterion ist immer eine ‹geheime Offenbarung›: geheim, weil hienieden immer nur an den Glauben sich wendend und innerhalb des gläubigen Annehmens nur langsame Aufstiege in das Verstehen, in die heilige Gnosis, eröffnend; offenbar, weil ‹von den Dächern gepredigt› und sich an die Gesamtmenschheit wendend, mit Ausschluß jeglichen Esoterismus und jeglicher Geheimlehre.

Schon von daher wird einsichtig, daß sich Paulus in der Prägung seiner Lehre und Worte vom christlichen Mysterium wesentlich unterscheidet von dem, was man im hellenistischen Denken unter μυστήρια *(Mystéria)* verstand. Das läßt sich noch vertiefen, wenn wir auf das Sprachgeschichtliche blicken. Wo hat Paulus seine Terminologie entnommen? Wir lassen gewiß (im Sinne der oben dargelegten Grundsätze) die Möglichkeit offen, daß er bewußt zu solchen Wortbildungen griff, um in Kolossai und in Ephesus und in Korinth gegen das anzukämpfen, was wir früher ‹Mysterienluft› genannt haben. Aber neben solchen Vermutungen stehen Tatsachen: es gab schon vor Paulus einen ‹Mysteriensprachgebrauch› – Christus selbst hat die Botschaft gebracht von den μυστήρια τῆς βασιλείας τῶν οὐρανῶν, «Geheimnissen des Himmelreiches», die den Jüngern zu verstehen gegeben ist[56]. Und wenn wir nicht mehr genau angeben können, was in Jesu aramäischer Ursprache dafür stand, so steht das Wort jedenfalls vor Paulus bei Markus und im griechischen Matthäus. Und in welchem Sinne? Die Mysterien des Königreichs sind Jesu «geheime Offenbarung», seine königlich souveränen Mitteilungen, die indes zugleich verborgen sind in der Hülle der Parabeln, «auf daß sie sehen und doch nicht sehen, hören und doch nicht hören» (Matth. 13, 13): Christus gibt selbst die Interpretation seines Mysteriums. Und dieser Wortsinn weist wiederum weiter zurück in die Sprechweise des Alten Testaments, insonderheit der sogenannten deuterokanonischen Bücher: Mysterion ist hier das «sacramentum regis» (Tob. 12, 7), der geheime Ratschluß eines Königs, der nur Vertrauten mitgeteilt wird, der in der Brust des Allherrschers ausgeheckte Kriegsplan, den er seinem Rat mitzuteilen geruht (Judith 2, 2), die Feldzugslist, die der Überläufer dem Feind verrät und kundmacht. Das also ist der Denkinhalt, der sich für die Übersetzer der Septuaginta mit dem Wort *Mystérion* verbindet; Jesus und ihm folgend Paulus übertragen ihn auf den göttlichen Ratschluß, der verborgen war und nun «allen Heiligen kund ist» (Kol. 1, 26). Wie weit entfernt sind wir hier von einer Sinngebung, wie sie sich im hellenistischen Denken mit dem (stets im Plural gebrauchten) Ausdruck *Mystéria* verbindet! Es ist das Verdienst der neuesten Forschung, gezeigt zu haben, daß sich das neutestamentliche Mysterion nicht in jenem kultischen Sinn deuten läßt, den es im antiken Religionswesen besitzt.

Ja, weit in das 2. Jahrhundert hinein, bei Ignatius und Justin und Irenäus, selbst bei Clemens von Alexandrien noch, bleibt der Wortsinn von Mysterion viel eher in diesem Bereich paulinischer Prägung als in demjenigen des antiken Kultmysteriums[57]. Das große Heilsdrama der Offenbarung Gottes in Christus, und darin im besonderen die eine einzige Parabel darstellende alttestamentliche Heilsgeschichte, die in Christus ihre lösende Erklärung findet; die Heilstaten Christi, vor allem sein Kreuztod; die Kirche, und innerhalb der Kirche die Sakramente und die Formulierungen der im Glaubenssymbol enthaltenen Wahrheiten: dies alles nennt man Mysterion, weil es Taten und Riten und Worte sind, die aus dem unergründlichen Ratschluß Gottes ausströmen, und die selbst hinwiederum in ihrer sichtbaren, kleinen, bescheidenen Hülle den unergründlichen Reichtum Gottes bergen und andeuten und mitteilen: ‹Drama der Wahrheit›. Ein unbekannter Grieche des 4. Jahrhunderts hat dieses Wesen des christlichen Mysteriums in die Worte geprägt: «Alles, was wir von Christus aussagen, ist nicht nur eine bloße Wortverkündigung, sondern ein Mysterium der Frömmigkeit. Denn die gesamte Heilsveranstaltung Christi wird ein Mysterium genannt, da das Mysterium nicht nur in einem bloßen Buchstaben erscheint, sondern in einem Tun verkündet wird» – ἐν τῷ πράγματι κηρύττεται [58].

Dieses christliche Mysterium nun müssen wir noch genauer mit dem antiken Mysterienwesen in Vergleich setzen, um den Unterschied klarzustellen. In drei Gesichtspunkten läßt sich das zusammenfassen: das Christentum ist ein Mysterium der Offenbarung; ein Mysterium der sittlichen Forderung; ein Mysterium der Gnadenerlösung. Und eben darin liegen unüberbrückbare Gegensätze zur hellenistischen Mysterienfrömmigkeit.

‹Mysterium der Offenbarung› des Einen Gottes in der geschichtlichen Person Christi: also aufbauend auf dem strengsten Monotheismus, gläubig aufnehmend eine genau umgrenzte dogmatische

Lehre, verkündet von dem unter Pontius Pilatus gekreuzigten Jesus Christus. Dagegen halte man nun die Gestalt der antiken Mysterien, wie sie zur Zeitwende lebendig war: noch keine Spur von dem erst seit dem 3. Jahrhundert in theosophisch symbolisierendem Denken mühsam zusammengesetzten Henotheismus solarer Prägung; Irrelevanz der wirr vielfältigen Kultlegenden; naturalistisch gedachtes, rein gefühlsmäßig ersehntes Heilsverlangen. Es ist und bleibt ein Rätsel, wie man je in den Zeiten der ungehemmten ‹Religionsgeschichte› diese beiden Größen auch nur miteinander zu vergleichen wagte, oder gar die Grundlehren des Christentums aus Mysterienreligionen abzuleiten suchte. «Ohne ein Prophet zu sein, kann man voraussagen, daß eine kommende Generation es einfach nicht mehr begreifen wird, mit welchem Ernst man vordem eine innerliche Verwandtschaft zwischen Mysterien und Christentum in so vielen Grundbegriffen behauptet hat[59].» Die christliche Offenbarung ist nicht Mythos, sondern Geschichte, und ihr Niederschlag ist das sichtbare Wesen der Kirche, in dem greifbar deutlichen Wort des Neuen Testamentes, der genau angebbaren apostolischen Tradition, der fest geprägten Grundgestalt der Sakramente. Der Gott des christlichen Mysteriums ist nicht das wenngleich noch so sublime Gedankengebilde oder Sehnsuchtsgebilde des religiös suchenden hellenistischen Menschen, nicht der Gott der Gelehrten, nicht einmal der Gott der Mystiker, sondern der Gott, von dem Pascal in seinem berühmten Bekenntnis gesagt hat: «Gott Abrahams, Isaaks und Jakobs, nicht der Philosophen und der Gelehrten, Gott, der nur gefunden wird auf den Wegen, die im Evangelium gelehrt sind.» Darum ist das christliche Mysterium jedem bloßen Hellenen Torheit (1. Kor. 1, 23). Denn es ist Menschwerdung und Menschentod Gottes. «Die Botschaft von dem gekreuzigten Christus ist völlig unmythisch», sagte G. Kittel in seinen Vorträgen an der Universität zu Uppsala, «sie ist nicht ein Lied und nicht ein Klang und nicht ein Gedanke und Mythos und Symbol. Sie redet nicht von einer fernen Sage, sondern von einer ganz unmittelbar nahen, ganz realistischen, ganz brutal schimpflichen, furchtbaren Gestalt der Geschichte ... Der fürchterliche Realismus des Kreuzes ist durch keinerlei Patina des Alters und durch keinerlei Ästhetik gemildert. Man versteht, warum diese Predigt Torheit und Ärgernis sein mußte. Und doch wohnen die Dinge nahe beieinander: dieser selbe Realismus, dieselbe nackte geschichtliche Wirklichkeit, in der aller Anstoß, alle Verächtlichkeit des in die Welt hinaustretenden Christentums sich konzentriert, ist zugleich die letzte und tiefste Wurzel seiner Kraft ... Schöne und tiefe Gedanken, geheimnisvollen Zauber, Mysterium – all dies kannten die anderen Religionen so gut und besser als das Urchristentum. Wenn ihre Gläubigen der Botschaft Christi lauschten, dann taten sie es allein, weil es die Botschaft eines ganz realistischen Wirklichkeitsanspruches war[60].» So verschwand denn dem Christen, der aus dem weichen Zauber der hellenistischen Mysterienluft in die erlösende Klarheit des Glaubens an Christus aufgestiegen war, das ganze Wesen dieses Mysterienkults mit einem Schlag wie ein böser Spuk.

Mysterium der sittlichen Forderung. Um hier den grundlegenden Unterschied zwischen Christentum und Mysterien greifbar zu machen, müßten wir jener Frage genauer nachspüren, die ein so kompetenter Forscher wie J. Leipoldt einen «Sachverhalt von ungeheurer Tragweite[61]» genannt hat: der Frage nämlich nach dem Verhältnis der antiken Mysterienfrömmigkeit zu den Forderungen eines sittlichen Strebens. Wenngleich die antiken Mysterien alle ob ihres Ursprungs in den Vegetationsriten mit ihrem auch sexuellen Einschlag von Haus aus nicht eben geeignet sind, sittlich bildend und fordernd zu wirken, so wollen wir doch nicht so skeptisch sein, wie dies einst E. Rohde[62] war und wie es neuestens noch G. Kittel[63] ist; wir haben da vielmehr nach dem Vorgang des höchst belesenen und feinsinnigen J. Leipoldt wohl zu unterscheiden zwischen den sittlichen Forderungen der altgriechischen Mysterien und dem fast völligen Mangel an Ethik in den vom nichtgriechischen Osten importierten Mysterienkulten; ebenso wollen wir gut unterscheiden zwischen dem sittlichen Zustand der Mysterien um die Zeitenwende und der erst vom dritten Jahrhundert an versuchten sittlichen Aufwertung derselben, die gleichläuft mit deren Uniformierung zu einer Seelentröstung im Sinne des solaren Henotheismus. Aber nun stelle man dem ethischen Ertrag einer wenn auch noch so günstigen Betrachtung der Mysterien die sittliche Höhe der neutestamentlichen Forderungen entgegen, und ebenso die Verwirklichung dieser Forderung im Urchristentum. Welch wahrhaft unkommensurable Höhenunterschiede – und das ist nicht etwa die Feststellung einer voreingenommenen Apologetik, sondern lauterstes Ergebnis der Quellenuntersuchung, vorgelegt von Forschern, denen man diese historische Feststellung nicht etwa mit dem Vorwurf bekenntnismäßiger Gebundenheit verdächtigen darf[64]. Nein, gemessen an der Skala der sittlichen Forderung, stehen sich Christentum und Mysterien wie getrennte Welten gegenüber, zwischen denen keinerlei verbindender Kraftstrom flutet. Mysterienfrömmigkeit ist im besten Falle der immer erdgebundene tragische Versuch einer sittlichen (oft gar nur einer rituellen) Läuterung und eines seelischen Aufstiegs aus eigener Kraft – Christentum ist nicht Aufstieg, sondern Herabkunft Gottes und Eingießung göttlicher Gnadenkraft zur sittlichen Umgestaltung in der Liebe zu Christus.

Das hängt aufs engste zusammen mit dem dritten Unterschied: das Christentum ist ein Mysterium der gnadenhaften Erlösung. Man hat gar viel von den hellenistischen ‹Erlösungsreligionen› geschrieben – oder besser gedichtet, und es ist dies der klassischste Fall jener unseligen Manie, das Bild der antiken Mysterien in christlichen Farben zu malen. Auch hier gelangt die neueste Forschung, und dies in allen Lagern, zu wesentlich nüchterneren Ergebnissen. Ohne die um die Zeitenwende lebendige allgemeine, aber unbestimmte Sehnsucht nach einem heilenden Gott und einer goldenen Zeit des Friedens zu leugnen, muß doch ebenso klar festgestellt werden, daß das von allen Mysterien verheißene Heil sich durchaus in einer naturgebundenen und so ins Jenseits transponierten ‹Erlösung› bestand. «Die Vorstellung, daß der Gott stirbt und aufersteht, um seine Gläubigen zum ewigen Leben zu führen, ist in keiner hellenistischen Religion vertreten» bucht sachlich und belesen der Franzose A. Boulanger[65]. Das von Christus verkündete Heil liegt auf einer ganz anderen Ebene. Es setzt den sittlichen Sündenfall voraus, ist mithin Erlösung von der Schuld, vom ethisch und theologisch Bösen, nicht aber Befreiung von der irgendwie als widergöttlich oder bös gedachten Materie des Fleisches. Christliche Erlösung ist Sündenvergebung durch den Kreuzestod Christi – und selbst ein von der genetischen Abhängigkeit des Christentums von den Mysterien so überzeugter Forscher wie R. Reitzenstein sieht darin einen wesentlichen Gegensatz: «Das Neue am Christentum ist die Erlösung als Vergebung von Sünde. Der furchtbare Ernst der Predigt von Schuld und Versöhnung fehlt dem Hellenismus[66].» Und wie die Sünde, so liegt auch das neugeschenkte Leben im christlichen Mysterium jenseits alles bloß Natürlichen: es ist ‹ewiges Leben›, ‹Neugeburt› und ‹Schau› in einem Sinne, wie er in keinem einzigen Zeugnis aus der Mysterienfrömmigkeit belegbar ist. A. Oepke faßt diesen fundamentalen Unterschied so zusammen: «Auf der einen Seite zeitloser, naturalistischer Wiedergeburtsindividualismus, auf der anderen Seite geistige Geschichtsgebundenheit, eschatologisch verstandene Neuschöpfung der Gesamtheit[67].» Und J. A. Festugière, einer der aufgeschlossensten Kenner des hellenistischen Geistes, sagt: «Die Gottvereinigung in den Mysterien hält sich stets innerhalb der sinnengebundenen Sphäre, das rein geistige Pneuma des christlichen Mysteriums entrückt es jeder Ebene der Naturgebundenheit[68].» Und F. J. Dölger: «Bei den Mysteriengottheiten ist der Gott mit der Natur gleichgesetzt. Die Auferstehungsfeier ist darum ... nicht eine Erinnerungsfeier an einen geschichtlichen Vorgang, sondern das Gedächtnis an ein Ergebnis, das sich alljährlich wiederholt[69].» Das christliche Mysterium von der Erlösung ist also nur begreifbar von dem Begriff der übernatürlichen, in der Ursünde verlorenen und durch das Kreuz wiedergewonnenen Gotteskindschaft aus; und das Mysterium der Gnade ist nur begreifbar von dem eschatologisch gedachten Begriff der im Jenseits sich vollendenden unmittelbaren Schau Gottes aus. Das aber sind die Grunddogmen des Christentums, wie sie Jesus verkündet und Paulus geformt hat. Darin ist das Wesen des christlichen Mysteriums schlechterdings etwas Neues und etwas anderes als die antiken Mysterien, und es bleibt dabei, daß so gesehen das Ergebnis jeglicher vergleichenden Religionsgeschichte immer nur die tiefere Erkenntnis sein kann vom unvergleichlichen Christentum. G. Kittel, der protestantische Theologe, schloß seine schwedischen Vorträge mit einem Wort, das auch ich mir an den Schluß dieser meiner Ausführungen von dem $\mathit{\dot{\alpha}\sigma\upsilon\gamma\chi\acute{\upsilon}\tau\omega\varsigma}$, der Unvergleichbarkeit zwischen hellenischem und christlichem Mysterium zu setzen erlaube: «Das Bekenntnis des Urchristentums aber heißt: ‹Nun sind wir denn gerecht geworden durch den Glauben, und so haben wir Frieden mit Gott durch unseren Herrn Jesus Christus. Ich bin gewiß, daß weder

Tod noch Leben und keine Kreatur uns scheiden mag von der Liebe Gottes, die in Jesus Christus ist, unserem Herrn›. Wer diese Verse verstanden hat, der weiß, worin die Besonderheit, das Andere, der weiß auch, worin die tiefste Kraft des Urchristentums gegenüber allen anderen Religionen und Weltanschauungen seiner Zeit lag [70].»

Nachdem wir so nun mit scharfer Klarheit die Dinge auseinandergesetzt haben, sind wir berechtigt und imstande, sie auch wieder zusammenzusetzen, denn sie sind doch auch wieder ἀδιαιρέτως von dem zusammengefügt, der da ist der Gott der Hellenen und der Vater Jesu Christi. Erst jetzt können wir mit richtigem Takt abschätzen, worin die gegenseitigen Beeinflussungen zwischen antikem Mysterienwesen und antikem Christentum bestehen. Wir greifen dabei zurück auf die früher theoretisch vorgelegten dreifachen Berührungspunkte, an denen sich ein Austausch vollzogen haben kann.

Eine Fülle von Gedanken, Worten und Riten, die man früher unbesehen als ‹Entlehnungen› des Christentums aus Mysteriengebräuchen bezeichnet hat, ist im Leben der antiken Kirche lebendig geworden aus einer Wurzel her, die zwar mit geschichtlich-genetischer Übernahme nichts zu tun hat, wohl aber aus dem Tiefgang menschlicher Gemeinsamkeit entspringt, aus der dem Heiden und dem Christen gemeinsamen leibgeistigen Natur: ‹von unten her› haben wir das früher genannt. Jede Religion schafft sich sinnenfällige Bilder der geistigen Wahrheiten: wir nennen sie die Symbole. Auch die Offenbarungsreligion des Gottmenschen konnte nur in menschlich begreifbaren Bildern sprechen: «und ohne Parabeln redete er nicht zu ihnen»[71]. Und der jenseitige Inhalt seiner Verkündung hüllt sich in urmenschliche Bilder vom Vater, vom König, vom Licht und Dunkel, vom lebendigen Wasser und vom brennenden Feuer, von der Perle und vom Samenkorn. Das gleiche gilt von den kultischen Riten, die er eingesetzt hat zur Andeutung und Bewirkung jenseitiger Gnade: Waschung und Speisung und Salbung und Gericht. Kommen nun ähnliche Ahnungen und Formen auch in den Mysterienreligionen vor (nach nüchterner Befragung und Wertung der Quellentexte), so stoßen wir eben auf jenes Gesetz, das K. Prümm das Gesetz des Zusammenhangs von Sache und Form genannt hat[72]: daß nämlich der religiöse Mensch sich immer wieder der von der Natur vorgegebenen Ursymbole bedienen muß, um ein Jenseitiges, Gemeintes, Höheres auszusprechen. Die Gemeinsamkeit liegt also in der auf den Symbolismus angelegten Menschennatur. Der gleiche Forscher hat in einem anderen Werk und Zusammenhang die Theologie des Symbols trefflich gekennzeichnet: «Es ist kein Wunder, daß man gerade heute den altkirchlichen Symbolismus gleichsam wieder entdeckt. Alle Zeiten, in denen der Bestand und das Dasein eines geistigen Reiches neu erlebt wird, vielleicht nach einer Periode verflachender Hinwendung zu dem Äußeren und Sichtbaren, zum Stoff und seinen Erscheinungen, haben Freude am Symbol. In ihm findet das Nebeneinander des Sinnenhaften und der geistigen Welt seine Auflösung, wird die Spannung dieser beiden Bereiche, in die der Mensch hineingestellt ist, überbrückt... Weil die junge Kirche frei war von müder Greisenhaftigkeit, weil sie jugendfrisch dachte und fühlte, darum hat sie das von der Schrift, vom Reden und Handeln des Herrn vorgezeigte und vorgelebte Sinnbild so schnell und bereitwillig aufgegriffen und weiterentwickelt. Clemens von Alexandrien hat im fünften Buch seine ‹Teppiche› einen sehr kenntnisreichen und auch wegen des Vollgehaltes der philosophischen Begründung hochwertigen Exkurs über die Berechtigung des Symbols eingelegt. Unter den heidnischen Beispielen einer Pflege des Symbols hat er hier im besonderen auch die Geheimkulte angeführt. Hier liegt in der Tat, wie mir scheint, die einzige nennenswerte Berührung zwischen antiken Mysterien und dem christlichen Kult[73].»

Das führt uns zur zweiten Quelle von Austauschmöglichkeiten zwischen antikem Leben und christlichem Wesen – und diese liegt nun bereits auf der historisch aufzeigbaren Linie, die wir «von der Mitte her» genannt haben. Vieles, was man früher als unmittelbare Entlehnung aus den Mysterienkulten erklärt hat, dringt in das christliche Leben ein durch den mit den Hellenen gemeinsamen kulturellen Besitzstand. Es ist ja schon in den kultischen Worten und Gebräuchen, mit denen der Grieche seine Mysterien gestaltet, so gewesen: auch da werden Symbole gebildet, deren Elemente durchaus dem gewöhnlichen Leben entnommen sind. Denn es ist ein Grundgesetz religiösen Gestaltens: «die Begriffe und Ausdrucksmittel für die höheren Bezirke der Religion überhaupt sind ja alle letztlich in einer niederen Sphäre beheimatet[74].» Wenn darum sowohl im christlichen wie im hellenistischen Kult gleiche und ähnliche Riten und Worte, Gesten und Weihungen festzustellen sind, so ist hier nicht von einer Übernahme die Rede, sondern von einem gemeinsamen Besitz aus dem Bezirk des häuslichen oder bürgerlichen Lebens. Wenn der Mystagog den Altar küßt, und wenn dies auch der christliche Priester tut; wenn beide mit dem rechten Fuß die Schwelle des Heiligtums betreten; wenn man in den Mysterien und im altchristlichen Taufritual dem Einzuweihenden Milch und Honig reicht: so sind dies alles nicht ‹Mysterieneinflüsse› auf das Christentum, sondern einfach Dinge des alltäglichen Lebens, die hier und dort und unabhängig voneinander ein Symbol wurden für gänzlich verschiedene Inhalte. Es ist das bleibende Verdienst Fr. J. Dölgers, daß er gerade darauf in seinen Forschungen zu «Antike und Christentum» mit erstaunlicher Sachkenntnis und unbestechlicher Methode hingewiesen hat[75].

Ein drittes Quellgebiet scheinbarer Entlehnungen des Christentums aus den spätantiken Mysterien liegt wiederum in einer menschlichen Gemeinsamkeit religiösen Denkens: wir könnten es das soziologische Gesetz der Geheimhaltung nennen. Je inniger und ergreifender die Erkenntnis eines Frommen ist, um so deutlicher tendiert dieses Erleben zur keuschen Behütung vor Nichteingeweihten. Dies dann um so mehr, wenn die Gefahr besteht, daß die profane Menge in solches Heiligtum einbricht. Wir kennen durch die schöne Abhandlung O. Casels die Geschichte dieses «mystischen Schweigens» bei den Griechen[76]. Ein alter orphischer Spruch geht durch die Herzen aller hellenischen Frommen: φθέγξομαι οἷς θέμις ἐστί, θύρας ἐπίθεσθε βέβηλοι[77]. Und in den Hermetica steht geschrieben: «Diese Abhandlung voll von der ganzen Majestät Gottes dem Mitwissen der Vielen preiszugeben, wäre das Zeichen eines gottlosen Sinnes[78].» Das ist denn auch späte pythagoräische Weisheit: «Von den Gütern des Wissens soll man dem nicht mitteilen, dessen Seele gar nicht gereinigt ist. Denn es ist nicht erlaubt, das unter so großen Mühen Errungene dem ersten besten preiszugeben, noch die Mysterien der eleusinischen Göttinnen dem Profanen darzulegen[79].» Dieses Gesetz beginnt nun aber auch im Christentum zu wirken, sobald dazu die äußeren Verhältnisse an getan sind. So sehr die christliche Verkündung öffentlich ist, «von den Dächern gepredigtes Mysterium», das sich an alle Menschen wendet, so muß es sich doch vom dritten Jahrhundert an gegen den Einbruch der Masse wehren: jetzt, und erst jetzt, entsteht die sogenannte Arkandisziplin, ja ihre eigentliche Ausgestaltung ist erst im vierten Jahrhundert erfolgt. Da ist es nur zu verständlich, daß die vom Neuplatonismus kommenden Väter der Kirche dafür eine Sprache prägen, die zweifellos nun aus der religiösen Welt des absterbenden Mysterienwesens gebildet ist. Die Mysterien der Taufe und des Opferaltars werden mit verhüllenden Riten ehrfürchtiger Scheu umgeben, und bald verbirgt die Ikonostase den Uneingeweihten jeden Blick ins Allerheiligste: sie werden zu den φρικτὰ καὶ φοβερὰ μυστήρια, den schauervollen Mysterien, die frieren machen[80]. «Es wissen das die Eingeweihten» klingt es durch alle griechischen Predigten[81], und noch der Pseudoareopagite warnt den eingeweihten Christen, der die göttliche Mystagogie durchgemacht hat, vor dem Ausplaudern: «Schau, daß du das Allerheiligste nicht ausschwätzest, wahre die Mysterien des verborgenen Gottes so, daß Uneingeweihte nicht daran teilnehmen können, indem du nur Heiligen vom Heiligen in heiliger Erleuchtung mitteilst[82].»

Noch tiefer greifend können wir einen vierten Quellpunkt angeben, an dem das Sprachgut der antiken Mysterien einen Einfluß auf christliches Denken ausübte. Es liegt im Wesen des Wortsymbols und der symbolischen Handlung verborgen, daß das Sinnenfällige niemals imstande ist, das geistig Gemeinte voll anzudeuten und auszuschöpfen. Das Symbol behält immer noch seine geheimen Hintergründe, es ist wie ein Kleid, das die Körperform anzeigt und zugleich verhüllt. Ja, dieses sinnenhafte Wesen des Symbols ist geradezu notwendig, um den Glanz des Jenseitigen zu verbergen und nur denen zu öffnen, die dafür die Augen erhielten. Dessen war sich die Symboltheologie der hellenistischen Antike wohl bewußt, und gerade hier findet sie den Zauberschlüssel zu einer sublimen Umdeutung der Kultriten aller Mysterien. Die göttlichen Wahrheiten sind in ihrer himmlischen Unverhülltheit dem menschlichen Auge unanschaubar, und die Eingeweihten wissen, daß das Wahre keine nackte Darstellung seiner selbst erträgt, sagt Macrobius im

Kommentar zum Somnium Scipionis. Und darum seien auch die Mysterien umhüllt wie von Windeln mit der schützenden Decke der Symbole: ipsa mysteria figurarum cuniculis opperiuntur[83]. Es ist also durchaus hellenische Weisheit, wenn Clemens von Alexandrien schreibt: «Darum sind alle Träume und Sinnbilder für die Menschen nur undeutlich, nicht infolge der Mißgunst Gottes (denn es ist unrecht, sich Gott von solcher Regung erfüllt vorzustellen), sondern damit das Suchen sich bemühe, in den Sinn des Rätselhaften einzudringen und so zum Finden der Wahrheit aufzusteigen[84].» Und er zitiert dafür das tiefe Wort des Sophokles[85]:

«Und solcher Art ist Gott, das weiß ich ganz gewiß:
Für Weise ist voll Rätseln stets sein göttlich Wort,
Für Schwache schlicht, lehrt es mit wenig Worten viel.»

Das aber, meint er, habe auch Paulus gewußt, als er schrieb: «Wir aber verkünden Gottes Weisheit im Mysterium[86].» In der Tat liegt in dieser griechischen Mystik des Wortsymbols die Quelle für das Entstehen der allegorischen Exegese verborgen, wie sie in Alexandrien ausgebaut wurde. Das göttliche Wort der Schrift ist ein Mysterium, und hinter dem hörbaren Sinn der Worte und Bilder, ja der ganzen historischen Heilsgeschichte, bergen sich unerhörte Reiche des Geistes und ungeahnte Möglichkeiten des Aufstiegs zur bildlosen Wahrheit. Wer den Blick dafür erhalten hat, für den ist das mit den Sinnen Wahrnehmbare nur wie das äußerste, in diese dunkle Welt hereinragende Endstück einer realeren jenseitigen Welt, das Kleinbild und der Abriß dessen, was in den ungeheuren Maßen der göttlichen Gedanken Urgrund und Endziel alles geschaffenen Denkens ist. Der Mensch dieses Blickes ist der wahre ‹Gnostiker›, der ‹eingeweiht› ist in das Mysterium des göttlichen Wortes. Aber gerade hier scheidet sich auch, bei aller Ähnlichkeit der in solchen Gedanken einströmenden Mysterienterminologie, der christliche vom außerchristlichen Gnostiker. Christliche Gnosis (wir könnten bereits dafür sagen: christliche Mystik) bleibt immer in den Grenzen des Glaubens, des geschichtlichen Sinns im Gotteswort, der sichtbaren Ekklesia. Außerchristliche Gnosis will erlösen im Wissen, löst sich vom geschriebenen Wort und sondert sich in die Einsamkeit oder den Konventikel. So scheiden wir denn auch hier in diesem innersten Bezirk der antiken Geistesgeschichte, wo aus christlichem Gedanken und griechischem Wort das ‹Mystische› wird, wohl zwischen Sache und Ausdruck – um dann um so geistesfreier anzuerkennen, wie reich gerade hier das Beste aus der Welt der antiken Mysterien ins Christliche einströmte. Chrysostomos hat einmal tiefsinnig das Wesen dieser mystischen Symboltheologie umschrieben: «Es ist dies durchaus ein Mysterium, obgleich es allüberall verkündet wird. Denn es bleibt für diejenigen unbegreifbar, die dafür nicht das rechte Verständnis haben. Enthüllt aber wird es nicht durch Menschenweisheit, sondern vom Heiligen Geist, in dem Ausmaß, als es uns möglich ist, Geist aufzunehmen[87].» Das ist antikes Mysteriengefühl, aber ins Christliche gewendet: nicht mehr *Sophia* enthüllt uns den Schleier des Symbols, sondern *pneuma hagion*. Der Lateiner Chrysologus sieht darin den Grund, warum Christus seine Lehre in Parabeln verhüllt habe: hinc est quod doctrinam suam Christus parabolis velat, tegit figuris, sacramentis opperit, reddit obscuram mysteriis[88]. Und so ist denn Christentum nie nur die Religion des nackten Wortes, des bloßen Verstandes und der sittlichen Forderung, sondern des verhüllten Wortes, der liebenden Weisheit, der in sakramentale Symbole sich bergenden Gnade – und darum auch die Religion der Mystik, wo sich hinter der Schlichtheit des Wortes und der kultischen Riten die Unendlichkeiten Gottes auftun. Aber (und eben das ist das entscheidend Christliche) nur Gott ist der Mystagoge und der Hierophant dieser Mysterien: nur wenn sein Geist das Schauenkönnen schenkt, wird der Mensch ein Epopte des christlichen Mysteriums. Darum sagt Clemens: «Wer noch blind ist und taub und verständnislos und ohne den kühnen, scharfen Blick einer die Schauung liebenden Seele, den allein der Erlöser verleiht, der muß, gleich den noch Uneingeweihten bei den Mysterienfeiern und gleich einem des Rhythmus unkundigen Chortänzers, außerhalb des göttlichen Reigens stehen bleiben, da er noch nicht rein ist und noch nicht würdig der heiligen Wahrheit[89].»

Und nun noch zum letzten Quellgebiet so mancher Ähnlichkeiten zwischen antikem und christlichem Mysterium. Je nüchterner die heutige Forschung geworden ist, um so schärfer hat sie dieser Möglichkeit ihr Interesse zugewandt: nämlich dem Einfluß des

Christentums auf die Gestaltung der spätantiken Mysterien. Es ist uns ja durch die sorgfältigere Scheidung, die wir früher vorgelegt haben, deutlich geworden, wie sehr sich das Verhältnis zwischen Mysterien und Christentum in der spätesten Zeit geändert hat gegenüber dem Jahrhundert des Paulus und des Clemens: das siegreiche Christentum steht der müde sich auflösenden, aber immer noch reichen Welt der Mysterien gegenüber. Aber gerade aus diesem vierten Jahrhundert haben wir die meisten Zeugnisse über Mysterienkulte. Sollte es also nicht möglich gewesen sein, daß Christliches auf die Gestalt der zerfallenden Mysterien eingewirkt hat und mithin manches Quellenzeugnis aus dem Mysterienkult, das man bisher unbesehen übernahm, schon christlich beeinflußt ist? Wir werden hier gewiß mit höchster Vorsicht vorgehen müssen. Aber ein so zuständiger Forscher wie Fr. Cumont steht nicht an zu sagen: «Das Christentum beeinflußte selbst seine Feinde, seit es zu einer sittlichen Macht in der Welt geworden war. Die phrygischen Priester der Großen Mutter stellten ihre Feier des Frühlingsäquinoktiums dem christlichen Osterfeste gegenüber und legten dem im Taurobolium vergossenen Blute die erlösende Kraft bei, welche dem des Lammes Gottes eignete[90].» Es ist bekannt, daß sich die Kultdiener des gleichen Mysteriums beklagten, die Christen, und nicht sie selbst, seien die Nachahmer des versöhnenden Blutmysteriums am »dies sanguinis« (24. März[91]). Augustinus noch entrüstet sich einmal vor seinen Zuhörern über einen Kultdiener des Attis, der mit der Behauptung Propaganda mache, «auch der Gott in der phrygischen Mütze sei ein Christ[92]». Man sieht daraus jedenfalls, daß das absterbende Mysterienwesen bereit war, christliche Einflüsse aufzunehmen. So schrieb H. Hepding in seinem Werk über Attis: «In der Spätzeit mögen die allegorischen Mythendeutungen mit theosophischen Spekulationen aus der herrschenden Philosophie, vielleicht auch hier und da ein auf christlichem Einfluß beruhender Gedanke zur Verinnerlichung und Vertiefung des religiösen Gehalts der Mysterien beigetragen haben[93].» Ja in bezug auf das Taurobolium im Attismysterium meint er: «Es ist sogar nicht unmöglich, daß die christliche Lehre von der Erlösung durch das Blut Christi, der Entsündigung durch das Blut des Lammes mit zur Ausbildung dieser Bluttaufe beigetragen hat[94].» Dieser Einfluß wird wahrscheinlicher, wenn wir uns erinnern, wie weitgehend schon der jüdische Monotheismus auf die Mysterien gewirkt hat, besonders auf die Mysterienpraktiken der Zauberpapyri[95]. Und noch Augustinus muß seine Gläubigen warnen vor den Mysteriendienern, die da in die Texte ihrer magischen Sprüche auch den Namen Christi mischen[96]. Wenn wir darum etwa jene Inschrift des Jahres 376 p. C., mit der der römische Aristokrat Aedesius die Fülle seiner Mysterienweihen preist und sich rühmt, dadurch «in aeternum renatus» zu sein, einmal in diesem Zusammenhang werten, so muß ihr Zeugniswert für eine so oft behauptete Wiedergeburtslehre der Mysterien (die man einzig mit dieser einen Inschrift zu belegen wußte) merklich dahinschwinden. Dieses Zeugnis stammt aus einer Zeit, da die Kirche in Rom schon in höchstem Glanz öffentlicher Anerkennung dastand, und über der phrygischen Mysterienhöhle am Vatikan erhob sich schon die Basilika des Petrus, die Konstantin erbaut hat, und das christliche Mysterium von der ewigen Wiedergeburt aus dem Taufquell wurde wirklich von den Dächern gepredigt, und nicht mehr das tote Pinienholz des phrygischen Mysteriums wurde durch die Straßen Roms getragen, sondern das Kreuzholz des neuen Mysteriums, von dem Firmicus Maternus das Loblied singt. Von diesen beiden Mysterien, des Kreuzes und der Taufe, werden wir zu sprechen haben. In ihnen vollzieht sich der Sieg des Christentums über die antiken Mysterien. Die Kirche hat den Griechen heimgeholt, und sie lud ihn ein mit den Worten, die einst Clemens von Alexandrien an die Hellenen gerichtet hat, die er da vor sich sieht im Bilde des greisen Sehers Teiresias:

«Komm nun auch du, o Greis, zu mir! Wirf weg den Dienst des Bakchos, laß dich zur Wahrheit führen. Siehe, ich reiche dir das Kreuzholz, daß du dich darauf stützest. Eile, Teiresias, komme zum Glauben! Du wirst ein Schauender werden. Christus, durch den die Augen der Blinden wieder sehen, leuchtet auf, heller als die Sonne. Den Himmel wirst du schauen, Greis, der du Theben nicht schauen konntest. O wie wahrhaftig heilig sind diese Mysterien, wie lauter das Licht! Von Fackellicht werde ich umleuchtet, auf daß ich den Himmel schaue und Gott. Heilig werde ich, da ich eingeweiht werde in diese Mysterien[97].»

# DAS MYSTERIUM DES KREUZES

Fulget crucis mysterium.

Das Holz, auf das sich Teiresias stützt, ist das Kreuz. Und das Lichtmysterium, das ihm seine blinden Augen öffnet, ist die Taufe. Was wir in den bisherigen Ausführungen vorlegten, war vielleicht allzu theoretisch oder gar (es mochte leicht den Eindruck machen) zu apologetisch. Indes, die Schärfe, mit der wir das antike und das christliche Mysterium ‹auseinander setzten›, um es dann mit aller Vorsicht wieder in Beziehung zu bringen, stand einzig im Dienst einer lauteren Methode und zeitigt nun ihre Früchte, wo wir daran gehen dürfen, das Mysterium des Kreuzes und der Taufe in der Tiefe seines christlichen Gehalts und der Schönheit seines griechischen Gewands feiernd mitzuerleben. «Das Kreuzmysterium funkelt auf» sang einst Venantius Fortunatus[1], und sein Lied klingt nach in der Liturgie bis auf den heutigen Tag.

Um tiefer zu erfassen, was der antike Christ unter seinem Kreuzmysterium verstand, müssen wir nun noch einmal kurz zurückgreifen zu dem, was in den theoretischen Vorträgen erarbeitet wurde. Das christliche Mysterium ist das «Drama der Wahrheit»: der in den Tiefen Gottes verborgene Ratschluß des Heils wird offenbar in dem gekreuzigten Christus, und in der Verhüllung seines menschlichen Lebens birgt sich das unergründliche «Geheimnis *(Mystérion)* der Frömmigkeit[2]». Darum nimmt alles, was nun in der geschichtlichen Entfaltung dieses Heilswerks (in der Kirche) geschieht, an dem Mysteriencharakter teil: alles ist offenbar und verborgen zugleich, und in der Hülle der schlichten, einfachen Sichtbarkeit birgt sich die unergründliche Weisheit Gottes, die erst am Ende der Tage offenbar wird. So ist die Kirche selbst ein $\mu\nu\sigma\tau\acute{\eta}\varrho\iota o\nu$ $\mu\acute{\varepsilon}\gamma\alpha$ (Eph. 5,32), weil ihr jetzt offenbares Wesen die Enthüllung ist für das in Adam und Eva angedeutete Geheimnis (Gen. 2,24): aber eben dadurch ist die Kirche selbst auch wieder in ihrer geschichtlich greifbaren Gestalt Verhüllung eines erst eschatologisch sich enthüllenden Geheimnisses, nämlich ihrer innigsten Lebensverbindung mit Christus (vgl. Kol. 1,27), aus der einmal die jetzt schon heimlich wirkende ‹Herrlichkeit› hervorbrechen wird.

Dieses Wesen des christlichen Mysteriums ist nun aber vor allem an dem entscheidenden Heilsereignis abzulesen: am Kreuztod Gottes. In diesem Geschehnis sieht der antike Christ seit Paulus das Mysterium der ganzen Schöpfung. Christi Kreuztod ist, ohne daß man ihm irgend etwas wegnimmt von seiner historischen Unerbittlichkeit und Härte, ja gerade darin und darum, ein Mysterium, das rückwirkend und vorwirkend das gesamte Weltgeschehen umgreift. Christliches Mysterium ist (um die neueste, sachkundige Umschreibung zu Wort kommen zu lassen) «der vorweltliche, vor der Welt verborgene, aber den Pneumatikern erschlossene Ratschluß Gottes, der am Kreuz des ‹Herrn der Herrlichkeit› vollendet ist und die Verherrlichung der Glaubenden in sich schließt. In dieser Prägung zeigt der Begriff seine deutliche Abhängigkeit von dem spätjüdisch-apokalyptischen Begriff und seinen Abstand gegenüber dem der Mysterienkulte und der Gnosis. Als $\mu\upsilon\sigma\tau\acute{\eta}\varrho\iota\upsilon\nu\ \tau\upsilon\tilde{\upsilon}\ \vartheta\varepsilon\upsilon\tilde{\upsilon}$ ist die Geschichte der Kreuzigung und Verherrlichung Christi dem Zugriff weltlicher Weisheit entnommen und als eine in der Sphäre Gottes vorbereitete und zur Erfüllung gebrachte Geschichte gekennzeichnet... Indem sich das *Mystérion* Gottes in Christus erfüllt, werden in ihm Schöpfung und Vollendung, Anfang und Ende der Welt umgriffen und aus ihrem eigenen Verfügungs- und Erkenntnisbereich genommen. In der Offenbarung des göttlichen Mysteriums kommen die Zeiten zu ihrem Ende (Eph. 1,10). Zum Begriff des *Mystérion* gehört aber nicht nur, daß es eine den Gesetzen innerweltlichen Geschehens und Erkennens entnommene, nach Gottes verborgenem Ratschluß sich vollendende Geschichte bezeichnet, sondern auch, daß diese Geschichte in der Welt sich ereignet. Im Mysterium bricht eine himmlische Wirklichkeit in den Bereich des alten Äon ein: der $K\acute{\upsilon}\varrho\iota\upsilon\varsigma\ \tau\tilde{\eta}\varsigma\ \delta\acute{\upsilon}\xi\eta\varsigma$ stirbt an dem Kreuz, das die Archonten der Welt aufrichten. Im Kreuz wird der radikale Gegensatz zwischen der bislang verborgenen Weisheit Gottes und der Weisheit der Mächte offenbar – für diese vernichtend, für die dem Kerygma Glaubenden heilbringend[3].»

Es ist nun für das Verständnis dieses Mysteriums des Kreuzes von hoher Bedeutung, daß wir zurückgreifend auch noch einmal hinweisen auf die Grundstruktur jeden Mysteriums – und das scheint uns selbst für das Verständnis des ‹natürlichen Mysteriums› der antiken Frömmigkeit wichtiger zu sein als das eigentlich Kultische und Rituelle. «Ist nicht vielleicht das Geheimnis jedes wahren und großen Mysteriums, daß es *einfach* ist?» sagt K. Kerényi einmal trefflich[4]. Die urmenschliche Schlichtheit des Symbols, die Ähre, der sprossende Baum, die Waschung, die lebenzeugende Vereinigung der Geschlechter, Licht und Dunkel, Mond und Sonne, all das will schon im natürlichen Mysterium gerade durch die endgültige Einfachheit des Selbstverständlichen den geeignetsten Ausdruck finden für das ἄρρητον und das ἀνεκλάλητον dessen, was im Mysteriensymbol zutiefst gemeint ist. Aber diese Grundstruktur wiederholt sich auch, wenngleich auf einer ganz anderen Ebene und mit göttlich verändertem Inhalt, im Mysterium des Kreuzes. Menschentod, Sterben, Blut und Herzwunde; die urtümlich einfache Form des gequerten Kreuzholzes; all die mit demütiger Schlichtheit erzählten geschichtlichen Ereignisse von Tod und Auferstehen des Herrn: das ist das Geringe, der Skandal und die Torheit, das Kleine und Schwache (1 Kor. 1,24.25) am Kreuztod des ‹Herrn der Glorie› (1 Kor. 2,8). Aber eben darein hüllt sich das *Mystérion*, und durch das geringe sichtbare Symbolon schauen wir die alle Welt umgreifende Herrlichkeit. Justin der Philosoph sagt einmal, die Heiden bezichtigten uns Christen der Torheit, weil wir es wagten, einen gekreuzigten Menschen neben den Schöpfer des Weltalls zu stellen. Aber sie sprächen nur darum so, «weil sie das diesem gekreuzigten Menschen innewohnende Mysterion nicht verstehen[5]». Und eines der ältesten hymnischen Worte aus dem Urchristentum, das uns in einem Fragment des Melito von Sardes aufbewahrt ist, lautet also:

«Die Natur erschauerte und sprach bestürzt:
Was ist dies für ein neues Mysterium?
Der Unsichtbare wird geschaut und schämt sich nicht,
der Unfaßbare wird gefaßt und entrüstet sich nicht,
der Leidlose leidet und rächt sich nicht,
der Unsterbliche stirbt und weigert's nicht.
Was ist dies für ein neues Mysterium?[6]»

Wenn wir also nun vom ‹Mysterium des Kreuzes› zu sprechen beginnen, so kann dies nur den einen Sinn haben: daß wir behutsam versuchen, in die hehre Gedankenwelt der antiken Christen einzudringen, in der sie beim Anblick des geringen, skandalösen, törichten Kreuzes den sich darin bergenden Glanz erschauten, die *Glorie* im paulinischen Sinn, die vom Kreuz aus alle Äonen zusammenfaßt und sowohl die Schöpfung als auch das ganze Heilswerk Gottes wie in einem leuchtenden Brennpunkt in sich vereinigt. Wir können die Fülle dessen, was dazu die antik christlichen Quellen zu sagen haben, in die beiden Begriffe bannen: das Kreuz als kosmisches Mysterium und das Kreuz als biblisches Mysterium.

## *Das Kreuz als kosmisches Mysterium*

Der gläubig erleuchtet gewordene Blick des christlichen Mysten geht vom Kreuz, an dem der Weltenschöpfer und Logos gestorben ist, hinauf zum gestirnten Himmel, an dem Helios und Selene kreisen, geht hinein in die tiefsten Strukturen der kosmischen Weltgestaltung, dringt in die Gesetzlichkeiten des menschlichen Körperbaus, ja bis in die Formen der alltäglichen Dinge, die ihm zu Dienst sind: und allüberall sieht er allen Dingen die Form des Kreuzes aufgeprägt. Das Kreuz seines Herrn hat ihm gleichsam die ganze Welt verzaubert.

Die Kreuzform ist ihm zunächst das von Gott (der von Uranfang heimlich immer auf das kommende Kreuz seines Sohnes sah) dem Kosmos aufgeprägte Grundschema, das Weltbaugesetz. Die beiden großen Himmelskreise, der Äquator und die Ekliptik, die sich in der Form eines liegenden Chi schneiden und um die sich in wundervollem Rhythmus das ganze Gewölbe des gestirnten Himmels schwingt, werden dem christlichen Blick zum Himmelskreuz. Was Platon im Timaios[7] aus alter pythagoräischer Weisheit schrieb von der sich im himmlischen Chi zeigenden Weltseele, das liest nun der antike Christ wie eine schon den Heiden aufgegangene Ahnung des weltbauenden Logos, der am Kreuz hängend den Kosmos zusammenfaßt und um das Mysterium des Kreuzes schwingen läßt. W. Bousset hat uns diese Kreuzspekulation in einem schönen Aufsatz vorgelegt mit dem Titel «Platons Weltseele und das Kreuz Christi[8]».

Schon Justin wendet das Wort aus Platon auf den Sohn Gottes an, und wenn er dies auch nur kurz andeutet, so steht doch ohne Zweifel dahinter die ihm schon geläufige Vorstellung, daß das himmlische Chi ein vordeutendes Symbol des Kreuzes ist[9]. Bei Irenäus wird das in seine tiefe Theologie von der im Kreuz vollzogenen Rekapitulation alles kosmischen und biblischen Geschehens eingebaut: «Er, der durch den Kreuzesgehorsam den alten Ungehorsam am Holz tilgte, ist selber der Logos des allmächtigen Gottes, der in unsichtbarer Gegenwart uns alle zumal durchdringt, und deshalb umfaßt er alle Welt, ihre Breite und Länge, ihre Höhe und Tiefe. Denn durch den Logos Gottes werden alle Dinge der Ordnung gemäß geleitet, und Gottes Sohn ist in ihnen gekreuzigt, indem er in der Form des Kreuzes allen aufgeprägt ist. War es doch recht und angemessen, daß er mit seinem eigenen Sichtbarwerden an allem Sichtbaren seine Kreuzesgemeinschaft mit allem auspräge. Denn seine Wirkung sollte es an den sichtbaren Dingen und in sichtbarer Gestalt zeigen, daß er derjenige ist, welcher die Höhen, das ist den Himmel, erhellt, der hinabreicht in die Tiefen, an die Grundfesten der Erde, der die Flächen ausbreitet vom Morgen bis zum Abend und von Norden und Süden die Weiten leitet, der alles Zerstreute von allüberall her zusammenruft zur Erkenntnis des Vaters[10].» Das ist in der Tat einer der klassischsten Texte aus der christlichen Antike zum Kreuzmysterium. Das geringe Zeichen des Kreuzes ist Inbegriff und Sichtbarwerdung alles kosmischen Geschehens, denn auch die Natur aller Dinge soll in das Drama der Welterlösung am Kreuz hineingenommen werden, und in den vier Dimensionen der sich querenden Kreuzhölzer sieht der antike Christ in kühnem Weiterdenken des paulinischen Worts (Eph. 3,18) die vier Dimensionen des Kosmos wie in einem mystischen Symbol angedeutet. Das Kreuz ist die ‹Rekapitulation› des schöpferischen Werkes, das heißt der Abriß, das schlichte Zeichen, das sinnenfällige Symbol von etwas Unerhörtem – eben Mysterium. Irenäus hat das in seinem Werk gegen die Gnosis kurz zusammengefaßt in die Worte: «Der wahre Weltenschöpfer ist der Logos Gottes, das ist unser Herr, der in den letzten Zeiten Mensch geworden ist. Obwohl er in der Welt ist, umfaßt er unsichtbarerweise alles, was geschaffen ist, ja er ist der gesamten Schöpfung eingeprägt, weil er das Wort Gottes ist, das da alles leitet und ordnet. Und darum kam er auf sichtbare Weise zu seinem Eigentum und wurde Fleisch und hing am Holze, auf daß er das Universum in sich rekapituliere[11].»

Von da aus geht nun durch die ganze antik christliche Literatur ein unaufhörlicher Hymnus auf das kosmische Mysterium des Kreuzes und auf die ausgespannten Hände des Logos, der vom Kreuz aus die ganze Welt umarmt und sie heimholt zum Vater. Es ist unmöglich, aus der Fülle dieser wundervollen Loblieder auch nur das Schönste vorzulegen[12]. Golgotha wird zum Mittelpunkt des Kosmos, um den sich in göttlichem Umschwung das All dreht. «Ausgespannt hat Gott am Kreuz seine Hände, um die Grenzen der Oikumene zu umarmen, und darum ist dieser Berg Golgotha Angelpunkt der Welt», predigt Kyrillos von Jerusalem seinen Taufbewerbern an eben dem historischen Ort des Kreuztodes[13]. Und Gregor von Nyssa preist das Kreuz als das kosmische Prägezeichen, das da aufgedrückt ist dem Himmel und den Erdtiefen[14]. Es ist dann besonders die byzantinische Frömmigkeit, in der das kosmische Verständnis des Kreuzmysteriums weiterlebt. «O Kreuz, du Versöhnung des Kosmos», heißt es in einem dieser Panegyriken, «du Umgrenzung der Erdenweiten, du Höhe des Himmels, du Tiefe der Erde, du bindendes Band der Schöpfung, du Weite alles Sichtbaren, du Breite der Oikumene[15].» Aber es ist dies auch schon den lateinischen Christen Roms und Afrikas uraltes theologisches Erbe. Hippolyt von Rom preist zu Beginn des dritten Jahrhunderts (also mitten in der beginnenden Mysterisierung des Westens unter den syrischen Kaisern) das kosmische Mysterium des Kreuzes in geradezu trunkenen Worten – sie stehen als schönstes Zeugnis am Ende dieses Kapitels[16]. Laktantius, der christliche Cicero, schreibt: «Es spannte also Gott in seinem Leiden die Arme aus und umfaßte so den Erdkreis, um schon damals vorzudeuten, daß da vom Aufgang der Sonne bis zum Niedergang ein kommendes Volk sich versammeln werde unter seinen Flügeln[17].» Und Firmicus Maternus stellt in einem berühmten Kapitel dem symbolischen Holz aus den antiken Mysterien das Kreuzholz entgegen und schaut in ihm das kosmische Mysterium: «Das Zeichen eines Kreuzholzes hält die Himmelsmaschine zusammen, stärkt die Fundamente der Erde, führt die Menschen, die an ihm hängen, zum Leben[18].» Auch in der lateinischen Mystik hat dieser Lobpreis des kosmischen Kreuzes bis tief ins Mittelalter hinein weitergeklungen[19].

Von hier aus verstehen wir nun eine Fülle von Gedanken und Bildern, die das kosmische Geheimnis des Kreuzes weiter entfalten. So wie das Kreuz der Inbegriff des Weltbaugesetzes ist, so wird es am Ende der sichtbaren Erdenzeit am Himmel erscheinen als das große Lichtzeichen, das dem Kommen des verklärten Christus vorausgeht. Schon in der Didache[20] wird man in diesem Sinn ein viel umstrittenes Wort deuten dürfen. Am Ende der Tage werden erscheinen «die Zeichen der Wahrheit: zuerst das Zeichen der Ausspannung am Himmel, dann das Zeichen des Trompetenklangs, und dann die Auferstehung der Toten». Dieses $\sigma\eta\mu\varepsilon\tilde{\iota}ov\ \dot{\varepsilon}\varkappa\pi\varepsilon\tau\dot{\alpha}\sigma\varepsilon\omega\varsigma\ \dot{\varepsilon}\nu\ o\dot{\upsilon}\varrho\alpha\nu\tilde{\wp}$ ist das Kreuz, an dem Christus seine den Kosmos umspannenden Arme ausgestreckt hat. Der Syrer Ephräm singt darum in einem seiner Hymnen: «Wenn Christus von Osten her erscheint, dann erscheint vor ihm das Kreuz, wie ein Feldzeichen vor dem Basileus[21].» Und noch heute preist man in der lateinischen Liturgie des Festes der Kreuzerhöhung das eschatologische Weltgeheimnis des Kreuzes mit den Worten: «Hoc signum crucis erit in caelo, cum Dominus ad iudicandum venerit.» Denn erst der Glanz der am letzten Tag aufbrechenden Zeit wird auch das Mysterium des Kreuzes ganz enthüllen. «In te universa perficis mysteria» sagt Leo der Große[22] vom Kreuz. Das eschatologische Geheimnis des verklärten Kreuzes wirkt aber schon herüber in diese Zeitlichkeit, indem der antike Christ das mystische Paradox der ‹Freude am Kreuz› und des ‹Sieges im Tod› liturgisch gestaltet im Fest der ‹Exaltatio Crucis›. Der Inhalt dieses Festmysteriums ist der vorweggenommene Jubel über den Endsieg des Kreuzes[23] – und darin ist die Gestalt des Festes bis auf unsere Tage auch echt griechisch. «Car tout $\mu\nu\sigma\tau\acute{\eta}\varrho\iota o\nu$ pour le Grec c'est l'éternité dans le temps», sagt eine geistvolle Russin[24]. Das Kreuzmysterium funkelt auf – und durch die Liturgien der byzantinischen und der römischen Kreuzerhöhung geht ein Klang, der an die Verse der christlichen Sibylle erinnert:

«O seliges Holz, an dem Gott ausgespannt ward,
nicht wird dich die Erde behalten,
nein, des Himmels Haus wirst du schauen,
wenn aufblitzen wird dein Feuerauge, o Gott![25]»

Wie so im Kreuz der Uranfang des Weltbaus und das Ende des Weltgeschehens sich einen, so spiegelt sich nun in allen Dingen und Maßen dieser sichtbaren Erscheinungswelt das Kreuzmysterium wider. In den apokryphen Andreasakten spricht der Apostel, als er seinem Kreuz entgegengeht, die hymnisch gehobenen Worte zum Preis des kosmischen Mysteriums, das sich in der Figur des Kreuzholzes verhüllt:

«Ich kenne dein Mysterium, o Kreuz, um dessentwillen du auch errichtet bist. Denn du bist festgerammt in der Welt, um das Unstete zu befestigen. Und du reichst bis in den Himmel, um den von oben kommenden Logos anzuzeigen. Du bist ausgebreitet zur Rechten und zur Linken, auf daß du die furchtbare feindliche Macht in die Flucht jagest und die Welt zusammenbringst. Und du bist in der Erdentiefe festgefügt, damit du das, was auf der Erde und unter der Erde ist, mit dem Himmel verbindest. O Kreuz, du Heilswerkzeug des Höchsten! O Kreuz, Zeichen des Sieges Christi über seine Feinde! O Kreuz, auf Erden gepflanzt und im Himmel Frucht tragend! O Name des Kreuzes, der du das Weltall in dir beschließest! Heil dir, o Kreuz, daß du den Kosmos in seinem Umfang zusammenhältst. Heil dir, o Kreuz, das du zu einer Gestalt voller Einsicht deine ungestalte äußere Erscheinung gestaltet hast![26]»

In den sogenannten Actus Vercellenses, einer weitgehend gnostisch beeinflußten Erzählung vom Martyrium des Apostels Petrus, wird dieses kosmische Mysterium des Kreuzes in seltsam tiefsinnige Verbindung gebracht mit der Todesart des gekreuzigten Apostels: er wird mit dem Kopf nach unten ans Holz genagelt, und darin sieht der Martyriumsbericht ein Symbol des vorweltlichen Sturzes, mit dem der Urmensch kopfüber in die Sünde, das heißt im gnostischen Sinne in die leibliche Existenz stürzte. Platonisches mischt sich hier mit jenen Urmenschmythen, die wir aus dem Poimandres und der Naassenerpredigt[27] bei Hippolyt kennen; aber es schimmert doch auch noch die christliche Überzeugung durch von der Ursünde Adams, die nun im Kreuz wieder gutgemacht wird – und eben darin besteht das Kreuzmysterium, daß in ihm die Menschheit gleichsam wieder eine andere, himmlische Richtung erhält und im Sturz aufgehalten wird. Deswegen lassen diese Akten den Apostel am Kreuz hängend also beten:

«O Name des Kreuzes, verborgenes Mysterium. O unaussprechliche Gnade, die mit dem Namen des Kreuzes ausgesprochen wird. O Menschennatur, die von Gott nicht mehr getrennt werden kann ... Erkennet nun das Mysterium der gesamten Schöpfung und den Beginn aller Dinge, wie er gewesen ist. Denn der erste Mensch, dessen Geschlecht ich in meiner Gestalt trage, ist mit dem Kopf nach unten gestürzt[28].»

Das Kreuz ist für den ganzen Kosmos die μηχανή (*mechané*, so nennt Ignatius von Antiochien einmal das Kreuz[29]) des himmlischen Wiederaufstiegs, und sein mystisches Zeichen ist im ganzen Kosmos zu sehen. Es gehört dieses Suchen und Aufzählen von Kreuzsymbolen in der leblosen Natur, in der Menschennatur, ja selbst in den Werken des technischen und täglichen Schaffens, zum Urbestand christlicher Symbolik, und all das ist nur verständlich im Zusammenhang mit der Grundidee vom Kreuzmysterium. In allem ist das Kreuz: in der Figur des menschlichen Körpers, wenn der Betende seine Hände ausspannt; im Flug der Vögel; in den Instrumenten des Ackerbaus; am Segelmast der Schiffe mit seiner quergestellten Antenne. Alles ist heimliches μυστήριον τοῦ σταυροῦ. Schon im zweiten Jahrhundert liegt diese mystische Symbolik bei Justin ausgebildet vor. «Betrachtet doch alles, was im Kosmos ist, ob es denn ohne diese Figur des Kreuzes gehandhabt werden oder Bestand haben kann. Das Meer kann nicht durchquert werden, wenn nicht das Tropaion, das ist die Segelstange, auf dem Schiff unversehrt bleibt. Die Erde wird nicht gepflügt ohne das Kreuz; Grabende und Handwerker verrichten ihre Arbeit nicht ohne Werkzeuge, die diese Form haben. Die menschliche Körpergestalt unterscheidet sich in nichts anderem von der Gestalt vernunftloser Tiere als dadurch, daß sie aufrecht ist, die Hände ausspannen kann ... Ja, auch die bei Euch Heiden üblichen Sinnbilder bekunden die Macht dieses Kreuzzeichens: ich meine die Feldzeichen und die Tropaia, mit welchen ihr überall aufmarschiert[30].» Wie geläufig in der Urkirche diese Symbolik war, sehen wir aus ganz ähnlichen Texten bei Tertullian[31] und bei Minucius Felix[32]. Ja noch im fünften Jahrhundert (um eine

Fülle von Belegen zu übergehen, die wir in einem anderen Zusammenhang eingehender vorgelegt haben) predigt Maximus von Turin seinen Gläubigen in der Fülle dieser Bilder: «Großartig ist dieses Mysterium des Kreuzes! Denn in diesem Zeichen wird der ganze Erdkreis gerettet. Ein Symbol dieses Mysteriums ist das Segel, das am Mast des Schiffes hängt, gleich als sei es Christus, der am Kreuz erhöht ist. Und wenn der gute Landmann sich anschickt, den Boden seines Ackers zu pflügen: siehe, auch er kann das nur mit der Figur des Kreuzes vollbringen. Selbst der Himmelsbogen ist nach der Gestalt des Kreuzes gestaltet. Und der Mensch, wenn er daherschreitet, wenn er seine Arme erhebt: er beschreibt ein Kreuz, und darum sollen wir mit ausgespannten Armen beten, daß wir selbst mit der Haltung unserer Glieder das Leiden des Herrn nachahmen[33].»

So ist das Schauen und Denken und Beten des antiken Christen von diesem seinem geliebten Kreuzmysterium ganz erfüllt, ja es ist dies selbst für das Verständnis der altchristlichen Kunst und ihrer Symbole ein entscheidender Gesichtspunkt. Das scheinbar ungeschickt Schlichte der gemalten und gekritzelten Kreuzsymbole in den Katakomben, die Ureinfachheit der betenden Orantenstellung: all das ist, eben weil es so einfach ist, ein Mysterium. Der antike Mensch hat für die gleichsam dialektische Gegensätzlichkeit zwischen dem verächtlich kleinen Symbol der Zeichnung oder der Geste und dem ungeheuren Inhalt, der sich darin birgt, für diese (wenn wir es so ausdrücken dürfen) ‹Mysterienspannung› einen noch ganz lebendigen Sinn. Darum ist es für das Kreuzmysterium geradezu notwendig, daß in den zu seiner Sinnbildung gewählten Symbolen diese Spannung fühlbar wird. Das Kreuz ist jenes «winzige Holz, dem die Menschen ihre Seelen anvertrauen» (Weisheit 14, 5), das schwache Schiff, das dennoch allein übers wilde Meer fährt, das winzige Ruder aus Holz, das ganze Schiffe lenkt: «rettend mit armseligem Holz den Kosmos», sagt Gregor von Nazianz[34]. Es ist der gleiche, für die Grundstruktur des antik christlichen Mysteriums wesentliche Gedanke, den einmal Gregor von Nyssa[35] mit seinem echt griechischen Feingefühl für das göttliche Paradoxe im Heilsmysterium ausführt: eben darin sei das Wunderbare zu erschauen, daß ein solches Mysterium «in so winzig kleinem Zeitraum» von drei Tagen sich vollendet habe. Denn das

Das Mysterium des Kreuzbaumes

Salzburger Miniatur von 1481 (München)

Kreuzmysterium ist eben die Größe der Weisheit Gottes, erschaubar in der Torheit des kleinen Symbols.

Hier liegt endlich auch der tiefste Grund, warum die christliche Antike im Mysterium des Kreuzes den Sieg über alle heidnischen Mysterien sah. Das Kapitel, in dem Firmicus Maternus das Kreuzholz den kultischen Gebräuchen der Mysterien gegenüberstellt, ist uns bereits begegnet. «Das Leben des Menschen sollte ans Kreuzholz geheftet und so mit dem Gefüge ewiger Unsterblichkeit umgeben werden [36]»: das ist die Wirkung dieses mysterium crucis. Ein unbekannter Grieche des 4. Jahrhunderts stellt das Kreuz jenem Helios gegenüber, der in der Spätzeit oberster Kultgott aller Mysterien war. Jetzt aber, so jubelt er, ist Helios vom Kreuz besiegt, «und der Mensch, den die geschaffene Sonne am Himmel nicht belehren konnte, siehe, jetzt wird er vom Sonnenlicht des Kreuzes umstrahlt und (in der Taufe) erleuchtet [37]». Und dann bricht der Redner in einen erhabenen Lobpreis auf das Mysterium des Kreuzes aus: «O dieser wahrhaft göttlichen Weisheit! O Kreuz, du Hebwerk zum Himmel ($\mu\eta\chi\alpha\nu\grave{\eta}$ $o\grave{v}\varrho\acute{\alpha}\nu\iota o\varsigma$). Das Kreuz wurde eingerammt – und siehe, der Götzendienst wurde vernichtet. Nicht ein gewöhnliches Holz ist es, sondern ein Holz, dessen sich Gott bediente zum Sieg. Holz und Lanze und Nägel und Sterben: das ist das Wiegengewand des unsterblichen Lebens, daraus erstand die Geburt des zweiten Menschen. O des paradoxen Wunders!» Nicht mehr das Wehklagen über Adonis den Toten, der Jubel über den auferstandenen Geliebten der Venus erfüllt nun die Städte – Origenes [38] und noch Kyrillos von Alexandrien [39] berichten uns davon – sondern die Kreuzklage und der Osterjubel des neuen Mysteriums. «In dem einen Zeichen des Kreuzes haben die Zaubersprüche der Kabiren ein Ende genommen, und in der Kraft dieses demütigen, schlichten Wortes, das über den ganzen Erdkreis dahinging, haben die Menschen den Tod verachtet und haben begonnen, Unsterbliches zu denken», sagt Athanasius [40]. Der gekreuzigte Christus ist der «wahre Orpheus», der die Menschheit als seine Braut aus den Tiefen des dunklen Hades heimholte – der $'O\varrho\varphi\varepsilon\grave{v}\varsigma$ $\beta\alpha\varkappa\chi\iota\varkappa\acute{o}\varsigma$, wie ihn eine berühmte antik christliche Kreuzdarstellung auf einem Eisenzylinder nennt [41]. Noch das Mittelalter hatte davon eine letzte Ahnung, wenn es in einem Hymnus auf das Kreuzmysterium singt:

«Aufgerichtet an der Stange
hat einst eine erzne Schlange
der Gebißnen Schmerz gedämpft:
sie zu frein im höchsten Bunde
hat die Braut aus tiefstem Schlunde
unser Orpheus sich erkämpft[42].»

## Das biblische Mysterium

Schon an diesem kosmischen Kreuzgeheimnis läßt sich das Wesen des altchristlichen Mysteriendenkens deutlich ablesen: ein Mysterium ist das Kreuz, weil es in sich alle Grundgesetze des Weltgeschehens zum Ausdruck bringt – aber dies in einer so schlichten, ja fast verächtlichen Kürze und Kleinheit, daß eben in diesem Paradoxon, diesem unerhörten Gegensatz zwischen Gesagtem und Gemeintem, zwischen Sichtbarem und Unsichtbarem, das Mysterium besteht.

Genau die gleiche Gesetzlichkeit gilt nun auch vom Kreuz, insofern es den Mittelpunkt der Heilsgeschichte bildet, den Höhepunkt des von Gott seit Menschenbeginn gespielten Dramas der Offenbarung zum Heil der Menschen. Das Kreuz ist auch ein biblisches Mysterium. Und dies, weil im Kreuz alle Grundgesetze des in Gott verborgenen Heilswillens zur Aussprache kommen – aber (um ein Wort aus dem Urchristentum zu gebrauchen) «in dem geradezu nichtigen und aller Schande vollen Mysterium des Kreuzes[43]».

Es gehört wiederum zu den fundamentalen Sätzen der urchristlichen Symboltheologie, daß alles, was Gott im Alten Testament geoffenbart hat, angefangen vom «Baum des Lebens» (Gen. 2, 9) bis zur persönlichen Weisheit Gottes, in der sich dieser Baum des Lebens verkörpert (Prov. 3, 18), nur gesprochen wurde im Blick auf das kommende Heilsgeschehen im Kreuztod der menschgewordenen Weisheit. Darin besteht das Wesen des gesamten Alten Testamentes, eine einzige ungeheure Parabel zu sein, in die sich die Zukunft verhüllt, um sie zugleich dem Wissenden offenbar zu machen. Der Alte Bund enthält alle «Mysterien des Logos[44]». Noch genauer: er enthält das «Mysterium des Kreuzes», sagt Justin[45], und in seinem Dialog mit dem Juden Tryphon können wir schon für die ersten Jahrzehnte des zweiten Jahrhunderts erfassen, wie fein ausgebildet bereits diese Theologie vom biblischen Mysterium des Kreuzes war. Ein Gleiches geht aus dem sogenannten Barnabasbrief hervor, der in einem eigenen Kapitel in fast gekünstelter Exegese alle alttestamentlichen Vorbilder des Kreuzholzes zusammensucht[46]. Wir mögen heute vielleicht lächeln über diese kindliche Schriftdeutung, in der sich die ersten Spuren der alexandrinischen Auslegekunst andeuten. Aber die Grundüberzeugung, aus der sie hervorgeht, ist die paulinische Theologie: «alles ist geschehen uns zum Vorbild, uns, über die das Ende der Zeiten gekommen ist[47]». Die gläubige und mystische Überzeugung des antiken Christen von der Bedeutung des Kreuzes war so durchdringend, daß sich ihm wie der Kosmos so auch das Alte Testament wie mit einem Zauberschlag enthüllte: der Vorhang des Tempels riß entzwei, und das Mysterium Gottes ist entschleiert – um sich sofort wieder in den blutigen Schleier des Kreuztodes zu verhüllen, der sich erst hebt, wenn das Ende der Tage kommt «im Zeichen der Ausspannung am Himmel». So wird denn die Auslegung der Bibel selbst zu einem seelenspannenden Mysteriendrama. Augustinus vor allem hat das mit der Genialität seiner christlichen und antiken Seele miterlebt. «Auf daß sich im Mysterium des Kreuzes alles, was im Alten Testament verhüllt war, enthülle: darum ist der Vorhang im Tempel zerrissen worden», predigt er einmal[48]. Noch dialektischer hat das bereits Tertullian gefühlt: «Jawohl, dieses Kreuzmysterium mußte in der alten Verkündigung in Bilder gehüllt werden. Denn wäre es bildlos nackt verkündigt worden, es wäre ein noch viel größerer Skandal gewesen. Und je großartiger dieses Mysterium sein sollte, um so mehr mußte es im Schatten der Bilder bleiben, auf daß die Schwierigkeit des Verstehens immer wieder suche nach der Gnade Gottes[49].»

Es ist unmöglich, in diesem Rahmen auch nur eine Ahnung zu vermitteln von dem Reichtum an dogmatisch tiefen und lyrisch entzückenden Gedanken und Bildern, die sich der antiken Theologie in diesem Kreuzmysterium erschlossen. Alles Holz des Alten Testamentes wird dem neutestamentlichen Mysten zum ‹Abbild[50]›, in all dem sieht er die «Kraft, die Gott in das Mysterium des Kreuzes gelegt hat[51]»: das rettende Holz der Arche Noes, der wasserspen-

dende Holzstab des Moses, das Holzgerüst, an dem die eherne
Schlange hing, der sprossende Baum, der an Wasserbächen gepflanzt ist. Wir haben anderswo genauer vorgelegt, wie sich dieses
«Mysterium des Holzes» im Bild der über die Flut fahrenden Arche
des Noe entfaltet hat[52], und in ähnlicher Weise ließe sich von jedem
der Kreuzsymbole eine Geschichte schreiben, die für die Mystik
und für die Kunstgeschichte von gleicher Bedeutung wäre – denn
in die Tiefen dieses altchristlichen Mysterienverständnisses, das bis
in die romanische Kunst und in die gotische Mystik hinein lebendig blieb, sind die Forscher noch gar wenig tief hinabgedrungen.
Aber wir müssen uns hier einschränken, und so soll nur von einem
dieser Symbole des Kreuzmysteriums gesprochen werden, in dem
ein biblisches Urbild im Licht des Kreuzes geschaut wird: die Lateiner nannten es das «sacramentum ligni vitae», die Griechen das
μυστήριον τοῦ ξύλου. Es ist das Holz des Lebensbaumes im Paradies
und seine Deutung auf das Kreuz Christi[53].

Der Lebensbaum inmitten des Paradieses, umrauscht vom vierteiligen Strom des Wassers (Gen. 2, 9,10), war schon der israelitischen Prophetie das Sinnbild des messianischen Heils[54], ja die
Weisheit Gottes selbst ist dieser Lebensbaum (Prov. 3, 18). Im gleichen Bild sieht der neutestamentliche Apokalyptiker die Vollendung der Erlösung[55]. Aber hier kommt ein entscheidend Neues
hinzu: «Ein Anrecht auf den Baum des Lebens[56]» haben nur die,
welche ihr Gewand gewaschen haben im Blut des Lammes. Zwischen
dem Lebensbaum des Paradieses und dem Lebensbaum des neuen
Himmels sieht der antike Christ nun einen Lebensbaum ragen, an
dem sich das Geschick der Adamsfamilie entscheidet: das Kreuz.
Und in seinem Mysterienblick schaut er diese Bäume wie in einem
einzigen Bild. Der Paradiesbaum ist nur eine Vordeutung des Kreuzes, und dieses Kreuz ist der Mittelpunkt der Welt und des Heilsdramas der Menschen. Es ragt von Golgotha zum Himmel, den
Kosmos zusammenfassend, es ist errichtet an der gleichen Stelle,
an der einst Adam erschaffen wurde, wo er begraben liegt, wo zur
gleichen Stunde und am gleichen Tag der zweite Adam sterben
sollte. Und zu seinen Füßen quellen die vier Paradiesflüsse des
Taufmysteriums, durch das die Nachkommen des Adam ein neues
Anrecht erlangen auf den ewig grünenden Baum des Lebens[57]. Ein

altchristliches Gedicht des 3. Jahrhunderts beginnt mit den Worten:

> «Es gibt einen Ort, von dem glauben wir, er sei der Mittelpunkt der ganzen Erde. Golgotha nennen ihn die Juden in der Sprache ihrer Väter[58].»

Und dann wird geschildert, wie dieser Kreuzbaum des Lebens in ungeheure Höhen wächst, seine Arme ausbreitet, um den Erdkreis zu umfassen; wie zu seinen Füßen der Taufquell sprudelt und alle Menschenvölker herbeieilen, um Unsterblichkeit zu trinken. Der Schlußvers lautet:

> «Von da aus geht die Reise zum Himmel, durch die Zweige dieses hohen Baumes. Das ist das Holz des Lebens für alle Glaubenden. Amen.»

Das ist das altchristliche Mysterium des ‹Kreuzes im Wasserquell› – und wer sähe nicht vor sich die wundervollen Mosaiken, mit der die christliche Antike zu Rom die Taufhäuser geschmückt hat[59]? Hier gilt es nun, tiefer einzudringen. Es ist eine christlich umgedeutete althebräische Tradition, die den Paradiesbaum und die Erschaffung des Adam in Zusammenhang bringt mit den messianischen Heilsereignissen. Am deutlichsten kommt sie zum Ausdruck in der sogenannten «Syrischen Schatzhöhle», einem Werk aus dem Kreis um Ephräm den Syrer[60]. Darin wird die Schöpfung des ersten Menschen beschrieben, den Gott aus den vier Elementen des Kosmos bildete und ihn zu einem herrlichen Sonnenmenschen gestaltete:

> «Und Gott bildete Adam mit seinen heiligen Händen
> nach seinem Bild und Gleichnis.
> Als die Engel sein herrliches Aussehen gewahrten,
> wurden sie von der Schöne seines Antlitzes ergriffen,
> denn sie sahen seines Angesichts Gebilde,
> wie es dem Sonnenball gleich in herrlichem Glanz entflammt war.
> Seiner Augen Leuchten war gleich dem der Sonne,
> seines Körpers Licht wie das Funkeln des Kristalls.
> Und er dehnte sich und stand in der Mitte der Erde,
> und er setzte seine Füße auf den Ort,
> wo das Kreuz unsres Erlösers aufgerichtet wurde[61].»

Es war dies aber zu Füßen des Lebensbaumes, der mitten im Paradies stand. Und es wird etwas später ausdrücklich gesagt: «Dieser Lebensbaum in der Mitte des Paradieses ist ein Vorbild des Erlösungskreuzes, das der eigentliche Lebensbaum ist, und dieses Kreuz ward in der Mitte der Erde errichtet[62].» Das gleiche vordeutende Mysterium begibt sich dann beim Tode des Adam, der durch die Sünde seine Sonnenlichtnatur verloren hat und sie erst wieder erhält durch den Tod des kommenden Erlösers:

«Und es schied Adam aus dieser Welt
am vierzehnten Nisan, in der neunten Stunde,
an einem Freitag:
in der gleichen Stunde, da der Menschensohn
am Kreuz seinen Geist dem Vater zurückgab[63].»

Gewiß, wir befinden uns hier im Bereich der religiös dichtenden Phantasie. Aber der Quellgrund für all diese oft mit entzückender Poesie gestalteten Sagen vom Lebensbaum ist das theologische Mysterium des Kreuzes, und wer könnte irgend etwas verstehen von antiker und mittelalterlicher Kunst ohne eine Kenntnis dieser uralten Symbolik? (Abb.) In der äthiopischen Version des sogenannten «Adambuches[64]» wird das Kreuzgeheimnis beim Tode des Adam noch deutlicher enthüllt. Der Sterbende befiehlt seinem Sohne Seth, den toten Leib des Urvaters nach der Flut, die da kommen wird, in der Erde zu bestatten. «Denn der Ort, wo mein Körper niedergelegt wird, ist der Mittelpunkt der Erde, und von dort wird Gott kommen und unser ganzes Geschlecht wieder erlösen[65].» Und als nach der Sintflut Adams Sarg aus der Arche herausgetragen wird, ertönt die Stimme des toten Urvaters: «In das Land, wohin wir gehen, wird der Logos Gottes herabkommen und leben, und oben an dem Ort, wo mein Körper ruht, wird er gekreuzigt werden, so daß er meinen Scheitel mit seinem Blute benetzen wird[66].» Wir alle kennen aus der mittelalterlichen Kunst die Darstellung des Adamsschädels am Fuß des Kreuzholzes: jetzt kennen wir auch die altchristlichen Quellen für solche Bildkraft der Symbole, und aus der tausendjährigen Kraft dieses sacramentum ligni quellen tausend Bilder und Worte, deren Sinngebung uns entschwunden ist, weil wir das antik christliche Verständnis für das Mysterium des Kreuzes verloren haben. Wir müßten jetzt noch sprechen von dem wundervollen Legendenkranz, der sich um das Holz des Lebensbaumes rankt: von der Geschichte des todkranken Adam, der seinen Sohn Seth zum Paradies schickt, um eine Frucht der Unsterblichkeit vom Baume des Lebens zu holen. Aber der Engel, der das Paradies hütet, gibt ihm nur drei Kerne, und aus diesen wächst das dreifache Holz aus Zeder, Pinie und Zypresse, es wächst aus dem Mund des toten Adam, und in einer wundersamen und wechselreichen Geschichte durch das ganze Alte Testament hindurch erhält sich dieses Holz, bis daß die Schergen daraus den Kreuzbaum für Christus verfertigen. Noch das ganze Mittelalter hat an diesen Legenden weitergesponnen – und sie sind nichts anderes als die Bildwerdung, die naiv volkstümliche Gestaltung dessen, was wir das altchristliche Kreuzmysterium nennen. Im Hintergrund all dieser Mythenbildung steht die theologische Überzeugung von dem tiefen Zusammenhang, der da besteht zwischen Adam und Christus, dem irdischen und dem pneumatischen Menschen[67]. Gleichlaufend mit der raunenden und bildernden Kreuzlegende geht seit den Urzeiten der antiken Theologie das festumgrenzte dogmatische Wort durch die Jahrhunderte, jene klassische Antithese, in der das Holz des Paradieses in Beziehung gesetzt wird zum Holz des Kreuzes. Sie gehört zum Urbestand theologischen Denkens, und schon bei Irenäus erscheint sie als Überlieferung der kleinasiatischen Presbyteroi: «Da wir den Logos durch das Holz verloren haben, ist er durch das Holz allen wieder offenbar geworden und zeigte durch das Holz die Höhe und die Länge und die Breite und die Tiefe an, indem er, wie einer der Presbyteroi sagte, durch die Ausbreitung seiner Hände die beiden Völker in einem einzigen Gott vereinte[68].» Die beiden Völker sind Juden und Hellenen, die durch das Kreuzholz nun vereint sind[69]. Der Kosmos der Griechen und die Bibel der Israeliten: beide konvergieren im Kreuzmysterium. Darum sagt der Syrer Ephräm: «Alle Mysterien hat der Herr aller Menschen in seiner Kreuzigung vollendet, und beide Welten der beiden Völker hat er umarmt, als er sein Kreuz umarmte[70].» Die griechische und byzantinische Theologie hat dies alles tief durchdacht und zugleich in das wundervolle Sprachgewand ihrer Panegyriken auf das lebenspendende Kreuzholz gekleidet. Man lese nur die Dogmatik vom Lebensbaum bei

Gregor von Nyssa[71] oder den überschwenglichen Hymnus auf das biblische Mysterium des Holzes bei dem Byzantiner Theophanes Kerameus[72]. Ein unbekannter Grieche predigt vom Mysterium des Karfreitags und preist diesen seligen Tag als die Vollendung und Wiederherstellung der ersten Schöpfung des Adam: «Heute, am sechsten Wochentag, wurde Adam gebildet, heute erhielt er die Gestalt der Vergöttlichung, heute ward er als kleiner Kosmos in den großen Kosmos gestellt. O dieses vielfältigen Tages! O trauriger und trauerlösender Tag! O du Morgen (der Schöpfung), der du Leid gebarst, o du Abend (des Kreuztodes), der uns Freude geschenkt[73]!» Was hier im hymnischen Wort der Verkündigung gesprochen wird, hat für die Theologie die klare Weisheit des Johannes von Damaskus zu unvergessenem Lehrbesitz geformt[74]. Ganz gleich entfaltet sich das abendländische Kreuzmysterium. Augustinus vor allem hat ihm die denkerische Form und die Schönheit seiner antithetischen Sprache gegeben. Das sacramentum ligni war eine seiner tiefsten Ideen[75]. Und seine Geisteserben zehren davon, die römische Liturgie und die Hymnen des Venantius Fortunatus widerhallen von diesem Mysterium. «Per arborem mortui, per arborem vivificati», predigt ein Nachaugustiner, und er bricht in den Ausruf aus: «O sacramentorum immane mysterium[76]» – unerhörtes, geradezu unmenschliches Mysterium. Noch Thomas von Aquin lebt hier ganz aus dem Geist des Augustinus[77], und ohne die hier angedeuteten Gedanken vom antik christlichen Kreuzmysterium könnten wir bei Dante weder das Purgatorio (XXIII, 73/75) noch das erhabene Zwiegespräch mit dem «Alten Vater Adam» im Paradiso (XXVI. Gesang) verstehen. Die entzückende Salzburger Miniatur des Berthold Furtmayr[78] (aus dem Jahre 1481) ist wie das letzte Wort zu diesem Mysterium des Lebensbaumes: Eva in ihrer gnadenlosen Nacktheit teilt vom Paradiesholz die Speise des Todes aus, aber am gleichen Baum hängt der Gekreuzigte, und die Ecclesia bricht von ihm das Pharmakon der Unsterblichkeit.

Zu Beginn des 3. Jahrhunderts hat ein Nachahmer des Hippolyt in einer Predigt auf das Ostermysterium ein wundervolles Loblied auf das kosmische und biblische Mysterium des Kreuzholzes angestimmt[79]. Mit seinen Worten sei dieser Abschnitt beschlossen:

«Dieser himmelweite Baum ist von der Erde empor zum Himmel gewachsen. Unsterbliches Gewächs, reckt er sich auf zwischen Himmel und Erde. Er ist der feste Stützpunkt des Alls, der Ruhepunkt aller Dinge, die Grundlage des Weltenrunds, der kosmische Angelpunkt. Er faßt in sich zur Einheit zusammen die ganze Vielgestalt der menschlichen Natur. Von unsichtbaren Nägeln des Geistes ist er zusammengehalten, um sich aus seiner Verbindung mit dem Göttlichen nicht zu lösen. Er rührt an die höchsten Spitzen des Himmels und festigt mit seinen Füßen die Erde, und die weite mittlere Atmosphäre dazwischen umfaßt er mit seinen unermeßlichen Armen.

O Gekreuzigter, du Vortänzer im mystischen Tanze! O des geistlichen Hochzeitsfestes! O des göttlichen Pascha, übergehend von den Himmeln bis zur Erde und wiederum aufsteigend in die Himmel! O neue Feier aller Dinge, o kosmische Festversammlung, o Freude des Universums, o Ehre, o Lust, o Entzücken, durch die der finstere Tod vernichtet, das Leben dem All mitgeteilt, die Tore des Himmels geöffnet wurden. Gott erschien als Mensch, und der Mensch fuhr empor als Gott, da er die Pforten der Hölle zerschmettert und die ehernen Riegel gesprengt hat. Und das Volk, das in der Tiefe war, steht von den Toten auf und verkündet der Fülle droben: Der Chor der Erde kehrt zurück!»

# DAS MYSTERIUM DER TAUFE

Felix sacramentum aquae nostrae.

«Glückbringendes Mysterium unseres Wassers»: so beginnt Tertullian seine Schrift über die Taufe[1]. Es ist die gleiche Seligpreisung, die fast um ein Jahrhundert früher der Barnabasbrief anstimmte: «Glückselig, die auf das Kreuz hoffend ins Wasser hinabgestiegen sind[2].» Das Mysterium der Taufe kann nur verstanden werden im Mysterium des Kreuzes – am Fuß des Lebensbaumes quillt das Lebenswasser. Denn nur in der erlösenden Kraft des Kreuztodes Gottes ist das Wasser lebenzeugend geworden. Gott ist gestorben, «auf daß er durch sein Leiden das Wasser heilige», sagt Ignatius von Antiochien[3]. Diese Zusammenschau der beiden Mysterien geht zurück bis in die Theologie des Paulus: «Wißt ihr nicht, daß wir alle, die wir auf Christus Jesus getauft worden sind, in seinen Tod eingetaucht wurden? Durch die Taufe sind wir mit ihm in den Tod begraben, aber wie Christus durch die Herrlichkeit des Vaters von den Toten auferstanden ist, so sollen auch wir in einem neuen Leben wandeln[4].» Das Tauchbad der Taufe gibt also zwei Wirkungen: es erlöst von den Sünden und es schenkt ein neues, christusförmiges Leben, und dies einzig durch die Wirkung des Kreuztodes.

So ist die Taufe das Grundmysterium des Christentums, die eigentliche Initiation in die Teilnahme am göttlichen Leben des gestorbenen und auferstandenen Christus; man hat sie später geradezu das $\mu\upsilon\sigma\tau\acute{\eta}\varrho\iota\upsilon\nu$ $\tau\tilde{\eta}\varsigma$ $\tau\epsilon\lambda\epsilon\iota\acute{\omega}\sigma\epsilon\omega\varsigma$ genannt[5]. Kein Wunder, daß sich die vergleichende Religionsgeschichte gerade mit diesem Mysterium eingehend befaßte[6]. Denn an keinem anderen Punkt glaubte man deutlicher nachweisen zu können als gerade hier, wie der ursprüngliche, aus dem Judentum übernommene Reinigungsritus durch Überlagerungen von hellenistischen Hoffnungen auf eine Vergöttlichung zum «synkretistischen Mysterium der Taufe[7]» geworden ist. Dies schien um so leichter, als gerade hier ein beachtliches Material aus den Waschungsriten der antiken Mysterien zu

Gebote steht. Wir kennen eine Abwaschung im Ritual von Eleusis; wir kennen aus des Demosthenes Kranzrede die reinigende Waschung im Sabaziosmysterium; der Attiskult hatte sein Taurobolium, und das Isismysterium kannte ein heiligendes Taufbad genau so wie das Mysterium des Dionysos und des Mithras[8]. Nun weist zwar die neueste Forschung mit großer Besonnenheit einen Einfluß derartiger Riten auf die Tauflehre des Neuen Testamentes, insonderheit des Römerbriefes, ab. Um so unbeschwerter aber ist man in der Feststellung einer angeblichen Hellenisierung des Taufsakraments etwa vom 2. Jahrhundert an, und man bemüht sich immer noch, zu zeigen, daß dieses ‹altkatholische› Mysterium mit der von Jesus verkündeten und von Paulus noch richtig verstandenen Botschaft nichts mehr zu tun habe. Der Kernpunkt dieses Versuchs ist stets jene unausrottbare Vorstellung vom ‹Magischen› im Sakrament. Selbst Oepke, der sonst so zutreffend das Wesen der christlichen Taufe von der «nicht sittlichen, sondern lediglich im rituellen und magisch naturhaften Sinne verstandenen Reinigung und Belebung» der hellenistischen Taufgebräuche unterscheidet, verfällt alsbald diesem Vorurteil vom «magisch übersteigerten Sakramentsbegriff», der sich über das paulinische Denken gelagert habe – natürlich durchaus unter dem Einfluß des magischen Mysterienzaubers, dem auch die Urchristenheit erlag. Es ginge über den hier gesteckten Rahmen hinaus, dies alles quellenmäßig zu widerlegen, die Forschung hat es zu einem guten Stück auch schon getan. Wir möchten nur auf zwei Dinge hinweisen: einmal auf die in den ersten beiden Kapiteln kenntlich gemachte genauere Unterscheidung zwischen dem christlich gebliebenen Wesen des Mysteriums und einer langsam sich ausbildenden Mysterienterminologie; und zweitens auf die immer lebendig gebliebene Grundüberzeugung, daß im Sakrament und seiner von Christus selbst eingesetzten wesentlichen Struktur – bei der Taufe also das schlichte Wasserbad und das begleitende Wort[9] – immer der gekreuzigte und erhöhte Christus wirkt und also eben wegen dieser Rückführung auf den freien, persönlichen Heilswillen des Gottmenschen von einer ‹magischen Wirksamkeit› des Sakraments niemals die Rede sein kann – wenn man dem Begriff ‹Magie› seinen eindeutigen religionspsychologischen Sinn beläßt[10]. Was sich dann an Riten und Bildern und Worten im Laufe der Zeit um diesen sakramentalen Kern gelegt hat, ‹Exorzismus, Ölsalbung, Weihe-, Investitur- und Lichtgebräuche›, das sind zwar nicht ‹Mysterienreste[11]›, das darf aber (im Sinne unserer früher vorgelegten vorsichtig quellenmäßigen Unterscheidungen) durchaus auf seine in tieferen Schichten gelegene Verwandtschaft mit dem antiken Mysterium untersucht werden.

Dies zur theoretischen Klärung des Begriffs ‹Taufmysterium›. Wenn wir nun im folgenden ein paar der köstlichsten Stücke aus dem Schatz dieses antik christlichen Mysteriums vorlegen, so steht das Taufmysterium vor uns immer in jener Gestalt, die es in organischem und innerlich lebendigem Wachstum im Laufe der ersten vier Jahrhunderte angenommen hat: es bleibt in all seinem fast verwirrenden Reichtum immer das schlichte Zeichen von Wasser und Wort[12], das seine lebengebärende Kraft aus dem Kreuztod Christi schöpft. Das ist die Grundvorstellung, aus der alle Entfaltung treibt; das ist sozusagen die Seele, die es dem Denken und Sinnen und Gestalten des antiken Christen möglich macht, das kosmische und das biblische Mysterium des Kreuzes, ja selbst die menschlich tiefsten und reinsten Gedanken und Worte des Mysterienwesens zur Gestaltung seines Taufmysteriums zu verwenden. Überhaupt: daß sich in der Tat aus dem schlichten neutestamentlichen Taufritus die Fülle des altchristlichen Mysteriums geformt hat, eben das liegt im Wesen der sakramentalen Heilsveranstaltung selbst begründet – in der Tatsache, daß ein so demütig geringes Tun mit Wasser und Wort ein von Christus gesetztes Zeichen sei für eine so unerhörte Wirkung. Hier setzt das Gefühl des antiken Menschen für das Mysterium ein, für jene Spannung, die wesentlich mit einem Symbol gegeben ist, zwischen Gesagtem und Gemeintem, zwischen der Schlichtheit des Sichtbaren und der Gewalt des Unsichtbaren. Tertullian hat das in seinem Taufbuch wundervoll herausgeführt, wenn er die beiden Polaritäten einander gegenüberstellt: «simplicitas divinorum operum quae in actu videtur et magnificentia quae in effectu promittitur[13].» «Schlicht, aber großartig» – das ist in der Tat eine mit tertullianischer Prägnanz geprägte Umschreibung eines Mysteriums. Und wenn somit im Lauf der vier Jahrhunderte die Kirche das schlichte Wesen der Taufe mit einem reichen Mysterienritual umgab, so ist das alles nur der Versuch, menschlich sichtbar zu machen, was an göttlicher Großartigkeit auch von dem schlichten Urzeichen angedeutet und bewirkt wird. Gregor von Nyssa gibt dem gleichen Mysteriengefühl Ausdruck, wenn er von der Taufe sagt, sie sei ein «geringes Wesen und doch der Urgrund großer Güter[14]». Das Taufhaus ist, wie die gallikanische Taufliturgie[15] betet, «ein bescheidener Ort, aber der Gnaden voll», und Ambrosius prägte in dem Gedicht auf die Taufkirche, das uns gleich nachher noch beschäftigen wird, einen Satz, den man über das ganze antike Taufmysterium schreiben könnte – es ist das Staunen über den paradoxen Gegensatz zwischen dem ‹winzigen Punkt› des Sichtbaren und der göttlich unsichtbaren Wirkung, die aus ihm hervorbricht:

«Denn was ist göttlicher, als daß an einem so winzigen Punkt sich löse die Schuld des Volkes?[16]»

So lege ich hier denn einige Aspekte des urchristlichen Taufmysteriums vor, die uns eine Ahnung davon geben sollen, wie das Mysterium des Kreuzes im Mysterium der Taufe sich auswirkt und wie hier dem antiken Christen alle Reichtümer zur Gestaltung seines ureigenen Mysteriums entgegenströmen.

Die Taufe ist zunächst das ‹Mysterium des ewigen Lebens›. Der Inhalt dessen, was hier unter Leben verstanden wird und wodurch sich das christliche Mysterium wesentlich von dem naturgebundenen Wiedergeburtssehnen der antiken Mysterien unterscheidet, ist das, was Johannes unter ζωὴ αἰώνιος versteht, was Paulus als Teilnahme an dem verklärten Leben des erhöhten Herrn beschrieben hat: die übernatürliche, endzeitlich in der unmittelbaren Schau Gottes sich vollendende, aber schon wurzelhaft in der Taufe gegebene Gemeinschaft mit der göttlichen Natur[17].

Um dieses alle antike Sehnsucht weit übersteigende Heilsgut der Taufe auszudrücken «mit den Bildern, die ihm vertraut waren», und um anzudeuten, was er mit Paulus von dieser Angleichung an das verklärte Leben des vom Kreuztod Auferstandenen glaubte, griff der antike Christ aus der frommen und mystischen Umwelt, die ihn umgab, ein Symbol heraus, das in seiner christlichen Umwandlung eine reiche Geschichte haben sollte: das ‹Mysterium der Ogdoas›, das Geheimnis der Achtzahl[18].

Christus ist am achten Tag von den Toten erstanden, am Tag des Helios, der nun für die Christen zugleich der erste Tag wird, so wie er einst der erste Tag der Weltschöpfung gewesen ist – wir haben über das Lichtmysterium dieses Sonnentages beim letztjährigen Eranos gesprochen. In uraltem pythagoräischem Denken ist nun aber die Zahl Acht das Sinnbild des Vollendeten, Ewigen, Ruhigen. Acht ist die Zahl des Kubus, des nach allen Seiten hin in gleichem Abstand sich dehnenden Körpers, Acht ist die Zahl der Sphären, die sich um die Erde bewegen – «πάντα ὀκτώ», alles ist acht, lautete ein antikes Sprichwort[19]. Das alles war auch dem antiken Christen geläufig. Und nun findet er, von den Grundüberzeugungen seines Glaubens an die Wesenswirkung der Taufe kommend, allüberall das mystische Symbol der Achtzahl und gibt ihm einen christlichen Sinn. Am achten Tag ist der Herr erstanden; an einem Ostertag, dem liturgischen Achttag, hat der Christ die Taufe empfangen; und es ist dies der gleiche Tag, an dem einst der Geist über den Wassern brütete. Acht Menschen fuhren in der Arche über das Wasser, und dieses rettende Holz ist Sinnbild des Kreuzes. Alles ist voll der geheimen Zeichen und Symbole. Schon im zweiten Petrusbrief (2, 5) heißt es: «Gott hat des alten Kosmos nicht geschont, sondern den Noe in der Achtzahl (ὄγδοον Νῶε) als Herold der Gerechtigkeit gerettet». Das ist aber ein Vorbild der Taufe, erklärt der erste Petrusbrief (3, 20 21): «Nur wenige Seelen, nämlich acht, wurden in der Arche durch das Wasser gerettet – und das Gegenbild davon (ἀντίτυπον), die Taufe, rettet jetzt auch kraft der Auferstehung des Christos Jesus.» Daran knüpft sich nun die reiche Bildfülle des Mysteriums der Achtzahl, schon im 2. Jahrhundert bei Justin voll ausgebildet. «Das ist der Sinn des Wortes Gottes», sagt er zu oben genannten Schriftstellen, «daß sich zur Zeit der Flut das Mysterium zur Rettung der Menschen bereits geheimnisvoll verwirklichte. Denn der gerechte Noe mit den übrigen Menschen der Flut, das ist mit seiner Frau, seinen drei Söhnen und den Frauen seiner Söhne, insgesamt acht an der Zahl, waren mit dieser Zahl ein Sinnbild des Tages, an dem unser Christus von den Toten auferstand, des achten Tages, der aber seiner Kraft nach stets der erste ist. Denn Christus, der Erstgeborene aller Kreatur, ist auch der Anfang eines neuen Geschlechtes geworden, das da wiedergeboren wird von ihm durch das Wasser und den Glauben und das Holz, mit dem Mysterium des Kreuzes[20].»

Taufe ist also Wiedergeburt zum Ewigen Leben, Übergang in jene Unvergänglichkeit und Ruhe, die im uralten Bild der Ogdoas symbolisch ausgesprochen wird, Gegensatz zur irdischen Geburt. In den Exzerpten aus Theodot, die Clemens verfertigt hat, heißt es: «Wer von der irdischen Mutter geboren wird, der wird in den Tod geschleudert und in die Welt. Wer aber von Christus wiedergeboren wird, der wird in das Leben hinüberversetzt, in die Ogdoas. Solche Menschen sterben für die Welt, aber sie leben für Gott, auf daß der Tod durch den Tod aufgelöst werde und die Vergänglichkeit durch die Auferstehung[21].» Der Taufquell ist das Grab für das vergängliche Leben und zugleich der Mutterschoß für das neue Leben der himmlischen Ogdoas – nun in einem ganz anderen, höheren Sinn, wie einst die Mutter Erde, die Mutterschoß und Grab zugleich ist[22]. Origenes hat uns eines der schönsten hymnischen Loblieder auf dieses ‹Mysterium der Ogdoas› hinterlassen, einen Preis auf den Sonntag als den achten Tag:

«Dies ist der Tag, den der Herr gemacht hat. Was möchte wohl diesem Tag gleich sein? An ihm vollzog sich die Versöhnung Gottes mit den Menschen. An ihm wurde der Krieg der Zeitlichkeit vernichtet, und die Erde ist würdig geworden des Himmels, da die Menschen, die der Erde unwert waren, des Himmelreichs würdig erschienen, da der Erstling unserer Natur über die Himmel erhoben und das Paradies eröffnet wurde, da wir die alte Heimat wieder erhielten, da der Fluch hinweggenommen und die Sünde gelöst wurde. Wenngleich Gott auch alle Tage gemacht hat: diesen Tag hat er auf besondere Weise geschaffen. Denn an ihm brachte er die höchsten seiner Mysterien zur Vollendung[23].»

Das Verständnis für dieses Mysterium ist in Alexandrien immer lebendig geblieben. Noch Kyrillos weiß darum: «Es bezeichnet nämlich für uns dieser achte Tag die Zeit der Auferstehung, da Christus, der für uns den Tod erduldet hat, wieder auflebte. Ihm aber werden wir im Geiste gleichgestaltet, indem wir durch die heilige Taufe sterben, auf daß wir auch der Auferstehung teilhaft werden. Der Zeitpunkt aber, der für eine solche Einweihungsfeier ($\tau\varepsilon\lambda\varepsilon i\omega\sigma\iota\varsigma$) am besten geeignet scheint, ist das Mysterion Christi, das da durch die Ogdoas versinnbildet wird[24].» Aber auch die lateinische Sakramentsmystik kennt dieses Symbol, das «sacramentum ogdoadis», wie es Hilarius [25] nennt, das «sacramentum octavi», von dem Augustinus [26] so gerne spricht: die Achtzahl ist das Symbol für die Neugeburt aus der Taufe und zugleich für das Ewige Leben, das im Wasser mystisch beginnt und in der Seligkeit, der ewigen Ruhe, der Gottesschau sich vollendet. Zwischen Taufe und Gottesschau aber liegt der seelische Aufstieg des christlichen Gnostikers, die in Kraft der Taufe sich langsam vollziehende Vergöttlichung. Und auch sie ist ein Mysterium der Achtzahl. Clemens von Alexandrien möge sie uns beschreiben:

«Wer, wie der Apostel schreibt, zum vollkommenen Mann herangewachsen ist, von dem sagt David: sie werden ruhen auf dem heiligen Berge Gottes. Sie werden sich versammeln in der obersten himmlischen Kirche, in der die Philosophen Gottes zusammenkommen, die da reinen Herzens sind, an denen kein Falsch mehr ist. Denn sie sind nicht geblieben in der Siebenzahl der Ruhe, sondern sie haben sich durch gute Werke an Gott angeglichen und sind nun erhoben zum Erbe des der Achtzahl angehörenden Gutseins, weil sie acht hatten auf das reine Schauen unersättlicher Betrachtung[27].»

Aus dieser mystischen Symbolik der Achtzahl haben denn auch die antiken Christen selbst den irdischen Ort, an dem solches Mysterium gefeiert wurde, gestaltet, jenen «geringen Ort, der aller Gnaden voll ist», das Taufhaus und den Taufbrunnen. Sie bauten die Baptisterien mit Vorliebe in oktogonaler Form, und das Becken mit dem lebengebärenden Wasser ist von einer achteckigen Balustrade umgeben. Wir besitzen noch in einer alten Abschrift die längst zerstörte Inschrift, die Ambrosius für die Taufkirche von Sankt Thekla zu Mediolanum verfaßt hat. Sie sei hier in metrischer Übersetzung vorgelegt:

«Achtfach genischt erhebt sich der Tempel zu göttlichem Dienste,
Oktogonal ist der Quell, würdig solch heiligen Tuns.
In der mystischen Acht muß das Haus unsrer Taufe erstehen,
denn in ihm wird geschenkt ewiges Heil allem Volk
durch das Licht des erstandenen Christ, der die Riegel des Todes
sprengte und aus der Gruft alle Gestorbenen befreit,
der von der Makel der Schuld erlöst die reuigen Sünder,
da er sie reinigt im Bad dieses kristallenen Quells[28].»

Und im Schlußvers, den wir schon kennen, spricht Ambrosius die Worte, die den tiefsten Sinn des mystischen Paradoxons andeuten, das sich im Mysterium der Taufe vollzieht: «nam quid divinius isto, ut puncto exiguo culpa cadat populi»:

«Kann Gott Erhabneres wirken
als an so nichtigem Ort zu lösen die Schuld allen Volks?»

Von da aus können wir nun einen Schritt weitergehen im tieferen Verständnis des antiken Taufmysteriums. Die Taufe ist nur darum ein ‹Mysterium des Ewigen Lebens›, ein ‹sacramentum octavi›, weil in ihr die Kraft des göttlichen Kreuztodes wirksam wird. «Was ist das Wasser ohne das Kreuz Christi? Ein gewöhnliches Element», sagt Ambrosius zu seinen Neomysten[29]. Und Augustinus: «Mit dem Zeichen des Kreuzes wird das Wasser des Taufquells konsekriert[30].» Nur in der zeugenden Kraft des Kreuzes wird der Mutterschoß der Kirche fruchtbar. «Per signum crucis in utero sanctae Matris Ecclesiae concepti estis», heißt es in einer nachaugustinischen Taufpredigt[31]. Mit einem Wort: hier stehen wir vor der Mysteriengestaltung jener paulinischen Theologie aus dem Römerbrief, in der die Taufe und das Kreuz Christi mit einem einzigen Blick umfaßt wurden. Die Taufe ist das ‹Mysterium vom Holz im Wasser›. Und es ist dies wiederum ein Teilaspekt des Gesamtmysteriums, ohne dessen Verständnis uns sowohl die antik christliche Mystik und Liturgie wie auch die christliche Kunstgestaltung bis ins Mittelalter hinein unbegreifbar bliebe.

Zur Entfaltung dieses Mysteriums müssen wir auf die Taufe Jesu im Jordan zurückgreifen, die schon der Theologie der christlichen Urzeit als das eigentliche Paradigma des Taufmysteriums erschien[32]. «Jesus Christus wurde geboren und wurde getauft, auf daß er durch sein Leiden das Wasser heilige», lautet ein berühmter Text aus Ignatius von Antiochien[33]. Daß Gott selbst in Menschengestalt in einem irdischen Wasser steht, und daß in diesem Augenblick die Theophanie der göttlichen Stimme über ihm seine Sohnschaft bezeugt: das war für den antiken Christen das Paradoxe, das Mysterium, das war eine augenblickliche Vorwegnahme dessen, was sich dann im Leiden des Kreuzes endgültig vollzog, die Entscheidung zwischen Licht und Finsternis, die Umgestaltung des ganzen Kosmos, die Vergöttlichung des Irdischen, der Einbruch der jenseitigen Welt. Dieser Überzeugung vom mystischen Wesen der Taufe Jesu formt sich schon sehr frühe eine bildhaft faßbare Gestalt. Da flammt aus dem Wasser des Jordan ein brennendes Feuer auf, da flutet der Jordan erschreckt zurück, da eilen die Engel herbei, um dem Sohn Gottes das weiße Gewand seines göttlichen Lichtwesens zu reichen. Wir können uns hier mit den reichen religionsgeschichtlichen Fragen dieser mystischen Ausgestaltung der Jordantaufe nicht befassen [34]. Wir richten den Blick nur auf das eine: hier in der Taufe vollzieht sich im Symbol, was dann am Kreuz Wirklichkeit wird und vom Kreuz aus im Taufmysterium auf die Menschen übergeht. Der im Jordan untertauchende Jesus ist Sinnbild jener göttlichen Demut, in der er dann in das Wasser des Todes untertauchen wird, um als verklärter Sohn Gottes aufzuerstehen. Taufe und Kreuz gehen in ein einziges Bild über. Taufe, Kreuz und Abstieg in das Dunkel der Unterwelt bilden das Mysterium der göttlichen Vernichtung, aus der das neue Leben quillt, gleichsam den Sonnenuntergang, aus dem der neue Tag aufsteigt – wir haben beim letzten Eranos den herrlichen Text kennengelernt, mit dem Melito von Sardes diesen Abstieg Gottes ins Taufwasser und in die Totenwelt mit dem Eintauchen der Sonne in das westliche Meer verglich [35]. In einer syrischen Taufliturgie wird gebetet: «Jesus wohnte also, o Vater, durch deinen und des heiligen Geistes Willen in drei Erdenwohnungen: im Mutterschoß des Fleisches, im Schoß des Taufwassers und in den trauervollen Höhlen der Unterwelt. Mache uns dadurch würdig, daß wir aus dem tiefen Abyssus erhoben werden zu den glorreichen Wohnungen der erhabenen Dreifaltigkeit [36].» Das Untertauchen Gottes in der Taufe ist Quell und Vorbild unseres Aufstiegs in der Taufe. Ambrosius drückt das in der Prägnanz seiner Sprache so aus: «Unus enim mersit, sed elevavit omnes. Unus descendit, ut ascenderemus omnes [37].» Jesu Taufe wirkt durch Jesu Tod.

Um diese mystische Zusammenschau bildlich sichtbar zu machen, stellt man nun im literarischen Wort und in der Kunst mitten in den Jordanfluß das Kreuz. Es wirkt hier auch mit, was wir über den Baum des Lebens im Wasserquell der Paradiesflüsse gesagt haben. In erster Linie aber ist dieses Jordankreuz das Symbol des gekreuzigten Christus selbst, der das Taufwasser mit seinem Blut fruchtbar gemacht hat. Aus dem Itinerar des sogenannten Antoninus Placentinus wissen wir, daß ein hölzernes Kreuz im Jordan an der traditionellen Taufstelle errichtet stand, eben dort, wo nach der Legende der Jordan erschreckt zurückwich:

> «Und an der Stelle, wo das Wasser in sein Bett zurückflutet, ist mitten im Fluß ein hölzernes Kreuz errichtet, gestützt von beiden Seiten durch einen Marmor(block)[38].»

Abhängig von diesem aus Pilgerberichten in der ganzen Welt bekannten Jordankreuz, aber in Versinnlichung einer viel älteren mystischen Idee, wird das Holzkreuz im Jordan mit seinem Marmorsockel auf vielen Kunstwerken abgebildet. Wir begegnen ihm am Portal von Sankt Paul zu Rom, in San Marco zu Venedig, auf einem Elfenbein zu Salerno und im Britischen Museum, im Chludof-Psalter, ja selbst noch auf dem Taufbild im Hortus deliciarum der Herrad von Landsperg[39]. Dieses Kreuz ist Sinnbild dafür, daß das Taufwasser durch Jesu Tod lebenspendend geworden ist, es ist der Lebensbaum. Und wie in vielen östlichen Liturgien nun auch der Taufbrunnen einfachhin ‹Jordan› genannt wird, so taucht man bei der Weihe des Taufwassers ein Kreuzholz in die Flut, um nachahmend anzudeuten, was man mit dem hölzernen Kreuz im Jordan auch ausdrücken wollte. Ein Gebet der griechischen Liturgie, der Prooimion-Hymnus zum Epiphaniefest, singt:

> «Kommt und seht, wie der lichtreiche Helios
> in den Fluten eines armseligen Flusses getauft wird.
> Ein gewaltiges Kreuz erschien über dem Taufquell.
> Es steigen hinab die Knechte der Sünde,
> und auf steigen die Kinder der Unsterblichkeit.
> So kommt denn, und empfanget das Licht![40]»

Armseliger Fluß und gewaltiges Kreuz: und als Wirkung das unsterbliche Licht. Das ist christlich und griechisch zugleich das Mysterion. Wir erfassen hier aber noch etwas Neues: das Holzkreuz als das Symbol des demütigen Gekreuzigten ist lichtspendend, in ihm flammt jenes Feuer auf, das man seit der Urzeit mit der Taufe Jesu im Jordan verband. Das Kreuz ist zugleich Lichtträger. Und wenn die liturgische Gestaltung dieses Mysterium aussprechen will, dann taucht sie eine brennende Kerze in den Taufquell, um symbolisch anzudeuten, daß in der Kraft des Gekreuzigten das Wasser nun spende die lux perpetua, das unvergängliche Leben des Lichts. Mit einem Wort: das Kreuz ist Lebensbaum und Lichtträger zugleich, und beide Symbole stehen für Christus selbst, der «im Leiden das Wasser geheiligt hat», indem er ihm die am Kreuz verdiente δόξα gab, die Kraft des Heiligen Geistes. Wenn darum in der heute noch lebendigen römischen Liturgie der Taufwasserweihe der Priester das Wasser anhaucht in der Figur eines griechischen Ψ, so hat dies nichts zu tun mit einem unverstandenen hellenistischen Lebenszeichen, sondern ist (wie die neueste Forschung klargelegt hat)[41] einfach das Symbolzeichen des Lebensbaumes, des Kreuzes. Und wenn der Priester vor diesem Hauch die Kerze in das Wasser taucht mit den Worten: «Es steige herab in die Fülle dieses Quells die Kraft des Heiligen Geistes», so ist dieser (übrigens erst seit dem 9. Jahrhundert übliche)[42] Symbolbrauch nicht ein phallischer Überrest aus antiken Mysterien, wie man das in unbegreiflicher Verkennung der geschichtlich möglichen Zusammenhänge behauptet hat[43], sondern wiederum ein Symbol des Gekreuzigten, der dem Wasser die Lichtkraft des Geistes spendet. Es wäre völlig unbegreifbar, wie man unter der Tauchkerze ein phallisches Symbol hätte verstehen wollen, nachdem doch die römische Liturgie gleich allen anderen immer betont, es sei der Taufquell ein «immaculatus uterus» und die Kirche gebäre ihre Kinder, Maria vergleichbar, rein aus der Kraft des Geistes[44]. Nein, die Tauchkerze des Taufrituals ist das gleiche wie das Tauchkreuz der griechischen Liturgie. Ja, wir haben selbst Darstellungen der christlichen Kunst, auf denen im Jordan an Stelle des Holzkreuzes einfach eine große Kerze steht – so etwa auf dem Taufbild des Erzengelklosters zu Djemil in Kappadokien[45]. Die Osterkerze ist das Symbol des Gekreuzigten, darum fügt man ihr die fünf Weihrauchkörner wie fünf Wunden ein; sie ist der Lebensbaum des Kreuzes, darum schmückte man sie mit Blumen, wie uns die Bilder aus den süditalischen Exsultetrollen zeigen. Kreuz und Lebensbaum aber vermitteln das Leben des Lichts – darum wird die Kerze in das Wasser des Taufbrunnens eingetaucht. Auf dem Leuchter der Osterkerze zu Sankt Paul in Rom steht geschrieben:

«Früchte trägt der Baum. Ich trage als Früchte die Lichter. Christ ist erstanden. Solche Frucht bringe ich[46].»

Wir sind auf diese Zusammenhänge etwas genauer eingegangen, weil die von Usener und Dieterich angedeutete phallische Erklärung der Osterkerze immer noch umgeht, und um an einem Einzelbeispiel zu zeigen, wie man das christliche Taufmysterium erklären und nicht erklären soll. Taufe und Kreuz dürfen nicht getrennt werden, und hinter all dem Reichtum mystischen und liturgischen Gestaltens steht doch immer die Urtheologie des Römerbriefs. Ein unbekannter Grieche hat das in einer österlichen Taufpredigt einmal in die Worte des hellenischen Mysteriendenkens, aber in die Gedanken des Paulus gekleidet:

«Du Neuerleuchteter, ein Angeld ist dir zuteil geworden auf die Auferstehung, durch diese Mysterieneinweihung der Gnade. Du hast nachgeahmt den Abstieg deines Herrn ins Grab. Aber du bist wieder aufgetaucht, und nun schaust du die Werke der Auferstehung. Was du nun sahest im Symbol, das werde dir zuteil in der Wirklichkeit[47].»

In beiden bisher besprochenen Aspekten des Taufmysteriums haben wir Endziel und Urgrund der christlichen Mysterienhandlung erkannt: Ziel ist die Ogdoas des Ewigen Lebens – Urgrund die erlösende Kraft des Kreuzes. Dazwischen aber liegt nun die irdische Lebenszeit des Mysten, innerhalb deren zwar die himmlische Kraft der in der Taufe empfangenen Initiation wirkt, aber doch noch nicht zu der ihr eigenen ‹Vollendung› gelangt ist: denn Ziel und Ende ($\tau\acute{\epsilon}\lambda o\varsigma$) der christlichen Teleiosis ist die eschatologische Schau Gottes in der Verklärung des Fleisches. So ist denn der Inhalt dieses irdischen Lebens für den, der die Taufinitiation erhalten hat, zwar schon Besitz des Ewigen Lebens (er ist bereits in die Ogdoas eingegangen, aber sie ist noch unsichtbar) «noch ist nicht offenbar geworden, was wir sein werden, aber wir wissen bereits, wenn es einmal offenbar wird, werden wir Gott ähnlich sein, denn wir werden ihn schauen, wie er ist[48]», aber es ist ein noch gefährdeter Besitz. Das Taufmysterium ist daher lebenslängliche Entscheidung zwischen Licht und Finsternis, zwischen Christus und Belial, Leben und Tod. Oder, um ein anderes antik christliches Bild zu gebrauchen: der Myste ist zwar schon im jenseitigen Hafen angekommen, aber er ist trotzdem noch auf der gefährlichen Seefahrt; er trägt zwar das Siegel an seiner Seele, das ihm alle Tore öffnet auf der Himmelsreise, aber dieser Aufstieg ist dennoch umlagert von den Feinden, der Geisterwelt. Darin liegt wiederum das Paradoxe des Mysteriums, und von hier aus müßten wir nun noch die Fülle tiefer Gedanken und köstlicher Bilder vorlegen, die das antike Christentum zu diesem ‹Mysterium der Zwischenzeit› ersonnen hat. Wir müßten sprechen von dem Mysterium der Entscheidung im Taufritual: wie der Myste sich von Satan dem ‹Schwarzen› abwendet, um sich dem Lichtkönig Christus zuzuwenden, der wie die Sonne vom Osten kommt und dem Mysten die Tauferleuchtung ($\varphi\omega\tau\iota\sigma\mu\acute{o}\varsigma$) mitteilt. Es wäre dies deswegen vor allem von Bedeutung, weil gerade an diesem Punkt in die Gestaltung von Wort und Geste des Taufrituals zum Ausdruck der wesentlich christlichen Entscheidung eine Fülle antiken Gutes einströmte, zumeist aus jenem gemeinsamen Gebiet, aus dem auch die Symbolbräuche der Mysterien zu erklären sind. Dahin gehört die bildhafte Vorstellung des im Westen, im Finsteren wohnenden Satans; das Anhauchen und Anspeien des bösen Feindes; Milch und Honig als Mystenspeise; Symbolik des Salzes. Aber wir müssen uns mit diesen Andeutungen begnügen. Fr. J. Dölger hat uns über den Gesamtumfang dieses Taufmysteriums von Licht und Finsternis ein Werk geschenkt, das den Titel trägt: «Die Sonne der Gerechtigkeit und der Schwarze. Eine religionsgeschichtliche Studie zum Taufgelöbnis[49].» Desgleichen müßten wir hier nun noch sprechen von dem in der Taufe beginnenden Mysterium der Himmelsreise – aber auch darüber gibt es bereits schöne Untersuchungen, auf die ich nur hinweisen kann[50]. Noch tiefsinniger kommt das gleiche Paradoxon zum Ausdruck in der Fülle antiker Gedanken von der Taufe als der mystischen Schiffahrt zum Hafen der Ruhe. Die Fahrt des Mysten geht auf der aus Kreuzholz erbauten Arche, dem Schiff der Urzeit, über das schwarze, bittere Meer der Welt, in ungeheurer Gefährdung: und dennoch ist er bereits im Hafen angekommen, dennoch ist sein Schiff jeglichem Untergang entzogen, wenn der Mastbaum des Kreuzes unversehrt bleibt. Noch einmal klingt hier das ‹Mysterium des Holzes› an und das ‹Mysterium der Entscheidung›: Christus am Kreuz hat bereits endgültig gesiegt, er ist in die Ruhe eingegangen, darum ist der Myste, der sich gleich Odysseus auf seiner mythischen Fahrt an das Holz des Kreuzmastes anbinden läßt, der Ankunft in der Heimat schon sicher. «Im dunklen Tale der Erde fährst du dahin wie auf einem Meer. O du, der du noch nicht getauft bist, beeile dich, im glorreichen Hafen der Taufe einzulaufen. Er führt dich bis zum Port, angekommen sind wir bei der herrlichen Auferstehung Christi unseres Erlösers», so sagt eine östliche Taufliturgie[51]. P. Lundberg[52] hat diese Symbolik der mystischen Schiffahrt der Taufe genau untersucht; ich selbst habe in den Aufsätzen zu «Antenna crucis» einiges aus dem unerhörten Reichtum antiker Bildwelt herausgehoben[53]. Unmöglich, hier auch nur Weniges davon auszubreiten. Aber jedes dieser mystischen Taufsymbole hat einen streng gerichteten inneren Zielsinn, der in aller bunten Vielfalt immer gleich bleibt: auf den tiefsten Inhalt des christlichen Taufmysteriums hin, auf die Auferstehung des menschgewordenen Gottes und mithin auf die Vergöttlichung des Menschen in der Teilnahme am verklärten Herrn. «Ταῦτα χριστιανῶν τὰ μυστήρια», spricht ein griechischer Christ, «das sind die Mysterien der Christen: wir feiern die Panegyris wegen der Auferstehung der Toten und wegen des ewigen Lebens[54].»

Damit stehen wir am Ende unseres Versuchs, im Mysterium des Kreuzes und der Taufe lebendig werden zu lassen, was sich das antike Christentum unter Mysterium vorgestellt hat. Wenn die Kirche der Griechen und Römer in der heiligen Pannychis von Ostern ihr Mysterium feierte, beim Anblick des Kreuzbaums, der ins lebenspendende Wasser getaucht wird, im Licht der Leuchter und im Glanz der weißen Gewänder: dann mag ihr unmittelbar bewußt geworden sein, daß in diesem neuen Mysterium das alte Mysterienwesen beendet und vollendet ward. Sie mag gefühlt haben, was einmal Gregor von Nazianz zu Beginn seiner glanzvollen Lichterpredigt sprach: «Wieder ist da Jesus, und wieder ist da ein Mysterium. Aber nicht mehr das Mysterium der hellenischen Trunkenheit, sondern ein Mysterium von oben, ein göttliches Mysterium[55].» In seinem Gedicht auf die heilige Osternacht läßt der Dichter Drepanius noch einmal alle antiken Mysterien an sich vorüberziehen:

«Nicht wie die Dindyma, die von idäischen Verschnittenen nachgeahmt wird, nicht wie das attische Eleusis, das die Vigilie feiert für die griechischen Nährmütter, oder wie der thebanische Kithairon, wo man nächtliche Orgien feiert. Nicht ist (bei unserem Kult) sinnloser Lärm, nicht Dampf von Weihrauch, nicht naßfließendes Blut. Und in der Nachtfeier, die Dein Werk (o Gott) begeht, ist kein ausgelassenes Gelaufe. Nein, wir beten zu Dir und zu Deinem Sohn mit reinem Gebet, mit schlichten Bitten und mit Händen, die sich zum Himmel erheben[56].»

Von dem Mysterium der Osternacht, wo das Kreuz im Wasser neues Leben gebiert, geht der Blick des christlichen Mysten hinauf in das Land des Lichts, und sein beglückter Mysterienruf lautet: «$\chi\alpha\tilde{\iota}\varrho\varepsilon$ $\nu\acute{\varepsilon}o\nu$ $\varphi\tilde{\omega}\varsigma!$[57]». Im Himmel wird sich enthüllen, was auf Erden in das symbolische Zeichen des Kreuzes und der Taufe verschleiert war, in jenem seligen Reich der Ogdoas, der Ruhe und der Vollendung. Christus hat es uns mit seinem Kreuz erschlossen, er hat «den Tod zum Leben gekreuzigt». Am getauften Mysten wird sich in christlichem Sinne erfüllen, was Platon geahnt hat, als er vom glückseligen Reich schrieb, aus dem die Seelen stammen und zu dem die Guten zurückkehren: «Da konnten die Seelen eine glanzvolle Schönheit sehen, als sie noch in glückseligem Reigentanz wundersame Bilder schauten[58].» Clemens von Alexandrien, möge das letzte Wort zu unserem Eranos der Mysterien sprechen:

«Laßt uns also abtun, laßt uns abtun das Vergessen der Wahrheit! Unwissenheit und hemmende Finsternis wollen wir gleich einem dichten Nebel von unseren Augen entfernen und den wahrhaft seienden Gott anschauen, und dieses Wort wollen wir ihm zuerst als Preis entgegenrufen: Sei gegrüßt, o Licht! Uns, die wir in Finsternis begraben lagen und im Schatten des Todes eingekerkert, leuchtete vom Himmel ein Licht auf, reiner als das Licht des Helios und süßer als das Leben hienieden. Dieses Licht heißt: Ewiges Leben. Und alles, was an ihm teilhat, lebt. Alles ist Licht geworden, das sich nimmermehr zum Schlummer neigt, und der Untergang hat sich gewandelt zum Aufgang. Das ist die neue Schöpfung. Denn die Sonne der Gerechtigkeit, die über dem Kosmos dahineilt, hat den Untergang zum Aufgang gewandelt und hat den Tod zum Leben gekreuzigt. Sie hat den Menschen dem Verderben entrissen und ihn emporgehoben zum Äther, und die Erde gewandelt zum Himmel[59].»

# DAS CHRISTLICHE MYSTERIUM
## VON SONNE UND MOND

*Einführung*

Zuerst: Das religionsgeschichtliche Problem der Auseinandersetzung zwischen Christentum und antikem Sonnenkult.

In den Vorträgen der gelehrten Redner, die bis jetzt zu Wort kamen, ist die Welt des antiken Sonnenkults in all dem Reichtum ihrer geschichtlichen Formen an uns vorübergezogen. Zwei Eindrücke, so darf ich es wohl zusammenfassen, sind dabei in uns entstanden – und es sind die Eindrücke auch des antiken Christen, als er, von der jungfräulichen Schlichtheit seines Evangeliums herkommend, in die bunte Wirrnis der hellenistischen Frömmigkeit hinaustrat.

Der erste Eindruck ist der einer quellend reichen und doch müden Fülle von religiösen Lehren, einer fast trunken vielstimmigen und doch im Tiefsten eintönigen frommen Sehnsucht, die da um die Sonne kreist als den realen Inbegriff oder als das höchste Symbol dessen, was der antike Mensch liebt und erstrebt. Unser Weg ging von der ägyptischen Jenseitsreligion mit ihrer nachtfahrenden Sonnenbarke bis zum Sol der erdfesten römischen Bauernfrömmigkeit, vom kraftvollen Helios Pater der griechischen Tragödie bis zu der sublimen Transzendenz plotinischer Sonnenmystik und dem Prunk römischer Reichsreligion, von Platons Höhlengleichnis bis hinunter in die Niederungen der Zauberpapyri und dann wieder hinein in die Innerlichkeiten hermetischer Mantik. Es ist nun meine Aufgabe zu zeigen, wie das Christentum, insoweit es sich in diesem gleichen Raum der Mittelmeerkultur entfaltet hat, Stellung nahm zur Sonnenfrömmigkeit der Völker, zu denen es sich gesendet fühlte. Oder, um in einem antik christlichen Bild zu sprechen, dessen Schönheit uns bald bezaubern wird: ich möchte zeigen, wie sich die Strahlen des antiken Helios brechen auf der Scheibe der Selene, dieser τροπικώτερον λεγομένη Σελήνη, wie Origenes die Kirche einmal genannt hat[1]. «Wohl hat Helios scharfleuchtende Strahlen, aber Selenes Licht ist mild und gnadenreich», sagt schon Empedokles: Ἥλιος ὀξυβελὴς ἠδ' ἱλάειρα Σελήνη[2]. Und Philo spricht in stoischer Naturmystik von dem gleichsam weiblichen, tauspendenden Licht der Selene: Luna debiles namque et magis femineos emittens splendores necnon serenos et rore praeditos optime lactat enutriendo[3]. Die antike Theologie der Kirche wendet dies symbolisch an auf die mütterlich erleuchtende und nährende Ecclesia. Somit obliegt es den kommenden Vorträgen zu entfalten, wie das Christentum das solare Licht antiker Sonnenfrömmigkeit abstoßend und aufnehmend, wandelnd und verklärend widerspiegelt, und all die verwirrende Fülle heimkehren läßt in die süße Einfalt der gefundenen Wahrheit.

Der zweite Eindruck ist nicht minder auffallend, und er entspricht durchaus den Gedanken, die sich die christliche Theologie vom zweiten bis zum vierten Jahrhundert über die wirren Wege der antiken Religionsgeschichte gemacht hat: alles war doch, um das Wort des Eusebios zu gebrauchen, eine «praeparatio evangelica»[4]. Mit dem Material der Eranos-Tagungen können wir den Entwicklungsgang der griechischen Sonnenfrömmigkeit verfolgen, wie er aufsteigt bis in die Höhen der spätplatonischen und plotinischen Vergeistigung – jenen für immer merkwürdigen Zustand des sterbenden Geistes der Antike, der für die Aufnahme des Christentums so geeignet und zugleich so gefährlich war wie alles, was sich heimlich liebt. Dafür ist kein Wort treffender als das des sterbenden Kaisers Julian, den die Christen den Apostaten nannten: «Helios, Du hast mich verlassen[5]!» Denn seine Sonnenmystik war eben doch nur verkleidetes Christentum, und wenn man dem Todwunden ein tröstendes Sonnenlied vorsang vom leuchtenden Wagen des Helios, der seine Seele nun heimführen sollte, so war auch darin ein heimlich christlicher Klang zu spüren:

«Helios wird dich lösen von allen Leiden des Leibes
und dich führen zur Halle des Vaters im himmlischen Lichte[6].»

Der spätplatonische Philosoph Sekundos hat dieser Heliosverehrung, von der man nie recht weiß, ist sie eine trunkene Naturmystik oder eine am irdischen Gestirnsymbol sich nur entzündende Transzendenz über alles Geschaffene hinaus, Ausdruck gegeben in dem Jubelruf: «Helios, Auge der Welt, Freude des Tags, des Himmels Schönheit, Liebling der Natur, Juwel der Schöpfung[7]!» Ambrosius, der christliche Bischof von Mailand, hat dieses Wort zitiert und fügt nun in kühner christlicher Wendung, alle antiken Sehnsüchte gleichsam auffangend, hinzu: «Wenn Du die Sonne siehst, dann denk an ihren Herrn. Wenn Du sie bewunderst, singe ihrem Schöpfer. Wenn schon Sol so lieblich strahlt, der Schicksalsgenosse und Teil der Natur – wie gut muß erst Christus sein, die Sonne der Gerechtigkeit[8]!» Auf den gleichen Wegen der religionsgeschichtlichen «Pädagogie auf Christus hin[9]» geht die Entfaltung der römisch-lateinischen Sonnenverehrung, von der erdfesten Frömmigkeit der lateinischen Bauern bis zu der «transzendenten Heliolatrie» der spätrömischen Zeit, deren bester Zeuge Macrobius ist. Er hat vielleicht das Sonnenlied gedichtet, das man auch im Christentum nicht mehr vergessen hat:

«Sonne, du Zier der Erde und des Himmels, Sonne, du gemeinsames Licht für alle, Sonne, du Glanz der Nacht und des Lichts: Sonne, du bist Anfang und Ende[10].»

Das war zu einer Zeit, da Ambrosius seine Christen den neuen Sonnengesang auf Christus lehrte:

«O wahre Sonne, komm herab und leuchte uns mit ew'gem Glanz[11].»

Franz Cumont hat diese Stimmung der spätantiken Gestirnfrömmigkeit, mit der sich das Christentum der ersten vier Jahrhunderte auseinanderzusetzen hatte, feinsinnig beschrieben, ein Wort des Vettius Valens zitierend: «Von den Schwingen des Enthusiasmus getragen, erhebt sich der antike Mensch zu dem heiligen Chor der Gestirne und folgt ihren harmonischen Bewegungen; er nimmt an ihrer Unsterblichkeit teil und schon vor dem Tode unterhält er sich mit den Göttern[12].» Somit ist es Aufgabe der kommenden Ausführungen, zu zeigen, wie die Kirche zu dieser antiken Solarfrömmigkeit Stellung genommen hat, in der sie eine wahrhafte ‹Vorbereitung auf Christus hin› erblickte, wie sie dieser immer noch machtvollen Geisteswelt entgegentrat, leugnend und läuternd, kämpfend und heimholend, selbstbewußt im Besitz ihrer geoffenbarten

Wahrheit, aber offen für alle Keime des Logos, die sie im Königreich des griechischen Geistes sprossen sah.

Darum ein Wort zur Struktur dieser weltgeschichtlichen Auseinandersetzung. Gerade an dem Beispiel, wie es durch die Themawahl der kommenden Abschnitte umrissen ist, können ein paar fundamentale Grundsätze entwickelt werden, auf denen die religionsgeschichtliche Methode der katholischen Theologie beruht[13]. Denn die Weise, wie sich die christliche Kirche in den vier ersten Jahrhunderten mit dem letzten Aufschwung des griechischen Geistes, dem solaren Monotheismus und der theosophischen Gestirnmystik des Neuplatonismus und seiner unmittelbaren Vorfahren auseinandersetzt, ist ein quellenmäßig gut erfaßbares Schulbeispiel, an dem die schwierigen Bezüge der Begegnung zwischen Antike und Christentum aufgezeigt werden können.

Die Begegnung der Kirche mit dem antiken Sonnenkult bedeutet zunächst durchaus eine Entthronung des Helios. Das Christentum tritt von Anfang an in die hellenistische Welt ein mit dem auf biblischer Offenbarung beruhenden klaren und sicheren Wissen von dem einen Gott, der Schöpfer ist auch der Sonne und der Gestirne. Nichts liegt so klar zutage, vor allem in den Schriften der Apologeten des zweiten Jahrhunderts, als die Ablehnung jeglicher Sonnenverehrung durch die Christen. Die Entthronung des Helios ist mithin eine entschlossene, brüske Korrektur aller stoisch pantheistischen oder platonisch mystischen Sonnenverehrung zum transzendenten Monotheismus hin. Nur diese grundsätzliche, geistesklare Distanz wird es der Kirche später überhaupt möglich machen, den entthronten Helios wieder heimzuholen. Noch mehr: die Entthronung des Helios durch das Christentum bedeutet eine sauber durchgeführte Sublimierung zur Übernatur hin. Die Kirche kommt wiederum in die Wirrnis hellenistischen Frommseins mit dem klaren Wissen der Berufung des Menschen zu einer auf Glauben und Gnade gründenden Gemeinschaft mit dem menschgewordenen Gott Jesus Christus. Aus diesem Wissen des Christen um die selige Freiheit der neuen Berufung hatte schon Paulus jeden religiösen Dienst an den ‹Stoicheia›, den Gestirnen dieser Welt, abgelehnt[14]. Für den Christen gibt es nicht mehr die unheimlich bedrückende und darum frömmigkeitgebärende Abhängigkeit von den ewig und schicksalhaft festgelegten Bahnen der himmlischen Gestirne. «Wir aber sind erhaben über das Fatum, und statt der Planetendämonen kennen wir nur noch den einen, nicht umherirrenden Herrscher der Welt», sagt Tatianos der Apologet[15]. Helios ist in der Taufe überwunden worden. Und endlich: die Entthronung des Helios bedeutet für die christliche Theologie die Zurückführung der Mystik und Symbolik, wie sie sich in der hellenistischen Frömmigkeit ausgebildet hatte, auf den konkreten, historisch sichtbaren Menschen Jesus Christus hin. Wenn von nun an die Kirche sich anschickt, Bilder, Worte und Sehnsüchte aus der griechischen Sonnenfrömmigkeit herüberzunehmen, so deutet sie diese immer auf die geschichtlich klar umrissene Gestalt ihres Stifters Jesus von Nazareth: er ist von den Uranfängen christlicher Theologie an die «Sonne der Gerechtigkeit», der «Aufgang aus der Höhe»[16].

Von diesen fundamentalen Feststellungen aus – Monotheismus, Glaube an die Übernatur, historische Menschheit Gottes in Christus – können wir nun aber auch mit religionsgeschichtlich sicherem Takt abschätzen, worin die zweite Begegnung der Kirche mit dem antiken Sonnenkult bestand: wir nennen sie Heimholung des Helios. Hier eigentlich erst beginnt das Problem: war es Synkretismus und schwächliche Vermischung, als die Kirche in Denken und Kult die Güter hellenistischen Denkens sich aneignete, war es Hellenisierung des ursprünglichen schlichten Christusglaubens, als die Väter ihren Lobgesang auf Christus, die Sonne, und auf die Kirche als pneumatische Selene anstimmten? Oder war es nicht vielmehr der einzigartige Vorgang, wie das übernatürlich Lebendige alles wahrhaft Lebendige, das in der Natur und in der Geschichte der Menschen sich fand, machtvoll und mit jener sicheren Geste, die eben nur dem Lebendigen und dem Wahren zukommt, aufnahm? In der Tat: die katholische Theologie der Urzeit hat es nicht für notwendig empfunden, alles in Bausch und Bogen abzulehnen, was der vorchristliche Geist gefunden und verehrt hat. Gerade weil sich das Christentum niemals nur als bloße ‹Lehre› oder als ‹auch› eine Religionsform vorkam, sondern als die lebendige, jegliches Menschentum (in den Dimensionen der Geschichte und in den Tiefen der Seele) umfassende Gestaltwerdung der göttlichen Offenbarung in Christus: gerade darum konnte die Kirche mit selbstsicherer Geste alles heimholen als ihr heimlich schon von Uranfang zugehöriges Eigentum, was je Wahres und Gutes vom griechischen Geist umfaßt worden war. Das ist der Sinn des berühmten Satzes, den der Apologet Justinos, gleichsam als Leitmotiv einer katholischen Religionsgeschichte, aufgestellt hat: «Christus ist der Logos, an dem das gesamte Menschengeschlecht seinen Anteil erhalten hat, und alle, die gemäß dem Logos lebten, sind Christen, auch wenn sie für gottlos gehalten wurden, wie bei den Griechen Sokrates und Heraklitos[17].» Aus diesem gleichen Geist heraus konnte Newman in seinen Critical and Historical Essays gegenüber der synkretistisch auflösenden Religionsgeschichte Milmans sein echt katholisches Ideal aufstellen: «Darüber ist man sich allseits einig: man kann in den heidnischen Philosophien und Religionen einen großen Teil dessen finden, was gemeinhin für christliche Wahrheit gehalten wird, sei es in ihren Rudimenten oder in einem bestimmten einzelnen Aspekt... Milman zieht daraus den Schluß: ‹Da sich all dies bei den Heiden findet, so ist nichts davon christlich.› Wir dagegen folgern lieber: ‹All dies ist christlich, also ist nichts davon heidnisch.› Wir sagen lieber: wir glauben auf Grund der Heiligen Schrift, daß vom Urbeginn an der Herr der moralischen Weltordnung über die ganze Oberfläche hin Samen der Wahrheit ausgestreut hat, die auf mannigfache Weise Wurzel faßten und wohl auch, wie es vorkommen mag, mitten in der Wüste Pflanzen entstehen ließen, wilde vielleicht, aber lebendige immerhin... Was die Heiden Richtiges sagten, nahm die Kirche auf, ihre Irrtümer verbesserte sie, ihre Lücken füllte sie aus, ihre Ansätze ergänzte sie, ihre Vermutungen entwickelte sie und erweiterte so allmählich den Umfang und verfeinerte den Sinn ihrer Unterweisungen. Weit entfernt, ihr Credo darum in Zweifel ziehen zu müssen, weil es Ähnlichkeit hat mit fremden Theologien, gehen wir sogar so weit zu behaupten, daß es ein besonderes Mittel der Vorsehung war, uns göttliches Wissen zu vermitteln, daß sie der Kirche es ermöglichte, dieses Wissen aus der ganzen Welt zu ziehen und so ‹die Milch der Heiden zu trinken und an den Brüsten der Könige sich zu nähren...› Unsere Gegner meinen, die Offenbarung bestehe nur in einer Anzahl von Lehrsätzen und Prinzipien, die in ihrer Fülle zu einer einzigen Periode ausgesprochen worden seien, ohne stufenweise Einführung vor der Ankunft Christi, ohne stufenweise Erhellung nach seiner Ankunft. Sie verwerfen alles, was sie auch bei Pharisäern und Heiden finden. Wir dagegen glauben, daß die Kirche wie die Rute des Aaron die Schlangen der Magier auffrißt. Jene sind ständig auf der Suche nach einer ursprünglichen und legendären Einfachheit; wir hingegen ruhen in der katholischen Fülle[18].»

In diesem Sinne also soll hier der religionsgeschichtliche Vorgang nachvollzogen werden, den wir die Heimholung des Helios nannten. Gerade weil die Kirche mit ihrem rein auf göttlicher Offenbarung beruhenden Wissen von dem Einen Gott, der Schöpfer ist auch der Sonne und des Mondes, in die fromme Welt des hellenistischen Gestirnkultes eintrat, konnte sie die ergreifende Ehrfurcht des antiken Menschen vor Helios und Selene hereinnehmen in ihr theologisches Denken und ihr kultisches Tun. Sonne und Mond sind die wundervollen Geschöpfe des Unsichtbaren. Das ist schon die erhabene Geste des Buches der Weisheit, die Paulus dann im Römerbrief nachahmt: «Wenn sie schon, hingerissen von der Schönheit der Leuchten des Himmels, sie für Götter hielten, so hätten sie billig erkennen sollen, wieviel herrlicher deren Gebieter ist: denn der Urquell der Schönheit hat sie geschaffen[19].» Helios und Selene sind darum für den antiken Christen keineswegs nur ein «verächtliches Nichts», wie das der Platoniker Celsus ihnen vorwarf[20]. Denn, so sagt Origenes in seiner Widerlegung des Celsus, wenn wir Christen von Helios und Selene sagen, sie seien nur Geschöpfe, «so wollen wir diese herrlichen Werke Gottes nicht verachten noch auch mit Anaxagoras behaupten, Sonne und Mond und Sterne seien nur ‹feurige Klumpen›; wir sprechen so, weil wir wissen, daß die unaussprechliche Erhabenheit und Hoheit Gottes und seines Eingeborenen Sohnes alles andere übertrifft. Aber wir sind auch davon überzeugt, daß Helios und Selene dem allmächtigen Gott durch seinen Eingeborenen Sohn ihre Gebete darbringen[21].» An Sonne und Mond liest der Christ wie an «himmlischen Buchstaben[22]» den Text von der Schönheit Gottes, und was sich an den kosmischen Gestirnen begibt, ist ihm göttliche Andeutung dessen, was sich im Mysterium des menschgewordenen Logos enthüllt und vollendet hat. Gerade weil die Kirche mit ihrem aus der reinen Offenbarung geschöpften Wissen von der Berufung des Menschen zur Übernatur in die vom griechischen Menschen so geliebte Natur hinaustritt, kann sie im alleuchtenden Helios ein tiefes Symbol der Gnade erblicken, die «alle Menschen erleuchtet, die in diese Welt kommen». Der Logos ist wie die Sonne, sagt Hilarius von Poitiers: seine Strahlen sind ewig bereit zu leuchten, wo immer sich nur die Fenster der menschlichen Seele auftun[23]. Und weil die Kirche diesen Vorgang der Begnadigung aller Menschen, wiederum sich stützend auf die biblische Offenbarung, nicht sieht in einem esoterischen, rein innerlich mystischen Erleuchtetwerden der nach Licht sich sehnenden Seele, sondern das Kommen dieses alle Menschen erleuchtenden Sonnenlichts[24] erfüllt findet in dem Wort vom fleischgewordenen Logos[25]: darum ist sie nun bereit, das geschichtliche, genau angebbare Wirken des Menschen Christus zu vergleichen mit der den ganzen Kosmos erfüllenden Kraft des geschaffenen Helios. «Der Barmherzigkeit des Herrn voll ist die ganze Erde», sagt einmal Ambrosius, «und so, wie die Sonne täglich aufgeht über dem All, so geht die mystische Sonne der Gerechtigkeit allen auf, für alle ist sie erschienen, für alle hat sie gelitten, für alle ist sie auferstanden[26].»

Aus dem bisher Gesagten läßt sich nun mit genügender Deutlichkeit das Grundprinzip jeglicher religionsgeschichtlichen Methode angeben, insoweit sie sich mit dem Verhältnis zwischen Antike und Christentum beschäftigt: wir haben sauber zu unterscheiden zwischen dem unveränderlichen Bestand an dogmatischen Überzeugungen, die das Christentum rein aus dem Glauben an die Offenbarung Jesu in die hellenistische Welt hinausträgt, und der sprachlichen, bildlichen, symbolischen Einkleidung, die sich das Christentum zum Ausdruck dieser Wahrheiten aus der reichen Schatzkammer griechischen Geistes entnimmt, als legitime Besitzerin dieser ‹spolia Aegypti›. Das Ergebnis dieser Vereinigung zwischen Bestand und Gestalt darf indes nicht gedacht werden wie etwa das Verhältnis von Figur und Kleid, so daß es einer religionsgeschichtlichen Methode nachträglich noch möglich wäre, all die Verhüllungen abzuheben und die nackte Figur des ‹reinen› Christentums aus all seinen angeblichen Hellenisierungen herauszulösen. Vielmehr handelt es sich hier um einen Sonderfall des tiefsten theologischen Problems christlichen Glaubens: um eine Art von

Aus Herrad von Landsperg, Hortus deliciarum
Die Ecclesia als Apokalyptische Frau

Menschwerdung des Göttlichen, um eine Vereinigung von Gedanken und Form, von Dogma und dogmatischem Ausdruck, die da ist wie die Einheit von Leib und Seele. Die Möglichkeit einer solchen Vereinigung, die doch nie Vermischung ist, beruht zutiefst auf der vom Schöpfer und Erlöser aufeinander abgestimmten Bezogenheit von Natur und Gnade. Darum ist die katholische Kirche immer fähig, ohne je die Wesensgestalt, die ihr Christus gab, zu verlieren, alles in sich aufzunehmen, was an Wahrem und Gutem in der Welt zerstreut liegt, in die sie hineingesendet wurde. In diesem Sinne hat sie auch, mit einem Takt ohnegleichen, ihr Nein und ihr Ja gesprochen zur Sonnenfrömmigkeit jener Welt der Griechen, in die sie aus dem bildlosen Tempel von Jerusalem einzog.

Zweitens: Nach diesen grundsätzlichen Vorbemerkungen ist nun darzulegen, in welchen Weisen sich diese Auseinandersetzung zwischen Kirche und antikem Sonnenkult vollzogen hat, und wie sich daraus die genauere Umgrenzung des Themas unserer Vorträge ergibt. *Zwei* große Linien dieser Auseinandersetzung lassen sich aufzeigen: wir könnten sie die *theologische* und die *kultische* nennen. Die theologische wiederum hat zwei Aspekte: die solare Spekulation und die solare Seelenerfahrung. Beide sollen indes nicht den Gegenstand der kommenden Vorträge bilden, sie seien daher hier nur angedeutet als mögliche, allerdings höchst gewichtige und interessante Kapitel aus dem Gesamt der Beziehungen der Kirche zum antiken Sonnenkult. Unter der theologischen Sonnenspekulation würden wir die Versuche darstellen, die die christliche Theologie seit ihren Anfängen machte, um die Grundgeheimnisse der Offenbarung auszudrücken. Es geht eine klare Linie von den Sätzen des Johannesevangeliums (1, 9; 8, 12), die vom Licht der Welt sprechen, hinein in die ersten Logosspekulationen der alexandrinischen Theologie bis hinauf zu der Definition des Nizänischen Konzils vom Ewigen Wort als dem ‹Licht aus dem Licht› und zu den großartigen Gedanken der augustinischen Dreifaltigkeitstheologie[27]. Und diese ganze Theologie ist zugleich auch eine stete Auseinandersetzung mit der solaren Theosophie des Neuplatonismus und der Sonnenmystik der Manichäer[28]; begleitet ist sie von einer reichen Geschichte christlicher Auslegung der alttestamentlichen Sonnenfrömmigkeit, wie sie etwa in den klassischen Stellen aus Psalm

19 (18), 6, 7, Psalm 104 (103), 19, Malachias 4, 2 (LXX) vorliegt. Jedes dieser Worte hat eine unerhört reiche Geschichte in der christlichen Theologie und Symbolik erhalten – Dölgers Werk «Sol Salutis» hat uns davon einen Begriff gegeben[29]. Nicht minder wichtig wäre eine genaue Darlegung der geistesgeschichtlichen Entwicklung, die wir mit dem Wort solare Seelenerfahrung bezeichneten. Was damit für den christlichen Osten gemeint ist, haben uns die Eranos-Vorträge von Max Pulver dargetan[30]. Ähnliches für den christlichen Westen zu zeigen, wäre verlockend: wir hätten auszugehen von dem plotinischen Nachhall bei Augustinus und seiner für die Geschichte der Mystik grundlegenden Illuminationstheorie[31], hätten diesen Spuren zu folgen bis in die Theosophie des Scotus Eriugena[32] und zu seinem Einfluß auf Meister Eckehart; was Clemens Bäumker über die Lichtmystik des Witelo, eines Theologen und Naturforschers des 13. Jahrhunderts, an geschichtlichem Material vorlegt[33], was wir bei Hildegard von Bingen und ihrer seltsamen Sonnenmystik lesen[34], was bis Jakob Böhme hinauf lebendig blieb: all das ergäbe eine wundersame Geschichte dieser innerlichen Erfahrung, die sich immer wieder am deutlichsten auszudrükken wähnt, wenn sie die Symbole vom Licht der Sonne zu Hilfe nimmt. Aber auch davon kann hier ausführlich jetzt nicht die Rede sein.

Wir wählen vielmehr das vielgestaltige Kapitel der kultischen Auseinandersetzung des Christentums mit der antiken Solarfrömmigkeit. Denn die Kirche sah sich, vorab im dritten und vierten Jahrhundert, einem ausgebauten und von der spätantiken Theosophie unterbauten Sonnenkult gegenübergestellt. Darum liegt in ihrer Stellungnahme zu diesen Formen der Frömmigkeit etwas Dynamisches, im Gegensatz zu dem mehr Statischen der rein dogmengeschichtlichen Reaktion. Nehmen wir hinzu, daß sich bis in den Bereich der heutigen katholischen Kultformen die Nachwirkungen dieser Entthronung und Heimholung des antiken Helios aufweisen lassen; ferner, daß sich gerade im Bereich der sakramentalen Gesten und Worte viel deutlicher zeigen läßt, wie die katholische Kirche seit den Tagen ihrer antiken Urzeit im tiefsten Sinn naturnahe blieb, weil sie zum liturgisch gelebten Ausdruck ihrer transzendenten Überzeugungen sich der Naturdinge bediente, des Wassers und des Öls und des Brotes wie der Sonne und des Mondes: dann wird einsichtig, wie gerade dieses Kapitel der Religionsgeschichte auch für uns Heutige zum mitreißenden Paradigma werden kann, zum Nachweis dafür, wie die Kirche einerseits ganz eingebettet ist in den historischen Lauf der menschlichen Kultgeschichte in Sprache und Geste und Symbolwelt, und anderseits eben diese vergleichende Religionsgeschichte ihres Kults uns zeigen kann, daß jegliche Vergleichung schließlich immer nur das Ergebnis vom unvergleichlichen Christentum zeitigt.

Von hier aus ergibt sich die Gestaltung dessen, was im Folgenden entfaltet werden soll. Die Kirche spricht in ihrem Kultmysterium die Grundtatsachen ihrer eigenen Existenz aus: das Mysterium von Christus dem Erlöser und von der Heimholung des Menschengeschlechts in der Kirche, das μυστήριον τὸ μέγα, von dem Paulus spricht[35], auf das alles Menschengeschehen hinzielt: «auf Christus sage ich und auf die Kirche.» Zum bildlichen Ausdruck aber dieses Mysteriums findet die antike Kirche kein geeigneteres Bild als die Beziehungen zwischen Sonne und Mond (Abb.): Helios ist Christus und Selene ist die Kirche. Das haben die Großen der antiken Kirche immer wieder ausgesprochen, getrieben und getragen von echt griechischer und römischer Ehrfurcht vor den Wundern des gestirnten Kosmos, aber getauft von der christlichen Überzeugung, daß Gott diese Himmelslichter nur angezündet hat und nur in ihren Sphärenbahnen lenkt, um an ihnen vorzudeuten, was sich in höherer Wirklichkeit begibt in Christus und seiner Kirche, und damit im übernatürlich kosmischen Bereich des «Himmels unseres Herzens», wie Origenes einmal sagt[36].

Wir sprechen darum zuerst von dem Mysterium der Sonne, die da Christus ist: es hat seinen kultischen Ausdruck gefunden in der Entstehungsgeschichte des christlichen Sonntags und des Osterfestes, es hat sich dann, in unmittelbarer Auseinandersetzung mit dem Kult des Sol invictus Gestalt geschaffen im christlichen Weihnachtsfest: Ostersonne und Weihnachtssonne überschreiben wir deshalb die beiden ersten Vorträge.

Dann aber haben wir vorzulegen, wie das Mysterium von der Kirche und ihren Beziehungen zu Christus bildhaft wird in der Gestalt der geistigen Selene, die die Kirche ist: wie sie, umstrahlt vom österlichen Sonnenlicht, als geistiger Glanz des Vollmondes das Dunkel dieser Welt erleuchtet, da sie der Inbegriff ist des gesamten Menschengeschlechts, das mütterlich aufnehmend und gebärend das Licht der Sonne Christus weiterspendet, das Licht, das zum erstenmal aufging in der Geburt der Weihnacht. So ist denn hier zunächst zu zeigen, wie das antike und damit auch das frühmittelalterliche Denken das mütterliche Mysterium der Kirche angedeutet und vollendet findet in der Gestalt der jungfräulichen Mutter Maria, aus der die «Sonne der Gerechtigkeit hervorging, Christus unser Gott[37]». Maria ist die wahre Selene, in der alle antike Sehnsucht nach dem Idealbild der mütterlichen Frau ihre christliche Vollendung gefunden hat, sie ist der Weihnachtsmond. Von da aus ist dann als Abschluß des Ganzen zu entfalten, wie sich das Mysterium von Ostern vollendet in der Auferstehung des Fleisches und wie die antike Kirche dies vorgedeutet fand am lichtglänzenden Ostermond. Von Maria und von der Kirche gilt, was Ambrosius in seinem Hymnus auf Sonne und Mond geschrieben hat: «Wahrhaft selig bist du, Luna, die du solcher Ehre gewürdigt warst. Denn Luna hat uns verkündigt das Mysterium Christi[38].»

## I. DIE OSTERSONNE

### Der Sonntag

Zum Grundbestand der christlichen Botschaft, mit der die junge Kirche von Jerusalem aus ihren Gang in die hellenistische Welt antrat, gehört die auf biblischer Offenbarung beruhende Glaubensüberzeugung von der Auferstehung Christi[39] und von der eucharistischen Feier als einer bis ans Ende der Zeiten zu vollziehenden Gedächtnisfeier des Todes und der Verklärung des Herrn[40]. Nun stand es aber eindeutig fest, daß der Herr an einem Rüsttag des großen Sabbats, also einem Freitag, gestorben ist, mithin an jenem Tage von den Toten auferstand, der nach der jüdischen Wochenzählung μία τῶν σαββάτων genannt wurde[41]. Diese Bezeichnung blieb auch bei den Christen der Urzeit noch eine Weile lang lebendig, wie wir aus Lukas und Paulus erkennen[42]; aber bald muß sich eine neue Benennung des Tages gebildet haben, die uns die Loslösung der jungen Kirche vom jüdischen Mutterboden verdeutlicht: man nennt den Tag, an dem Jesus auferstand, mit einem sonst nur im hellenistischen Sprachgebrauch als ‹kaiserlich› zu übersetzenden Beiwort κυριακή[43], wie uns Didache, Apokalypse und Ignatios von Antiochien bezeugen[44]. Aus dem ersten Tag nach dem Sabbat ist der ‹Herrentag› geworden, und an ihm feiert die Urgemeinde das ‹Herrenmahl›, das δεῖπνον κυριακόν[45], um damit anzudeuten, daß man hierin den kultischen Ausdruck finde für die beiden oben genannten Glaubensüberzeugungen.

Nun war aber seit dem ersten Jahrhundert vor Christus die ursprünglich aus der Astrologie der ‹Chaldäer› und Ägypter (vielleicht unter besonderem Einfluß des Petosirisbuches) stammende Zuteilung der einzelnen Wochentage an die sieben Planetengötter ganz allgemein in den Kulturgebrauch übergegangen[46]. Danach war der erste Tag nach dem jüdischen Sabbat die ἡμέρα τοῦ Ἡλίου, der dies Solis – und hier vollzieht sich nun die erste Begegnung des Christentums mit einer Form des hellenistischen Sonnenkultes: Christus ist auferstanden, so mußten die Bekenner der Urkirche feststellen, am Tag, der dem Helios geweiht ist, am zweiten Tag der Planetenwoche, die mit Saturn begann. Ihr großer Tag also, an dem sie das Gedächtnis der heiligen Mysterien von Anastasis und Eucharistia begingen, war nicht der Sabbat der Juden und nicht der saturnische Wochenbeginn der Heiden, sondern der Tag des Helios. Wie lebhaft man in diesem Zusammentreffen einen Ausdruck der selbständigen christlichen Eigenart erblickte, zeigt schon eine Bemerkung im Magnesierbrief des Ignatios von Antiochien, wo die Christen gekennzeichnet werden als solche, die «nicht mehr dem Sabbat anhangen, sondern nach dem Herrentag leben, an dem ja auch unser Leben aufging»: μηκέτι σαββατίζοντες, ἀλλὰ κατὰ κυριακὴν ζῶντες, ἐν ᾗ καὶ ἡ ζωὴ ἡμῶν ἀνέτειλεν[47]. Dieses ἀνέτειλεν ist die erste Spur der christlichen Auseinandersetzung mit dem hellenistischen Sonnentag: Christus ist auferstanden als eine ἀνατολὴ ἐξ ὕψους wie man das Wort bei Lukas 1,78 von nun an deuten wird[48]; seine Auferstehung ist ein Sonnenaufgang – genau so, wie bei Ignatios selbst der Tod für Christus ein Sonnenuntergang ist und die Verklärung ein Sonnenaufgang: «Schön ist's, wie die Sonne unterzugehen von dieser Welt, auf daß ich meinen Sonnenaufgang habe in Gott[49].» Einige Jahrzehnte später zeigt uns Justinos, wie man die Sinngebung des Sonntags weitergedacht hat, wenn er von der eucharistischen Feier berichtet: «Am Tage, den man den Tag des Helios nennt, findet die Versammlung aller statt ... weil er der erste Tag ist, an welchem Gott durch Umwandlung der Finsternis und des Urstoffes die Welt schuf und weil Jesus Christus, unser Erlöser, an diesem Tage von den Toten auferstanden ist, denn am Tage vor dem Saturnstag kreuzigte man ihn, und am Tag nach dem Saturnstag, das ist am Tag des Helios, erschien er seinen Aposteln[50].» Hier wird also die Bedeutung des «ersten Tages» im Sinn der biblischen Auffassung vom Sechstagewerk zusammengeschaut mit der griechischen Bedeutung des gleichen Tages als Heliostag, und in beidem sieht man eine Hindeutung auf den eigentlichen Sinn dieses Tages in der christlichen Erfüllung: Sonnentag und Schöpfungstag ist er, weil an ihm Christus auferstand. Von dieser gottesdienstlichen Feier der Christen, die den Heiden darum auffallen mußte, weil sie an einem reinen «Werktag», das heißt nach dem Ruhetag des Saturnus, stattfand, hat zweifellos auch der jüngere Plinius gehört, als er an Kaiser Traian berichtete:

«(Die Christen) sagten aus, sie seien gewohnt, an einem bestimmten Tag vor Sonnenaufgang zusammenzukommen und Christus als ihrem Gott ein Lied zu singen[51].»

Der «bestimmte Tag» ist der Heliostag, und an ihm wenden sich die betenden Christen der aufgehenden Sonne zu als dem großen Symbol des auferstehenden Christus und essen, wie Plinius weiter berichtet, eine «gewöhnliche und unschuldige Speise». So auffallend war dem heidnischen Denken dieser Kult der Christen am Tag des Helios, daß sie diese Sekte für eine Art von Sonnenanbetern hielten. Wir wissen dies aus dem lebhaften Bericht, den uns Tertullian gibt, wo er von dieser (im Gegensatz zu anderen Vorwürfen humaneren) Anklage berichtet: «Andere sind in ihrer Meinung von uns etwas humaner und halten den Sol für den christlichen Gott, weil bekannt geworden ist, daß wir in Richtung der aufgehenden Sonne beten und weil wir am Tag des Sol uns der Freude hingeben – allerdings aus einem ganz anderen Grund als aus religiöser Verehrung der Sonne[52].»

Nun war gewiß die Kirche von Anfang an entschieden gegen einen unbesehenen Gebrauch der planetarischen Wochentagsbezeichnungen, schon weil sie darin eine Beförderung des von ihr so leidenschaftlich bekämpften astrologischen Aberglaubens sehen mußte. Man weiß, daß dieser Kampf umsonst war: noch heute haben die romanischen Sprachen ihre ‹chaldäischen› Wochennamen, die Angelsachsen ihren Saturday und die Germanen die entsprechenden Umdeutungen[53]. Bereits Augustinus sieht das Vergebliche dieses Kampfes ein[54]. Aber was den Tag des Helios betrifft, liegt die Frage von Uranfang etwas anders: allzusehr empfand man die Koinzidenz des wöchentlich begangenen Auferstehungstages mit dem Tag des Helios als eine tiefsinnige Fügung, und wenngleich im Gefühl der Christen immer lebendig blieb, daß man den Tag christlicher als ‹Herrentag› zu bezeichnen hätte (in den romanischen Sprachen ist dies ja dann auch durchgedrungen), so liebte man das Sonnengeheimnis des Herrentags doch zu sehr, um nicht gerade hier eine Ausnahme zu machen. Viele Gründe haben das befördert. Einmal schon dies, daß man, nachweislich noch ohne christlichen Einfluß, den römischen Wochenbeginn vom Saturnstag auf den dies Solis verlegte[55] – es ist dies ein kennzeichnendes Symptom des wachsenden Sonnenkults der späteren Kaiserzeit, und von da her läßt sich besser verstehen, warum dann gerade Konstantin der Große die Feier des Herrentags bei Volk und Militär so förderte, indem er in seinen Erlassen immer ausdrücklich auf den ‹Sonntag› hinwies[56]. Eusebius berichtet das eigens: «Er belehrte sodann sein ganzes Heer, mit Eifer den Tag des Erlösers zu feiern, der auch nach dem Licht und nach der Sonne benannt wird[57].» Sodann muß man immer mit der gefühlsmäßigen Fortdauer paganer Vorstellungen rechnen, die den Tag des Helios eben als einen lichten, glückbringenden zu zählen gewohnt waren. Das ‹Sonntagskind› war den antiken Heiden und ebenso den Christen gesegnet; wir besitzen noch Grabinschriften aus christlicher Zeit, die Geburt oder Tod am dies Solis ausdrücklich erwähnen, die ein am Sonntag geborenes Christenkind ‹ Ἡλιόπαις›, Sonnenkind nennen[58]. Das alles war eben auch rein christlich tief und beglückend deutbar. Und so wird denn in der christlichen Predigt, die aus der Antike zu uns herüberklingt, immer wieder vom Sonnengeheimnis dieses Tages gesprochen, wenngleich stets mit der vorsichtigen Bemerkung, es sei die Bezeichnung ‹Sonnentag› eigentlich paganen Ursprungs. Selbst der gestrenge Hieronymus predigt seinen Mönchen in Bethlehem: «Zwar hat der Herr alle Tage geschaffen, aber die übrigen Tage können auch Tage der Juden, können Tage der Häretiker und der Heiden sein. Der ‹Herrentag› aber, der Tag der Auferstehung, der Tag der Christen, das ist unser Tag. Und wenn er von den Heiden dies Solis genannt wird, so nehmen wir auch diese Bezeichnung gerne hin: denn heute ist das Licht aufgegangen, heute ist die Sonne der Gerechtigkeit aufgeleuchtet[59].» Genau so predigt im fünften Jahrhundert der Bischof Maximus von Turin: die «Menschen dieser Welt» nennen diesen Tag den dies Solis: propterea ipsa dies ab hominibus saeculi dies Solis vocatur, quod ortus eam Sol iustitiae Christus illuminat[60]. Noch aus der Frankengeschichte des Gregor von Tours können wir die Konkurrenz zwischen den beiden Bezeichnungen ‹Sonntag› und ‹Herrentag› heraushören: die ‹Barbaren›, das sind die Franken, pflegen die dies Dominica mit dies Solis zu bezeichnen: ecce enim dies Solis adest: sic enim barbaries vocitare diem dominicum consueta est[61]. Und nach Isidor von Sevilla ist der Sonntag darum so genannt, weil Sol der Fürst aller Gestirne ist, mit der Sonne Christus beginnt die Woche von nun an: primum enim diem a Sole appellaverunt, qui princeps est omnium siderum[62]. Sieger ist bei uns der Sonntag geblieben. Und mit Recht sagt darum Franz Boll: «Das dauerndste Vermächtnis, das die Astrologie, selbst noch den Jahrhunderten nach ihrem Verfall, hinterlassen hat, ist der Sonntag, und insofern kein übles, als noch heute für Millionen von Menschen, ohne daß sie sich dessen klar bewußt sind, auf den ‹Tag des Herrn› zugleich der beglückende physische Glanz des ‹Tages der Sonne› fällt[63].»

Er hätte hinzufügen müssen: aber dies nur darum, weil die Urkirche diesen Heliostag mit dem Inhalt ihres Auferstehungsgeheimnisses neu erfüllt hat, wie ja dieser Tag noch heute bei den Russen die ‹wosskreßenje›, der ‹Auferstehungstag› heißt[64], in uralter Tradition, die sich genauso auch aus griechischen und lateinischen Quellen belegen ließe[65]. Damit haben wir ein erstes Beispiel für die Weise, wie sich die religionsgeschichtliche Auseinandersetzung zwischen Christentum und antikem Sonnenkult vollzogen hat:

sie läßt sich geschichtlich richtig nur dann zeichnen, wenn wir sorgsam unterscheiden zwischen dem dogmatischen Grundgehalt des christlichen Glaubens und der aus dem antiken Volksleben entnommenen und gleichsam konsekrierten kultischen Einkleidung.

## Der Ostertag

Aus der Urgeschichte der sonntäglichen Kultfeier als eines wöchentlich wiederkehrenden Gedächtnisses an Tod und Auferstehung Jesu läßt sich erkennen, welch grundlegende Bedeutung dem Glauben an dieses Geheimnis zugemessen wurde. Nun war aber Tod und Auferstehung Jesu dem Urchristen keineswegs irgendein mythisches Geschehen, nicht das δρώμενον einer Mysterienfeier, sondern göttlich schlichte, historische Tatsache: sub Pontio Pilato passus et sepultus est et resurrexit. Von da aus ist es nun verständlich, daß die Urkirche auch versuchte, den alljährlich wiederkehrenden Tag der Auferstehung zu begehen und so nicht nur die heidnische Planetenwoche, sondern auch die jüdische Passahfeier, in die Jesus sein eigenes Heilswerk so untrennbar eingebaut hatte, christlich zu konsekrieren. Nicht nur der Sonntag, sondern auch der Umschwung des Sonnenjahres sollte Christus, der wahren Sonne, dienstbar sein.

Nun wissen wir aus den Daten des Johannesevangeliums[66] und aus der kleinasiatischen Urtradition, die auf Johannes als den Augenzeugen der Heilsereignisse zurückgeht[67], daß Jesus am 14. Tag des Frühlingsmonates Nisan gestorben ist. Dieser Tag fiel damals (entweder im Jahre 30 oder 33 nach Christus) auf einen Freitag, also auf den Tag der Παρασκευή, den ‹Rüsttag›, an dem die Juden dem Gesetz gemäß[68] das Osterlamm aßen.

Der Nisan der Juden ist aber der erste Monat des Jahres, dessen Beginn durch Beobachtung des wachsenden Mondlichts festgelegt wurde: am Tag nach dem ersten Aufleuchten der aus dem neumondlichen Dunkel aufsteigenden Mondsichel wurde der erste Nisan angesetzt; der Neumond aber, der hier entscheidend ist, war stets der dem Frühlingsäquinoktium unmittelbar folgende. Somo war der 14. Nisan der Tag des Frühlingsvollmondes, und ist schwingt schon das alljährliche Passahfest der Juden, gemessen an der Planetenwoche und dem julianischen Sonnenjahr, mit seinem stets wechselnd einfallenden Datum im Reigen der himmlischen Gestirne mit[69].

In die hellenistische Zeitenrechnung umgesetzt hieß das aber – und diese Zeitenrechnung war immer viel mehr als eine bloß kalendarische Angelegenheit, sie war Zeitenkult und Naturleben –: Jesus ist am Venustag gestorben, lag am Tag des Saturnus im Grab und ist erstanden am Tag des Helios. Jesus ist erstanden am mittleren Tag jenes Monats, dessen Beginn fast immer in den Martius fiel, der ja auch im römischen Imperium der erste Jahresmonat war. Jesus ist erstanden am Tag, wo im wachsenden, zu sommerlicher Höhe ansteigenden Licht des Helios das Schwestergestirn Selene im vollen Glanz dem Bräutigam und Bruder gegenübersteht, und so wird die geheimnisvolle Koinzidenz, daß er am Tage des Helios von den Toten auferstand, noch tiefsinniger. Daß dies alles Gedanken waren, die die ersten hellenistischen Christen erfüllten, als sie aus der Hand ihrer aus dem frommen Judentum kommenden Brüder das christlich erfüllte Passahfest empfingen[70], läßt sich noch deutlich ablesen an der großen Kontroverse, die das ganze zweite Jahrhundert erfüllt und in der Geschichte den Namen ‹Osterfeststreit› erhalten hat[71]. Die Christen Kleinasiens hielten, gemäß der von Johannes übernommenen Tradition, daran fest, auch das christliche Osterfest jährlich genau an dem Tag zu feiern, der von den Juden jeweils nach astronomischer Beobachtung als der 14. Nisan errechnet wurde. Dagegen aber stand die kultische Form, die das christliche Osterfest in Rom und fast überall im griechischen und lateinischen Imperium erhalten hatte: wohl feierte man Ostern auch in den Tagen des Frühlingsvollmonds, aber stets so, daß der Tag der Auferstehung, also der dritte Tag nach dem Gedächtnis des Todes Jesu, auf den Tag des Helios fiel – eben auf den schon seit Urbeginn gefeierten Tag, den wir heute noch den Sonntag nennen. Daß diese Weise der Osterbegehung sich durchsetzte und bezeichnenderweise dann von Konstantin dem Großen in einem Schreiben[72] nach dem Konzil von Nizäa fürs ganze Imperium verbindlich erklärt wurde, ist das bedeutsame Ergebnis dieser zweiten Begegnung zwischen Christentum und antikem Sonnenkult: die Kirche weiht nun auch den Umschwung des julianischen Sonnenjahres, und seitdem feiert die ganze Welt bis auf unsere Tage, die unchristlich gewordene Welt nicht ausgenommen, den Ostertag am Sonntag, im rhythmischen Wechsel der Vorgänge am gestirnten Himmel, als ob Helios und Selene nur erschaffen seien, um (nach einem Wort des Origenes [73]) «den Reigentanz aufzuführen für das Heil des Weltalls». Es geht durch alle Jahrhunderte des antiken Christentums ein entzückendes Lied auf das Sonnengeheimnis der Ostertage. Bevor wir es in den nun folgenden Ausführungen genauer entfalten, sei, gleichsam zur Einstimmung, ein Stück dieser antik-christlichen Osterlyrik vorgelegt, aus dem wir erfühlen können, was es hieß, den Helios heimzuholen zu Christus. Ein Unbekannter des fünften Jahrhunderts predigt seinen Gläubigen auf Ostern also: «Jetzt bricht die Keimkraft der Erde durch, ihr Antlitz wird im Schmuck der vielfältigen Triebe voll Heiterkeit. Die ganze Natur, die bisher gleichsam tot war, feiert Auferstehung zusammen mit ihrem Herrn. Die entzückende Schönheit der grünenden Bäume im bunten Schmuck der Blüten, die alle wie ein einziger Gestus der Freude sind: alles eilt herbei zu diesem Festtag. Der Himmel war bis heute traurig verhängt von der Finsternis treibender Wolken, jetzt aber lächelt er in süßer Milde der Erde zu. Himmelsbogen und Erdenrund fallen ein in das gemeinsame Freudenlied auf Christus den Gott und den Menschen, der für Himmel und Erde Frieden brachte und aus Zweien Eins gemacht hat. Sol, aller Sterne Lichtherd, läßt sein Angesicht funkelnd aufleuchten, wie ein herrlicher König schmückt er sein Haupt mit dem Diadem der Sterne an diesem Tag seiner Hochzeit und seiner Herzensfreude. Luna, die kaum geboren gleichsam täglich abstirbt, schmückt sich aufs Osterfest mit dem Gewand ihres vollen Lichtes. Jegliche Kreatur also, meine Brüder, jubelt sozusagen in heiligem Gottesdienst der Liebe diesem Tag unseres Heils zu [74].»

Von dieser Selbstsicherheit des Glaubens an die wahre Auferstehung Christi aus konnte der in antikem Geist denkende Christ nun in großartiger Freiheit das Mysterium vom Tod und der Grabesruhe und der Auferstehung des Herrn in den schönen Kreis seiner Bildwelt hineinbeziehen und das Sonnengeheimnis dieser Glaubensmysterien weiterdenken. Wenn Jesus an einem Heliostag auferstand, wenn alljährlich von neuem der Tag des Frühlingslichts und des im Sonnenleuchten glänzenden Mondes den Tag der Auferstehung bedeutet: dann ist offenbar das ganze Heilsgeschehen des ‹triduum sacrum›, des Todes am Freitag, der Grabruhe am Samstag, des neuen Lebens am Sonntag, vergleichbar dem Untergehen, der Nachtfahrt und dem Aufgehen der Sonne. Mit dieser symbolischen Einkleidung der biblisch-historischen Begebenheiten, in der die antike Kirche das Ostermysterium in Predigt und kultischer Gestaltung gleichsam als ein übernatürlich gewordenes λεγόμενον und δρώμενον darstellt, sind wir zum innersten Bezirk dieser Begegnung zwischen Kirche und antikem Sonnenkult vorgedrungen. Wir haben demnach jetzt zu sprechen: a) von Tod und Höllenfahrt Jesu unter dem Bild des Sonnenuntergangs und der Hadesfahrt des Helios; b) von der Auferstehung Jesu als einem Sonnenaufgang; c) von der Mitteilung der Auferstehungsgnade an die Gläubigen als einer ‹Erleuchtung› durch die Sonne Christus.

a) Wenn in uraltem griechischem Denken Helios der Inbegriff und das Symbol des Lebens ist, dann ist der tägliche Untergang des leuchtenden Gestirns ein Symbol des Todes[75]. Der Sterbende muß «das Licht der Sonne verlassen», sagt schon Homer[76]. Im äußersten Westen, wo Helios ins Meer sinkt, stehen die «Pforten des Hades», durch sie geht der Sonnengott ein, um auf geheimnisvollen Wegen wieder gen Osten zurückzukehren zu neuem jugendfrischem Aufgang[77]. Der Westen ist Inbegriff des Dunklen, des Todes, der dämonischen Gewalten. Für den antiken Menschen, Christen wie Heiden, war der nächtliche Weg, den Helios vom Westen zum Osten hin zurücklegt, von tiefem Geheimnis umgeben. Noch Hieronymus sagte: «Wenn die Sonne ihr glühendes Rad in den Ozean getaucht hat, kehrt sie auf uns unbekannten Wegen an ihren Ausgang zurück, und nach Vollendung ihres nächtlichen Laufs bricht sie wiederum eilends aus ihrem Gemache hervor[78].» Sei es nun, daß man sich diesen Weg als Untertauchen in den Ozean und als Leuchten im dunklen Reich der Manen dachte, sei es, daß man wähnte, die Sonne gehe vom Westen auf verborgenen Wegen über den Norden nach Osten zurück: in beiden Fällen ist das nächtliche Dunkel, das dem Sonnenuntergang folgt, ein Symbol des Todes, ist die Nachtfahrt des Helios ein Bild der jenseitigen Existenz der

Seelen. «Die Sonne war in den Ozean hinabgesunken und erleuchtete die unterirdischen Gegenden des Erdkreises», sagt der Myste Lucius in den Metamorphosen des Apuleius, und im Laufe seiner Einweihung in das Isismysterium wird ihm zuteil, «um Mitternacht zu schauen die Sonne in strahlendem Licht[79]». Ägypter und Griechen leben in diesen frommen Vorstellungen, Naturbeobachtung und mythische Scheu vereinen sich hier zu einem Denken, das Allgemeingut antiker Frömmigkeit ist.

Davon brachten die hellenistischen Christen ihren Anteil mit, und wenn sie nun die Heilsereignisse von Tod und Auferstehung Jesu überdachten, lag es nahe, sie zu gestalten als göttliche Erfüllung jener Ahnungen, die in der Mythologie der griechischen Vorfahren vorlagen. Sie lasen im neutestamentlichen Bericht vom Tode Jesu, daß «Finsternis entstand» und daß «die Sonne sich verfinsterte»: dem symbolischen Denken des griechischen Lesers war dies in Zukunft nicht nur eine Naturbeobachtung, sondern tiefsinnige Symbolik. Jesu Tod ist der wahre Sonnenuntergang, denn er allein ist das «Licht, das alle Welt erleuchtet». Ja selbst rückwärts blickend in die Worte des Alten Testaments deutet nun die Symbolik der antiken Kirchenväter die Worte vom Sonnenuntergang in Psalm 103,19 und Psalm 67,5 auf den Tod Christi: «die Sonne kannte ihren Untergang» bedeute das göttliche Wissen Jesu von seinem kommenden Tod, der «Aufstieg über den Untergang» seine strahlende Auferstehung[80]. Athanasius sagt: «Wie nämlich die Sonne vom Westen zum Osten zurückkehrt, so ist auch der Herr von den Tiefen des Hades zum Himmel der Himmel aufgestiegen[81].» Und Augustinus prägt mit Gedanken, die auch Ambrosius[82] schon ausgesprochen hat, das prägnante Wort: Occasus Christi passio Christi[83]. Sonnenuntergang ist Tod. Vielleicht am schönsten überträgt das antike Denken vom Untergang des Helios auf die christlichen Mysterien Melito von Sardes, ein Theologe des zweiten Jahrhunderts aus Kleinasien:

«Wenn die Sonne ihren Tageslauf vollendet hat mit ihrem feurigen Gespann, wird sie durch die wirbelnde Bewegung ihres Laufes feuerfarbig und wie eine brennende Fackel. Nachdem sie die Hälfte der Himmelsbahn in ihrem Lauf brennend durcheilt hat, scheint sie uns so nahe, als ob sie mit zehn strahlenwerfenden Blitzen die Erde verbrennen wollte.

Dann steigt sie, dem Auge nicht leicht sichtbar, in den Ozean hinab. Wenn eine kupferne Kugel, die innen voll Feuer ist und viel Licht ausstrahlt, ins kalte Wasser getaucht wird, so zischt sie gewaltig, wird aber hell gemacht vom Glanz, das Feuer im Inneren wird nicht ausgelöscht, sondern wieder entfacht leuchtet es mächtig. So auch die Sonne: brennend wie der Blitz erlischt sie nicht, wenn sie ins kalte Wasser taucht und behält ihr Feuer brennend ohne Unterbrechung. Sich badend in geheimnisvoller Tiefe jauchzt sie auf gar sehr, das Wasser ist ihre Nahrung. Sie bleibt eine und dieselbe, aber sie strahlt dennoch den Menschen auf als eine neue Sonne, gekräftigt aus der Tiefe, gereinigt im Bade. Sie hat das Dunkel der Nacht verscheucht und den glänzenden Tag uns gebracht. Ihrem Laufe folgend geht der Reigen der Sterne, wirkt die Natur des Mondes. Sie baden sich im Baptisterium der Sonne wie gute Schüler: denn nur, weil Sterne und Mond dem Lauf der Sonne folgen, haben sie reinen Glanz. Wenn nun die Sonne mit den Sternen und dem Mond sich badet im Ozean, warum sollte da nicht Christus getauft werden im Jordanfluß? Der König der Himmel, der Herzog der Schöpfung, die Sonne des Aufgangs, die auch den Toten im Hades erschien und den Sterblichen auf Erden. Als allein wahrer Helios ging er auf aus Himmelshöhen[84].»

Alle Mysterien des Christenglaubens werden in diesem prachtvollen antiken Sonnengemälde angedeutet, Taufe Jesu und Taufe der Gläubigen, und diese wiederum als Folge des im Kreuztod sich vollziehenden Sonnenuntergangs, der erlösenden Hadesfahrt des Herrn und seines glanzvollen Auferstehens. Es ist hier vor allem angespielt auf die dogmatische Überzeugung der Kirche von Christi ‹Höllenfahrt›[85], jenes auch im Credo verankerten Heilsvorgangs, bei dem der gestorbene Christus den Vätern der Vorzeit die im Kreuz erworbene Heilsgnade mitteilt[86]. Daraus wird für den in Sonnensymbolik denkenden antiken Christen die Hadesfahrt der Sonne Christus. In der ursprünglichsten Form der sogenannten Pilatusakten wird das, in echt antiker Volkstümlichkeit, also geschildert:

«Als wir mit allen unseren Vätern in der Tiefe der Dunkelheit und Finsternis saßen, da entstand plötzlich ein goldenes Leuchten der Sonne, und ein purpurfarbenes königliches Licht leuchtete über uns. Und allsogleich jubelte der Vater des gesamten Menschengeschlechtes mit allen Patriarchen und Propheten auf, indem sie sagten: Der Schöpfer des ewigen Lichtes ist dieses Licht, das uns versprochen hat, gleichewiges Licht zu senden. Und Isaias rief aus: Das ist das Licht des Vaters, der

Sohn Gottes, wie ich's vorausgesagt habe, als ich noch lebend auf Erden weilte ... und nun ist es gekommen und strahlt uns auf, die wir im Tode sitzen[87].»

In der christlichen Predigt der Antike gedenkt man nun aber des Todes und der Hadesfahrt Jesu am Freitag und am Samstag, die vor den Sonnentag des Osterfestes fallen, und darum schaut man auch Tod und Hadesfahrt im Bild von Sonnenuntergang und Nachtfahrt des Helios. Beim Tode Jesu verdunkelt sich die Sonne: das ist schon für Hieronymus ein Symbol für die Scham, die das herrliche Sonnenlicht empfindet beim Anblick der untergehenden wahren Sonne Christus[88]. Diese Symbolik der Väter lebt weiter bis in die Zeit, da man auf den karolingischen Kreuzminiaturen die Figur des Sol malt, der sich schamrot das Haupt verhüllt[89], und bis in die Tage, da Abaelard in einem Hymnus auf den Karfreitag dichtet:

«Da die wahre Sonne, den Kreuztod duldend, leidet, so leidet die geschaffene Sonne mit ihm[90].»

Oder da man, wie etwa auf den Kreuzdarstellungen des zwölften Jahrhunderts, neben die Gestalt des Sol, die immer noch in antiker Tradition der alexandrinischen Himmelsbilder über dem Kreuz steht, die Worte schreibt:

«Am Ätherhimmel verdunkelt sich die feurige Sonne, weil die Sonne der Gerechtigkeit am Kreuz leidet[91].»

Auch der Karsamstag wird in diesem Sinne gedeutet, er ist der stille Tag der Grabesruhe, da sich Christus die Sonne auf nächtlicher Fahrt im Jenseits befindet. «Untergetaucht ist die Gott-Sonne Christus unter die Erde», predigt ein Unbekannter, dessen Homilie Epiphanius zugeschrieben wird, «und das Dunkel der Nacht breitet sich aus über die Juden ... die Tore des Hades öffnen sich. Die ihr vom Leben abgeschieden seid, freuet euch! Die ihr in Finsternis und Todesschatten saßet, empfanget das große Licht ...! Ja höre und singe ein Jubellied: verkünde, wie das alte Gesetz verging und die Gnade nun aufblüht, wie die Vorbilder weichen und die Schatten vorüberhuschen, wie die Sonne das Weltall erfüllt ... das Volk der Juden starrt immer noch in die Schatten, aber das Volk der Heiden wandelt nun entgegen der Sonne, die Gott ist[92]!»

Hier haben wir nun ein Beispiel, das vielleicht noch klarer als dasjenige der Entstehungsgeschichte des christlichen Sonntags zeigt, in welcher Weise sich die Begegnung der Kirche mit dem antiken Sonnenkult vollzog, wie das Christentum den Helios entthront und zugleich heimgeholt hat. Nicht in dem Sinne, daß die Christen etwa in Abhängigkeit von irgendeinem antiken Sonnenmythos sich ihre Glaubensüberzeugungen gebildet hätten, sondern nur so, daß sie für diesen klaren biblisch-traditionellen Glauben aus der antiken Geisteswelt, in der sie groß wurden, Bilder und Symbole entliehen, um damit auszudrücken, daß alles, was antike Frömmigkeit nur ahnte, in Christus höhere Wirklichkeit geworden ist. Oder, um es mit den Worten meines Lehrers Dölger auszudrücken: «Der Descensus ad inferos als Glaubensbestand des Urchristentums fand bei seinem Eindringen in die griechisch-römische Kulturwelt die Meinung von der in die Unterwelt hinabsteigenden Sonne vor, und dieses Bild wurde dann bei der Missionspredigt unwillkürlich zur Ausmalung der Hadesfahrt Christi verwendet.» Und er fügt, gegen Angriffe aus der religionsgeschichtlichen kritischen Schule, die ihm diese saubere Unterscheidung zwischen Glaubensinhalt und Einkleidung vorgeworfen hatten, hinzu: «Ich meinerseits bin der Überzeugung, damit nur eine Pflicht des kritischen Geschichtsschreibers erfüllt zu haben[93].» Das allein ist sorgsame Religionsgeschichte.

b) Der nachtfahrende Helios geht auf geheimnisvollem Weg vom Westen zum Osten hinüber. Christus aber, der tot war und lebendig wurde, verbindet das Dunkel des Westens, des Todes, der teuflischen Mächte, mit dem Osten, der Gegend des aufgehenden Lichtes, dem Symbol des Lebens, des Paradieses, das da im Osten gepflanzt steht:

«Den Stachel des Todes hast du besiegt und hast uns geöffnet die Königreiche der Himmel[94].»

Das ist für den antiken Christen der unerhörte Inhalt der nächtlichen Feier der allerheiligsten Ostervigilie, jener gewaltigsten aller antiken Nachtfeiern, deren Urform wir noch heute, nach siebzehn Jahrhunderten, im Missale Romanum besitzen und feiern. Clemens von Alexandrien hat uns die Grundzüge dieser christlichen Dogmatik von der Ostersonne gezeichnet:

«Uns, die wir in Finsternis begraben, im Schatten des Todes eingeschlossen waren, strahlte vom Himmel her ein Licht auf, reiner als die Sonne, angenehmer als dieses Leben. Denn dieses Licht ist ewiges Leben, und was an ihm teil hat, ist lebendig. Die Nacht aber zieht sich vor dem Licht zurück, verbirgt sich wie in Furcht und weicht dem Tag des Herrn. Das All ist geworden zum nie mehr verlöschenden Licht, und der Sonnenuntergang hat sich gewandelt zum Sonnenaufgang. Das bedeutet die «neue Schöpfung»: der über das All dahinfahrende Helios der Gerechtigkeit umwandelt in gleicher Weise die Menschheit, nachahmend seinen Vater, der aufgehen läßt seine Sonne über alle Menschen, der auf alle Menschen träufeln läßt die Tautropfen der Wahrheit. Dieser hat den Westen zum Osten zurückgebracht und den Tod zum Leben gekreuzigt[95].»

Diesen ‹Übergang› (denn Passah bedeutet der christlichen Symbolik stets den mystischen Übergang von Tod zu Leben[96]) von Kreuztod zu Auferstehungsleben gestaltet nun die antike Kirche in der Liturgie der Osternacht zu einem wundervollen Sonnenmysterium. Die österliche Nachtfeier ist, nach einem Wort des Zeno von Verona, «die süße Vigilie der Nacht, die da strahlend leuchtet durch ihre eigene Sonne»: clarissimae noctis suo Sole dulces vigilias[97]. Es ist wiederum höchst bezeichnend für die Förderung, die der einstige Sonnenverehrer Konstantin der Große dem christlichen Kult angedeihen läßt, wenn er vor allem auf den Glanz der Ostervigilie Wert legt. Eusebius berichtet uns von ihm: «Konstantin wandelte diese Nachtfeier in Tageslicht, indem er in der ganzen Nacht vor dem Osterfest Wachssäulen von gewaltiger Höhe anzünden ließ. Es waren Feuerfackeln, die alles erhellten, so daß die Nachtwache heller wurde als der strahlende Tag[98].» Christus also ist die nächtlich leuchtende Sonne dieser im Schweigen der Nacht sich vollziehenden christlichen Mysterienfeier. Firmicus Maternus setzt denn auch das Geheimnis der christlichen Osternacht in Gegensatz zu einer (uns heute nicht mehr genau bestimmbaren) nächtlichen Mysterienbegehung der Heiden, bei der die Mysten in tiefer Nacht das Bild des gestorbenen Gottes betrauern, dann aber das neue Heil unter dem Symbol eines hereingebrachten Lichtes begrüßen, während der Priester ihnen die mystischen Worte zuflüstert:

«Faßt Mut, Ihr Mysten des geretteten Gottes, Euch wird Erlösung zuteil aus allem Leid[99].»

Nicht darin ist Heil, fährt Firmicus dann fort, sondern allein im Ostermysterium Christi, der als Sonne die Unterwelt erhellte und am Ostertag strahlend wie eine Sonne auferstand:

«Er zerbrach die ewigen Riegel, die ehernen Tore fielen auf Christi Geheiß zusammen. Siehe, es erbebte die Erde, und erschüttert in ihren Grundfesten erfuhr sie die Macht des gegenwärtigen Christus. Vor der vorherbestimmten Zeit beschleunigt das Tagesende die kreisförmige Drehung der Welt, und die Sonne neigt sich in rascherem Lauf zur Nacht hin, bevor noch der Zeitraum der täglichen Stunden vollendet ist ... Aber siehe, nach drei Tagen geht der Tag glänzender auf, der Sonne wird die Anmut des früheren Lichtes zurückgeschenkt. Der allmächtige Gott Christus wird mit glanzvolleren Sonnenstrahlen ausgezeichnet. Es frohlockt die heilbringende Gottheit, und ihren Triumphwagen begleitet die Schar der Gerechten und Heiligen[100].»

Hier wird also in christlich selbstsicherer Kühnheit der Auferstandene geradezu im Bild des siegreichen Helios, der mit seinem leuchtenden Wagen am Himmel daherstürmt, dargestellt. Ähnliche Gedanken mögen den antiken Christen bewegt haben, wenn in seiner nächtlichen Ostervigilie das ‹Lumen Christi› hereingetragen wurde, wenn er vor der eucharistischen Feier, die das Mysterium beschloß, von der hellen Stimme des Diakons die Worte des Osterevangeliums jubeln hörte: ἀνατείλαντος τοῦ ἡλίου, orto iam Sole[101]. Jetzt ist der wahre Helios aufgegangen, jetzt erfüllte sich in einem unerhört tieferen Sinn, was je die Sehnsucht der griechischen Mysterien war. Und wenn dann der christliche Bischof das Wort ergriff, um die Sonnenfreude der christlichen Ostern auszudrücken, dann mögen oft Sätze geprägt worden sein, wie sie uns noch in den Homilien des Bischofs Zeno von Verona aufbewahrt sind. Unauflöslich verbunden ist hier das christliche Mysterium mit der Freude am Licht der neuen Ostersonne, hier erleben wir lebendig mit, was es hieß, das Sonnenjahr, den Umschwung des Helios, zu konsekrieren. «Der Lenker des ewigen Wagens, der in dem alljährlich zu beschreibenden Kreislauf um das Endziel seine Schritte wendet, der Tag des Heils ist herangekommen. Er folgt sich nach, er geht sich voraus, er ist alt und doch immer jung, Zeuger des Jahres und Sprößling des Jahres, Gott unser Herr, untergegangen und wiederum aufgegangen, um den Untergang nie mehr zu wiederholen –

denn es ist der Tag, an dem die Finsternis des Todes zerrissen ward[102].» Oder in einer anderen Osterhomilie: «In herrlichem Kreislauf biegt ein der heilige Tag. Er fährt zur Vollendung seines Werkes in der Welt auf dem Viergespann der Jahreszeiten, reich durch den Wechsel der zwölf Monde, in ununterbrochener Fahrt. Er kennt kein Halten, denn seine Fahrt ist Unsterblichkeit[103].» Auch die christliche Dichtkunst sieht den dramatischen Augenblick der Heilsgeschichte, wie ihn die Liturgie der Osternacht gestaltet hat, unter dem Bild der Sonne. In dem wundervollen Gedicht des Prudentius auf die Osternacht heißt es:

> «Illa nocte sacer qua rediit Deus
> stagnis ad superos ex Acheronticis
> non sicut tenebras de face fulgida
> surgens Oceano lucifer imbuit,
> sed terris Domini de cruce tristibus
> maior Sole novum restituens diem[104].
> Das ist die große Nacht, da der allheilige Gott
> heimwärts kehrt zu den Höhn aus acherontischem Pfuhl,
> nicht wie der Morgenstern, der aus dem Ozean
> steigend die Finsternis schwach mit der Fackel erhellt,
> sondern den Welten all, die da noch weinen am Kreuz,
> schenkt er den neuen Tag: denn er ist größer als Sol.»

Und weil im christlichen Glaubensbewußtsein die Auferstehung Jesu ein Sieg über den Tod ist und damit über den «Teufel, der da hat die Herrschaft über den Tod[105]», darum sieht der antike Christ in dem Helden des Ostermorgens den sonnengleichen Apollo-Helios, der den Drachen Python erlegt hat. So singt ein Osterlied, das unter dem Namen des Paulinus von Nola überliefert ist – und selbst unter dem Gewand dieser schon fast zu weitgehenden christlichen Sonnenallegorie erkennen wir noch deutlich die unveränderlichen Züge der dogmatischen Überzeugungen:

«Sei gegrüßt, du wahrer Apollon, herrlicher Päan, du Vernichter der höllischen Schlange! Heil über den edlen Triumph! Gegrüßt seist du, seliger Sieg über die Welt, du Geburtsstunde einer heiligen Neuzeit![106]»

Wenn die antiken Mysterien, wie uns Firmicus Maternus[107] berichtet, das Sonnenlicht begrüßten mit dem Ruf: «Sei gegrüßt,

Bräutigam, sei gegrüßt, Du neues Licht», wenn in der bei Macrobius[108] erhaltenen griechischen Sonnenlitanei gebetet wird: «Helios Allherrscher, Geist der Welt, Kraft der Welt, Licht der Welt», so wissen die Christen um ein anderes «Licht der Welt»[109], und Firmicus richtet an die Heiden sein Wort: «Nur ein einziges Licht gibt es, nur einen Bräutigam: Christus hat die Gnade dieser Namen erhalten. Wenn du willst, daß ein Schimmer dieses Lichtes dich erhelle, so erhebe dein Auge, verlaß dein Dunkel und begib dich zu dem, der da gesagt hat: Ich bin das Licht der Welt[110]!»

c) Das österliche Mysterium von Tod und Auferstehung vollendet sich indes erst dadurch, daß es nicht etwa nur geschichtliches Gedächtnis an die Heilstat Jesu ist, die sich einst im Monat Nisan begab, sondern übernatürliche Gegenwart, indem das neue Sonnenlicht in einer sakramentalen Einweihung mitgeteilt wird: in der Taufe, die sich in der Osternacht vollzieht und die seit den Uranfängen der Kirche φωτισμός, das ist ‹Erleuchtung›, genannt wird. In der Taufe setzt sich das Mysterium von Tod, Grabesruhe und Auferstehung Jesu fort – das ist wiederum die unveränderliche Substanz der urchristlichen Glaubensüberzeugung: «Oder wißt ihr nicht, daß wir alle, die wir auf Christus Jesus getauft sind, in seinen Tod eingetaucht wurden? Wir wurden also durch die Taufe in den Tod mit ihm begraben. Aber wie Christus durch die Herrlichkeit des Vaters von den Toten auferstanden ist, so sollen auch wir in einem neuen Leben wandeln[111].» Das ist der Ausgangspunkt für die christliche Symbolik von der Taufe als Sonnenerleuchtung.

Taufe ist dem antiken Christen zunächst, negativ gesehen, die Absage an den Satan[112]. Nun war es aber schon dem heidnischen Denken eine geläufige Vorstellung, das Reich der Dämonen und des Todes im Westen zu sehen, in der Gegend der Hadespforten und des Sonnenuntergangs. Was der Christ Laktantius schreibt, ist durchaus antik empfunden: «Wie das Licht zum Osten gehört, im Licht aber der Grund des Lebens liegt, so gehört zum Westen die Finsternis, in der Finsternis aber ist Tod und Untergang.» Und dann fährt er in christlicher Denkweise fort: «Der Sonnenuntergang wird aber jenem gefallenen und bösen Geiste zugeschrieben, weil er das Licht verbirgt, die Finsternis herbeiführt und die Menschen zum Tode bringt und wie die Sonne untergehen läßt in den

Sünden[113].» Seitdem der erste Mensch Adam gesündigt hat, befindet sich sein ganzes Geschlecht sozusagen auf dem Weg nach ‹Westen›. Severianus von Gabala kann darum sagen: «Adam lief nach Westen und ging unter wie die Sonne im Grabe. Es kam Christus und ließ den Untergegangenen wieder aufgehen ... in Adam ging der Mensch unter, in Christus geht er wieder auf[114].» Dem einzelnen Christen wird dies zuteil in der Taufnacht an Ostern. So ist die Taufe Absage an den dämonischen Sonnenuntergang. Cyrillus von Jerusalem redet darum seine Täuflinge also an: «Zuerst gingt ihr in den Vorraum des Baptisteriums hinein und, gegen Sonnenuntergang stehend, merktet ihr genau auf: es wurde euch befohlen, die Hand auszustrecken, und so habt ihr dem Satan, als wäre er gegenwärtig, widersagt ... ich will euch auch sagen, warum ihr gegen Sonnenuntergang steht, denn es ist notwendig: da der Sonnenuntergang die Gegend der sichtbaren Finsternis ist, jener aber, der Satan, die Finsternis selbst ist und die Herrschaft der Finsternis hat, so schaut ihr, um dies sinnbildlich auszudrücken, nach Sonnenuntergang und widersagt dem dunklen und finsteren Herrscher[115].» Desgleichen bezeugt uns Hieronymus das Lichtmysterium der Taufe: «Wir widersagen in den Mysterien zuerst dem, der im Westen ist und der mit den Sünden für uns ein Toter wird, und so, nach Osten gewandt, gehen wir einen Bund ein mit der Sonne der Gerechtigkeit und versprechen, ihr dienen zu wollen[116].»

Positiv also ist die Taufe die Wendung gegen Osten, ein ‹Bund mit der Sonne Christus›, mithin ein Erleuchtetwerden von seinem österlichen Licht. Das älteste hymnische Wort aus dem Urbeginn der Kirche bezeugt uns dies. Paulus hat es uns aufbewahrt[117], und es ist nach der begründeten Vermutung von Soden und Dibelius ein Zitat aus einem Taufhymnus:

«Steh auf, der du schläfst, steh auf von den Toten, und es wird dir aufleuchten Christus[118].»

Wie man dieses hier anklingende Tauflied aus der Urzeit der Kirche verstanden hat, zeigt uns Clemens von Alexandrien, der es zitiert und dann unmittelbar weiterfährt:

«Die Sonne der Auferstehung, der vor dem Morgenstern Geborene, der da mit seinen eigenen Strahlen uns die Gnade des Lebens schenkt[119].»

Der erleuchtende Christus ist also die «Sonne der Auferstehung», und darum die Taufe die Teilnahme an seinem Sonnenlicht. Die Bekehrung des Heiden zu den Mysterien Christi ist für Clemens die Erfüllung jenes Verses aus der Sibylle, die er als uralte Prophezeiung auffaßt:

«Siehe, er ist erfaßbar für alle und nicht zu verkennen,
Kommet und jaget nicht immer der Finsternis nach und dem Dunkel,
Siehe, es leuchtet so hell süßblickend die strahlende Sonne[120]!»

Wir besitzen noch ein anderes Tauflied aus der ältesten Zeit des Christentums, unter den sogenannten Oden des Salomon. Hier spricht ein vom Tauferlebnis erfüllter Christ von der gnadenhaften Erleuchtung und Umwandlung, die ihm durch das Mysterium zuteil wurde:

«Wie die Sonne Freude ist für die, so ihren Tag suchen,
so ist meine Freude der Herr: denn Er ist meine Sonne.
Seine Strahlen haben mich aufgerichtet,
Sein Licht hat weggewischt alle Finsternis von meinem Antlitz.
Durch ihn habe ich Augen erhalten, und nun schaue ich den Tag,
Den Weg des Irrtums habe ich verlassen: zu Ihm bin ich gegangen[121].»

Die Thomasakten, so bemerkt Dölger, haben diesen Gedanken so stark zur Geltung gebracht, daß sie den Getauften Christus als einen Jüngling mit einer Fackel erscheinen lassen, genau so, wie die antike Kunst den Sonnengott zur Darstellung bringt[122]. Gewiß, dies ist nun ein Zeugnis aus einem Kreis, der in irgendwie gnostischem Synkretismus Heidnisches mit Christlichem mischt. Aber was solche Mischformen überhaupt ermöglicht, ist doch die dem antiken Christen ganz geläufige Vorstellung von der Taufe als einer Erleuchtung durch Christus die Ostersonne. Der Zeugnisse für diesen Photismos der Taufe wären ungezählte, alle Taufpredigten sind voll davon, und die Liturgien aller Sprachen, der griechischen, syrischen und lateinischen, bezeugen das gleiche. Hier möge nur noch ein kurzer Hinweis auf die heute noch in der katholischen Liturgie der Osternacht (die grundsätzlich auch heute noch Taufnacht ist) lebendigen Gedanken von Nachtsonne und Sonnenaufgang Platz finden. Kein kultisches Drama hat jemals den Gegensatz von Finsternis und Licht, von Nacht und Sonne so wundervoll durch Wort und Gebärde zum Ausdruck gebracht wie das Ostermysterium der römischen Liturgie. Da bricht im Anblick des neuen Lichtes, das unter dem Ruf ‹Lumen Christi, Deo gratias[123]› in die dunkle Kirche getragen wird, das Exsultet aus dem Herzen des Gläubigen, das Loblied auf die Osterkerze, die das Symbol ist für Christus, die Sonne dieser Nacht, den wahren Sol invictus, der aus den Tiefen der Unterwelt als Sieger emporsteigt:

«Das ist die Nacht, in der Christus, die Fesseln des Todes besiegend, als Sieger aus der Unterwelt erstand.»

Das Licht dieser Kerze wird dann ins Wasser getaucht, aus dem hervorgehen sollen die «Söhne des Lichts» wie die spanische Liturgie[124] es ausdrückt. Von diesem Sonnenlicht Christi wird das Taufwasser zum «feurigen Wasser», oder, wie es in einer syrischen Liturgie heißt: «Die Sonne neigte ihre Strahlen in dieses Wasser hinab[125].» Aus diesen Urelementen, die sich in der Osternacht vereinen, dem Sonnenlicht Christi und dem Wasser der Menschen, entsteht die neue Kreatur, der Christ. Darum endet das Mysterium der römischen Osternacht mit dem klassischen Gebet:

«O Gott, der du diese heiligste Nacht mit dem Glanz der Herrenauferstehung erleuchtest, bewahre in dem Geburtsgeschlecht deiner neuen Familie den Geist der Kindschaft, den du gegeben hast.»

Und wenn der neugetaufte Christ dann hinaustrat in den von der Ostersonne leuchtenden Tag, dann mag er empfunden haben, was die Kirche mit der Heimholung des Helios und des Sol invictus, mit der Konsekrierung des Umschwungs der Sonne gemeint hat: war er ja nun selbst ein in Christus neuer Mensch geworden, einer aus der Zahl jener Beglückten, die ein altchristlicher Bischof einmal ansprach als die Kinder eines neuen Osterfrühlings: «Ihr frischgrünen Zweiglein der Heiligkeit, du frommes Samenkorn, du mein neuer Bienenschwarm, Blütenkranz meiner Ehre[126].» Alle Lyrik einer christlichen Naturverklärung entbindet sich aus dem Sonnengeheimnis der Osterliturgie und des Tauferlebnisses. Wir wollen aus der Fülle dieser christlichen und zugleich auch im schönsten Sinne antiken Chorlieder nur zwei aufklingen lassen, ein griechisches aus der klassischen Zeit kirchlicher Theologie und ein lateinisches, in dem sich mit dem antiken Denken schon germanische Naturliebe verbindet. Cyrillus von Alexandrien, der Bischof jener Kirche, die der antiken Christenheit jedes Jahr von neuem die astronomische Berechnung des Osterfestes zu verkünden hatte, predigt in dem rauschenden Griechisch seiner Zeit in einer Osterhomilie:

«Frühling nennen wir die Zeit, die jetzt anbricht. Und mich dünkt, ein Mensch mit dichterischer Zunge und erhabenem Geist müßte zum Lob des Frühlings einen köstlichen Kranz winden können. Dahin ist der trübe Anblick des Winters. Helios funkelt, als hätte er den Staub von seinem Antlitz gewischt, und gießt in neuen Lichtern seine Schönheit aus über Berge und Täler, über Wälder und Haine. Alles wird wieder jung, und aus frischen Blüten windet sich der Frühling seinen Kranz ... Aber ich meine, dies alles sei wenig, wäre nicht auch aus einem anderen Grund der Frühling vor allen anderen Zeiten preiswürdig: mit der Natur zusammen feiert ja nun auch jenes Wesen seine Auferstehung, das alle Natur in sich zusammenfaßt, der Mensch. Denn es führt diese Frühlingszeit mit sich herauf die Auferstehung unseres Erlösers, durch die wir alle umgewandelt werden in die Neuheit des Lebens, und der Verwesung des Todes auf immer entzogen sind[127].»

Das lateinische Osterlied aber hat uns der Mönch von Sankt Gallen, Notker der Stammler, geschenkt; seine herrliche Ostersequenz an Christus den Donnerer, der als wahre Sonne seinen österlichen Donnergang vollendet:

«Darum grünen jetzt
dem erstandenen Christus
alle Wesen froh,
Blume, Samenkorn
sprießen, grünen,
und der Vogelschwarm
jubelt süß.
Heller leuchten nun
Mond und Sonne,
einst bei Christi Tod so trüb,
Sterne, Erde, Meere
sollen strahlen,
möge all
der Geister Chor
im Himmel Freudenlieder singen
Dem Donnerer[128].»

## II. DIE WEIHNACHTSSONNE

Das zweite Beispiel, an dem gemäß der besseren Quellenlage noch deutlicher gezeigt werden kann, in welchem Sinne (und in welchem Sinne nicht) die Auseinandersetzung zwischen christlichem Kult und antiker Sonnenverehrung stattgefunden hat, ist die Urgeschichte der beiden Geburtsfeste Jesu, Epiphanie und Weihnachten[129].

Bevor wir diese kultischen Berührungen darstellen, ist es wiederum notwendig, klar und deutlich die dogmatischen Grundüberzeugungen zu umreißen, um die sich das Kleid der kultischen Gestaltung in einem wundervollen antiken Faltenwurf legte. Es gehört zu den Fundamenten des urchristlichen Glaubens, was im Apostolischen Symbol ausgesprochen wird: Natus de Spiritu Sancto ex Maria Virgine; und wie Quadern sind die Berichte bei Matthäus und Lukas, in denen die biblische Fundierung dieses Glaubens ausgesprochen wird. Die bunten Systeme der religionsgeschichtlichen Forschung, die den Glauben an die Jungfrauengeburt Jesu aus den Mythen und theosophischen Systemen der hellenistischen Umwelt zu erklären suchten[130], haben sich jeweils selbst wieder erledigt, und ihre sonst so wertvollen Teilerkenntnisse aus dem Gebiet der allgemeinen Religionsgeschichte lieferten schließlich nur «eine brauchbare Kritik an den unzulänglichen Ergebnissen derer, die vorher den gleichen dornigen Pfad religionsgeschichtlicher Erklärung der Jungfrauengeburt gegangen sind[131].» Ja, das Verhältnis von dogmatischer Überzeugung und kultischer Einkleidung liegt hier noch klarer als in dem Kapitel von der Ostersonne: denn es steht fest, daß die ersten Formen kultischer Begehung des Weihnachtsmysteriums mehr denn zwei Jahrhunderte nach der Entstehung des Christentums auftauchen, mithin die bloße, noch nicht bildlich und kultisch ausgedrückte, aber dogmatisch um so eindringlicher vorgetragene Überzeugung von dem Geheimnis der menschlichen Geburt Jesu nicht das Ergebnis einer Berührung mit antiken Sonnenkulten ist, wohl aber das Fundament, von dem aus die antike Kirche des dritten und vierten Jahrhunderts mit selbstsicherer Geste sich der Gedanken, Sehnsüchte und Formen spätantiker Sonnenfrömmigkeit bedienen konnte, um das ureigene Mysterium liturgisch auszusprechen.

Der Glaube an die echt menschliche, aber jungfräuliche Geburt des Herrn hängt nun zunächst aufs engste zusammen mit dem Geheimnis der Auferstehung, und damit knüpfen wir einleitend an die Ergebnisse des ersten Vortrags an. Jesu Auferstehung von den Toten war für ihn der Uranfang neuen und nicht mehr endenden Lebens: «Nicht mehr herrscht über ihn der Tod[132].» Christus ist wahrhaft ‹Sol invictus›, sein Sonnenaufgang ist eine Neugeburt – und das war auch dem antiken Menschen ein vertrauter Gedanke, denn jeden Morgen wird Helios neu geboren: aliusque et idem nasceris, sang Horaz im Carmen saeculare auf den Almus Sol. Auferstehung und Geburt schaut schon die Theologie des Neuen Testamentes in eins: der Sieger des Ostermorgens ist «Erstgeborener der Toten[133]», und Paulus wendet geradezu auf den von den Toten Erstandenen das Psalmwort 2,7 an: «Mein Sohn bist du, heute habe ich dich gezeugt[134].» Bei Clemens von Alexandrien klang das nach, wie wir sahen, wenn er Christus besingt als «Sonne der Auferstehung, gezeugt vor dem Morgenstern, Leben spendend mit eigenen Strahlen». Das Grab ist wie der Mutterschoß, beide sind die Nacht, aus der die Sonne emporsteigt. «Des Nachts wurde Christus geboren in Bethlehem, des Nachts wird er wiedergeboren in Sion», verkündet eine griechische Predigt am Karsamstag[135].

Unterstützt wird eine solche Vergleichung von dem in der Antike durchaus geläufigen Gedanken, daß der Geburtstag ein Sonnenaufgang ist. «Das Sonnenlicht ist das Symbol der Geburt», sagt schon Plutarch[136], und das gleiche lesen wir bei dem Christen Clemens: «Der Sonnenaufgang ist das Bild des Geburtstages[137].» So vollendet sich für Jesus im Sonnenaufgang der Ostergeburt jenes Lichtgeheimnis, das schon in der Nacht seiner Erdengeburt verkündigt wurde: er ist der «Sonnenaufgang aus der Höhe», das «Licht zur Erleuchtung der Heiden»[138].

Noch mehr: wenn im christlichen Mysterium der Taufe die Gnade des Auferstandenen den Menschen mitgeteilt wird, dann werden auch diese zu einer «neuen Kreatur»[139], die Taufgnade ist eine neue Geburt, Christus wird auf neue Weise im Herzen des

Gläubigen geboren[140]. Die vom Leuchten der Nachtsonne Christus erfüllte Ostervigilie ist in Wahrheit die Geburtsnacht, und die Neugetauften sind ἀρτιγέννητα βρέφη, neugeborene Kinder, infantes, wie der altchristliche Ausdruck für die aus dem Mutterschoß des Taufbeckens Auferstandenen lautet[141].

So bestehen denn schon rein dogmatisch tiefe Beziehungen zwischen den Mysterien von Ostern und Weihnachten. Vom kultgeschichtlichen Standpunkt aus aber kann man geradezu sagen, daß die Formen des jüngeren Weihnachtsfestes denjenigen des älteren Osterfestes geradezu nachgestaltet sind: und die gemeinsame Grundlage dieser Nachgestaltung ist die Welt der Sonnensymbolik, mit der das Mysterium beider Nächte verbildlicht wird, und zwar in ausgesprochenem Gegensatz und zugleich in deutlicher Verwandtschaft zu den Formen der spätantiken Sonnenfrömmigkeit. Mit Recht sagt darum K. Prümm: «Weil sich Weihnachten mit Ostern in einer breiten Schicht gemeinsamer Gedanken, dem Erlösungsgedanken und dem von der Kindschaftsgnade, berührt, darum ist beiden Festen auch der starke Einschlag von Lichtsymbolik gemeinsam[142].» Ostern ist nichts anderes als die Verewigung jenes neuen Lebens, das an Weihnachten aufgegangen ist, für Christus im vollendeten Sinn, für den gläubigen Getauften im sakramentalen Sinn. Christus ist für ewig nun «Lichtstrahl der Herrlichkeit des Vaters[143]», der Getaufte aber, den dieser Sonnenstrahl Christi erleuchtet hat, ist von nun an «Kind des Lichts[144]», das bedeutet aber nichts anderes als «Kind der Sonne». Der Getaufte ist ein «Sonnenkind», ein Ἡλιόπαις, wie uns jene Grabinschrift sagte. Weihnachten ist darum nichts anderes als ein vorweggenommenes Osterfest, der Beginn eines wundersamen Frühlings, ein Sonnenfest, weil an ihm zum erstenmal der Welt, wenngleich noch tief verborgen, die «Sonne der Gerechtigkeit» aufging. Ein unbekannter Grieche hat dieses Frühlingsmysterium der Weihnacht mit wundervollen Worten geschildert, mit Worten, die an sich nur einen Sinn haben auf das Frühlingsfest der österlichen Sonne hin:

«Wenn nach kalter Winterszeit das Licht des milden Frühlings aufleuchtet, dann sproßt die Erde Gras und Grün, dann schmücken sich die Baumäste mit neuen Trieben und die Lüfte beginnen zu leuchten im Glanze des Helios. Der Vögel Chor schwingt sich auf zum Äther und quillt über von

Melodien. Nun schaut aber, uns ist als himmlischer Frühling Christus aufgegangen, da er wie die Sonne aus dem Schoß der Jungfrau aufstieg. Verscheucht hat er die kalten Sturmwolken des Teufels, und die schlafträgen Herzen der Menschen hat er zum Leben erweckt, da er mit seinen Sonnenstrahlen den Nebel der Unwissenheit zerteilte. Drum laßt uns den Geist erheben zu der lichten und seligen Himmelsherrlichkeit dieses Glanzes[145]!»

Es gilt nun, im Folgenden die Urgeschichte der kultischen Begehung der Geburt des Herrn darzustellen, so wie es nach dem neuesten Stand der grade hier sehr eifrigen Forschung möglich ist. In zwei Schritten soll das geschehen: wir sprechen erstens von der Entstehung des Geburtsfestes Christi im hellenistischen Osten, des Tages der Epiphanie. Und zweitens von den Anfängen des typisch römisch-lateinischen Geburtsfestes, des Weihnachtstages am 25.Dezember.

## Das Epiphaniefest

Die Bestrebungen der alten Kirche, auch dem Geburtstag des Herrn eine kultische Gestaltung zu geben, konnten nicht wie beim Sonntag oder beim Osterfest an einen von der biblischen Heilsgeschichte genau festgelegten Tag des kalendarischen Sonnenjahres anknüpfen. Bibel und Tradition schweigen in gleicher Weise vollkommen von Monat und Tag der Geburt Jesu, und selbst das Jahr der Geburt ist nur nach mühsamen Vergleichungen gewisser Ansätze der evangelischen Berichte zu errechnen, und dies bis heute ohne einhellig angenommenes Ergebnis. Um so mehr war die antike Kirche, wenn sie von dem Datum der Geburt Jesu sprach, entweder auf höchst künstliche Gebilde einer biblisch-allegorischen Berechnung angewiesen, wie sie uns etwa bei Clemens von Alexandrien[146] oder Hippolyt[147] vorliegen – oder aber, sie griff kühn nach der vom Osterfest und vom dogmatischen Grundgehalt der Weihnacht nahegelegten Sonnensymbolik, um daraus zunächst eine Datierung und daraufhin allmählich auch eine liturgische Begehung der Herrengeburt zu gestalten. Das reizvollste Beispiel dieser Versuche, die Weihnacht auf Grund von Sonnensymbolik aufzufinden, bietet uns die im Jahre 243 geschriebene Schrift «De Pascha computus», die wohl einem afrikanischen Kleriker zugehört. Sie stammt also aus einer Zeit, wo wir von der kultischen Feier eines Weihnachtsfestes noch keine Spur finden und wo das ganze Interesse der Kirche sich noch auf die genaue Datierung des Osterfestes richtete. Ganz gestaltet aus der früher dargelegten Symbolik der Ostersonne, geht diese kunstvoll allegorische Berechnung der Herrengeburt aus von der Annahme, daß der erste Schöpfungstag zusammenfalle mit dem Frühlingsäquinoktium am 25. März, daß also am vierten Tag, das ist am 28. März, Gott Sonne und Mond geschaffen habe. Dann durchgeht sie in allegorisch krausem Denken das ganze Alte Testament, um endlich zu dem Ergebnis zu gelangen:

«Und so kommen wir in der Zählung auf den Tag der Geburt Christi, nämlich auf den fünften Tag vor den Kalenden des April.»

Christus ist also geboren am 28. März, vier Tage nach dem Frühlingsäquinoktium, an eben dem gleichen vierten Tag, an dem einst Gott die Sonne erschaffen hat. Hier bricht der Autor, der sonst nur sehr trocken anmutende Rechnungen vorlegt, in den begeisterten Ruf aus:

«O wie herrlich und wie göttlich ist die Vorsehung des Herrn, daß an eben dem Tage, an dem die Sonne geschaffen wurde, auch Christus geboren ward, nämlich an einem Mittwoch, am fünften Tag vor den Kalenden des April. Darum sagte schon der Prophet Malachias mit Recht zum Volk: es wird euch aufgehen die Sonne der Gerechtigkeit[148].»

Man sieht deutlich: das Primäre bei dieser Berechnung ist zweifellos die schon längst ausgebildete Theologie von Christus als der Sonne der Gerechtigkeit[149], an die sich der Computus der Herrengeburt anschließt. Der Weihnachtstag ist schon hier, vor jeder kultischen Ausgestaltung, der Geburtstag der Sonne, und das ganze Leben Jesu bis zu Tod und Auferstehung ist dieser tiefsinnig naiven allegorischen Denkweise ein einziges Sonnengeheimnis. Christus ist das Vorbild der Sonne, die in 365 Tagen und drei Stunden ihren Himmelslauf vollendet; die drei Stunden ergeben nach je vier Jahren zwölf Stunden, den Schalttag, und das ist ein Symbol der zwölf Apostel, aus deren biblischen Angaben wir wiederum das Sonnengeheimnis des Lebens Jesu zwischen Weihnacht und Ostertag erkennen können; das ergibt sich aus folgendem allegorisch mystischen Computus:

Leiden und Auferstehung Jesu fanden statt im «sechzehnten Jahr des Tiberius»; Jesus war damals «einunddreißig Jahre alt»; der mystische Zahlensinn aber, der sich aus den Anfangsbuchstaben des Namens Jesus ιη ergibt, ist achtzehn; zählt man diese Zahlen zusammen, so ergibt sich fünfundsechzig. Fügt man dieser Zahl aber noch das mystische Zeichen des Kreuzleidens, den griechischen Buchstaben Tau mit seinem Zahlwert dreihundert hinzu, so erfüllt sich die Zahl des Sonnenjahres: dreihundertfünfundsechzig. Mit siegreicher Geste beschließt der Autor diese Allegorie aus Zahlen, in der uraltes pythagoräisches Gut sich mit urchristlichen Symbolen mischt, und sagt:

«Siehe, wiederum wollen wir in Wahrheit glauben, daß Christus dem Fleische nach am fünften Tag vor den Kalenden des April geboren wurde: an eben dem Tage, von dem wir zeigten, daß an ihm die Sonne erschaffen ward[150].»

Man mag das kindlich oder spielerisch empfinden: dahinter aber steht die hehre Welt des christlichen Kosmos und seiner göttlichen Sonne. Und je stärker sich im Laufe des dritten Jahrhunderts die antike Heliolatrie in der Theosophie des Neuplatonismus und den solar gewordenen Mysterien der Isis und des Mithras zu neuer religiöser Anziehungskraft steigerte, um so dringlicher mußte es der Kirche scheinen, ihr eigenes übernatürliches Sonnenmysterium auch kultisch auszugestalten. So wird denn die Urform des liturgischen Festes der Herrengeburt im griechischen Osten wie von selbst zu einer bewußten Konkurrenz gegen den Sonnenkult.

Der vielbesprochene Grundtext, der uns einen ersten Einblick gewährt in die Entstehung der christlichen Epiphanie als Geburtsfest des Herrn, ist der Bericht, den Epiphanius von Salamis in seinem Panarion hinterlassen hat. Er ist nicht nur geschichtlich von hohem Wert, sondern auch religionspsychologisch insofern interessant, als der glühende Ketzerbestreiter des Ostens die heidnischen Sonnenmysterien, die am 6. Januar gefeiert wurden, als Konkurrenzfeste gegen den christlichen Epiphanietag bezeichnet: sie würden nur gefeiert, «auf daß die, so ihre Hoffnung auf den Irrtum setzen, die Wahrheit nicht fänden». Geschichtlich aber ist gerade das Gegenteil der Fall: wir können mit genügender, wenngleich nicht mit vollster Sicherheit annehmen, daß man im Laufe des dritten Jahrhunderts in Alexandrien und dem übrigen Osten das christliche Fest eingeführt hat als Protest gegen heidnische Sonnenfeiern, die am 6. Januar stattfanden. Zunächst nun den Text des Epiphanius, der in eine Polemik gegen die Aloger, die die Chronologie des Johannesevangeliums bekämpften, eingefügt ist.

«Geboren wurde der Erlöser im 42. Jahr des römischen Kaisers Augustus, als Octavianus Augustus mit Silanus zum 13. Mal Konsul war, wie die Konsularfasten der Römer ausweisen ... Christus wurde geboren am achten Tag vor den Iden des Januar, dreizehn Tage nach der Wintersonnenwende, wo das Licht und die Tage zu wachsen beginnen.

An diesem Tage nämlich, das ist am achten Tage vor den Kalenden des Januar, feiern die Hellenen, das heißt die Götzendiener, ein Fest: bei den Römern wird es Saturnalia genannt, bei den Ägyptern Kronia, bei den Alexandrinern aber Kikellia. Denn der achte Tag vor den Kalenden des Januar bedeutet einen Einschnitt, auf ihn fällt die Sonnenwende, es beginnt der Tag wieder zu wachsen, indem das Sonnenlicht länger scheint und voller wird bis zum achten Tag vor den Iden des Januar, das ist bis zum Tage der Geburt Christi, indem sich jedem Tag der dreißigste Teil einer Stunde hinzufügt. So hat auch ein weiser Mann aus dem Volk der Syrer, namens Ephräm, in einer seiner Auslegungen gesagt: ‹Die Parusie unseres Herrn Jesus Christus, das ist seine Geburt im Fleische und seine vollkommene Menschwerdung, die man Epiphaneia nennt, vollzog sich an dem Tage, der dreizehn Tage lang entfernt ist vom Beginn des wachsenden Sonnenlichts. Das mußte so sein als Typus für die Zahl, die sich ergibt aus diesem unserem Herrn Jesus Christus und seinen zwölf Aposteln: denn er ist die Erfüllung der Zahl dreizehn, der dreizehn Tage seit dem Wachsen des Sonnenlichts.›

Es geschahen aber und geschehen annoch gar manche Dinge, die zur Bekräftigung und zum Beweis für diesen Sachverhalt dienen, ich meine für die Geburt Christi. Denn die Erfinder und Scharlatane der götzendienerischen Riten feiern zur Täuschung der ihnen vertrauenden Götterverehrer an vielen Orten ein großartiges Fest, und zwar in der Nacht vor eben diesem Epiphanietag, und sie sehen sich dadurch gezwungen, wenigstens ein Stück der Wahrheit zu bekennen, obgleich sie das Fest nur feiern, damit die, so ihre Hoffnung auf sie setzen, die Wahrheit nicht suchten.

An erster Stelle (ist zu nennen) das Fest zu Alexandrien im sogenannten Koreion, das ist in einem gewaltigen Tempel im heiligen Bezirk der Kore. Die ganze Nacht hindurch bleiben sie wach, indem sie gewisse Hymnen singen und Flöte spielen als Begleitung zu Liedern auf das Götterbild. Wenn sie dann so die Nachtfeier vollendet haben, steigen sie nach dem morgendlichen Hahnenschrei fackelntragend in eine Art von Kapelle hinab, die unter der Erde liegt, und tragen von dort ein hölzernes Götterbild, das nackt auf einer Tragbahre liegt, herauf. Dieses Bild trägt auf der Stirn wie ein Siegel ein goldenes Kreuz, ebenso auf den beiden Händen je zwei dieser Kreuzsiegel, zwei weitere endlich auf den beiden Knien, im ganzen also fünf solche aus Gold geschlagene Siegel. Dann tragen sie das Holzbild siebenmal rund um den innersten Tempelbezirk unter dem Klang von Flöten und Tamburinen und Hymnengesang, und wenn der Umgang zu Ende ist, bringen sie das Bild wieder an den unterirdischen Ort zurück. Und wenn sie befragt werden, was dies denn für ein Mysterium sei, so geben sie folgende Antwort: ‹Heute, in dieser Stunde, hat Kore, das ist die Jungfrau, den Aion geboren.›

Solches geschieht auch in der Stadt Petra, der Hauptstadt Arabiens, die in der Heiligen Schrift Edom genannt wird, mit Bezug auf das dortige Götterbildnis: in arabischer Sprache singen sie dort Hymnen auf eine Jungfrau, die sie in ihrem Arabisch ‹Chaamu›, das heißt Kore, oder auch Parthenos nennen, und den aus ihr geborenen ‹Dusares›, das bedeutet ‹Eingeborener des Allherrschers›. Ein Gleiches geschieht in eben dieser Nacht wie in Petra und Alexandria auch in der Stadt Elusa[151].»

Verweilen wir nun einen Augenblick bei diesem höchst aufschlußreichen Bericht. Gewiß, manches in ihm ist nachkontrollierbar falsch, so etwa die kühne Geste, mit der Epiphanius dieses Fest mit einem römischen «Saturnalienfest» des 25. Dezember gleichsetzt – in Wahrheit meint er hier das Sonnenfest des Sol Invictus, während die Saturnalien bereits am 23. Dezember ihr Ende fanden. Man hat weiterhin, wohl nicht ganz mit Unrecht, darauf hingewiesen, daß Epiphanius in seinem Bestreben, die «dämonische Nachäffung» des christlichen Mysteriums durch die heidnische Feier deutlicher zu machen, den liturgischen Festinhalt unbewußt an die christlichen Formen des Epiphaniefestes, das zu seiner Zeit das einzige Geburtsfest Christi war, angeglichen habe[152]. Dennoch bleibt sein Bericht eine Quelle von höchstem Wert. Wir wissen also daraus, daß man im hellenistischen Osten, offenbar unter Führung von Alexandria, in der Nacht zum 6. Januar das Mysterium des von einer Jungfrau geborenen Aion beging. Ob es sich bei dieser Kultgestalt um einen Dionysos-Aion handelt (da uns Epiphanius aus alten Quellen[153] berichtet, man habe am 5./6. Januar den Geburtstag des Dionysos gefeiert), oder ob man eher an Osiris oder Harpokrates-Horus denken solle, das ist für diese späte Zeit hellenistischer Göttermischung, die alle irgendwie auf eine solare Gottgestalt hinausgehen, nicht allzu belangreich. Wir wissen, daß der Aion damals oft mit Helios gleichgestellt wurde, und dieser hinwiederum mit Dionysos[154]. Von da her wird ein Text bei Macrobius deutlicher, der von Dionysos berichtet, man habe ihm darum oft eine so verschiedene Gestalt gegeben, einmal als Kind und dann wieder als alten Mann dargestellt, weil Dionysos Symbol der Sonne sei; dann sagt er:

«Diese Unterschiedlichkeiten der Altersstufen aber beziehen sich auf die Sonne: wie ein kleines Kind ist sie bei der winterlichen Sonnenwende. Und als Kind holen sie die Ägypter an einem bestimmten Festtag aus einer dunkeln Höhle hervor, weil die Sonne an diesem kürzesten Tag gleichsam wie ein Kleinkind aussieht[155].»

Hier handelt es sich doch sichtlich um das gleiche Fest, wenngleich Macrobius es auf den Tag des Wintersolstitiums verlegt, also auf den 25. Dezember. Hier führt ein letzter Text weiter, der zwar spät, aber dennoch höchst wertvoll ist, weil er gerade als so später Zeuge zeigen kann, wie lange das Bewußtsein fortlebte, das Fest der Geburt Christi habe irgendwie etwas zu tun mit den spätantiken Sonnenmysterien. Kosmas von Jerusalem (um 740), ein Kommentator der Hymnen des Gregor von Nazianz, bespricht das herrliche Ostergedicht Gregors auf Christus die Sonne, den Φαέϑων ὑψίδρομος[156]. In diesem Zusammenhang berichtet er von einem heidnischen Fest, das am 25. Dezember gefeiert wurde:

«Die Heiden feierten von altersher dieses Fest jedes Jahr, indem sie den gleichen Tag, an dem Christus geboren wurde, αὐξίφωτος nannten. Sie begingen in der Mitternacht eine Einweihung, indem sie in ein Heiligtum hinunterstiegen, aus dem sie dann heraufkamen mit dem Ruf: ‹Die Jungfrau hat geboren, nun wächst das Licht!› Und Epiphanius, der große Bischof von Kypern, berichtet, dieses gleiche Fest werde auch von den Sarazenen gefeiert, zu Ehren der bei ihnen hochverehrten Aphrodite, die sie in ihrer Sprache Chamara nennen[157].»

Auch hier handelt es sich sichtlich um das gleiche Fest, wenngleich man den Eindruck hat, Kosmas berichte nicht nur, was er bei Epiphanius gelesen hat, sondern auch aus anderen Traditionen. E. Norden[158] hat gezeigt, daß die verschiedene Datierung auf den 6. Januar und den 25. Dezember sich erkläre aus der Verschiebung des altägyptischen Datums der Wintersonnenwende vom 6. Januar auf den richtigen Ansatz der julianischen Reform, den 25. Dezember. Der Festinhalt war also, mag man nun ein einziges oder ein doppeltes Fest annehmen, ein γενέθλιος Ἡλίου, der Geburtstag des neuen Sonnenlichts.

Was hat nun damit die Urgeschichte der christlichen Epiphanie vom 6. Januar zu tun? Das ist eine Frage, die bei der spärlichen Quellenlage nicht mit letzter Klarheit beantwortet werden kann. Aber eines steht heute doch wohl fest: das christliche Fest der Epiphanie war von Anfang an und in erster Linie das Geburtsfest des Herrn, und es ist eingeführt worden, um kultisch auszudrücken, an was man seit der Urzeit glaubte: daß Jesus Christus aus der Jungfrau Maria geboren wurde und daß mit seiner ‹Erscheinung›, seiner Epiphanie auf Erden das wahre Sonnenlicht aufgegangen ist. Denn anders läßt sich die Polemik des Epiphanius, der um die Anfänge des Festes doch noch gewußt haben kann, nicht erklären. ‹Epiphanie› ist schon dem nicht christlichen Denken des hellenistischen Menschen zunächst der Geburtstag des Gottes[159]. Christi Ankunft im Fleisch ist darum die höchste Epiphanie, die sich der Christ denken konnte[160]. In der Zeit des vierten Jahrhunderts, in der wir den Festgehalt von Epiphanie genau verfolgen können, wird dieser Geburtstag Christi stets ἐπιφάνεια oder θεοφάνεια genannt, genau so wie er auch γενέθλια heißt.

Wir müssen also annehmen, daß man zu einem uns nicht mehr genau bestimmbaren Zeitpunkt – unseres Erachtens gegen das Ende des dritten Jahrhunderts – einen festlich zu begehenden Tag der Geburt Christi einführte und diesen bewußt, als abwehrende Geste gegen den Sonnenkult dieses Tages, auf den 6. Januar verlegte. Und dies, weil man im christlichen Denken seit den Urzeiten gewohnt war, in Christus die ‹Sonne der Gerechtigkeit› zu sehen, deren Glanz am Sonntag und am Ostertag gefeiert wurde, deren Schönheit die Theologie der alexandrinischen Schule schon immer gepriesen hatte. «Die Jungfrau hat geboren, nun wächst das Licht» – was da in der Mysteriennacht des Koreion zum nächtlichen Himmel scholl, das sahen die Christen in ganz anderer Weise erfüllt in ihrem Glauben an die jungfräuliche Geburt der wahren Sonne Christus.

Das wird unseres Erachtens nicht etwa widerlegt, sondern geradezu unterstützt durch eine Nachricht, die uns Clemens von Alexandrien aufbewahrt hat: nach ihm feierte zu seiner Zeit eine Gruppe von Anhängern des Gnostikers Basilides am 6. Januar die Feier der Taufe Christi im Jordan[161]. Man hat daraus ablesen wollen, es sei folglich auch das Epiphaniefest der Großkirche ursprünglich eine Begehung der Taufe Jesu und nicht seiner Geburt gewesen. Es ist indessen nicht denkbar, daß die Kirche damals ein Fest just den so verhaßten Gnostikern nachgemacht habe. Die Dinge liegen vielmehr, wie wir meinen, umgekehrt. Der ‹Tauftag› der Gnostiker war nichts anderes als der ‹Geburtstag› Jesu. Denn im gnostischen System gilt nicht die fleischliche Geburt des Menschen Jesus, sondern seine Geistgeburt am Jordan, wo das Pneuma über ihn herabkam. Heißt es doch in einer Lesart bei Lukas 3,22 von der Taufe Jesu, die Stimme des Vaters habe gerufen: «Du bist mein Sohn, heute habe ich dich gezeugt» – jenes gleiche Wort, das Paulus auf die ‹Geburt› der österlichen Auferstehung anwandte. Für die urchristliche Theologie war, gerade auch durch dieses Zitat aus Lukas 3,22, das seit dem zweiten Jahrhundert immer wieder so gelesen wird, die Taufe am Jordan eine ‹Geburt›, nicht im Sinne der Gnostiker, wohl aber im Sinne einer ‹Epiphanie›, einer göttlichen Kundwerdung Jesu als Eingeborener Gottes[162]. Wir werden also bei der Entstehung des Festes vom 6. Januar, wie es die Großkirche auffaßte, neben dem Protest gegen heidnische Sonnenmysterien auch noch den Protest gegen die gnostische Leugnung der Göttlichkeit des aus Maria geborenen Kindes hinzunehmen müssen: gerade darum legte man das Geburtsfest Jesu auf den 6. Januar, um zu zeigen, daß der aus der Jungfrau Geborene als Gott den Menschen erschienen ist und als neue Sonne der Welt aufging.

Daß dem so ist, läßt sich nun endlich auch zeigen an dem Inhalt, den das Fest im vierten Jahrhundert aufweist, und zwar vor allem überall dort, wo es noch nicht von dem aus Rom herüberdringenden Weihnachtsfest des 25. Dezember beeinflußt ist. Überall ist die Epiphanie das Geburtsfest Jesu, das Fest der neu aufsteigenden Sonne. Und wenn es zugleich das Gedächtnis an die Taufe am Jordan ist (ein Inhalt, der dann nach dem siegreichen Eindringen des römischen Festes vom 25. Dezember den Hauptinhalt des 6. Januar bildet), wenn man an diesem Tage die Gläubigen tauft, so in dem Sinn, den wir oben als Mitursprung des Festes angaben: Taufe ist Geburt, für Christus am Jordan wie für den Gläubigen, Geburt aber ist Sonnenaufgang und Erleuchtung.

Chrysostomus nennt die Epiphanie zu einer Zeit, da er das andere Weihnachtsfest noch nicht eingeführt hat, Geburts-Festtag (ἡμέρα γενέθλιος)[163]. Ein Unbekannter, den K. Holl[164] zu einem Kleriker von Jerusalem machen möchte, predigt auf Epiphanie den Neugetauften von der Geburt Jesu als dem Sonnenaufgang des Sol iustitiae und jubelt über die heilige Weihnacht, die da «lichtbringender ist als jeder Sonnentag»[165]. Selbst Gregor von Nazianz, der das andere Weihnachtsfest schon mit einer Predigt verherrlicht hatte, preist in seiner Rede auf den 6. Januar, den Tag der «heiligen Lichter», das Mysterium des Lichts, das Christus ist, im Gegensatz zu all den heidnischen Mysterien des Dionysos, Mithras und von Eleusis; die Neugetauften sind ihm Menschen, die von dem «Sonnenstrahl der Einen Gottheit getroffen sind»[166]; und tags darauf hält er die berühmte Rede an die Täuflinge, in denen sein Jubel über das Sonnengeheimnis der Epiphanietaufe zu dem von ihm so geliebten Wort des Platon aufsteigt: «Das ist Gott im Reiche der Geister, was die Sonne ist im Reich der Sinne[167]» – genauso, wie er das schon in dem Sonnenhymnus seiner zweiten theologischen Rede getan hatte[168]. Man muß dies alles gleichsam mitfühlen, um zu erfassen, aus welchem Geist das Geburtsfest der Epiphanie sich formt – es ist der gleiche Geist, aus dem es einst geschaffen wurde. Am klarsten sehen wir dies bei dem Syrer Ephräm, der noch nichts weiß von dem Geburtsfest des 25. Dezember und dessen Hymnen auf die Epiphanie von dieser christlichen Sonnenfreude voll sind. Wir hörten bereits, wie Epiphanius ihn zitierte[169]. Aber was dort angedeutet wird, klingt in seinen Hymnen weiter. Wir geben hier nur ein paar Hinweise. Epiphanie ist ihm Geburt des Herrn, weil an diesem Tag das Sonnenlicht siegreich aufgeht – obwohl er weiß, daß die Sonnenwende eigentlich am 25. Dezember einfällt; gerade daraus ersehen wir deutlich die Herkunft des Festes aus jenem Kreis von Alexandrien, der gegen das auch am ‹falschen› Tag gefeierte Fest des Aion sein christliches Sonnenmysterium begeht[170]:

«Es siegt die Sonne, und die Schritte, mit denen sie ansteigt zur Höhe, bedeuten ein Mysterium.
Siehe, zwölf Tage sind's, seitdem sie zur Höhe wandelt, und heute ist der dreizehnte Tag:
das vollkommene Symbol des Sohnes und seiner zwölf Apostel.
Besiegt ist die winterliche Finsternis,
um anzuzeigen, daß der Satan besiegt ist.
Es siegt die Sonne, um zu verkünden,
daß seinen Triumph feiert der Eingeborene!»

Und daß diese Sonne Christus am «vierten Tag», also am Tag der Schöpfung der Sonne, aus dem jungfräulichen Schoß Mariens hervorging, besingt er in seinem Hymnus auf die Geburt Christi, also auch auf den 6. Januar:

«Der vierte Tag allein lobsingt vor allen anderen der Geburt dessen, der am vierten Tag jene zwei Himmelslichter erschaffen hat, die von den Törichten angebetet wurden und sie blind und lichtlos machten. Es stieg herab der Herr der Himmelslichter, und wie eine Sonne strahlte er aus dem Mutterschoß hervor. Seine Strahlen öffnen die Augen der Blinden und sein Glanz erleuchtet, die da irren[171].»

Wenn man bedenkt, daß der antike Sonnenkult gerade in der syrischen Heimat des Ephräm, in Baalbek-Heliopolis, in Emesa und Palmyra bis tief in die konstantinische Zeit hinein lebendig geblieben war, versteht man besser, wie bedeutsam diese Auseinandersetzung des Christentums mit ihm gerade durch die Liturgie des Epiphaniefestes gefördert wurde. Die östliche Kirche empfand das Festgeheimnis als ‹Sieg der Sonne›.

### Das Weihnachtsfest

Der spätantike Sonnenkult, gegen dessen östliche, in Mysterienfeiern sich kleidende Form das Epiphaniefest eingesetzt worden war, hat sich nun im Lauf des dritten Jahrhunderts in Rom, unter kaiserlich politischer Führung, eine glanzvolle Gestalt geschaffen, wurde geradezu zur Reichsreligion. Und im gleichen Rhythmus, abwehrend und entthronend, konsekrierend und heimholend, entfaltet sich nun auch das letzte Stück der kultischen Auseinandersetzung zwischen Christentum und römischem Sonnendienst: das Ergebnis dieser Entwicklung ist die Existenz und die liturgische Gestalt des Weihnachtsfestes vom 25. Dezember, das heute noch christliche und unchristliche Herzen bezaubert.

Um die geistige Welt zu verstehen, aus der die Kirche in der Friedenszeit zwischen den Verfolgungen des Decius und des Diokletianus den Aufstieg des kaiserlichen Sonnenkults immer stärker als Bedrohung empfinden mußte, müßte man sich in den riesigen Tempel des Sol auf dem Campus Agrippae begeben, den Kaiser Aurelian nach seinem Sieg über die Palmyrenser erbaute, mit seinem feierlichen Kollegium der Pontifices Solis und all dem Glanz des neuen Festes, das von nun an am Tag der Sonnenwende, am 25. Dezember als Natalis Invicti gefeiert wurde[172]. Man muß es in den bei Macrobius bewahrten Fragmenten aus Cornelius Labeo[173] lesen, wie dieser Theologe des Sonnenkults den Helios-Sol gleichsetzt mit dem jüdischen Jao und mit Dionysos, um die Gefahr des solaren Synkretismus zu ermessen, der sich das Christentum gegenüber sah – ganz abgesehen von dem sieghaften Aufschwung des Mithrasdienstes zum wenigsten beim römischen Heer.

Da ist es denn wie ein tiefsinniges Symbol dieses letzten Zusammentreffens von Kirche und Sonnenkult, daß uns der sogenannte Chronograph vom Jahre 354 für ein und denselben Tag, den 25. Dezember, die Notiz aufbewahrt hat[174]:

«Am achten Tag vor den Kalenden des Januar: Fest der unbesiegten Sonne.
Am achten Tag vor den Kalenden des Januar ist Christus geboren in Bethlehem im Lande Juda.»

Die Kalendernotiz des Chronographen beweist, daß man jedenfalls im Jahre 354 in Rom am 25. Dezember ein eigentlich liturgisches Fest der Herrengeburt gefeiert hat; ja, aus anderen Angaben des Chronographen läßt sich dartun, daß dies schon im Jahre 336 der Fall war, und aus der Tatsache, daß die afrikanischen Donatisten dieses Fest feierten, ist wohl mit genügender Sicherheit zu erschließen, daß man es schon vor der diokletianischen Verfolgung aus Rom überkommen hatte[175]. Mithin ist die Einsetzung des Festes auf das Ende des dritten Jahrhunderts zu setzen, also fast gleichzeitig mit der östlichen Epiphanie, und beide Feste sind entstanden aus den liturgischen und apologetischen Bedürfnissen der großen Friedensepoche vor der letzten Verfolgung, sind die tiefsten Antworten der Kirche auf die Sehnsucht der antiken Sonnenverehrung.

Man mag diesen Datierungsversuch etwas kühn finden. Eines jedenfalls steht aus allen Quellentexten des vierten Jahrhunderts fest: daß man das Geburtsfest des 25. Dezember immer als ein christliches Sonnenfest aufgefaßt hat und in ihm die Antwort der Kirche auf den Sonnenkult der ausgehenden Antike sah. Ein höchst interessanter lateinischer Traktat, den sein Neuentdecker, Dom Wilmart, ins ausgehende dritte Jahrhundert setzt[176], der aber doch wohl eher aus den ersten Jahrzehnten des vierten Jahrhunderts stammt, behandelt die Frage des Wintersolstitiums und seiner Beziehungen zum Geburtstag Christi. Darin heißt es gegen Ende über den 25. Dezember:

«Sie nennen (diesen Tag) aber auch ‹Geburtstag der Unbesiegten Sonne›. Wahrlich, wer ist so unbesiegt wie unser Herr, der den Tod niederwarf und besiegte? Und wenn sie diesen Tag den ‹Geburtstag des Sol› heißen: Er ist die Sonne der Gerechtigkeit, von dem der Prophet Malachias gesagt hat: Aufgehen wird euch Gottfürchtigen sein Name als Sonne der Gerechtigkeit, und Heil ist unter seinen Flügeln.»

Hier hören wir den gleichen Siegesruf, den im fernen Syrien Ephräm sang vom Fest der Epiphanie: Die Sonne hat gesiegt. Dieser christliche Jubel wird von nun an nicht mehr verstummen. Lassen wir aus diesem Chorlied noch ein paar Stimmen lebendig werden: es klingt heute noch nach, in den klassischen Lauten Roms, wenn die katholische Liturgie ihr nächtliches Weihnachtsmysterium feiert.

Die Sinngebung des römischen Weihnachtsfestes spricht sich vor allem dort aus, wo diese liturgische Neuschöpfung im Laufe des vierten Jahrhunderts ihren Siegeszug durch die ganze Kirche antritt und dabei, vor allem im griechischen Osten, das dort schon eingebürgerte Fest der Epiphanie als Geburtsfest des Herrn langsam verdrängt. Mitten in das Werden dieser Auseinandersetzung führt uns eine Predigt, die der geistreiche Hieronymus seinen Mönchen in Bethlehem hielt. Er hat aus Rom den Gebrauch mitgebracht, die Geburt Christi am 25. Dezember zu feiern, im Osten findet er jedoch nur das Fest des 6. Januar in Übung. Nicht ohne humorvollen Spott weist er die Anmaßung der alteingesessenen Christen von Jerusalem und Bethlehem zurück, die da wähnten, im Fest des 6. Januar eine echte Lokaltradition von historischem Wert zu besitzen. Dann deutet er darauf hin, daß selbst die Natur mit ihrer Sonnenwende ein Beweis für die römische Weise sei und sagt[177]:

«Selbst die Kreatur gibt unserer Predigt recht, der Kosmos ist Zeuge für die Wahrheit unseres Wortes. Bis zu diesem Tag wachsen die finsteren Tage, von diesem Tag an nimmt die Finsternis ab. Es wächst das Licht, es weichen die Nächte! Der Tag nimmt zu, der Irrtum nimmt ab, auf geht die Wahrheit. Denn heute wird uns geboren die Sonne der Gerechtigkeit.»

Wenn Hieronymus hier vom Weichen des nächtigen Irrtums spricht, dann denkt er an den heidnischen Kult, dessen Sonnenmysterien immer noch so lebendig waren – Kaiser Julians Versuch, Helios wieder zum Dominus Imperii zu machen, hatte das ja deutlich gezeigt, und das mystische Heiligtum des Adonis auf dem Janiculus zu Rom mag zu seiner Zeit noch von Verehrern besucht gewesen sein, die sich von dem solaren Pantheismus, in den die syrischen Göttergestalten eingegangen waren, trösten ließen[178]. Von da her verstehen wir, mit welchen Gedanken ein Hieronymus die nächtliche Feier der Herrengeburt in der Höhle zu Bethlehem beging, in der gleichen Höhle, die seit Kaiser Hadrian ein Heiligtum des Adonis war[179]. In einem Brief schreibt er davon: «Bethlehem, das jetzt unser ist und der ehrwürdigste Ort der ganzen Welt, war einst beschattet von dem Hain des Thamuz, das ist des Adonis. Und in der Höhle, wo einst Christus als Kindlein wimmerte, ertönten die Klagelieder auf den Geliebten der Venus[180].» Wahrlich, die Christen empfanden ihr nächtliches Sonnenfest vom 25. Dezember als Sieg über alle Mysterien. Wir hörten schon Gregor von Nazianz so sprechen am Tage der Epiphanie, wir hören das gleiche aus der Ansprache, die Firmicus Maternus der Sonne in den Mund legt – auch dies übrigens ein Beweis, wie sehr damals alle Mysterien irgendwie in den Bereich der Heliolatrie einbezogen waren:

«Wenn die Sonne das ganze Menschengeschlecht zusammenrufen könnte, um zu ihm in einer Rede zu sprechen, dann würde sie euch Menschen ohne Hoffnung etwa also erschüttern: Wer hat euch, ihr vergänglichen Menschen, zu dieser ungeheuerlichen Tat getrieben, daß ihr in frevler Leidenschaft und ruchlosem Irrwahn mich sterben und geboren werden laßt? ... Betrauert den Dionysos, betrauert die Proserpina, betrauert den Adonis, betrauert den Osiris – aber tut nicht solche Schmach meiner Würde an. Zu Beginn der Tage bin ich von Gott geschaffen worden, das ist mir genug[181].»

Ja, auch noch zu einer Zeit, da die antiken Mysterien tot waren, setzt sich Bekämpfung und Konsekrierung des antiken Sonnengefühls durch das Weihnachtsfest fort: denn was in der Seele des Volkes noch lebendig war, das waren nicht nur die alten Bezeichnungen Natalis und Sol novus für den 25. Dezember, sondern auch die gleichsam religiöse Ehrfurcht, mit der man die Vorgänge am gestirnten Himmel und die Bahnen des Helios betrachtete. Die Kirche hat dieses Gefühl geweiht mit dem Geheimnis der Weihnacht: «Aus dem Vater geboren, hat Christus jeden Tag geschaffen, aus der Mutter geboren hat er diesen Tag konsekriert», sagt Augustinus in einer Weihnachtspredigt[182].

Wir können diese Auffüllung der antiken Ehrfurcht vor der neugeborenen Sonne durch die christliche Wahrheit noch deutlich verfolgen. Zunächst im griechischen Osten, wo man gegen Ende des vierten Jahrhunderts das römische Fest annahm. Gregor von Nazianz hat es persönlich in Konstantinopel eingeführt, stolz nennt er sich den Chorführer dieses neuen Mysteriums[183]. Und herrlich hebt seine erste Weihnachtspredigt an, in den für sein Griechisch so bezeichnenden Rhythmen: «Wieder weichen die dunklen Winterschatten. Wieder steigt das Licht zur Höhe[184]!» Chrysostomus feiert das Fest zum erstenmal in Antiochien, und es ist für ihn die ‹Metropolis›, die Lichtquelle und der Ausgang aller kommenden Feste[185]. Und in Alexandrien, der Stadt der einstigen Mysterien des neugeborenen Aion, zieht Weihnachten ein nach dem Konzil von Ephesus von 431. Aber nicht mehr tönt es aus dem Koreion: «Die

Jungfrau hat geboren, nun wächst das Licht», sondern in der lichterfüllten Basilika hält Paulus aus Emesa, der uralten Sonnenstadt, die erste Weihnachtspredigt und bricht in den Ruf aus: «O des Wunders! Die Jungfrau hat geboren und bleibt doch Jungfrau[186].»

Und nun gar erst im römischen Westen, wo das Fest des Natalis Invicti viel volkstümlicher war als bei den Griechen! Wenn in Rom die dreißig Rennen des Agon Solis durch den Zirkus rasten, wenn man am Natalis der Sonne überall Freudenfeuer flammen ließ und wenn man sich voll scheuer Ehrfurcht gegen die glänzende Scheibe der aufgehenden Sonne verneigte, dann feierte die Kirche ihr wahres Sonnenfest. Während die Heiden in ihrer Sonnenfreude vor der Kirche lärmen, trägt Augustinus seinen Gläubigen die Geheimnisse von Christus, der neugeborenen Sonne vor. Natalis dies quo natus est dies: Christus ist der wahre Sonnentag[187]. «Freuen auch wir uns, Brüder, es mögen die Heiden noch so jubeln: denn diesen Tag konsekriert uns nicht die sichtbare Sonne, sondern ihr unsichtbarer Schöpfer[188].» Und dann am folgenden Weihnachtstag: «Ja, meine Brüder, wir wollen diesen Tag gar heilig halten, aber nicht wie die Ungläubigen wegen dieser Sonne, sondern um deswillen, der die Sonne geschaffen hat[189].» Wie sehr gerade der Tag des Natalis Gelegenheit bot, sich mit den Resten antiken Sonnenkults auch bei den Christen auseinanderzusetzen, zeigen die Worte, die noch Papst Leo in der Mitte des fünften Jahrhunderts an Weihnachten an die Gläubigen richten muß. Es gibt Leute, so sagt er, nach denen «diese unsere Festfeier nicht so wohl wegen der Geburt Christi als vielmehr wegen des Aufgangs der neuen Sonne ehrwürdig ist[190]». Ja, er muß seine Christen rügen, daß sie an diesem Tag die aufgehende Sonne von der Treppe der Petersbasilika aus mit einer Verneigung des Hauptes begrüßen: «Bevor sie nämlich die Basilika des heiligen Apostels Petrus betreten, steigen sie die Stufen hinan, wenden dort ihren Körper nach der aufgehenden Sonne, und mit gesenktem Nacken verbeugen sie sich zur Ehre der glänzenden Scheibe[191].» Und er beschließt seine weihnachtliche Homilie mit einem Hymnus auf die Schönheit der himmlischen Gestirne, die doch nur ein Abglanz des Lichtes Christi sind: «Das Licht der Himmelskörper laß wirken auf die Sinne deines Leibes, aber mit der ganzen Liebesglut deiner Seele umfasse jenes Licht, das da erleuchtet jeden Menschen, der in diese Welt kommt![192]» Wir besitzen noch ein Zeugnis aus später Zeit, das indes bei aller naiven Vereinfachung der Dinge den inneren Sinn dieser Auseinandersetzung zwischen Kirche und Sonnenkult festgehalten hat. Ein syrischer Glossator des Dionysius Bar Salibi berichtet über den Grund, warum man das Geburtsfest des Herrn vom 6. Januar auf den 25. Dezember verlegt habe, und sagt dazu:

«Die Ursache, warum die Väter das Fest vom 6. Januar abänderten und auf den 25. Dezember verlegten, war, so sagt man, folgende: Die Heiden pflegten nämlich am 25. Dezember das Fest des Geburtstags der Sonne zu feiern und zu Ehren des Tages Feuer anzuzünden. Zu diesen Riten luden sie sogar das Christenvolk ein. Da nun die Lehrer der Kirche wahrnahmen, daß sich auch Christen zur Teilnahme verleiten ließen, beschlossen sie, am gleichen Tage das Fest der wahren Geburt zu begehen, am 6. Januar aber ließen sie fortan die Epiphanie feiern. Und diesen Brauch haben sie bis heute bewahrt, zusammen mit der Sitte, Feuer anzuzünden[193].»

Noch ein letztes Zeugnis aus der abendländischen Auseinandersetzung zwischen christlicher Weihnacht und antikem Denken sei vorgelegt, weil wir daraus in einer höchst bezeichnenden Weise erkennen, wie von nun an der christliche Gedanke die Oberhand gewonnen hat und sich die Dinge im Geist gleichsam umkehren: das ‹Volk› ist nun christlich, und die paar Heiden, die noch unter ihnen leben, scheinen ihre Gedanken von der Sonne den Christen zu verdanken. Bischof Maximus von Turin hält in der Mitte des fünften Jahrhunderts eine Homilie auf Weihnachten und leitet sie mit diesen Worten ein:

«Gut wahrlich pflegt das Volk diesen heiligen Geburtstag des Herrn ‹Sol novus› zu nennen. Und es weiß dies mit so viel Nachdruck zu behaupten, daß auch Juden und Heiden sich in dieser Beziehung zusammenfinden. Halten wir das bereitwillig fest. Denn mit dem Aufgang des Heilands erneut sich nicht nur das Heil für das ganze Menschengeschlecht, sondern es erneut sich auch der helle Glanz der Sonne. Wenn sich die Sonne verfinstert beim Leiden Christi, dann muß sie heller als sonst leuchten bei seiner Geburt[194].»

Damit stehen wir vor den Toren des Mittelalters. Die Kirche gibt in ihrer Weihnachtsliturgie die konsekrierte Liebe der Antike zur Sonne weiter an die Völker des Nordens. Das Missale Gothicum, jenes Sakramentar, das im siebten Jahrhundert den Franken das Beten lehrte, beginnt die Messe der Nachtfeier am 25. Dezember mit den Worten: «Aufgegangen bist du uns, Jesus Christus, als wahre Sonne der Gerechtigkeit, vom Himmel bist du herabgestiegen als Retter des Menschengeschlechts[195].» Und heute noch spricht die römische Liturgie in ihren klassischen Formen von dem gleichen Mysterium des neuen Sonnenlichts, das in Christus aufging – die christlich verklärte Gabe aus den Schatzkammern der Antike. Das Gebet der nächtlichen Feier lautet in der unübersetzbaren Schönheit ihrer lateinischen Form:

«O Gott, der du diese heiligste Nacht im Glanz des wahren Lichtes erstrahlen machst: gib uns, so bitten wir, die da die Mysterien deines Lichtes auf Erden erkannt haben, die Freuden dieses Lichtes einst auch im Himmel zu genießen.»

Wo immer wir in den liturgischen Texten der Weihnacht nachschlagen, überall funkelt es uns entgegen von dem christlichen Mysterium der Sonne. «Aufgehen wird euch der Retter wie die Sonne, wenn er herabsteigt in den Schoß der Jungfrau», betet eine Antiphon der Vigilie. Und die Vesper am Vorabend dieses neuen Sonnentages singt: «Wenn die Sonne aufgegangen ist aus ihren Himmelshöhen, werdet ihr schauen den König der Könige, wie er heraustritt aus dem Vater gleich dem Bräutigam aus seiner Kammer.» Was hier in den hehren Lauten Roms für die Völker der Zukunft vom Mysterium der wahren Sonne geprägt wurde, hat im Osten Chrysostomus in seiner antiochenischen Weihnachtspredigt in wundervollem Griechisch verkündet, in jenem Antiochien, wo einst ein heidnischer Astrolog am 25. Dezember aufgezeichnet hat: «Ἡλίου γενέθλιον, αὔξει φῶς[196].» Mit den Worten des Goldmunds sei unsere Darstellung des Mysteriums der christlichen Weihnachtssonne beschlossen:

«Bedenke, was es sagen will, die Sonne zu sehen, wie sie von den Himmeln herabsteigt und auf Erden wandelt. Wenn dies an der sichtbaren Leuchte nicht geschehen könnte, ohne alle, die es sehen, in Staunen zu setzen, so erwäge, was es heißt: die Sonne der Gerechtigkeit sendet nun in unserem Fleische ihre Strahlen aus und leuchtet hinein in unsere Seelen![197]»

## III. DAS MYSTERIUM DES MONDES

Von der dogmatischen Sicht her gesehen, läßt sich der Ertrag der beiden altchristlichen Feste von Weihnachten und Ostern am treffendsten mit dem in der antiken Theologie so beliebten Begriffspaar ausdrücken: natus und renatus, Genesis und Anagenesis: Christus wurde als Mensch aus der Jungfrau Maria geboren zur Lebensentfaltung auf den Tod hin; und Christus wurde in der Auferstehung wiedergeboren zur ewig dauernden Verklärung seines Fleisches hin. Diese beiden Tatsachen sind aber zugleich auch die Fundamente, auf denen sich in genauer Entsprechung die beiden Pfeiler der christlichen Lebensformung erheben: der Geburt Jesu aus der Jungfrau entspricht die Geburt des Christen aus der Jungfrau-Mutter Kirche im Sakrament der Taufe; und der Auferstehung des Herrn entspricht die Wiedergeburt allen Fleisches am Ende der Tage. Geboren aus der Taufe, wiedergeboren zu ewigem Leben, das ist der Christ. Oder, um es mit den Worten des erhabenen Zwiegesprächs zu Beginn der Taufliturgie auszudrücken: fides und vita aeterna, im Glauben noch verhülltes, in der Ewigkeit enthülltes Leben, das ist die Gabe des geborenen und wiedergeborenen Christus. Allein, wie Christi Geburt und die Verklärung seines menschlichen Fleisches nicht möglich waren ohne die Vermittlung einer gebärenden Mutter, so wird dem Christen die Geburt aus der Taufe und die Wiedergeburt zu ewigem Leben nur geschenkt aus einem Mutterschoß, aus der Kirche. Somit gehören in diese Gesamtschau des christlichen Mysteriums immer zwei Sichten: von oben steigt herab die Gabe «vom Vater der Lichter»[198] durch Christus den Herrn; von unten aber wartet darauf eine mütterliche Bereitschaft in Maria und der Kirche.

Von der symbolischen Sicht des christlichen Sonnenmysteriums aus läßt sich dieser dogmatische Sachverhalt in jene wundervolle Bildwelt kleiden, der die antike Theologie den Namen ‹Mysterium Lunae› gegeben hat[199]. Der Geist der alten Christen, noch ganz erfüllt von der hellenischen Ehrfurcht vor den Geheimnissen des gestirnten Himmels, sah nicht nur in Helios das glanzvolle Bild der wahren Sonne der Gerechtigkeit, sondern in Selene das Symbol jenes mütterlich aufnehmenden, demütig lichtempfangenden Wesens, das in Maria und der Kirche lebendig geworden ist. Das kosmische Geschick der nächtlichen Luna, das Wachsen ihrer Phasen, dieses immer wiederholte Zunehmen, das doch stets mit neumondlicher Finsternis endet, das Leuchten der vollmondlichen Nächte, das Gebären und Gedeihen der Erde im Rhythmus der mütterlichen Selene – all das war dem antiken Christen nach des Ambrosius Wort ein grande mysterium[200]. Und dieser Bischof fordert seine Christen auf, das Gestirn der Nacht nicht nur mit «leiblichem Auge, sondern mit der lebendig durchdringenden Kraft des Geistes zu betrachten»: noli ergo Lunam oculo tui corporis aestimare sed mentis vivacitate[201]. Denn es ist diesem bräutlichen Schwestergestirn des Sol vom Schöpfer verliehen worden, das Geheimnis Christi vorzudeuten: ergo annuntiavit Luna mysterium Christi.

Davon also soll im folgenden noch gesprochen werden. Denn erst dann können wir das Mysterium der Christen ganz verstehen, wenn wir gesehen haben, wie das Licht der Sonne Christus an die dunkle Erde weitergegeben wird durch die mütterliche Mittlerschaft in Maria und der Kirche.

Wir wählen aus der quellenden Fülle dessen, was die antike Theologie zu dieser Mondsymbolik zu sagen hatte, zwei bestimmte Gedanken heraus, die eine unmittelbare Fortsetzung und Ergänzung dessen sind, was wir über die Weihnachtssonne und die Ostersonne vorgelegt haben. Der dogmatische Grundgedanke, der diese beiden Symbolbereiche formt, liegt in Folgendem.

Die Erlösung der Menschen in Christus geschieht nicht als ein bloßes schöpferisches Verfügen von oben her, wie dies die Schöpfung war, sondern als ein Tun Gottes, das eine (wenngleich ganz gnadenhafte und so die souveräne Gewalt Gottes durchaus sicherstellende) Mittätigkeit des Menschen einschließt. Der Mensch sollte nicht nur Gegenstand, sondern Partner der Erlösung sein. Dem Herabkommen Gottes sollte ein aufnehmendes, antwortendes Du entsprechen, das freie Ja des Geschöpfes: mit einem Wort, die Liebe. Das vollzieht sich nun zunächst in der Inkarnation Christi. Sie geschieht nicht als eine glanzvolle Epiphaneia, in der ein Mensch in der Kraft vollen Mannestums gekommen wäre, sondern als ein

Geborenwerden aus dem Mutterschoß einer Jungfrau, die als Inbegriff und Stellvertreterin der erlösungsbereiten Erde Gottes Kommen aufnimmt: die Weihnachtssonne eint sich (so dürfen wir es jetzt ausdrücken) dem Weihnachtsmond, und aus dieser bräutlich mütterlichen Konjunktion, dieser übernatürlichen Synodos, wird von nun an alles weitere göttliche Leben auf der Erde gezeugt, sie setzt sich fort in der Taufgeburt derjenigen, die den mystischen Leib Christi auf Erden bilden in der Kirche. Und weiter: Nachdem Christus im Sonnenuntergang des Kreuzes und im Aufgang des Ostermorgens die Erlösung der Menschen vollzogen hat, wird ihm persönlich zwar das ewige Sonnenlicht der nie mehr endenden Verklärung seines Fleisches zuteil, aber die Erlösung des Menschengeschlechts ist ein Prozeß, der sich organisch, in immer neuem Gebären und Absterben der Kirche bis ans Ende der Zeiten fortsetzt, und erst am Ende der Tage flutet das volle Licht der Ostersonne auf die ganze Kirche über: die Ostersonne eint sich dann in nie mehr endendem Frühling dem Ostermond, und auf diese kommende Verklärung hin erleidet die Kirche in der Nacht ihrer Erdentage die Phasen ihres wechselnden Geschicks, spendet sie widerspiegelnd das Sonnenlicht Christi an die Menschen, ist sie die mütterliche Herrin aller Geburt. Wir sprechen also zuerst von dem Mysterium des Weihnachtsmondes.

*Der Weihnachtsmond*

Es ist nicht ganz einfach, dem heutigen Menschen die seltsame Welt der altchristlichen Mondsymbolik, die noch bis tief ins Mittelalter hinein verständlich blieb, wieder lebendig zu machen. Wir alle sind doch gar sehr zu jenen Menschen zu zählen, die nach dem Wort des Origenes zu den himmlischen Gestirnen nur aufschauen wie zu «feurigen Klumpen», oder im besten Fall wie zu Gegenständen rein astronomischen Denkens. Ganz anders der antike Mensch, der Heide und der Christ. Für ihn ist alles, was sich an Helios und Selene begibt, ein tiefes Symbol dessen, was sich im Geist und im Geschick des Menschen vollzieht. Der schlichtesten Grundform dieser Symbolik begegnen wir schon bei dem Apologeten Theophilos von Antiochien: «Diese Lichter, Sonne und Mond, sind

Träger und Bild eines großen Mysteriums. Die Sonne ist das Bild Gottes, der Mond ist das Bild des Menschen[202].» Als dieses Wort von einem Christen der Urzeit geschrieben wurde, hatte die lunare Symbolik bei den Griechen schon eine unendlich reiche Geschichte hinter sich, und ihr letztes Wort ist bald nach Theophilos aufgezeichnet worden von Plotin. In seinem theosophischen System ist der unnennbare Gott das reine Urlicht, das ungeteilt und unschaubar über allem ruht. Aus diesem Urlicht ist erleuchtet der Logos, und er ist die Sonne. Und von dieser Sonne wiederum wird erleuchtet das Innerste der Seele der Menschen, und dieser innerste ‹Geist› des Menschen, mit dem er am Göttlichen teilnimmt, ist mithin dem Mond vergleichbar. So steht es in der fünften Enneade: «Darum ist denn zu vergleichen das Eine dem Lichte, das nächste der Sonne und das dritte dem Mondgestirn, das sein Licht von der Sonne erhält. Die Seele hat ja den Geist nur als etwas Zugebrachtes, der sie, wenn sie selber geisthaft ist, überschimmert[203].» Wenn nun der antike Christ das Verhältnis zwischen Gott und Mensch so auszudrücken suchte, wie er es aus den Quellen seines Glaubens in Christus erkannt hatte, so war er kühn und frei genug, um auch aus der überreichen Welt der hellenischen Gestirnsymbolik Bilder und Vergleiche herauszugreifen, die es ihm ermöglichten, das Übernatürliche zu versinnlichen.

Dazu aber fand er besonders geeignet, was der griechische Geist vom Verhältnis zwischen Helios und Selene in tiefsinniger Naturmystik erdacht hatte. Wenn wir davon sprechen, so müssen wir uns ein für allemal von der sprachlichen Hemmung freimachen, mit der wir die Sonne und den Mond mit umgekehrtem Geschlecht bezeichnen als alle antiken Sprachen und ihre unmittelbaren Erben. Wir müßten eigentlich (Rilke hat das einmal ausgesprochen) «der Sonn und die Möndin» denken, wenn wir den antiken Symbolen der Griechen innerlich folgen möchten.

Der hellenische Geist und sein Erbe, die lateinische Gestirnmystik, denkt sich Helios und Selene als bräutliches Geschwisterpaar, das am Himmel seinen ewigen Reigen aufführt. Vom gewaltigen, gleichsam männlichen Licht des Helios wird Selene erleuchtet, und sie ist es, die dieses so empfangene Licht weiterschenkt an die anderen Sterne. Noch Boethius singt in seinem «Trost der Philosophie» von Luna[204]:

«Wie da im Glanze der vollen Scheibe, ganz hingegeben den flammenden Strahlen des Brudergestirns, Luna die übrigen Sterne leitet – oder wie sie, ganz nahe bei der Sonne, mit verfinsterten Hörnern ihr eigenes Licht verliert ...»

Damit spricht er gleichsam die Dramatik dieses bräutlichen Verhältnisses zwischen Luna und Phoebus aus: es besteht in dem beständigen Wechsel des Lichts und vor allem in der seltsamen Gegensätzlichkeit, daß Luna in dem Augenblick ihr Licht verliert, wo sie der Sonne am nächsten steht. Ihre Bahn um die Sonne ist wie ein liebender Tanz, ein Fliehen und Zurückeilen ins Licht. Schon Parmenides hat dies in das reizende Wort geprägt: «Immerdar schüchtern ausschauend nach den Strahlen des Helios ist Selene[205]», und die ganze Antike, über Plutarch bis zu Macrobius, weiß zu berichten von diesem himmlischen Liebesspiel der Gestirne.

Aber noch mehr: in der liebenden Vereinigung der Synodos, im geheimnisvollen Dunkel des Neumonds, wird Selene gleichsam schwanger vom Licht des Helios, und durch diese Fruchtbarkeit an Sonnenlicht wird sie zur Mutter und Gebärerin alles Lebendigen. Im Schweigen des neumondlichen Dunkels hält sie ihr Zwiegespräch mit dem Bräutigam, die mystischen Reden der pythagoräischen Sphärenharmonie[206]. Selene wird τοῦ βίου κυριωτάτη[207], Herrin alles irdischen Lebens. «Denn Selene kreist allezeit in Liebe um den Helios, und von ihm erhält sie in der Vereinigung die Kraft zum Gebären», sagt Plutarch[208]. Und Firmicus Maternus betet, noch in seiner heidnischen Zeit, zur nächtlichen Luna:

«Als wie wenn Luna die Sonne demütig verehrte, setzt sie sich dem Strahl ihres Lichtes aus. Vom Glanz des Brudergestirns schmückt sie sich wieder, wird wieder geboren aus dem funkelnden Licht, und wie neu geworden trägt sie an sich das Geschmeide des Leuchtens. O du Luna, du gehst dahin an den äußersten Grenzen des Himmelsbogens, du bist die Erhabene, die sich immer von neuem mit dem Licht des Sol schmückt und in seinem Glanz aufschimmert, um jeden Monat von neuem der Samenkraft der Lebewesen ewige Dauer zu leihen[208a].»

So wird Selene zu jenem himmlischen Gestirn, das vermittelnd zwischen dem erhabenen Licht des Helios und der dunklen Erde steht, die große Mittlerin zwischen der reinen Geisterwelt der Fixsterne und der dunklen Sinnlichkeit der irdischen Elemente, das

‹Meson›, die Mitte der pythagoräischen Lehre. Ihre Aufgabe ist es, zu vermitteln, zu ‹harmonisieren›[209], Licht weiterzuschenken, aber gemildertes Licht, «gnadenreiches Licht», wie der am Anfang des Buches zitierte Vers aus Empedokles schon sagte. Diese Milderung des Sonnenlichts vollzieht sich dadurch, daß Selene dem Feuer des Helios das Wasser ihres eigenen Wesens beimischt. Hier wäre die reiche Lehre der Griechen vom ‹himmlischen Mondwasser›[210] auszubreiten, wie sie in einer Fülle von Gedanken bei Dichtern und Naturmystikern ein Jahrtausend lang aufklingt. In der Synodos des Neumonds wird Selene wasserspendend, wird der Tau, den sie nun träufeln läßt, aus der Mischung der Elemente ‹warm und feucht› zum lebenzeugenden Prinzip auf Erden, für das Wachsen von Gras und Tier und für das Gebären der Menschenmütter. Darum ist ihr Licht weich, gleichsam ‹weiblich›, ist sie die Herrin über alles Wasser, Prinzip aller Geburt auf Erden. Johannes Lydos beschließt diese hellenische Symbolik der Selene mit dem Satz: «Urgrund aller Geburt ist Selene[211].»

Da ist es denn nicht verwunderlich, wenn sich auch das christliche Denken zum symbolischen Ausdruck seiner Glaubensüberzeugungen der allen hellenischen Menschen so vertrauten Welt dieser lunaren Bilder bedient. Das Verhältnis von Gott zu Mensch, das Theophilos in Sonne und Mond vorgebildet sah, wird nun, ins Christliche gewandelt, zur Beziehung zwischen Christus zur Kirche; das ‹Mega Mysterion› des paulinischen Epheserbriefes erhält seinen symbolischen Ausdruck in der Vorstellung vom übernatürlich himmlischen Kosmos mit seiner Sonne Christus und seinem Mond, der Kirche. Wenn in der Weihnacht Christus als ‹Sol novus› geboren wird, wenn er aus dem Dunkel der Osternacht aufsteigt als wahrer ‹Sol invictus›, so steht nun neben ihm jene hohe Frau, von der die Christen in der Apokalypse lasen, die da angetan ist mit der Sonne, und den Mond zu ihren Füßen hat. Maria hat die Sonne geboren, und die Kirche wird erleuchtet von dem Glanz des Osterlichts, wenn die Neugetauften aus dem Mutterschoß des mit feurigem Wasser gefüllten Taufbeckens heraufsteigen, um dem plenilunium der kommenden Auferstehung entgegenzugehen. Maria ist also die geistige Luna dieser weihnachtlichen Vereinigung, und die Kirche ist der wahre österliche Vollmond, der ‹Urgrund aller Geburt› im christlichen Sinne. Aus dieser köstlichen Welt der christlichen Symbolik wählen wir also zunächst den Gedanken von Maria als dem Weihnachtsmond heraus, die Dogmatik von der nächtlichen Geburt Christi aus Maria als dem Uranfang der christlichen Geburt der Taufe.

Im Symposion der zehn Jungfrauen, das der Grieche Methodios von Philippi gegen Ende des dritten Jahrhunderts geschrieben hat, begegnet uns zum erstenmal im christlichen Denken der Antike die Auslegung des Textes von der apokalyptischen Frau[212] im Sinne der lunaren Symbolik. Zwar ist die Deutung der Stelle auf die den mystischen Christus gebärende Kirche viel älter. Schon der Römer Hippolyt schrieb zu Beginn des dritten Jahrhunderts von dem apokalyptischen Weib[213]:

«Niemals hört die Kirche auf, aus ihrem Herzen den Logos zu gebären... den männlichen und vollkommenen Christus, das Gotteskind, Gott und Mensch.»

Aber bei Methodios geht die Deutung weiter. Die Ecclesia als Inbegriff der mütterlichen Aufnahme des weihnachtlichen Sonnenlichts, als Nachahmerin der Jungfrau Mutter Maria, gebiert Christus, indem sie in der Taufe den Gläubigen das Leben schenkt und so aus den bloß irdischen Psychikern das Volk der Pneumatiker schafft, die vom Geist Erfüllten. Dadurch aber ist sie vergleichbar der Selene, die das Licht der Sonne aufnimmt, es mütterlich umgestaltet und als Herrin über alles Wasser auf Erden neues Leben zeugt. Nun verstehen wir den sonst so dunklen Text des Methodios:

«Die Kirche steht auf dem Mond. Mit Selene, so meine ich, will die Schrift bildlich den Glauben der in Kraft des Taufbades Gereinigten bezeichnen. Denn das Licht der Selene hat eher Verwandtschaft mit lauwarmem Wasser, und von Selene hängt alles ab, was von feuchter Substanz ist. Es steht also die Kirche - und Selene ist darin ihr andeutendes Vorbild – auf unserem Glauben und unserer Kindschaft. Und so lange bis die Fülle der Völker heimgekehrt ist, liegt sie in mütterlichen Wehen und schafft gebärend die Psychiker um zu Pneumatikern. Aus diesem Grunde ist sie eine wahre Mutter[214].»

Die Frau auf dem Monde ist hier die Mutter Kirche. Aber schon Methodios kennt die seiner Zeit bereits geläufige Deutung der apokalyptischen Vision auf die Jungfrau Maria, wenngleich er diese Auslegung ablehnt[215]. Indessen sind diese beiden Formen aufs engste miteinander verwandt: die Kirche ist die jungfräuliche Mutter des mystischen Christus nur darum, weil einst eine Jungfrau-Mutter den Herrn in der Weihnacht geboren hat. Taufe und Herrengeburt sind letztlich ein einziges Mysterium. Die Sonne Christus kam in die Nacht des Mutterschoßes herab, auf daß in der Taufnacht aus dem Mutterschoß des von Ostersonne befruchteten Wassers die Christen geboren würden. Das ist der Sinn einer Auslegung, die uns im siebenten Jahrhundert Anastasios Sinaita gibt, in dessen Schriften noch einmal die ganze Schönheit hellenisch-christlichen Denkens aufleuchtet. Christus die Sonne stieg herab in die Nacht der Irdischen, um sein Licht an den Mond zu verschenken, der die Herrschaft hat über die Geburt:

«Am Himmel führt den Reigen und hat die erste Stelle Helios. So ist Christus, der da ist die geistige Sonne, gesetzt über alle Herrschaften und Gewalten im Himmel, denn er ist die Pforte und der Chorführer zum Vater. Auf Erden aber, wohin er in Demut abstieg und die Gestalt des Knechtes annahm, hat er aus freien Stücken die erste Stelle gegeben an seinen eigenen Leib, die Kirche, und dies im Mysterium der Taufe. Nun leuchtet auf Erden Selene, die Kirche meine ich, denn Selene hat die Gewalt über alles Wasser, und die Kirche hat die Gewalt über den Heiligen Geist, der von Christus der Kirche als wahrer Selene anvertraut und geschenkt ist, auf daß sie uns gebäre in Wiedergeburt[216].»

Hier sind die Beziehungen zwischen Kirche und Maria noch deutlicher. Immer stärker setzt sich von nun an die Deutung der apokalyptischen Vision auf Maria durch, wenngleich stets in Zusammenschau mit dem Mysterium der gebärenden Kirche. Die Theologie des Augustinus ist gerade hier von hoher Bedeutung geworden. Maria als gebärende Jungfrau ist ihm stets das Urbild der gebärenden Kirche, beide sind «jene Frau, die mit der Sonne umkleidet ist, mit der Sonne der Gerechtigkeit Christus[217].» Wie sehr man unter seinem Einfluß die Gleichsetzung von Maria und Kirche, also von Weihnacht und Taufnacht im Geheimnis des aus der Jungfrau geborenen Sonnenlichts vollzog, zeigt eine Weihnachtspredigt, die uns ein unbekannter Schüler Augustins hinterlassen hat:

«Laßt uns drum jubeln, liebe Brüder: vom heutigen Tag an wächst das Sonnenlicht. Glaube auch du an Christus, und es wächst in dir das Licht des Tages. Glaubst du? Siehe, dein Tag hat angefangen. Bist du getauft? Siehe, dann ist Christus geboren worden in deinem Herzen. Gottes Wort ist Fleisch geworden und wohnt in uns. Um unseretwillen wurde er geboren, wir aber müssen in ihm wiedergeboren werden[218].»

Noch klarer sagt es uns Caesarius von Arles: «Es freue sich die Kirche Christi: denn in Nachahmung der seligen Maria ist sie geworden zur Mutter eines göttlichen Kindes[219].» Und die karolingische Theologie sieht in der Frau mit Sonne und Mond, aus der das göttliche Kind geboren wird, Maria und die Kirche zugleich: «Denn die Kirche gebiert tagtäglich die Glieder jenes Leibes, den einst die Jungfrau Maria geboren hat: ist doch Christus immerdar einer und der gleiche[220].» Hiermit stehen wir mitten in jener Welt von Symbolen, aus denen die noch ganz im antiken Geist schaffende Kunst der Karolinger und des Frühmittelalters die Bilder der auf dem Mond stehenden Jungfrau geschaffen hat: es ist stets die von der Sonne Christus umkleidete und in seiner Kraft gebärende Jungfrau Maria und Jungfrau Kirche – etwa in den Miniaturen der Beatusapokalypsen[221] oder in den Bildern der Herrad von Landsperg[222].

In diesen Strom von Gedanken mündet ein zweiter, vom unmittelbaren Sonnenmysterium der Weihnacht her. Wenn die nächtliche Geburt Jesu am dunkelsten Tag des Sonnenjahres ein Symbol seiner unendlichen Erniedrigung ist, wie Augustinus[223] in einer seiner Weihnachtspredigten einmal ausführt, dann ist sein Ausgang von den Höhen des Vaters, sein Heraustreten aus dem ureinfachen Licht seiner göttlichen Existenz, der wahre ‹Sol novus›; und mithin seine Geburt aus dem jungfräulichen Schoß ein Hervortreten der Sonne aus Maria. Wenn der antike Christ im Psalm 18,6 die Worte las: «Dem Sonnenball schuf er am Himmel ein Zelt: wie ein Bräutigam tritt er aus seiner Kammer, frohlockend wie ein Held, zu laufen seine Bahn» – dann dachte er seit den Urzeiten[224] der christlichen Theologie an die irdische Geburt des Herrn, dann war dieses Wort seit der Entstehung des christlichen Natalis Invicti geradezu das klassische Schriftwort für die Geburt aus Maria. Der aus Maria geborene Gott und Mensch ist der «Riesenheld aus zwei

Substanzen», wie Ambrosius mit einem später berühmt gewordenen Symbol in seinem Weihnachtshymnus singt:

> «Es geh hervor aus seinem Brautgemach,
> der königlichen Halle reiner Zucht,
> der Held, der sich aus zwei Substanzen formt,
> um fröhlich hinzueilen seine Bahn[225].»

Maria ist also die bräutliche Mutter, ihr Schoß der ‹Königshof der Zucht›, ihr Gebären ein Sonnenaufgang der Weihnacht. Die alte klassische Diktion vom flammenden Sol klingt mit, wenn etwa Petrus Chrysologus im fünften Jahrhundert diese Geburt der Sonne also umschreibt:

«Wieder ist der Kreislauf des Jahres zu Ende und der Tag der Herrengeburt hat sich genaht: das Sonnenlicht des jungfräulichen Gebärens fließt mit flammendem Leuchten über den ganzen Erdkreis[226].»

Daß Christus bei seiner Geburt die jungfräuliche Pforte des mütterlichen Schoßes nicht verletzt hat, sinnbildete man mit dem fließenden Sonnenlicht, das rein bleibt und rein macht. Chrysostomus hat dieses Sonnengleichnis der Jungfrauengeburt in seiner uns schon bekannten Weihnachtshomilie gebraucht[227]. Vielleicht am schönsten gibt Prudentius in seinem Hymnus auf Weihnachten der antik christlichen Ehrfurcht vor dem aus Maria aufsteigenden Sonnenlicht Ausdruck. Es ist ein reizender Gedanke lateinischer Lyrik, wenn er hier das ‹süße Kind› zum Erwachen auffordert, weil er der Sonnenknabe ist, dessen Lebensbahn nun aus dem Dunkel des weihnachtlichen Solstitiums zur Höhe steigt[228]:

> «Was ist's doch, daß die enge Bahn
> Sol höhersteigend nun verläßt?
> Wird Christus nicht für diese Welt
> geboren, der das Licht vermehrt?
> Ja, wieder eilt der Sonnenglanz
> nun Schritt für Schritt zur Höhe hin.
> Wach auf, du süßes Wiegenkind,
> das uns die keusche Mutter beut,
> die Mutter sonder Mannes Gunst:
> du Mittler, Mensch und Gott zugleich.»

An diese Gedankenwelt vom Sonnenlicht, das im nächtlichen Dunkel der heiligen Nacht aus dem Schoß der Jungfrau entströmt – wir könnten das noch mit einer Fülle von Zeugnissen aus Antike und Frühmittelalter belegen – knüpft sich nun aber, befruchtet aus der oben entfalteten Gedankenreihe von der Jungfrau auf dem Mond, das letzte Stück des Mysteriums vom Weihnachtsmond an. Wenn Maria den Herrn'als Sonne der Gerechtigkeit geboren hat, dann ist sie gleichsam die nächtliche Chorführerin der morgendlichen Sonne, dann ist sie die Luna, mit der sich Sol in der Vernichtung seiner nächtlichen Menschwerdung verbunden hat, dann ist sie daraus die Mutter aller Lebendigen. Das frühe Mittelalter hat diesen Gedanken, in dem alle Poesie der Weihnacht mitschwingt, zu Ende gedacht. Wenn Luna ‹humorum Mater› genannt wird, mütterliches Prinzip alles aus dem Wasser entstehenden Lebens, so sagt der für die Symboltheologie so wichtige Clavis Melitonis, dann ist dies zu deuten auf Maria: denn sie ist ‹Mater gratiarum›[229]. Und auf den frühen Miniaturen lesen wir oft über dem Bild der jungfräulichen Mutter die Worte, deren tiefen Sinn wir nur in der hier dargestellten Ideengeschichte verstehen[230]:

«In dem Schoße der Mutter thront hehr die Weisheit des Vaters, Luna hegt hier den Sol: und hat allen Glanz doch von Sol nur.»

Noch in einem Marienlied, das die französischen Geißler im 14. Jahrhundert gesungen haben, wird die übernatürliche Coniunctio zwischen der Sonne Christus und Maria als himmlischer Luna besungen[231]:

«Ave Regina pure et gente
Très haulte Ave Maris stella,
Ave précieuse Jovante,
Lune, où Dieu s'esconsa.
Se ne fust la Vierge Marie,
Le siècle fust pieça perdu.»

Oder, um mit einem Lied zu schließen, das uns in der schönen Übersetzung von Friedrich Wolters aus der Vergessenheit lateinischer Handschriften zu neuem Leben erweckt wurde. Es ist ein Weihnachtshymnus des 13. Jahrhunderts. Die zweite Strophe lautet also[232]:

> «Aus Luna steigen glänzend auf
> Des Sonnengottes Gleise,
> Den Menschen kündet seinen Lauf
> Luna mit stetem Kreise.
> Da er sich Luna eint,
> Ohne Verfinstrung scheint
> Jedes auf hellre Weise.»

## *Der Ostermond*

Das letzte Wort des christlichen Credo lautet: in vitam aeternam. Das Endziel der weihnachtlichen Geburt war für Christus die Verklärung seines Fleisches am Ostermorgen. Das Endziel der Taufgeburt ist für den Christen die ewige Verklärung des Fleisches im Sonnenaufgang der Ewigkeit: lux perpetua luceat eis. Darum betet die antike Kirche gegen Osten, von wo sie dieses ‹Licht ohne Abend› erwartet[233]. Aber so lange sie noch auf Erden pilgert, ist es Nacht, und das Sonnenlicht des fernen Kyrios widerstrahlt nur vom Antlitz der über diese Nacht gesetzten Selene, der Kirche. Ihr geschichtliches Geschick ist vergleichbar den Phasen des Mondes, im Abnehmen und Verschwinden, im roten Blutschein der Verfolgungen. Aber stets erneuert sie sich wieder im Kreisen um die Sonne Christus, und bei jedem Vollmondglanz des jährlich sich erneuernden Osterfestes weiß sie von neuem, daß auch sie einem ewigen Glanz entgegengeht.

Das ist die dogmatische Grundlage, auf der sich nun das letzte Bild des christlichen Mysteriums vom Mond abhebt: im Geschick der Kirche wiederholt sich der Untergang des Lichts, den Christus am Kreuz erlitten hat, an ihr soll sich vollziehen der Lichtaufgang des österlichen Pleniluniums. So zieht denn noch einmal das göttliche Drama des sterbenden und auferstehenden Christus an uns vorüber, aber diesmal im Spiegelbild der Selene, der Kirche. Als leidende und als strahlende Luna – so haben die antiken Christen das Bild ihrer Jungfrau Kirche geliebt. Das war für sie die hehre Gestalt, die ihr Sehnen nach Unsterblichkeit in einer ganz anderen Weise erfüllen konnte als die lunaren Muttergottheiten, von deren menschlich so ergreifendem Kult die spätantike Welt erfüllt war. In dem gleichen Brief, in dem Ambrosius dem sterbenden Heidentum diese mütterlichen Gottheiten vorhält, Kybele und Venus und die Himmlische von Karthago, spricht er auch von der Kirche; und wie die Kulte all der Genannten damals, in genauer Entsprechung zu der transzendenten Heliolatrie, von lunarer Frömmigkeit erfüllt waren, so preist Ambrosius die Ecclesia als die wahre Luna:

«Wenn Luna, in der wir auf Grund von Sprüchen der Propheten das Bild der Ecclesia schauen, wiedergeboren wird zu ihrem monatlichen Lauf, dann ist sie uns zunächst verborgen von finsteren Schatten. Aber langsam füllt sie ihre Hörner auf mit Licht, und wenn sie dann Sol gegenüber steht, so leuchtet sie auf im Glanze seines Gefunkels[234].»

Die irdische Kirche ist also zunächst die ‹Luna patiens›. Es war dem antiken Menschen, dem Heiden und Christen, eine heilige Sache, mit dem Geschick des nächtlichen Gestirns mitzuleiden. Die Abnahme des Mondlichts oder gar die Verfinsterung in der Eklipse stimmte ihn traurig. Das war für den Christen ein tiefes Symbol. Wenn Luna im Dunkel wie ‹eine trauernde Witwe› wurde, wenn sie im stets erneuten Verschwinden ‹in Wehen liegt wegen der Veränderung›, so sagt dazu Ambrosius seinen Christen: «Für dich leidet Luna, und sie harrt mit immer wieder erneuter Sehnsucht auf deine Erlösung, um endlich frei zu werden von der alle Kreatur belastenden Versklavung[235].» Aber darin liegt noch mehr: so ist sie ein Bild der irdisch leidenden Kirche, die mit Christus der Sonne untergehen muß. Es gehört darum zu den ältesten Gedanken der kirchlichen Exegese, daß man beim Kreuztod des Herrn nicht etwa nur von der sich verfinsternden Sonne spricht[236], sondern auch von dem Mond, der sein Antlitz trauernd verhüllt[237]. Denn man fand dies vorgedeutet in dem Wort bei Isaias 24, 23: «Der Mond wird erröten und die Sonne sich schämen.» Es klingt wie der Jammer der sich verhüllenden Luna, wenn in der griechischen Karwochenliturgie Andreas von Kreta Maria klagen läßt, da sie vor dem Kreuz steht: «Weh mir, mein Kind, du unzugängliches Licht, ach scheine doch wieder, du Sonne des Glanzes, mit deinem Gestrahl![238]» Noch das frühe Mittelalter hat auf seinen Kreuzminiaturen diesen antiken Jammer der Luna festgehalten, wenn da der Mond über dem Kreuz erscheint «wie eine trauernde Jungfrau, die leuchtenden Hörner ihres Lichts verhüllend[239]». Das aber war das Symbol der am Kreuz trauernden Ecclesia. Darum schreibt man so oft über diese Szene, wie etwa auf dem Elfenbeindeckel einer Münchener Handschrift des zwölften Jahrhunderts[240]:

> «Verfinsterung erleidet hier Luna:
> Denn über Christi Tod trauert Ecclesia.»

Wir können aber das Mysterium der trauernden Luna noch tiefer ergründen. Seit Origenes die Theologie von der hienieden absterbenden Kirche geprägt hat, und dies unter dem Bild der im Dunkel des Neumonds verschwindenden Kirche, hat man dieses tiefsinnige Bild nicht mehr vergessen. Der Erdenlauf der Kirche ist ein immerwährender ‹Neumond›: «Neu nennen wir Selene, wenn sie dem Helios ganz nahe steht und so mit ihm vereinigt ist, daß sie gleichsam unter seinem Glanz verschwindet. Die Sonne der Gerechtigkeit aber ist Christus, und wenn die wahre Selene, die Kirche, sich so mit ihm vereinigt hat, daß sie sagen kann: nicht mehr ich lebe, sondern Christus in mir, dann feiert sie ihren Neumond[241].» Das geschieht aber, wenn sie sich am Kreuz mit ihm vereinigt, um dort ihr Licht zu verlieren in der untergehenden Sonne – aber gerade in dieser Vernichtung wird sie fruchtbar zur Gebärung neuen Lebens. Methodius von Philippi hat die originelle Mondsymbolik weitergedacht: in dieser Ekstase der leidenden Vereinigung der Kirche mit dem Gekreuzigten wird sie zur Mutter der Lebendigen, der im Taufsakrament Geborenen. «Die Kirche läßt den Neugetauften ihren geistigen Vollmondschein aufleuchten, im Kreislauf der Anamnese seines Leidens, immer wieder neu, bis zu jenem großen Tag, an dem aufgeht der Sonnenglanz und das vollkommene Licht[242].» In dieser erhabenen Dialektik besteht ihr eigentliches Mondmysterium: sterbend wird sie gebärend. Oder, wie es Ambrosius in dem klassisch geprägten Lobpreis des Mondes ausdrückt[243]:

> «Luna nimmt ab – um die Elemente mit Leben zu füllen.
> Das aber ist ein großartiges Mysterium.
> Das gab ihr der, der da alles erfüllt mit Gnade.
> Er vernichtet sie, um sie zu erfüllen,
> der da sich selbst vernichtet hat, um aller Fülle zu sein.
> Also kündet Luna voraus das Mysterium Christi.»

Und Augustinus vollendet diese Theologie: die Kirche ist die wahre Luna, weil sie am Sonnenuntergang des Gekreuzigten teilnimmt, in ihn hinein verschwindet; dunkel ist sie in der Sündigkeit ihrer Glieder, blutrot in den Leiden ihrer Märtyrer[244]. Aber, so erhebt sich nun sein Todeslied auf die sterbende Luna, dies alles nur, weil sie so sich in nimmer endenden Kreisen aufschwingt zum österlichen Vollmond der kommenden Auferstehung. «Wir wissen, die Kirche ist am Wachsen, mag sie auch in der Sterblichkeit dieses Lebens noch so sehr altern: sie naht sich dennoch der Sonne![245]»

Alles Sterben mit der gekreuzigten Sonne (wie wiederum Augustinus einmal kühn sich ausdrückt[246]) ist also für die Kirche nur ein Wachsen zur Auferstehung hin. Darum ist sie heimlich schon immer die ‹Luna splendens›. An dem kosmischen Geschick der sichtbaren Selene erschauen die Christen wie in einem von Gott gesetzten Bild, was sie im Glauben von der Kirche erwarten: das ewige Leben der Auferstehung. Eine Ahnung davon war schon dem antiken Menschen aufgegangen, und dieses Sehnen lebte in den Christen weiter, wenngleich verklärt vom festen Glauben an die biblischen Verheißungen. Über dem Mond, der als vermittelndes Wesen zwischen dem Dunkel der sublunaren Region und dem selig unveränderlichen Licht des Äthers steht, ist das Land der Geister, in das es die Menschenseele zurückverlangt. Unter der Region der Selene ist alles dunkel, vergänglich, dem blinden Fatum der Gestirne unterworfen, und die Vorsehung der Götter reicht nicht herab bis in diese dämonische Finsternis. Jenseits des Mondes aber ist alles voll Licht und Freiheit: omnia sacra, incorrupta, divina sunt, sagt Macrobius[247]. Wessen Seele aber auf der Himmelsreise zum göttlichen Licht eingegangen ist in die Gefilde der Selene, der ist gerettet, der legt dort noch ab, was ihn am letzten Aufstieg hindert. Und die Mysterienkulte versprachen ihren Mysten schon jetzt diese himmlische Freiheit vom Zwang der Gestirne, verhießen schon jetzt das Licht aus den fernen Höhen des Helios.

Diese Sehnsüchte hat der Glaube der Kirche umgewandelt und konsekriert. Im Mysterium der Taufe wird der sterbliche Mensch neugeboren, und es beginnt schon jetzt in ihm die kommende Auferstehung wirksam zu werden. Denn der Christ wird geboren aus dem ‹feurigen Wasser[248]› der Taufe, das die Sonne Christus befruchtet und das Selene, die Kirche, gespendet hat. Der Sinaite Anastasios wendet darum ein altes platonisches Wortspiel ins Christliche: ‹Seléne› wird hergeleitet von ‹Selas népion›, das bedeutet ‹Licht der Kinder›, denn alle, die wiedergeboren werden, entstammen dem Taufbecken wie einem Mutterschoß. Deshalb ist der Glanz der Selene immer wieder jung, weil sie immerfort gebiert und wiedergebiert, und das geschieht in der ewigen Wiedergeburt des Tauflichts[249]. So ist der Christ denn in einem höheren Sinn eingegangen in die Region der Selene, er ist durch die Taufe jetzt schon ein Auferstandener, ein Mensch, der frei ist von allem Zerfall und allem dunklen Zwang, der unter dem Mond herrscht. Wie ein Jubel geht es durch die antike Literatur der Christen: «Nicht mehr Kinder des Gestirnzwanges sind wir[250]», oder: «Nun gibt es kein Horoskop mehr, und kein Schicksalsfatum![251]» Ja der Bischof von Verona, Zeno, geht auf die immer noch in alten Bahnen kreisenden Gedanken seiner Täuflinge ein und beantwortet deren kindliche Frage nach dem Horoskop, unter dem diese ihre neue Taufgeburt aus der Mutter Kirche gestanden habe: «Wie Kindern will ich euch zu Willen sein und euch die Mysterien dieses heiligen Horoskops dartun[252].» Und dann hebt er an zu einer erbaulich christlichen Umdeutung der zwölf Sternzeichen.

Wohl ist es wahr: noch ist dieses jenseitige Sonnenlicht, das Christus die Sonne aus dem ureinfachen Licht des Vaters ausgestrahlt hat auf die Kirche als Mond, und diese wiederum auf die Neugeborenen als die «Sterne in dieser Welt»[253], nicht offenbar. Alles ist, trotz der Geburt aus der Taufe, noch verhüllt von der diesseitigen Nacht. Aber der Christ weiß in seinem Glauben, daß die Auferstehung des Fleisches so gewiß eintreten wird, als diejenige des Herrn Christus schon geschehen ist. Und so sieht er an den lichten und dunklen Phasen der Selene ein letztes Symbol: das Vorzeichen der Auferstehung. Wiederum gehört dieser Gedanke zu den Urbeständen der christlichen Theologie: «Selene ist Bürgschaft für die Auferstehung[254].» Noch einmal klingt alle Schönheit der antiken Liebe zu Sol und Luna auf, wenn Zeno von Verona in seinem Traktat über die Auferstehung das uralte Argument aus der am nächtlichen Himmel sich stets wiederholenden Neugeburt der Luna darlegt:

«Auch Luna, die ja alle Züge des menschlichen Daseins an sich trägt, erscheint zuerst mit kaum erkennbarer Sichel, gleichsam wie aus der Wiege hervorgegangen, in zartem Kindesalter. Dann wächst sie langsam heran zum Mädchen und zur Jungfrau, schreitet in täglichem Zunehmen des Alters vorwärts und erfüllt in den weitgespannten Bahnen ihres Laufes ihre Aufgabe in der Welt. Hat sie aber, zum Vollalter gelangt, durch das goldene Feuer des flammenden, lichtspendenden Rosselenkers, an Mühen ihrem Bruder gleich, die silberne Scheibe ihres kleinen Kreises zu voller Rundung gebracht, dann neigt sie sich langsam zum Altern, bis sie greisenhaft aufgezehrt durch ihren Tod wieder auflebt und in dem stets wiederkehrenden Entflammen des feurigen Lebenskeimes das Ende an den Anfang knüpft[255].»

So wird es sein am Ende der Tage, da nur noch Anfang sein wird und österlicher Vollmond: «Die wahre Luna aber», sagt Anastasios, «die Kirche, die einst lehrend und verkündend ihren nächtlichen Schein auf Erden leuchten ließ, wird in Ewigkeit nicht mehr alt werden[256].» Es kommt der Tag, an dem Christus, die ewige Sonne, und die Ecclesia als der ewige Mond das zahllose Heer der Sterne erleuchten werden. Zu diesem Tag hin geht die Sehnsucht des Christen, der noch im Dunkel wandelt. Den wundervollsten griechischen Ausdruck dieser von der Kirche verklärten antiken Sehnsucht hat uns der Sinaite Anastasios hinterlassen in dem Hymnus, der sein Loblied auf die Kirche beschließt[257]:

«O geh uns nimmer unter im Dunkel des Neumonds,
Du immerstrahlende Selene.
Erleucht uns den Pfad
durch das göttlich unbegreifliche Dunkel
der Heiligen Schriften.
O höre nicht auf,
Du Ehegemahl und Weggenossin des Helios Christus,
der als dein Mondbräutigam dich kleidet mit seinem Licht,
ja, höre nicht auf,
uns aus ihm dein leuchtendes Strahlen zu senden,
auf daß er aus sich durch dich
den Sternen sein Licht schenke,
und sie entflamme
aus dir für dich!»

Das ist die christliche Weihung der hellenischen Liebe zum Kosmos der himmlischen Gestirne, der Inbegriff des kirchlichen Mysteriums von Sonne und Mond. Damit kehrt das Drama der Erlösung zurück zum Anfang, aus dem alles ausging: zum Ewigen Vater, dem Quell des ureinfachen Lichts, das durch Christus die Sonne überstrahlte auf die Kirche als Mond und von ihr auf die Sterne der menschlichen Geschöpfe. Der Dichter der Divina Commedia hat uns im Paradiso geschildert, wie sein Blick hinaufging zur unsterblichen Sonne Christus, die alle Geistersterne erleuchtet, so wie in der irdischen Nacht Luna die zahllosen Heere der Sterne auffunkeln ließ[258]:

«Quale nei plenilunii sereni,
Trivia ride tra le ninfe eterne,
Che dipingono il ciel per tutti i seni,
Vid' io sovra migliaia di lucerne,
Un Sol che tutte quante l'accendea,
Come fa il nostro le viste superne.»

Damit stehen wir am Ende dieser Darlegung dessen, was wir das christliche Mysterium von Sonne und Mond genannt haben. Ich denke, an einem klar umrissenen Beispiel genügend deutlich gezeigt zu haben, wie sich die Auseinandersetzung zwischen Christentum und antikem Sonnenkult vollzogen hat, und wie der altchristliche Kult, in der ruhig selbstsicheren Art des auf göttliche Offenbarung und apostolische Tradition gründenden Wissens, sich doch aufgeschlossen und mit echt griechischer Geistesgröße der antiken Gedankenwelt bediente, um daraus den christlichen Mysterien ein Kleid zu weben. Es war die Haltung des großen Origenes, mit dessen Wort dieses Buch geschlossen werden mag[259]:

«Ich aber habe die feste Gewißheit, daß Gott weit Erhabeneres, als was jemals Helios und Selene und der Chor der Engel geschaut haben, bei sich wie in einem Schatz verwaltet und hütet, um es einmal ans Licht zu bringen, wenn die ganze Schöpfung von der Knechtschaft des Feindes befreit ist zur Freiheit des Lichtglanzes der Kinder Gottes.»

## Zweiter Teil · Seelenheilung

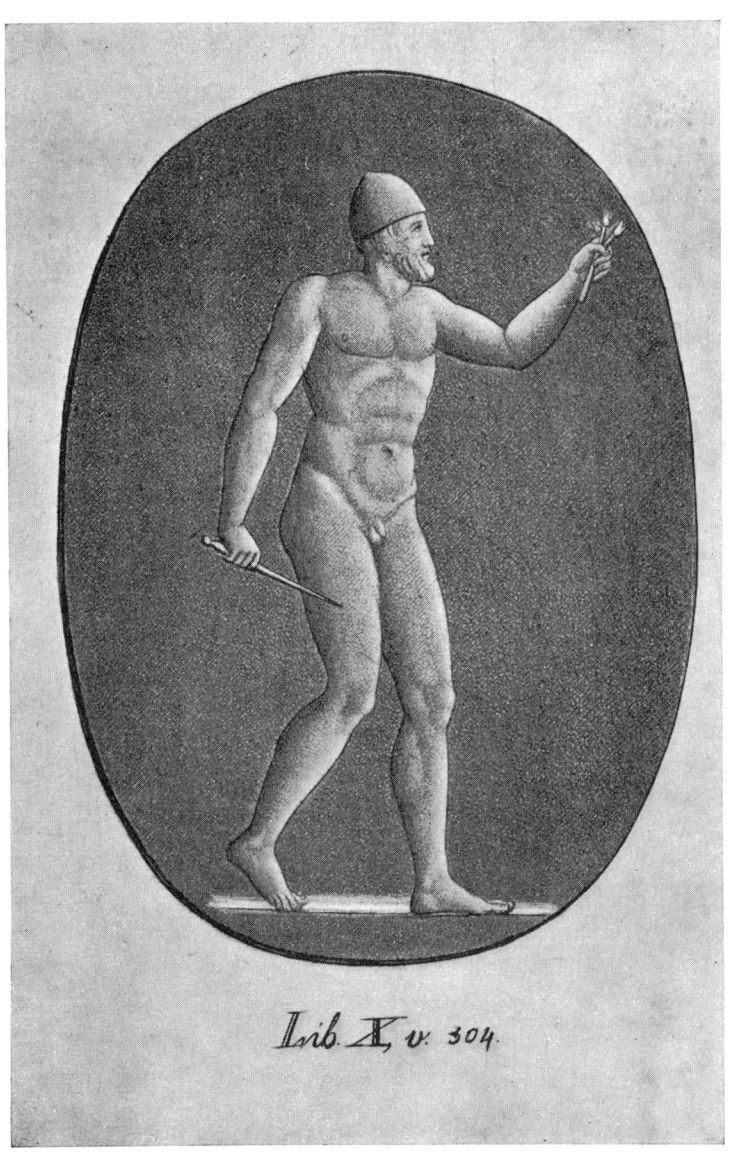

Odysseus mit Schwert und Moly

Antike Gemme aus Ingbirami
Galleria Omerica II, Tafel 49

EINFÜHRUNG

Den hellenischen Menschen, der vom Mysterium herkommt, drängt es, aus der Finsternis ins Licht emporzusteigen, und der Christ fand diese Sehnsucht erfüllt «im Lichtglanz der Kinder Gottes». Aber dieser Aufstieg ist mühsam, weil umgestaltend. In ihm vollzieht sich der läuternde Vorgang, den wir nun als ‹Seelenheilung› darstellen: und dies unter den hüllenden Symbolen der ‹seelenheilenden Blumen› Moly und Mandragore, von denen der antike Mythos raunte und hinter denen der Christ seine Wahrheit ahnte. Denn in der dunklen Wurzel und der leuchtenden Blüte dieser Pflanzensymbole sahen die Alten ein tiefes Sinnbild der seelischen Zwiespältigkeit, die es zu heilen gilt.

Das seltsamste Erdengewächs ist ja der Mensch selber: mit einem kräftigen Stück seines Wesens wurzelt er im Dunkel des Chthonischen, und nur aus den kreisenden Kräften dieser schwarzen Wurzel kann er die weiße Blüte seiner hellen Bewußtheit dem Himmel entgegenbreiten. Darum gibt es Rhizotomen des Seelenlebens, die uns zeigen, wie man aus einer schwarzen Wurzel sich wandle zu einer weißen Blüte, die uns aber auch lehren, daß selbst in der von Helios aufgeküßten Blume noch die Urkraft waltet, die aus der Wurzel nach geheimnisvollem Geistergesetz aufstieg. Der Mensch ist beides: Wurzel und Blüte. Er steht immerdar zwischen Uranos und Gaia, zwischen Helios und Chthon, zwischen Hermes und Kirke. Von allem ist er etwas. Sein Lichtes ist nie ohne die Säfte aus der Dunkelheit; aber ihm allein ist es gegeben, mit dem aus der Sonne gesammelten Licht hinwiederum die Finsternis seines Erdenwurzelns immer mehr aufzuhellen. Der Mensch ist der geborene Rhizotom der Seele, ein ewiger und unenttäuschbarer Illuminat. Immerdar muß er seine eigene Wurzel dem Dunkel entreißen und ins Licht heben. Denn nur so werden die Wurzeln heilkräftig.

Wir sprechen also zuerst von jenem Kraut, das die Götter Moly benannten: Hermes selbst hat es Odysseus gegeben (Abb.), um ihn gegen allen Trug der Kirke zu feien; schwarz ist seine Wurzel und milchweiß die Blüte, und darin ist es Symbol geworden für tiefe Fragen der menschlichen Seelenheilung.

Sodann sprechen wir von dem noch berühmteren Zauberkraut der Antike, der Mandragore; auch ihre Wurzel ist schwarz, und die Alten nannten sie ‹menschenähnlich›, weil sie in seltsamer Mißbildung einen Menschenleib nachahmt: aber dieser Leib hat keinen Kopf, es fehlt ihm die Blüte. Und hier knüpft dann die tiefsinnige und ganz vergessene Symbolik christlicher Seelenkenner an, denen die letzte Lösung der psychischen Menschenprobleme darin sich auftut, daß am Ende alles Wurzelns in dieser dunklen Erde die kopflose Mandragore des Menschengeschlechts ergänzt und vollendet wird in Christus, der da ist das Haupt aller.

Es ist eine entschwundene, fast okkulte Welt der seelischen Symbolik, in die wir nun eintreten. Nur jene paar Menschen, die sich heute noch, oder heute wieder, im Zauberland der Alchemie und ihrer psychischen Untergründe auskennen, werden in den Namen Moly und Mandragore, freundlich lächelnd wie liebende Botaniker, Bekannten begegnen. Goethe hätte sich wohl noch gefreut an dem, was wir hier nach langen Nächten des Wurzelsuchens zum Strauß winden. Dem modernen Menschen ist die Natur entzaubert, er hat keine Ehrfurcht mehr vor den ‹potentes herbae›, zu denen die Alten gebetet haben. Und darum weiß er auch nichts mehr von der seelischen Symbolik, die in der Natur ein vordeutendes Abbild dessen zu erschauen vermag, was sich in der Psyche des Menschen begibt. Die Kirchenväter haben noch in dieser leibseelischen Einheit gedacht. «In occulto est radix: fructus videri possunt, radix videri non potest», sagt Augustinus[1]. Ihm ist schon das Wort ‹Wurzel› etwas Geheimnisvolles, gleichsam Okkultes: das trefflichste, von der Natur mit unabänderlicher Majestät vorgegebene Symbol der seelischen Vorgänge. Und was Gregor der Große schreibt, ist wie ein Leitsatz zu dem, was heute die Tiefenpsychologie wieder ahnt: «Quid enim radicum nomine nisi latentes cogitationes accipimus, quae in occulto prodeunt, sed in ostensione operum per apertum surgunt?»: «Was verstehen wir besser unter dem Namen ‹Wurzel› als die geheim verborgenen Gedanken, die aus dem Okkulten aufsteigen und sich nur zeigen in der Sichtbarkeit unseres Tuns?[2]»

## EINFÜHRUNG

Von solchen Wurzeln und von den seelenheilenden Blumen, die ihnen entsprießen, wollen wir jetzt sprechen. Wir beginnen diesen nächtigen Gang des psychischen Wurzelgräbers mit der Ahnung, uralten Wahrheiten auf der Spur zu sein. Und weil nur die Ehrfurcht Neues findet, beginnen wir das Suchen mit der Precatio, die einst der Rhizotom verrichtet hat, ehe er sich ans Werk begab[3]:

«Jetzt rufe ich euch an, ihr mächtigen Kräuter, und ich flehe zu eurer Majestät: denn euch hat die Mutter Erde erzeugt und allen Völkern geschenkt als Medizin der Heilung.»

# I
# MOLY, DAS SEELENHEILENDE KRAUT DES HERMES

In einem Gedicht der Anthologia Palatina wird unter dem Bild des homerischen Mythos von Odysseus und Kirke das seelische Grundproblem des Menschen geschildert, der sich immerdar zwischen den beiden Bereichen des Himmlischen und des Irdischen befindet und in den Ruf ausbricht[4]:

«Weiche, du finstere Höhle der Kirke. Mir Himmelsgezeugtem
wär's eine Schmach, wie ein Tier mich von deinen Eicheln zu nähren!
Nein, ich bete zu Gott um die seelenheilende Blume
Moly, die gute Arznei gen alle bösen Gedanken.»

Hier ist Odysseus der ewige Mensch, gestellt zwischen die himmlisch lichte Klarheit des Hermes und die dunkel lockenden Reize der chthonischen Kirke. Er steht zwischen Himmel und Höhle. Die Rettung wird ihm in jener ‹seelenheilenden Blume›, die er aus der Hand des Götterboten empfängt (Abb.), und die in sich wieder ein sinnenfälliges Symbol dessen ist, was sich hier seelisch begibt: ihre Wurzel ist schwarz, und weiß ist ihre Blüte. In ihrer Kraft entwindet sich der Mensch den finsteren Mächten, in die auch er seine Wurzeln eingesenkt hat, denn er ist ein Himmelsgezeugter, der mit seiner Blüte, seinem geistigen Selbst, sich nach oben öffnet, milchweiß und rein. Aber (und das ist das Entscheidende an der Symbolik des Mythos) dies wird ihm möglich nur dadurch, daß er $\vartheta\varepsilon\acute{o}\vartheta\varepsilon\nu$, von Gott her, Hilfe erhält, daß ihm die wandelnde Kraft des Hermes begegnet.

Dies als vorläufige Einstimmung in die antike und christliche Symbolik vom Kräutlein Moly, die wir nun entfalten wollen. Wenn die Alten solcher Allegorie nachsannen, so stand ihnen stets der mythische Vorgang vor Augen, wie ihn Homer in den unsterblichen Versen besungen hat, die jedes antike Kind kannte[5]:

«Also sprach Hermeias und gab mir die heilsame Pflanze,
die er dem Boden entriß, und zeigte mir ihre Natur an:

Ihre Wurzel war schwarz, und milchweiß blühte die Blume,
Moly wird sie genannt von den Göttern. Sterblichen Menschen
ist sie schwer zu graben. Doch alles vermögen die Götter.»

Es kommt uns im Folgenden nur darauf an, die Symbolgeschichte des Moly zu verfolgen. Wir wollen keine gelehrte Naturwissenschaft betreiben, das hat man schon übergenug getan. Was es auch immer sei mit der botanischen Beschreibung und Einreihung des vielzerzausten homerischen Kräutleins: uns liegt nur daran, in den weiten Gärten der antiken und der christlichen Seelenärzte nach diesem Pharmakon zu suchen. So werden wir denn nun, nachdem wir uns kurz von den antiken und modernen Pflanzenkundigen über das Moly etwas haben vorbotanisieren lassen (1), uns der Frage zuwenden: was hat die stoische und dann die neuplatonische Homerallegorie von dem seelischen Symbolwert des hermetischen Krautes zu sagen gewußt (2), und wie klingt das nach in der christlich gewandelten Seelenlehre bis hinauf in die Zeiten der humanistischen Liebhaber der alten homerischen Weisheit (3).

*1.*

Das machtvolle Kraut mit der schwarzen Wurzel und der weißen Blüte hat von der Antike bis in die neueste Zeit die Botaniker immer wieder in seinen Zauberbann gezogen. Mit einer rührenden Ernsthaftigkeit, die fast lächerlich wirkt, hat man versucht, mit dem Aufgebot aller professoralen Gelehrsamkeit das botanische Wesen des Moly zu bestimmen. Eine kleine Bibliothek alter und neuer Bücher ist so entstanden, die auch wir gewissenhaft umwälzten[6]. Von dem Duft und der Farbe der ‹seelenheilenden Pflanze› ist in diesen vertrockneten Herbarien nicht mehr viel zu finden – um dessen inne zu werden, muß man eben irgendwo der ‹souveräne Poet› bleiben, wie Dante seinen Homer genannt hat[7]. Immerhin: lassen wir uns belehren von den vielwissenden Kennern der getrockneten Kinder, die uns die Mutter Erde hat sprossen lassen. Denn selbst dieser Unterricht wird uns an einigen Stellen in die seltsamen Zusammenhänge der Symbolgeschichte schauen lassen.

Schon die antiken Botaniker waren sich unklar beim Versuch, das homerische Kraut als real existierende Pflanze ihrer griechischen Heimat zu bestimmen. Der unbekannte Verfasser des neunten Buches von Theophrasts Pflanzengeschichte, ein Rhizotom, der sich vor allem um volkstümliche Heilpflanzen bemüht, gibt uns den ältesten Versuch einer botanischen Bestimmung des Moly[8]. Er begründet damit eine Ansicht, die durch das ganze Altertum weitergegeben wurde. Nach ihm ist Moly ein wirklich in der griechischen Natur wachsendes Kraut; man finde es vor allem am Kyllene-Gebirge und bei Pheneos – also in den klassischen Gegenden des Hermeskultes. Kein Wunder, daß der Gott vom Kyllene seinem Odysseus gerade diese Wurzel spendet. Darum singt noch Ovid[9]:

«Ihm gab die weiße Blume der Friedensgott vom Kyllene, schwarzer Wurzel entsproßt sie, die Himmlischen nennen sie Moly.»

In der näheren Beschreibung allerdings wird Ps.-Theophrast dann sofort unsicher: «Man sagt, dieses Moly sei dem von Homer erwähnten ähnlich.» Ihre zwiebelförmige Wurzel und ihre Blätter seien der Skilla, der Meerzwiebel vergleichbar. Man sieht, er berichtet nur echt volkstümliches Pflanzengeraune – aber für uns ist eben dies von hohem Interesse. Denn für den griechischen gemeinen Mann waren alle diese Lauch- und Zwiebelgewächse, die wir heute unter der Gattung Allium zusammenfassen, zaubergeladen und heilkräftig, besonders die Skilla, der hier das Moly verglichen wird[10]. Noch Clemens von Alexandrien weiß, wie die Griechen eine seltsame Scheu vor Meerzwiebeln hatten, und er hat uns die Verse des Komödiendichters Diphilos aufbewahrt, die da berichten, wie der uralte Seher Melampos mit Skilla die Töchter des Proitus heilt, die von Dionysos wahnsinnig gemacht wurden[11]. So ist schon hier das Moly, trotz der ‹wissenschaftlichen› Bestimmung auf eine Alliumart, ein zauberisches Kraut. Plinius hat später, ganz aus Ps.-Theophrast schöpfend, das Moly mit Worten beschrieben, die noch bis in die christlichen Zeiten nachklingen[12]:

«Das Moly ist die berühmteste aller Pflanzen, gemäß dem Zeugnis des Homer, der da annimmt, die Götter selbst hätten ihr den Namen Moly gegeben, und der den Merkur sie auffinden läßt als wirkkräftigstes Heilmittel gegen alle Giftzauber. Man sagt, das Moly wachse heute noch in der Gegend von Pheneos und am Kyllene in Arkadien, und zwar so, wie es Homer beschreibt, mit einer runden, schwarzen Wurzel in der Größe einer Zwiebel.»

Genau mit den Worten des Plinius beschreibt dann, schon in christlicher Zeit, der Platoniker ‹Apuleius› die homerische Pflanze, gibt sogar davon eine gezeichnete Abbildung, die in langer Reihe durch die Überlieferung der Codices bewahrt worden ist[13]. Auch Dioskurides[14] und ihm folgend Galenos[15] beschreiben als Moly eine zwiebelartige Pflanze, die verschiedenen Heilzwecken dient; aber so unbestimmt, daß eine botanische Festlegung nicht möglich scheint. Immerhin hat noch Linné zwei Laucharten mit den Namen Allium Moly und Allium magicum bedacht, und moderne Botaniker neigen dazu, irgendeine Pflanze dieser Gattung als das homerische Moly anzusprechen, wobei der zauberkräftige Allermannsharnisch (Allium victorialis L.) bevorzugt wird[16].

In eine ganz andere Klasse antiker Zauberpflanzen führt uns die zweite Gruppe, die sich letztlich auf eine Bestimmung bei Dioskurides zurückführen läßt. «Man nennt», sagt er, «jene Pflanze, die Bergraute heißt, in Kappadokien und im asiatischen Galatien auch Moly. Andere nennen sie Harmala, die Syrer aber Besasa, die Kappadokier Moly[17].» Wie der scharfsinnige Paul de Lagarde gezeigt hat, ist Dioskurides mit dieser Nachricht durchaus glaubwürdig, denn er stammt selbst aus Anazarbus in Kilikien[18]. Somit ist Moly ein kappadokisches Wort. Noch mehr: die mit diesem Namen bezeichnete Bergraute ist für die in Kappadokien wohnenden persischen Saken der Ersatz für das heimische Hôm – und davon wird uns später Plutarch unter dem Namen Moly Zauberisches berichten. In syrischer Sprache heißt dieses Moly ‹Besasa›. Das führt uns noch tiefer ein in die Geschichte des antiken Moly. Die aramäische Bezeichnung für Bergraute lautete ‹Bešaš›, und in der syrischen Überlieferung des Galenos, der seine Weisheit aus Dioskurides abgeschrieben hat, wird das Moly ‹Bašašo› genannt[19]. Nach ihm hat die Bergraute eine schwarze Wurzel und weiße Blüten, entspricht also genau dem homerischen Kraut. So geht denn die zauberberühmte Raute als Moly in die Überlieferung ein, und alles, was man der Raute zuschrieb, gilt nun von der Blume des Hermes. In einer Interpolation aus Dioskurides heißt es bei Ps.-Apuleius: «Bei den Kappadoziern wird sie Moly genannt, bei anderen Armala, von den Syrern Besasa [19*].» Und noch im sechsten christlichen Jahrhundert berichtet uns der sogenannte Dioscurides Langobardus: «Eine andere Art von Raute gedeiht in Mazedonien und in dem kleinasiatischen Galatien, welche die Einwohner moli benennen. Der Wurzelstock besteht aus einer einzigen Wurzel, die aber viele Wurzeln treibt und eine weiße Blüte hervorbringt [20].»

Noch weiter zöge sich der Kreis unserer Kenntnis der Zauberpflanze (und man sieht auch hier, wie sich diese Pseudo-Botanik von Anfang an dem dunklen Gebiet des Kräuterzaubers hingibt), wenn wir mit der Pflanze Moly-Besasa all das verbinden dürften, was uns Theodor Hopfner an Beziehungen zwischen dem ägyptischen Volksgott Bes und der Pflanze Besasa aufgedeckt hat [21]. Jedenfalls ist diese nach Alexander von Tralles [22] identisch mit der Bergraute und dem Moly. Wie dem auch sei, jedenfalls gehört die Raute mit allem, was man von ihr an dämonenwehrenden Kräften seit Plinius [23] bis tief ins Mittelalter zu rühmen wußte, in den Zauberbezirk des Moly. Und was dieses Kraut ehedem gegen die Gifte der Kirke gewirkt hat, das schreibt ihm der Christ nun als teufelvertreibende Kraft zu. In einer mittelalterlichen Rautensegnung heißt es: «Ich segne dich, du Kreatur der Raute, damit du dienst zur Ausrottung des Teufels und aller seiner Hausgenossen [24].»

Noch in der Historia plantarum des Zürchers Konrad Geßner klingt Dioskurides nach: «Sie nennen auch heute noch die Pflanze Waldraute, die in Kappadozien und in dem an Asien grenzenden Galatien Moly heißt [25].»

Und was für eine Rolle das Kraut Besasa, die Bergraute und das Moly, in der alchemistischen Literatur spielt, werden diejenigen besser zu beurteilen wissen, die schon Wege gebahnt haben in diesem wuchernden Kräutergarten der Kirke. Überall sproßt Moly.

Das führt uns nun zur dritten Klasse antiker und neuer Bestimmungsversuche – und es ist der ansprechendste, denn er verzichtet auf eine Zuweisung zu irgendeiner Art von Lauch und Raute, indem er hervorhebt, die Bezeichnung Moly und das ganze Wesen der Pflanze sei mythisch und bezeichne nur eben im allgemeinen ein ‹zauberkräftiges Abwehrmittel›. Moly ist eine Märchenpflanze, das ‹heilsame Pharmakon›[26] schlechthin. Das ergibt sich schon aus der alten Volksetymologie, wie sie uns noch in den Scholia Graeca zu Homer begegnet: «Moly ist ein Inbegriff (εἶδος) von Pflanze, dessen Name von seiner Kraft kommt, Gifte unwirksam zu machen[27].» Nach Suidas ist das Moly einfach «Gegenmittel gegen Pharmaka[28]». Und Plinius sieht in ihm den Inbegriff aller Unheil abwehrenden Dinge[29]. Damit gerade hängt es zusammen, daß man im Laufe der Geschichte immer neue botanisch genau bestimmbare Pflanzen unbedenklich mit dem Moly gleichsetzte. Es ist wiederum Plinius, der uns einmal sein Kraut Halicacabon, das stärker wirkt als Opium und das die geisterfüllten Seher berauscht, mit dem Moly gleichsetzt[30]. Auch die schwarze Nieswurz, von der uns antike und christliche Schreiber so viel des Wunderbaren und Gefährlichen berichten, wurde als Moly bezeichnet[31]. Kurz, es wird sich empfehlen, mit J. Berendes zu sagen: «Ich möchte dafür halten, daß unter Moly kein konkreter Begriff, kein besonderer Pflanzenname zu verstehen sei, sondern daß dasselbe ein allgemeiner dichterischer Ausdruck für Gegenmittel sei, abgeleitet von *molyein*, entkräften, abschwächen[32].»

Aus all dem ergibt sich von neuem, daß das homerische Moly von Anfang an von einem Geheimnis umgeben war, und daß seine wahre Geschichte nicht von den Botanikern geschrieben wird, sondern von den Mythologen. Allein, eben dies ist bisher vernachlässigt worden, und selbst die neueste, sonst so belesene Darstellung tut diese mythische Symbolik des Moly mit ein paar Zeilen ab[33]. Besonders der christlichen Symbolgeschichte der ‹seelenheilenden Blume› hat man sich bisher nicht gewidmet. Hier soll unsere Untersuchung einsetzen.

2.

Um die Bedeutung der psychischen Mythologie des Moly besser zu erfassen, müssen wir ein paar Worte und Belege zur Mythologie der seelischen Situation vorausschicken, in der sich der molybegabte Mensch Odysseus befindet. Er steht zwischen Hermes und Kirke, und es umwerben ihn sowohl der lichte Götterbote wie die dunkle Höhlenbeherrscherin. In diesen beiden Gestalten verkörpert der

Mythos das Gleiche wie die schwarze Wurzel und die weiße Blüte des Moly.

Wir vermessen uns hier nicht, über Hermes Neueres und Schöneres zu sagen, als was uns Karl Kerényi in seinen Eranos-Vorträgen geschenkt hat [34]. Dennoch sei es erlaubt, bestimmte Linien in seinem aller Wandlung fähigen Bild noch einmal auszuziehen, insofern sie gerade hier von Bedeutung sind. Hermes ist und bleibt der «agilis Cyllenius», wie ihn Ovid [35] einmal nennt, der lichte, gleichsam elegante, leichtfüßige Gott vom Kyllene, wo das Moly wächst. Für den Griechen ist er der *logios*, der gescheite Inbegriff des gedanklich Hellen, geradezu der Logos im ausgesprochenen Wort [36]. Hermes ist der Wissende, und darum auch der Vermittler aller geheimen Weisheit. Er ist keineswegs nur himmlisch, sondern ebenso erdenhaft, und eben deshalb imstande, die chthonischen Kräfte zu bekämpfen, weil er sie kennt: wer von ihm das Wissen um die Zauberformel erhalten hat, ist gefeit gegen alles Dunkle. Im Pariser Zauberpapyrus ist der Gott vom Kyllene darum geradezu der «Anführer aller Magier [36]». Aus Apuleius' Buch über den Zauber wissen wir, daß ihn der Magier anrief als Vermittler der heiligen Sprüche [37]. Merkur flüstert dem Menschen die heilkräftigen Rezepte ein, und noch die Altarinschrift aus den karolingischen Fundamenten des Aachener Münsters verehrt ihn als ‹Mercurius Susurrio›, als Merkur der guten Einfälle [38]. In dieser Gestalt lebt er selbst im Bewußtsein der Christen weiter, bis hinauf zu Isidor [39] und Hrabanus Maurus [40] ist er der Erfinder zauberischer Praktiken, der aller thessalischen Magie kundige Seelenführer, der die Menschengeister mit seinem Stab ins Licht oder in die Finsternis führt; Prudentius hat ihn so noch besungen [41]:

«Denn es kennt ja Merkur genau den thessalischen Zauber,
und man raunt, es führe sein Stab die Seelen der Toten
hin zu den Höhen des Lichts ...
Andere aber verdamm er zum Tod und stürze sie jählings
in den klaffenden Schlund. Merkurius kann eben beides.»

Ich wüßte kein hübscheres Wort, um Hermes-Merkurius zu kennzeichnen. Hermes ist der magische Besieger des Dunklen, weil er alles ‹weiß› und darum auch alles ‹kann›: das ist gut antiker Zauberglaube, wirklich der Inbegriff des magischen Denkens der Alten[42]. Wer von dem lichten Hermes belehrt ist, kann allen Lockungen des Dunklen widerstehen. Er ist ja ein Wissender geworden.

Der Gegenpart im homerischen Mythos ist Kirke, die Zauberin der dunklen und doch lockenden Höhle auf der Insel Aiaie. Auch sie ist ein Mischwesen: Tochter des Helios und der Okeanide Perse. Aber das mütterliche Erbe überwiegt, ihr Wesen entstammt den gottfernen Tiefen des Okeanos, dem Inbegriff des Chthonisch-Dunklen[43]. Darum wird sie, ähnlich wie Hekate, zum lunaren Wesen, zur großen, nächtigen Zauberin. «Kräuterkundige Kirke» nennt sie Theokrit in seiner zauberhaften Idylle[44]. Sie ist die Muhme der ebenso kräuterkundigen Medea, in ihren Gärten wachsen alle Gifte der Erde, und die Männer, die ihrer Lockung verfallen, werden zu Schweinen und Wölfen. Auch ihre Gestalt lebt noch lange im christlichen Denken weiter. Für Arnobius[45] ist sie die «versipellis Circe», die in allen Farben spielende, verschmitzte Verführerin, für Augustinus[46] die «maga famosissima», und für Isidor[47] gar die «maga et venefica et sacerdos daemonum», die Teufelspriesterin.

Mitten zwischen diesen beiden mythischen Kräften steht Odysseus, und das hermetische Moly hat ihn gerettet. Nun gilt es, die Geschichte der Sinndeutung dieses Seelendramas darzustellen.

Wenn in den Erinnerungen des Xenophon[48] Sokrates einmal scherzhaft den Mythos von Kirke und Odysseus auf die Gefahren des Vielessens anwendet und sagt, Odysseus sei durch die warnende Mahnung des Hermes vor der Verwandlung in ein Schwein bewahrt geblieben, so ist das eben nur ein hübscher Vergleich und noch keine Allegorie; immerhin zeigt er uns, wie naheliegend es für einen Griechen war, homerische Bilder mit moralischen Anwendungen zu füllen, und das mag in der nachsokratischen Ethik noch manchmal nachgebildet worden sein. Von einer eigentlichen Geschichte der homerischen Allegorie kann erst in der stoischen Moralphilosophie gesprochen werden[49]. Jetzt legt man den höchsten Wert darauf, in den von Platon geringgeschätzten Mythen des uralten Dichters verhüllte Sittenlehren zu finden. Der Inbegriff stoischer Lebensweisheit war nun aber das Leben gemäß dem Logos, der das innerweltliche Bewußtwerden des den ganzen Kosmos durchwaltenden Gesetzes ist; das bedeutete aber die im Wissen sich vollziehende Überwindung der rein erdenhaften, dunklen Leidenschaften. Es ist nun richtunggebend für unsere ganze Symbolgeschichte, daß das erste Zeugnis für eine Anwendung der homerischen Moly-Mythologie auf diese stoische Sinndeutung bei Kleanthes auftaucht, dem Schüler des Zenon und dem Lehrer des Chrysippos: wir haben es hier mit einem echten Lehrstück aus der Schule der alten Stoa zu tun. Der Sophist Apollonios hat uns das Fragment aus Kleanthes aufbewahrt: «Kleanthes der Philosoph sagte, das Moly bedeute allegorisch den Logos, durch welchen die niederen Triebe und die Leidenschaften abgeschwächt werden[50].» Wir sehen, wie die volkstümliche Etymologie hier ins Philosophische übertragen wird. Das Moly des Hermes ist nichts anderes als der stoische Logos, das Lebensgesetz des ‹vernünftigen› Menschen.

Von da aus paßt nun die Moly-Allegorese sich allen Wandlungen an, die der philosophisch gewordene Hermes, auch hier ins Unendliche veränderlich, durchgemacht hat. Bei Athenaios begegnet uns noch ganz stoisches Gut: die Gefährten des Odysseus werden in Tiere verwandelt, weil sie ihren Gelüsten nachgaben, der Ithaker wird gerettet, weil er dem Logos des Hermes folgt, denn durch diesen Logos (und das ist das Moly) wird er ‹leidenschaftslos›[51]. Aus gleichen stoischen Quellen muß der Verfasser der Scholia Graeca zu Homer geschöpft haben, wenn er sagt: «Weil Odysseus ein Weiser war, erhielt er das Moly, das bedeutet aber den vollkommenen Logos, durch dessen Hilfe er keiner Leidenschaft unterlag[52].» Vielleicht am klarsten wird das stoische Ideal des wissenden Tugendstrebens in den «Homerischen Problemen» des Heraklit vorgelegt, einem Allegoriker der augusteischen Zeit. Der Inbegriff der Tugenden des Odysseus ist seine vernunfthelle Einsicht; diese aber wird ihm nur durch Hermes zuteil, der hier geradezu ‹kluger Logos› genannt wird. Im engen Anschluß an den homerischen Text entfaltet dann Heraklit die Allegorie des Moly: «Sehr zutreffend wird die Phronesis, die vernunfthelle Einsicht, mit dem Moly dargestellt. Diese Gabe kann nur Menschen gewährt werden, und unter diesen kaum ein paar wenigen. Ihr Wesen aber besteht darin, daß sie eine schwarze Wurzel hat und eine milchweiße Blüte. Denn die Anfangsgründe der Einsicht, die doch sozusagen die Zusammenfassung aller Güter ist, sind rauh, widrig und schwer; aber wenn jemand wacker den geduldigen Kampf gegen diese Anfänge überstanden hat, dann öffnet sich ihm beim Fortschreiten wie in süßem Licht die Blüte[53].» Worin das Gegenteil dieser Phronesis besteht, wird aus des Heraklit anderer Schrift «De incredibilibus» bekannt, und es ist dies typisch stoisch: Kirke ist da die große Hetäre, die die Männer betört; aber auch über diese Versuchung wird der weise Odysseus Herr[54]. In einem Gedicht des Palladas, das die Anthologia Palatina aufbewahrt hat, wird diese besondere Anwendung auf die Überwindung dunkler sexueller Triebe noch deutlicher ausgesprochen[55]:

«Klug war Odysseus und floh die Lüste der unreifen Jugend. Aber das zauberwehrende Gift, nicht gab es ihm Hermes, sondern jener Verstand, der gehört zu dem Wesen des Menschen.»

Hier sehen wir schon die letzten Grenzen der stoischen Allegorie, die den Glauben an die Götter auflöste. Hermes ist nur mehr Sinnbild der menschlichen Vernünftigkeit. Sein Moly wäre Selbsterlösung.

Anders nun in der langsam sich durchsetzenden Neugestaltung des philosophisch-religiösen Denkens, in der Platonisierung gegen Ende der antiken Zeit. Hermes ist nicht mehr nur der schattenhafte Inbegriff einer bloßen Vernunft, sondern jetzt wird er wieder zum Gott, zum Vertreter jener himmlischen Kraft, die der Mensch sehnsüchtig als Erlösung und Gnadenhilfe von oben erwartet, da er sich mitten hineingestellt sieht in den Kampf der göttlichen und der dämonischen Gewalten. Dieser Wandel der Geister von der stoischen Aufklärung zu der spätplatonischen Erlösungssehnsucht, wie sie bei den neuen Pythagoräern und den beginnenden Neuplatonikern gepflegt wird, ist einer der bedeutsamsten Vorgänge in der Geschichte des Seelischen – und der Gestaltwandel des Hermes ist dafür gleichsam der Gradmesser und das Symptom. Damit wird aber auch die Symbolgeschichte des Kräutleins Moly wie zu einem Kurzabriß dieser psychischen Umwälzung, gesehen vom Standpunkt des Psychotherapeutischen aus. Jetzt entdeckt man wieder das Göttliche, und jetzt erkennt man wieder, daß es für den Menschen eine seelische Heilung, einen Wandel von der chthonischen Wurzel zur himmlischen Blüte, nur gibt aus den Kräften, die von oben kommen.

Schon bei Platon registriert sich, noch sehr fein und seismographisch, die kommende Erschütterung. Er neigt dazu, den Weltlogos zu personifizieren, wie sein Phaidros zeigt, er sieht Logos und Hermes in einem[56]. Die Denker, die nach der stoischen Entleerung wieder auf ihn zurückgreifen (nun aber in jener Reife und zugleich Müdigkeit, die aus der bitteren Geisterfahrung kommt), finden in Hermes den personhaften Inbegriff ihrer religiösen Sehnsüchte: von oben muß eine Kraft kommen, die uns ins Licht wandelt, der Gott selbst muß uns durch seinen Wortträger sagen, wie sich der Mensch der kirkischen Höhle entreißen kann. Jetzt singt der fünfte orphische Hymnus zu Hermes: «O du Bote Gottes, o du Prophet des Logos für die Sterblichen![57]» Das göttliche Wissen, das uns von uns selbst frei macht, das uns von «oben her» und «von Gott her» entgegenkommt, ist das hörbar gewordene Wort: und eben dies ist Hermes[58]. Es war gerade an diesem sublimen Punkt der griechischen Geistwandlung, wo die ersten christlichen Theologen angeknüpft haben, um die ganz neue Erfüllung dieser Sehnsucht im Christentum nachzuweisen. Hielten doch schon die Griechen und die Ureinwohner von Lystra den Paulus für Hermes und schrien ihre Begeisterung auf lykaonisch zum Himmel empor, weil sie Götter in Menschengestalt zu sehen wähnten[59]. Darum kann Justinos diesen griechischen Hermes-Logos in apologetischer Kühnheit geradezu in Vergleich stellen mit dem christlichen Jesus-Logos und sagen: «Darin sind wir ja eines Sinnes mit euch, die ihr den Hermes als den Logos, den von Gott gesandten Boten anseht[60].» Auch Hippolyt bezeugt uns diese Einheit von Logos und Hermes[61]; und in den pseudoclementinischen Recognitiones heißt es: «Mercurium Verbum esse tradunt[62].» Man lese dazu, was Augustinus noch aus Varro zu berichten hat in seiner Civitas Dei[63]. Wirklich, es war mit der Zeitenwende ein neues Lebensalter des Hermes angebrochen. Und mit dem Götterboten wandelt sich auch die Bedeutung seiner seelenheilenden Blume. Platon und Homer versöhnen sich.

Einer der Männer, an dessen Werk wir noch heute die feinnervige Religiosität jener Zeiten ablesen können, ist Maximos von Tyros[64]. In seiner 29. Rede sagt er: «Es hat Gott dem Geschlecht der Menschen etwas wie einen lebendigen Feuerfunken in die Natur eingesenkt, nämlich die sehnsüchtig hoffende Erwartung des Guten.

Aber zugleich hat er die Wege zur Findung dieses Guten tief verborgen[65].» Und da fällt ihm der Vers aus Homer ein: «Ihre Wurzel war schwarz, und milchweiß blühte die Blume.» Hier wird der unsterbliche Platon wieder lebendig mit seiner alles Sichtbare überspringenden Sehnsucht nach dem Agathon, dem Guten schlechthin. Der Mensch kann licht und gut nur dann werden, wenn er in sich den himmelentsprungenen Feuerfunken anfacht, die erinnernde Nachahmung göttlicher Güte. Das war die ungeheure, weltumformende Entdeckung des platonischen Idealismus, daß der Mensch sich seinem irdisch-seelischen Dunkel nur entwinden kann, wenn er vom Göttlichen her Feuer und Kraft erhält, da er selbst aus dem Göttlichen stammt, aber abgestürzt ist in Finsternis und Schwäche. Wir hören hier bei Maximos schon die erhabenen Töne des Plotin anklingen, und wir könnten bei Augustinus, wenngleich nun christlich erfüllt, fast gleiche Worte vernehmen. Der Christ und Platoniker Synesios hat in seinen wundervollen Hymnen die ewige Situation des Menschen besungen, der da inmitten des finsteren Chaos den Feuerfunken des Logos trägt und sich heimsehnt nach der Quelle dieses Lichts[66]:

«Mich erfüllt dein Same
adligen Geistes,
glühender Funke
tief in des Stoffes
Grund gesenkt.
Denn du hast in die Welt
die Seele gesetzt
und hast, o Herrscher,
durch Seele den Geist
im Körper gesät.
Drum entflamme, o Herr,
hochführende Lichter,
entfache den Glanz
und feurigen Brand,
den winzigen Funken
mehrend im Scheitel
meines Hauptes.»

Aber dieses Sehnen nach oben ist zugleich Kampf, Loslösung der dunklen Wurzel aus ihrer Eingesenktheit ins Materielle. Darum findet Maximos in dem homerischen Vers «Und sterblichen Menschen ist es schwer, sie zu graben» die mythische Andeutung dieses Ringens, und schließt mit den Worten: «Ich sehe das Moly, und ich werde seines tiefen Geheimnisses inne: denn ich weiß gar wohl, wie schwer es ist, den Weg zum Guten zu finden.»

Damit liegt nun der Weg frei für die neuplatonische Symboldeutung des Moly: das hermetische Kraut bedeutet die *Paideia*, die seelische Erziehung des Menschen zum Aufschwung seiner Lichtkraft aus der Finsternis des irdisch Sinnlichen. Hermes der Seelenführer weist den Weg und gibt die Kraft, denn er ist Logos. Hermes führt zum Licht oder stürzt in Finsternis: ad utrumque peritus.

Schon in den Alexandra des Lykophron wird, wie in einem alexandrinischen Präludium (wenngleich noch ohne platonischen Einschlag), gesagt, das Moly behüte vor allem bösen Schaden[67]. Der nach den Höhen sich aufringende Mensch der Antike hat sich, im Gegensatz zur stoischen Aufgeklärtheit, eine Witterung bewahrt, von dämonischen Gewalten, von bösem Zauber umgeben zu sein, gegen den es gilt, sich göttlicher Kräfte zu versichern. Darum weiß selbst Hyginus in seinen Fabeln zu erzählen, Kirke habe durch das von Merkur dem Odysseus geschenkte remedium die Ahnung einer überirdischen Kraft erhalten[68]. Die Spötter mochten lächeln oder gar den homerischen Mythos in den seichten Schmutz ihrer obszönen Verse herabziehen (wir kennen einen solchen aus den Priapea)[69]: dem Frommen hüllte sich in die dichterische Bildwelt ein tiefes Menschengeheimnis. Das von Hermes geschenkte Moly ist, wie Philostratos einmal sagt, das Sinnbild der «Gemeinschaft mit dem Logos und des seelischen Strebens[70]». Moly ist ein Pharmakon gegen seelische Finsternis, gegen die widergöttlichen Dämonen.

Hier nun ist der Ort, wo wir Plutarchs gedenken müssen, der wie kein anderer diese spätplatonische Theologie der Griechen vom Menschen, der zwischen Gott und Daimon steht, dargestellt hat. Ihm verdanken wir eine der aufschlußreichsten Nachrichten über die Symbolik des Moly.

In seiner Schrift über Isis und Osiris behandelt Plutarch das Problem des dualistischen Gegensatzes zwischen Gut und Böse, zwischen Licht und Finsternis, in den sich der Mensch der subluna-

Hermes gibt Odysseus das Moly

Sogenannte Tabula Rondanini

rischen Erde gestellt findet. Er zeigt, wie davon die Pythagoräer dachten, was Platon dazu zu sagen habe, wie dem die ägyptischen Mythen vom lichten Osiris Ausdruck verleihen. Es verlangt den Menschen mit ungeheurer Sehnsucht, in den seligen Bereich des Osiris aufzusteigen: «Den Seelen des Menschen ist es hienieden, solange sie mit Körper und Leidenschaften umhüllt sind, unmöglich, zur Gemeinschaft des Gottes zu gelangen. Nur mit Hilfe der Philosophie können sie sich wie in Träumen eine schwache Vorstellung von ihm machen. Sobald sie aber, ihrer Bande entledigt, in jenes unsichtbare und unvergängliche Heiligtum versetzt sind, dann ist dieser Gott ihr Herr und König, dann hängen sie gleichsam an ihm und schauen mit unersättlicher Begierde die den Menschen unaussprechbare Schönheit[71].» Der Inbegriff jener dunklen Mächte, die ihn an solchem Aufstieg hindern, ist Typhon-Seth, dem alle schädlichen Kräuter und Tiere untertan sind. Mittler im Aufstieg aber ist das Osiriskind Horus, der Hermes der Ägypter, und am Feste des Hermes, am 19. Thoth, essen die Menschen Honig und sagen: «Die Wahrheit ist süß[72].» Eine ganz gleiche Struktur des Mythos findet nun aber Plutarch gemäß seinem unifizierenden religionspsychologischen Denken auch bei den Persern: Ahura Mazda ist das Licht, Ahriman ist die Finsternis, Mithras aber «steht in der Mitte zwischen beiden, daher ihn die Perser auch den Mittler nennen[73]». Um sich nun gegen die Mächte des Finsteren zu schützen, bringen (so berichtet Plutarch) die Perser dem Ahriman ein Opfer dar. Der Text, wie ihn die meisten Ausgaben bieten, lautet in Übersetzung:[74]

«Die Perser stoßen, unter Anrufung des Hades und der Finsternis, in einem Mörser ein gewisses Kraut, das sie Omomi nennen, vermischen es mit dem Blut eines geschlachteten Wolfes und werfen es dann weg, an einen Ort, den die Sonne nicht bescheint.»

Das, so bemerkt Plutarch eigens, sei ihnen so von dem Mittler Mithras gelehrt worden. Was ist nun dieses seltsame Kraut Omomi? Ich denke, daß uns hier wiederum Paul de Lagarde erst richtig zu sehen lehrte[75]. Er zeigt, daß das sonst nie belegte, ganz unsinnige Omomi nur eine von Abschreibern verschuldete Falschlesung für Moly ist. In der Tat setzt Bernardakis in seiner Plutarchausgabe (ob bloß nach der Konjektur von Lagarde oder auf Grund neuer handschriftlicher Belege, weiß ich nicht), an der Stelle ‹Moly›[76] ein. Dabei muß es gewiß bleiben. Aber nun erinnern wir uns der bei Dioskurides aufscheinenden kappadokischen Überlieferung, die das Moly mit der Bergraute, dem Harmala und dem syrischen Besasa gleichsetzte. In Kappadokien gab es eine persische Kolonie, in der die religiösen Gebräuche der alten Heimat weiterlebten. Davon hat Plutarch gehört. «Er hat also», sagt Lagarde, «seine Nachrichten aus einem Schriftsteller, der den persischen Kultus in Kappadokien kannte. Dies Land hatte freilich schon früher eranische Sacra; für die Griechen prägnant hervortretend waren diese erst seit ihrer Auffrischung durch die etwa 130 v. Chr. dort angesiedelten Saken.» Wenngleich es also nicht mehr angeht, das Wortgebilde Omomi einfach etymologisch an den persischen hôm anzuschließen, so besteht doch sachlich eine Identität: was da Plutarch in seinem Bericht ‹Moly› nennt, ist nichts Geringeres als das persische Kraut hôm. «Nun beschreiben arabische Botaniker des ‹harmal› (also des Moly) eine Art, ganz wie die Perser den hôm, als einen Strauch mit Blättern, die denen der Weide, und mit Blumen, die den Blüten des Jasmin ähnlich sind ... man sieht, ein wie passendes Surrogat das Moly für die war, welche den hôm selbst nicht hatten[77].» Das persisch-kappadokische Moly ist also für die Frommen des Ahura Mazda der im neuen Kolonieland einzig findbare Ersatz für den heimischen, hochheiligen hôm. Th. Hopfner sagt von dieser Pflanze: «Bei den Persern hieß sie hôm und galt als Symbol der himmlischen Nahrung; im Avesta hält das Kraut den Tod fern, war ein Schutzmittel gegen alle bösen Geister und verbürgte die Anwartschaft auf den Himmel[78].» Für dies alles dürfen wir nun mit Plutarch unser Moly einsetzen. Um sich gegen die finsteren Mächte des Ahriman zu wehren, opfern die kappadokischen Perser das heimische Moly, und Hermes-Mithras hat ihnen dieses Mittel gegeben. Wie aber Plutarch diesen ganzen persischen Opferbrauch mit kühner Geste in sein eigenes theologisches Konstruieren hereinnimmt: das ist ein deutliches Zeichen, welche Sinngebung man im späten Platonismus dem homerischen Mythos vom Moly des Hermes gab. Die seelenheilende Blume des kyllenischen Mittlers verbürgt die Sicherheit des Aufstiegs ins lichte Reich des Göttlichen, die Überwindung aller finsteren Mächte. Mit dem Opfer ihrer schwarzen Wurzel bannt man den Dämon. Man wird zur Blüte des Osiris, man erschwingt sich ins himmlische Licht; «denn Ahura Mazda ist reinstes Licht», sagt Plutarch.

Was nun noch folgt in der antiken Symboldeutung des Moly, ist geformt vom ausgebildeten Neuplatonismus. Die himmlische Paideia, in der ein Mensch sich hienieden schon zubereitet zum letzten Aufstieg ins Licht, das ist die «himmlische und seltene Gottesgabe» des Moly, sagt Themistios in einer seiner Reden[79]: Moly ist Selbstbeobachtung, ist Vorsicht im Wandel, ist jene Askese, die zwar eine schwarz-bittere Wurzel hat, aber eine süße und weiße Blüte. Der Anonymus, der uns eine allegorische Schilderung der odysseischen Irrfahrten, dieses höchsten Vorbildes aller seelischen Aufstiege, hinterlassen hat, deutete den Mythos also: «Odysseus, so meinen wir, bedeutet die innerste Geisteskraft unserer Seele, die Insel Aiaie aber das trübe und tränenreiche Land der irdischen Schlechtigkeit; Kirke, die gestaltwandelnde Zauberin, ist das Bild der schlechten, logosberaubten Lust. Wer aber das Pharmakon erhalten hat, der streitet tapfer wider Kirke und wird endlich zum Besseren gewandelt, zur Höhe der Tugend[80].»

Nun setzt sogar noch eine späte Weitergestaltung des homerischen Mythos ein, um die Bildgewalt dieser seelischen Heilung noch eindrucksvoller zu formen. Bei Ptolemaios Hephaistion wird uns nämlich berichtet: «Was die von Homer erwähnte Pflanze Moly betrifft, so sagt man, sie treibe ihre Wurzel aus dem Blute jenes Giganten, der auf der Insel der Kirke getötet wurde. Sie hat aber auch eine weiße Blüte, weil der kriegerische Helfer der Kirke und Töter des Giganten Helios selbst war. Mühsam aber war dieser Kampf, und daher hat das Kraut seinen Namen[81].»

Es ist nicht mehr klar ersichtlich, woher dieser Mythos vom Gigantenkampf auf der Insel Aiaie stammt[82]. Aber die Spätzeit hat ihn geliebt, weil er die seelische Doppelnatur des Menschen so gut versinnbildlicht; noch Photios hat ihn aus Ptolemaios abgeschrieben[83]. Damit kommen wir ans Ende der griechischen Symbolgeschichte des Moly. Eustathios, der große Sammler aller homerischen Allegorien, hat das Wort[84]:

«Die Allegorie aber besteht darin: gar treffend meint Homer mit Hermes den Logos, mit dem Moly die seelische Erziehung, die Paideia. Denn diese entfaltet sich nur aus vieler Mühe (ἐκ μώλου), das ist aus Leid und Unglück. Die Wurzel des Moly ist schwarz, denn die Anfänge der Paideia sind immer schattendunkel und bis zum äußersten ungestaltig. Darum ist seelische Entfaltung stets mit Schwere belastet und keineswegs süß. Aber das Moly hat auch eine Blüte, so weiß wie Milch. Denn das Ziel und das Ende der Paideia liegen in schimmerndem Glanz vor uns, und alles wird süß und sättigend. Hermes ist's, der uns solches Moly schenkt: das sind die logoserfüllten Anweisungen, die keineswegs dem Verständnis des Menschen griffbereit liegen. Denn das Moly ist eine gute Gabe, die da stammt von Gott.»

Dann spricht Eustathios von der Askese dieses seelischen Heilsprozesses, übrigens mit Berufung auf Themistios. Schwer ist's, diese Wurzel aus dem Boden zu ziehen, besonders, wenn man sie bis zur äußersten Spitze der Fasern lösen möchte. «Denn es ist das feinste Ende jeglicher Paideia und jeglicher Tugend gar schwer zu finden.» Es sei dies ein gleichsam tödliches Unterfangen. Zum Beweis dafür bringt er einen Gedanken, den schon der Homerscholiast[85] angedeutet hatte und der uns bei der Pflanze Mandragoras noch eingehend beschäftigen wird: man sage, dem unvorsichtigen Rhizotomen bringe das Graben nach der Molywurzel den Tod. Ein feinsinniges Bild für den Rhizotomen der Seele, dessen Heilkunst Leben und Tod zu erzeugen vermag: auch er ist ad utrumque peritus.

Und endlich legt Eustathios auch, ausführlicher als Ptolemaios, den Mythos vom Gigantenkampf vor. Pikoloos, der Gigant, sei in Liebe zu Kirke entbrannt und wollte sie von ihrer Insel rauben. Aber Vater Helios kam der Tochter zu Hilfe und tötete den Giganten. «Und aus dem zur Erde rinnenden Blut des Riesen sproßte das Moly, das seinen Namen von der ‹Kampfmühe› hat. Seine weiße Blüte aber, die wie Milch leuchtet, kommt von dem leuchtenden Helios, der den Kampf gewann; die schwarze Wurzel sproßt aus dem schwarzen Blut des Giganten, oder wird auch daher erklärt, daß Kirke vor Schrecken schattenbleich geworden ist.»

Jetzt verstehen wir tiefer, was der weise Leo in dem Gedicht gemeint hat, das wir als Einstimmung diesem vergessenen Kapitel der griechischen Geistesgeschichte vorausschickten. Der ewige Odysseus steht zwischen dem leuchtenden Helios und der dunklen Höhle. In seinem eigenen Innersten tobt der Kampf zwischen dem schwarzen Gigantenblut und der lichten Sonnennatur. Er selbst ist das Moly mit schwarzer Wurzel und weißer Blüte. Aber geheilt, gerettet, ins Licht erhoben wird er nur, wenn die wuchernde Wurzel stark und behutsam herausgelöst wird aus der Mutter Erde. Diese göttliche Kunst kann nur Hermes lehren. «Denn das Moly ist eine gute Gabe, die da stammt von Gott.»

3.

In dieses Seelengemälde von Odysseus und dem hermetischen Moly gilt es nun, die christlichen Züge einzutragen. Wurde doch aus dem bisher Gesagten deutlich, wie sehr die metaphysische Situation, in der sich das späthellenische Denken und Beten den Menschen zwischen Gott und Daimon und als einen vom Logos belehrten Heimkehrer zum Land des Lichts dachte, eine wahre Paideia auf Christus hin gewesen ist. Wenn der Apologet Justin alle Menschen, die gemäß dem Logos lebten, heimliche Christen nannte[86], wenn er gerade in der Gestalt des Hermes-Logos den Griechen das Wesen der neuen Botschaft vom menschgewordenen Mittler verständlich zu machen suchte, dann dürfen auch wir uns, bei allem klaren Wissen um das wesentlich Andere und Neue, das die Offenbarung in Christus gebracht hat, doch in hellenischer Freiheit um die Geschichte der christlichen Umgestaltung des homerischen Mythos bemühen. Der Ertrag wird nicht so reich sein wie später in dem Kapitel von der Pflanze Mandragoras. Aber wir werden dennoch ein paar neue Beiträge zu dieser noch ungeschriebenen Geschichte antik christlicher Psychotherapeutik erarbeiten können.

Auch der Christ steht, nun in einem unerhört deutlicher erfaßten neuen Sinn, zwischen Gott und Daimon, zwischen Himmel und Hölle. Ins Irdische eingesenkt mit seinem leiblichen Wesen, steht er unter der Gewalt des «Herrschers dieser Welt», und muß sich immerdar dem Dunklen entreißen in bemühender Askese, auf daß er sich aufschwinge ins Licht: er ist ein übernatürlicher Rhizotom seiner eigenen Seelenwurzel. Aber er hat den menschgewordenen Logos zum Seelenführer: in seiner Gestalt und in seiner evangelischen Botschaft besitzt er das ‹Pharmakon ewigen Lebens›.

Clemens von Alexandrien hat am Ende seiner Stromata[87] diese christliche Situation beschrieben – und eben hier taucht dann vor seinem hellenisch gebildeten Geist der homerische Mythos mit einer ganz neuen Sinnerfüllung auf. Es geht Clemens darum, gegen die falsche Gnosis, die aus eigener Macht und nach selbstherrlicher Deutung des Evangeliums den Aufstieg ins göttliche Licht erzwingen will, das Ideal der wahren katholischen Gnosis darzustellen. Der Christ ist ein Wanderer zur ‹ewigen Ruhe›, hinter ihm liegt das verlassene «Leben, das den Sinnendingen zugekehrt war». Aber der Aufstieg in die Ruhe ist «mühevolle und eng». Da steht nun der Mensch mit seiner *Krisis*, der geistigen Entscheidfähigkeit: er steht, wie Clemens sagt, zwischen Logos und Lust; die einen folgen dem Logos, der sie ‹erfassen› und anführen will, die anderen geben sich den Trieben hin. In dieser Einsicht liegt die christliche Erfüllung platonischer Ahnungen: niemals ist der Mensch ein bloß naturhaft schöngewachsenes, einheitlich strukturiertes Gebilde, wie das etwa die so eingängliche, glatt aufgehende Seelenlehre der Stoa (und der Stoiker aller Zeiten) angenommen hat; immer ist der Mensch geteilt und darum umworben von Engel und Tier, zusammengesetzt aus Helioslicht und Gigantenblut – oder, um es jetzt mit Clemens christlich zu sagen, er ist entweder ein Mensch Gottes oder ein Tier des Dämons. Darin liegt seine Krisis, und eine seelische Gesundung ist nur möglich, wenn der Mensch entschlossen zu einem in die von oben her kommende Wahrheit Verliebten wird. Dazu aber braucht es einer Hilfe von oben, die zugleich Wissen und Kraft ist, und das Ergebnis solcher von Gott gereichten Seelenführung ist nach des Clemens tiefsinnig geprägtem Wort die seelische Eutonie[87e], die biegsame und doch nervig harte Kraft, die nur dem wahrhaft Lebendigen eigen ist.

Das Wesentliche nun in dieser christlich-gnostischen Psychotherapie ist die Einsicht, daß Wissen und Kraft zu solcher Eutonie nie aus dem Menschen selbst kommen kann, sondern nur von oben her: der Mensch gesundet seelisch nur im Gehorsam vor einem Höheren, und das ist in der christlichen Erfüllung der Gehorsam vor der hörbaren Botschaft Gottes, die der Mittler gebracht hat und die im Evangelium, das die sichtbare Kirche auslegt und hütet, vor der Krisis des Menschen steht. Das ist die christliche Umwandlung des Mythos von Hermes und Odysseus, die fundamentale Einsicht aller wahren Seelentherapie: daß der Mensch, um gesund und licht zu werden, sich von der ihn überwältigenden Wahrheit, von oben, von dem Logos selbst weisen lassen muß. Clemens prägt dafür den abschließenden Satz: «Denn es ist unvermeidlich, daß diejenigen in die größten Irrtümer verfallen, die die größten Aufgaben in Angriff nehmen, wenn sie nicht die Richtschnur der Wahrheit von der Wahrheit selbst erhalten haben und besitzen.»

«Von der Wahrheit selbst»: aber das ist nun die christliche Begegnung zwischen dem heimfahrenden Menschen und dem Mittler Logos. Odysseus begegnet seinem Hermes, und die Wahrheit selbst ist das seelenrettende Pharmakon, das den Menschen vor dem Tierwerden beschützt. Hier setzt bei Clemens die Erinnerung an den homerischen Mythos ein[88]:

«Gerade wie wenn jemand aus einem Menschen zu einem Tier gewandelt würde, wie einst die von Kirke mit Gift Verzauberten, geht es denen, die der Überlieferung der Kirche einen Fußtritt versetzen und leichtfertig weghüpfen zu den Gebilden rein menschlicher Sondermeinungen: sie zerstören sich die Möglichkeit, ein Mensch Gottes zu werden und dem Herrn treu zu bleiben. Wer aber aus solcher Verirrung wieder zurückkehrt, auf die heiligen Schriften horcht und sein Leben wieder der Wahrheit zuwendet, der wird aus einem bloßen Menschen gleichsam zu einem Gott umgeweiht. Denn unser ist der Urgrund aller Lehre, der Kyrios selbst, der da durch Propheten und durch seine frohe Botschaft und durch die seligen Apostel mannigfach und vielfältig gesprochen hat: Er ist vom Uranfang bis zum Ende der Führer der Gnosis.»

Es bedarf keiner langen Interpretation zu diesem Text, der theologisch tief und mit hellenischer Eleganz die evangelische Wahrheit im homerischen Mythos angedeutet hat. Nur eben wie huschende Bilder, wie flüchtige Skizzen auf einer griechischen Vase, eilen hier noch einmal Hermes und Odysseus an uns vorüber, schauen wir die in Tiere verzauberten Gefährten; und die Rettung durch das Moly wird nicht einmal erwähnt, denn sie ist allen bekannt: nur im Gegenbild der christlichen Erfüllung erblicken wir, was Clemens unausgesprochen dachte. Christus ist der wahre, der einzige Hermes, der wissende Führer. Seine seelenrettende Gabe aber ist das Moly der evangelischen Botschaft. Und die Wirkung dieses Pharmakon ist die mystische Teleiosis der Vergöttlichung, die endgültige Errettung aus dem dräuenden Tierwerden. Nie wieder ist im Bereich der christlichen Symbolik der unsterblichen Blume Moly höhere Ehre zuteil geworden als durch des Clemens Vergleich mit der Wahrheit der frohen Botschaft.

Wenn Clemens hier im Kampf gegen die Gnosis sich herbeiläßt, das echte Wesen der katholischen Gnosis aus der Bildwelt des homerischen Mythos zu erweisen, so verfolgt er damit auch ein apologetisches Ziel: war es doch allbekannt, wie die Lehrer der außerkirchlichen Gnosis mit Vorliebe sich griechischer Mythologeme bedienten. Eines der lehrreichsten Beispiele dafür ist das gnostische System, das sich im zweiten und dritten Jahrhundert stolz nach dem Magier Simon benannte, von dem wir einiges aus der Apostelgeschichte wissen. Nun hat zwar nach den neuesten Forschungen diese späte simonische Gnosis mit dem alten Erzvater aller Ketzer nichts mehr zu tun, ein paar verstreute Fragmente aus mutmaßlichen Schriften des Simon vielleicht ausgenommen[89]. Um so bemerkenswerter ist das ausgebildete System selbst, aus dessen Bekenntnisschriften uns Hippolyt große Auszüge bewahrt hat[90]. Es spielt nämlich gerade die Homer-Allegorie in dieser pseudosimonischen Theosophie eine bedeutsame Rolle, und die Frommen dieser Gnosis legten den höchsten Wert darauf, die Bibel mit der Odyssee friedlich zu versöhnen. Wir können das hier nur flüchtig andeuten[90a]. Die Hauptrolle im System erhält die trojanische Helena, in der sich der Äon Epinoia verkörpert, die später dann als Gefährtin des Simon aus ihrer Versunkenheit ins Sinnliche herausgehoben wird; sie wandelt sich endlich gar in Selene, die «Allmutter und Weisheit[91]». Aber auch das hölzerne Pferd von Troja bekommt durch die Simonianer einen mystischen Sinn. Hippolyt wird ärgerlich, wenn er davon berichtet: «Mit solchen Fündchen hat Simon nicht nur die Worte des Moses böswillig entstellt, sondern auch die der Dichter. Denn er redet gar allegorisch vom hölzernen Pferd und fabuliert über Helena mit der Fackel und über eine Menge anderer Dinge, die er auf sich und seine Epinoia deutet[92].»

In einem solchen simonianischen Mischgebilde aus Moses und Homer, hinter dem man indes die den Menschen ergreifende Erlösungslehre nicht verkennen darf, begegnen wir nun wieder unserem Kräutlein Moly. Der unbekannte Gnostiker, der vermutlich im zweiten Jahrhundert die Hauptschrift des Systems verfaßt hat, gibt darin eine krause Deutung der Bücher des Moses. Die Genesis ist ihm allegorische Verhüllung des Werdens aller Menschen im Mutterschoß. Das Buch Exodus aber stellt wie in einem großen Mythos Lebensgeschick und Lebenstragik der in diese dunkle Sinnenwelt geschleuderten Geborenen dar, die durch Blut und Bitternis sich durchringen müssen in das gelobte Land der Seelenheimat. Ihr Führer auf dieser Reise ist Moses, der Logos, der mit seinem Stab und seiner Kraft alles Bittere in Süßigkeit wandelt – eben so, wie Hermes dem heimreisenden Odysseus das Moly gegeben hat. Lesen wir das Hauptstück dieser gnostischen Bibelodyssee[93]:

«Die Überschrift des zweiten Buches des Moses heißt Exodos. Es sollte nämlich das, was geboren war, das Rote Meer durchreisen und in die Wüste kommen – Rotes Meer nennt er das Blut – und dort bitteres Wasser kosten. Bitter nämlich ist das Wasser hinter dem Roten Meer: und dies ist der Weg der mühseligen und bitteren Lebenserfahrungen, der da beschritten wird. Aber von Moses, das heißt vom Logos, umgewandelt, wird jenes Bittere süß. Daß dies sich so verhält, kann man den dichterischen Worten entnehmen, die allenthalben zu hören sind:

‹Ihre Wurzel war schwarz, und milchweiß blühte die Blume, Moly wird sie genannt von den Göttern. Sterblichen Menschen ist sie schwer zu graben. Doch alles vermögen die Götter.›

Was da von Heiden gesagt wurde, gibt denen, die Ohren haben zu hören, genügende Auskunft zur tiefen Erkenntnis aller Dinge. Nur der Mann allein, der von dieser Frucht gekostet hat, ist von Kirke nicht in ein Tier verwandelt worden; ja er konnte sogar in der mitgeteilten Kraft dieser Pflanze seine bereits tiergewordenen Gefährten in ihr ursprüngliches, ureigenes Wesen zurückbilden, umformen und neu gestalten. Dieser von jener Giftmischerin geliebte Mann wurde durch solch milchweiße, göttliche Blume als getreu erwiesen.»

Nach dem, was wir früher aus der griechischen Homerallegorie entfaltet haben, ist es nunmehr nicht schwer, hinter diesen etwas wirren Gebilden der simonischen Gnosis die spätplatonische Deutung unseres Mythos zu erfühlen. Ist ja doch der Ausgangspunkt des ganzen Systems die Annahme, alles sei aus der Großen Urkraft hervorgegangen wie aus einem heraklitischen Feuer, und alles kehre nach den unendlich vielfältigen Geburten der Äonen wieder ins Feuer zurück. Aber dies alles spielt sich im Innersten der menschlichen Seele ab, «in jenem Raume, in dem die Wurzel des Alls sich gründet». «Dieser Raum aber», so fügt Hippolyt deutend hinzu, «ist nach ihm der Mensch, aus Geblüt erzeugt, und in ihm wohnt die Unendliche Kraft, die die Wurzel des Alls ist[94]». Darum ist auch der biblische Exodus nur ein seelisches Drama genau wie die Odyssee, und die Wurzel Moly sproßt aus der Wurzel des Alls, der Weg, den Hermes-Moses-Logos zeigt, ist der Weg der Lösung, das Heimfinden des seelischen Feuerfunkens – wir denken hier noch einmal an die Moly-Mystik des Maximos von Tyros – die Umformung, Zurückbildung und Neugestaltung des göttlichen Menschen aus dem Tier in seine Urform.

Clemens, der katholische Gnostiker, und Simon, der gnostische Selbsterlöser; der eine mit dem Moly seines kirchlichen Evangeliums, der andere mit dem Moly seines inneren Feuerfunkens: zwei Gestalten, die geradezu klassisch den ungeheuren Geisterkampf versinnbildlichen, der sich im dritten Jahrhundert endgültig zugunsten der Kirche wendet.

Wir besitzen noch ein reizvolles Zeugnis für die Stimmung, mit der das sterbende Heidentum die machtvoll blühende neue Religion beurteilte, die sich im vierten Jahrhundert in dem Mönchtum eine ganz neue Art von übernatürlicher Seelentherapie geschaffen hatte, in der Schar jener Menschen, die in die Wüsten flohen, um sich aus der dämonisch dunklen Welt ins himmlische Licht zu entringen; die sich (um ein Wort des Boethius zu gebrauchen[95]) zwischen «Kot und Sternen» fühlten und dadurch ihr Menschtum retten wollten, daß sie sich durch ein engelgleiches Leben vor dem Tierwerden bewahrten: ihr *Bíos angelikós* wollte die höchste Nachbildung des Logos sein, der der ‹Angelos› in Person war. Es fährt der heidnische Dichter Rutilius Namatianus zu Schiff an einer kleinen Insel bei Pisa vorbei, auf der sein Freund, der Christ geworden war, sich als Mönch «lebendig begraben hatte». Da grollt er der Kirche, dieser neuen

Kirke, dieser «Sekte», die ihm den Freund geraubt hat und ihn in ein odysseisches Tier verwandelte[95]:

«Ist diese Sekte nicht übler als alle Gifte der Kirke? Leiber nur wandelt' man einst, Seelen verzaubert man jetzt.»

Vielleicht hat der Freund, als er dies auf seiner neuen Aiaie las' für die vom Logos geschenkte Entzauberung der Welt gedankt und das neue Moly der himmlischen Logosbotschaft in die Hände genommen. Um die Geistwandlung, die sich hier vollzogen hat, genauer zu kennzeichnen, müßte die tiefsinnige Theologie und Seelentherapie vorgelegt werden, die im monastischen Schrifttum der Antike ausgebreitet wird: die Theologie vom Engel und vom Tier im Menschen. Wir müssen uns mit der Andeutung begnügen. Man braucht nur das profunde Kapitel bei Origenes[97] lesen, wo er zeigt, wie die Tiere sozusagen nur sichtbar gewordene Sinnbilder und Inbegriffe menschlicher Leidenschaften sind, wie sie irgendwie unter der Dämonie des Teuflischen stehen als noch unerlöstes Stück der Kreatur, nur ein Spiegelbild dessen, was auch in den Tiefen der Menschenseele noch dräut an unerlösten, dämonischen Kräften. Und umgekehrt: es gehört zu den Hauptstücken der antiken Mönchsweisheit, daß der wahre Gnostiker, der das Tier in sich endgültig durch den Engel überwunden hat, nicht nur eine seelische Macht über die Dämonen (denen die Tiere zugeordnet sind) erlangt, sondern auch eine verklärende Gewalt über Tier und Pflanze, einen vorausleuchtenden Strahl der kommenden Erlösung aller Kreatur[98].

In diesen Zusammenhang führt uns nun das letzte Zeugnis der christlichen Antike zur Theologie des homerischen Mythos. Boethius hat es uns in dem abendschönen Gesang von der «Tröstung der Philosophie» geschenkt. Homer und Platon stehen verklärt in diesem christlichen Leuchten.

Weil alles, was da ist, auch gut ist (so unterrichtet die Philosophie ihren gefangenen Freund), darum hört alles, was böse ist, in einem wahren Sinn, auf zu sein. Der böse Mensch sieht nur nach dem leiblichen Auge wie ein Mensch aus: in Wahrheit ist er ein Tier geworden. Denn die aus Gott geborene Seele hat die Bestimmung, göttlich zu werden. Fällt sie davon ab, dann wird sie Bestie – es gibt in den Bereichen der Psyche kein Niemandsland. Boethius prägt das in den klassischen Satz, der wie ein edles Samenkorn alle Keimkräfte von tausend Jahren griechischer und christlicher Geistigkeit in sich birgt: «So geschieht es denn: wer das Gutsein läßt und so aufhört, ein Mensch zu sein, der wird, weil er nicht in seine göttliche Bestimmung eingehen konnte, in eine Bestie verwandelt[99].»

Und hier greift Boethius zur Lyra, um eines seiner ewig schönen Lieder zu singen, die den Fluß der gesprochenen Rede unterbrechen wie der Chor im griechischen Drama. Homers unsterblicher Mythos von Odysseus und Hermes und den in Tiere verzauberten Gefährten steht vor seinem Geiste. Das Gedicht[100] hebt an mit der Beschreibung der Insel, auf der die zaubermächtige Tochter aus des Helios Samen thront, und zeichnet dann die Arten der Bestien, in die ihr Gift die Menschen verwandelt hat. Einzig der leidgeprüfte Odysseus bleibt durch des Hermes Gabe davor befreit:

«Aber der barmherzige Sinn
des arkadischen Flügelgottes
befreite den vielumdräuten Führer
von der Pest der Gastgeberin.»

Es ist ein wundersamer Abschied an den griechischen Hermes, dieses Wort vom «numen miserans Arcadis alitis», von dem «barmherzigen Gottessinn des arkadischen Flügelgottes», der den Dulder und doch Führer von der «Pest seiner Gastgeberin» befreit. Wir wissen, worin die barmherzige Gabe bestand: es war die seelenheilende Blume Moly.

Boethius spricht nicht ausdrücklich von dem hermetischen Kraut, aber die unmittelbar darauffolgende Deutung des Mythos zeigt uns, was er im Moly versinnbildet sieht. Die Gefährten sind dem kirkischen Gift erlegen, schon nähren sie sich von schweinischen Eicheln «und nichts bleibt an ihnen unversehrt». Wundervoll besingt er die seelische Wirkung dieser Vergiftung:

«Stärker reißt ja dies grause Gift
aus dem Menschen das eigene Selbst,
und es dringt in das innerste Mark.
Nicht den Körper verwandelt es,
nein, es rast in dem wunden Geist.»

Dagegen gibt es nur eine einzige Therapie: die Gabe des barmherzigen Gottes, das Moly – den Aufschwung des guten Menschen zu jenen Höhen des Göttlichen, das da seine innerste Wesensbestimmung ist. Odysseus allein ist durch Hermes instandgesetzt, dem Tierischen zu widerstehen; in der Sinndeutung aber heißt das: nur der Geist, der das Tierische überwunden hat, ist siegreich: sola mens stabilis super monstra. Und so bricht denn Boethius in den Siegesgesang auf den göttlichen Menschen aus, dem die ohnmächtigen Zauberkräuter der Kirke nichts mehr anhaben können, weil in der innersten Burg der Seele die Logoskraft waltet:

«O du allzu schwächliche Hand,
du ohnmächtiges Zauberkraut!
Wandeln kannst du Leibesgestalt,
Nichts vermagst du gegen ein Herz!
Innerlich ist des Menschen Gewalt,
heimlich in seiner Seelenburg.»

Wir müßten in der Tröstung der Philosophie noch bis zum Ende lesen, wollten wir zeigen, wie Boethius diesen vom Logos gewiesenen Aufschwung des guten Menschen weiter verfolgt. Noch einmal läßt er alle Dulder der Antike an uns vorüberziehen, die da aufsteigen zu jener Liebe, die der Grund aller Dinge ist: «Denn nichts hat ewige Dauer außer das Zurückströmen in den Urgrund der Liebe, aus dem alles ausfloß.» Es sind Weisen, wie wir sie erst wieder bei Dante im Endgesang des Paradiso vernehmen[101]:

«Nicht anders haben die Dinge Bestand,
außer sie fließen in Liebe zurück
zu dem Urgrund, der ihnen Sein gab.»

Aber der Aufstieg ist schwer «und Odysseus hat geweint[102]». Dem Mutigen allein, der das Erdenhafte und Dunkle überwindet, gelingt er. Und so endet das unsterbliche vierte Buch der Consolatio, das uns den christlichen Abschied der Antike an den homerischen Mythos vorgesungen hat, diese tiefsinnige Theologie der Reise «zwischen Kot und Sternen», mit dem Aufruf an die seelisch Mutigen[103]:

«Geht, ihr Tapferen jetzt, wo die steile Straße
großen Beispiels führt. Warum voller Feigheit
zeigt ihr nackten Rücken? Besiegte Erde
schenkt euch die Sterne.»

Was wir noch aus Mittelalter und Neuzeit zur Symbolik des Moly zu berichten haben, ist nur wie ein etwas kläglicher Epilog, der uns nicht gefallen mag, nachdem wir den antiken Liedern gelauscht haben. Das Wichtigste sei immerhin vorgelegt, denn es wird daraus deutlich, auf welchen Wegen die schwarze Wurzel und die weiße Blüte des hermetischen Kräutleins bis in die Wunderküche der Alchemisten gelangt sind.

Wir begegnen dem Moly und gewissen Resten seiner Symbolik naturgemäß immer dort, wo in alter oder in neuentdeckter Tradition die Kenntnis der homerischen Odyssee lebendig war. Zunächst bei den Byzantinern, denen ja Eustathios so manche Kenntnis vermittelt hat. Da ist der biedere und langweilige Johannes Tzetzes mit seinen Allegorien zu Homer. Die Versuchungen der Kirke sind ihm die Künste einer Hetäre – fast wie einst in den Moralismen der Stoiker. In der Kraft des Moly unterliegt ihr aber der brave Odysseus nicht, denn er hat ein antimagisches Kraut in der Hand: «Und das Moly ergreifend, entwand er sich den Dirnenkünsten der Kirke[104].» Das Moly ist dem byzantinischen Deuter eine Art von Zauberkraut, das er in einem Atem nennt mit «Flohkraut und Kreuzdorn und Efeu und anderen tausend magischen Gegenmitteln». Nur an einer anderen Stelle erschwingt er sich einmal zu edlerer Deutung: da ist das Moly das Sinnbild des Weisen[105]. Auch Nikephoros Gregoras hat nur zu vermelden: «Hermes gab ihm das Moly. Das ist aber ein Kraut, das gegen Magie angewendet wird[106].» Wirklich, in Byzanz ist die seelenheilende Blume im Herbarium getrocknet worden.

Anders wird es erst in der Humanistenzeit. Der Grieche Christophoros Contoleonti, der im 16. Jahrhundert in Rom lebte, schrieb eine Prothesis zur Odyssee zum Erweis, daß Homer in seinem Gesang das «menschlich beste Leben» habe lehren wollen; die übermenschlichen Geschicke des Ithakers seien ein Seelengemälde und zeigten, daß der Mensch solche Gefahren, wie sie Odysseus bei Kirke erlebt habe, nur in der göttlichen Kraft des himmlischen Lichtes überwinden könne[107]. Von solchen, aus der italienischen Homerbegeisterung herüberklingenden Auffassungen sind dann auch die Humanisten jenseits der Berge berührt worden. Als der Graubündener Simon Lemnius in Basel die erste lateinische Übertragung der Odyssee veröffentlichte, gab er dem Werk ein schwungvolles Einleitungsgedicht bei, in dem die Allegorie der Odysseusfahrt auf das menschliche Leben gemalt wird. Wir übertragen seine Verse, die das Abenteuer bei Kirke schildern, ins Deutsche; leise Nachklänge aus der antiken Deutung werden darin wieder lebendig[108]:

«... Da kam er zur Küste der Kirke,
wo die Gefährten er sah schändlich zu Schweinen gemacht.
Aber das kluge Moly besiegt die titanischen Monstra,
und des Helden Geheiß wandelt zu Menschen sie um.
Wohl hat Kirke den Leib der Gefährten in Tiere verzaubert:
Über Odysseus allein hat sie keine Gewalt.
Denn das Moly ist Weisheit, die siegt über alle Gefahren,
wenn sich mit ihr vereint Schwert und siegender Mut.»

Jetzt legen selbst die ernsthaften Gelehrten der Bibelwissenschaft Wert darauf, ihre klassische Bildung an den Mann zu bringen. Der Jesuit Benedikt Pereira bringt es zuwege, in seinen Kommentar zur Genesis auch das Kräutlein Moly zu schmuggeln. In einer hohen Disputation über das Wesen des «Lebensbaumes» im Paradies zählt er alle antiken Vorbilder auf, die da von seelenheilenden Pflanzen sprechen (er meint gar noch, wie einstens Justin der Philosoph, die Hellenen hätten das aus dem mosaischen Buch entlehnt); aber das herrlichste all dieser Kräuter sei doch das Moly des Hermes[109] Ganz in die geistige Nähe der Alchemisten, deren große Zeit nun auch wieder gekommen war, führt uns ein entzückendes Buch, die erste deutsche Odyssee-Übersetzung, die der gute Simon Schaidenreißer 1537 in Augsburg hat erscheinen lassen. Da erscheint der Held Ulixes als Inbegriff aller menschlichen Tugenden. Seine Kraft aber erhielt er von Merkur – nicht mehr dem alten Gott, sondern nun dem Gestirn; das Moly eines glücklichen Horoskopes hat ihn über alle Versuchungen und Gefahren siegen lassen[110]:

«Ulysses ist von wein, wollust, lieb, von wind, Fortunen, mörwundern und von Göttern selbst unüberwunden geblieben, vermittels des hailwertigsten krauts Moly (das ist die Weisheit), welche dem edlen blut und theuren Ulyssi anfenklich von oben herab, von dem gnadenreichen kunstmilten Planeten oder gestirn Mercurio durch mit würckung Minervae eingegossen und eingepflanzt ware ... Moly das ist die weißheit; durch das kraut Moly verstehen wir die mannheit und tugent Ulyssis, die er von Mercurio empfangen und damit alle gefärligkeiten, auch verfürischen reitzungen der wollust obgesiegt hat, wie Tyrius Maximus schreibt.»

Nun wundert es uns nicht mehr, wenn wir zu guter Letzt dem hermetischen Kraut Moly auch im Wurzgarten der Alchemisten begegnen. Ging es ihm ja wie seinem Gott Hermes selbst und wie all den anderen Gestalten und Symbolen, die aus dem hellen Bereich des Bewußten vertrieben wurden, um dadurch desto kräftiger im dunklen Zauberhain der ‹königlichen Kunst› weiterzuleben. In einem alchemistischen Kräuterbuch des 17. Jahrhunderts klingt noch einmal der uralte Bericht aus dem neunten Buch des Theophrast auf, zum Erweis dafür, daß das Wissen um die geheimnisvollen Kräfte der Heilkräuter aus göttlicher Weisheit stamme [111]:

«Moly ist ein herrlich hochberühmt Kraut bey dem Poeten Homero gepriesen / solches hat vor allererst dem Hertzog Ulyssi angezeiget der Abgott Mercurius / damit er sich erwehren möchte / gegen der Hexen Circe / auff daß er nicht von ihr verzaubert würde. Aber in unseren Landen nicht bekannt / dann es wächst allein in Arcadia / mit einer runden schwarzen Wurtzel / einer Zwibeln gleich / soll fast mühsam und schwerlich zu graben seyn.»

Was hier zunächst noch botanisch und medizinisch gemeint ist, wird in der eigentlich alchemistischen Literatur zum Symbol jenes gepriesenen und heiß gesuchten Endeffektes aller chemischen Praktik, des philosophischen Steins, der merkurischen Tinktur. Moly wächst zusammen mit anderen Zauberpflanzen im Garten des Hermes, sagt uns Stolcius in seinem «Viridarium Chymicum» im lateinischen Vers zum Bild dieses Gartens: «Hinc Hyacinthus adest, Vitis, Lunaria, Moly [112].» Wir sehen auch hier noch: Lunaria und Moly gehören zusammen, und darüber werden wir später in der Symbolik der Mandragore noch einiges hören. Genauere Auskunft über die alchemistische Bedeutung des Moly gibt uns Michael Maier in seiner «Septimana Philosophica» [113]. Da unterhält sich die Königin Saba mit dem kräuterkundigen Salomon über die Geheimnisse alchemistischer Pflanzen und beginnt das Gespräch mit den hübschen Worten: «Ich wittere schon lange den Duft des Krautes Moly, das bei den alten Poeten so gefeiert wird. Hat vielleicht auch dieses Moly eine chymische Eigenschaft in sich?» Und Salomon antwortet ihr folgendes:

«Diese Pflanze ist sogar ganz und gar chymisch. Man erzählt, Odysseus habe sie gebraucht, um sich gegen das Gift der Circe und die verderblichen Gesänge der Sirenen damit zu wehren. Und man sagt, Mercurius selbst habe sie gefunden als wirksamstes Mittel gegen alle Gifte. Sie wachse häufig am Berge Kyllene in Arkadien, dem Geburtsort des Mercurius, von wo dieser auch Kyllenius genannt werde. Wir aber verstehen unter Mercurius jenes Mineral oder Metall, und unter dem Moly den Sulphur, der vom Merkur gelöst wird und der nun nicht mehr zuläßt, daß der Artifex als Odysseus anderen Rezepten und sophistischen und täuschenden Anweisungen seine Ohren und seinen Geist hingebe.»

Es ist von hohem Interesse, hier zu sehen, wie der antike Mythos angewendet wird auf einen Vorgang, der zugleich ‹chymisch› und psychologisch ist: das Moly des geglückten chemischen Prozesses wird im gleichen Moment auch zum Symbol jener inneren Sicherheit, die der Adept empfindet, und die ihn nun zum Meister macht, der von keinerlei Rezept mehr abhängig ist. Der innere Prozeß ist geglückt; Odysseus ist gerettet in der Kraft der weißen Blume des Hermes. Wir dürfen darum auch in den anderen alchemistischen Traktaten, wo von der weißen Blume oder von der ‹Goldblume› die Rede ist, an das Moly denken[114]. Sagt doch der Alchemist im Traktat «Der kleine Bauer» ausdrücklich: «Die ein Blum kan sich in alle gestalten verwandlen und liebt alle Planeten ... Es mögen diese wort folgenden verstand haben: der Mercurius, welcher ist die weiße Blum, läßt sich brauchen und anführen zu aller Planeten Tinctur[115].» Hermes und seine seelenheilende Blume sind letztlich eins: beide das Symbol jener psychischen Rückkehr zur Vollendung und zum Anfang, die der Alchemist in sein chymisches Opus projiziert. Das wird vielleicht am deutlichsten in einem Text, der älter ist als die oben angeführten und vermutlich auf die ihm folgenden alchemistischen Traktate eingewirkt hat. Er stammt aus der «Confession» des Henricus Khunrath[116]:

«Das wahre Moly, cuius radix nigra, lacti autem similis flos, so Mercurius (der heidnische Kunst Abgott, auch Bothe und Dolmetsch der anderen erdichteten heidnischen Götter) Ulixi in seiner irrfahrt zeigete, dasselbe wider die Zaubery Cyrces der Teufelsbestien und Hexen (itziger Zeit auch wider das Gift der verfürerischen Arg-Chymistischen schwermereien) hochnützlich zu gebrauchen: der Einige, Naturgemes-künstlich Newgeborene Phoenix der Natur, so aus seiner eigenen Aschen herfürkommen.»

Wir bescheiden uns damit, für diesen und die vorhergehenden alchemistischen Texte zu einer richtigen Interpretation das geschichtliche Material bereitgelegt zu haben. Alchemie und Psychologie werden dazu gewiß noch Aufschlußreicheres ergänzen können. Es mag aber bemerkt werden: diese Gleichstellung des Symbolsinns von Moly und Phönix ist sehr wichtig. Der aus seiner eigenen Asche sich ins Licht emporschwingende Vogel des antiken und des christlichen Mythos ist der Inbegriff der «befreiten Seele», das geheimnisvolle Symbol für die Lichtgeburt, die als Endergebnis alles Aufstiegs aus dem dunklen Chaos sich zeitigt – mithin eben das, was man auch in der schwarzen Wurzel und der weißen Blüte des Moly versinnbildlicht fand. Merkur führt aus dem Chaos ins Licht – so hatte schon Prudentius gesungen. Aus der eigenen Asche steigt der Phönix, aus der schwarzen Wurzel steigt die Blüte ins Licht – «zurückbilden, umformen, neugestalten in das eigene, ursprüngliche Wesen» hatte die simonische Gnosis diesen Prozeß genannt. Die befreite Seele steigt aus der Materie ins Geistige auf – «vom Kot bis zu den Sternen» ging die Reise des Boethius. Die Seele wandelt sich vom Tier zum Engel in der Kraft der hermetischen Blume, sie findet zurück zu der ihr anerschaffenen göttlichen Bestimmung, zum innersten Menschen, der da «tief in der Seelenburg» wohnt. Wer das Moly besitzt, dem kann kein Gift mehr das «Herz» rauben, sagte Boethius; und darin klingt zum letzten Mal der unsterbliche Vers aus Homer an, nun aber gewendet in die höchste menschliche Vollendung:

«Du aber trägst in der Brust ein Herz gefeit und gefestigt, wahrlich, du bist der vielgewandte Odysseus, von dem mir immer der Gott mit dem goldenen Stabe verkündet ...[117]»

Wenn also bei Boethius das Pharmakon der Kirke den Menschen «des eigenen Selbst beraubt», so dürfen wir nun sagen: das Pharmakon des Hermes eint den Menschen mit seinem ewigen Ich. Und dies ist zutiefst auch das Anliegen, das hinter allen alchemistischen Praktiken gesucht wird. Alle Menschen suchen die weiße Blume des Seelenheils.

Gar manches gäbe es nun am Ende noch zu berichten, wie auch die den Alchemisten gleichzeitige Pädagogik des Humanismus den Symbolsinn des Moly gedeutet hat. Aber darüber hat uns G. Finsler in seinem schönen Buch über «Homer in der Neuzeit von Dante bis Goethe» unterrichtet [118]. Beschließen wir darum die hohe und ernste Symbolgeschichte der hermetischen Seelenblume mit einem heiteren Lächeln, und lassen wir uns von dem gestrengen Schulmeister des humanistischen Albion, von Roger Ascham in seinem köstlich altertümlichen Englisch das Schlußwort sagen. Ascham führt da aus, das beste Mittel, um den jungen Engländern Latein und Geschmack an der Antike beizubringen, sei eine Studienreise nach Italien und Rom. Aber, so meint der bekümmerte Pädagoge, das sei zugleich ein gefährliches Wagnis, vergleichbar den Irrfahrten des Odysseus, und manch ein gut christlicher Engländer sei aus Italien mit verderbten Sitten heimgekehrt, denn da unten könne er in die Höhle der Kirke geraten – «some Circes shall make him of a plaine English man a right Italian». Es habe sich leider so oft das Sprichwort bewahrheitet: «Englese italianato e un diabolo incarnato.» Davor gelte es die Jugend zu behüten, und das beste Gegengift sei das wunderkräftige Kräutlein Moly. Homer habe unter diesem Sinnbild, als er die «süßen und göttlichen Verse» vom Moly sang, die von Gott verliehene Gabe der Gottesfurcht verbergen wollen – denn dieses von Symbolen verdeckte Sprechen sei so recht die Art der «weisen und göttlichen Männer»; und was er mit dem Moly meine, das habe David im Psalm 33 offen gesagt: «Kommt, Kinder, und höret mich: die Furcht des Herrn will ich euch lehren.» Das sei bitter zu Beginn wie die schwarze Wurzel des Moly, aber süß am Ende wie die lichte Blüte. Nicht aus sich selbst habe der Mensch dieses Pharmakon, sondern es sei die «Gabe von oben», die Gott selbst dem strebenden Menschen entgegenreicht. Und so sagt denn der «Scholemaster»:

«That swete herbe Moly with the blacke roote and white floore, is given unto him by Mercurie, to avoide all inchantementes of Circes. Wherby the Divine Poete Homer ment covertlie (as wise and Godly men do iudge) that love of honestie and hatred of ill, which David more plainly doth call the feare of God, the only remedie agaynst all inchantementes of sinne. The true medecine ... is in Homer the herbe Moly with the blacke roote and white floore, sower at the first, but swete in end ... and the Divine Poete sayth plainlie, that this medecine agaynst sinne and vanitie is not found out by men but given an taught by God[119].»

Er hat recht, der brave Schulmeister mit Odyssee und Psalmenbuch, und er spricht mit seinem Schlußsatz jene platonische Einsicht noch einmal aus, die wir als die tiefste Erkenntnis der antiken und christlichen Seelentherapie in der Symbolgeschichte des Moly erkannt haben: daß der Mensch immer nur gesundet an etwas, das größer ist als er selbst, das ihm von oben her entgegenkommt wie Hermes mit der seelenheilenden Blume. Von dem Moly der wahren Psychotherapie gilt auch heute noch der «süße und göttliche» Vers aus Homer:

«... Sterblichen Menschen ist es schwer zu graben. Doch alles vermögen die Götter.»

## II
## MANDRAGORE, DIE EWIGE MENSCHENWURZEL

Das Moly des Seelenführers Hermes hat uns hinaufgeführt in die Höhen der griechischen und christlichen Psychotherapie, und wir sind dem Logos gefolgt auf der platonischen Reise zwischen Kot und Sternen. Mit derjenigen Blume, deren Symbolgeschichte uns nunmehr beschäftigen soll, stürzen wir gleichsam wieder zur tiefsten Erde herab: die schwarze Wurzel des Mandragoras, die so tief in der Mutter Gaia steckt, ist in Wahrheit das Gegenbild zur lichten Blume vom hermetischen Kyllene. Sie ist das Gift der Kirke, sie wuchert in den Zaubergärten der Hekate, und die Griechen gedachten ihrer nur mit einem ahnenden Schauder, so, wie der orphische Argonautensang die gräßlichen Kräuter im Hain der nächtigen Göttin beschreibt[1]:

«Polion wuchs, Mandragoren dazu und fahles Diktamnon, Krokus von süßlichem Ruch...»

Die magische Fahrt, die wir nun auf der Suche nach Mandragoren beginnen, führt uns auf die Märcheninsel Hypnos, das Eiland der dunkel aufsteigenden Träume, von dem Lukian erzählt, «wo nur hoch aufgeschossener Mohn wuchert und Mandragoren blühen, umflattert von stillen Schmetterlingen, den einzigen Vögeln dieses Landes[2]». Die antike Symbolik dieses Krautes wird uns in die seelischen Tiefen des Dunklen hinabführen, wo man nächtens in grausigem Zauber die schwarze Wurzel der Erde entreißt, die kopflose, gespenstische Gestalt eines Menschen, um sie zur seelischen Überwältigung des Lichten in der Seele zu gebrauchen. Aber gerade aus diesem Dunkel wird sich dann die christliche Symbolik der Mandragore zu hehren Höhen erheben.

So wird der Mandragoras zum Gegenbild des Moly, aber am Ende unserer Symbolgeschichte von der Seelenheilung eint sich alles: aus der dunklen Erdenwurzel bricht eine ewige Blüte des Lichts auf. Der Logos wird siegen. Und wenn die Alten den Mandragoras ‹Morion› nannten, das ist die Wurzel der Torheit und der seelischen Wirrnis³; wenn sie in ihm das eigentliche «Kraut der Kirke» sahen, den giftigen Liebeszauber und das Pharmakon tierischer Verwandlung⁴ – dieses dunkle, kopflose Gewächs der Erde wird am Ende gekrönt mit dem Haupt des Logos, mit ewig verklärender Weisheit, es wird sein das Symbol der himmlisch gewordenen Erde.

Wir formen den quellend reichen Stoff, gleich wie in der Geschichte des Moly, in drei gesonderte Gruppen. Zunächst gilt es, den botanischen und medizinischen Anschauungen der Antike vom Mandragoras nachzugehen, weil wir nur so die Symbolik verstehen lernen (1). Dann wenden wir uns der antiken Symbolik und Magie des Mandragoras zu (2). Und daraus wird sich der Grundriß ergeben für die Darstellung der christlichen Symbolik (3), auf die wir hier den Hauptwert legen, da sie reicher ausgestaltet und theologisch tiefsinniger ist als diejenige des Moly, und da sich in der apokalyptischen Mandragoren-Vision, die das Ganze beschließt, am schönsten ausspricht, was der innerste Sinn unserer Geschichte von der seelenheilenden Blume sein sollte.

## 1.

Botanisch gesehen ist der Mandragoras, im Gegensatz zum Moly, von Anfang an eine genau bestimmbare Pflanze⁵. Sie wächst im ganzen Osten, auch auf dem Boden der alten griechischen Kultur. Allein, da ist schon einmal der Name des Krauts wie von einem seltsamen Duft aus der Urzeit umweht: das Wort ‹Mandragoras› ist nicht griechisch, es stammt aus der versunkenen Welt, in die einst die Griechen einzogen, es ist karisch oder es geht gar auf das persische ‹mardum-gia›, das heißt ‹Menschenkraut› zurück und es hätte mithin vielleicht gar die gleiche Herkunft wie das kappadokische Moly⁶. Wer weiß es? Wir sehen aber daraus schon jetzt: mit diesem Kraut ist es etwas Geheimnisvolles, und die Griechen haben seinen Namen von ihren besiegten Meistern des Religiösen zusammen mit dem dunklen Kult der Erdenmütter stammeln gelernt. Der Mandragoras ist giftig.

Darauf deutet schon die erste Nachricht hin, die wir vom Mandragoras bei Theophrast lesen: denn die Pflanze, die er unter diesem Namen beschreibt, hat mit dem botanischen Mandragoras nichts zu tun, es ist vielmehr wohl die Tollkirsche mit ihren schwarzen Früchten von narkotischer Wirkung[7]. Anders gleich der unbekannte Rhizotom, dem wir das neunte Buch des Theophrast verdanken[8]. Der kennt als echter Wurzelmann aus dem Volk seinen Mandragoras genau, und wir werden ihm wieder begegnen, wenn er uns die magischen Zauberbräuche beim Graben dieser Wurzel verrät. Seit Dioskurides ist dann die botanische Bestimmung und Einteilung des Mandragoras festgelegt[9]. Man unterscheidet drei Arten: den männlichen oder weißen, der auch Morion heißt, auch Frühjahrsmandragore genannt. Seine Wurzel ist dick, außen schwarz, innen weiß, aus dem unmittelbar über dem Boden sich ausbreitenden Blätterkreis sprossen die duftenden Blüten, die sich zu betäubend wirkenden Beeren von gelblicher Farbe reifen. Die weibliche oder schwarze Mandragore hat ebenfalls eine große, oft zwei- oder dreigeteilte Wurzel, «von außen schwarz und dickrindig, innen weiß». Die Römer, fügt Dioskurides bei, nennen sie auch ‹mala canina› oder ‹mala terrestria›, Hundeäpfel oder Erdäpfel. Die dritte Art heißt ausdrücklich ‹Morion›, das ist Narrenkraut, und Dioskurides hat sie selber nirgends gefunden. Alle drei Arten sind auch der heutigen Botanik wohlbekannt als Mandragora officinarum Linné; als Mandragora autumnalis Spreng; als Mandragora microcarpa. Die gleiche Einteilung gibt Plinius, wenngleich mit ein paar Ungenauigkeiten[10], und ihm folgend die spätantiken Pflanzenkundigen, von denen nur die für das Wissen der Kirchenväter bedeutsamen Pseudo-Dioskuriden[11] genannt seien. Immer wieder klingt des Plinius Satz von den zwei Hauptarten des Mandragoras an: candidus qui est mas, niger qui femina existimatur. Man weiß bis ins Mittelalter von dem botanischen Wesen der Wurzel nicht viel mehr als was bei Dioskurides zu lesen stand. Dafür wußte man von ihr um so mehr Magisches und Zauberisches – aber davon erst später.

Das botanische Interesse am Mandragoras wurde indessen seit dem Sieg des Christentums noch von einer ganz anderen Seite her neubelebt. Man fand da in den heiligen Büchern des Alten Testaments wahrhaftig die aus dem antiken Leben her schon so bekannte Wurzel Mandragoras wieder. In der Genesis 30, 14–16 wird erzählt, wie der junge Ruben zur Zeit der Weizenernte aufs Feld geht und dort ‹dûdâ' îm› findet, die er seiner Mutter Lia bringt; diese läßt sich die dûdâ' îm von der Schwester Rachel abhandeln, denn sie sollen der verschmähten Frau die Liebe ihres Gatten wieder verschaffen. Die griechische Übersetzung der Septuaginta gibt das hebräische Wort mit *mandragórai* wieder, und es wird doch wohl so sein, daß sie mit solcher Übertragung auch botanisch im Recht war[13]. Denn die dûdâ' îm, die zur Weizenernte, das ist also im späten Frühling, in voller Frucht stehen, sind die Frühlingsmandragoren mit ihren weißgrünen Blüten, den gelben, im schönsten Goldglanz schimmernden Äpfelchen, die so stark duften, und die uns noch von modernen Palästinareisenden geschildert werden. Über die magische Liebeszauberkraft, die man den Äpfelchen zuschrieb, sprechen wir später. Die gleiche Pflanze wird genannt im Hohenlied 7, 14, wo die Braut den Frühlingsglanz der Natur beschreibt und sagt: «Die dûdâ' îm hauchen schon ihren Duft» – im griechischen Text steht aber wieder *mandragórai*. Aus diesen beiden kurzen, nur eben wie ein leiser Mandragorenduft vorbeihuschenden Erwähnungen in der Heiligen Schrift ist die ganze Welt von Symbolik gesproßt, von der wir sprechen werden – oder besser, an diesen beiden Schriftstellen ist die zauberische Welt der antiken Mandragorenmagie in die christliche Symbolik eingedrungen, um neu gestaltet zu werden. Das ist der Grund, warum die Allegorie vom Mandragoras so viel reicher ist als diejenige vom Moly: zwei unbedeutende Schriftstellen genügten, um aus antikem Raunen und christlichem Glauben ein wunderlich und wundersam Neues entstehen zu lassen. Daher also auch schon das rein botanische Interesse der Kirchenväter an der biblischen Pflanze Mandragoras. Das reizvollste Beispiel dafür ist der große Augustinus[14]. Gar viel hat er in seiner heidnisch antiken Umgebung tuscheln hören von der zauberischen Kraft dieser Wurzel. Und wo er nun die Genesis zu erklären hat, stößt er auch gegen den Manichäer Faustus auf die Stelle im 30. Kapitel. «Ich habe die Leute davon schwätzen hören», sagt er, «diese Sorte von Äpfelchen habe eine magische Wirkung auf die Fruchtbarkeit der Frauen.» Der Fall muß untersucht werden – und Augustinus gelingt es, einer veritablen Mandragorenwurzel habhaft zu werden, wie sie schon in der späten Antike von reisenden Wurzelziehern um schweres Geld verkauft wurden. «Rara enim res est», seufzt Augustinus, denn sie hat ihn offenbar ein gutes Geld gekostet. Dann schildert er, wie er die Wurzel untersucht habe, «nicht wie die weltfremde Doktorin der Männer von der Kräuterwissenschaft, sondern mit den normalen Sinnen eines gewöhnlichen Menschen, mit Gesicht, Geruch und Geschmack». Augustin hat in seine Wurzel sogar hineingebissen. Das Ergebnis ist: hübsche Frucht, süß duftend, aber die Wurzel von abscheulich bitterem Geschmack. Für einen Augustinus ist das willkommener Anlaß, daran allerlei symbolische Gedanken zu knüpfen – wir werden ihnen später begegnen. Auch die anderen Väter sprechen gerne von der Botanik des Mandragoras, Ambrosius[14] und Basilius[15] und nach ihnen das ganze Heer der Väter, die das Hohelied und die Genesis auslegen. Sie alle sind darin ganz Kinder ihrer hellenischen und römischen Zeit.

Für die Darstellung der medizinischen Verwendung des Mandragoras können wir uns genau so kurz fassen wie für dessen Botanik. Man hat darüber die Quellentexte schon fast vollzählig gesammelt und gedeutet[16]. Als Grundlage zum Verständnis unserer kommenden Symbolik müssen aber die zwei Hauptverwendungen des Mandragoras herausgehoben werden: die Mittel und Arzneien, die man aus Wurzel und Früchten bereitet, dienen zur Erregung von Liebe und Liebeslust; dann aber vor allem als Narkotikum in Krankheiten und bei Operationen. Mandragoras ist also zunächst ein Aphrodisiakum. So steht es schon bei Ps.-Theophrast: die Wurzel dient als Liebesmittel[17]. Dioskurides begründet den Namen «Wurzel der Kirke» geradezu damit: «Es scheint nämlich diese Wurzel ein Mittel zur Liebeserregung zu sein[18].» Wenn auch, wie Steier[19] bemerkt, der Zeugnisse dafür aus dem Altertum nicht viele sind (er bringt nur die zwei genannten), so müssen wir uns um so mehr im Volk diese Überzeugung von der Liebeswirkung des Mandragoras lebendig denken[20]. Hat ja doch Aphrodite den Namen *Mandragoritis* geführt[21], und wird uns noch tief in christlicher Zeit gesagt: «Mandragora ... circeon dixerunt: huius radicem ad amorem multi dant.[22]»

Es ging da bei den Griechen genau so wie im semitischen Osten: von der Genesis des Moses bis zum heutigen Tag gehört es zu den medizinisch-magischen Überzeugungen, daß man aus den Früchten und der schwarzen Wurzel des Mandragoras Liebesmittel brauen könne[23]. Davon hatte ja auch Augustinus reden hören, und darüber gibt uns die Symbolik, von der wir später zu sprechen haben, reiche Auskunft. Wichtiger indes ist durch die ganze Antike die Verwendung des Mandragoras als Narkotikum. Der in Wein gelöste Saft aus der Wurzel macht bei starker Dosierung verrückt oder bringt gar den Tod, in schwächerer Anwendung wirkt er gegen Schlaflosigkeit, Ekelgefühle und Brechreiz; ja man weiß den Mandragoras zu verwenden als narkotisches Schlafmittel vor schmerzhaften Operationen[24]. Schon der Geruch der Früchte wirkt betäubend, und gegen quälende Schlaflosigkeit raten die Ärzte, Mandragorenäpfel unter das Kopfkissen zu legen[25]; sie sind ein stillendes Mittel gegen seelische Unruhe und gegen den leidigen Zustand, den die Römer ‹nausea› nannten[26]. Am wunderbarsten schien den Alten die Wirkung des Mandragorentrankes vor Operationen: drei bis vier Stunden lang blieb der Patient empfindungslos nach einem tüchtigen Schluck vom Wurzelsaft vor allem des Morion[27]. Der Mandragoras ist eben, wie Suidas[28] kurz definiert «eine Frucht, die hypnotisch wirkt und alles in Vergessenheit sinken läßt». Es ist vor allem ein Satz, der inhaltlich zwar auf Dioskurides (IV, 75, 7) und Plinius (XXV, 150) zurückgeht, wörtlich aber, wie ich glaube, richtig beobachtet zu haben, erst bei Ps.-Dioskurides auftaucht, wo ihn dann Isidor abschrieb, um ihn dem ganzen Mittelalter weiterzugeben: «Deshalb gibt man einen Trank aus Mandragorenwurzel denjenigen ein, die wegen der Gesundheit sich an ihrem Körper schneiden lassen müssen, auf daß sie den Schmerz der Operation nicht fühlen[29].» So bei Isidor[30] und in dem fürs ganze Mittelalter führenden Kommentar zum Hohenlied, den man von Cassiodor an bis zu Thomas von Aquin jeweils den größten Theologen zuschrieb und der wohl von Haymo von Halberstadt[31] verfaßt wurde – ihn hat noch Bruno von Asti[32] wörtlich benützt, und darum tut Brewster Randolph[33] diesem Exegeten des 11. Jahrhunderts zu viel Ehre an, wenn er ihn als einen letzten Zeugen der Mandragorennarkose zitiert.

Für unsere kommende Symbolik ist die wichtigste botanische Eigenschaft der Mandragorenwurzel indessen ihre menschenähnliche Form. Es ist zwar mit Recht bemerkt worden, daß wir für die Antike noch keinen so ausgebildeten Aberglauben voraussetzen dürfen, wie er sich dann im germanischen Bereich mit der Mandragore verband, die man Alraun nannte[34]. Aber auch den Griechen fiel die seltsame Menschengestalt des Wurzelstocks auf, und wenn wir annehmen dürfen, daß selbst der vorgriechische Name Mandragoras etwas zu tun habe mit dem persischen ‹mardum-giâ›, der ‹Menschenpflanze›, dann ist es wohl nicht mehr allzu kühn, wenn wir die tiefsten Wurzeln des späteren Alraunenglaubens dort suchen, wo sich aus gemeinsamem Stock auch der Seitentrieb des griechischen ‹Menschenkrauts› abzweigte. Ist es doch bei Dioskurides eine angeblich vom uralten Pythagoras stammende Bezeichnung, wenn der Mandragoras *anthropómorphos*, ‹menschengestaltig› genannt wird[35]. Pythagoreisch wäre auch hier jedenfalls gleichzusetzen mit uralt, seit undenklichen Zeiten, aus Quellen, die schon seit den Urvätern raunen. So nannte man eben im Volk die mächtige Wurzel. Gleiche Bauernweisheit ist es, wenn Columella in seinem Gedicht über den Gartenbau von dem «giftigen Kraut der Mandragore» spricht, die da in seinem Garten wuchert und aus der eine «wie ein halber Mensch» aussehende Wurzel schießt[36]:

«Obzwar aus giftiger Wurzel in der Gestalt
eines halben Menschen sprießend,
die Blüte der Mandragora treibt...»

Auch das alte lateinische Glossar, in dem uns so vieles aus der gewöhnlichen Volkssprache erhalten blieb, berichtet von dem Mandragoras: «Die Mandragore ist ein Kraut, das so stark duftet, daß der Mensch davon verrückt wird, und ihre Wurzel ist einem menschlichen Körper ähnlich[37].» Übrigens war dies auch im semitischen Osten durchaus geläufig. Wetzstein belehrt uns, daß die syrischen Übersetzer das ‹dûdâ' îm› der beiden Bibelstellen mit ‹jebrûah› wiedergegeben haben, und das bedeute: «Es braucht (nur noch) Leben», das will sagen, es ist die Wurzel einem Menschenleib so ähnlich, daß es gleichsam nur noch einer eingehauchten Seele bedürfte, um daraus einen kleinen Menschen zu machen[38]. Die Araber haben das bewahrt, wie Avicenna[39] zeigt, und noch die heutigen Türken nennen den Mandragoras ‹Adam-Kökü› das bedeutet ‹Menschenwurzel›[40]. Auch die Kirchenväter haben es vom Volk gewußt, wir werden zu zeigen haben, wie sich gerade hieran die köstlichsten Gedanken ihrer Mandragorensymbolik entfachen. Das pythagoreische ‹anthropómorphos› aus Dioskurides begegnet uns noch, sogar in der griechischen Form, bei Isidor und damit im ganzen Mittelalter: «Sie hat eine Wurzel, die die Menschengestalt nachmacht[41].»

2.

Dieser Mandragoras ist nun, das ahnten wir schon bei der Beschreibung seiner botanischen und medizinischen Eigenschaften, eine magische Pflanze. Seine Wurzel, die so gespenstisch einen Menschenleib nachbildet, steckt tief in der dunklen Erde, und wer sich ihrer starken Kräfte bedienen will, gerät in den Zauberkreis jener Dämonen, denen die Pflanze zugeordnet ist[42]. Seit den Urzeiten sieht der Mensch in den Kräutern, die ihn begeistern und betäuben, gesund machen und vergiften können, übersinnliche Mächte walten. Die Geister der Gestirne und die Dämonen der Erdentiefe lassen ihren ‹Einfluß› in den Pflanzen aufschäumen. Nicht ohne Zauber, nicht ohne tödliche Gefahr, kann sich darum der kleine, zwischen Gaia und Uranos hilflos gestellte Mensch dieser Wurzelkräfte bemächtigen. Er muß sich betend an die Mutter Erde wenden, die ihm nur dann ihr Gewächs geben wird; er muß die den Kräutern sympathisch zugewandten Dämonen beschwören, mit Worten und Praktiken, die nur wirksam werden, wenn es die ‹richtigen› sind. Die unter solchen Zeremonien gehobene Pflanze muß fürderhin vor jeder Berührung mit der Erde behütet werden, damit ihre Kräfte gesammelt bleiben. Nur des Nachts, wenn Selene schimmert, vollzieht der gute Rhizotom sein Werk. In ein paar unsterblichen Versen hat uns einmal Ovid die ganze mondbeglänzte Poesie dieses magisch grauenhaften Kräutergrabens geschildert, wo er erzählt, wie Medea die jugendspendenden Pflanzen sucht, sich betend zu den Sternen und zugleich heulend an die dreiköpfige Hekate und flüsternd an die Mutter Erde wendet[44]:

«Nacht, Vertrauteste du der heimlichen Dinge; ihr Sterne,
die ihr der tagenden Glut nachfolgt mit der goldenen Luna;
du, Hekate mit dreifachem Kopf, du weißt, was jetzt anhebt:
komm doch und hilf mir mit murmelndem Spruch und kunstvollem
Zauber.
Und du Erde, du gibst den Hexen die mächtigen Kräuter.
Lüftchen und Winde und Berge, ihr Flüsse all und ihr Teiche,
Götter der Haine, herbei! O helft mir, ihr Götter der Nächte!»

Zauberspruch und Zauberzeremonie waren nun auch beim Suchen der Mandragoraswurzel von der höchsten Bedeutung. Es ist wiederum der Rhizotom des neunten Buches bei Theophrast, der uns aus griechischem Volksglauben die magischen Vorschriften beim Ziehen des schwarzen Menschenkrautes überliefert hat[44]. Hat man den Mandragoras gefunden, so gilt es zunächst, mit einem eisernen Schwert drei Kreise um die Pflanze zu ziehen. Dann schaue man gegen Westen und schneide so die Wurzel aus dem Boden; aber während dies geschieht, muß ein zweiter Helfer die Pflanze umtanzen und dabei, so viel ihm einfällt, von aphrodisischen Dingen murmeln. Wichtig ist bei dieser Zauberpraxis vor allem das Schauen gegen Westen beim Herausheben der Wurzel. Plinius hat das ausdrücklich nachgeschrieben: «Wer (den Mandragoras) ausgraben will, der hüte sich vor Gegenwind, umzeichne ihm vorher mit einem Schwert drei Kreise, und wenn er ihn dann ausgräbt, schaue er nach Westen[45].» Man sieht ganz klar: der Volksglaube hielt den Mandragoras für eine chthonische, den dunklen Dämonen zugeordnete Pflanze. Denn im Westen ist der Ort dieser Geister, und so galt es, durch den Blick nach Westen die Gespenster der Finsternis zu bannen[46]. Totenopfer und Fluch richtet der Grieche gen Westen; das Opfer von Moly warfen die Kappadokier an einen finsteren, sonnenlosen Ort. So nun auch hier. Vor dem Wind muß man sich hüten, weil sonst der Duft der noch ungehobenen Pflanze den bösen Einfluß des Kräuterdämons übertragen könnte. Es kann aber der Blick gegen Westen auch bedeuten, daß der Rhizotom sich der in der Wurzel gegenwärtig gedachten Kräfte der nächtigen Geister versichern will und darum durch seinen Blick gleichsam um ‹Erlaubnis› fragt zum schadenlosen Herausziehen. Daß diese Deutung nahe liegt zeigt uns der Bericht bei Plinius von dem Zauberbrauch beim Ausgraben der schwarzen Nieswurz. Da wendet sich der Rhizotom gegen Osten, wo die der Pflanze zugewandten guten Geister sind, und sein Gebet ist eine eigentliche Bitte um Erlaubnis[47].

Tiefer ins Verständnis der Mandragorasmagie führt uns die Frage: mit welchem der nächtigen, im Westen hausenden Geister war diese Wurzel sympathetisch verbunden? Die Antwort kann nur lauten: mit Hekate, der unheimlichen Herrin aller Gespenster und Totendämonen. Wir haben zwar kein ausdrückliches Zeugnis, das uns etwa sagte, der Rhizotom habe sich bei seinem nach Westen gerichteten Beten an Hekate gewandt. Aber der anderen Gründe sind so viele, daß die magische Verbindung zwischen Mandragoras und Hekate außer Zweifel steht.

Hekate ist in Wahrheit das dunkle Gegenbild zum lichten Hermes[48]. Beide sind ‹Seelenführer›, aber Hekate ist ‹Herrin der Unterirdischen›[49], in ihrem Gefolge schleichen sich die Totengespenster und die unruhigen Seelen der Gemordeten um Gräber und Kreuzwege. «Gebieterin über alle bösen Dämonen» nennt sie noch Eusebius[50]. Sie ist die ‹Schwarze›, die man mit Persephone gleichsetzt, die des Hades Schlüsselgewalt hat[51]. Aus ihren Tiefen sendet sie den Menschen drückenden Schlaf und lastende Träume, sie ist die Urheberin von Epilepsie und Wahnsinn. Ja, in den Zauberpraktiken ist Hekate auch Dämon der Liebestollheit, gleichgesetzt mit Aphrodite[52]. Sie ist nach einer späteren Genealogie die Mutter der Kirke und der Medea, also der zwei Erzhexen der Griechen. In ihrem Garten wachsen die Mandragoren – und die sind ein Kraut, das Liebe erzwingt und Schlaf gibt und Tollheit und giftigen Tod. Graben kann man die Wurzel nur, wenn man sich sichert gegen die unheimliche Gewalt, die ihr innewohnt durch Hekate.

Aber dazu nun der eigentliche Beweis – Hekate ist umgeben von den bellenden Hunden der Unterwelt, sie erscheint selbst oft als Hundegespenst, sie wird von den zitternden Zauberern angerufen als ‹schwarzer Hund›[53]. Denn nur wer die dämonische Göttin ganz kennt, wer sich ihrer mit dem richtigen Namen versichert, nur der ist gefeit gegen ihre Tücken[54]. Das führt uns aber zu dem gewichtigsten Stück des antiken Mandragorenzaubers. Man muß die Wurzel der Erde entreißen mit Hilfe eines schwarzen Hundes (Abb.), so lautet die magische Praxis. Davon ist nun eingehender zu sprechen, denn hier liegen die antiken Wurzeln für den später im abendländischen Christentum so ausgebreiteten Zauber vom schwarzen Hund und der Alraune [55].

Für den antiken Menschen war der Hund ein durchaus chthonisches Tier, sozusagen die irdische Verkörperung des Dämonischen. Denn Hekate war die Herrin der Hunde [56]. Dämonen erscheinen in ihrer Gestalt, und noch eine byzantinische Zauberschrift, das «Testament des Salomon», läßt einen bösen Geist als gewaltig bellenden Hund erscheinen – zitiert von Salomon in der Kraft seines Zauberrings, der ein Stück der Mandragoraswurzel unter dem Edelstein in sich schloß [57]. Hören wir ein paar Verse aus Synesios, die uns wundervoll anschaulich machen, wie sich der antike Mensch, noch als Christ, die dunkle Welt des seelischen Untergrunds als von den Hunden der Hekate bedroht fand und darin ein Symbol des Teufels sah [58]:

> «Zum Grund soll tauchen
> Schlangengeschweif,
> Zum Grund soll tauchen
> der geflügelte Wurm,
> der Dämon des Stoffs,
> Nebel der Seele,
> Götzenverehrer,
> der die Hunde ruft
> mit lockendem Fluch.
> Vater, du Hehrer,
> halt mir vom Geist fern
> seelenfressende Hunde.»

Mit diesen «seelenfressenden Hunden» sind wir nun gleichsam am äußersten Gegenpol der «seelenheilenden Blume» angelangt. Zu den unheimlichen Zauberpraktiken, mit denen man sich des Mandragoras bemächtigt, kommt jetzt der nächtliche Hundezauber. Ausdrücklich vom Mandragoras berichtet uns nämlich Ps.-Apuleius, was beim Graben nach seiner Wurzel zu tun sei. Daß es überhaupt solcher Vorsichtsmaßnahmen bedürfe, begründet dieser Rhizotom mit dem Hinweis, die Mandragorenwurzel habe «eine gar gewaltige Kraft und heilende Wirkung in sich» [59]. Man finde die Pflanze des

Nachts leicht (denn nur nachts darf sie gegraben werden), weil sie wie eine Lampe leuchte. Dann müsse man die Erde rings um die Wurzel ausgraben, und wenn sie frei liege, aber noch im Erdreich stecke, mit einer neuen Schnur einen schwarzen Hund an die Wurzel binden und so von dem Hund herausreißen lassen: «Denn man sagt, diese Wurzel habe in sich eine solch göttliche Kraft, daß sie, wenn sie gezogen wird, im gleichen Augenblick auch den Hund tötet[60].» Falls man aber dazu keinen Hund habe, so genüge auch eine Art von Maschinerie (manganum), das heißt eine kunstvoll angebrachte schnellende Rute, die den Wurzelstock selbsttätig und endgültig aus dem Boden löst.

Nun ist dieser Bericht nicht der älteste, den wir besitzen, obwohl er der erste ist, der ausdrücklich vom Mandragoras diese Praxis aussagt. Es gibt noch eine seltsame, in der magischen Literatur wohlbekannte Erzählung bei Flavius Josephus[61]. Er berichtet da die Zauberpraxis beim Ausgraben einer Pflanze namens ‹Baaras›. Wenn es nun gelingt zu zeigen, daß der Baaras des Josephus wirklich der Mandragoras ist, dann ist sein Zeugnis von höchstem Wert für die Entstehungsgeschichte der Magie vom schwarzen Hund und der Alraune. Wir sähen deutlicher, daß dieser Zauber letztlich aus dem Osten kommt; und man würde wohl nicht mit Unrecht darauf hinweisen dürfen, daß auch die Perser den Mandragoras ‹sag-kan›, das heißt ‹hundgegraben› nennen, weil ein Hund ihn aus der Erde reißen und dafür mit dem Tod bezahlen muß[62]. Der Text bei Josephus ist auch sonst für magisches Denken so aufschlußreich, daß er hier vorgelegt sein mag:

«In dem Tal, das sich an der Nordseite der Stadt (Machairos) hinzieht, ist ein besonderer Platz mit Namen Baaras, und dort wächst eine Wurzel, die den gleichen Namen trägt. Jeden Abend strahlt sie einen feuerroten Lichtglanz aus. Will aber jemand sich ihr nahen, um sie auszureißen, so läßt sie sich nur sehr schwer fassen, sie entzieht sich den Händen und kann nicht früher gebannt werden als bis man Monatsblut oder Urin auf sie gießt. Aber auch dann bedeutet eine unmittelbare Berührung mit der Wurzel den augenblicklichen Tod, es sei denn, man trage sie so in der Hand, daß die Wurzelspitze nach unten schaut. Allein, man kann sich der Wurzel auch ohne jede Gefahr bemächtigen, und zwar so: ringsum gräbt man die Erde ab, daß nurmehr ein kleines Stück der Wurzel von der Erde

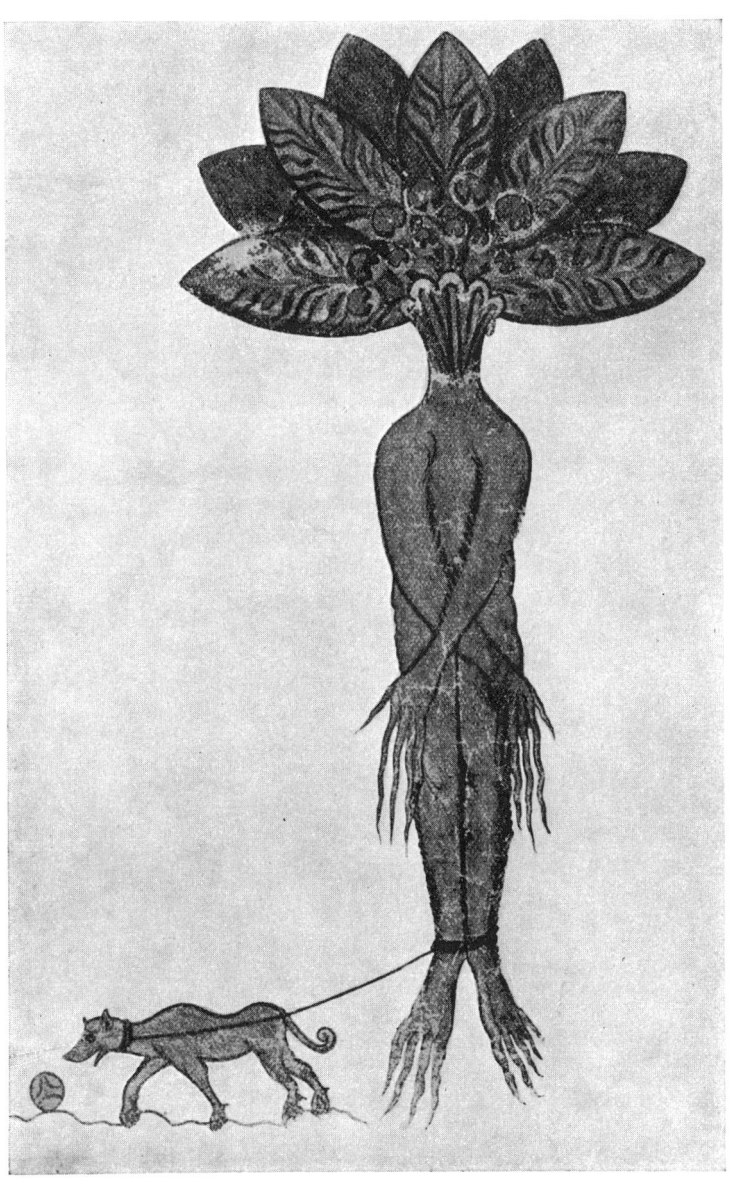

Mandragorenwurzel mit Hund

Aus dem Herbarius des Ps.-Apuleius (= Corpus Medicorum Latinorum IV, Leipzig-Berlin 1927, ed. E. Howald und H. Sigerist, S. 223)

bedeckt bleibt. Dann bindet man einen Hund daran. Wenn nun dieser dem Menschen, der ihn angebunden hat, wieder folgen will, zieht er natürlich die Wurzel ganz leicht aus dem Boden. Aber im gleichen Augenblick stirbt er, gleichsam zur Sühne für den, der in Wahrheit die Pflanze weggenommen hat. Von jetzt an kann man ohne Furcht die Wurzel angreifen. Der Grund dafür, daß diese Wurzel trotz ihrer Gefährlichkeit so gesucht ist, liegt in ihrer einzigartigen Wirkung: sie hat nämlich die Kraft, die sogenannten Dämonen, das sind die Geister böser verstorbener Menschen, die in noch lebende hineinfahren und sie selbst töten, wenn man nicht zu Hilfe kommt, schon durch bloßes Annähern an die Kranken zu vertreiben.»

Ist nun die Baaras-Wurzel wirklich der Mandragoras?[63] Wir sind schon zu einer bejahenden Antwort geneigt, wenn wir die dämonenwehrende Kraft des Baaras ins Auge fassen. Denn es handelt sich hier doch offenbar um die gleiche Zauberwurzel, mit der (nach des Josephus Bericht in den «Altertümern») der Jude Eleazar in Gegenwart des späteren Kaisers Vespasian folgendes Zauberstück aufführte: «Er hatte unter seinem Kugelringe eine jener Wurzeln, die schon Salomon bestimmt hatte; dann hielt er den Ringfinger an die Nase eines Besessenen, ließ ihn an der Wurzel riechen und zog dann den bösen Geist aus der Nasenöffnung heraus[64].» Wir werden bald sehen, daß diese Salomonswurzel nichts anderes ist als ein Mandragoras. Schon der Duft (vor dem sich einst der Rhizotom hatte in acht nehmen müssen) ist jetzt, nach glücklicher Hebung der Wurzel, apotropäisch; und genau diese Wirkung schreibt der obige Bericht auch der Baaras-Wurzel zu: jede Krankheit, besonders Epilepsie und Wahnsinn, ist dem antiken Menschen etwas Dämonisches, eine Besessenheit[65]. Gegen sie wirken diese Wurzeln, weil man sie mit magischer Gewalt dem Bereich der chthonischen Dämonen entrissen hat, deren Kräfte gleichsam zusammengeballt in der äußersten Wurzelspitze sitzen und durch die Trennung von der Erde wirkungslos werden.

Noch deutlicher wird das Wesen des Baaras, wenn wir beachten, daß er nachts leuchtet und dennoch sich vor dem suchenden Rhizotom plötzlich wieder in Dunkelheit hüllt, also gleichsam ‹vor ihm hergeht› im ständigen Aufleuchten und Finsterwerden. Wir haben es hier mit einer magisch umgedeuteten Naturerscheinung zu tun.

Auf die schönen Blattrosetten des Frühlingsmandragoras setzen sich in Palästina mit Vorliebe die Glühwürmchen, so daß die Pflanze aussieht wie eine leuchtende Lampe[66]. Beim Nahen von suchenden Menschen erlischt das Licht, um an einer anderen Mandragore wieder aufzuschimmern. Noch heute nennen darum die Araber im Heiligen Land den Mandragoras ‹Sirag el-Kotrub›, ‹Teufelslampe›. Und nach den arabischen Lexikographen ist ein anderer Name für die gleiche Pflanze ‹Leucht-Jebrûah› oder Salomonskraut[67]. Nun haben wir aber schon früher gehört, daß das aramäische ‹jebrûha› das menschenähnliche Kraut ist, der Mandragoras. Wie uns der gelehrte J. Löw unterrichtet, ist denn auch das ‹baaras› bei Josephus wohl nichts anderes als eine Entstellung aus ‹jabruha›, genau die gleiche Pflanze wie die biblischen ‹dûdâ' îm›[68]. Man sieht: die zerstreuten Angaben schließen sich gut zusammen. Und selbst wenn Kohut[69] in seinem Kommentar zu Josephus recht haben sollte, daß der Name Baaras hebräisch ‹der Brand› bedeute, weil die Blume nachts leuchtet, so wäre das kein Gegenargument, da wir ja sahen, wie der Mandragoras auch ‹leuchtende Menschenpflanze› genannt wurde. Es wird also dabei bleiben: was uns Josephus von den magischen Bräuchen beim Wurzelgraben des Baaras berichtet, gilt vom Mandragoras, und somit von der dämonischen Wurzel, die auf dem Felde Baaras, beim Wadi Zerqa Ma'in wuchs, auf dem unheimlichen Boden, dem auch die heißen Quellen von Kallirhoe entspringen[70]. Der nächtlich glühende Mandragoras ist eine Hadeswurzel, aber wer sich ihrer durch den schwarzen Hund bemächtigen kann, ist Herr über die dämonischen Kräfte, die der Wurzel so lange innewohnen, als sie mit dem Erdboden in Berührung bleibt. Der Hund dagegen muß sterben als Opfer für die hündische Herrin des Hades, die nächtige Hekate.

Jetzt liegt uns der Weg offen zum Verständnis des dritten Textes aus der Antike, der uns vom magischen Hundezauber beim Wurzelziehen spricht. Er steht bei Aelian in der Tiergeschichte[71]. Da wird von einer Pflanze berichtet, die den Namen ‹Kynospastos› oder auch ‹Aglaophotis› trägt. Nachts leuchtet sie wie ein Stern. Ihre Wurzel darf nur mit Hilfe eines Hundes aus der Erde gezogen werden, und dies nur des Nachts. Wenn der Morgen kommt «und Helios die Wurzel sieht», dann muß der Hund sterben; der Rhizotom aber hat die Pflicht, den Hund an eben der Stelle, wo die Wurzel stand, mit «unaussprechlichen Riten» zu begraben: «denn er ist ja an des Menschen Stelle getötet worden». Dieses Kraut, so fährt dann Aelian noch fort, ist ein Pharmakon gegen die Epilepsie, die er die «Krankheit der Selene» nennt. Es wächst in Ostarabien.

Handelt es sich nun hier ebenfalls um den Mandragoras, und ist somit die Wurzel dieser Pflanze, die den Namen ‹Hund-Ausgerissene› und ‹Glanzschimmernde› führt, die gleiche wie die Wurzel des leuchtenden Baaras? Schon die Nennung von Ostarabien als Heimat der schimmernden Hundepflanze macht uns stutzig – das ist ja just die Gegend, von der auch Josephus seinen magischen Brauch erzählt. Es scheint sich hier in der Tat um eine vom Osten herüberkommende Zauberpraxis zu handeln. Darin bestärkt uns ein Bericht, den Plinius[72] aufbewahrt hat. Er spricht da von den vielen, unter dem Namen des Pythagoras und des Demokrit umlaufenden Zauberbüchern, die so Unglaubliches berichten. In der Tat: Pythagoras gilt der späten Antike als Anführer aller Rhizotomen, und Demokrit ist der große Zauberer, dessen «Cheirokmeta» genanntes Kräuterbuch in aller Hände war. Beide sind aber Schüler der persisch-iranischen Magier: ‹consectati Magos›[73]. In diesen Cheirokmeta, von denen Plinius genau weiß, daß es ein schwindelhaftes Volksbuch ist, steht nun aber eine aus dem arabischen Osten stammende Tradition von der Pflanze Aglaophotis. «Was berichtet dieser Demokrit in seinem Buch, nach einer Tradition des Pythagoras, der hinwiederum der eifrigste Schüler der Magier war, als besonders wunderbar? Es wachse, sagt er, in den Marmorbrüchen Arabiens, gegen die persische Seite zu, ein Kraut namens Aglaophotis, das diesen Namen wegen seiner wunderbaren Farbe erhalten habe von den Menschen, die das Kraut bewundern. Und die Magier verwenden die Pflanze, wenn sie sich anschicken, Götter herbeizurufen.» Leider zitiert Plinius nicht noch mehr aus dem merkwürdigen Kräuterbuch. Aber was er sagt, genügt uns: Demokrits Aglaophotis ist die glanzschimmernde Blume des Aelian, deren Wurzel man durch einen Hund ziehen läßt, die da in Ostarabien, «gegen die persische Seite zu» wächst. Man hat versucht, sie botanisch mit der Gichtrose (Paeonia officinalis L.) zu identifizieren, die bei Dioskurides[74] ebenfalls Aglaophotis heißt und die der Anonymus De herbis[75] besingt. Wie dem auch sei, im magischen Denken der Rhizotomen gehen die Dinge nicht nach botanischen Einteilungen, sondern nach den Zauberkräften. Und so sehen wir, wie alle Kräuter, die den Namen ‹Aglaophotis› tragen (Th. Hopfner hat das schön gezeigt[76]), der Hekate-Selene zugeordnet waren, also einen Dämon der Mondreihe in sich beherbergten; ihr ‹Glanzschimmer› war das Abbild der ihr übergeordneten Göttin; nur die Hunde der Hekate waren mächtig genug, die Wurzel auszureißen, und der Tod der Hunde samt dem feierlichen Ritus ihrer Begräbnisse war ein Opfer an den Daimon der Pflanze. Das Kraut heißt denn auch bei Dioskurides einfach *selénion*, Mondkraut[77]. Bei Aelian aber ist die Wurzel Arznei gegen die ‹Mondkrankheit›, das heißt auf gut magisch: die mit dem Hekatehund ihrer Herrin entzogene Wurzel vertreibt jetzt die Dämonen der Epilepsie und des Wahnsinns. Das ist aber genau der Gebrauch, den man von der ‹Salomonswurzel› machte, mit der man dem Besessenen den bösen Geist aus der Nase zog. Denn alle Krankheiten der Geistesgestörtheit schrieb man dem Einfluß des Mondes zu, es waren die ‹heiligen Krankheiten›, und selbst im Neuen Testament heißt es von dem besessenen Knaben er sei «mondsüchtig»[78]. Wir dürfen also im Sinne der antiken Kräutermagie ruhig alle die genannten Pflanzen zu einem einzigen Begriff zusammenfassen: mit allen wollte man den Mandragoras meinen, von dem die offenbar aus dem persischen Osten stammende Zauberpraxis das Ziehen durch den Hund verlangte und ihm eine Wirkung gegen die Monddämonen zuschrieb. Übrigens erinnern wir uns hier auch, daß man in der griechischen Tradition (beim Homerscholiasten und bei Eustathius) auch vom Moly gesagt hatte, es sei todesgefährlich, die Wurzel selbst herauszuziehen. Man sieht, wie die botanischen Dinge magisch ineinanderfließen. Mandragore, Lunaria, Aglaophotis und Moly gehören eng zusammen.

Wir können dem einen letzten Beweis hinzufügen. Nach der Tradition der arabischen Lexikographen sind, wie wir bereits sahen, die biblischen Dûdâ'îm die gleiche Pflanze wie der ‹Leucht-Jebrûah›, eben der Mandragoras. Das arabische Lexikon Mâlâjesâ führt uns hier aber weiter. «Diese Species», heißt es da, «wird auch Salomonspflanze genannt, weil der König Salomo nach des Hermes Überlieferung sich in allem, was er unternahm, ihrer bediente.

Auch Alexander der Große tat so. Sie ist eine edle, von altersher berühmte Pflanze, und ihre Wurzel, welche das Bild zweier sich umarmender Menschen darstellt, war von den Königen hochgehalten und in ihren Schatzkammern aufbewahrt[79].» Das Wurzelstück im Ring des Salomo, von dem noch das Zauberbuch seines ‹Testaments›[80] die gewaltige Kraft über alle Dämonen beschreibt, war also eine Mandragore. Der Hinweis des Lexikons auf die Tradition des ‹Hermes› führt uns zum arabischen Trismegistos; in der Schrift «Vom Auspressen der Pflanzen» wird die Aglaophotis als «Kraut der Selene» aufgeführt, und in der anderen hermetischen Tradition der Araber wird dieses gleiche Mondkraut als salomonische Zauberpflanze erwähnt[81]. An einer anderen Stelle des gleichen Lexikons wird dazu ausführlich beschrieben, wie der «sirâg el-Kotrub» gezogen werden muß: am Montag, also am Tag der Selene, vor Sonnenaufgang, samt dem schwarzen Hund, der die Wurzel zu ziehen hat. Man sieht deutlich: der Mandragoras ist genau wie die Aglaophotis eine nächtige Mondpflanze. Und Wetzstein[82] wird wohl recht haben, wenn er sagt, daß sowohl die Semiten Vorderasiens als auch die Griechen die magischen Kenntnisse dieses Zaubers durch die Perser erhielten. Und wenn wir nun genau den gleichen Zauber auch im alten germanischen Denken wiederfinden, ohne an eine unmittelbare Vermittlung der Römer denken zu dürfen, so wird es ebenfalls richtig sein, was Wetzstein weiter vermutet: «Der deutsche Glaube an die Wunderkräfte der Alraune ist vielleicht gleichzeitig mit unserem Volke aus der asiatischen Urheimat nach Europa gekommen.» Im Mittelalter treffen sich dann die beiden so früh getrennten Ströme magischer Überlieferung wieder: der seit Urzeiten raunende Zauber vom schwarzen Hund und die klassische Tradition, von den Arabern übermittelt. Mandragore und Moly und Lunaria werden auf diese Weise zum botanisch ganz verschwommenen, aber magisch um so deutlicher geschauten Inbegriff der materia prima, des Chaos, aus dem alle Wurzeln aufsteigen und in das alles sich wieder auflösen muß. Die Lunaria oder Berissa der Alchemisten, ihre schwarze Moly-Wurzel und ihre Praktiken beim Suchen der Mandragore: alles gerinnt zu einem einzigen Bild zusammen. Ob die alchemistische Berissa von dem uns aus der Moly-Symbolik bekannten Kraut ‹Berasa› herstammt oder eher eine von den Arabern stammende Weiterbildung des ‹Baaras› aus Josephus ist, bleibt eigentlich gleichgültig: sachlich haben wir es gewiß mit dem Mondkraut, der Aglaophotis, der Lunaria oder dem nächtlich leuchtenden Mandragoras zu tun. Alles wird reines Symbol. Und so kann selbst in einem alchemistischen Traktat der ‹lapis›, dieser letzte Inbegriff des magischen Strebens, als «von einem Hund herausgerissen» bezeichnet werden[83].

Das führt uns nun zu einem Zug, der im mittelalterlichen Mandragorenzauber eine gewichtige Rolle spielt, sich aber aus der antiken Tradition unmittelbar nicht mehr belegen läßt. Wenn der schwarze Hund die Wurzel auszieht, muß der Rhizotom die Ohren zuhalten (Abb): denn der Mandragoras stößt beim Gerissenwerden einen für den Menschen tödlichen Schrei aus. Das erinnert zwar an eine uralte Vorstellung, die bei Proklos einmal ausgesprochen wird: daß die Seelen, die allzusehr in das Hylische eingesunken waren, bei der Trennung von ihrem Körper einen schrillen Schrei ausstoßen[84]. Für den Mandragoras haben wir dafür aber erst aus der arabischen Tradition einen Beleg. Da wird berichtet, daß die Pflanze Lûf am Pfingstfest beim Ausgerissenwerden einen todbringenden Schrei hören läßt[85]. Dieses Kraut Lûf ist indes wohl sicher identisch mit der von den Arabern ‹Luffâh› genannten Pflanze – und das ist wiederum unsere Mandragore[86]. Das Mittelalter hat also wohl aus östlich arabischer Tradition davon gehört, und von da an sehen wir auf Bildern gar oft den Rhizotomen, der sich die Ohren zuhält, um nicht zu sterben[87]. Es ist wiederum die alchemistische Geheimlehre, die davon besonders gerne berichtet. «Das roth Männlein, das im Grund steckt, schreyt: iuva me et iuvabo te. Das ist eins rechten Alrauns Männleins geschrey und zuruffen: verschaff, daz du die wurzel dem Hund an den schwantz bindest und dich alsbald davon machest.» Noch bei Shakespeare stehen die unheimlichen Verse[88]:

> «Shrieks like mandrake's torn out of the earth,
> that living mortals, hearing them, run mad.»

## 3.

Dieses botanische, medizinische und magische Wissen der Antike mußten wir uns erarbeiten, wenn wir nun verstehen wollen, in welche Höhen die christliche Symbolik diese mit allen Fasern erdhafte Wurzel erhoben hat. Auch der Mandragoras wird zuletzt zur ‹seelenheilenden Blume›. Es begibt sich in der christlichen Symbolik das, was wir eigentlich bereits in der antiken Magie vom Mandragoras erkannt haben: nur so lange diese Wurzel in der dunklen Erde stecken bleibt, ist sie den bösen Dämonen der Hekate untertan; sobald aber der wissende Rhizotom sich ihrer annimmt und sie aus der Verstrickung herauslöst, alsobald wird auch sie heilspendend, dämonenwehrend, und in der Hand des kundigen Arztes wird das einstige Gift zum Pharmakon der Beruhigung. So nun auch im übertragen symbolischen Sinn christlichen Denkens: die dunkle Wurzel des Menschenwesens wird heilspendend, weil sich ihrer der ewige Rhizotom, Gott selbst, angenommen und sie aus der Verstrickung in die teuflischen Mächte herausgelöst hat; die giftige, menschenähnliche, aber kopflose Wurzel wird mit der ewigen Ruhe gekrönt in Christus, dem Haupt aller.

Bevor wir die einzelnen Aspekte dieser Symbolik darlegen, muß erst gezeigt werden, in welchem Sinn die christliche Symbolik der Antike das Bild von der ‹Wurzel› auf das Menschengeschlecht und auf seine seelischen Probleme übertragen konnte. Das übernatürliche Geschick des einzelnen Menschen, wie der ganzen Familie des Adam, kann, wie einmal Gregor der Große ausführt, einer im Erdreich wuchernden Wurzel verglichen werden: «Unter dieser Wurzel können wir die Natur des Menschen verstehen, jene Natur, aus der er wesentlich besteht. Wie ein Wurzelstock im Erdreich langsam altert und abstirbt, so geht es mit dem Menschen, der da gemäß der Natur seines Fleisches sich in Asche auflöst. Die Wurzel zerfällt in Staub, und des Menschenleibes Schöngestalt verweht. Aber beim Duft des quellenden Wassers lebt die Wurzel wieder auf – und so ersteht auch der Menschenleib wieder, wenn der Heilige Geist herabkommt. Denn alles kehrt wieder zurück zu jener Schönheit, zu der wir einst in der Erschaffung bestimmt waren, wenn wir nicht im Paradiese gesündigt hätten[89].»

Adam also ist der Wurzelstock des ganzen Geschlechts, und was sich an ihm vollzog, ist vorbildlich für alles Menschengewächs, im bösen und im endlich doch wieder guten Sinn. «Radix apostatica» nennt Augustinus[90] den Stammvater. Das bezieht sich auf seine Ursünde. Aber Adam ist eine erdenhafte Wurzel schon dadurch, daß er aus Materie, aus dem Erdenlehm geschaffen ist. Nach antikem Denken stammt alles Lebendige aus dem Bereich der ‹schwarzen Erde›, aus der lebenzeugenden Mischung der Elemente ‹warm und feucht›. Das ist nach Plutarchs Bericht die ‹Chemia› der Ägypter[91]. Wenn nun der antike Christ in seiner Bibel las, Adam sei aus dem Lehm der Erde gebildet worden, so formte sich ihm dies unmittelbar in das Bild von der schwarzen Materie: Adam ist seiner leiblichen Existenz nach ‹schwarz›, aus der gleichen Elementenmischung gebildet wie die erdhaften Wurzeln[92]. Das läßt sich an einem Lehrstück nachweisen, das bis ins Mittelalter hinein große Bedeutung hatte. Nach einer alten Tradition ist Adam nämlich von Gott aus ‹roter Erde› gebildet worden, aus dem Ton der Urmaterie[93]. Nun bedeutet aber nach antiker Farbsymbolik ‹rot› das gleiche wie ‹schwarz›. Rot ist die Farbe des Materiellen, des Typhonischen («denn Typhon, so glauben die Ägypter, ist von rötlicher, ins Bleiche gehender Farbe», sagt Plutarch), also alles noch nicht Geistigen und alles Widergeistigen. Rot ist die Totenfarbe, was rot ist, muß auch sterben[94]. Rot ist daher selbst die Farbe des Bösen, und ein antiker Frommer betete zu Isis: «O Isis, Große der magischen Formeln, löse mich, befreie mich aus der Hand aller schlechten, bösen, roten Dinge[95].» Wenn also Adam aus roter Erde gebildet ward, so will der antike Christ damit sagen: er war sterblich, er war materiell – und schließlich auch: er wurde den dämonischen Gewalten untertan. Er hätte genau so sagen können: Adams Leibgestalt war schwarz. Noch auf den Mosaiken der Vorhalle von San Marco in Venedig kommt diese durchaus antike Denkweise zu bildlicher Gestalt. Da wird Adam von Gott gebildet als vollkommen schwarze Gestalt. Und erst von dem Augenblick an, wo dem schwarzen Adam der Geist Gottes eingehaucht wird, die Seele, (die auf dem Mosaik in der Gestalt einer Psyche mit Schmetterlingsflügeln auf Adam zuschwebt), wird Adam weiß und schön wie eine klassische Statue[96]. Das ist nun aber der gleiche Vorgang, den wir bisher, gleichsam als Vorbereitung auf die christliche Erfüllung, an der ganzen Geschichte der ‹seelenheilenden Blume› ablesen konnten: das Schwarze wird licht, das Ungeformte wird zur Schöngestalt, die erdhafte Wurzel wird zur Höhe gehoben. Ins Christliche übertragen will das besagen: der erlösende Gott nimmt sich der Wurzel an, die dunkel und dämonisch tief im Erdreich steckt, und in der endgültigen Verklärung des Fleisches, am Ende der Tage, wird sich dieser Prozeß der langsamen Lösung der Wurzel, der Aufhellung alles irdisch und sündig Dunklen, vollendet haben. Unter dem Bild der Mandragore wird dies alles in einem Gebet ausgesprochen, das der christliche Rhizotom nach nächtlichem Suchen der Mandragore verrichtete, wenn er die heilige Wurzel gegen dämonisches Kranksein gebrauchte – denn nicht die aus unschuldiger Erde gewachsene Wurzel ist dem Dunklen ausgeliefert, sondern der Sohn der apostatischen Wurzel Adam[97]:

«O Gott, der du den Menschen aus Lehm gebildet hast ohne Wehen – siehe, ich lege jetzt dieses Erdenstück neben mich, das da niemals gesündigt hat, auf daß auch meine Erde jenen Frieden empfinde, in dem du sie einst erschaffen hast.»

Wenn wir nun im Folgenden diese christliche Mandragorensymbolik entfalten und damit ein längst vergessenes Kapitel antikchristlicher Bildtheologie und Seelenheilung wieder lebendig machen, dann müssen wir immer zwei Dinge im Auge behalten: die christliche Theologie beschäftigt sich mit dem Mandragoras immer dann, wenn es gilt, die beiden Bibeltexte Gen. 30, 14 und Cant. 7, 14 auszulegen; aber zugleich ist ihr auch alles gegenwärtig, was im antiken Leben vom Mandragoras bekannt war. Wir formen uns den reichen patristischen Stoff dieser Bibelexegese deswegen ganz mit Recht so, daß wir ihn einteilen gemäß den früher vorgelegten medizinisch-magischen Wirkungen, die man der Wurzel zuschrieb. Und so sprechen wir denn zuerst von der Symbolik des heilsamen Duftes, den die Mandragorenäpfel im Frühling ausströmen; sodann von der christlichen Auslegung der liebeweckenden Kraft, die der Wurzel innewohnt; darauf von der mystischen Deutung des Narkotikums, das man aus Mandragoras zubereitete; und endlich von der apokalyptischen Umwandlung der menschenförmigen Wurzel, der Braut Mandragore, im himmlischen Aufblühen der seelenheilenden Blume. Schon der Duft der Mandragorenäpfel ist wirkkräftig, so dachte der antike Mensch: und dieser Duft ist heilbringend, wenn die Mandragore nach Vorschrift dem Boden entrissen wurde (man mußte sich vor dem Gegenwind hüten, so sahen wir), oder aber vergiftend, wenn der Wurzel die dämonischen Kräfte noch innewohnen. Der heilbringende Duft bringt Ruhe für die Nerven, wie ein guter Arzt. Nun las man aber im Hohenlied: «Die Mandragoren hauchen schon ihren Duft.» Dieser Frühling, den die Braut so entzückt besingt, ist die Zeit der Gnade; und die Pforten, an denen ein Strauß von schwerduftenden Mandragorenäpfeln hängt, sind die Pforten der Kirche. Jetzt braucht es nur noch der Erinnerung an jenes Wort aus Paulus (2. Kor. 2, 15), wo die Gnade und die Arbeit der Apostel verglichen wird mit dem «Wohlgeruch Christi» gegen den «Geruch des Todes» – und die Bildwelt ist geformt, die nun vom Symbol des Mandragorenduftes zu sprechen beginnt. Es ist dabei ja merkwürdig, welches Geschick die Worte haben können. Da standen wir neben Augustinus, als er Wurzel und Frucht einer Mandragore untersuchte und fand, sie habe süßduftende Äpfel, aber eine bitter schmeckende Wurzel[98]. Und schon ist bei Augustinus auch ein Symbol geboren: «Ich glaube, mit einem solchen Mandragorenapfel wird versinnbildet, was wir den guten Ruf nennen.» Das ist bei Augustinus nur so eben flüchtig ausgesprochen – aber das Wort und der Vergleich erhalten eine reiche Geschichte, weil später einmal Isidor von Sevilla seinen Augustinus wortwörtlich abschreibt[99]; und von ihm weiß es das ganze Mittelalter: Mandragorenduft bedeutet den ‹guten Ruf›, bedeutet den Duft des Vorbilds, der Tugend, der seelenheilenden Ärztekunst apostolischer Lehre. Es ist fast rührend, wie da etwa Hrabanus in seinem stillen Kloster zu Fulda (ohne es zu sagen) Augustinus wiedergibt: «Und was soll ich denn von der Mandragore sagen? Nun, ich habe gemerkt, sie sei schön und süß duftend, aber von bitterem Geschmack, und darum meine ich, mit einem solchen Mandragorenapfel werde der gute Ruf versinnbildet[100].» Und der gelehrte Alkuin, des großen Karl Hoftheologe, baut das gleiche Bild weiter aus: «Die Mandragore wird wegen ihrer vielfachen medizinischen

Brauchbarkeit mit den Tugenden der Heiligen verglichen. Die «Pforten», an denen sie hängt, sind die heiligen Lehrer der Kirche. Sie duften an den Pforten, weil die geistlichen Menschen den Duft ihrer Tugend weit und breit aushauchen[101].» Der Beispiele dieser Art gäbe es noch viele[102]. Denn, so spricht es hinwiederum seinem Lehrer Alkuin der karolingische Theologe Angelomus von Luxeuil nach: «Die Mandragoren werden wegen ihrer vielfachen medizinischen Brauchbarkeit den Tugenden der Heiligen verglichen, die da, wie es bei guten Ärzten der Brauch ist, die Seelen von ihren sündigen Schwächen heilen[103]» – die Mandragore hat einen seelenheilenden Duft. Später wird man gar die Tugend der heiligen Jungfrau Maria mit der «duftenden Medizin der Mandragore» vergleichen[104] Nur noch ein Beispiel sei angeführt: es ist die reizvolle deutschlateinische Paraphrase zum Hohenlied, die Williram von Ebersberg um 1060 geschrieben hat. Da wird die Medizin aus der duftenden Mandragore also symbolisiert[105]:

«Die Arzt-Wurze duftet gar stark an unseren Pforten. Der Duft der Tugenden an den Aposteln und an ihren Nachfolgern lockt ihre Zuhörer an, so daß sie eilen, durch die Apostel wie durch Pforten ins Leben einzugehen. Ihre Predigt ist ebenfalls wie der Duft der Mandragore; diese zeigt in ihrem Wurzelstock Ähnlichkeit mit einem menschlichen Leib: denn die Apostel sind allen alles geworden und können mitleiden und sich der Schwäche ihrer Hörer anpassen.»

Tiefer als diese Symbolik vom lebenspendenden Mandragorenduft führt uns die zweite Eigenschaft der Wurzel: sie ist ein Pharmakon, das Liebe weckt und den Frauen Fruchtbarkeit bringt. Wie weit dieser medizinisch-magische Glaube in der Antike und im semitischen Denken verbreitet war, haben wir früher gesehen. Daß man aber auch im Christentum das gleiche glaubte, kam nicht nur von der Beharrlichkeit, mit der solche Dinge weiterleben, sondern vor allem von der Exegese zu Genesis 30, 14, diesem uralten Zeugnis von der erotischen Kraft der Mandragore. Wir sahen, wie Augustinus diesem Volksgerede ungläubig begegnet ist. «Mandragoras verleiht, wenn man ihn ins Essen mischt, unfruchtbaren Frauen die Gebärfähigkeit» schwätzen die Leute[106]. Noch Petrus Comestor hat im Mittelalter einmal diesen augustinischen Zweifel erneuert[107]. Aber das half nichts gegen die Gewalt, mit der sich dieser Glaube behauptete. Wenn die menschengleiche Wurzel dem Einfluß des Teufels entzogen ist, so heißt es bei Hildegard von Bingen, dann dient sie bei Mann und Frau zur Regelung sexueller Reize[108]. Denn umgekehrt: solange die Wurzel noch in der Erde steckt, ist sie (wie einst der Hekate-Aphrodite und der Kirke) der teuflischen Venus ausgeliefert: «Freitag das ist ein heilige zeit und frawen Venus im Hörselberg eigener tag, dô die alraunen wohnen[109].» Mandragore ist immer noch das Mittel und das Symbol weiblicher Fruchtbarkeit, und noch Konrad von Megenberg berichtet im Buch der Natur: «man setzt auch den frawen etwaz under von der wurzel zaher, daz zeucht die gepurt auz der muoter[110].» Daran konnte denn frühe die christliche Symbolik anknüpfen. Schon Ambrosius stellt sein botanisches und magisches Wissen in den Dienst der Allegorie. Zuerst gibt er noch einmal die Symbolik des Mandragorenduftes, so wie wir sie bereits kennen. «Viele unterscheiden zwischen dem Geschlecht beim Mandragoras und meinen, es gäbe einen männlichen und einen weiblichen, und der weibliche habe einen starken Duft. Das bedeutet aber die Heidenvölker: früher gaben sie einen Duft von Verwesung von sich, da sie in der Kraftlosigkeit ihres Unglaubens gleichsam wie entmannt darniederlagen. Aber jetzt, wo sie an die Ankunft Christi glauben, haben sie begonnen, eine Frucht von süßem Wohlgeruch zu treiben[111].» Das ist gute Botanik aus Plinius – aber wie wird das nun zum Kleid für ganz andere Wahrheiten! Vor dem allegorischen Denken des Ambrosius steht jene liebende Vereinigung, jene Umarmung zwischen Gott und Mensch, die sich in Christus und der Kirche vollzieht: das Männliche und das Weibliche in der vollendeten Form. Und nun erinnert er sich jener Mandragore, mit der sich Rachel die Liebe ihres Gatten wiedergewinnen wollte: «Wir lesen auch, daß die heilige Rachel von ihrer Schwester Lia eine Mandragore erhielt... und der Erstgeborene, Ruben, hatte sie seiner Mutter Lia gebracht. Lia aber mit ihren triefenden Augen ist das Bild der Synagoge, die da mit ihren allzu schwachen Augen Christi Gnade nicht schauen konnte. Und so geschah es, daß die Frucht, die der Erstgeborene, der Sohn Gottes, einst der Synagoge gab, nun in den Besitz der Kirche übergeht[112].» So wird die Mandragore zum Symbol jener neuen Liebe zwischen Gott und Mensch, die sich in der Ecclesia vollzieht. Hieronymus hat uns in einem seiner Briefe eine gleiche Deutung gegeben: Rachel, die bisher Kinderlose, ist das Bild der Kirche, Jakobs Liebe wird mit duftender Mandragore erkauft[113]. Hier nun ist der symbolgeschichtliche Ort, wo wir von der Allegorie sprechen müssen, die durch den Physiologus dem antiken und mittelalterlichen Christen so teuer geworden ist: dem Mythos vom Elefanten, der das Kraut Mandragoras ißt und dadurch in Liebe entbrennt[114].

Der Elefant ist das Symbol der weisen, bedächtigen Ruhe, der Keuschheit und Kühle[115]. «In diesem Tier», so erzählt der Physiologus, «ist keine Gier nach geschlechtlicher Vereinigung. Wenn er aber für Nachkommenschaft sorgen will, dann wandert er gegen Osten, ganz in die Nähe des Paradieses. Dort wächst ein Kraut, das man Mandragora nennt[116].» Von dieser Pflanze ißt zuerst das Weibchen und dieses gibt dann dem Männchen «von dem wohlduftenden Gewächs»[117] zu essen. Dadurch entbrennen sie in Liebe, und das Weibchen empfängt neues Leben. Dieser mythische Vorgang wird nun zum Sinnbild dessen, was sich zu Beginn der Menschengeschichte im Paradies begab. Der eigentliche Mandragoras ist der ‹Baum der Erkenntnis›, und die aus seinem Genuß aufbrennende Liebe ist der Ursprung des menschlichen Geschlechts, des bösen Kain zuerst. Aber am Ende kommt Christus der ‹noeròs eléphas›, und alles wird wieder aufgerichtet und geheilt. Es ist nun, nach den Untersuchungen von Wellmann, wohl gewiß, daß der Kern dieser Mandragoren-Allegorie (abgesehen von dem christlichen Zusatz am Ende) jüdisch-syrischen Ursprungs ist. Und hier schließen sich Wellmanns Ergebnisse gut an das an, was wir früher von der Salomonswurzel gesagt haben. Es ist gerade die ‹hermetische› Tradition bei den Syrern und Arabern, die uns erlaubt, den Ursprung der Allegorie im Physiologus aufzuhellen. Wellmann sagt: «Auf jüdischem Aberglauben beruht auch die Rolle, welche die Frucht der Mandragora in ihr spielt. Der syrische Hermes Trismegistos[118] berichtet davon, daß der König Salomo diesen ‹Baum› wegen seiner Heilwirkungen in allen seinen Besitzungen habe anpflanzen lassen, und daß er ein Stück von ihm in seinem Siegelring getragen habe, womit er das Wunder bewirkte, daß alle

Geister ihm untertan waren, und daß seine Blüten die Geburt erleichtern, so daß die Schwangeren ohne große Schmerzen gebären[119].» Dieser östlichen Tradition, deren Umwelt wir früher, bei der Behandlung der magischen Mandragore, kennengelernt haben, bemächtigte sich nun der christliche Autor des Physiologus, um sie ins Theologische umzudeuten. Der Mandragoras wächst in der Nähe des Paradieses – dort, wo einst Gott den Adam aus dem gleichen Erdenelement gebildet hatte, dem auch die Menschenwurzel Mandragoras entsproß. Aber um diesen ‹Baum› windet sich die Schlange, die Mandragore ist giftig: und an ihrem Genuß entscheidet sich das Geschick des Menschen, er fällt aus dem ‹engelgleichen› Leben in die dunkle Macht der Sinne herab. Noch der Byzantiner Michael Glykas sagt von der im Physiologus zu lesenden Allegorie der Mandragore und der Elefanten: «Ganz offenbar ist dies ein Sinnbild der Stammeltern. Denn bevor diese von der Frucht des Holzes kosteten, führten sie ein engelgleiches Leben. Aber als sie gekostet hatten und die Übertretung geschehen war, da erkannte Adam die Eva als sein Weib, und sie gebar den Kain[120].» Das ganze Mittelalter hat sich an dieser tiefsinnigen Symbolik erfreut, und oft nehmen die Schriftsteller die Gelegenheit wahr, hier eine Fülle von botanischem und magischem Wissen vom Mandragoras auszubreiten[121]. Ja, in einer deutschen Physiologus-Handschrift wird im Bilde gezeigt, wie die beiden Elefanten vor dem wundersamen ‹Baum› stehen: die Mandragore ist dargestellt als ein stehender, menschenähnlicher Rumpf, aus dem das liebespendende Gewächs sproßt. Und der Text, der dem Mittelalter die Liebesallegorie der Mandragore lebendig erhielt, sagte: «Sô sîn zît chumit, daz er chint wil giwinnen, sô nimit er sîn gimachide unte vert unze zuo dem paradîse. dâ vindit er eine wurze heizit mandragora[122].» Wir sehen: eben so, wie die Mandragore einen Duft der Verwesung und einen Duft des Lebens spenden kann, ist sie auch ein Kraut des Todes oder des Lebens, ein Symbol der sinnlichen Liebe, die das Sterben gebiert, oder der göttlichen Liebe, die das Leben wiederbringt.

Diese Dialektik des Magischen, die hier ins Symbolische umgedeutet ist, wird nun noch eindringlicher, wenn wir den Mandragoras als allegorisches Narkotikum betrachten. Der Saft aus seiner Wurzel war, wie wir sahen, den Alten das wirksamste Schlaf- und

Betäubungsmittel, und Apuleius nennt dieses Pharmakon darum
«venenum, sed somniferum, mandragoram, illud gravedinis com-
pertae famosum et morti simillimi soporis efficax[123]». Hier hören
wir gut, worin das magische Doppelwesen dieser Wurzel besteht:
sie ist Gift, aber sie gibt ruhigen Schlaf; sie beruhigt, aber diese
Ruhe ist dem Tod sehr nahe. Mandragoras ist, wie es bei Frontinus
in der bekannten Erzählung heißt, wo die Soldaten des Maharbal
ihre Feinde mit Mandragorenwein betäubten, ein Mittelding zwischen Gift und Schlaf: «cuius inter venenum ac soporem media vis
est[124].» Hier liegt denn auch die Quelle für eine reiche Symbolik.
Sie beginnt schon im Altertum: lässige, schläfrige und allzu gemüt-
liche Menschen bezeichnete man als Mandragorentrinker, man erinnere sich nur an die donnernden Reden, mit denen Demosthenes[125]
seinen Athenern sagen mußte: «Ihr Männer, ihr gleichet ja Menschen, die einen Mandragorentrunk getan haben!» Oder man denke
an Platon, der im Staat einmal darstellt, wie es wohl wäre, wenn der
Unfähige, der sich das Ruder des Staatsschiffes anmaßt, auch noch
von einem Mandragorentrank betrunken wäre[126]. Das Bild ist also
schon der hellenischen Literatur geläufig; es war ja getragen von
dem medizinischen Gebrauch des Narkotikums als Schlafmittel
und als Betäubung bei Operationen. Die christlichen Prediger haben denn auch gerade diese Wirkung des Mandragoras mit Vorliebe behandelt, und es ist Ambrosius gewesen, der dafür ein im
ganzen Mittelalter nachgesprochenes Wort prägte: «Durch den
Mandragoras lockt man häufig auch den Schlaf herbei, wenn die
Kranken durch lästige Schlaflosigkeit gequält werden[127].» Im
übertragenen Sinn begegnet uns der Vergleich zum ersten Mal bei
Clemens von Alexandrien. Den Heiden, die dem Logos widerstehen
oder von seinen Bezeugungen nichts zu vernehmen scheinen, ruft
er zu – übrigens fast wörtlich wie Demosthenes: «Ihr Unvernünf-
tigen, ihr seid Leuten ähnlich, die Mandragoras oder ein anderes
Gift geschlürft haben![128]» Hier kommt also die eine Seite des
Pharmakon zu allegorischer Geltung: Mandragoras ist giftig. Aber
eben dieses Gift ist (wie die Prediger es sagten) von Gott zu unserem Gebrauch und Heil geschaffen worden. Und darum ist auch die
beruhigende Wirkung des Narkotikums in die Symbolik christlicher
Wahrheiten eingegangen. Cyrillus von Alexandrien schildert einmal

eingehend die medizinische Verwendung der Wurzel, die von den Ärzten als Schlafmittel benützt werde. Darin berge sich aber, fährt er dann fort, das Mysterium Christi. Der menschgewordene Gott ist in seinem abgrundtiefen Herabstieg zu uns Menschen gleichsam ein von Mandragorastrank Betäubter geworden: «Wie einer, der in tiefen Schlaf sinkt, also ist er zu uns herabgekommen in die Vernichtung bis zum Tode, um dann allerdings wieder zum Leben aufzuwachen [129].»

An diese auf Christus angewandte Symbolik schließt sich nun eine asketische Entfaltung an, die uns zu einem der interessantesten Kapitel dieser antiken und mittelalterlichen Psychotherapie von der seelenheilenden Blume führt. So wie Christus im Tod entschlafen ist, gleichsam vergiftet und dennoch zum Leben erweckt, als die wundersame Wurzel aus der Erde des Adam – so soll nun auch der Christ, wenn er von der adamischen Vergiftung und Betäubung frei werden will, den Mandragorenbecher ergreifen. Bei Theodoret begegnet uns dieses Lehrstück zum ersten Mal, aber es besteht wohl kein Zweifel, daß er es letztlich Origenes und seinem (uns verlorenen) Kommentar zur Genesis verdankt. «Wie die Medizinbeflissenen uns sagen, wirke die Mandragore einschläfernd, aber, im rechten Maß genommen, nicht tötend. Also soll es der Christ machen: er darf sich nicht töten, aber er soll der Sünde entschlafen. Und so wie diejenigen, die Mandragore getrunken haben, nichts mehr spüren von den Bewegungen ihres Körpers, so sollen die der Tugend Beflissenen den Kelch leeren und so ihre Leidenschaften zu ruhigem Einschlafen bringen [130].» Diese Therapie der seelischen Beruhigung wird dann von den abendländischen Theologen (und was für Psychologen waren doch unter ihnen!) weiter gelehrt. Bei Beda etwa, der in seinem Hoheliedkommentar zunächst aus Isidor und aus Ambrosius die uns schon wohlbekannten Worte von den narkotischen Wirkungen der Mandragore zitiert und sie dann auf die seelische ‹Schlaflosigkeit› anwendet, auf jenes Zerrissensein in tausend weltlichen Sorgen und Hoffnungen, aus denen jede seelische Krankheit hervorgeht. Ja, dieser große Seelenkenner sagt noch mehr: solch psychische Krankheitszustände kommen vor allem dann vor, wenn ein Mensch sich zwar allen Ernstes von der seelischen Zerrissenheit frei machen will, aber durch die Kraft der

Mandragore mit Hund und Rhizotom

Aus einem italienischen Kräuterbuch des 15. Jahrhunderts. Federzeichnung, Privatbesitz. Abbildung in Philobiblon, Zeitschrift für Bücherliebhaber 5 (1932) S. 149

Krönung der Königin Mandragora

Miniatur aus der Handschrift München Clm 5118 (Hoheliedkommentar des Honorius) 12. Jahrhundert

Krönung der Mandragora

Miniatur aus Sankt Florian, "Cod. XI, 80. Vom Jahre 1301. (Bild aus der Sammlung Goldschmidt, Basel, Kunstmuseum)

früheren Gewohnheiten davon nicht mehr loskommt. Es ist ein Satz von erfahrener Tiefe, der da mitten unter der Allegorie von der Mandragore steht: «Von ganz übler Schlaflosigkeit der Seele wird derjenige geplagt, der zwar seine Seele von den Sorgen und Süchten dieser Welt freimachen will, aber behindert wird von dem Trott seiner üblen Gewohnheiten, und so nicht zu jener Ruhe kommt, nach der es ihn sehnlich verlangt[131].» Das Gegenmittel ist ihm da der selige Schlaf, den die wahre Mandragore, Gottes Gnade, bietet: der Schlaf der himmlischen Kontemplation, dieser köstliche Trunk, der uns von aller seelischen ‹nausea›, von dem Brechreiz des Lebens, heilt. Die «Glossa ordinaria» hat dann später diese Weisheit des Angelsachsen verewigt mit dem Satz, den jedermann im Mittelalter gelesen hat, der sich mit der Mandragore aus dem Hohenlied befaßte: «Die Mandragore gibt uns jene Ruhe gegen alle Aufregungen der Welt, die uns jeglichen Brechreiz vor dem Wort Gottes benimmt; jene Betäubung, die da nichts mehr spüren läßt, wenn uns ohne jedes Schmerzgefühl die Laster ausgeschnitten werden[132].» Es ist die Süßigkeit der himmlischen Kontemplation, die den Menschen seelisch ruhig und frei macht, jener selige Schlaf, in dem die Seele die Augen schließt und einzig Gottes inne wird – Bruno von Asti hat dies alles vielleicht am schönsten ausgesprochen. Es waren, wie er sagt, die Apostel, die uns die Mandragore der ewigen Ruhe gebracht haben, diesen Trank, der alles vergessen macht und die Erinnerung an das sündige Leben von einst auslöscht[133]. Man lese in diesem Zusammenhang einmal die magischen Anweisungen, die die große Hildegard von Bingen bei der Besprechung der Mandragore gibt: welch wundervolle Beschreibung der seelischen Zustände, die durch die heilige, im Wasserbad gleichsam getaufte und ihrer ehemaligen Teufelsdämonie entzogene Wurzel behoben werden! Mandragore heilt Melancholie: «Wenn da ein Mensch in seinem innersten Wesen also zerrissen ist, daß er immerdar traurig herumgeht und ohne Unterlaß voller Gram sich fühlt, wenn er unaufhörlich in seinem Herzen einen Mangel spürt und einen Schmerz – dann nehme er Mandragora, die da aus der Erde entwurzelt ist und einen Tag und eine Nacht lang im lebendigen Quellborn gelegen hat; die lege er neben sich in sein Bett, so daß die Wurzel von seiner Körperwärme warm wird, und dann spreche er ...[134].» Hier folgt das tiefsinnige Gebet, das wir bereits kennen, das Gebet der Sehnsucht nach jener paradiesischen Freiheit, in der Gott den Menschen vor dem Sündenfall erschuf. Das war die psychotherapeutische Weisheit der Alten, die im antiken Bild vom schlafbringenden Mandragorentrank die tiefen Einsichten ihrer Seelenkenntnis bargen. Williram hat das, schon vor Hildegard, in seiner Paraphrase zum Hohenlied so ausgesprochen:

«Wie der Mandragorenapfel, der da ähnlich ist dem Erdapfel, in Wein genommen die Schlaflosen schlafen und ruhen macht, also machen es die Lehrer denjenigen, die da leiden an dem Lärm der weltlichen Dinge ... und wie die äußere Rinde dieses Apfels, in Wein getrunken, diejenigen betäubt, die da geschnitten oder gebrannt werden müssen, also tun auch die Lehrer: mit der bloßen äußeren Rinde schon des göttlichen Wortes heilen sie ärztlich die kranken Zuhörer und machen sie gleichsam unempfindlich für alle Übel der Welt, die sie zu ertragen haben[135].»

So wird das klassische Narkotikum der Antike in der Tat zum Symbol eines seelenheilenden Zustandes, den man schon seit Philo und Origenes die «nephálios méthé» genannt hat, und den Ambrosius, für die Lateiner unvergeßlich, «sobria ebrietas» hieß[136] – die «nüchterne Trunkenheit» des Geistes, die mystische Kontemplation, die Versenkung in sein innerstes Selbst, wo Gott die Seele berührt und sie so über sich selber emporreißt. Hier stehen wir nun wieder vor dem gleichen theologischen und seelenärztlichen Ergebnis wie am Ende der Symbolik des Moly: das Eingehen in Gott ist für die Seele das Gelöstwerden aus der erdhaften Welt, das schmerzliche Absterben, sozusagen der mystische *Trismós* der schwarzen Mandragorenwurzel, die wir selber sind. Aber was früher chthonisches Gift war, wandelt sich jetzt in heilende Gabe, und aus dem Sterben wird Leben. Und so ist es auch hier wieder wahr: nur wenn die Seele über sich selbst hinauskommt, wenn ihre Wurzel gelöst wird, nur dann wird sie heil. Der Mystiker würde in augustinischer Diktion sagen: nur wenn die Seele ganz in Gott ist, ist sie auch ganz in sich selbst. Ein mittelalterlicher Mystiker sagt uns denn auch:

«Die Mandragore ist ein Kraut, das so tiefen Schlaf bewirkt, daß man den Menschen schneiden kann, und er fühlt den Schmerz doch nicht. Denn durch die Mandragoren wird das Aufstreben in die Kontemplation versinnbildet. Diese Beschauung läßt den Menschen in einen Schlaf von so köstlicher Süßigkeit verfallen, daß er nichts mehr fühlt von dem Schneiden, das ihm seine irdischen Feinde zufügen, daß er nicht mehr achtet aller weltlichen Dinge. Denn die Seele hat jetzt ihre Sinne allem Äußeren verschlossen – sie liegt im guten Schlaf des Inneren[137].»

Was sich nun hier als seliger Endzustand für die einzelne Seele in der mystischen Auflichtung aller dunklen Wurzeln begibt, das vollendet sich aber auch am Gesamtgeschlecht des Adam, an der ganzen Pflanze aus dem apostatischen Wurzelstock. Wir müssen nun noch abschließend von der letzten und tiefsinnigsten Entfaltung der Symbolik sprechen, die aus antikem Wissen und christlichem Glauben sich um die Mandragore rankt: von der apokalyptischen Vollendung an jenem Tage, an dem der göttliche Rhizotom die Menschenwurzel endgültig dem Irdischen entreißt und ins Licht hebt.

Was wir hier vorlegen, schließt sich an die Eigenschaft der Mandragorenwurzel an, die seit Urzeiten dem griechischen und östlichen Menschen so geheimnisvoll vorkam: daß sie einem Menschenleib gleicht. Der Mandragoras ist *anthropómorphos*, so lautete der uralte pythagoräische Zusatz in der Medizin des Dioskurides. Und nun ist es eines der seltsamsten Beispiele für die verschlungenen Pfade der Geistesgeschichte, denen wir in dieser Symbolik nachspürten, daß dieses Wort aus dem mythischen Kreis des Pythagoras bei den Kirchenvätern auf einmal wieder anklingt und sich zu einem mystischen Chorlied voll köstlicher Gedanken entfaltet. Für das lateinische Abendland ist es vor allem Isidor gewesen, der mit der wörtlichen Anführung des Zitates aus Dioskurides das Leitmotiv angeschlagen hat: «Hanc Mandragoram poetae anthropómorphon appellant, quod habeat radicem formam hominis simulantem.» Und bei den Griechen ist es die lebendige Tradition des Volkes und der Medizin, so wie sie noch in den arabischen Lehrern fortlebt, die das Wort von der ‹Menschenwurzel› für eine christliche Umdeutung bereitgelegt hat. Es begegnet uns denn auf Schritt und Tritt, wörtlich oder dem Sinn nach, das pythagoräische Lehrstück, wohin wir auch schauen mögen. Der karolingische Angelomus und der deutsche Rupert von Deutz zitieren das griechische Wort aus Isidor[138]. Für alle ist Mandragoras die Menschenwurzel.

Um nun die daraus sich entfaltende Symbolik zu erfassen, müssen wir noch einmal in die Magie des Mandragoras zurückgreifen. Diese seltsame Menschenwurzel, die einem Leib ohne Kopf gleicht, ist, solange sie noch in der Erde steckt, den dämonischen Mächten ausgeliefert und untertan. Bei ihrem Anblick gedenkt der antike Mensch der Totengespenster, die als kopflose Dämonen umgehen. Es mag hier noch einmal an die Pflanze des ägyptischen Bes erinnert werden – dieser Bes aber ist ein ‹kopfloser Dämon›, und so dachten sich die Alten das widergöttliche, logosberaubte Wesen der Dämonen[139]. Ganz gleich erscheint ja im Testament des Salomo zusammen mit dem Hunde-Dämon ein anderes Wesen, «ein Dämon, der alle Glieder eines Menschenleibs hatte, aber kopflos war[140]». Wenn also schon der Anblick der unheimlichen Gestalt einer Mandragore an ihre Herkunft aus dem dunklen Erdreich der Hekate gemahnte, so wird das nun im christlichen Denken zu der Vorstellung: diese Menschenwurzel, die aus der dunklen Erde sproßt, hat unheimliche, teuflische Kräfte in sich, und sie muß erst herausgerissen und gleichsam neugestaltet werden, ehe sie seelenheilend wirken kann. Sie ist ja aus der gleichen Erde gebildet, aus der das Fleisch des sündigen Adam stammt. Am aufschlußreichsten für diese Gedankengänge sind die Worte aus Hildegard von Bingen, die, so spät sie auch sein mögen, uraltes theologisch-magisches Gut enthalten:

«Die Mandragore ist aus jener Erde, aus der einst Adam geschaffen wurde, emporgewachsen; sie ist dem Menschenleib irgendwie ähnlich. Und eben darum, und weil sie Ähnlichkeit mit dem Menschen hat, ist diesem Kraut mehr als anderen Kräutern der Teufel mit seinem Einfluß und seiner List viel näher. Daher kommt es, daß der Mensch mit ihr Gutes und Böses hervorrufen kann, je nach seinen Gelüsten, so wie er es einst mit seinen Idolen tat[141].»

Daher muß nach Hildegards Anweisung diese Menschenwurzel in Quellwasser gereinigt und dem Dämon entzogen werden; und sie würde die teuflische Kraft behalten, wenn man sie ohne ‹Taufe› aus der Erde zöge oder wenn an ihr noch Erdkrumen festklebten – so sehr wird hier noch einmal das chthonische Wesen der Mandragore gefühlt.

Verfolgen wir nun die Geschichte dieser Symbolik von der Menschenwurzel. Die Mandragore ist das Bild des aus Adam sprossenden Geschlechts, das tief eingesenkt in die dunkle Erde dahinwuchert, aber sich nach dem Licht sehnt und die duftende Blüte der Ewigkeit aus dem kopflosen Wurzelstock entfalten will. Aus origenischer Tradition stammend, taucht diese Allegorie zum ersten Mal bei Philo von Karpasia auf, und wieder ist es das Zauberwort im Hohenlied 7, 14, aus dem sich alles enthüllt: «Die Mandragoren hauchen schon ihren Duft.» Philo deutet dieses Wort also: «Die Wurzel der Mandragoren liegen tief unter der Erde und haben ein Aussehen wie ein Menschenleib. Dadurch tragen sie an sich das Bild der Toten. Denn die Toten wittern schon die kommende Ankunft des Herrn Christus im Hades, und so geben sie den Duft der künftigen Auferstehung von sich[142].» Ganz gleich deutet Nilus von Ankyra den Mandragorenduft des Hohenliedes – und des Nilus Kommentar (der uns als Ganzes heute verloren ist) schöpft aus Origenes und ist bis in die byzantinische Zeit hinein maßgebend geblieben. Nilus sagt: «Du könntest das Schriftwort auch so deuten: die mit Christus einst Auferstehenden sind Mandragoren, denn diese haben eine menschengestaltige Wurzel und sinnbilden damit des Menschen Todgeweihtheit[143].» Dieser Duft der Sehnsucht nach ewigem Leben entströmt der dunklen Wurzel der Menschheit indes nicht nur vom Totenreich her; nein, schon jetzt, während des Wurzelns in der finsteren Erdzeit, beginnt das apokalyptische Duften, steigt die Sehnsucht nach der kommenden Verklärung zum Himmel empor. «Die Mandragoren», schreibt Prokop von Gaza, «haben tief unter der Erde menschenförmige Wurzeln: das bedeutet, daß die Menschen, die sich um Christi willen absterben, den süßen Duft ihrer guten Werke aushauchen. Das bedeutet aber auch, daß die Toten, die die herrliche Ankunft Christi wittern, den Duft der Auferstehung aufsteigen lassen[144].» Wir sehen aus der Gleichheit der Gedanken: hier spricht die Mystik des unsterblichen Origenes zu uns. Und so dachte man bis tief in die byzantinische Mystik hinein, mit griechischer Witterung für den Duft der kommenden Dinge. Im Hoheliedkommentar des Matthäus Cantacuzenus wird dargelegt, wie die duftenden Mandragoren zuerst die Synagoge bedeuteten, dann die Kirche aus den Heidenvölkern mit ihren siegreichen

Märtyrern. Vollendet aber wird diese mystische Geschichte des göttlichen Duftes am Ende der Tage: «Denn auch der Menschen, die noch im Hades warten, gedenkt die Schrift, wenn sie von der Mandragore spricht, weil dieses Kraut eine menschenförmige Wurzel hat und tief in das Erdreich eingesenkt steckt. Das bedeutet: es kommt einmal die Zeit, da die tief in den Hades Eingesenkten von dem Erlöser in die Freiheit hinaufgeführt werden, von ihm, der sich bis in den Tod herabgesenkt hat[145].»

Wenn wir uns der lateinischen Symbolik vom Menschenkraut Mandragoras zuwenden, so begegnet uns als erster der sonst so unbekannte, auch heute noch zu wenig gewürdigte Zeitgenosse des Augustinus, Aponius, mit seinem Hoheliedkommentar. Er ist der geistige Vater der Deutung zu Cant 7, 14, die bis zu den bilderreichen Kommentaren des Mittelalters vor uns sich entfalten wird. «Die Mandragore ist ein Kraut», so beginnt er seine tiefsinnige Auslegung, «deren Wurzel in allem den menschlichen Körper nachbildet: aber sie hat keinen Kopf ... sie duftet an den Pforten: das will besagen, ganz nahe beim Eingang zum Tage des Gerichtes, am Ende der Welt, beginnt sie ihren Duft zu entströmen. Und es scheint mir, daß diese Mandragoren das Sinnbild sind für jene Heidenvölker, die da bisher noch wildwachsend waren und all ihr Leben tief in die Erde eingesenkt lebten; sie waren zwar in Kraft des Naturgesetzes den vernünftigen Menschen ähnlich, aber sie hatten nicht den Kopf des Glaubens, das ist ihn, der das Haupt des Mannes ist, Christus[146].» Und nun erinnert sich Aponius jenes magischen Brauchs der Rhizotomen, den wir aus Ps.-Apuleius schon kennen: nicht nur mit Hilfe des schwarzen Hundes wird die Wurzel der Erde entrissen, sondern auch mit einem gleichsam unschuldigeren Mittel, mit der Maschinerie (manganum) einer schnellenden Rute – jedenfalls aber nicht vom Wurzelgräber selbst. So wird es nun auch am Ende der Tage sein: die dunkle Wurzel dieser noch christusfernen Völker wird endlich aus dem teuflischen Erdreich ausgezogen, und zwar von den Engeln, die das Menschengeschlecht apokalyptisch bedräuen und von allen Weltenden zusammenführen, um an ihrem Geschick uns, den Christustreuen, eine Medizin zu bereiten wie aus Mandragorenwurzel: «Die Heidenvölker werden von den Engeln zur Medizin unserer Seelen von ihren Sitzen herausgerissen und uns zugeführt: so wie man sich erzählt, daß jenes Kraut als Medizin der Leiber nicht von einem Menschen, sondern von einer schnellenden Rute herausgerissen wird aus dem Erdreich.» Und wie der Trank aus Mandragoras den Menschen beruhigt und ihm den Brechreiz und den Ekel benimmt, so wird es jetzt sein: durch die Leiden, die am Ende der Tage die Völker aus der Erde reißen, verlieren auch die bisher christusfernen Menschen den Ekel vor dem Wort Gottes: indem sie ausgerissen werden, sind sie sich selber zur seelenheilenden Blume geworden, und jetzt verlangt es sie, wie nach einem Mandragorentrunk, nach der Speise, vor der es sie früher ekelte: «Und jetzt, in der Bedrängnis der letzten Ängste, verlangen sie mit heißer Sehnsucht, mitten in Hunger und engem Gefängnis, nach den Speisen, vor denen es sie einst, da sie noch in Lüsten und in der Dinge Überfluß lebten, graute.» Das ist die apokalyptische Seelenheilung, die Umweihung der schwarzen Mandragore zur himmlischen Blume. Aponius endet dieses tiefsinnige Lehrstück mit den Worten:

«In den letzten Tagen, vor den Pforten des Weltendes, wird die Fülle der Völker, die da unter dem Himmel sind, sich zum Gott des Himmels bekehren. Eingehen werden sie in den Glauben an Christus – und ihr gläubiges Bekenntnis wird sein der Duft der Mandragoren.»

Dieses apokalyptische Ereignis der Bekehrung aller Völker am Ende der Tage wird nun in der frühmittelalterlichen Exegese in zweifachem Sinn entfaltet: es wird die Bekehrung der Heidenvölker sein; aber man fügt dem nun auch die endzeitliche Umkehr der Reste des Judenvolks bei, das sich nach der Besiegung des Antichrist reumütig Christus unterwerfen wird. Bei Beda dem Angelsachsen wird davon nur im allgemeinen gesprochen: «Dieses Kraut Mandragora hat, wie man erzählt, die Gestalt eines Menschen mit Händen, Füßen und Fingern, ist aber ohne Kopf: das Haupt fehlt ihm, Christus, der das Haupt der Kirche ist[147].» Diese Völker haben in den Tagen vor dem herrlichen Kommen Christi ein Scheinhaupt, das ist der Antichrist, sie sind die Schößlinge aus der apostatischen Wurzel, aus dem Teufel. Das ist alte Symbolik, die sich schon bei Cassiodor[148] findet und durch die Glossa ordinaria[149] dem Mittelalter überliefert wird; sie schließt sich an einen Vers aus Psalm 51 an, den man stets apokalyptisch erklärt hat: «Gott wird dich vernichten für immer, dich wegraffen, dich aus dem Zelte reißen, dich wie eine Wurzel ausrotten aus dem lebendigen Land» (Ps. 51, 7). «Diese Wurzel», sagt Cassiodor dazu, «ist der Antichrist und seine Helfer, die Teufel, und darum heißt es, sie werden wie eine Wurzel ausgerissen aus lebendigem Land, weil weder der Antichrist noch der Teufel noch seine Anhänger Anteil haben werden mit den Heiligen.» Dazu kommt nun die uralte Lehre, daß sich dies am Judenvolk erfüllen wird, mit Ausnahme jenes kleinen Restes, der am Ende der Tage, nach der Vernichtung des Antichrist, sich zu Christus bekehrt. So deutete man das Wort des Isaias 10, 22 und des Paulus im Römerbrief 9, 27; schon bei Ambrosius[150] ist das zu lesen, und Augustinus[151] hat das in einem berühmten Kapitel des Gottesstaates gelehrt.

Mit dieser Deutung der Endereignisse verbindet sich nun unsere Symbolik von der kopflosen Mandragore. Heiden und Judenreste werden, wenn das Scheinhaupt, der Antichrist, abgeschlagen ist, wie kopflose Wurzelstöcke dastehen, aber in den entscheidenden Tagen vor dem Kommen des Herrn werden sie sich bekehren, und Christus wird das ewige Haupt der kopflosen Mandragore sein. Das frühe Mittelalter, das ein so lebhaftes Interesse an der apokalyptischen Lösung der Judenfrage besaß, gibt dieser sinnbildlichen Theologie die letzte Ausgestaltung. Im Hohenliedkommentar des Wolbero von Köln heißt es: «Die Mandragore ist ein aromatisches Kraut, das nach der Ähnlichkeit mit einem menschlichen Leib gebildet ist, aber des Kopfes entbehrt ... Wenn du nun dafür einen geistlichen Sinn suchst, so kannst du recht wohl darin die Bekehrung der Heidenvölker erblicken ... denn das Heidenvolk sah zwar einem Menschen ähnlich, da es die natürliche Erkenntniskraft und die Unterscheidungsgabe zwischen Gut und Böse besaß; aber weil es seinen Schöpfer nicht zu erkennen vermochte, war die Kraft seiner Erkenntnis irgendwie geschwächt, und weil es Gott nicht erkannte, entbehrte es gleichsam des Kopfes. Man kann indessen unter der kopflosen Mandragore auch das Volk der Juden verstehen: es war wohl menschenverständig in der Beobachtung seines Gesetzes, aber auch es hatte keinen Kopf, da es Christus nicht als sein Haupt aufnehmen wollte. Am Ende aber gibt diese Mandragore dennoch ihren Duft: denn was früher im Unglauben unfruchtbar gewesen, das sproßt nun auf in der Zeugung der vielen Söhne Gottes[152].»

Das bleibt nun im ganzen Mittelalter die immer wieder vorgetragene Lehre. In den geistlichen Schauspielen vom Sieg der Ecclesia über die ungetreue Synagoge, in den herrlichen Figuren dieser zwei Spielerinnen des göttlichen Heilsdramas an den gotischen Kathedralen, formt sich diese Theologie sinnenfällige Gestalt; und im Tegernseer Spiel vom Antichrist kehrt nach der Besiegung des Widersachers die Synagoge zur Ecclesia heim, unter dem Gesang des Sieges aus eben jenem 51. Psalm, der von der Entwurzelung des Gottesgegners gesprochen hatte: «Ich aber bin wie ein grünender Ölbaum im Hause Gottes» jubelt die Ecclesia, wo sie die heimkehrende Schwester in die Arme schließt[153]. Was hier in volkstümlicher Bildwelt lebt, wird in der gleichzeitigen Theologie unter dem Symbol der Mandragore ausgesprochen. «Die Mandragoren sind Kräuter, die dem menschlichen Körper ähnlich sind, aber keinen Kopf haben: und sie sinnbilden die Juden, denen noch das Haupt fehlt, das ist Christus» sagt Anselm von Laon[154]. Die kopflose Erdenwurzel ist das Volk der «klugen und doch irregegangenen Juden, die so lange ein Wurzelstumpf bleiben, als sie Christus, das Haupt der Glaubenden, nicht besitzen», heißt es bei Philipp von Harveng[155]. Noch der einflußreiche Kommentar zum Hohenlied, den man zu Unrecht dem großen Thomas von Aquin zuschrieb (er stammt von des Thomas Schüler Aegidius Romanus), sagt abschließend:

«Merke wohl: die Mandragore ist ein Kraut, dessen Wurzel gleichsam Glieder hat wie ein Mensch, aber keinen Kopf. Das bedeutet die Juden, die annoch ohne Haupt sind. Aber am Zeitende, wenn sie das Wort und den Duft der Ecclesia aufnehmen, werden auch sie den Wohlgeruch ihrer Sehnsucht hauchen, der Sehnsucht, sich zu vereinigen mit Christus dem Haupt[156].»

Diese apokalyptische Vision der Endzeit hat auch in einer althochdeutschen Erklärung des Hohenliedes einen bildgewaltigen Ausdruck gefunden, in dem sogenannten Trudperter Hohenlied[157]. Da erscheint Christus selbst als der göttliche Rhizotom, der die tödlich schreiende Mandragore des Menschengeschlechts dem Erdboden entreißt, um ihr zugleich ewiges Blühen und Duften zu schenken in Kraft seiner Menschwerdung, mit der er selbst sich ins dunkle Wurzelreich des Menschlichen eingesenkt hatte. Mit einer unerhörten Kühnheit der Bildsprache wird hier Christus selbst bei seinem apokalyptischen Kommen als die Mandragore gedacht, die mit dem Schreien ihrer gewaltigen Stimme Tod und Leben spendet für ewig:

«Die edelen wurzen die stinchent in unseren porten. daß ist furtrefeclîchen mandragora. der wurze ist gelîch ainis mennisken bilde, unde haizet dûtisken alrûn. der ir stimme vernimet der mûz des todes sîn, so man sie ûz zuchet ... disiu wurze bezêchenot got, des pilde was christ. in der erde was er aineme mennisken gelîch. er ist uns ain arzentum unde ain phant des êwigen lîbes ... sîn rinde daz ist der hailige gaist, daz ist der tualm der slâfente machet alle die minâre des hailigen christes. sîn stimme daz ist sîn gewalticlich urtaile, diu ertôtet alle sîne raizzâre.»

«Die edlen Wurzen duften wohl an unseren Pforten. Das ist die vortreffliche Mandragore. Ihre Wurzel ist gleich dem Bilde eines Menschen und heißt auf deutsch Alraun. Wer ihre Stimme beim Herausziehen vernimmt, der muß des Todes sein ... Diese Wurzel sinnbildet Gott, dessen Bild Christus ist. Auf Erden ward er einem Menschen gleich. Er ist uns eine Arznei und ein Unterpfand des ewigen Lebens ... seine Rinde das ist der Heilige Geist, das ist der betäubende Trank, der da einschlafen läßt alle die Liebhaber des heiligen Christ. Seine Stimme das ist sein gewaltiges Urteil, das da tötet alle seine Widersacher.»

Und nun sind wir vorbereitet, auf die letzte Höhe der Mandragorensymbolik zu steigen, die uns in ihrer gesteigerten Bildkraft die köstlichen Miniaturen geschenkt hat (Abb.), in denen der ganze Ertrag des antiken und christlichen Sinnbilds von der kopflosen Wurzel Mandragora sich vollendet. Es war Honorius Augustodunensis in seinem aus antik-christlicher Tradition schöpfenden und doch ganz eigenwillig geformten Kommentar zum Hohenlied, der uns diese schöne Welt von Sinnbildern vorzauberte[158]. Das Lied der Lieder ist diesem Symboliker die geheimnisreiche Umhüllung für die Ereignisse der Endzeit. Wie ein Drama in vier großen Akten erscheint ihm das salomonische Liebesgedicht, und die führenden Personen jedes Akts sind die vier Königinnen, die dem Bräutigam Christus, wenn er in Herrlichkeit erscheint, aus den vier Himmelsgegenden zugeführt werden. Honorius ist ein wahrer Dichter in Bildern, und man hat ihm mit Recht nachgerühmt, er habe das Hohelied wie ein wundersames Mysterienspiel aufgefaßt, unterstützt von «einer regen Phantasie und einer unverkennbar pulsierenden dichterischen Ader»[159] – in der Weise seiner Auslegung ist er in der Tat einzigartig. Da kommt im ersten Akt vom Osten her die erste Königin, die «Pharaotochter», das Sinnbild aller Menschen, die schon vor dem Gesetz des Alten Bundes den Weg zu Christus gefunden haben. Vom Süden wallt die zweite Gestalt, die «Königin von Babylon», das ist die Menge der Völker, die unter dem Gesetz und den Propheten den Glauben fanden. Dann schreitet vom Westen her die «Königin Sunamitis» Christus entgegen, der Inbegriff aller Glaubenden aus den Heidenvölkern. Aber noch ist das Drama nicht zu Ende – denn nun, nach der Besiegung des Antichrist, vollzieht sich in den paar letzten Tagen vor Christi Kommen noch ein wundersames Schauspiel: vom Norden her, aus der dämonisch finsteren Gegend, wo bisher keine Sonne schien, kommt die Vertreterin des «Ewigen Israel»[160], die Königin Mandragora. Sie wird von den drei anderen Königinnen und deren Gefolge feierlich Christus entgegengeführt, «Mandragora, unsere kleine Schwester, die noch keine Brüste hat»[161], das Sinnbild jener kleinen Zahl, die sich bekehren wird, ehe die Pforten der Ewigkeit aufspringen. Die Heiden und die Juden, die bisher unter der Gewalt des Antichrist standen, kommen zu Christus heim. Und die arme, kopflose, gespenstische Wurzel Mandragora wird mit einem Haupt gekrönt, das da Christi Haupt ist. Hören wir Honorius selbst:

«Nachdem nun das ganze Gefolge der Sunamitis in die Halle des Königs aufgenommen und zur königlichen Hochzeit zugelassen ist, siehe, da wird von Norden her mit hehrem Gepränge dem Bräutigam eine neue Braut zugeführt: nämlich die Mandragora ohne Kopf. Ihr setzt der Bräutigam ein goldenes Haupt auf, das mit einer Krone geschmückt ist, und so wird auch sie zur Hochzeit eingeführt.

Als nämlich die Sunamitis aus der königlichen Stadt wieder fortzog, da fand sie Mandragora, die königliche Maid, ohne Kopf auf einem Ackerfeld liegen. Tiefes Mitleid mit ihr erfaßt sie, und sie kehrt zum König zurück und fleht ihn inständig an, mit hinauszugehen und sich der Unglücklichen zu erbarmen. Der König geht also mit der Sunamitis hinaus auf das Ackerfeld, findet dort die Unglückselige in erbarmungswürdiger Nacktheit, richtet sie auf, kleidet sie, setzt ihr ein goldenes Haupt auf und führt sie in sein Brautgemach.

Es ist aber die Mandragore ein Kraut, das die Gestalt eines Menschenleibes ohne Kopf hat. Sie versinnbildet die Schar der Ungläubigen, die in den Endzeiten noch sein werden, und deren Haupt der Antichrist, das Haupt aller Bösen, ist. Aber der Kopf der Mandragore wird abgeschnitten, wenn der Antichrist getötet werden wird. Nach seiner Vernichtung sieht die Synagoge den Bekehrungswillen dieser Ungläubigen, die ohne ihren Kopf, den Antichrist, sind, aber auch des Hauptes Christi entbehren. Und sie wünscht, daß sich auch diese Schar ihr im Glauben an Christus anschließe und größer werde um die Hauptlänge Christi. Darum spricht sie: ‹Komm, mein Geliebter, wir wollen auf den Acker gehen und die Dörfer durchschweifen, schon geben die Mandragoren ihren Duft an unseren Pforten.› Die Mandragore aber ist, wie ich schon sagte, ein Kraut, das die Form eines Menschenleibes hat, aber des Kopfes entbehrt, und sie ist zu vielen Medizinen nütze. Darunter versteht man die Heidenwelt, die zwar menschlichen Verstand besitzt, aber bisher nicht Christus als ihr Haupt hatte, obzwar sie viele nützliche Überzeugungen hegte. Ihr nun setzt der Bräutigam ein goldenes Haupt auf, indem er seine Gottheit (die da alles so überragt, wie das Gold alle Metalle überragt) im Glauben zu erkennen gab. So wird sie mit Ehre und Glorie gekrönt, und er wird sie sich vermählen im klaren Licht seiner Schau. Die Mandragoren ohne Kopf sind also die Heiden ohne Christus das Haupt, nachdem man ihnen ihr Haupt, den Antichrist, abgeschnitten hat[163].»

Diese bilderreiche Symbolik, von der Honorius noch an mancher anderen Stelle spricht[164], hat nun die Miniaturenmaler, die in der Zukunft den Kommentar des rätselhaften Augustodunensis schmückten, zu den reizenden Bildern angeregt, die wir heute noch besitzen und bewundern[165]. Über der feuerspeienden Gestalt des Aquilo, des dunklen Höllenrachens, steht die nackte Schöngestalt der Königin Mandragora. Daneben liegt das abgeschlagene Haupt des Antichrist. Die kopflose Braut wird eingeführt von den drei bereits gekrönten Königinnen der früheren Heilsgeschichte, die als «Reginae» mit dem Gefolge ihrer «adolescentulae» daherschreiten. Der König Christus aber, gefolgt von den «Freunden», den Aposteln, krönt die Braut mit einem Haupt, das diese tiefsinnigen

Malertheologen dem Haupt des Christus gleichgestalten (Abb.). Und nun kann die Mandragore eingehen in die «klare Schau der Gottheit», da sie göttliche Augen erhalten hat, eingehen in die ewige Gesellschaft der Königinnen und der Christusfreunde [166]. Darum lautet auf den romanischen Miniaturen die Umschrift dieser Menschenkrönung:

«Ihr setzt er auf ein Haupt und schmückt sie als Braut mit der Krone, Königinnen gesellt er sie zu und eint sie den Freunden.»

Damit haben wir die lichten Höhen der Symbolgeschichte von der einst dämonischen und nun dennoch seelenheilenden Blume Mandragora erstiegen. Was man im späten Mittelalter [167] noch vom Wesen und der Bedeutung der Mandragore zu sagen wußte, reicht nicht mehr in die sublimen Gipfel einer Theologie hinauf, die noch in Bildern zu sprechen wußte, um das Unsagbare auszusagen. Nur ein paar seltene Kenner der patristischen und antiken Symbolik haben im 16. Jahrhundert noch etwas vom Duft der Mandragore verspürt. Der Spanier Luis de la Puente [168] hat uns in seinem tiefsinnigen mystischen Kommentar zum Hohenlied eine erstaunlich treffsichere Deutung der Mandragore auf innerseelische Vorgänge gegeben: den Frühlingsduft, die Heilkraft, die Liebeserregung und die göttliche Betäubung, die dieser ewigen Menschenwurzel eigen sind, legt er aus auf die Geheimnisse des kontemplativen Lebens. Die Mandragore ist ihm der Inbegriff des in den Tiefen wurzelnden heroischen Lebens, des letzten Geheimnisses der seelischen Heilung, die der erdenhafte Mensch nur findet, wenn Gott selbst ihn aus den Tiefen emporreißt in sein eigenes Licht. Und so dürfen wir die Symbolgeschichte der seelenheilenden Blume, die Geschichte der platonischen und christlichen Psychotherapie, mit den Versen beschließen, die John Henry Newman, dieser Platon im Kardinalsgewand, mit der untrüglichen Sicherheit einer ewig menschlichen Bildsprache geformt hat:

«O Mensch, seltsam Gemisch aus Lehm und Himmelslicht,
gemein und doch voll Majestät: ein Blütenduft,
der aus der Wurzel Fäulnis steigt ... [169]»

In allen Bildern, die in dieser Geschichte der seelenheilenden Blumen Moly und Mandragora an uns vorüberzogen, in den Mythen der Alten und in den Allegorien der Christen, bergen sich letztlich die ewigen Fragen, die wir in das schwere Wort vom ‹Seelenheil› zusammenpressen. Die schwarze Wurzel und die weiße Blüte sind Ursymbole des menschlichen Gottsuchens. Von der homerischen Urzeit bis zu den Miniaturen der Gotik, von der Klarheit des Platon bis in die brodelnd dunkle Welt der Alchemisten, von dem Suchen der Griechen bis zu dem Finden der Christen, geht eine einzige Sehnsucht durch die Seele des Menschen: aus dem Dunkel aufzusteigen ins Licht und ins Heil, aus der Asche zum Kristall, aus der formlosen Materie zum festgefügten, ewigen Stein, aus der Wurzel zur leuchtenden Blüte. Alles ist, um einen Alchemisten sprechen zu lassen, «eine eygentliche und vollkommene Idea und klarer Spiegel des gantzen Menschens Beschaffenheit, seiner Gebrechlichkeit, seiner Erlösung, Reinigung und Wiedergeburt, seines Todes, Absterbens und Auferstehung, der Abscheidung und Wiederbringung oder Vereinigung der Seelen mit ihrem Leib, dieser beiden ewigen Wolfahrt, beständigen, unendlichen Seligkeit[170]».

## Dritter Teil · Heiliger Homer

# EINFÜHRUNG

Und nun soll der dritte Teil dieses Buches die Psychagogie vollenden und unseren Geist hinaufführen zu den Höhen, nach denen sich der antike Mensch gesehnt hat und die der Christ in seiner himmlischen Gottschau freudig voraushofft. Damit soll auch der Begriff des christlichen Humanismus seine letzte Sinngebung erhalten: daß die wahre und schöne Gestaltung eines diesseitigen Lebens humaner Güte und Adligkeit immer nur möglich ist, wenn der Mensch, das Diesseits kühn überspringend, sich im Jenseitigen gründet, um von dort her das Ewige im Menschen zu finden und zu lieben. Nur in der Loslösung vom Geschaffenen vermag der Mensch den innersten Wert der Erdendinge zu umarmen. Nur der Verzichtende findet. Und alles Erdenwesen enthüllt seine scharfe und schöne Gestalt erst in dem Licht, das aus jener Pforte strömt, durch die man nur im Tod eingeht. Darum mußte Odysseus, der ewige Seefahrer, zu den dunklen Toren der Persephone segeln (und wie seltsam: von Kirke selber wird er dorthin gesandt), ehe er zurückfinden darf in die süße Erdenheimat. Das aber ist eine huschende Ahnung jener Wahrheit, in der des Christen unenttäuschbarer Humanismus gründet: daß uns Menschen einmal nicht nur ein Himmel geschenkt wird, sondern auch eine verklärte und dennoch köstlich greifbare Erde samt all den Schönheiten, die wir jetzt schon an ihr lieben. «Wir aber erwarten einen neuen Himmel und eine neue Erde, wo die Gerechtigkeit daheim ist[1].»

Der mühsame Weg zu solchen Höhen hat sich uns bereits enthüllt in den Bildern der griechischen Mythen, die wir christlich gedeutet haben. Der Mensch muß aufsteigen aus dem acherontischen Pfuhl zum Helios Christus, aus dem Dunkel des Mutterschoßes im Taufquell zu dem platonischen Kreuzmysterium, das am nächtlichen Himmel zu funkeln beginnt und den kommenden Tag des Lichts anzeigt, vom Kot bis zu den Sternen. Dieser Aufstieg ist ein wahres Purgatorium, ein Scheidungsprozeß der Seele, denn im

Menschen kämpfen Gigantenblut und Helioslicht, seelenfressende Hunde und Sehnsucht nach Entfaltung der seelenheilenden Blume. Nun gilt es, die letzten Höhen zu erklimmen, denn vom Läuterungsberg geht es zum Paradies, und wir möchten den mythischen Bildern, deren christliche Erfüllung wir zu deuten unternehmen, die unsterblichen Verse aus Dantes Purgatorio voraussprechen, weil sie singend sagen, was wir nur stammelnd andeuten können[2]:

> «Von jenem andern Reiche will ich singen,
> wo man den Geist des Menschen rein und lauter
> und würdig macht, zum Himmel sich zu schwingen.»

Für diese Fahrt zum Himmel wagen wir es, Homer als dichterischen Mentor einzuladen, und aus zwei mythischen Bildern seiner Odyssee die Hülle für eine christliche Deutung der weltverklärenden Geheimnisse des Jenseits zu gestalten. Denn Homer ist, um ein Wort Platons zu gebrauchen, «unter der verhüllenden Decke der Poesie ein wahrer Kenner der Weisheit[3]». Darum nennen wir diesen Teil des Buches «Heiliger Homer». Nicht etwa in der verschwimmenden Sinngebung, die Goethe in «Des Künstlers Morgenlied» mit bekannten Versen aussprach:

> «Ich trete vor den Altar hin
> und lese, wie sich's ziemt,
> Andacht liturg'scher Lektion
> im heiligen Homer.»

Nicht so ist uns Homer heilig. Eher vielleicht in jener anderen humanistischen Einsicht des alten Goethe, der im Jahre 1814 einmal die Ahnung aussprach, es sei in einer gemeinsamen Tiefe alles Wahre und Schöne mit dem Christlichen verwandt: «Der Mensch gewöhne sich, täglich in der Bibel oder im Homer zu lesen, oder Medaillen oder schöne Bilder zu schauen, oder gute Musik zu hören[4].» Aber auch das sei uns noch nicht genug; denn es könnte diesem Goetheschen «Bibel oder Homer» der Vorwurf einer billigen Vermischung gemacht werden, die weder der unerreichbaren Erhabenheit des göttlichen Wortes, noch der schönen Eigenständigkeit altgriechischer Dichtung gerecht würde. In diesem Sinn hat schon der antike Christ Hippolyt von Rom gegen die Gnostiker seiner Zeit das Verdikt gesprochen: «Sie rühmen ihren Propheten Homer und harmonisieren in ihrer Verwegenheit die unheiligen mit den heiligen Schriften [5].» Wir kämen so wieder in die Nähe der unglücklichen Versuche, die ein abgestorbener Humanismus machte, als er Bibel und Homer miteinander zu versöhnen suchte [6]; oder es sähe aus, als wollten wir die rührend naive Meinung der antiken Christen erneuern, die da wähnten, ihr geliebter Homer habe seine tiefsten Einsichten der Lesung des Alten Testaments zu verdanken, da er zu den Zeiten des Samuel und Saul gelebt habe [7].

Heilig ist uns Homer in einem tieferen Sinne. Der blinde Sänger hat, vom Genius der Poesie geleitet, mit zitternden Händen die Urgestalt des Wahren betastet, darum ist er uns ein Vorläufer des im Fleische erschienenen Wortes [8]. Homer ist nach Platons Wort «der Erzieher ganz Griechenlands» [9], Hellas aber erhielt den Beruf, Pädagoge der Heiden zum Logos zu sein. Das meinte Clemens von Alexandrien, als er gerade von Homer sagte, er habe eine «ins Wahre treffende Sehergabe» [10] erhalten. Zum Bild wird dieser untergründige Zusammenhang zwischen höchster poetischer Einsicht mit göttlichem Wort in der Handzeichnung Raffaels zu seinem vatikanischen Parnaß (Abb.): was der blinde Homer, gleichsam ins Leere schauend, scharf erspäht, das schaut der christliche Dante mit offenen Augen [11]. «Diese eingesunkene Blindheit, die einwärts gekehrte Sehkraft, strengt das innere Leben immer stärker und stärker an und vollendet den Vater der Dichter», sagt Goethe im physiognomischen Fragment zu einer hellenistischen Büste des blinden Homer [12]. Er ist, mit Dante zu sprechen, der «poeta sovrano», um den sich die «schöne Schule» aller dichterischen Geister sammelt, der «Meister des erhabensten Gesangs, der wie ein Adler über allen schwebt»:

> «Di quel signor' dell'altissimo canto
> Che sovra gli altri com'aquila vola [13].»

So haben ihn alle großen Humanisten unter den Christen geliebt, und so ist er uns heilig. «Süßer Trost und ein Pharmakon der Seele» nennt Gregor von Nazianz seinen Homer [14]. «Mit honigsüßem Mund singt Homerus», so dichtet Boethius zu Beginn seines hehren Sonnenliedes [15]. Damit geben Christen Zeugnis für die Einsicht, die ein griechisches Gedicht mit den Worten aussprach:

«Zeiten hinab und Zeiten hinan tönt ewig Homerus'
Einiges Lied. Ihn krönt jeder olympische Kranz.
Lange sann die Natur und schuf: und als sie geschaffen,
ruhte sie und sprach: Einen Homerus der Welt![16]»

So führe uns denn der christlich gedeutete Homer in «jenes andere Reich», von dem aus wir einsehen, daß die schöne Welt des Humanen als eine Heimat des Geistes nur gewonnen und geliebt werden kann, wenn wir die Fahrt zu den Toren der Ewigkeit wagen, wenn wir an den lockenden Sirenen mutig vorbeisegeln. Die antike und christliche Deutungsgeschichte von zwei odysseischen Mythologemen soll uns das schildern: «Der Weidenzweig vom Jenseitstor» und «Odysseus am Mastbaum».

# I
# DER WEIDENZWEIG VOM JENSEITSTOR

Nur ein einziges Wort aus Homers Odyssee ist es, an das die Symbolgeschichte anknüpft, die wir hier entfalten. Im zehnten Gesang gibt die Zauberin Kirke dem scheidenden Odysseus die Weisung, zum dunklen Jenseits zu fahren, «zu des Hades Haus und zur grausigen Persephoneia»[1], und der Laertessohn «vernimmt es mit brechendem Herzen»[2]: denn «noch nie ist einer im schwarzen Schiff zum Hades gedrungen»[3]. Aber Kirke gibt ihm genaue, dämonisch wissende Weisung, und sie beschreibt ihm das ferne, grauenhaft stille Gestade, an dem sein Schiff anzulegen habe:

«Aber sobald dein Schiff des Okeanos Fluten durchfahren,
da, wo ein Hain am rauhen Gestade Persephoneias,
wo die Pappeln hoch und fruchtlos ragen die Weiden,
dort leg an dein Schiff an Okeanos wirbelnden Schlünden
und steig selber hinab zum modrigen Hause des Hades[4].»

Hier greifen wir den Vers heraus, dessen Musik im griechischen Original[5] allein schon mit der Schwere der langgezogenen Vokale die Schatten des Jenseitslandes heraufbeschwört:

«Wo die Pappeln hoch und fruchtlos ragen die Weiden.»

Dieser Vers von den «fruchtverderbenden Weiden» hat eine tiefsinnige Symbolgeschichte, der man bisher noch nie nachgespürt hat. Sagt doch selbst ein so belesener Kenner wie August Rüegg in seinem Werk über die «Jenseitsvorstellungen vor Dante» von der Landschaftsbeschreibung der odysseischen Nekyia: «Das flache Flußufer mit den paar Baumgruppen von hohen Pappeln und fruchtverlierenden (was der Dichter damit eigentlich meint, bleibt dunkel) übers Wasser hängenden Weiden ist von einer einzigartigen Melancholie[6].» Vielleicht verraten uns die antiken und christlichen Deuter doch, was Homer mit dem seltsamen Wort von der «Fruchtverderberin Weide» gemeint hat; oder vorsichtiger: die Symbolgeschichte des Verses wird uns jedenfalls zeigen, was für Gedanken und Bilder das Wort ausgelöst hat.

Um die Symbolik zu erfassen, die Homer mit der Schilderung der melancholischen Küste am Hadestor andeuten wollte, oder die man jedenfalls daraus abgelesen hat, müssen wir uns die mythische Situation vergegenwärtigen, in der sich Odysseus der Seefahrer befindet. Gen Norden zu segelt er, ins ferne und dunkle Land der Kimmerier, wo das Tor zum Jenseits sich auftut. Seine Fahrt ist wie ein träumendes Sichtreibenlassen von gottgesandten Winden, nicht selbsttätiges Rudern. Finster wird es bei seiner Ankunft: «Unter sank die Sonne, rings wurden die Pfade beschattet[7].» Die rechte Stimmung, um nun die Totenopfer zu spenden an «Hades den mächtigen Gott und die schreckliche Persephoneia». Aber dieses jenseitige Dunkel ist doch auch wieder von einem seltsamen Licht verklärt: alles geschieht im immerwährenden Gedenken an die Rückkehr in die Heimat nach Ithaka, und der Geist des Sehers Teiresias, an den vor allem Kirke den Odysseus gewiesen hat, steigt aus dem Hades empor, um ihm «Untrügliches zu verkünden»[8]. Die Botschaft aber aus dem Totenreich lautet: «süße Heimkehr»[9], und die köstliche Aussicht, ins Licht der Sonne zurückzugelangen und ins schöne Menschenleben, fern allen Gefahren des dräuenden Meeres:

«... und fern dem Meer wird einmal
süß und sanft dir nahen der Tod und wird dich ereilen,
wenn du in glücklichem Alter entkräftet, und blühende Völker
läßt du rings zurück. Dies sei dir untrüglich verkündet[10].»

So berühren sich an dieser äußersten Grenze menschlichen Daseins, am Jenseitstor, Dunkel und Licht, Tod und Leben. Die Situation ist von Gegensätzen wie geladen: vor Odysseus liegt das ungreifliche Land der Seelenschatten, die da still und unheimlich aus dem Schlund der Erde schwärmen, «eingehüllt in Dunst und Nebel, und Helios' Strahlen lassen nie ihr Licht erleuchten»[11]; hinter ihm liegt das Land des Lebens, das Schiff und das blaue Meer, Freunde und Heimat, und Teiresias kann diesen Gegensatz, echt griechisch, nur in die Worte fassen:

«Unglücksmann, warum verließest du droben der Sonne
Licht und kamest die Toten an trauriger Stätte zu schauen?[12]»

Auf dem schmalen Landsaum aber, der Helios und Hades trennt, wachsen die hohen Pappeln und die fruchtverderbenden Weiden: Bäume des Todes und des Lebens. Einen unmittelbar künstlerischen Ausdruck hat dieses spannungsreiche Verweilen zwischen Tod und Leben, wie es in der odysseischen Nekyia geschildert wird, in dem köstlichen antiken Bild gefunden, das sich unter den sogenannten esquilinischen Odysseelandschaften heute im Vatikan befindet[13]. Phantastisch ragt da das Jenseitstor, rings bewachsen mit wuchernden Weidenzweigen. Draußen dehnt sich, vom süßen Licht des Helios verklärt, das Meer, und des Odysseus Schiff wiegt sich mit «schimmerndem Segel»[14] auf den Wellen. Aber jenseits des Tores ist Dunkel, und die aus der Tiefe quellenden Seelen sind nur sichtbar, weil ein abendschönes Leuchten von der Erde her sie umspielt. Mit Recht hat man das «Großartige, Heroische und geheimnisvoll Mythische» dieses Bildes gepriesen[15]. Kein Zweifel, daß Homer auch mit der genial knappen Schilderung der Landschaft am Hadestor etwas tief Mythisches andeuten wollte – unbewußt vielleicht, aber mit der untrüglichen Sicherheit des poetischen Ingeniums, mit der «ins Wahre treffenden Sehergabe», die selbst das scheinbar nur eben hingeworfene Wort von den «fruchtverderbenden Weiden» mit einem Sinn erfüllt hat, den die deutenden Nachfahren herauszuheben sich bemühen durften. Sehen wir also zu, was die hellenische und die christliche Symbolik vom homerischen Weidenbaum des Jenseitstores gesagt haben.

### DIE HELLENISCHE SYMBOLIK VOM WEIDENZWEIG

Pappeln und Weiden sprossen wuchernd und grün an den Quellen und Flüssen des griechischen Landes und sind damit schon in den heiligen Bann einbezogen, der seit Urzeiten das lebendig sprudelnde Wasser umhegt, das da der ewigen Mutter Erde entquillt. Sie sind «wasserliebend», wie es die reizende Schilderung des heimatlichen Brunnens in Ithaka ausspricht, und sind zugleich den Nymphen heilig, diesen Töchtern aus der dunklen Unterwelt, die sich in jedem wasserquellenden Erdspalt auftut[16]:

«Um ihn stand ein Hain von wasserliebenden Pappeln
rings im Kreise, es floß das kühle Wasser von oben
aus dem Felsen herab, und war den Nymphen ein Altar
oben errichtet ...»

Aber die gleichen Bäume wachsen auch an den Gräbern; Ulme und Weide und Tamarisken säumen die Ufer des Skamandros, und sie waren den Alten ein Symbol der Trauer und des Todes[17]. Es umwittert die Weide also das gleiche Mysterium wie die Mutter Erde selbst: sie ist Sinnbild für das quellende Leben und zugleich für den alles wieder in seinen Schoß zurücknehmenden Tod. Darum ist der Weidenbaum den großen Muttergöttinnen heilig. Unter der uralten Weide im Heraion auf Samos ist Hera geboren worden, und Pausanias berichtet uns, es sei dieser Weidenbaum einer der drei allheiligen Bäume Griechenlands gewesen[18]. Der mütterlichen Hera war nicht nur die Weide, sondern auch der vom Volk für eine Weidenart gehaltene Agnos oder Keuschlamm geweiht. In Sparta verehrte man die Artemis Lygodesma, das mit Zweigen des Lygos, einer Weidenart, geschmückte Kultbild der großen Gebärerin: die Weide ist geradezu die Lebensrute dieser Artemis Orthia[19].

Nun beobachtete der naive Blick des Volkes seit den hellenischen Urzeiten, daß dieses lebensfrohe Gewächs der Quellen seine Blüte abwerfe, ehe die Frucht ansetzt, daß es sich also scheinbar nicht fortpflanze durch Besamung und Frucht, sondern immer nur aus der geheimnisvoll sprossenden Kraft seiner in die feuchte Erde gesenkten Wurzelstöcke. Hier war ein Ansatzpunkt gegeben für die Dialektik des echten Mythologems: dieser lebendige Baum ist zugleich Mörder seiner eigenen Frucht. Leben und Tod ist wirksam an dem immer sich selbst sterbenden und doch immer sich selbst zeugenden Baum. Denn alles Geborenwerden ist schon in der Wurzel ein Sterben, und aller Tod ist Rückkehr zu einem immer neu aus dem feuchten Reich der Mutter Erde quellenden Leben. Wir verstehen schon tiefer, warum der poetische Genius des Homer den

Weidenbaum an dem Grenzsaum zwischen Leben und Tod sprossen läßt; wir verstehen aber auch schon deutlicher, warum er, offenbar als eine gemeinverständliche und aus der Poesie des Volkes schöpfende Bezeichnung, die Weide «fruchtverderbend» nennt[20].
Hier führt uns nun weiter, was sich an einem alten Fest der Hellenen begab: am heiligen Tag der Thesmophorien, der den griechischen Frauen geweihten und allein vorbehaltenen Begehung des Mythos von Demeter und Kore. Was Diodor von den syrakusanischen Thesmophorien berichtet, gilt sicher von dem gemeingriechischen Fest: man beging dabei die Mysterien des uralten Lebens[21], die Geheimnisse des fruchtbringenden Ackers und des lebenspendenden Mutterschoßes; jungfräulich emporquellendes Leben und mütterlich reifes Gebären zum Tode. Bei diesem Fest war es nun strenge Sitte, daß die Frauen sich ein Lager, eine Art Schütte von Weidenzweigen bereiteten, das unmittelbar auf die mütterliche Erde gelegt werden mußte und auf dem die Frauen während der Festtage der Ruhe pflegten. Die Sinngebung dieses Brauchs war nun, wie uns die Quellen eindeutig berichten, die Wahrung der Keuschheit, denn die Weide galt eben, weil sie «fruchtverderbend» war, als ein Symbol der geschlechtlichen Enthaltsamkeit. Auf der anderen Seite hat man aber mit Recht betont, daß dies unmöglich der Ursinn des Brauches habe sein können: im Gegenteil, das Lager aus Weidenzweigen, das auf der lebenzeugenden Erdmutter ruhte und dessen Grün den mütterlichen Gottheiten geweiht war, sei sicher ursprünglich als Heiligung des Mutterschoßes, als fruchtbarkeitsfördernd betrachtet worden. Es war vor allem E. Fehrle, der auf diesen merkwürdigen Wandel in der Deutung hinwies; aber als Lösung konnte er doch nur darauf hinweisen, daß man eben langsam die Urdeutung ‹vergessen› habe[22]. Da will uns scheinen, als ob man allzusehr mit ‹Logik› ein Mythologem zu behandeln suchte, ohne der Paradoxie zu achten, die sich gerade in der Symbolik der Fruchtverderberin Weide ein Bild geschaffen hat. Die Weide ist eben beides – genau wie die beiden Göttinnen Demeter und Kore, die man in Eleusis verehrte: sie ist Mutter und Jungfrau, sprossend und keusch, lebendig und tot zugleich[23]. Je mehr sie reift, um so rascher wirft sie die Frucht ab, und wenn die Frauen am Thesmophorienfest auf dem Weidenlager ruhen, so wollen

sie Kore und Mutter in einem werden: keusch getrennt von jeglichem Umgang mit Männern (und den Mann, der heimlich ihr Mysterium zu sehen sich erkühnt, trifft entmannende Strafe[24]), und doch ganz nahe am Schoß der Mutter Erde, um ihre eigene Fruchtbarkeit zu weihen, die im Leben den kommenden Tod gebiert. Die Weide ist also beides in einem: sie ist «wasserliebend» und «fruchtverderbend», sie spendet mütterliches Leben und stirbt sich selbst in der Keuschheit.

Verfolgen wir diese doppelte Symbolik nun genauer. Wenngleich zuzugeben ist, daß die zweite Bedeutung, auf die Keuschheit nämlich, ganz in den Vordergrund rückt, und dies zweifellos durch den Einfluß des homerischen Beiworts «Fruchtverderberin», so ist doch auch die erste Bedeutung deutlich feststellbar. Wenn Homer die Pappel «wasserliebend» nennt, so sagt genau das gleiche Theophrast von der Weide: sie ist eine rechte «Wasserpflanze», sie ist wasserliebend[25]. Die Alten bewunderten an ihr stets die unausrottbare Triebkraft; ohne Zutun des Menschen sproßt sie in stets neuem Grünen. Vergil sagt: «Ganz aus eigener Kraft treiben sie aus, kein Mensch hilft ihnen nach[26].» So geläufig war dem Griechen wie dem Römer diese auffallende Sproßgewalt, daß in beider Sprachen selbst der Name der Weide von daher gedeutet wurde. Das lateinische ‹salix› bringt man in Zusammenhang mit ‹salire›, springen, und Festus macht einmal diese Volksetymologie lächerlich: «salix, so glaubt man törichterweise, heiße sie, weil sie so rasch aufschießt, daß man meint, sie springe[27].» Und ebenso war es bei den Griechen[28]. Es war darum nicht nur der praktische Grund, für die rankenden Rebzweige eine Stütze zu finden, wenn man in der Antike den Weidenbaum gerne neben die Weinberge pflanzte; hier lagen tiefere, mythologische Ansichten zugrunde. Die lebendige Kraft der Weide sollte sich dem Traubenstock mitteilen – Demeter und Dionysos sind ja so eng verwandt[29]. Ein alter Bauernspruch aus Attika lautete: «Wenn die Agnosweide in Blüte steht, dann werden die Trauben reif.» Und im mythischen Denken des Volkes sollte damit nicht nur ein zeitliches Zusammentreffen, sondern ein geheimnisvoll ursächlicher Zusammenhang angedeutet sein. Plutarch spöttelt in seinen Tischreden gegen diese ‹falsche› Verknüpfung von Wirkung und Ursache. Aber eben dies ist so wertvoll an seinem

Bericht: der aufgeklärte Protest hat doch noch Sinn für das naturmythologische Denken des hellenischen Weinbauers [30]. Das Blühen des Weidenbaums, also der Augenblick seines kräftigsten Lebens und zugleich seines fruchtverderbenden Sterbens, schenkt den schwellenden Trauben die reife Süßigkeit. Und so besagt auch dieses Sprichwort die gleiche mythische Dialektik wie bei Homer: in der Blüte die fruchtverderbende Keuschheit, und eben dadurch lebenzeugende Kraft:

«Wenn das Keuschlamm blüht, wird bald die Traube reif.»

Und nun zur zweiten Bedeutung der Symbolik, zur Keuschheit, ein genaueres Wort. Es läßt sich nachweisen, daß gerade der Vers aus Homers Odyssee die volkstümliche Anschauung, aus der es selber zu erklären ist, bewahrt und lebendig erhalten hat. Unterstützt wird dies noch durch die ebenfalls durchaus volkstümliche Gleichstellung des ‹Agnos› genannten Baumes (Vitex agnus castus), den man heute noch Keuschlamm oder Keuschbaum, auch Mönchspfeffer nennt, mit den beiden Weidenarten, die man (übrigens botanisch richtig) salix und populus hieß. Denn in dem Wort *agnós* (keusch) hörte das Ohr des griechischen Volks *agonos* (zeugungsunfähig) mit. Dioskurides faßt Botanik und Magie, die beim griechischen Volk um die Agnosweide sich rankte, in die Worte zusammen:

«Agnos: einige nennen ihn auch Agonos oder Amiktomiainos, die Römer aber salix marina (Meerweide) oder piper agreste (Feldpfeffer). Agnos aber nennt man ihn, weil am Fest der Thesmophorien die keuschheitsbeflissenen Frauen ihn aufs Lager streuen, oder weil angeblich sein Same, wenn man ihn trinkt, den Geschlechtstrieb zum Schweigen bringt [31].»

Das gleiche weiß er von den Blättern der eigentlichen Weide (salix) zu berichten:

«Ihre Blätter verhüten, wenn man sie mit Wasser genießt, jede Empfängnis [32].»

In diese Welt also müssen wir den homerischen Vers hineinstellen. Schon bei Theophrast, diesem ernsten Naturforscher, ist es seltsam zu beobachten, wie er zwischen mythischer Überlieferung und botanischer Experienz zweifelnd schwankt. Die Arkadier, meint er, halten die Weide für fruchtbar, das gewöhnliche Volk für unfruchtbar; er selbst hat an den Weidenkätzchen Früchte beobachtet. Aber dagegen steht das Gewicht des mythischen Verses aus Homer: «Rasch wirft die Weide ihre Frucht ab, noch bevor sie voll ausgereift ist. Darum nennt der Dichter diesen Baum nicht übel den fruchtverderbenden[33].» Je mehr nun die spät-griechische Pflanzenweisheit von der aristotelischen Nüchternheit der Beobachtung sich entfernt, um so kräftiger tauchen wieder die uralten magischen Anschauungen von der keuschheitsfördernden Kraft des Weidenbaums empor, fast stets mit Berufung auf den homerischen Vers und den Brauch am Thesmophorienfest. In den Scholien zu den Theriaka des Nikander von Kolophon heißt es: «Vielblütig ist der Lygos oder Agnos, den die Frauen am Thesmophorienfest auf ihr Lager streuen. Er ist wirksam gegen den Geschlechtstrieb; deswegen nennt man ihn eben Agnos, weil er gleichsam ‹kinderlos› (Agonos) ist[34].» Vermutlich spricht hier die Lehre des Alexandriners Apollodor, der zusammen mit Krateuas so viel volkstümliche Kräuterweisheit an Dioskurides und Plinius vermittelt hat; und diese beiden letzteren sind wiederum die Hauptquellen für die späte Antike und das christliche Mittelalter geworden. Hören wir nur die Worte des Plinius, auf die man später so oft angespielt hat:

«Ganz plötzlich aber verliert die Weide ihren Samen, noch bevor er irgendeine Reife erreicht hat. Und darum wird sie von Homer die ‹Fruchtverderberin› genannt. Die spätere Zeit hat dann diesem Dichterwort eine verbrecherische Auslegung gegeben, indem sie die Feststellung machte, daß der Samen der Weide für Frauen ein Medikament zur Fruchtabtreibung ist[35].»

Schon aus den bisher angeführten Zeugnissen wird deutlich, daß es sich hier um eine Art von medizinischer Pflanzenmagie handelt, um eine zauberische Praktik mit den Blättern oder Blüten eines Baumes, der tötende Kräfte in sich birgt. Die Weide ist ein chthonisches Gewächs, dem Hades und der Persephone sympathetisch zugewandt: denn für die Alten ist jeder ‹unfruchtbare› Baum dem Totenreich heilig[36]. Wenn man die Quellenberichte zusammenstellt, läßt sich geradezu das antike ‹Rezept› dieses Keuschheitstranks aus Weidenblüten herauslesen; seine Elemente sind: «Nimm Weidenblüten; zerreibe sie in Wasser und trinke sie; dann dämpfen sich die Anfälle der Liebesgier, und Frauen werden davon unfruchtbar[37].» Darin liegt also das ‹tödliche› Geheimnis des Hadesbaums, der homerischen Weide vom Jenseitstor. Aelian erzählt in seinen Tiergeschichten: «Wenn jemand die Frucht der Weide zerreibt und trinkt, dann vernichtet er die kinderzeugende und fruchtbare Kraft des Samens.» Darin aber, fährt er fort, liege etwas «Unsagbares» verborgen, und dieses Mysterion der Natur habe Homer in seinem Vers aussprechen, oder besser, andeuten wollen: «Es will mir dünken, als ob Homer in seinem Gedicht die Weide dunkel andeutend ‹fruchtverderbend› nannte, weil er dem Unsagbaren der Natur auf der Spur war[38].» Auch die späte Zeit der sterbenden Antike, als längst schon die christliche Verklärung den homerischen Weidenzweig neu ergrünen ließ, hat die griechische Scheu vor dem mythisch unfruchtbaren Baum der sich selbst ersterbenden Keuschheit nicht vergessen. In den byzantinischen Geoponika heißt es: «Wenn man die Frucht der Weide zu Pulver zerreibt und trinkt, dann macht das die Menschen zeugungsunfähig, und darum sagt Homer: Erlen gibts und Pappeln und fruchtverderbende Weiden[39].» Und im großen Etymologion wird von der Agnosweide, Antikes mit Christlichem schon mischend, gelehrt: «Agnos heißt der Baum, weil er diejenigen, die davon essen, kinderlos (agonos) macht, da er ja selber eine unfruchtbare Pflanze ist. Oder anders: er hat seinen Namen von der Keuschheit (agneia), denn wenn man von ihm ißt oder einen Trank bereitet, oder auch Zweige aufs Lager streut, dann wahrt er die Keuschheit (sophrosýne) und löscht die Gier[40].» Ja, es scheint, daß sich die uralte Magie des keuschen Lagers aus Weidenzweigen, das sich einst die hellenischen Frauen bereiteten, bis tief in die christliche Zeit hinein lebendig erhielt. Wir lesen jedenfalls im gleichen byzantinischen Lexikon bei der Behandlung des Lygos (mit dem man einst das Kultbild der Artemis Lygodesma geziert hatte) die Worte: «Manche nennen den Lygos auch Agnos. Wenn man nämlich von seiner Frucht ißt, so verschwindet die Liebesgier. Darum streuen sich die Priester Zweige dieses Baumes auf ihr Lager, weil sie annehmen, es stecke in ihnen eine Naturkraft, die der Keuschheit förderlich ist[41].» In den volkstümlichen Bezeichnungen ‹Keuschlamm› und ‹Mönchspfeffer› (die übrigens auch jetzt noch in Griechenland gebraucht werden) lebt die vergessene Welt fort, zu der uns der homerische Vers den Zugang verschaffte. Der Agnos als ‹keuscher› Baum erinnert den Lateiner zugleich an das Lamm (agnus), und so entsteht die Bezeichnung ‹Keuschlamm›; der Mönchspfeffer bildet das thesmophorische Lager der Männer, die sich kultischer Reinheit befleißen, und seine scharfe Frucht dämpft allen Brand der Begierde. Es geht auch hier die Antike ins Christentum über, und der Bischof Eustathios, der thessalische Katholikos, beschließt in seinem Kommentar zur Odyssee die antike Symbolgeschichte des homerischen Weidenbaumes: «Fruchtverderbend aber sind die Weiden, weil sie, wie man sagt, die Blüten wieder abstoßen, noch bevor eine Frucht ansetzen konnte; oder auch deswegen, weil diejenigen, die einen aus Weidenblüten gebrauten Trank genießen, die Leibesfrucht ertöten oder zeugungsunfähig werden [42].»

So ist denn der wasserfrohe Weidenbaum zugleich ein Gewächs, das stirbt und sterben macht: Leben und Tod in einem. Das poetische Bild Homers von der «Fruchtverderberin Weide» ist, wenngleich nur wie in einer Knospe verhüllt und eingeschlossen, ein echtes Mythologem – das will sagen: wenn das Licht diese Knospe sprengt, entbindet sich aus der bisher gehaltenen Spannung eine Dramatik der Gegensätze, die erst wieder zur Ruhe kommt in einer höheren Einheit neugewonnenen Lebens. Fast wäre man versucht, hier das christliche Dichterwort anklingen zu lassen: «Mors et vita duello conflixere mirando»: «Tod und Leben liegen in wundersamem Streit.»

Das Licht aber, das die homerische Knospe aufgesprengt hat, ist die christliche Deutung der lebendigen und todspendenden Weide. Im christlichen Mysterium kommt der Kampf zur Ruhe. Von nun an sproßt die Weide nicht mehr am dunklen Tor des Hades, sondern an den lichten Pforten des Himmels.

## DIE CHRISTLICHE SYMBOLIK VOM WEIDENZWEIG

Um den Hintergrund ganz lebendig werden zu lassen, auf dem sich, in engster Berührung mit der antiken Symbolik, die christliche Allegorie vom homerischen Weidenzweig abhebt, müßten wir zuerst von dem Fortleben der odysseischen Unterweltsfahrt im allgemeinen sprechen. Das würde uns indessen zu weit abführen, und so begnügen wir uns mit ein paar Andeutungen. Schon in der späthellenischen Homerallegorie wird die Jenseitsfahrt des Odysseus gedeutet als Gleichnis für den nie sterbenden Drang des Menschengeistes (der odysseischen *phrónesis*, die wir schon aus der Molysymbolik kennen), selbst die Geheimnisse der anderen Welt zu durchforschen. «Die Phronesis steigt sogar zum Hades hinab, auf daß auch das Letzte der jenseitigen Dinge nicht unerforscht bleibe», sagt Herakleitos[43]. Für den antiken Christen war die letzte und mit Leidenschaft durchdachte Frage aus den jenseitigen Dingen die Auferstehung des Fleisches, und diese setzte ihm die Unsterblichkeit der Seele voraus. Es ist nun bezeichnend für die Art, wie sich das älteste Christentum mit hellenischen Vorstellungen auseinandersetzte, wenn man zum Erweis dieser christlichen Mysterien des Jenseits gerne auf altgriechische Gedanken und Bilder hinwies, «auf die Aussprüche des Empedokles und Pythagoras, des Platon und Sokrates», wie dies Justinos einmal tut. Aber eben hier gedenkt er auch der odysseischen Nekyia: Beweis für die Ahnungen des Wahren, die den Besten der Griechen zuteil wurden, ist ihm auch «die Höhle bei Homer und der Jenseitsabstieg des Odysseus zur prüfenden Schau dieser Dinge». Und er schließt diese Apostrophe an die Hellenen mit den Worten: «Soviel wie diese könnt ihr auch uns Christen gelten lassen, uns, die wir nicht weniger als sie an einen Gott glauben – ja uns noch mehr, da wir sogar die Hoffnung hegen, daß unsere toten und in die Erde gelegten Leiber uns wieder zuteil werden[44].»

In dieser Welt der Hoffnungen auf eine kommende Welt des Geistes und des verklärten Leibes ist nun aber auch die Deutung beheimatet, die der hellenische Christ dem Weidenbaum vom Jenseitstor gibt. Das wasserliebende und zugleich fruchttötende Gewächs, das er aus seiner Odyssee kennt, wird ihm zum hüllenden Symbol für die christlichen Mysterien, die ihr quellendes Leben jenseits des Todes entfalten, die aber schon jetzt, mitten im Diesseits, wo es noch zu sterben gilt (mystisch und wirklich zu sterben gilt), zu sprossen beginnen. Tod und Leben sind noch wie in einer Knospe vereint, bedingen sich gegenseitig; aber an der Schwelle des Jenseits, im Augenblick des Hinabstiegs in das Reich der Toten, entscheidet sich der Gegensatz: einmal wird nur noch Tod oder Leben sein. Der Weidenbaum, der an dieser Todesgrenze grünt, unfruchtbar und doch lebendig, ist das tiefe Symbol dieser christlichen Dialektik.

Es ist nun auch hier ein Gleiches festzustellen, wie früher bei dem Übergang der antiken Symbolik von Helios oder von der Mandragore zu christlicher Bildwelt: nur dadurch, daß der hellenische Christ in der Heiligen Schrift andeutende Worte findet, ergibt sich ihm der willkommene Quellpunkt, an dem Antikes ins Christliche einströmen kann, ohne das innere Wesen des geoffenbarten Wortes zu ändern. Auch für die schöne Welt seiner griechischen Weidensymbolik findet der Christ in der Schrift des Alten Testamentes bestätigende und alles überhöhende Worte aufgeschrieben. Wir wollen sie hier zuerst vorlegen, weil mit diesen Sätzen dann die Symbolik der griechischen und römischen Kirchenväter ihr köstliches Spiel vollführt, Kenntnis und Zusammenhang derselben stets voraussetzend.

Wir beginnen mit den Anweisungen, die im Urgesetz der Israeliten für die Feier des Laubhüttenfestes gegeben werden[45]. Man begeht dabei vom fünfzehnten Tag des siebten Monats (Tischri) an sieben Tage lang den Dank für die Ernte von Obst und Wein, und zugleich gedenkt man, indem man in Laubhütten wohnt, der Befreiung des Volkes aus der Knechtschaft Ägyptens. Am achten Tag beschließt eine Freudenfeier dieses «Fest der Einsammlung». Zum Ausdruck des Jubels pflückt sich der Fromme einen Feststrauß (Lulab), und von diesem steht geschrieben:

«Ihr sollt euch am ersten Tage die schönsten Früchte holen, Palmwedel und Zweige von dichtbelaubten Bäumen und von Weiden am Strombach, und sieben Tage lang sollt ihr vor dem Herrn fröhlich sein[46].»

Für die griechische Symbolik, die sich an diesen Text anschließt, ist es nun bedeutsam geworden, daß die alexandrinische Bibelübersetzung das Wort von den «Weiden am Strombach» erweiternd übersetzte mit: «Ihr sollt euch Weiden holen und Zweige des Agnosbaumes [47].» Ebenso, daß man mit diesen Zweigen von Weide und Agnos im liturgischen Ritual der späteren Zeit an den sieben Festtagen einen Umzug um den Opferaltar feierte. Zudem hat man dann in der altlateinischen Übersetzung der Stelle für Agnos das Wort ‹populus›, das ist die Pappel eingesetzt – und so kam es denn, daß man just die beiden bei Homer als die Bäume der Persephone genannten Gewächse, die Weide und die Pappel, als ‹schriftgemäße› Symbole der Festfreude empfand.

Es war nun schon für das Denken des Israeliten, der in seiner heißen Heimat das ‹lebendige Wasser› des nur im Winter fließenden Strombachs als köstliches Symbol des Lebens liebte, ganz natürlich, auch die üppig sprossende Weide als Sinnbild des immer neuen Blühens und Treibens aufzufassen. In diesem Sinne ist das zweite Schriftwort zu verstehen, das für unsere Symbolgeschichte von Bedeutung wurde. Beim Propheten Isaias wird das kommende Reich des Messias geschildert, die Geistausgießung des lebendigen Wassers, aus dem neues Leben gezeugt wird:

«Denn ich gieße Wasser auf Durstige
und rieselnde Bäche auf das Trockene.
Ich gieße meinen Geist auf deinen Samen
und meinen Segen auf deine Sprossen.
Und sie werden aufschießen
wie Gras an den Wassern
und wie Weiden an Strombächen [48].»

Noch eine zweite Prophetie ist von Bedeutung für unsere Symbolgeschichte geworden. Zacharias stellt das kommende Heil der messianischen Endzeit unter dem Bild eines verklärten Laubhüttenfestes dar:

«Dann werden die aus den Heidenvölkern Übriggebliebenen Jahr um Jahr gen Jerusalem hinaufziehen, um den König anzubeten, den Herrn der Heerscharen, und um zu begehen das Fest der Laubhütten [49].»

Dieses Wort gab den deutenden Kirchenvätern Anlaß, alles, was im Gesetz von den Weidenzweigen des Hüttenfestes stand, in der geistigen Welt der ‹neuen Erde› vollendet zu finden.

Aber der Fromme las auch noch zwei andere Worte in der Schrift: und an diese konnte er die andere Vorstellungswelt anknüpfen, die sich dem Griechen seit der homerischen Urzeit mit der ‹fruchtverderbenden› Weide verband. In der poetischen Beschreibung des Urtieres Behemoth bei Job heißt es:

> «Es lagert unter Lotossträuchern sich,
> im Röhricht und im Schilfversteck.
> Die Lotosbüsche decken es mit Schatten zu,
> und die Weiden des Flusses stehn ringsum[50].»

Es wurde von Bedeutung für die Symbolik, daß die alexandrinischen Übersetzer den hebräischen Text des letzten Verses wiedergaben mit: «Es beschatten ihn Bäume mit Zweigen und Sprossen des Agnosbaums.» Und das Ganze erhielt dadurch einen gleichsam chthonischen, unheimlichen Klang, daß man in der allegorischen Exegese seit frühen Zeiten den Behemoth und Leviathan als Symbol des Bösen deutete, des Teufels und des verschlingenden Höllenrachens. Dieses höllische Wesen also ist umgeben «von den Zweigen des Agnosbaums». Hier standen alle Pforten offen, um die homerischen Ahnungen von der am Hadestor sprossenden Weide hereinzunehmen. Und um dies noch zu unterstützen fand man das letzte Schriftwort, das von der Weide spricht, wie eine geheimnisvolle Bestätigung: die in der Verbannung Babylons weinenden Kinder Israels sangen in ihrem todestraurigen Lied:

> «An Babylons Wassern saßen wir
> und weinten, Sions gedenkend.
> An den Weiden in seiner Mitte
> hängten wir auf unsere Harfen[51].»

Es braucht nun nicht eigens ausgeführt zu werden, daß alle diese Schriftworte von der Weide am Strombach ursprünglich einfache Naturschilderungen sind oder doch, wie etwa bei Isaias und in den liturgischen Bräuchen des herbstlichen Erntefestes, höchstens die Sinnbildlichkeit der sprossenden Weide als Symbol des Lebens andeuten wollen. Allein es kommt uns hier darauf an, die reiche Bildwelt zu entfalten, die das Denken und Sinnen der griechischen Christen aus den Worten der Schrift herausgesponnen hat – und eben dies war nur möglich in Kraft jener mythischen Welt, für die der homerische Vers das klassische Zeugnis ist. Die Weide ist Symbol für Leben und Tod, für grünendes Sprossen und fruchttötendes Absterben: und jeweils dieses oder jenes dieser antiken Elemente fand die Auslegung der Kirchenväter in den Versen der Schrift angedeutet. Alles aber dient ihnen zum schönen Gewand für die bildgewordene Aussprache von Mysterien des jenseitigen Lebens. Beginnen wir drum den Gang durch die Welt dieser Symbolik, von den Urzeiten bis ins Mittelalter – bis dorthin, wo dem abendländischen Geist der letzte Schimmer einer homerisch verklärten Welt der Wahrheiten verglomm.

## *Die wasserliebende Weide*

Das erste Zeugnis aus der Urkirche zur Symbolik der lebensprossenden Weide steht in der seltsamen Bußschrift, die um das Jahr 150 ein römischer Christ namens Hermas unter dem Titel «Der Hirt» herausgab. Sie hat lange Zeit fast kanonisches Ansehen genossen und mit ihrer mystisch-prophetischen Bildwelt von Gleichnissen und Visionen tiefe Nachwirkungen hervorgebracht. In der achten Similitudo wird dem Hermas in einer Art von Traumvision gezeigt, wie die Gläubigen, obwohl sie gesündigt haben, in einer letzten Bußgelegenheit noch einmal in die lebenspendende Gemeinschaft der Kirche aufgenommen werden: und dies unter dem weitläufig ausgeführten Bild der Kirche als eines grünenden Weidenbaums. «Der Hirte zeigte mir einen großen Weidenbaum, der Ebenen und Berge schützend überdachte, und im Schatten der Weide kamen herbei alle Menschen, die im Namen des Herrn berufen sind[52].» Von diesem Weltbaum schneidet ein «herrlicher Engel», der Michael genannt wird, Zweige ab und reicht davon jedem der ungezählten Menschen einen, ohne daß der Baum selbst versehrt wird. Alsdann müssen alle den Zweig wieder zurückgeben, der in den lebendigen Baum von neuem eingefügt werden soll: eben darin besteht der

Vorgang der Buße, denn die meisten der Christen können nur einen halbverdorrten Weidenzweig zurückreichen, aber auch diese werden dann von der unversieglichen Lebensfülle des Baumes wieder zu schönem Grünen gebracht. Einzig die Märtyrer, die allezeit getreu geblieben sind, schwingen in ihren Händen einen Weidenzweig, von dem etwas ganz Ungewöhnliches, die Natur der Weide völlig Übersteigendes, geschrieben steht:

«Zuletzt übergaben einige ihre Zweige, die grün waren und Schößlinge hatten, und die Schößlinge zeigten etwas, das aussah wie Früchte. Und diese Menschen, deren Weidenzweige also gestaltet befunden wurden, waren überaus fröhlich, und der Engel war über sie entzückt, und auch der Hirte war gar fröhlich über sie [53].»

Zunächst ist hier greifbar, daß es sich um eine Art von mystischem Laubhüttenjubel handelt; hieß es doch im Gesetz: «Ihr sollt fröhlich sein vor dem Herrn» beim Schwingen des Straußes aus Palmen und Weidenzweigen. Darum fährt Hermas auch unmittelbar weiter: «Und es wurden Kränze gebracht, die aussahen wie Palmenzweige, und der Engel bekränzte damit die Männer, die Weidenzweige mit Schößlingen und Fruchtansätzen gebracht hatten [54].» Daß es sich hier um die Märtyrer handelt, die nach der Lehre der Urkirche als Einzige sofort in die himmlische Schau Gottes einzugehen das bluterworbene Recht hatten, wird bald darauf eigens gesagt: «Bekränzt wurden aber diejenigen, die mit dem Teufel gerungen und ihn zu Boden geworfen haben [55].»

Das Gleichnis kann noch tiefer verstanden werden – aber jetzt aus den Vorstellungen der antiken Weidensymbolik vom ‹wasserliebenden› und ‹unfruchtbaren› Baum. Hermas wundert sich über die unversiegliche Triebkraft des weltbeschattenden Weidenbaumes und wendet sich darob fragend an den Hirten: «O Herr, wie werden denn auch die dürren Zweige wieder ausschlagen können?» Und die Antwort lautet: «Dieser Baum ist eine Weide, und seine Natur ist lebenliebend [56].» Diese gleichsam kosmische Weide ist das Symbol der göttlichen Lebenskraft, die in der Menschwerdung Gottes in die Erde eingesenkt wurde: «Dieser große Baum, der Ebenen und Berge und die ganze Erde überdeckt ... ist der Sohn Gottes, der bis an die Grenzen der Erde verkündet wurde, und die

Völker in seinem Schatten sind die, welche seine Botschaft hörten und an ihn glaubten[57].» An seiner quellenden Lebenskraft nehmen alle Zweige teil, selbst die halbverdorrten beginnen wieder zu grünen in der zeugenden Gewalt des Weltenbaumes, der aus ewigen Wassern aufsproßt. «Denn Gott, der diesen Baum gepflanzt hat, will, daß alle leben, die da Zweige von diesem Baum empfangen haben. Und ich hoffe, daß diese Zweige, wenn sie Feuchtigkeit empfangen und Wasser getrunken haben, neues Leben erhalten werden[58].»

Noch ein letztes: die Zweige der Märtyrer, die niemals abgedorrt sind, zeigen eine über ihre Natur hinausgehende Eigenart: sie haben Schößlinge, die wie Fruchtansätze aussehen. Den tiefen Sinn dieser Bemerkungen fassen wir erst, wenn wir uns erinnern, daß die Weide an sich ein ‹fruchttötendes› Gewächs ist. Wenn also eigens hervorgehoben wird, daß die Weidenzweige der Getreuen ‹Frucht› tragen, so soll damit sinnbildlich gesagt werden: die Blutzeugen, die so fröhlich sind, die den Teufel niedergerungen haben, sind über ihre eigene unfruchtbare Menschennatur hinausgeschritten, gleichsam in eine übernatürliche Widersprüchlichkeit hinein. Sie sind die palmbekränzten Sieger. Sie sind – und eben diese göttliche Dialektik verstehen wir nur im Licht der antiken Vorstellungen von der unfruchtbaren Weide – ‹fruchttragende Weidenzweige› am göttlichen Weltbaum.

Damit steht das christliche Geheimnis, das sich im Bild von der ‹wasserliebenden› Weide ausdrückt, in engstem Zusammenhang mit den Mysterien, die man in der antiken Kirche unter den Symbolen des ‹lebendigen Wassers›, der ‹Fluten aus dem Herzen Christi›, der ‹Ausgießung des Geistes› ausgedrückt hat[59]. So las man es bei Isaias: in der Kraft des wie Quellwasser ausgegossenen Geistes wird der Gläubige des messianischen Reiches sprossen «wie die Weiden am Strombach». Eusebius legt dies aus: «Denn der Weidenbaum mit seinem immerwährenden Grün und der jugendlichen Frische seines Wuchses ist ein Symbol für den Quellreichtum der geistigen Wasser, die da in der Kirche des Logos rauschen[60].» Das ist noch ganz im Sinne des Hermas gedacht: die himmlischen Geheimnisse des jenseitig entspringenden Strombachs der Gnaden wirken bereits hienieden in der ‹Kirche› – das ist am weltschattenden Weidenbaum. Genau so deutet im lateinischen Westen Cassiodor das Wort bei Isaias: «Die Weiden sind Bäume, die an den Ufern der Flüsse in frischestem Grün fröhlich wachsen. Und selbst wenn man immer wieder einen Teil ihres Wurzelstocks ausreißt und ihn in feuchtes Erdreich versetzt, so senkt er allsogleich wieder tiefe Wurzeln.» Diesen Weiden sind zu vergleichen die heiligen und glaubenden Menschen, wie Isaias sagt: «Wie Weiden sprossen sie am Strombach[61].» Mit den schlanken, festen Zweigen der Weide bindet man die Schosse des Weinstocks empor, denn die Weiden wachsen ja gerne in der Nähe der Weinberge – und auch dies hat nach Ambrosius[62] und nach Arnobius[63] eine Bedeutung auf christliche Geheimnisse: wie ein letzter Nachklang aus dem antiken Volksglauben von der Verwandtschaft zwischen Weide und Rebstock sind die vergilisch gebildeten Worte bei Ambrosius zu lesen, wo er von der Pappel und der Weide und den aus ihr verfertigten sehnig lebendigen Gerten zum Binden der Weinreben spricht: «Worauf anders denn deutet mystisch die Pappel hin, dieser schattige Baum mit der Siegeskrone, und die gefügige, zum Binden der Reben geeignete Weide, als auf den Segen der Bande Christi, der Bande der Gnade, der Bande der Liebe?» Pappel und Weide, wie bei Homer; Weide und Rebe wie einst die Bäume, die Demeter und Dionysos heilig waren; jetzt aber alles hinaufgehoben in die Verklärung der christlichen Mysterien: die Weide der aus himmlischem Wasser quellenden Gnade, der Weinstock der feurigen Liebe, beide bekrönt und vollendet von den Siegeskränzen aus den Pappelzweigen eines himmlischen Laubhüttenfestes.

Die lebenzeugende Kraft des irdischen Weidenbaumes, der in himmlischen Wassern wurzelt, ist aber nur ein andeutendes Vorbild des jenseitigen Lebens, das da kommen soll. Oder umgekehrt: das ewig sprossende Leben der himmlischen Kirche, des unendlichen Laubhüttenfestes, ist das Urbild, die platonisch gedachte Idee dessen, was sich hienieden im Nachbild vollzieht und wohin es den heimkehrenden Menschen drängt und sehnt. Wie einst Odysseus, bevor er die ‹süße Rückkehr› erlebte, erst zum dunklen Land der fruchtverderbenden Weide fahren mußte, so sitzt der Christ hienieden noch unter den Weiden an Babels Flüssen und singt sein Lied des Heimwehs. «Dort sind Weidenbäume mitten an Flüssen, und mit ihnen bindet man die fruchttragenden Weinreben», sagt Arnobius, und dort singt der Christ das Lied: «O komm in mein Herz, du unsere Mutter Jerusalem, die du bist süß in Keuschheit und lauter in Einfalt.» Hienieden in der Kirche beginnt dieses Mysterium des kommenden Lebens zu sprossen, und Hieronymus deutet es im Bild des Weidensymbols aus Isaias, aber ganz erfüllt vom antiken Wissen um die ‹fruchtverderbende› Weide:

«Ich will ausgießen meinen Geist über deinen Samen und meinen Segen auf dein Geschlecht, das da aus Wasser und Heiligem Geist in der Taufe wiedergeboren wird. Im Evangelium hat dies der Herr verheißen: ‹Wen dürstet, der komme zu mir und trinke.› Und allsogleich wird hinzugefügt: ‹Dies aber sagte er vom Heiligen Geist, den die Glaubenden empfangen sollten.› Und dann vergleicht der Prophet die aus dem Taufquell Wiedergeborenen mit den frischgrünenden Kräutern und mit dem Weidenbaum, der an fließenden Wassern sprößt. Dieser Weidenbaum nämlich bringt Frucht, ganz gegen die gewöhnliche Natur: denn an sich ist die Weide unfruchtbar, und wenn man ihren Samen beim Essen genießt, wird man selber unfruchtbar[64].»

Hier spüren wir lebendig, wie der antike Christ die wundersame Dialektik in der ‹wasserliebenden› und doch ‹unfruchtbaren› Weide sich aufheben läßt in den Mysterien der alle Natur übersteigenden Gnade. Und was so hienieden mystisch beginnt, vollendet sich in dem unaufhörlichen Leben des Himmels – nicht mehr am Tor des Hades, nicht mehr an den Flüssen Babylons wachsen die Weiden, sondern sie beschatten die ewigen Zelte des jenseitigen Laubhüttenfestes. Einen wundervollen Ausdruck für dieses Sehnen nach der ‹süßen Rückkehr› hat einmal Hilarius geprägt, wo er das Wort vom Weidenbaum in Psalm 136 deutet:

«Es weinen alle Menschen, die sich in Babylon gefangen fühlen und an Flüssen sitzen. An Flüssen: denn alles Werk der Welt und der Erdenleiber verrinnt wie das Strömen der Flüsse, nichts hat festen Bestand im steten Gleiten, alles verrauscht, zerfließt und eilt von dannen ... Aber sie sitzen nicht nur und weinen, sie haben auch ihre Harfen aufgehängt an Weidenbäumen. Dies aber ist die Natur der Weide: selbst wenn sie verdorrt ist, so grünt sie von neuem auf, wenn immer ein Wasserquell sie bespült. Ja, auch ein abgeschnittener Zweig der Weide schlägt neue Wurzeln, wenn man ihn in feuchtes Erdreich senkt. Darum vergleicht die lehrende Gewalt des Propheten diesem Baum die heiligen und glaubenden Menschen, wie Isaias sagt: sie sprossen wie Weiden an Strombächen. Ebenso grünt aus toter Wurzel jeder Mensch, mag er auch in Sünden abgedorrt und aus der Wurzel des ursprünglichen Lebens ausgehauen sein, wenn er vom Wort Gottes und dem Mysterium der Taufe wie von lebenspendenden Wassern frisch auflebt. Ja, als einst den Juden das irdische Fest der Laubhütten gegeben ward, da erging das Gesetz, die Hütten auch mit Zweigen der Bachweide zu schmücken: denn es sollte damit vorausgedeutet werden die vollkommene Freude im himmlischen Gezelt[65].»

Fügen wir dem Lateiner noch das Zeugnis eines griechischen Christen hinzu, denn er sagt uns vielleicht noch eindringlicher, worin das tiefste Geheimnis der Heimkehr des Menschen zum Himmel besteht: in der Neubelebung des Fleisches, im Kommen einer neuen Erde, von der aus erst die gottgegebenen Symbole der annoch irdischen Welt ihre Schönheit erhalten – und eben dies verstehen wir, wie früher angedeutet wurde, unter dem tiefsten Wesen eines weltverklärenden christlichen Humanismus. Es ist Prokop von Gaza, der dieses kommende Freudenfest einer von Christus durchleuchteten Welt also beschreibt:

«Das Fest der Laubhütten aber bedeutet unsere Himmelfahrt, das Aufsteigen auch unserer Leiber zur Ewigkeit, dann, wenn wir nach einem gerechten und frommen Leben das Kleid der Unsterblichkeit anziehen. Dieses Fest der ewigen Laubhütten erhält seinen Schmuck durch die Zweige von immergrünenden Bäumen. Denn allezeit lebensprossend ist die Gnade. Und aus dem Strombach stammen diese Zweige: denn Christus umrauscht allezeit die Seelen der Frommen mit einem Wasserstrom, der aus den Himmeln entquillt. Und wie das ganze Volk einst zu Jerusalem diesen Festtag beging, so werden alle, die fromm gelebt haben, in den ewigen Hütten mit Christus ein Fest feiern, das niemals aufhört[66].»

### *Die fruchtverderbende Weide*

Die bisher betrachtete Symbolik knüpft an die immergrünende Triebkraft der Weide an, also an eine der volkstümlichen Naturbeobachtung, der semitischen wie der hellenischen, leicht zugängliche Eigenschaft. Es bedürfte demnach diese Symbolik von der ‹wasserliebenden› Weide noch nicht notwendig einer Herleitung aus typisch hellenischen oder gar mythischen Vorstellungen. Anders hingegen verhält es sich mit der Bildwelt von der ‹fruchtverderbenden› Weide, deren christliche Geschichte wir nun verfolgen wollen. Daß der Weidenbaum ‹unfruchtbar› ist und mithin ein Sinnbild des Todes oder der sich selber absterbenden Keuschheit, also ein ‹Agnos›-baum im wahren Sinne des Wortes: das ist eine typisch griechische Vorstellung, ein uraltes Naturmythologem, für das der berühmte Vers aus Homer nur das erste, klassisch gewordene Zeugnis ist. Nur griechische Christen, die ihren Homer heilig machen wollten, konnten darin ein andeutendes Geheimnis biblischer Wahrheit herausfinden. Denn in der Heiligen Schrift selbst war von einer Symbolik der ‹unfruchtbaren› Weide an sich nichts zu finden: wenn man dennoch in den beiden Schriftworten Psalm 136, 2 und Job 40, 22 die gleichsam chthonische, auf Tod und keusche Abtötung zielende Deutung fand, so nur in Kraft hellenischer Gedanken. Und wenn etwa Methodius, dieser griechischste der alten Symboliker unter den Christen, einmal schreibt: «Die heiligen Schriften nehmen ja durchweg die Weide als Symbol der Keuschheit»[67], so ist das eine kühne Umdeutung des Hellenen, der klassische Fall eines Hineindeutens, einer Eisegese griechischen Gutes in biblisches Wort. Mit der Symbolgeschichte von der ‹unfruchtbaren Weide› beginnen wir demnach die christliche Geschichte des Verses aus der odysseischen Nekyia.

Wie naheliegend es für einen gebildeten Griechen war, beim Lesen der biblischen Worte von den Trauerweiden Babylons an die melancholischen Weiden am Ufer der schrecklichen Persephone zu denken, beweist uns die dichterische Paraphrase zu Psalm 136, die in der Mitte des vierten Jahrhunderts Apollinaris, der Bischof von Laodicea, verfaßt hat. Als Kaiser Julian der Abtrünnige den Christen verbot, sich mit den Dichterwerken der Hellenen zu befassen und sie der Jugend in den Schulen mitzuteilen, machte sich Apollinaris als trefflicher Kenner der homerischen Epik und der Lyrik des Pindar daran, den Christen eigene Gesänge zu schaffen. Er verfaßte eine Geschichte des hebräischen Volkes in vierundzwanzig Gesängen «als Ersatz für das Dichterwerk des Homer[67a]», und er goß die Psalmen des David in Hexameter um. Die Christen Kleinasiens bewunderten seine Werke. Da heißt es nun im Psalmvers von den Weiden Babylons:

«Mitten zwischen den Flüssen an fruchtverderbende Weide hängten wir unsere Harfen, die einst so lieblich erklangen.[68]»

Es ist indes nicht nur gelehrte Reminiszenz, wenn Apollinaris hier die biblischen Weiden ‹fruchtverderbend› nennt. War er doch zugleich ein ausgezeichneter Kenner der christlichen Schriftdeutung, vor allem der alexandrinischen, die immer noch in Origenes den vielbewunderten Führer sah. Und so dürfen wir auch bei den christlichen Griechen in Alexandria die Ursprünge der Symbolik von der unfruchtbaren Weide suchen. Die Auslegung geht in zwei verschiedenen Wegen voran, aber beide Deutungen setzen die hellenischen Gedanken von der Weide als einem chthonischen, unfruchtbaren, tödlichen Baum voraus.

Verfolgen wir zuerst den einen Weg: die Weide ist das Symbol des seelischen Todes, der sterilen Unfruchtbarkeit des Geistes. Der Hellene sieht sie wachsen am Tor des Hades; für den Christen ist sie das Gewächs von Babylon; sie ist der Baum, der den diabolischen Behemoth beschattet.

Im Hintergrund der christlichen Deutung der babylonischen Weide steht die reiche Welt, die von Origenes bis in die «Civitas Dei» des Augustinus und letztlich bis zu Ignatius von Loyola in Babylon, der ‹großen Hure›, den Inbegriff der teuflischen Macht sieht[69]. Im Schatten der Weiden, die an den diabolischen Strömen Babylons wuchern, sitzen die Menschen, die dem Tod verfallen sind, die Unfruchtbaren. «Alle die Seelen», sagt Origenes, «die da sitzen im Schattendunkel und in Unwissenheit, haben einen Geist der Unfruchtbarkeit in sich[70]» – ein Wort, das nur verständlich ist, wenn wir gleichsam Homer mithören. Von da ab können wir durch alle Jahrhunderte, bis ins Mittelalter, eine seelenkundlich meisterhafte Deutung der Zustände seelischer Unfruchtbarkeit verfolgen, eine Askese der psychischen Sterilität, der hoffnungslosen Verschlossenheit des Geistes gegen die treibende Kraft des himmlischen Wassers der Gnade. Es ist vor allem Augustinus gewesen, der dafür die treffenden Worte geprägt hat, und durch ihn ist das Symbol der unfruchtbaren Weide unvergeßlich geblieben:

«Die Weiden sind fruchtlose Gewächse. Und an dieser Stelle der Psalmen (136,2) wird von ihnen so gesprochen, daß man von ihnen nichts Gutes sagen kann – an anderen Schriftstellen ist das anders. Hier also müßt ihr unter den Weiden unfruchtbare Bäume verstehen, die da an den Flüssen Babylons wuchern. Die Wasser Babels bespülen sie, aber sie treiben keine Frucht. Das sind die Menschen, die da gierig sind, geizig sind, unfruchtbar in jedem guten Werk, Bürger Babylons und Bäume aus Babels Gegend, genährt von den Lüsten der vorbeirauschenden Erdendinge[71].»

Solche Menschen sind für das Wort Gottes unzugänglich, und darum, so vollendet Augustinus seinen Gedanken, heiße es, der Fromme habe seine Harfe an den Weiden aufgehängt, weil der seelisch Unfruchtbare gleichsam amusisch, ohne Organ für den Gesang der Gnade ist. Prosper von Aquitanien hat den gleichen Gedanken noch einmal aufgenommen mit den Worten: «Die Weiden, die da von Babels Flüssen genetzt werden und dennoch keinerlei Frucht bringen, sind ein Symbol der sterilen Menschen, die sich nur nähren von den Lüsten dieser Welt und an Tugend unfruchtbar bleiben. Diesen kann keinerlei Samenkraft der göttlichen Schriften eingesenkt werden: sie sind einfach unfähig, das Wort Gottes aufzunehmen[72].» Die Allegorien der karolingischen Theologen und des frühen Mittelalters haben in einer Fülle von Gedanken dieses augustinische Symbol vollendet[73], am schönsten vielleicht in den «Mystischen Allegorien» des Richard von Sankt Viktor, wo unter dem Bild der fruchtverderbenden Weide eine ganze Psychographie der seelischen Sterilität vorgelegt wird[74]. Selbst die echt griechische Erinnerung an das fruchttötende Tränklein aus Weidenblüte klingt im Mittelalter noch einmal bei Bruno von Würzburg an: «Die Weide ist ein unfruchtbarer Baum, und man erzählt, daß jeder, der sich aus ihr einen Trank bereite oder von ihr esse, unfähig werde zur Zeugung[75].»

Diese seelische Sterilität aber ist dem Christen zutiefst ein Mysterium des Bösen, der seelische Tod ist ihm eine Wirkung des ‹Menschenmörders von Anbeginn›. In diesem Sinne deutet er das Wort, das bei Job vom Behemoth geschrieben steht: «Die Weiden umstehen ihn ringsum.» Auch diese Auslegung wird nur verständlich, wenn wir uns der Scheu erinnern, mit der der antike Mensch die fruchtverderbende Weide als einen Baum des Hades, des Todes betrachtet hat. Aber zugleich liest der griechische Christ bei Job: «Es umstehen ihn die Zweige des Agnos ringsum:» der Baum der Keuschheit ist also nicht selten auch unter der Gewalt des Teufels. Nur so wird verständlich, was etwa der Alexandriner Olympiodor sagt: «Gar manchmal geraten auch viele, die sich der Askese der Keuschheit hingeben, unter die Gewalt des teuflischen Behemoth, so wie die törichten Jungfrauen oder wie diejenigen, die die Ehe grundsätzlich verachten[76].» Und Gregor der Große hat, wiederum fürs ganze Mittelalter unvergeßlich, die schattigen Weiden des Behemoth also gedeutet:

«Wenn nicht mit den unfruchtbaren Weiden das Leben der Sünder gesinnbildet werden sollte, so hätte der Psalmensänger nicht sprechen können: ‹An Weiden haben wir unsere Harfen aufgehängt.› Denn es wird da beschrieben, wie mitten in Babylon die Weiden wuchern, weil alle unfruchtbaren Menschen, fern von der Liebe zur himmlischen Heimat, mit der ganzen Kraft ihres Herzens in der ‹Verwirrung› dieser Erdenwelt wurzeln ... Warum also wird vom Behemoth gesagt, es beschatten ihn die Weiden des Flusses? Weil die Menschen, die nur dieses Leben des Todes lieben, aller Frucht beraubt sind und dem Teufel um so mehr anhängen, als sie die Flut der vergänglichen Lüste umspült. Trefflich also heißt es: ‹Ihn umgeben die Weiden des Flusses›, denn die Unfruchtbaren alle, die da in der Liebesknechtschaft des zeitlichen Lebens liegen, umgeben den ‹Alten Feind›, in verkehrten Lüsten lebend, mit dienstwilliger Hingabe[77].»

So endet denn dieser Teil der Symbolgeschichte von der unfruchtbaren Weide auch im christlichen Sinne wirklich bei den ‹Toren des Hades›, beim Rachen des Behemoth, in der Vernichtung der Frucht, die der göttlich gepflanzte Weidenbaum hätte bringen sollen[78].

Aber die ‹fruchtverderbende Weide› des homerischen Verses hat auch eine lichtere Geschichte christlicher Deutung gefunden, die uns wieder hinaufführt in die ‹süße Rückkehr› zu himmlischer Heimat.

Es weiß der Christ nämlich noch von einem anderen Sterben, einem mystischen Abstieg in tödliche Tiefen, und ohne diese Katabasis ins Land, wo die ‹fruchtverderbenden› Weiden schattend stehen, gibt es keinen Aufstieg ins verklärende Licht. Weide,

Agnos und Pappel sind die Symbole dieses sich selber sterbenden Lebens, und alles, was der Hellene aus der mythischen Geschichte dieser Bäume vernommen hat, dient jetzt als Hülle und Bild für tiefe Wahrheiten christlicher Lebensformung. Die Weide wird zum Sinnbild der Jungfräulichkeit; die ‹Fruchtverderberin› wird zum Inbegriff des mystischen Sterbens, das im Verzicht auf die fruchtbare Fortpflanzung des irdischen, dem Tod geweihten Lebens einer himmlischen Zeugungskraft teilhaftig zu werden glaubt. Der keusche Mensch nimmt schon jetzt an dem ‹engelgleichen Leben› teil, an dem *bíos angelikós*, dem geistverklärten, selbst den Leib durchleuchtenden Zustand, nach dem es den griechischen Menschen sehnlich verlangt und in dem er alle Ahnungen des Platon vollendet sieht. Man lese nur, wie Gregor von Nazianz in der Diktion der homerischen Hymnen das Lob der Keuschheit, des *bíos agnós* singt: Seine Wortprägungen sind fast unübersetzbar: es sei ein Leben, das da ist «scharfblickend, heiter ruhig, hochfliegend und erhabenen Hauptes, leicht behend, von Licht durchleuchtet, erdgelöst, ungebunden an die Talgründe des Irdischen und unverrückbar eingegründet in die himmlische Stadtburg[79]». Aber der Aufschwung in dieses Leben ist nur möglich, wenn der Mensch sich selber abstirbt, also in tiefster Wahrheit, ‹fruchttötend› wird. Darum wird der Agnos zum Symbol der *agneía*, der sich selber sterbenden und dadurch ewig fruchtbaren Keuschheit. Tod und Leben einen sich, und die Dialektik des antiken Mythologems sprengt seine Knospe zur Blüte der christlichen Wahrheit.

Wieder beginnen wir diese Seite unserer Symbolgeschichte mit Origenes. In der neunten Homilie zum Buche Exodus, die von der Allegorie der Zelte handelt, endet der Alexandriner die Predigt mit dem Aufblick zum Fest der himmlischen Hütten. Weide und Pappel – die homerischen Bäume vom Ufer des Hades – sind hier das Symbol des keuschen Sieges über alle Welt, zu einem Strauß gebunden mit den Palmen des beendeten Kampfes um die Verklärung. Origenes setzt bei seinen griechischen Zuhörern das Wissen um die ‹keusche Weide› voraus und sagt:

«So, meine ich, ist auch jenes Fest der Laubhütten zu deuten, das im Gesetz vorgeschrieben ward: an einem Tag des Jahres sollte das Volk hinausgehen und in Zelten wohnen, Palmen nehmend und Zweige von

Weide und Pappel und grünendem Gebüsch. Die Palme ist das Symbol jenes Sieges im Krieg, den der Geist mit dem Fleische zu bestehen hatte. Die Pappel aber und der Weidenbaum sind ihrer Naturkraft und ihrem Namen nach Gewächse der Keuschheit. Wenn du diese Zweige unberührt wahrest, dann erhältst du auch den grünenden und schattenden Strauß, der da ist das ewige und selige Leben – dann, wenn dich der Herr heimführt auf die Auen an den Wassern der Ruhe durch Christus Jesus unseren Herrn[80].»

Hier spricht die Sehnsucht des Griechen und Christen in hellenischen und biblischen Bildern von den Mysterien des kommenden Lebens, zu denen man nur aufsteigt «mit unberührten Weidenzweigen», im irdisch unfruchtbaren Tod der Jungfräulichkeit. Damit stehen wir am Höhepunkt dieser nur vom Griechischen her durchsichtigen Symbolik der Christen. Und keiner hat uns davon Tieferes überliefert als Methodius aus Philippi, der thessalischen Stadt, der Bischof jener Gemeinde, an die einst Paulus seinen beschwingtesten Brief geschrieben hatte.

Um das Griechische und Christliche in des Methodius Theologie, diese seine wahre Heiligung des Homer und des Platon, schärfer zu erfassen, müssen wir zuerst die Grundstruktur seines symbolischen Denkens andeuten: seinen christlich verklärten Platonismus. Alles, was vor dem Evangelium im Gesetz und in der von Griechen gefundenen Wahrheit gesagt wurde, ist Schattenriß der in Christus und der Kirche gekommenen Wirklichkeit. Aber (und eben dies ist seine platonische Verklärung) auch die Kirche hinwiederum ist Schatten und Typos auf eine letzte, kommende, ewige und bildlose Wirklichkeit hin: und dieses himmlisch Letzte, sozusagen die nackte Wahrheit, ist zugleich das Erste und Anfangende, von dem aus die sich emporschwingende Stufung der Schatten und Bilder ihre Gestalt und ihre sehnsüchtig sich reckende Richtung erhielt. «Es ist nämlich das Gesetz Typos und Schatten des Bildes. Das Bild aber ist das Evangelium, und dieses ist wiederum Typos der Wahrheit. So wurden die Männer des Altertums und das Schriftgesetz für uns zu Propheten und kündeten die Kennzeichen der Kirche voraus. Die Kirche aber kündet voraus die Kennzeichen der neuen Ewigkeiten[81].»

In dieses großartig auslangende Schema ist aber nun einzubauen, was Methodius zur Symbolik des Weidenbaums geschrieben hat, schöpfend aus Homer und Platon, den ‹Männern des Altertums›, und aus den Schriftworten der Propheten und Psalmen. Die Weide ist das Sinnbild des *bíos agnós*, der Keuschheit, die hinwiederum selber nur eine Vorahnung jenes verklärten Lebens der ‹neuen Ewigkeiten› darstellt, nach dem es uns sehnlich verlangt.

Blicken wir darum zuerst auf das himmlische Urbild. Methodius beschreibt es mit platonischen Worten, aber mit christlichem Pathos. Das ewige Leben ist eine *parthenía*, ein jungfräulich reines Dasein, ist «vollkommen rein, klarleuchtend, unvermischt, fest gestaltet und lauter schön». Wer in dieses Leben einging, der ist «umstrahlt von Schönheit, ist frei und ledig der wallenden, schmerzvollen Leidenschaften»[82]. «Frei und ledig» – oder wörtlich übersetzt: «unfruchtbar und zeugungsberaubt» in bezug auf alle Leidenschaft: darin liegt schon die erste Andeutung des im Symbol der keuschen Weide inneliegenden Gegensatzes. Der sich selbst sterbende Mensch geht in das selige Leben ein, der ‹Unfruchtbare› wird ‹wasserliebend›. Denn er ist nicht mehr (wieder klingt Platon mit) «festgeschweißt an die Wollust der irdischen Leiber»[83].

Zu diesem beseligenden Urbild also schaut der keusche Mensch empor, solange er noch hienieden an den Flüssen Babels sitzt. Er schaut hinauf mit der Sehnsucht des Griechen und Christen, und Methodius hat dafür wiederum nur platonische Worte zur Verfügung: «Scharfsehend und mit adligem Sinn und mit erhabenem Geist schauen sie hinauf zu den von oben kommenden Verheißungen: sie dürsten nach dem himmlischen und ihrer Herkunft naturgemäßen Ort[84].»

Damit sind wir bereits beim Zweiten angelangt: beim kirchlichen Zwischenbild, der schon auf Erden gelebten Jungfräulichkeit, die in sich hindeutet auf das himmlische Urbild, zugleich aber auch vorausgedeutet wird von den Worten und Bildern bei den griechischen Männern des Altertums und bei den Propheten des Gesetzes. Und hier setzt Methodius nun mit der Deutung des Psalmverses ein, der von den Weiden singt. Was der biblische Sänger hier sagt, das bestätigt sich aus den Worten des Homer, und beide weisen auf das in der Kirche sich vollziehende Mysterium des jungfräulichen Lebens hin.

Der Psalm, der von den Weiden Babylons spricht, ist für Methodius «das heitere Danklied der Seelen, die da heimgenommen sind in die ewige Sicherheit und nun mit Christus zusammen den Himmel durchwandern, da sie nicht verschlungen wurden von den hylischen und fleischlichen Fluten»[85]. Sie «durchwandern den Himmel» mit Christus – das ist platonische Erinnerung an den Phaidros, wo es ebenfalls von der Seele hieß: sie «durchwandert den Himmel», in jenem glückseligen Urleben des göttlichen Reigentanzes[86]. Dorthin also ist nun die christliche Seele zurückgekehrt, und von dort aus blickt sie zurück auf die «Schatten und Bilder» der irdischen Jungfräulichkeit, als sie noch an Babylons Flüssen saß und ihre Harfe aufgehängt hatte an den Weidenbäumen. ‹Harfen› bedeuten hier die noch irdischen Leiber, Babels Flüsse sind die «Wasser der Verwirrung und Vermischung des von Wogen umtosten Lebens im Fleisch[87]». Die Weiden aber sind die Sinnbilder der Keuschheit, der die Menschen ihre Leiber geweiht haben. Und der von babylonischer Versuchung umtoste Mensch ruft zu Gott: «Laß doch unsere Harfen nicht herabstürzen, nicht losgerissen werden durch die Wogen der Lust vom Baume der Keuschheit![88]»

Die Weide ist also auch hier, echt griechisch, ein ‹Gewächs der Keuschheit›. Wir verstehen die Allegorie nur, wenn wir uns an alles erinnern, was die hellenische Weidensymbolik uns lehrte. Und da Methodius, getreu seiner alles einbeziehenden Typologie, der Ansicht ist, dies sei uns von den Männern des Altertums und von den Worten des Gesetzes gelehrt, so setzt er nun mit dem Hauptstück seiner Weidenallegorese ein, Homer mit der Bibel vereinend:

«Es nimmt ja die Heilige Schrift durchweg die Weide zum Symbol der Keuschheit. Wenn nämlich die Blüte der Weide in Wasser gerieben und getrunken wird, dann löscht sie alles aus, was da in uns kocht an leidenschaftlicher Sinnengier. Und dies so sehr, daß der Trank jeglichen Drang nach Kinderzeugung unfruchtbar und wirkungslos macht. Das hat ja schon Homer in geheimnisvoller Andeutung gesagt, indem er die Weiden ‹fruchtverderbend› nannte.

Und bei Isaias heißt es: «Die Gerechten wachsen wie Weiden an fließendem Wasser.» Denn erst dann wächst das Reis der Jungfräulichkeit machtvoll und herrlich empor, wenn der Gerechte und Jünger, der sie bewahrt und lebt, sie tränkt mit den gar gnadenvollen Wasserströmen Christi, sie begießt mit der Weisheit[88].»

Wundersam vereint stehen also hier zusammen Homer und Prophet, zusammen auch die ‹fruchtverderbende› und die ‹wasserliebende› Weide. Die Dialektik des hellenischen Mythos ist aufgehoben in der christlichen Wahrheit. Die Fruchtverderberin wächst nicht mehr an den Toren des Hades, sondern an den himmlischen Strömen des Christos. Weidenzweige schmücken die siegenden Seelen – davon wird uns Methodius später noch in seiner Schilderung des himmlischen Laubhüttenfestes das abschließende Wort sagen. Wie fein der Sinn der griechischen Christen die spannende Gegensätzlichkeit im Symbol der Weide spürte, mag uns noch ein Zeugnis aus dem vierten Jahrhundert sagen. Hesychius, der Mönch aus Jerusalem, deutet ganz im Geist des Origenes die Geheimnisse des Laubhüttenfestes hellenisch und biblisch zugleich:

«Nimm auch Weidenzweige, heißt es: das bedeutet die Zweige der Keuschheit und einer reinen Eheliebe. Denn die Weide ist ein Symbol der Keuschheit, da sie ‹keine Frucht hat›. So haben auch die Enthaltsamen, die sich da ‹selbst verschnitten haben, um des Königreichs der Himmel willen›, keine irdisch sichtbare Frucht. Und doch sagt zu ihnen Gott durch den Propheten: «Den Verschnittenen gebe ich in meinem Hause und in meinen Mauern Platz und Namen, die besser sind als Söhne und Töchter, einen ewigen Namen gebe ich ihnen, der nimmermehr ausgetilgt wird.» Und diese Zweige sollen wir pflücken am Strombach: das bedeutet am Strom des diesseitigen Lebens. Denn das Erdenleben ist wie ein unbeständig dahineilender Strombach, der nur im Winter fließt, in der Winterszeit der Trübsale und Versuchungen. Und doch ist dieses Fest des siebenten Monats auch das Symbol der endzeitlichen Geschehnisse. Es deutet hin auf jene Festfreude im Glauben an Christus und an sein Leiden. Siehst du also, wie diese Figuren der Juden hinweisen auf größere Mysterien, die da uns gegeben sind? In Zelten wohnen: das heißt sich geistig daran erinnern lassen, daß wir befreit wurden aus der Gewalt des seelischen Ägypten und des mystischen Pharao. Und so sehnt sich denn nach der himmlischen Festruhe und dem unzerteilten Leben, wer immer unter den Blättern des Buchstabens die reife Frucht des geistigen Verstehens gefunden hat[90].»

Auch hier also die gleiche Struktur des symbolischen Schauens: was sich in der noch irdischen Jungfräulichkeit vollzieht, deutet auf die Fruchtbarkeit himmlischen Lebens hin. Das Absterben der ‹fruchtverderbenden› Keuschheit ist das Gewinnen der himmlischen Zeugungskraft. Tod ist Leben. Gregor von Nyssa hat einmal dieses eschatologische Geheimnis der sterbenden und dadurch Leben gewinnenden Jungfräulichkeit tiefsinnig und mit griechischer Dialektik dahin ausgesprochen, daß er sagt, dieses fruchttötende Verzichten auf eine Fortsetzung der irdischen Geschlechterkette, auf die Zeugung zum Tode, schaffe eine sozusagen unmittelbare Verbindung zwischen dem Jungfräulichen und dem letzten Tag, an dem alles Zeugen zu Ende sei; Zeugungstod ist Lebensanfang:

«Und so lebt der jungfräuliche Mensch nur für Gott, da er nicht mehr Frucht bringt für den Tod. So weit es auf ihn ankommt, hat er dem Leben seines Fleisches bereits ein Ende gesetzt, und zwischen ihm und dem kommenden Tag der verklärten Ankunft des Herrn ist kein zeitlicher Zwischenraum mehr, da keinerlei Geschlechterkette ihn und diesen Tag voneinander trennt[91].»

Das ist die tiefste Theologie eines Christen zu dem Mysterium der fruchttötenden und eben dadurch lebenzeugenden Weide. Der Tod nimmt das Leben vorweg, und schon jetzt feiert der Mensch das kommende Fest der himmlischen, mit Weidenzweigen geschmückten Laubhütten. Sehnsüchtig schaut er empor in das Reich des reinen Geistes. Und die Weiden, die er an seinen Gräbern mit dem liebenden Blick des antiken Menschen stehen sieht, werden ihm unmittelbar zum schönen Symbol des Lebens, das man nur durch Sterben gewinnt. Am fünfzehnten Tag des Monats der Erntefreude an Obst und Wein, wenn Selene in vollem Glanz steht, feierte man im Schatten des Gesetzes das Fest der Weidenzweige: darin erblickt der Christ ein vorausdeutendes Bild seines ewigen Mysteriums. Hieronymus hat beschrieben, wie er die prophetische Schau des Zacharias auslegt, und noch einmal dienen zur Deutung der christlichen Geheimnisse alle Weisheiten hellenischer Symbolik:

«Solange wir in der Entfaltung sind, im Lauf und im Kampf, wohnen wir noch in Zelten. Aber mit aller Kraft sehnen wir uns danach, aus diesen Hütten heimzukehren zu der festgegründeten Vaterstadt, zum Hause Gottes. Wer also noch in diesen Erdenzelten wohnt, muß das Fest der Laubhütten feiern, wie geschrieben steht: mit Zweigen der Pappel und der Weide. Diese zwei Gewächse werden ja von manchen für die gleiche Baumart gehalten, und schon der griechische Name des Baumes, Agnos, zeigt seine Symbolik an: er deutet hin auf die Keuschheit. Es sagen nämlich die Ärzte und die pflanzenkundigen Schreiber, wer Blüten der Weide oder des Agnos mit Wasser gemischt trinke, dem kühle sich jegliche Hitze der Brunst, es trockne ihm die Ader der Lust und er werde fürder unfähig, Kinder zu zeugen. Von den Zweigen solcher Bäume behütet, feiere er also das Fest der Laubhütten. Hinter sich läßt er den sechsten Monat, der da ist das Symbol der Erdenzeit. Im siebenten Monat gebe er sich der geistigen Sabbatruhe hin, am fünfzehnten Tage dieses Monats, wenn Luna im vollen Lichte steht und alle Finsternis sich auflöst in ihrem klaren Leuchten[92].»

## Die himmlische Weide

«Wenn Luna in vollem Lichte steht» – das Mysterium des keuschen Weidenzweiges führt die gereinigte Seele hinauf in das gleiche Leuchten, in das uns früher das Mysterium der Selene und der Taufe geleitet hat. Der Anstieg durch das Stromtal der fruchtverderbenden Weiden, durch das Sterben der Keuschheit, war ein Purgatorio, «wo man den Geist des Menschen rein und lauter und würdig macht, zum Himmel sich zu schwingen». «E di salire al ciel diventa degno» sang Dante. Auch er läßt darum im Paradiso die schauende Seele des Dichters in das mystische Licht der Luna, in die Region der «ewigen Perle» schweben[93]:

«Die ew'ge Perle nahm in ihren Schoß
uns auf, wie Wasser ja in seine Mitte
den Lichtstrahl aufnimmt, unverletzt vom Stoß.»

In dieses Reich gilt es jetzt einzutreten, auf die Auen des vom vollen Mondlicht umstrahlten Festes ‹der Einbringung›, wo die Seligen mit den Zweigen der Weide gekrönt werden, wo sich an den Getreuen des Herrn das alle Natur übersteigende Mysterium vollzieht: daß die grünenden Weidensträuße, die sie jubelnd schwingen, ewig Früchte tragen, nicht mehr an den Strömen des Hades, «wo in den Acheron sich der Pyriphlegeton hinstürzt und die stygischen Wasser donnernd sich einen»[94], nicht mehr an den Flüssen Babylons, sondern an dem ewigen Strombach Gottes. Unauflöslich sind jetzt die irdischen Widersprüche zur Einheit verbunden: die Fruchtverderberin grünt fruchtbar an göttlichen Quellen. Vollendet ist die ‹süße Rückkehr› an die Brunnen der Heimat.

«Wer die Heilige Schrift geistig versteht», sagt Origenes in einer Predigt, «der weiß, daß von der Seele geschrieben steht, die noch in den Strudeln des irdischen Lebens eingetaucht ist: ‹An Babels Flüssen saßen wir und weinten, an Weiden haben wir aufgehängt unsere Harfen.› Hienieden sind diese Babelflüsse, an denen wir weinen im Heimweh nach dem himmlischen Vaterland, und an Weiden haben wir die Harfen aufgehängt, an den Weiden des Gesetzes und der Mysterien Gottes. Aber es steht in irgend einem Buch geschrieben: ‹Alle, die geglaubt haben, sollen erhalten eine Krone aus Weidenzweigen.› Und bei Isaias wird gesagt: ‹Sie werden sprossen wie Weiden am Strombach.› Ja, wenn einst die Festfeier Gottes kommt, wenn unsere Laubhütten aufgebaut werden, dann wird man dazu Zweige vom Weidenbaum aufrichten[95].» Das wird sein an jenem seligen, nimmer endenden Tag (Origenes spricht davon mit tiefer Ergriffenheit in einer anderen Predigt[96]), «wo wir für immer ankommen in Jerusalem, am Ort der ‹Friedensschau›. Dann werden unsere Harfen nicht mehr stumm an den Weidenbäumen Babylons hängen, wir werden sie zur Hand nehmen, ohne Aufhören werden wir auf ihren Saiten spielen, und es wird keinen Augenblick mehr geben, wo wir nicht Gottes Lob singen.»

Zu diesem ‹Christusfest› blickt auch Methodius empor, und rückschauend auf die Zeit der irdischen Prüfung ruft er aus: «Aber wer zu diesem Fest der Laubhütten gelangen will, muß sich pflücken ... die Zweige vom Agnosbaum, um damit sein Zelt zu schmücken. Denn der Agnosbaum enthält ja schon in seinem Namen die keusche Reinheit. Wie also sollen sie eingehen zum Christusfeste, wenn sie ihr Zelt nicht schmücken mit den Zweigen der Reinheit, diesem vergottenden, seligen Baume?[97]» «Denn in der neuen, unvergänglichen Schöpfung wird keiner der ewigen Ruhe zuteil, der da erfunden wird ohne den Schmuck der Zweige vom Agnos[98].» Noch einmal wird hier alles, was der Hellene von der Symbolik des Weidenbaumes gewußt hat, in das verklärende Licht gestellt, das von der kommenden ‹neuen Schöpfung› herüberleuchtet in die andeutenden Geheimnisse der unverklärten Natur. Alles ist, wie Methodius sagt, «wie die Morgenröte, wie phantastische

Schatten, die da vorausverkünden die kommende Auferstehung[99].»
Und darin liegt der tiefe Humanismus dieser Griechen und Christen: alle Symbole der Natur deuten ihm auf etwas Höheres hin, er sieht die schlichten Dinge der Erdenwelt immer schon im Licht der kommenden Neuschöpfung, das Einfachste ist ihm Mysterium. So auch die Natur der Agnosweide, des ‹seligen, vergottenden Baumes›. Einst schmückten die Kinder Israels beim Auszug aus Ägypten ihre Hütten mit Weiden. In der Erfüllung des Mysteriums heißt das:

«Auch ich ziehe fort von hier und wandere aus dem Ägypten dieses Lebens aus, heim zur Auferstehung, ... in die ewige Vollendung des Festes der Auferstehung, über die Himmel hinaus ins Haus Gottes selbst, der da ein Fest feiert im Jubelklang und im Schalle des Jauchzens[100].»

Darin also liegt für den griechischen Christen, der seine schöne Welt so liebt, das Tiefste der evangelischen Botschaft: daß in der Auferstehung des Fleisches dem Menschen auch eine ‹neue Erde› gegeben wird. Noch mehr: daß, wie Paulus so oft sagt, dieser neue Äon des Lebens schon angebrochen ist, seitdem der Erstgeborene der Toten lebendig auferstand. Das Wunder der im Sterben fruchtbaren Weide ist schon geschehen, die Erde ist heimlich schon verklärt. Cyrillus von Alexandrien enthüllt uns einmal diese Vollendung des Mysteriums vom Weidenzweig mit den Worten:

«Das Gesetz gebot durch Moses, das Fest der Zelthütten zu begehen am fünfzehnten Tag des siebenten Monats, wenn alle Früchte des Feldes in die Scheunen heimgebracht sind. Und er befahl, Palmzweige zu brechen, schöne Baumfrüchte, dichte Buschen, Weidenzweige und Sprossen vom Agnosbaum, aus dem Stromquell zu trinken und jubelnd sich zu freuen. Und dies, weil Israel einst in Zelten wohnte, als es aus der Fron Ägyptens befreit war. Dies alles aber war nur ein Vorbild des Mysteriums, das in Christus beschlossen ist. Auch wir sind befreit worden, aber aus der Fron des Teufels, berufen sind wir in die Freiheit durch Christus, ihm allein untertan, der da ist der Basileus des Weltalls und das wahre Leben. Nicht mehr schieren uns nun die Schlangenwindungen der abgetanen Gewalten von einst. Wir feiern jetzt das wahre Fest der Laubhütten, das ist der Tag der Auferstehung des Christos. Denn in ihm verbleiben auch unsere Menschenleiber eigentlich jetzt schon unlöslich lebendig, auch wenn sie noch vorerst durch Verwesung aufgelöst und dem Tod unterworfen werden. Denn Er ist die Auferstehung, Er ist das Leben. Er ist die Erstlingsbeute aus den Toten, die ‹Anfangsgabe aus den Entschlafenen›. Er erfüllt uns mit der geistigen Reife edler Früchte, und schon beginnt er, uns wie Garben von den Äckern zu ernten und in seine himmlischen Scheunen zu speichern. Dort wird er uns, den Siegern über die Sünde, die Speise des Paradieses geben und verklärte Wonnen. Ein Duft des Geistes wird uns umhauchen, denn wir tragen die süße und liebenswerte Frucht eines evangelischen Lebens in den Händen, da wir keusch und heilig gelebt haben. Und dessen ist ein Symbol der Strauß aus Palmen und Buschwerk und grünem Gezweig. Christus ist der Strombach der Wonne, mit dem uns Gott der Vater tränkt. Er ist der Quell des Lebens und die Flut des Friedens [101].»

So endet auch hier das vom Duft griechischen Geistes umhauchte Mysterium des keuschen Weidenzweiges am Strombach der Ewigkeit. Und man hat die tiefe Symbolik, die in der zwiespältigen, aber in Christus zur Einheit aufgehobenen Natur der Weide verborgen ist, so lange nicht vergessen, als in der Theologie der ausgehenden Antike und des Mittelalters noch ein Hauch von Verständnis lebendig war für die Ausdrucksmöglichkeiten, die in solcher Bildkraft der Gotteslehre zur Verfügung standen. Noch nach Jahrhunderten kannte man das Wort aus den Moralia des großen Gregor: «Unfruchtbar sind die Weiden und dennoch von solch grünender Triebkraft, daß sie fast nicht dorren können, selbst wenn man sie mit der Wurzel ausreißt und wegwirft[102]», und man wiederholt gerne die schöne Theologie der Gnade, die sich in diesem Bild birgt. Man kennt durch Isidor auch die antike Überlieferung von Namen und Magie der Weide, um daraus ein Kleid unsinnlicher Wahrheit zu formen: «Die Weide (salix) hat davon ihren Namen, daß sie rasch aufschießt (saliat), das heißt hurtig wächst. Sie ist ein Baum mit geschmeidigen Zweigen, die zum Aufbinden der Rebzweige dienen. Und man sagt, es habe ihr Same die Kraft, jemanden, der ihn in Wasser trinkt, der Zeugungskraft zu berauben und die Frauen unfruchtbar zu machen[103].» Letzte Klänge aus uralt hellenischer Zeit. Die symbolfreudigen Theologen des frühen Mittelalters hatten dafür noch ein Ohr[104]. Hrabanus[105] aus Fulda zeugt dafür, und Vinzenz von Beauvais[106] überliefert den Nachfahren davon die schon fast unverstandenen Spuren. Aber wenn irgendwo der theologische Genius eines echten Symbolikers von der ‹fruchtverlierenden› und ‹wasserliebenden› Weide las, dann entzündeten sich an dem uralten, lebenzeugenden Gegensatz Gedanken, die einem himmlischen Mysterium der Christen Ausdruck gaben. Rupert von Deutz schildert einmal das himmlische Fest der Laubhütten, wo alle Heiligen Christus umstehen mit dem Feststrauß in den Händen. Die Weidenzweige aber teilt er tiefsinnig der fröhlichen Schar der bethlehemitischen Kindlein zu, den Spielenden auf der göttlichen Aue. Mit dem alten Wortspiel von salix und salire, mit dem Wissen von der ‹fruchtverderbenden› und ‹wasserliebenden› Weide malt er in einem einzigen Satz ein entzückendes Bild dieser himmlischen Kinder: «Weidenzweige sind sie, die keine Frucht hatten, und doch grünten sie auf in der göttlichen Gnade allein und sprangen heim in das ewige Vaterland [107].» – «Und würdig machten, zum Himmel sich zu schwingen» möchte man mit Dante noch einmal sagen.

Ein letztes Bild aus dem Mysterienkreis der himmlischen Weide beschließe diese Geschichte der homerischen Fruchtverderberin. Die christliche Deutung des mythischen Gegensatzes zwischen Tod und Leben bezog sich, wie wir sahen, vor allem auf das Geheimnis der sich selber sterbenden Keuschheit und der daraus sprossenden himmlischen Fruchtbarkeit. Das aber ist das christliche Mysterium der Jungfräulichkeit einer Menschenmutter, aus der Gott geboren wurde. In Maria erfüllt sich in Wahrheit, was im mythischen Bild wie in einer Knospe eingehüllt war: ihre keusche Unfruchtbarkeit wird zum Keim göttlicher Frucht. In einem mittelalterlichen Marienlob, das Richard a Sancto Laurentio zum Verfasser hat (es wurde bisher stets Albert dem Großen zugeschrieben), wird zunächst aus Isidor, also mit den Worten, die letztlich aus Festus, Plinius und Ambrosius stammen, das Wesen der Weide beschrieben: «Sie heißt salix, weil sie rasch ‹springt›, das heißt wächst. Und man sagt, daß ihr Same, wenn er getrunken wird, Unfruchtbarkeit erzeuge.» Dies aber, so fährt der Symboliker fort, erfülle sich an der Mutter des Herrn:

«Denn sie gelobte Jungfräulichkeit und wählte so ein unfruchtbares Leben. Aber wie die Weide gar gerne an Wassern sproßt, so die Jungfrau an den Wassern der Gnade und der himmlischen Gaben. Und wie die Weide Keuschheit sinnbildet, so war auch sie voll kühler Keuschheit, denn ihr Same, das ist der Sohn Gottes, macht durch seine Verkündigung viele Menschen ‹unfruchtbar› an Frucht des Fleisches, indem er sie ruft zu einem Leben der Jungfräulichkeit[108].»

Damit stehen wir am Ende der christlichen Deutung, die sich um den unsterblichen Vers des Homer rankt. Wie es Homer geheimnisvoll andeutend gesagt hat, so hat sich alles enthüllt, und der antike Christ griff mit hoher Freiheit zu diesen Bildern, um mit ihnen symbolisch auszudrücken, was er durch Gott allein wußte. Wie das Mysterium von Sonne und Mond, wie das Mysterium vom Lebensbaum, so endet auch die Geschichte des Weidenzweiges bei der Großen Mutter, die der dunklen Erde das Licht, der toten Erde das Leben und der unfruchtbaren Erde die Frucht geschenkt hat. Mond, Baum und Weidenzweig, all die ureinfachen, schlichten Dinge dieser Welt, bergen Mysterien in sich, die nur der Christ in ihren Tiefen deuten kann, weil sich ihm das Menschentum von Gott her durchsichtig gemacht hat. Die Weide der homerischen Unterwelt ist zum «seligen, vergottenden Baum» geworden.

II
ODYSSEUS AM MASTBAUM

Nach der Fahrt zum weidenbeschatteten Land des mystischen Sterbens rüstet sich Odysseus zur endgültigen Heimkehr. Denn in seinem vielgeprüften Herzen lebt einzig die Sehnsucht nach dem väterlichen Hause, und ganz am Beginn des homerischen Sangs schon hat Athene zu Zeus gesprochen:

«... aber Odysseus sehnt sich nur, den Rauch von Ithaka steigen zu sehen[1].»

Das ist ein mythisches Bild, das dem hellenischen Christen aufsteigt, wenn er der Seefahrt seines irdischen Lebens und des Heimwehs nach dem himmlischen Vaterland gedenkt. Aber das fordert ein ewig ruheloses Weitersegeln, nirgendwo darf der Heimkehrer verweilen, nicht in den schmeichelnden Armen der Kalypso, noch bei den Festen der Phäaken, nicht im Zauber der Kirke, noch beim Lauschen auf Sirenen. Nicht einmal das nur irdische Gut der Erdenheimat darf ihn halten. Und so vergleicht Clemens der Alexandriner einmal den Christen gegensätzlich mit Odysseus, zugleich ein platonisches Wort gebrauchend: «Die Menschen umklammern die Erdenwelt, wie gewisse Arten von Meertang sich an die Felsen der See klammern. Sie kümmern sich nicht um die Unsterblichkeit, da sie wie der Alte aus Ithaka sich nicht nach der Wahrheit und nach dem himmlischen Vaterland sehnen, sondern nur nach dem heimatlichen Rauch[2].»

Allein, auch in der Weise, wie Odysseus auf der Heimfahrt die hindernden Gefahren siegreich besteht, sieht der griechische Christ eine symbolische Andeutung der tödlich gefährlichen und doch siegfreudig zu beendenden Fahrt seines Lebens. Wie der Mann aus Ithaka vom Dunkel der Hadesküste im fernen, finsteren Land der Kimmerier abfährt, um an den Sirenen vorbei ins süße Licht der Heimatsonne zu gelangen, so der Christ: sein Ziel ist das «wahrhaft seiende Licht», und dieses Licht ist der «Logos, der allen Menschen leuchtet». Denn, so sagt Clemens in griechischer Prägnanz: «In bezug auf den Logos gibt es keinen Kimmerier.»[3] Niemand bleibe im Dunkel des Hadestores, alle sind ins süße Sonnenlicht der Heimat berufen, in ein neues Leben, zu einer eilenden Heimfahrt. Darum ruft Clemens den Hellenen zu, «lasset uns heimeilen in das Heil, heim in die Wiedergeburt![4]»

Zwischen dem Dunkel aber des Hades und dem Licht der Heimat liegt die Insel der Sirenen. Nur wer heil an diesen lockenden Gewalten vorbeisegelt, wird vor dem Verderben bewahrt. Noch einmal ringen im Mythos Tod und Leben, dämonisch dunkle Macht und lichter Sieg. Und was hier der homerische Mythos andeutet, das haben hellenische Christen als Bild verwendet zum Ausdruck für das Mysterium der reinigenden Gefahr, die das Leben der Gnade zu bestehen hat, ehe es «würdig wird, zum Himmel sich zu schwingen».

Auch dieser odysseische Mythos von den Sirenen ist, gleich demjenigen vom Kraut Moly und von den fruchtverderbenden Weiden, von Gegensätzen wie geladen. An «einem grünenden Gestade»[5] wohnen die «gotterfüllten Sirenen»[6], und «liebliche Lieder»[7] locken den vorbeisegelnden Heimfahrer. Übermenschliches versprechen sie, diese unheimlich allwissenden Mittelwesen zwischen Göttern und Menschen, und ein Vers aus ihrem betörenden Lied spricht das Tiefste in des Menschen Sehnsucht an:

«Ist doch im dunkelen Schiff noch keiner vorübergefahren,
ohne den lieblichen Liedern von unseren Lippen zu lauschen.
Reich an Freude und klüger an Wissen fährt er dann weiter,
denn wir wissen ja alles ...[8]»

Odysseus, der ewige Mensch, hat es mit allen Poren der Sinne aufgenommen, dieses scheinbar lichte Geheimnis des schönen Gesangs: «Zu lauschen verlangte länger mein Herz[9].» Allein, er ist ein Erfahrener zugleich, und nicht ohne tiefen Sinn ist es wiederum die «heilige Kirke»[10] gewesen, die ihm warnende Weisung gab: Odysseus weiß ebenso, daß dieses scheinbar so süße und lichte Wesen der Sirenen in Wahrheit ein Mysterium des Todes und des Verderbens ist. Schon daß die Fahrt zur Sireneninsel so ruhig vonstatten geht, ist unheimlich, und der herrliche Vers des Homer erregt in uns alle Erwartungen des Grauens:

«Eilig nahte indes, von günstigen Winden getrieben,
unser treffliches Schiff dem Eiland der beiden Sirenen.
Doch da legte sich gleich der Wind, und heitere Stille
füllte die Luft. Es strich ein Dämon glättend die Wogen[11].»

Sirenen sind Todeswesen. Und ein Daimon bereitet ihre Wege. Wer die Heimat nicht verfehlen will, muß ein gottgegebenes Wissen in sich tragen um den Unterschied zwischen Licht und Dunkel, eine Witterung für Tod und Leben. Die lockenden Worte der Sirenen sind «Zaubergesang» und das Ende ist «Verderben»[12].

Das Entscheidende aber am homerischen Mythos ist nun dies, daß Odysseus als der Erfahrene, als der von Kirke Unterwiesene, «wissend» an den Lockungen der Sirenen vorbeifährt. Nicht wie seine Gefährten, die sich die Ohren mit schützendem Wachs verstopfen müssen, sondern hörend, aber an den Mastbaum gebunden, besteht Odysseus die Prüfung. So gibt er den Freunden im Schiff die Weisung:

«... damit wir wissend dem Tode
nahen oder uns hüten und so dem Verderben entgehen[13].»

Wissend dem Tode sich nahen – in diesem Wort liegt die Tiefe des Mythos verborgen. Odysseus wird hier zum Inbegriff des kühnen Menschen, der sich bis in die äußerste Annäherung an die tödliche Gefahr voranwagt und doch gerettet wird, der wohl mit offenen Sinnen hört und doch nicht folgt: er hat seine Freiheit selber gebunden, hat sich göttlicher Weisung folgend an den Mastbaum fesseln lassen. Denn also lautete sein Befehl an die Gefährten:

«Mich allein hieß Kirke den Stimmen zu lauschen. Doch bindet mich mit drückenden Fesseln, daß ich dort standhaft verharre, aufrecht fest am Mast und lasset die Taue dran haften[14].»

An diese Verse vor allem knüpft sich die Deutung, die der christliche Humanismus tausend Jahre lang dem Mythos von Odysseus und den Sirenen gegeben hat[15]. Kein Bild aus Homers unsterblichem Gesang war so beliebt wie dieses. Wenn wir es jetzt unternehmen, die Symbolgeschichte des die Sirenen besiegenden Odysseus am Mastbaum zu entfalten, so folgen wir darin der schönen und verpflichtenden Tradition gerade des schweizerischen Humanismus, von dessen Aufgaben wir im einführenden Wort zu diesem Buch sprachen. In Basel erschien ja die erste lateinische Übersetzung der Odyssee, die wir bereits aus der Geschichte des hermetischen Moly kennen, und der Churer Lemnius preist in der Einleitung zu diesem seinem Werk Homer als den großen Lehrer der Weisheit und den odysseischen Gesang als den Inbegriff moralischer Lebenskunst[16]. In Basel hat Erasmus sein für den Humanismus so gewichtiges Buch «De ratione studii» herausgegeben, in dem er die ethische Auslegung der homerischen Gesänge preist[17]. Und Zwingli schreibt einmal in seinem reizenden Lehrbüchlein von der Lektüre der antiken Autoren, ganz im Geist des großen Basilius: «Doch muß man dabei wohl darauf achten, ein mit Glauben und Unschuld gewappnetes Herz zu besitzen ... Freilich wird ein vorher gewandter Geist an dem allem unberührt, wie Odysseus an den Sirenen, vorübergehen können, wenn er nämlich sogleich am Anfang sich selbst warnt mit den Worten: Das hörst du, um dich davor zu hüten, nicht um es anzunehmen[18].» Und wenn Erasmus in seiner zu Basel veröffentlichten klassischen Ausgabe der Werke des Kirchenvaters Hieronymus[19] eine ganz im Sinne Platons gehaltene Warnung vor der verführenden Gewalt der homerischen Lieder ausspricht, so kommt er dennoch in der lebensweisen Fülle seiner Adagia nicht davon los, die uralte hellenische Weisheit zu mischen mit dem besten Gut der antiken Kirchenväter. Wirklich, was wir jetzt unternehmen, kann am besten bezeichnet werden mit dem Titel: Homer unter den Kirchenvätern. Die großen Geister der alten Kirche haben ihren heiligen Homer mit erhabener Freiheit immer als einen der Ihrigen begrüßt, weil sie ihn auslegten im Lichte des Logos. Gewiß, sie haben ihn ‹gedeutet›, wie nur je vor ihnen die stoische und neuplatonische Homerallegorie dies getan hat – nicht immer zum Verständnis der quellfrischen ionischen Unmittelbarkeit der alten Lieder. Gewiß, sie haben auch, im Banne des Platon und von christlicher Überzeugung her, Einwände und Warnungen vorgebracht. Aber aufs ganze gesehen, ist und bleibt ihnen Homer der weise Lehrer wahrer Lebenskunst, der Seher, der die kommende Botschaft des Logos mit blinden Augen vorausschaute. Der Gesang seiner Odyssee ist für Basilius und alle Humanisten der antiken Kirche ein «Hymnus auf die Tugend»[20]. So hat er es nach eigenem Zeugnis auf der hohen Schule zu Athen, mitten im müden Sterben des griechischen Geistes, gelernt und der jugendlichen Kirche übermittelt. Bevor wir darum die christliche Deutung des Mythos der Sirenen vorlegen, wollen wir, gleichsam zur Einstimmung, einen Blick werfen auf die ehrfürchtige Liebe, mit der die Kirchenväter den Dichter des Mythos in ihre Reihen aufgenommen haben.

Die Homerauslegung der Kirchenväter schließt sich ohne Fuge an die Weise an, in der in hellenistischer Zeit die homerischen Gesänge interpretiert wurden [21]. Es ist bekannt, daß Platon in seinem Staat herbe Kritik an der Theologie des Homer und besonders an der zweifelhaften Ethik der odysseischen Listen geübt hat und die Epen als jugendverderbend aus dem Erziehungsplan seines Idealstaates verbannt wissen wollte [22]. Dagegen erhob sich in hellenistischer Zeit ein immer stärker anschwellender Widerspruch: man suchte Platon mit Homer zu versöhnen. Stoa und Neuplatonismus bauten ein ganzes System von allegorischer Homerdeutung auf. Mit Hilfe der *Hypónoia*, des geheimen, hinter der Hülle des Worts verborgenen Sinnes, gedachte man nachzuweisen, Homer sei doch der Weiseste, der Prophet geheimer Mysterien, der gotterleuchtete Mantiker. Man glaubte, Homer führe uns durch den Chor der Musen empor zur Schau des höchsten Gottes, den man nur in poetischer Verzückung ahnen könne – so, wie es Archelaos von Priene auf seiner marmornen Apotheose des Homer darstellt [23]. So dachten von Homer all die Werke, die sich der Deutung seiner Geheimnisse hingaben, Herakleitos in seinen Homerallegorien, der Unbekannte der «Odysseusfahrten», Porphyrios in seinen «Homerischen Fragen» und im Buch von der «Höhle der Nymphen», bis hinauf zu dem griechischen Bischof Eustathios von Thessaloniki, der die weite und wirre Welt dieser Allegorien mit byzantinischem Fleiß zusammenfaßt.

In diesen Chor fällt nun auch die Stimme der Kirchenväter ein. Wohl hören wir zu Beginn des christlichen Denkens ein paar herbe Worte der Kritik, ganz im Geiste Platons. Minucius Felix meint: «Gar vortrefflich hat Platon den Homer, jenen berühmten, gelobten, gekrönten Dichter, aus seinem Staat, den er auf dem Papier konstruierte, ausgewiesen [24].» Den christlichen Apologeten des zweiten Jahrhunderts war eben die reine Gotteslehre Platons unerreichter Höhepunkt griechischen Geistes, die weltlich bunte Götterwelt des Homer dagegen der Inbegriff des ‹Heidentums›. Darum sagt selbst der sonst so aufgeschlossene Justinos, Platon habe geradezu in der Kraft des in ihm wirkenden Logos, des schon vor Christi Ankunft wirkenden Gottesgeistes, Homer aus seinem Staat verbannt[25]. Der grimmige Tertullian nennt Homer gar einmal den «dedecorator deorum», also den Dichter, der mit seinen Vermenschlichungen den Heidengöttern gleichsam die Dekorationen heruntergerissen habe[26]. Selbst der humanistisch feinsinnige Gregor von Nazianz fühlte sich noch veranlaßt, gegen Kaiser Julian einen Protest wegen allzu weitgehender Allegorese des Homer einzulegen[27].

Und doch: selbst für die unnachsichtigen Apologeten war Homer der Uralte, der Weise, der älteste aller Dichter, der seine Geheimnisse den Ägyptern oder gar der Lesung der israelitischen Schriften verdankte. Sie alle waren viel zu sehr Griechen oder Schüler der Griechen, als daß sie die Witterung für Homers poetische Majestät hätten verleugnen können. Für Clemens ist Homer der ehrwürdig Älteste unter den Dichtern[28]. Und wenn Tertullian ihn einmal nennt «Fürst der Dichter und aller Poeten Urquell und Meer»[29], so ist das nur ein Echo aus den römischen Gedichten, die den blinden Dichter als Quell und Strom aller musischen Gewalten feierten – man erinnere sich nur an Ovidius, der von Homer sagt, daß von ihm

«wie aus einer ewigen Quelle der Mund aller Weissagenden mit pierischen Strömen getränkt werde»[30].

Je offener mit dem dritten Jahrhundert die Kirchenväter den humanistischen Geist der neuplatonischen Homerdeutung in sich aufnahmen, um so begeisterter ertönt jetzt das Lob des Dichterfürsten. Hieronymus sagt einmal, die Lieder des Homer, des weisen und blinden Alten, seien ein Beweis dafür, daß nur im Alter ganz reife, unsterbliche Werke geschaffen werden können, sie seien der unendlich süße Schwanengesang eines erhabenen Geistes[31]. Seltsam, wie den lateinischen Vätern immer wieder das Wort ‹süß› auf die Lippen kommt, wenn sie von Homer sprechen, und sie kannten doch die griechische Süße der beiden Epen nicht mehr im Wortlaut, sondern nur in den so ungenügenden alten Übertragungen. Von «süßem Nichtsnutz» nennt Augustinus in den reizenden Erinnerungen an die Schulzeit seinen Homer[32]. Und das Wort aus Boethius kennen wir schon, das da singt von dem «honigströmenden Munde Homers»[33]. Die Väter hatten eben noch einen feinen Sinn für das, was Macrobius, ihr heidnischer Zeitgenosse, an Homer rühmt: «seine Größe und Einfalt, die lebendige Gestaltungskraft und die schweigsame Majestät[34].» Darum ist es nicht lächerlich, sondern rührend, wenn Hieronymus zu Beginn seiner Biographie des Mönches Hilarion sagt, selbst ein Homer würde ihm den Stoff dieses Heldenlebens neiden[35]. Und an einer ebenso berühmten Stelle der altchristlichen Heroengeschichten, in dem Leben des heiligen Martinus von Sulpicius Severus, wird der Geist des Homer beschworen, offenbar in bereits sprichwörtlicher Diktion: dieses Leben könnte selbst Homer, wenn er, wie man zu sagen pflegt, aus dem Grabe wiedererstände, nicht würdig schreiben[36]. Für Cassiodor ist die Odyssee der «adlige Sang des Homer»[37]. Und so bleibt es von nun an: bei den karolingischen Humanisten ist Homer, wenngleich stets zusammen mit Vergilius, der erhabenste unter den Dichterpropheten, der ‹summus vatum›, der ‹princeps vatum›[38] – so wie dann einmal bei Dante. Und Raffael hatte recht, wenn er den Blinden und den Schauenden, den Griechen und den Christen, für den Parnaß skizzierte, den er für den Vatikan gemalt hat.

Ganz gleich läuft nun aber auch in der Antike und im alten Christentum die Beurteilung des homerischen Helden Odysseus – und damit kommen wir unserer Symbolgeschichte vom Sirenenmythos schon näher.

Platon nennt im Staat den Odysseus einmal spöttisch den ‹Weisesten› und entrüstet sich über die jugendverderbenden Listen und Lüste des schlauen Ithakers[39]. Das ändert sich in der spätgriechischen Homerallegorie von Grund auf. Jetzt ist der Laertessohn der Inbegriff der Lebenskunst, der weisen Tapferkeit, des unbesieglichen Muts im Leid. Nicht Kirke und nicht die Sirenen können ihm etwas anhaben. So hat ihn, um nur ein Beispiel zu nennen, Horaz in nie vergessenen Versen besungen – Wielands schöne Übersetzung war erlesen genug, das Werk zu schmücken, das so bezeichnend ist für die um Goethe sich sammelnde Verehrung des homerischen Helden: die nach antiken Vorbildern gezeichneten Bilder zu Homer von Tischbein[40].

«... viel Schweres hat er erduldet, aber nicht versenken konnten ihn die feindlichen Fluten.[41]»

So ist Odysseus auch für Seneca das Vorbild aller, die das Wagnis der Lebensfahrt meistern, der Mann, den er nennt «den von Leid Unbesiegten, den Überwinder der Lüste, den Sieger über alle Erden»[42].

Genauso ist nun auch im christlichen Bereich ein Wandel der Beurteilung des Odysseus festzustellen. Der unbekannte Verfasser der «Rede an die Hellenen» spöttelt wie Platon: dieses homerische Wachs, mit dem der schlaue Ithaker den Gefährten die Ohren verstopft, ist ihm eine «berühmte Schlechtigkeit»[43]. Wir hörten auch schon, daß Clemens von Alexandrien in Odysseus das Vorbild der Menschen sah, die sich nur nach dem Rauch irdischen Wohlseins sehnen: der ‹Greis aus Ithaka› ist Symbol des Diesseits, und die gleiche Deutung, auch mit dem merkwürdigen Ausdruck ‹Greis aus Ithaka›, gibt Methodius[44]. Aber diese Stimmen werden bald übertönt von dem Lob des allegorisch umgedeuteten Odysseus. Es ist eine für die Geschichte des christlichen Humanismus bedeutsame Darlegung, in der Clemens von Alexandrien einmal gegen engherzige Christen seiner Tage die Weite verteidigt, mit der er auch die griechische Kultur in den Bereich des Christlichen aufnehmen will. Clemens stellt das unter dem Bild des Sirenenmythos dar. Diese kleinlichen Nörgler unter den Christen, so meint er, seien den Gefährten des Odysseus zu vergleichen, die sich mit Wachs die Ohren verstopfen, um ja nicht der süßen Gefahr der Sirenen zu erliegen. Da sei Odysseus ein anderer gewesen; hörend und wissend ist er den Sirenen entgegengefahren, ohne ihren Versuchungen zu erliegen:

«Mir scheint, die meisten derer, die sich dem Namen der Christen verschrieben haben, gleichen den Gefährten des Odysseus, indem sie ohne den Sinn für eine feinere Bildung an die Lehre (Lógos) sich heranmachen: sie fahren vorbei, nicht an den Sirenen, sondern an dem Rhythmus und der Melodie (der griechischen Kultur), sie verstopfen ihre Ohren durch

Ablehnung des Lernens (Amathía), weil sie genau wissen, daß sie den Weg nach Hause nicht mehr finden würden, wenn sie nur einmal die Ohren der griechischen Weisheit (Hellenikoîs mathémasin) geöffnet hätten. Wer aber daraus das Brauchbare auswählt zum Nutzen der in der Katechese zu Unterrichtenden – zumal, da diese doch auch Griechen sind – (denn «des Herrn ist die Erde und ihre Fülle»), der darf sich nicht abkehren von der Liebe zur Weisheit (Philomathía) wie ein vernunftloses Tier. Im Gegenteil, er muß für seine Hörer eine möglichst große Fülle von helfenden Gedanken (aus der hellenischen Weisheit) zusammenbringen (Eranistéon). Nur darf man dabei nicht verweilen und stehenbleiben, sondern muß nach Hause heimkehren zu der wahren Philosophie[45].»

Wir fühlen heraus, wie Clemens hier den mutigen Odysseus, der sich «wissend dem Tode nahte», als Vorbild für eine humanistische Aufgeschlossenheit des Christen gegenüber der hellenischen Weisheit vorstellt. Wenn er das mit dem homerischen Mythos ausdrückt, so bedeutet das, daß er «helfende Gedanken»[46] zur Entfaltung der christlichen Weisheit gerade in den Epen des ‹weisesten Dichters› gefunden hat. In diesem Sinne haben die späteren Kirchenväter auf den hohen Schulen zu Athen und Alexandria die neuplatonische Homerallegorie in sich aufgenommen. Basilius berichtet uns davon:

«Wie ich mir von einem Manne, der fähig war, in den Geist des Dichters einzudringen, sagen ließ, ist die ganze Dichtung Homers ein einziger Lobgesang auf die Tugend. Mit der Schilderung etwa des Odysseus bei den Phäaken, so erklärte mein Interpret des dichterischen Genius, wollte Homer laut verkünden: Ihr Menschen, ihr müßt euch um die Tugend bemühen, die selbst mit dem Schiffbrüchigen noch aus den Meerfluten schwimmt und die den nackt ans Land Gespülten ehrwürdiger macht als die leichtlebigen Phäaken[47].»

Seitdem ist Odysseus das Vorbild und der Inbegriff der Weisheit, der ‹sapiens Ithacus›. Selbst in einer naiven Etymologie klingt das nach; man glaubt, aus dem Namen ‹Ulixes› die griechischen Wörter *olón xénos*, das heißt ‹aller Dinge fremd›, herauszuhören, und deutet das so: «Denn die wahre Weisheit steht allen Dingen dieser Welt gleichsam fremd gegenüber[48].» Noch im Mittelalter lesen wir einmal bei Honorius: «Ulixes dicitur sapiens», Odysseus ist der Weise schlechthin[49].

Nun sind wir vorbereitet, auch die Deutung zu vernehmen, die der Mythos von Odysseus und den Sirenen durch die Kirchenväter gefunden hat[50]. Wieder ist es ihnen gelungen, daraus ein schönes Gewand für die Geheimnisse der christlichen Heimfahrt ins Licht zu gestalten. Dies um so mehr, als sie gerade für die Sirenensage bei ihren Zuhörern alles Verständnis voraussetzen durften. Kein homerischer Mythos war bekannter als dieser. Auf Vasen und Schalen, auf Tonlampen und Kuchenformen und Gemmen, an den Gräbern und auf Sarkophagen der späthellenischen Zeit waren die lockenden Wesen oder der am Mastbaum angebundene Seefahrer zu sehen[51]. Die Erinnerung an den Mythos spielt darum auch im profanen Denken der Kirchenväter, wo sie von einer theologischen Deutung weit entfernt sind, eine interessante Rolle. Man lese einmal, wie etwa Hieronymus, voll von Erinnerungen an den Schulbetrieb seiner akademischen Jugend, auf der Reise nach dem fernen Bethlehem durch die Meerenge von Messina fährt und dabei der Sirenen und der Charybdis gedenkt: «Da stand ich und verweilte ein wenig am Strand der Skylla, wo, wie ich einst in den antiken Fabeln lernte, die stürmische Fahrt des schlauen Odysseus vorbeiging, wo die Sirenen ihre Lieder sangen und der unersättliche Schlund der Charybdis sich auftat[52].» Aber schon Origenes bedient sich des Mythos im Kampf gegen den Platoniker Kelsos. Dieser hatte der Redeweise Christi den Vorwurf gemacht, sie drohe allzuviel mit kommender Strafe, und dagegen hat Origenes das spöttische Wort: «Zu schmeicheln und immer bloß Angenehmes zu sagen, ist nur den Sirenen eigentümlich, um die ein Knochenhaufen sich erhebt[53].» In der humanistisch höflichen Korrespondenz des neuplatonischen Rhetors Libanius mit dem Bischof Basilius wird aus dem Mythos ein artiges Kompliment gebildet. Libanius schreibt dem redegewaltigen Bischof, er habe ihm stets mit Spannung zuhören müssen und dabei seinen Freunden gesagt: «Dieser Mann ist den Töchtern des Acheloos überlegen: denn er lockt gar süß wie jene, aber er schadet nicht wie jene[54].» Und als der Kirchenvater Synesius einmal bei einer Seefahrt auf Deck einen Rudersklaven am Mastbaum angebunden sieht, damit er nicht im Kielraum die Weinkrüge zerbreche, erinnert er sich belustigt des gebundenen Odysseus[55]. Diese Momentaufnahmen aus dem Alltag der humanistisch gebildeten Kirchenväter zeigen uns, wie lebendig der Mythos vor ihnen stand. In ihm eröffnet sich ihnen nun eine reiche Welt der theologischen Symbolik. Gehen wir mit ihnen auf hohe Fahrt, hinaus auf das herrlich blaue Meer der Griechen, über das auch Paulus und die Väter gefahren sind, als sie die Hellenen zu Christus heimholten. Sie haben dieses Meer geliebt wie nur je ein antiker Mensch. Basilius schildert es einmal mit Worten, die noch das Entzücken des welterfahrenen Alexander von Humboldt bildeten: «Ein reizvolles Schauspiel ist es um das weißschäumende Meer, wenn lautlose Stille es umfängt, wenn sanfter Wind seine Wellen kräuselt, wenn es aufleuchtet, purpurrot oder dunkelblau [56].» Und der Römer Ambrosius preist das gleiche Meer in seinem schönen Latein, wenn er den Christen von Mailand predigt von «den herrlich großen Schiffen, die ihre weißen Segel aus der blauen Flut aufschimmern lassen wie Tauben, die in der Ferne übers Meer schweben [57]». Wir sprechen darum zuerst von der ‹Seefahrt des Lebens›, dem herrlichen, aber todesgefährlichen Wagnis des Christen. Dann von der ‹Versuchung der Sirenen›, die den heimkehrenden Menschen ins Verderben locken. Und endlich von dem ‹Mastbaum des Kreuzes›, an den sich der ewige Odysseus anbindet, um so wissend dem Tod zu begegnen, aber gebunden zu einer Freiheit, die ihm ein siegreiches Ankommen im Hafen der ewigen Ruhe sichert.

### *Die Seefahrt des Lebens*

Um die spannungsgeladene Dialektik, die in dem christlich gedeuteten Mythos von Odysseus und den Sirenen einbeschlossen liegt, mit griechischen Nerven zu erspüren, müssen wir zuerst darstellen, wie der antike Mensch schon die Seefahrt als solche mit einer aus Todesgrauen und Lebenskühnheit gemischten Stimmung betrachtet hat [58].

Zur See gehen, das böse Meer mit einem verächtlich kleinen Holz befahren, ist ein Spiel mit dem Tode, eine unmittelbare Nachbarschaft zum Hades – und darum schon geeignet, zum Symbol für die Fahrt des Lebens zu werden, die im Hafen des Todes endet. «Morgen hat die schreckliche Seefahrt ein Ende», sagt der hellenische Schiffer in einem Epigramm des Antiphilos, «aber kaum gesagt, wird ihm das Meer zum Hades und verschlingt ihn. Sag darum niemals ‹morgen›[59]!» Daß der Mensch es überhaupt einmal zu wagen begann, das dämonische Meer auf ausgehöhltem Holz zu befahren, erscheint dem antiken Menschen so unbegreiflich, daß er die Anfänge der Seefahrt in mythischen, von göttlichem Grauen umwitterten Begebnissen sieht: Argonautensage[60] und Isismysterium[61] verlegen den Beginn der Seefahrt in dunkle, götternahe Urzeiten. Dieses tödliche Wagnis ist wie ein Sündenfall – in den seligen Zeiten der ersten Menschen war man an Land geborgen[62]. «Bös ist das Meer, und das Seefahren ist ein tollkühn waghalsiges Ding», sagt Alciphron in seinen Fischerbriefen[63]. Der Mensch kommt nicht mehr los von dieser kühnen Sünde, er muß mit dem Tod spielen, geht er zur See, «nicht der Seele achtend und nicht des Lebens», heißt es in einem Fragment aus den Elegien des Solon[64]. Und in den Sinnsprüchen des ‹Schweigers› Secundus, die bis ins Mittelalter hinein so großen Einfluß ausübten, heißt es: «Was ist ein Seefahrer? Er ist auf dem festen Erdland nur ein Gast, ein Deserteur des Heimatbodens, ein Kämpfer gegen Stürme, ein Gladiator zur See. Er ist immerdar des Heiles unsicher, ein Nachbar des Todes – und doch ein glühender Liebhaber der Meerflut[65].» Nur die Breite der Bohlen seines Schiffes trennt ihn vom Tod. Juvenal hat das einmal in Versen ausgesprochen, die da singen von dem todesnahen Schiff:

«Dem ausgehöhlten Holz, dem sich der Mensch anvertraut, nur um vier Finger Breite vom Tod entfernt, oder um sieben Finger, wenn die Bohle stark ist»[66].

Auch aus einem Spruch des Anarchis wissen wir, wie der antike Seefahrer dieses Todesgefühl lebendig verspürte: «Vier Finger breit soll die Dicke der Schiffsplanke sein: um so viel ist der Matrose vom Tod entfernt[67].» Aratos sagt «um eines dünnen Holzes Breite getrennt vom Hades»[68]. Das war denn auch die Stimmung, in der uns Gregor von Nazianz das schreckliche Erlebnis seiner akademischen Jugend, den Schiffbruch zwischen Rhodos und Alexandria, schildert: dieses ‹nackte Meer› ist des Menschen Verderben, und

immer muß der Seefahrer gewärtig sein des grauenhaften und «leichenkalten Todes»[69]. 
Allein, die Fahrt übers Meer ist zugleich auch ein herrlich kühnes Wagnis der Lebensfreude. «Unerhört wagemutig ist der Mensch, der zum erstenmal auf gebrechlichem Holz die treulosen Wogen durchschnitt», singt der Chor in Senecas Medea[70]. 
Darum nennt Antiphilos das Urschiff der Menschen die ‹Kühne›[71]. Und die hellenischen Schiffsnamen zeugen dafür, wie der Grieche vom Wagnis der Seefahrt dachte: Heil, Gnade, Lichtträger, Siegreiche und Selige nennt er seine guten Schiffe, oder auch Retterin, Vorsehung, Hilfe und Friede[72]. Die Erfindung des Schiffes ist eine der Großtaten des Menschengeistes, gleichsam etwas Göttliches, und Poseidonios hat dies gepriesen mit Worten, die noch bei dem Christen Nemesios nachklingen: «Wer vermag je des Menschen hohen Rang auszudrücken? Über das Meer schreitet er, in den Himmel dringt er ein mit seinem Denken und durchschaut die Bewegung der Gestirne[73].» Dadurch wird er zum Sieger über den Tod, und in dieser gleichen humanistischen Hochstimmung des echten Griechen hat noch Eusebius das Wagnis der Schiffahrt beschrieben: «Der Mensch allein von allen Wesen der Erde vertraut dem kleinen Stück eines Holzbaumes sein Leben an, lenkt das Schiff auf dem Rücken des Meeres, überläßt sich den Tiefen des feuchten Elementes und stößt den Tod zurück, der ihm zur Seite steht, zum Himmel blickend auf den Steuermann des Weltalls[74].» Darum ist er stolz auf seine wohlgebauten Schiffe, die das heimatlich gewordene Meer befahren. Wie schön beschreibt Seneca die ‹bona navis›, die er in den Emporien von Ostia und Puteoli hereinrauschen sieht[75]. Und genau so schildert Gregor von Nazianz, nun schon in symbolischer Anwendung auf das Schiff des Lebens, diesen Stolz des Griechen in dichterischem Schwung:

«Nicht sei dein Schiff bemalt in hübschen Farben und strahlend buhlerisch schön soll es tragen der starke Rücken des Meeres. Nein, ein gutes Schiff ist genagelt und seefest und tüchtig von dem Erbauer gefügt: nur so durchkielt es die Wogen[76].»

So war denn wirklich Tod und Leben vereint im meerfahrenden Schiff der Griechen, und darum war es geeignet, ein Symbol des

Lebens zu werden. «Den einen verdirbt das Meer, der andere spannt seine strahlenden Segel aus und durchquert das Meer, lächelnd herabschauend auf dieses große Grab der Schiffbrüchigen», singt Gregor[77]. Und im übertragenen Sinn auf die Seefahrt des Lebens trauert ein griechisches Lied in unerlöster Melancholie über Leben und Tod des Menschen:

«Reise des Lebens, wie voll von Gefahr, von den Stürmen ergriffen scheitern wir kläglicher oft als auf dem Meer der Pilot. Tyche sitzt am Ruder und lenkt das zerbrechliche Fahrzeug, wie durch die Wellen des Meers geht die bedenkliche Fahrt. Diesen begünstigt der Wind, dem stürmet er. Doch zuletzt nimmt unter der Erde der Nacht Hafen die Schiffenden auf[78].»

Diese todesgefährliche und zugleich in den Hafen der Heimat führende Seefahrt des Lebens verkörpert sich dem antiken Menschen, auch dem Christen, in der Heimfahrt des Odysseus, der zwischen Hades und Ithaka an der Sireneninsel die Prüfung bestehen muß. Die Symbolik dieses Mythos, dessen christliche Deutung uns hauptsächlich beschäftigen soll, war schon der spätgriechischen Allegorie ganz geläufig: «Wer immer wie auf einem Schiff dieses gegenwärtige Leben durchquert, ist von den Sirenen der Versuchung umgeben», sagt der Anonymus der «Odysseusfahrten»[79]. Das dialektische Nebeneinander von Tod und Leben, von Gefahr und Sieg, ist nun aber vor allem das fruchtbare Moment in der Auslegung, deren sich die christliche Symbolik bedient, um die tiefsten Wahrheiten der Kirche und der begnadeten Seele anzudeuten.

Die Kirche ist für die Kirchenväter das große Weltschiff, das da in ungeheurer Gefährdung und dennoch in siegreicher Sicherheit über das Meer dieser Erde rauscht. Kein schöneres Symbol konnte der antike Christ für die Kirche finden als die majestätischen Schiffe, die er in Alexandria und Ephesus und Ostia beobachtet, auf deren einem ihr Paulus, nach tödlicher Gefahr in Puteoli landend, die frohe Botschaft aus dem Osten gebracht hat[80]. Kein Symbol konnte schlichter und eindringlicher die Wahrheit versinnbildlichen, daß die Kirche sich immer noch zwischen zwei ewigen Situationen befindet: sie ist jetzt schon, mitten in dem dämonischen Meer der Welt, die einzig bergende Planke der Heilssicherheit, und ihr ist ein seliges Einfahren in den Hafen der Ewigkeit verheißen. Zugleich aber ist sie noch gefährdet, noch nicht angekommen, hinausgestoßen in das kühne Wagnis, und ihre zitternd erwartete Hoffnung liegt noch jenseits der Wogen – dort, wo am himmlischen Gestade die Molen sich breiten wie mütterlich hegende Arme. Tod und Leben vereinen sich in diesem nautischen Geschick der Ecclesia. Als erster unter den Vätern hat dies Hippolyt in bildsicherer Symbolik ausgedrückt. Wie das Schiff keine Spuren hinterläßt auf dem wandelreichen Wasser, so sagt er, also auch nicht die Kirche, die durch diese Welt wie ein Schiff fährt: denn sie hat alle ihre Hoffnungen hinter sich gelassen auf dem verlassenen Festland, und all ihr Leben im voraus schon hinterlegt in den Himmeln[81]. Und doch ist diese gleiche Kirche auch jetzt schon ‹Landungsplatz›, ein bereits vorweggenommener Hafen des Heils: sicher inmitten aller Unsicherheit[82]. Ambrosius hat sich davon inspirieren lassen: «Die Kirche ist uns gegeben als ein Hafen des Heils, und mit ausgebreiteten Armen ruft sie die gefährdeten Seefahrer in den Schoß ihrer Ruhe (in gremium tranquillitatis), denn sie zeigt sich uns als der Landungsplatz, dem wir vertrauen dürfen[83].» Wer sich auf dieses Schiff begibt, läßt alles hinter sich, was er an Herkommen, lieber Gewohnheit und weichlicher Neigung einst besaß, er ist im geistlichen Sinne ein ‹Deserteur des Festlandes›, wie Secundus den Seefahrer nannte. Clemens hat dieses kühne Verlassen aller ehemals heidnischen Dinge, die der Christ aufzugeben hat, wenn er seine Heimfahrt antritt, in einem tiefsinnigen und vielseitigen theologischen Ausdruck das Verlassen der *synétheia* genannt, der ‹alten Gewohnheit›[84]. Darin gerade liegt die herrliche Gefahr, der trotzige Mut des christlichen Odysseus, daß er das neue Leben gewinnen will im tödlichen Verzicht auf das alte: «Wie bei Seefahrten das Abgehen vom gewöhnlichen Weg, obwohl dies Verderben bringen kann und obwohl das gefährlich ist, wie eine süß verlockende Freude wirkt, sollten da nicht auch wir auf unserer Seefahrt des Lebens das schlechte, leidenschaftserfüllte, gottlose Herkommen hinter uns lassen und uns der Wahrheit zuwenden?[85]» Gefahr muß sein, und das Besteigen des Schiffes der Kirche ist ein Entschluß, der das Leben umgestaltet, ein Tod, eine Nachbarschaft des Todes. Ohne Wogen und Sturm kann das Schiff der Kirche niemals an das heimatliche Ufer gelangen, sagt Origenes[86]. Schiffbruch ist möglich, und die Väter haben, an ein Wort des Paulus anknüpfend[87] und mit der ganzen Bildkraft ihrer eigenen Erfahrungen zur See, eine tiefsinnige Symboltheologie des Schiffbruchs gebildet. Nur wer innerhalb der schützenden Planken, innerhalb des Mutterschoßes des Schiffes bleibt, das die Kirche ist, ist der Ankunft gewiß. «O du hehre Gefahr, die du uns lehrest, wo allein der Anker des Heils ausgeworfen wird! Du stürmisches Meer – auf dir allein lernen wir was glauben heißt», ruft einmal Basilius von Seleukia aus[88].

Aber dieses wahrhaft tödliche Schiff der Kirche ist auch ein glückhaftes Schiff. Es ist der Inbegriff des Lebens, des Sieges und der glorreichen Ankunft im Hafen. Ist ja doch schon in der außerchristlichen Traumsymbolik die ‹günstige Fahrt› ein Vorzeichen von Glück, und wem im Traum ein Schiff mit windgeschwellten Segeln erscheint, dem steht etwas Gutes bevor[89]. Diese ‹Himmelwärtsfahrenden› bei Artemidor erinnern aber unmittelbar an die christliche Symbolik, von der uns Clemens berichtet: der Christ trägt gerne auf seinem Siegelring eingraviert ein gen Himmel fahrendes Schiff mit den vom heiligen Pneuma geschwellten Segeln[90]. Das ist seine Kirche. *Euploia* riefen sich die antiken Seefahrer zu, «Gute Fahrt!» So steht es auf einer Tonlampe in der Form des heiligen Schiffes der Isis[91]. Aber auch das ist nur Vorbild dessen, was sich für den Christen auf der Fahrt mit seinem Kirchenschiff begibt: die antiken Gebete um «gute Fahrt» setzen sich bei ihm mit einer neuen Sinnerfüllung fort, und bei den Kirchenvätern sind erhabene Gebete zu lesen um die «gute Fahrt zur Ewigkeit»[92]. Wir haben davon in diesem Buch schon gesprochen, als wir das Mysterium der Taufe beschrieben. Dort wurde gezeigt, wie schon die Wiedergeburt aus dem Mutterschoß der Kirche eine vorweggenommene ‹Ankunft im Hafen› ist, ein Heimkehren in den ‹Mutterschoß› des ewigen Hafens – und dies ist wiederum die christliche Deutung einer hellenischen Vorstellung, die uns bereits bei Empedokles begegnet, der die ungeheure Dialektik seiner Weltelemente heimkehren läßt in den «vollkommenen Hafen der Liebe»[93]. Taufgeburt ist zugleich Heimkehren in den Hafen und Mutterschoß der Wahrheit, «in den getreuen Port der milden und gütigen Mutter Kirche»[94] – oder wie es Ps.-Clemens ausdrückt, «in den Hafen des Friedens, in die friedevolle Stadt des großen Basileus»[95]. Aber was da in dem Mysterium der Taufe sich verhüllt und im mystischen Zeichen abspielt, das wird endgültige Wirklichkeit am Ziel der Tage. Dort wird es sich enthüllen, ob die Fahrt im Schiff der Kirche Tod war oder Leben, Untergang oder Sieg. In jubelnder Freude schmückten die antiken Matrosen den Bug ihrer Schiffe mit Kränzen, wenn sie in den Hafen einliefen. Bei Vergil wird darauf einmal angespielt: «Wenn die Schiffe den Hafen erreichen, schmücken die Schiffer das Heck mit Kränzen[96].»

Die Väter der Kirche wissen das umzusetzen in die Symbolik der siegreichen Heimkehr ihres hehren Schiffes. Wie schön klingt der antike Jubel des Seefahrers aus den Worten des Ambrosius: «Was gibt es doch Herrlicheres als Schiffe! Wenn es ankommt, gibt es darin keine Besiegten, sondern nur Kränze für alle Schiffe, die glücklich landen. Da winkt die Palme als Preis der glückhaften Fahrt, der Sieg als Lohn der Heimkehr[97].» Und Paulinus von Nola deutet das auf die glorreiche Ankunft des Kirchenschiffes am Ende der Tage, ganz im edlen Tonfall des Vergil:

«Christus geleite die Schiffe, die da schwerbeladen mit der Last seiner Gnaden sind, in den Hafen des Heils, und er schmücke dann fröhlich den Bug, der die Meerfluten besiegt hat, mit den grünen Kränzen des Sieges[98].»

Noch einen letzten Gedanken zum tödlich gefährdeten und doch siegreich heimkehrenden Schiff. Was wir eben an der Kirche erfüllt sahen, vollzieht sich auch an der einzelnen Seele. Hier wiederholt sich die antike Symbolik noch einmal und spricht vom ‹Schifflein der Seele› aus, was sie vom Schiff der Kirche in hellenischen Bildern zu sagen wußte. Auch die Seele des Menschen ist, wie Odysseus der Heimkehrer, zwischen Hades und Ithaka in Gefahr, und es verlangt sie mit ungeheurer Sehnsucht, nach Hause zu gelangen, in den Frieden, in den Hafen: «fort aus der Glieder brandendem Gewoge, mit starkem Zug des Geistes zu schwimmen zum Sand des stillen Gestades», wie es in der Lebensbeschreibung Plotins heißt[99]. Das wird auch das Ideal des christlichen Gnostikers, wie es bei Clemens geschildert steht: «Sie retten sich aus dem Wogenschwall der Welt in den Hafen und bringen sich in Sicherheit, in den Tiefen ihres Herzens verbergen sie die unaussprechlichen Geheimnisse[100].» Aber das bedingt ein reinigendes Hindurchgehen durch die tödliche Gefahr, denn zwischen Hades und Ithaka, zwischen der Hölle, der man in der Taufgeburt entronnen ist, und dem Himmel, den man noch nicht erreicht hat, hausen die Dämonen. Zum Sieg bedarf es des Schiffes aus Holz und der Weisheit des Odysseus. «Niemand kann schon in der Welt der sichtbaren Dinge aus eigener Kraft das Meer durchmessen und überschreiten. Es braucht dazu das leichte, behende Fahrzeug, das aus Holz gefertigt ist und eben darum allein über das Wasser setzen kann. So kann auch die Seele unmöglich über das bittere Meer der Sünde und den gefahrvollen Abyssus der bösen Mächte und Leidenschaften hinübersetzen», sagt ein griechischer Asket[101]. Der symbolische Inbegriff dieser dämonischen Mächte aber sind die Sirenen, und nur das Holz des Mastbaums rettet die weise Seele, die sich wie Odysseus in Freiheit binden läßt.

Mit diesem Gedanken gelangen wir nun in die unmittelbare Nähe des christlich gedeuteten Mythos aus der Odyssee. Das Schiff der Kirche und das Boot der Seele müssen diese Gefahr bestehen: hier entscheidet sich Leben und Tod. Dazu nur einige Zeugnisse – denn die ganze Tiefe der Symbolik wird sich uns erst enthüllen, wenn wir von den Sirenen und dem mystischen Mastbaum gesprochen haben.

Kirche und Seele sind Seefahrer zum Himmel, die endgültig alle Brücken zum verlassenen Festland abgebrochen haben. Sie lassen hinter sich die *synétheia*, den Inbegriff der zähen, dunklen Gewalten, denen sie durch das Taufmysterium entronnen sind. Ihr Gehen zu Gott ist, wie Clemens einmal in einem prachtvollen Kurzwort sagt, eine «herrliche Gefahr»[102]: eben die Gefahr der himmlischen Seefahrt, die nun beginnt. Allein, die verlassenen Dämonen dräuen noch, und sie begegnen dem Odysseus der Seele in der Gestalt der Sirenen. Darum ruft Clemens den Getreuen des Kirchenschiffes zu:

«Laßt uns denn fliehen vor der alten Gewohnheit wie vor den Sirenen, von denen die Sage erzählt! Sie würgt den Menschen, sie lenkt ihn ab von der Wahrheit, sie entreißt ihm das Leben. Eine Schlinge ist sie, ein Abgrund, eine Grube, ein fressendes Unheil. Eine Unheilsinsel ist sie, gehäuft voll von Knochen und Toten. Und auf ihr sitzt eine hübsche Dirne, die Lust, und ergötzt mit ihrer Allerweltsmusik:
‹Hierher komm, ruhmreicher Odysseus, du Stolz der Achäer, lenke das Schiff an das Land, daß du göttliche Stimme vernehmest!›[103]›

Sie lobt dich, du Seefahrer, sie nennt dich vielgepriesen, aber laß sie sich an den Toten weiden! Ein Wind vom Himmel kommt dir zu Hilfe – fahre vorbei an der Lust, fahre vorbei an dem Gesang: er bewirkt den Tod[104].»

Der Christ ist also ein ‹Seefahrer›, wahrhaft ein himmlischer Odysseus. Und die übernatürliche Gewalt, die ihm hilft, die tödliche Gefahr der Sirenen zu überwinden, ist das ‹Pneuma vom Himmel›. Wissend geht er dem Tod entgegen, als Wissender bleibt er Sieger. Später wird sich uns noch genauer enthüllen, worin dieses überwindende Wissen besteht: es ist das Wissen des Angebundenen und dennoch Freien, des vom Geist erfüllten ‹Pneumatikers›.

Ganz ähnlich kehrt der Mythos in christlicher Gestalt wieder bei Methodios, noch deutlicher auf das darin sich hüllende Mysterium der Christen hinweisend:

«Der Alte aus Ithaka wollte, wie der Mythos der Hellenen berichtet, die Stimme der Sirenen vernehmen, weil sie von ausgelassener Süße war. Aber er fuhr angebunden an Sizilien vorbei und verstopfte die Ohren seiner Gefährten: – nicht, weil er ihnen das Lauschen auf jene Stimmen mißgönnte, auch nicht weil er ein Vergnügen daran empfand, sich selber binden zu lassen, sondern darum, weil Ziel und Ende jenes Gesanges für alle, die ihn hörten, der Tod war. Ich aber bin kein Hörer solchen Gesanges, und es verlangt mich nicht, des Sirenenliedes zu lauschen, das da für die Menschen ein Grablied ist. Nein, ich bete darum, ein Ohr zu erhalten für eine göttliche Stimme, und je öfter ich diese höre, um so mächtiger steigt die Sehnsucht, ihrer von neuem zu lauschen. Nicht will ich besiegt werden von der zügellosen Lust an jenem Gesang, sondern belehrt werden von göttlichen Mysterien. Und das Endziel möchte ich erreichen: nicht den Tod, sondern ewiges Heil[104a].»

Hier stehen sich die dialektischen Gegensätze von Leben und Tod klar und bildhaft gegenüber. Grabgesang und Mysteriensang, Verderben und Heil, und dazwischen der Mensch, der die Entscheidung fällt, oder schon genauer angedeutet, der sich der göttlichen Stimme hingibt, so wie sein Segel sich dem göttlichen Pneuma hinbreitet. Also die gleiche Menschensituation, die wir bereits in den Ausführungen über die ‹Seelenheilung› in mythischen Bildern an uns haben vorüberziehen lassen: zwischen Hölle und Himmel, zwischen Kot und Sternen. Diesmal gekleidet in die nautischen Symbole der himmlischen Odysseusfahrt, in das allen Griechen so vertraute und teure Bild von der Seefahrt des Lebens. Ein griechisches Lied aus der «Anthologia Palatina», das ein Christ gedichtet hat, gibt dem einen dramatischen Ausdruck [105]:

«Der böse Feind erregt in uns
die grause Flut der Sinnenlust.
Im Sturmgebraus peitscht er das Meer,
und unser kleines Seelenschiff
will kentern ob der Wasserlast,
im Wogenstrudel untergehn.
O Christus, meine Ruhe du,
der Wind und Wellen machtvoll beut:
führ du mich zu dem sichern Port,
und laß versinken meinen Feind!»

So bleibt denn als Bedingung für eine siegreiche Heimkehr in den sicheren Port, auf dem mit Kränzen geschmückten Schiff der Kirche, das Bestehen der dämonischen Gefahr. «Wir fahren eilends heim ins Vaterland», sagt Hieronymus, «und darum müssen wir mit taubem Ohr an den todbringenden Liedern der Sirenen vorbeisegeln [106].»

## Die Versuchung der Sirenen

Die mythische Dialektik, die in der Lebensreise als einer Seefahrt zwischen Tod und Leben liegt, verdichtet sich nun in dem Wesen der Sirenen: auch sie sind himmlische und höllische Wesen in einem. Und darin besteht das rettende Wissen, mit dem sich ein Odysseus dem Tod nahen kann, daß er zu unterscheiden weiß zwischen Dunkel und Licht, zwischen Schönheit und Verderben dieser lockenden Geister. Die Altertumswissenschaft hat sich schon eingehend mit Herkunft und Deutungswandel der urgriechischen Mythe von den Sirenen befaßt [107]. Aber das Fortleben derselben in der christlichen Antike ist immer nur obenhin gestreift worden. Es seien darum hier – zum tieferen Verständnis des Mysteriums vom Mastbaum, das wir nachher vorlegen – die Hauptlinien der christlichen Deutung ausgezogen. Auch was in den christlichen Archäologien, bis in das monumentale Werk von J. Wilpert über die altchristlichen

Sarkophage, zum Sirenenmythos gesagt wird, genügt bei weitem nicht, um den höchst interessanten Vorgang der christlichen Umdeutung des homerischen Mythologems zu erfassen. Die Sirenen erscheinen bei den Kirchenvätern in einer doppelten Gestalt, und dieser entspricht auch eine zweifache Form der tödlichen Gefahr, die der himmelreisende Odysseus zu bestehen hat: die Sirenen sind Symbole der tödlichen Lust, aber auch des tödlichen Wissens. In diesem gegensätzlichen Wesen setzt sich aber nur fort, was schon seit uralten Zeiten im griechischen Mythos lebendig war, und ohne seine Kenntnis würden wir die Vätersymbolik nicht verstehen.

Das griechische Wort *Seirenes* bedeutet etymologisch die ‹Bestrickenden›, die ‹Fesselnden›. Sie sind ursprünglich (und gewiß vorgriechisch) vampirartige Totengespenster, die sich vom Blut der Leichen nähren. Durch die Gestalt, die ihnen Homer verlieh, noch mehr durch Hesiod und Alkman, am meisten durch die burleske attische Komödie, wurde dieses grauenhafte, vogelartige Geschlecht von Totengespenstern gleichsam verschönt und ihr Wesen gemildert. Immerhin hat man die Urbedeutung nie vergessen, und Homer singt von dem Knochenhaufen, der sich um sie türmt, «bleiches Gebein, und drüber verschrumpfen die Häute»[108]. Noch Tertullian[109] spricht einmal von den «blutigen Mäulern» der Sirenen, und Hippolyt nennt sie «grausame und böse Bestien»[110]. Sie sind auch bis in die hellenistische Zeit hinein Grabfiguren geblieben, sie schmücken die Sarkophage und Totenkammern. Allein, gerade durch Homers Gestaltung tritt aus diesem chthonischen Wesen der Sirenen mehr und mehr ein Zug in den Vordergrund, der an sich kaum zur grausamen Urform gehört: das ‹Bestrickende› im Sinn des Erotischen, des Lockenden an ihrer Gestalt und ihrem Gesang. Die Sirenen werden zu zauberisch schönen Frauen, deren Vogelkrallenfüße allein (übrigens spricht davon Homer nicht) ihre tiefste Natur andeuten. So tritt denn hier das fast pikante Moment zu Tage: daß an diesen Frauen gerade das Verlockendste auch das Gefährlichste ist. Vögel singen und krallen. Die Sirenen sind süß, aber todbringend, sie sind, um ein Wort des Martial zu gebrauchen, «die heitere Pein der Schiffer, ihr reizender Tod, ihre grausame Wonne»[111]. Sie sind schon bei Homer die ‹Gotterfüllten›, aber ihr

Gesang ist ‹Zauberlied›. Sie sind himmlisch und höllisch in einem. Bei Platon wird dieses Doppelwesen der Sirenen besonders greifbar. Diese himmlischen Wesen stimmen den Sphärengesang der jenseitigen Welt an – ein mythisches Bild, das in der spätantiken Frömmigkeit erhabenen Widerhall fand[112]. Die Sirenen werden dadurch zu geleitenden Engeln, die der Seele göttlichen Aufstieg vermitteln. Ein Fragment aus Euripides, das uns der Alexandriner Clemens aufbewahrt hat, sang[113]:

> «Und jetzt werden mir goldene Flügel am Rücken
> und der Sirenen liebliche Sohlen mir angelegt,
> und ich steige empor zu den Höhen des Äthers,
> um mich zu Zeus zu gesellen ...»

Zugleich aber sind die Sirenen für Platon auch dunkle Wesen der Unterwelt, die Pluto mit ‹süßen Worten› an den Hades fesseln[114]. Wie man von der zauberischen Gewalt ihres Gesangs im griechischen Alltag dachte, erzählt uns Alkibiades im platonischen Gastmahl: vor den Reden des Sokrates, die ihm sein tiefstes Seelenleben aufdeckten, «strebt er zu entkommen, also gewaltsam wie vor Sirenen die Ohren zuhaltend»[115]; oder man denke an den reizenden Gesang der von göttlicher Stimme erfüllten Zikaden, die Sokrates im Phaidros mit den Sirenen vergleicht: «Wir wollen ihrem Zauber entgehen wie Schiffer, die die Sirenen umfahren[116].» Und doch ist dieses Lied ebenso auch ein ‹Hadesgesang› der dunklen Wesen, die Euripides die «jungfräulichen Töchter der chthonischen Welt» nannte[117].

In der Allegorie der hellenistischen Zeit, vor allem der alexandrinischen, tritt das uralte erotische Moment dann wieder ganz in den Vordergrund – durchaus im Geist jener moralisierenden Homerdeutung, die wir bereits kennen. Die Sirenen werden da zu Hetären, die den Unvorsichtigen mit ihren aufreizenden Liedern locken und verderben. Köstlich kommt dies in der aus Memphis stammenden Figur einer tanzenden Sirene zum Ausdruck; noch hübscher in der Sarkophagstatue einer Sirene aus dem hellenistischen Ägypten, deren raffiniert naiver Augenaufschlag uns geradezu an gewisse Rokokohetären erinnert[118]. Herakleitos deutet darum, ganz im Sinne dieser alexandrinischen Tradition, die Sirenen einfach als «hübsche Dirnen»[119]. Bei dieser Auslegung ist es denn von nun an auch geblieben. Die neuplatonische Allegorie macht aus den chthonischen Sirenen des Kratylos einfach Allegorien der Weltlust und der sinnlichen Vergnügungen, durch die der Geist «mit süßen Worten» an den Hades des Irdischen gefesselt bleibt[120].

Die Sirenen sind aber seit den Urzeiten auch die von göttlichem Wissen erfüllten Wesen – und dieser Zug ist von ebenso großer Bedeutung für die christliche Deutung geworden. Es ist nur das Echo eines alten Volksglaubens, wenn bei Homer die Sirenen singen: «Denn wir wissen ja alles, was in den Gefilden von Troia Danaer und Troer durch Götterwillen erlitten; wissen auch, was sich sonst auf der nährenden Erde ereignet[121].» Wer ihrem Lied lauscht, geht «klüger an Wissen» von dannen. Dieser echte Märchenzug ist nicht vergessen worden in der Folgezeit. Ovid[122] spricht von den «doctae Sirenes», den wissenden Sirenen, und Cicero gibt dafür einmal eine allegorische Deutung[123]. In der späten Antike ging man so weit, einen gelehrten und gut sprechenden Mann einen ‹Siren› zu nennen. Homer selber wird, zusammen mit Pindar, als Sirene gepriesen, und unter den Humanisten der Byzantiner wird das gleichsam zum Kompliment der Höflichkeit[124].

Lust und Wissen also spendet die Sirene dem Seefahrer, beides enthält schon der homerische Vers des lockenden Liedes: «Reich an Freude und klüger an Wissen fährt er dann weiter.» Aber beides ist zugleich auch todbringend. Der Christ, der «wissend dem Tode naht», weiß, daß Lust und Wissen auch dämonisch sein können.

Nun ist auch für die christliche Deutungsgeschichte des Sirenenmythos festzustellen, was wir beim Mandragoras und beim Weidenzweig bemerkt haben: der Grund für die lebendige Fortdauer solcher Symbolik lag darin, daß der hellenische Christ auch im griechischen Text seiner Heiligen Schrift Worte fand, an denen sein profanes Wissen um Mythologeme in die kirchliche Bibeldeutung einfließen konnte. So nun auch hier.

Die alexandrinischen Übersetzer des Septuagintatextes stießen an sechs Stellen der hebräischen heiligen Bücher auf ein geheimnisvolles Tier, das die Hebräer ‹tannîm› oder ‹benôt ya 'anâh› nannten, das heißt wörtlich ‹Schakale› oder ‹Straußenweibchen›. Das geben sie wieder mit dem griechischen Wort Sirenen. Aus welchen Gründen diese falsche, aber höchst interessante Übersetzung in dem hellenistischen Geist der siebzig Übersetzer auftauchte, ist bis heute noch nicht gelöst. Jedenfalls lesen nun tausend Jahre lang die griechischen Christen an diesen Stellen das Wort von den Sirenen. Und der Zusammenhang, in dem diese aus dem Mythos so wohlbekannten Wesen auftauchen, war geeignet, im Gemüt der christlichen Hellenen alles Grauen wach werden zu lassen, das sie schon von der Profankultur her vor den tödlich gefährlichen Sirenen empfanden. Wir wollen uns die Schriftworte in einer Übertragung vorführen, die dem griechischen Wortlaut entspricht, um das nachzufühlen – besonders, da die lateinische Version, die Hieronymus schuf, an allen Stellen, mit Ausnahme einer einzigen, die griechische Wiedergabe mit ‹Sirenen› verbesserte und somit dem römischen Christen aus der Bibel selbst der Sirenenmythos kaum nahegebracht wurde.

Bei Job erhebt der gottverlassene Mensch eine erschütternde Klage über seine seelische Einsamkeit[125]:

> «Ein Bruder bin ich geworden der Sirenen,
> ein Genosse der Straußenvögel.
> Schwärzlich schält sich ab meine Haut,
> und meine Knochen brennen im Fieber.»

Offenbar sind ‹Sirenen› hier geheimnisvolle Wesen der Wüste, in die sich der Gottferne ausgestoßen sieht. Das wird bei Isaias in einem wundervollen Abschnitt deutlicher, wo die grauenhafte Einsamkeit geschildert wird, die nach der Eroberung durch die Meder in Babylon herrscht[126]:

> «Nun hausen dort Bestien,
> und in den Häusern tönt leerer Hall.
> Dort wohnen jetzt Sirenen
> und Dämonen tanzen dort.
> Eselskentauren hausen dort
> und Igel brüten in den Hallen.»

Den letzten Vers übersetzt Hieronymus von neuem aus dem Hebräischen also: «Und Seufzer geben sich Antwort in den Hallen, und Sirenen wohnen in den Schlupfwinkeln der Wollust»: «Et Sirenes in delubris voluptatis.» Das ist die einzige Stelle, an der auch der lateinische Christ in seiner Bibel von den Sirenen hörte, und Hieronymus gibt gleich die Deutung dazu, indem er auf das dämonische Wesen derselben, ganz im Geist der antiken Mythologie, hinweist: «Mit süßem und doch todbringendem Gesang (dulci et mortifero carmine) reißen sie die Seelen in den Abgrund, damit sie beim Rasen des Schiffbruchs von Wölfen und Hunden verschlungen werden[127].» Ganz ähnlich schildert Isaias das Geschick des verlassenen Edom[128]:

«Dornengestrüpp schießt aus seinen Städten
und aus seinen festen Burgen.
Ein Gehöft der Sirenen wird es sein
und eine Halle der Strauße.»

Es ist die gleiche Symbolik, wenn Jeremias im «Schwertlied» über die Chaldäer von Babel sagt: «Trugbilder sollen hausen auf diesen Inseln und hausen sollen dort die Töchter der Sirenen[129].» Oder wenn der Prophet Michäas von dem götzendienerischen Samaria vorherkündet: «Trauern wird sie und wehklagen, nackt und ohne Gewand einhergehen, mit Geheul wie von Schakalen und Trauergesang wie von Sirenentöchtern[130].» Es ist darum ein für den Hellenen besonders eindrucksvolles Symbol, wenn bei Isaias der Jubel über die kommende Zeit des Messias, in der die schreckliche Wüste der Gottverlassenheit vom Strom des lebendigen Wassers neu aufblüht, in die Worte ausbricht[131]:

«Seht, Neues will ich vollbringen,
schon wird es sichtbar, merkt ihr's nicht?
In der Wüste schaffe ich einen Weg
und Wasserströme in der Einöde.
Dann werden mich preisen die Tiere des Feldes,
die Sirenen und die Töchter der Strauße,
daß ich Wasser in der Wüste schuf.»

Damit kennen wir die geistige Welt des Sirenensymbols, wie sie der griechische Christ aus seiner Bibel immer von neuem heraushörte. Da ist an sich nichts mehr übrig von einer Berührung mit dem homerischen Mythos; die Sirenen der Heiligen Schrift sind eher nächtige, dämonische Vogelgestalten, die in der Wüste hausen.

Es ist darum interessant, etwa bei Cyrillus von Alexandrien zu sehen, wie er die Sirenen in seiner Schriftdeutung als eine Art von Nachteulen auffaßt, und die Exegeten, die ihm folgen, deuten sie als den Eisvogel Halkyon oder als Eulen, deren Laute so traurig stimmen[132]. Allein, es gibt doch ein verbindendes Element hinüber zum homerischen Mythos: immer sind es nächtige, dämonische Wesen, die man in den biblischen Sirenen fand, und die Schrift, so deutete man ohne weiteres im Geist des Mythologems aus der Odyssee, wolle damit die Ausgeliefertheit jener gottverlassenen Orte an die finsteren Gewalten der Dämonen ausdrücken. «Gewisse Dämonen sind es, grausige und wilde Geister», die dort hausen, sagt Eusebius, und alsogleich erinnert er sich an den griechischen Mythos: «Denn die Hellenen sagen, es seien die Sirenen süßsingende, aber trügerische Wesen[133].» Und an einer anderen Stelle: «Mit ihrer Lust und mit ihren dämonischen Gesängen verführen sie die Seelen der Menschen, wie es in den dichterischen Werken geschildert wird[134].» Auch Cyrillus, der doch, wie gesagt, sonst einer nüchternen Naturdeutung den Vorzug gibt, kann sich als echter Grieche der poetischen Erinnerung nicht entziehen, wenn er in seinem Kommentar zu Michäas bemerkt: «Die Hellenen und ihre Schüler nennen Sirenen Geistwesen, die süß zu singen verstehen und damit die Zuhörenden zauberisch überwältigen[135].» Und er legt das auf den Satan aus und seine dämonischen Mächte. Das war so in Alexandria exegetische Tradition. Schon Origenes deutet die biblischen Sirenen als «schlechte Geister», mit der ausdrücklichen Bemerkung, davon berichte uns der «heidnische Mythos»[136].

Es war also auch auf diesem biblischen Grund das Fortleben der antiken Sirenendeutung im Christentum gesichert. Bibel und Homer einen sich, um die dämonische Doppelgestalt der ‹wissenden› und ‹lockenden› Sirenen in die Theologie der Väter einzuführen.

So begegnen wir zu Beginn der christlichen Symbolgeschichte zunächst der Gestalt der ‹alleswissenden› Sirenen. Sie werden zum Symbol und Inbegriff des ‹Wissens›, das heißt vor allem der griechischen Wissenschaft und Weisheit, zu der der Christ eine klare Einstellung gewinnen muß. Da ist es nun für unsere Geschichte des christlichen Humanismus von höchstem Interesse zu beobachten, wie der feinsinnige Clemens von Alexandrien von dem rechten Verhältnis zwischen Glauben und Wissen denkt – wir wiesen schon eingangs kurz darauf hin und sahen, wie er mit dem Bild des ‹wissend› an den Sirenen vorbeifahrenden Odysseus den kleinlichen Geistern seiner Kirche entgegentrat. Der wahre Gnostiker verweilt bei den Gütern der Hellenen, ruhig und seiner Glaubenskraft bewußt. Aber er weiß auch zu unterscheiden; Clemens drückt das mit dem uralten Spruch des Pythagoras aus, der da sagte, die Musen solle man für lieblicher halten als die Sirenen [137]. «Damit will er lehren, daß man die Wissenschaften pflegen soll, aber nicht mit dem Streben nach Befriedigung der Lust.» Odysseus ist dafür das große Beispiel. Nur wenige können solche Geistesfreiheit ertragen: «Aber es genügt, daß ein Einziger an den Sirenen vorbeigefahren ist [138].» Später hat Theodoret einmal den gleichen Pythagorasspruch in einer Predigt ausgelegt: die Sirenen bedeuten die hübschen und glattzüngigen Reden, die Musen aber die «nackte Schönheit der Wahrheit» [139]. Clemens verteidigt also die «herrliche Gefahr» des kirchlichen Glaubens, der es im festen Besitz seiner selbst wagen kann, aus den Gesängen der Hellenen einen ‹Eranos› zu bereiten von helfenden Gedanken für die, denen er die Lehren des Glaubens mitteilt. Allein das ist nur Sache des «einen Odysseus»: «Die meisten aber fürchten sich vor der griechischen Philosophie wie Kinder vor Schreckgespenstern, denn sie haben Angst, sie könnten sie mit sich fortschleppen [140].»

Indessen, so humanistisch aufgeschlossen war man nicht überall, und Clemens selbst verschließt sich der Gefahr nicht, die in einem unerleuchteten Horchen auf die Sirenen der griechischen Weisheit liegt. Darum gibt ihm gerade das lichte Bild der «Sirenen mit lieblichen Sohlen», das er bei Euripides fand, das Gebet ein: «Ich aber bete, daß das Pneuma Christi mich beflügeln möge zum Flug nach meinem Jerusalem [141].» Und er warnt vor dem törichten Verweilen in der Gefahr, die nur der Heimkehr ins Vaterland der wahren Weisheitsliebe hinderlich ist. Die nackte Schönheit der Wahrheit liegt jenseits der griechischen Bilder.

So erblickt man denn in den Sirenen, die ‹alles wissen›, zuerst das Symbol der Gefahr, die von der heidnischen Weisheit dem Christen droht. Im gleichen Jahrhundert des Clemens lesen wir in einer «Mahnrede an die Hellenen» eine fast polternde Absage an alles

Griechische, an die glattzüngigen Fabeln, an diese Sirenen, zu denen gar Platon und Aristoteles gerechnet werden. Als Schutz gebrauche der Christ dagegen die «kluge Unterscheidungsgabe» *(agathé phrónesis)* – also selbst hier doch nicht gerade eine brüske Ablehnung. «Niemand von denen, die klug zu unterscheiden verstehen, wird die Schönrednerei dieser beiden Philosophen dem Heil seiner Seele vorziehen. Nein, er wird gemäß jenem alten Mythos sich die Ohren mit Wachs verstopfen und so vor der ihm nachstellenden süßen Gefahr der Sirenen fliehen[142].» Noch der Rhetor Zacharias meint im frühen sechsten Jahrhundert, die christlichen Theologen sängen nicht so verführerisch wie Platon und die anderen Weisen Griechenlands, «die mit der süßen Lust ihrer Lieder die homerischen Sirenen nachahmen, um dem willig Zuhörenden die Ohren zu bezaubern. Da lobe ich mir höchlich jenen Helden aus Ithaka, der mit seiner klugen Unterscheidungsgabe die List der Sirenen besiegte[143].» Es soll also der Christ sich gegen alle griechischen Mythen taub machen mit «homerischem Wachs». Das klingt seltsam in so später Zeit. Aber es war immer noch nicht ganz überholt: denn die letzten Worte des sterbenden Platonismus bezauberten auch damals noch edle Geister, und wir wissen es nicht nur aus Basilius, sondern auch im fünften Jahrhundert aus Cyrillus, daß man in den Sirenen und ihrem tiefwissenden Gesang ein Symbol des hellenischen Heidentums sah[144].

Hier setzt jetzt eine Weiterbildung der Symbolik von den ‹wissenden Sirenen› an: auch die innerkirchliche Gefahr der Häresie wird in das mythische Symbol der Odyssee gekleidet. Der früheste Zeuge dafür ist Hippolyt. Aber auch hier, gleich wie im Humanismus des Clemens, versucht die Theologie, dem «wissend dem Tode sich nahenden» Odysseus eine Vorbildlichkeit abzugewinnen. Der kluge, in Freiheit gebundene Held am Mastbaum ist, (das wird später genau zu zeigen sein), das Vorbild des geistig reifen Christen, der ohne Gefährdung sich mit den Lehren der Häretiker beschäftigt, hörend, aber nicht folgend. Anders der einfache Christ. Ihm gibt Hippolyt folgende Weisung[145]:

«Wenn die Hörer die Ansichten der Häretiker kennenlernen, die da einem von gewaltigem Sturme aufgepeitschten Meer gleichen, dann sollten sie vorbeisegeln, um den ruhigen Hafen aufzusuchen. Denn dieses Meer ist voll von wilden Tieren und unbefahrbar – so wie etwa das sizilische Meer, von dem der Mythos geht, daß sich dort der Berg der Sirenen befinde. Odysseus hat es durchsegelt, wie die hellenischen Dichter sagen, indem er die grausamen, bösen Bestien gar klug behandelte. Es waren nämlich diese Sirenen von ausnehmender Wildheit gegen alle, die vorbeifuhren. Sie pflegten gar lieblich und süß zu singen, täuschten dadurch die Schiffer und lockten sie durch den reizenden Gesang, in die Nähe zu kommen. Da Odysseus dies genau wußte, verstopfte er seinen Gefährten die Ohren mit Wachs ... Mein Rat also für die, welche sich mit solchen Lehren beschäftigen, geht dahin: sich mit Rücksicht auf ihre Schwachheit die Ohren zu verkleben und so die Meinungen der Häretiker zu durchsegeln.»

Nur dem Starken und Weisen ist es vorbehalten, wie Odysseus ohne Gefährdung den Häretikern zu lauschen. Was wir hier festhalten, ist die Gleichung zwischen Irrlehrer und Sirene. Sie ist nur möglich, weil das Bild der ‹alles Wissenden› aus Homer noch lebendig war. Für mehr als tausend Jahre volkstümlich und beliebt wurde das Symbol der häretischen Sirene durch den sogenannten Physiologus[146]. Und es wird wohl schon eine Anspielung auf dieses in Palästina entstandene Volksbuch sein, wenn Hieronymus einmal sagt, die Stelle aus dem Propheten Michäas deutend: «Sie werden ein Trauerlied anstimmen wie Sirenentöchter: denn gar süß sind die Lieder der Häretiker, und sie täuschen mit lieblichem Klang die Völker. An ihrem Gesang kann keiner vorübersegeln, außer er verstopfe seine Ohren und werde gleichsam taub[147].» Die Gefahr der Irrlehre muß von dem Christen siegreich bestanden werden, sonst gelangt er nicht in den himmlischen Hafen. Zwischen Hades und Ithaka lauern die Dämonen: und eben dies haben die antiken Christen, wenn sie von den schreckvoll wissenden Sirenen der Griechen und den Irrlehren sprachen, als tiefste Andeutung empfunden. Denn die Sirenen sind Symbole des Satans und seiner Dämonen. Ihr Gesang ist, wie die «Mahnrede an die Hellenen» darlegt, eine Nachahmung jener ersten großen Täuschung der Menschen, die der Teufel selbst ins Werk setzte[148]. «Unser Widerpart und unser Kampfgegner ist der Diabolos und seine Dämonen», sagt Methodios im Symposion, «darum muß man sich aufrecken und zur Höhe aufschweben, muß man fliehen die Lockungen und Künste ihrer schönen

Worte, die nur nach außen im Schein der weisen Zucht glänzen – mehr noch als die Sirenen des Homer[149].» Alles, was der christliche Grieche in der Schrift von den grauenhaft dämonischen Orten der Sirenen vernahm, wurde ihm zum Inbegriff der teuflischen Macht, die ihm auf der Seefahrt des Lebens die Wogen aufwühlt im Sturm der Häresie, oder die Wellen glättet in der lockenden Lust. So wird ihm der Mythos zum Bild des leidenschaftlich erlebten Glaubens, daß der Christ sich auf der Fahrt zum Hafen der Ewigkeit inmitten einer Entscheidung auf Leben und Tod befinde. Wohl segelt er im guten Schiff der Kirche – aber noch ist der ‹Schiffbruch des Glaubens› möglich, denn die wissenden Sirenen dräuen. Darum heißt es in dem Isaiaskommentar eines unbekannten Griechen: «Wer immer, wie der Apostel sagt, mit juckenden Ohren auf die Fabeln der Häretiker hört, den muß man wie von Sirenen gefesselt erachten. Denn er hat vergessen auf die Heimfahrt zum wahren Vaterland[149a].»

Indessen hat auch in der christlichen Deutung das Bild von der ‹zur Lust lockenden› Sirene den Sieg über die nur ‹wissende› davongetragen. Das hat seinen Grund in der Abhängigkeit der patristischen Allegorie von der gleichzeitigen hellenistischen Mythendeutung, die ja besonders in Ägypten, wie wir sahen, das Motiv der dirnenhaften Sirene ausgestaltet hat. So ist schon für **Clemens** die Sirene, trotz all ihrer Weisheit, vor allem ein «hübsches **Dirnchen**», das Symbol der ‹Lust›[150]. Gleiches gilt für Hippolyt, und es ist von hohem Interesse, wie er, trotz der Betonung der wissenden Sirene als dem Bild der Häresie, nun auch das andere Motiv unmittelbar damit verbindet: der Christ soll wegen seiner Schwachheit «mit zugeklebten Ohren die Meinungen der Häresien durchsegeln und auch nicht auf das hören, was, wie der liebliche Gesang der Sirenen, leicht zur Wollust reizen kann»[151]. Offenbar will er damit andeuten, daß die große Gefahr der ‹Häresien› jener Zeit – und das war die Gnosis, gegen die Hippolyt sein Buch «Widerlegung aller Häresien» schrieb – auch eine Gefahr der Sittlichkeit bedeutete, und daß somit im Bild der Sirenen die Lockung der griechischen Gnosis mit ihrem tiefen ‹Wissen› und mit ihrer dem Pneumatiker alles erlaubenden ‹Lust› gemeint war.

Eindeutige Gestalt nimmt das Sirenensymbol aber erst im vierten Jahrhundert an – ganz entsprechend der Entwicklung **der Kirche** vom dritten ins vierte Säkulum: die kämpferische Auseinandersetzung mit der griechischen Kultur und mit der von innen dräuenden gnostischen Gefahr hört auf, aber dafür wird das moralische Problem des Einbruchs der ‹Welt› immer dringlicher mit dem Einstrom der Massen. Die Wandlung der Deutung, die der Sirenenmythos fand, ist dafür wie ein Gradmesser. Jetzt siegt die mit Lust lockende Sirene, vor der die besorgten Väter der Kirche warnen und warnen. Zugleich stellen wir fest, wie das Mitklingen der biblischen Sirenenmotive stärker wird, je mehr das lebendig antike Wissen sich verliert. Hören wir nur den großen Moralprediger aus Milanum, Ambrosius, wie er Homer und Bibel vereint, um seine Christen vor der süßen Gefahr der Sirenen zu warnen. Da deutet er eines Tages auf dem Ambo seiner Kirche den Gläubigen die Worte des Psalmes 43, 20: «Du hast uns gedemütigt am Orte der Trübsal.» Mitten in den Text der Predigt fällt ihm auf einmal eine gelehrte Erinnerung ein: der griechisch schreibende Übersetzer der Schrift, Aquilas, habe die Stelle wiedergegeben mit: «Du hast uns gedemütigt am Ort der Sirenen.» Und Ambrosius predigt weiter, in gemütvollem Geplauder voll antiker Anklänge:

«Gar hübsch zeigt uns auch die Übersetzung des Aquilas, wie wir das Wort vom ‹Ort der Trübsal› auffassen sollen. Denn er sagt: ‹Du hast uns gedemütigt am Orte der Sirenen ...› Die Sirenen, von denen die göttliche Schrift zweimal und dreimal spricht, sind junge Mädchen – so berichtet die heidnische Geschichte – welche mit der Süße ihrer Stimme die Schiffahrer, die ihrem Gesang gierig lauschten, anreizten, das Schiff an ihrer Küste anlaufen zu lassen. Und weiter überliefert die alte Geschichte uns Nachkommen, daß alle, die der Lockung der Stimmen folgten, an einem klippenreichen Ort schiffbrüchig untergingen.

Die Deutung dieser Sirenen aber ist folgende: sie sinnbilden singende Wollust und Schmeichelei. So ergötzt uns auch die Wollust der Welt (saeculi voluptas) mit schmeichelndem Fleisch, um uns zu täuschen. Allein, wie dort bei den Sirenen nicht die Küste an sich die Schuld am Untergang trug, sondern die Süße des Gesangs, die da bewirkte, daß man der Klippen der Küste vergaß: also ist auch bei uns nicht das Fleisch als solches der Grund zum Untergang, sondern jene Kraft, durch die das Fleisch Reiz und Aufruhr verspürt [152].»

Es ist bedeutsam für die Geschichte unserer Psychagogie, was hier ausgesprochen wird, und wir sind dem gleichen Gedanken schon in der Symbolik des keuschen Weidenzweiges begegnet: nicht die Welt als solche wird abgelehnt, nicht das Fleisch und nicht die Ehe und nicht die Schönheit der antiken Bildung, sondern nur der freie Mißbrauch, die moralische Haltlosigkeit der Hingabe an die ‹Welt›. Der Christ, das will also Ambrosius sagen, ist wie der freie und doch gebundene Odysseus, der «wissend sich dem Tode naht», weil er die «kluge Unterscheidung» besitzt. Was er meiden muß, ist die zum Tod lockende Allgewalt, die den Dingen der Welt innewohnt. Denn sie sind «süß und doch tödlich», wie von jetzt an im Bild der Sirenen die Welt genannt wird. In seiner Schrift an den jungen Kaiser Gratian erinnert sich Ambrosius der Stelle aus dem Propheten Jeremias und belehrt den Imperator der Welt, den Herrn des Imperiums, des diesseitigen Babylon mit all seiner schon im Namen mitklingenden ‹Verwirrung›:

«Jeremias hat von Babylon geschrieben, es sei die Wohnung der Sirenentöchter. Damit wollte er andeuten, die Lockungen Babylons, das heißt der weltlichen Verwirrungen, seien zu vergleichen mit den Mythen der antiken Sinnenlust. Und wir sollten daraus merken, daß diese Lockungen gleichsam an der klippenreichen Küste dieses Erdenlebens mit einem süßen und dennoch todbringenden Gesang (dulcem sed mortiferam cantilenam) die Geister der jungen Menschen umstricken[153].»

Nun wundert es uns nicht mehr, wenn vor allem in der Sprache der weltverachtenden Mönche der Mythos von den Sirenen mit Vorliebe gebraucht wird. Hieronymus, der grimmige Aszet, mahnt eine seiner hocharistokratischen geistlichen Töchter zu Rom, alle weltlichen Liedersängerinnen aus ihrem Palast zu verbannen als «todbringende Sirenen»[154]. Und die ganze Weltlust mit Füßen tretend ruft er aus: «Was habe ich noch zu tun mit dieser Lust, die doch bald aus ist? Was habe ich noch zu tun mit diesem süßen und todbringenden Sang der Sirenen[155].» Sidonius Apollinaris erzählt uns einmal von einem jungen Mann, der sich angesichts der erotischen Versuchungen mit ‹odysseischem Wachs› die Ohren verstopft habe und so den «Dirnenkünsten der schmeichelnden Sirenen» entgangen sei[155a].

Auch bei den christlichen Vätern aus der Zeit der sterbenden Antike verblaßt von da an das mythische Symbol zur unwirklichen

Allegorie der Sinnenlust, genau so wie in den Platonkommentaren des Proklos. Der neuplatonische Christ Synesios bemerkt einmal ausdrücklich, er habe sich bei weisen Männern, die es verständen, Mythen auszulegen, nach der Bedeutung der Sirenen erkundigt, und habe gehört, «sie bedeuten die genießerischen Lüste»[156]. Für den lateinischen Westen machen wir die gleiche Beobachtung: das Mythologem stirbt, übrig bleibt eine Allegorie. Paulinus von Nola schreibt in einem seiner Briefe: «Was man einst als die bekannten Sirenen sich vorstellte, das sind in Wirklichkeit (revera) die Reize der Lust und die Lockungen der Laster. Ihr äußerer Schein ist schmeichlerisch schön, ihr Genuß ist Gift, ihr Gebrauch Verderben, ihr Preis ist der Tod[157].» Aber es ist dennoch merkwürdig in diesem reichen Kapitel der homerischen Deutungsgeschichte, wie die Sirenen wenigstens in dieser schattenhaften aszetischen Gestaltlosigkeit weiterleben, noch einmal tausend Jahre lang. Sie gehören wie kein anderes Wesen aus der versunkenen Lebendigkeit der homerischen Epen zum Repertorium der spätantiken Stubengelehrsamkeit, dann wieder in neuem Aufleben zu der antikisch sich gebärdenden Weisheit der karolingischen Klosterkultur – der Zeugnisse dafür wären ungezählte. Noch mehr – Homer, verhülle deine blinden Augen! Die Sirenen werden zum Inbegriff der von den Mönchen gemiedenen Frauen. Bei Leander von Sevilla[158] sind die Damen aus der bösen Welt, deren Geschwätz die eifrige Nonne meiden soll, und ein braver Mönch aus Clairvaux sagt: «Der Sang der Sirenen ist das Gerede der weltlichen Frauen[159].» Köstlich und geistvoll witzig hat das ein unbekannter Mönchsdichter, dessen Poem in einem Berner Codex aufbewahrt ist, ausgesprochen in der beweglichen Klage, daß die Erinnerung an die ‹Sirenen› ihn im dichterischen Werk störe[160]:

«Sirenae quoque dulces
blande dira sonantes
carmen carmine laedunt
cantu cantibus obstant.

Ja, diese süßen Sirenen,
die schmeichelnd Schreckliches künden,
verwirren da singend den Sang mir
und hindern mein Liedchen mit Liedern.»

Nur ganz am Ende dieser Symbolgeschichte wird der Mythos der homerischen Sirenen noch einmal lebendig – es ist, als könne Odysseus, der ewige Seefahrer, nicht sterben. Der unerschöpfliche Honorius Augustodunensis bringt da in der Sammlung seiner Musterpredigten zum Nutzen und Trost der christlichen Zuhörer, die von weitem kamen und zwischen die heiligen Wahrheiten gerne auch einmal ein ergötzliches Stück aus der alten Historie vernehmen wollten, den Mythos auf die Kanzel. «Denn es geziemt sich, daß wir zur Erbauung der Kirche auch das verwenden, was wir in den Büchern der Heiden Nützliches gefunden haben.» Dann beginnt er:

«Die Weisen dieser Welt erzählen, daß auf einer Insel im Meere drei Sirenen wohnten, die auf verschiedene Weise gar süße Lieder sangen: die erste mit ihrer Stimme, die zweite mit einer Flöte, und die dritte mit einer Leier. Die hatten ein Angesicht wie Frauen, aber Flügel und Krallen wie Vögel. Alle Schiffe, die vorbeifuhren, hielten sie mit der Süße ihres Gesanges an, die Schiffer schliefen ein, dann kamen die Sirenen und zerrissen sie und versenkten das Schiff in die Meerestiefe.

Aber da mußte einmal ein gewisser Herzog, namens Ulixes, notwendig an der Insel vorbeifahren. Der befahl, man solle ihn an den Mastbaum anbinden, den Gefährten aber ließ er mit Wachs die Ohren verstopfen. So entrann er ohne Harm jener Gefahr, ja er versenkte die Sirenen in die Fluten.

Das sind, Geliebte, mystische Bilder, auch wenn sie von den Feinden Christi geschrieben sind.

Das Meer bedeutet diese Erdenwelt, die da immer aufgewühlt wird durch die Stürme der Trübsal. Die Insel ist Bild für die Freuden der Welt, die drei Sirenen, die durch ihren süßen Gesang die Schiffer umschmeicheln und in Schlaf versinken lassen, sind die drei Lüste, die das Herz der Menschen fürs Böse weich machen und uns in den Schlaf des Todes versenken[161].»

Treuherzig und wie im Ton eines Märchens erzählt da der Deutsche seinen Christen den uralten Mythos, und wir werden später sehen, wie er die erbauliche Historie vom Herzog Ulixes zu Ende führt. Und doch ist hier noch die gleiche Freiheit des Geistes lebendig, die einst Clemens verteidigt hat: die homerischen Geschichten sind ‹mystica›, auch wenn sie von den Griechen, den ‹Feinden Christi› geschrieben sind. Darum hat die Nonne Herrad von Landsperg, angeregt von Honorius, den Sirenenmythos auf den entzükkenden Bildern ihres «Hortus deliciarum» dargestellt [162]. Homer ist immer noch lebendig, denn er ist unsterblich. Wie ein schönes und schmerzliches Abschiedslied an die versunkene Welt des blauen Meeres, auf dem Odysseus fuhr, klingt es, wenn der große Papst Innozenz auf der Höhe des Mittelalters vom flutenden, bitteren Meer der Welt spricht und den Lockungen der Sirenen, die uns auf der Heimfahrt in den himmlischen Hafen lockend aufhalten: «Die Welt ist wie eine süße Sirene, die Schiffer läßt sie untergehen in der Flut[163].»

Odysseus aber bleibt Sieger. Denn er hat sich an den Mastbaum fesseln lassen und ist so frei geblieben. Nur als Gebundener konnte er wissend dem Tod entgegenfahren. Hier liegt die Entscheidung im Mythos.

Leben und Tod entscheiden sich aber auch im christlichen Mysterium am Mastbaum des himmelfahrenden Seelenschiffes. Denn dieser Mastbaum ist das Kreuz, und der Christ ist der in Freiheit ans Kreuz gebundene Sieger.

## *Der Mastbaum des Kreuzes*

Es ist ein seltsames Stück aus der reichen Geschichte der Homerdeutung, das wir jetzt darzustellen haben, um die mythische Dramatik bis zur Höhe der christlichen Entscheidung im Kreuz hinaufzuführen. Was da die Hyponoia, die hellenistische und die christliche, aus dem bei Homer mit ionischer Farbigkeit erzählten Geniestreich des Odysseus herausgelesen hat, ist erstaunlich – und nicht jeder, der den zwölften Gesang der Odyssee liebt, wird allem mit ungeteilter Freude folgen können. Und doch: waren es nicht auch griechische Menschen, die sich erkühnten, den geliebten Mythos so zu deuten? Liegt es nicht in der Allgewalt des Mythologems, wenn das von Homer so greifbar Erzählte langsam, wie in dem sinkenden Licht des Abends, in mystischer Ungestalt verdämmert und sich unserem angestrengten Blick nur noch darbietet in den einfachen Umrissen des Urmenschlichen? Wir wollen uns nicht hellenischer gebärden als die Homerdeuter der sterbenden Antike, deren genuine Erben die Väter der Kirche sind. «Doch Homeride zu sein auch nur als letzter ist schön», sagt Goethe. Und wissen wir denn gar so genau, ob nicht schon die Hellenen der klassischen Zeit dem Mythos, den sie so gerne auf ihren Vasen und Amphoren darstellten, einen tieferen Sinn beilegten als den eines hübschen Seefahrerstreiches? Beginnen wir darum mutig, die ‹Mystica› dieses odysseischen Mastbaums zu enthüllen.

Wenn die Christen später den Mastbaum, an dem sie den unsterblichen Meerfahrer angebunden sehen, als Symbol des Kreuzes betrachten, so ist das keine künstliche Willkürlichkeit und Allegorie. Sie denken da ganz wie ihre Vorfahren und Zeitgenossen aus dem Heidentum, mit denen sie auf den gleichen Schiffen das gleiche geliebte Meer der Heimat befuhren. Der gewaltige Mastbaum mit der quergestellten Antenne oder Rahe erinnert wie von selbst an das Kreuz, an das man ehrlose oder fremde Verbrecher anband oder annagelte. Konnte man doch schon bei Homer selbst lesen, wie Odysseus mit der Hilfe der Kalypso sein berühmtes Floß baute und darin den Mast mit der Rahe errichtete[164]:

«Drinnen erhob er den Mast, von der Segelstange durchkreuzet.»

Sagt ja doch schon das griechische Wort dieser Stelle, daß es sich bei der Antenne um ein «quer eingefügtes» Holz handle[165]. Man betrachte dazu einmal die antiken Vasenbilder, die uns den Mythos des gebundenen Odysseus darstellen; am schönsten vielleicht wird das deutlich auf der köstlichen rotfigurigen Amphora aus Vulci, deren Bildschmuck wir zeigen (Abb.). Mastbaum und Antenne bilden eine deutliche Kreuzfigur. Daß die Alten bei diesem Anblick unwillkürlich an ein Kreuz dachten, zeigt ein Wort aus Festus, der einmal von den leinenen Segeltüchern spricht, die an der Antenne gerafft werden – genau so wie auf dem Amphorenbild von Vulci: «Die leinenen Segel sind an einem Kreuz ausgespannt[166].» Noch deutlicher wird dies aus einer Bemerkung im Traumbuch des Artemidor, eines Griechen aus Daldis in Kleinasien. Von einer Kreuzigung träumen, so heißt es da, bringt dem Seefahrer Glück: «denn das Kreuz sowohl als das Schiff bestehen aus Holz und Nägeln, und der Mastbaum am Schiffe gleicht dem Kreuze[167].» Wie geläufig dem antiken Menschen dieser Vergleich war, zeigt die Weise, mit der die ersten Apologeten des Christentums daran anknüpfen, ohne sich in lange Erklärungen einzulassen. «Signum sane crucis naturaliter visimus in navi, cum velis tumentibus vehitur», sagt bündig Minucius Felix: «Das Zeichen des Kreuzes sehen wir ja auch ganz deutlich (naturaliter) an einem Schiff, wenn es mit geschwellten Segeln dahinfährt [168].» Nur so wird verständlich, wie Tertullian so manchmal von dem «Kreuz der Antenne» sprechen kann [169]. Und Justinos erblickt in dem Mastbaum das Symbol der über die Meerstürme siegreichen Kraft, gleichsam das Tropaion des Schiffes, wenn er sagt: «Nicht kann das Meer durchschnitten werden, wenn nicht dieses Siegeszeichen, das da der Mastbaum ist, im Schiffe unversehrt bleibt [170].» Das Tropaion aber ist, wie wir aus der ganzen urchristlichen Bildsprache wissen, das Kreuz.

Von da aus wird nun die Symbolik verständlich, mit der die antiken Christen das gute Schiff ihrer Kirche beschrieben haben. Das Mysterium ihrer Heilssicherheit liegt in der Kraft des Mastbaums, das heißt des Kreuzholzes. Wir haben davon schon gesprochen, als wir das «Mysterium des Kreuzes» entfalteten. Jetzt verdichtet sich das auf die Bildwelt hin, die von dem an den Mastbaum gebundenen Odysseus angeregt wird. Aus einer schier unübersehbaren Fülle von Gedanken, die die griechischen und römischen Väter dazu ausgesprochen haben, sei dies mit ein paar Zeugnissen lebendig gemacht. Mit liebender Deutlichkeit beschreibt Hippolyt das Schiff der Kirche:

«Das Meer ist die Welt, in der die Kirche wie ein Schiff auf den Fluten vom Sturm umhergeworfen wird, aber nicht untergeht. Denn sie hat bei sich den erfahrenen Steuermann Christus. Und in der Mitte trägt sie das Siegeszeichen gegen den Tod, weil sie das Kreuz des Herrn bei sich hat. Und die Leiter, die in ihr zur Höhe bis zur Querstange der Antenne hinaufführt, ist das Symbol des Leidens Christi, das die Gläubigen zur Heimfahrt in den Himmel zieht [171].»

Ambrosius, der so viel aus Hippolyt gelernt hat und der uns aus seiner liebenden Beobachtung die Schiffe auf den Meeren des römischen Imperiums so trefflich beschrieb, führt das Bild noch weiter aus:

«Glückhafte Fahrt haben die Menschen, die in ihren Schiffen das Kreuz Christi wie einen Mastbaum umfassen, dem sie folgen. Sicher sind sie und des Heiles gewiß im Holze des Herrn, und sie lassen ihr Schiff nicht irrend einherfahren auf den Fluten des Meeres, sondern eilen heim in den Hafen des Heils mit dem Kurs auf die Vollendung der Gnade [172].»

Die hellenischen Väter haben diese Theologie einer, man möchte sagen odysseischen Seefahrerfreude in stets neu aufquellenden Bildern auf die Kirche angewandt. Ihr Blick ist verzaubert von dem Mysterium des Mastbaums, dessen Antenne das Kreuzholz vollendet. «Das lernt man ja von den Matrosen», sagt Gregor von Nyssa, «die das quergestellte Holz, das am Mastbaum angebracht wird, und an dem die Segel gerafft werden, Antenne heißen. Und darin erschauen wir wie in einem Rätselbild oder in einem Spiegel die Gestalt des Kreuzes [173].» Wie Wogenschwall des ionischen Meeres klingt es, was der Grieche Proklos in asianischer Rhetorik vom Schiff der Kirche predigt:

«Hoch gehen die Wogen. Aber vom Himmel ist der Steuermann. Rasend kommt die Windsbraut daher. Aber das Schiff trägt inmitten ein Kreuz. Wütend bekämpfen sich Stürme. Aber der Schiffskiel ist göttlich gefestigt. Nicht können die Fluten bis zum Himmel hinaufspritzen. Nicht vermag der böse Windgeist etwas gegen den heiligen Geist. Und nie wird das Schiff zum Wrack, das da gesteuert ist vom Leben selbst [174]!»

Wahrlich, das ist die himmlische *Euploia*, die Sicherheit des Heils im Schiff der Kirche: und das Heil ist gegründet auf den Mastbaum des Kreuzes. «Unter diesem Schiff müssen wir die Kirche verstehen», so deutet ein unbekannter Lateiner das Mysterium, «die da auf den Fluten dieser Welt fährt. Wogengepeitsch der Versuchungen und die Gischt der Mächte dieser Erde versuchen, dieses Schiff an die Klippen zu schleudern. Aber niemals wird es in Schiffbruch versinken: denn an seinem Mastbaum, das ist an dem Kreuz, steht Christus aufgerichtet vor ihm [175].» Bis in die einfältig schlichte Sprache der weisen Mönche, die sich aus der Meerflut der Welt in die Wüste gerettet haben, geht das schöne Bild vom Mastbaum des Kreuzes. «So sollen auch wir es tun wie die Matrosen der Schiffe im Sturm. Wenn wir in einen widrigen Wind geraten, dann richten wir das Kreuz als Segelstange auf, und ohne Gefährdung werden wir unser

Schifflein den Stürmen dieser Welt entwinden[176].» Es dräuen die schrecklichen Tiere, die im Mythos und in dessen christlicher Deutung das böse Meer unsicher machen, die Drachen und die bellenden Hunde der Skylla und die vogelkralligen Sirenen: «Aber wer immer dieses weite und wogende Meer, in dem da Bestien ohne Zahl hausen, sonder Schiffbruch befahren will, der folge dem Kreuz, der halte sich fest am Kreuz und verlasse es nicht, bis daß er gelange in den ersehnten Hafen des Heils[177].» Venantius Fortunatus formt das für das Mittelalter in die schönen Verse[178]:

«Lenke, o Christus, du die Seelen durch dieses Gewoge
mit dem Kreuz, dem Mast und der segelgeschmückten Antenne,
bis deine starke Hand uns nach allen Stürmen der Zeiten
sicher vor Anker legt im Hafen des ewigen Lebens.»

Und das bildfrohe Mittelalter hat das nicht mehr vergessen. «Das Kreuz ist der Mastbaum im Schiffe der Kirche», sagt der gleiche Honorius, der seinen Gläubigen den Mythos von Odysseus gedeutet hat, «und weil die Kirche von diesem Holz gelenkt wird, fährt sie sicher und ruhig durch die gurgelnden Fluten dieser Welt, bis sie im ersehnten Hafen des ewigen Lebens fröhlich einläuft[179].» Das Ezzolied singt noch im elften Jahrhundert in deutschen Lauten, was die hellenischen Kirchenväter vom Kreuzmysterium des Kirchenschiffes zu sagen wußten[180]:

«O Crux Salvatoris,
dû unser segelgerte bist.
disiu werlt elliu ist daz meri,
himelrîche ist unser heimnot,
dâ sculen wir lenten, gote lob.»

«O Kreuz des Erlösers,
du bist unsere Segelstange.
Diese Welt all ist das Meer,
Himmelreich ist unsere Heimat,
da sollen wir landen. Gott Lob.»

Damit haben wir gleichsam die Instrumente gestimmt, um das Chorlied zu begleiten, das jetzt die christlichen Deuter des Mythos vom angebundenen Odysseus anstimmen. Es ist das Mysterium des gekreuzigten Christus, das siegreiche Geheimnis des ‹Holzes›, an das sich der Christ bindet, um die selige Heimat zu gewinnen.

Wir haben hier anzuknüpfen an die Gedanken, die wir früher in der Darstellung der Sirenenversuchung nur halb aussprechen konnten. Die Gefährten des Odysseus sind Sinnbilder der Schwachen, und «nur einer fuhr an den Sirenen vorbei» mit freiem Hören. Denn er war an den Mastbaum gebunden auf göttliches Geheiß. Hören wir nun, wie Clemens, die mythische Symbolik ins Christliche deutend, fortfährt[181]:

«Fahre vorbei an dem Gesang, er bewirkt den Tod. Aber wenn du nur willst, so kannst du Sieger bleiben über das Verderben: angebunden an das Holz wirst du losgebunden sein von jeglichem Untergang. Dein Steuermann wird sein der Logos Gottes, und in den Hafen der Himmel wird dich einfahren lassen das Pneuma, das heilige.

Dann wirst du meinen Gott schauen, wirst eingeweiht werden in die heiligen Mysterien und wirst genießen dürfen das im Himmel Verborgene, das mir aufbewahrt ist, das weder ein Ohr gehört hat, noch je eines Menschen Herz vernahm.»

Das zutiefst Christliche an dieser Deutung erfaßt zugleich mit griechischem Feinsinn das Wesentliche am antiken Mythos und seiner Dialektik. Die Versuchung der Sirenen war lustentbindende Freiheit, die in Fesselung und Verderb endet – die siegende Freiheit des Odysseus liegt in seinem Gebundensein an den Mastbaum. Das wird nun Wahrheit im Wesen des Christlichen. Geistvoll spielt Clemens hier mit dem Gegensatz ‹angebunden› – ‹losgebunden›: in der freigewollten Bindung zur Freiheit liegt der Sieg. Und das Ziel sind die Mysterien der Heimat, im Hafen des Himmels. Daß Clemens mit dem Wort ‹Holz› das Kreuz des Herrn meint, geht aus der theologischen Diktion der Urkirche aufs klarste hervor, auch er selbst meint an vielen Stellen seiner Werke mit ‹Holz› einfachhin das Kreuz Christi. Offenbar kommt hier in seiner Deutung des homerischen Mythos ein Lehrstück zum Vorschein, das in der alten Kirche gerne gebraucht wurde. Denn genau so wie er legt auch Hippolyt das Bild aus, und doch wohl sicher unabhängig von Clemens. Es ist die Zeit des beginnenden dritten Jahrhunderts, aus der

Odysseus am Mastbaum

Vasenbild aus Vulci (5. Jahrhundert) British Museum

Odysseus am Mastbaum des Kreuzes

Christlicher Sarkophag (4. Jahrhundert) Rom, Thermenmuseum

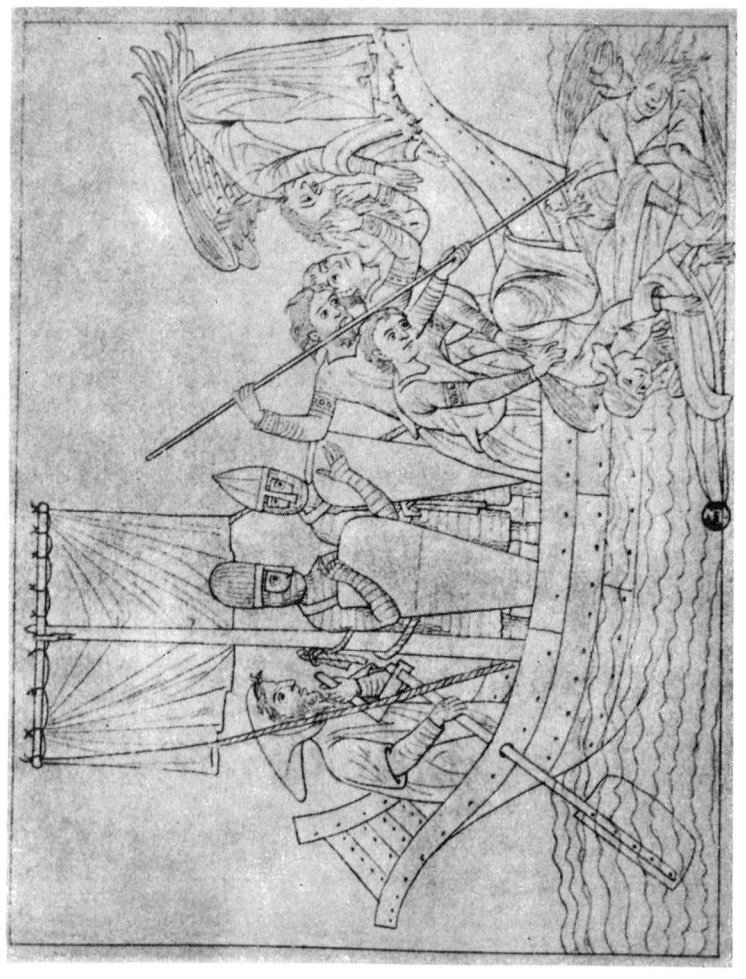

Herzog Ulixes am Mastbaum
Aus dem Hortus deliciarum der Herrad von Landsperg

wir auch die ersten archäologischen Zeugnisse des christlich gedeuteten Sirenenmythos besitzen, und Hippolyts Worte geben dazu den klassischen Kommentar. Der Christ läßt Odysseus am Mastbaum in Marmor an seinen Sarkophagen abbilden, um auszudrükken: wer gläubig sich ans Kreuzholz gehalten hat, der geht ein in den Hafen des Heils, der ist in Wahrheit ein zur Himmelsheimat Heimgekehrter, ein an das Tropaion des Kreuzes angebundener Sieger. Hippolyt fährt an der Stelle, die wir bereits kennen, fort, indem er von den ‹Schwachen› den starken Überwinder scheidet:

«Da Odysseus dies wußte, verstopfte er seinen Gefährten die Ohren mit Wachs. Er selbst aber ließ sich an den Mastbaum anbinden, fuhr so ungefährdet an den Sirenen vorbei und horchte auf ihren Gesang. Mein Rat geht also dahin für die, welche sich mit derlei (nämlich den Häresien) befassen: entweder wegen ihrer Schwachheit mit zugeklebten Ohren die Meinungen der Häresien zu durchsegeln und nicht auf das zu hören, was, wie der liebliche Gesang der Sirenen, gar leicht zur Wollust reizen kann; oder aber sich an das Holz Christi mit gläubigem Vertrauen anbinden zu lassen, um dann durch das Hören dennoch nicht verwirrt zu werden, sondern aufrecht stehenzubleiben, indem er auf die Kraft dessen sich verläßt, an das er angefesselt ist[182].»

Zwei Dinge werden hier noch deutlicher. Ausdrücklich sagt Hippolyt, es sei der odysseische Mastbaum das ‹Holz Christi›. Und dann erinnert er sich zweifellos des Verses aus Homer, wo der Laertide den Gefährten befiehlt, sie sollten ihn so binden, daß er «standhaft verharre, aufrecht fest am Mast». Das wird hier in der christlichen Deutung zum «aufrecht Stehenbleiben» im Glauben, geradezu zum ‹orthodoxen› Verharren in der rechten Lehre, trotz aller lockenden Gesänge der Häresien und der Lüste der Gnostiker. Wir gehen kaum fehl, wenn wir eine leise Erinnerung an die homerischen Verse auch aus einem Gedicht des in den altgriechischen Epen so wohlbelesenen Gregor von Nazianz heraushören. Er singt da von der stürmischen Meerfahrt des Lebens, die nur zur Ruhe eingeht in der Kraft des Mastbaums, an dem der Gekreuzigte hängt[183]:

«Sturm dräut der Seefahrt der Seele, es rasen die brausenden Winde, und es erzittert mein Herz. Ich klammre mich fester an Christus. Aber ich liebe ihn auch bei heiterer Stille der Wogen: Christus ist mein. Denn standhaft und treu ist er denen, die lieben.»

Der griechische Text erinnert an den Vers aus Homer, wo Odysseus sich binden ließ, um «standhaft zu verharren». Christus ist also hier gleichsam der ans Holz des Mastbaums angebundene himmlische Odysseus, und denselben kühnen Gedanken spricht ein lateinischer Prediger aus, wenn er sagt: «Seitdem der Herr Christus sich an das Kreuzholz hat anfesseln lassen, können auch wir die lockenden Gefahren der Welt mit verklebten Ohren durchsegeln[184].» Christus also ist der eine, einzige Weise, der uns gebunden die Freiheit erwarb – Christus oder die ihm gleiche christliche Seele. Nicht die platonischen Mystiker, sagt Augustinus, sind es, die ins Vaterland des Geistes heimkehren, obgleich sie mit scharfen Augen hinüber an die seligen Küsten blicken, sondern der demütige Christ, der den Mastbaum seines Schiffes umklammert, auch wenn er selber nur schwache Augen hat[185]. Dieses sich Binden ans Kreuz ist vollkommene Freiheit des Geistes. «Bei uns gibt es keine sizilischen Sirenen und keine odysseischen Fesseln, bei uns ist nur vollkommene Freiheit von allen Banden, freies Hören für jeden, der da kommen will», verkündet stolz Methodius[186]. In ähnlichem Sinne deutet einmal Ambrosius die mythischen Fesseln auf die christliche Freiheit, die so ganz anders und freier ist als die freie Gebundenheit des Odysseus. «Der griechische Poet zeigt uns, wie der Weise an dem Gesang der Sirenen vorbeifuhr, weil er gleichsam mit den Fesseln seiner Klugheit gebunden war. So schwer also war es vor der Ankunft Christi auch für Menschen von starkem Geist, nicht eingefangen zu werden von den Reizen einer schöngefärbten Wollust[187]!» Aber wenn Odysseus hier als das ungenügende und von christlicher Weisheit überholte Vorbild gedeutet wird, so stellt ihn Ambrosius in den Predigten zur Erklärung des Lukasevangeliums als den Gebundenen hin, der das mythische Vorbild des zur Freiheit gebundenen Christen verkörpert. Seine Ausführungen sind für unsere Geschichte der christlichen Homerdeutung deswegen von Bedeutung, weil Ambrosius sich bei seinen Zuhörern liebenswürdig entschuldigt, einen heidnischen Mythos auf den Ambo zu bringen. Er tut dies mit dem ausdrücklichen Hinweis auf die Bibelworte, die von Sirenen berichten: «und selbst wenn der Prophet dies nicht getan hätte, so könnte sich dennoch niemand mit Recht beklagen[188]!» Dann aber läßt er seiner Liebe zu den homerischen Bildern die Zügel schießen. Alle Mythen der Odyssee müssen herhalten, um die Zuhörer zur «verzauberten Bewunderung der himmlischen Dinge» zu bewegen. Hören wir den Wortlaut dieses altchristlichen Lobgesangs auf Homer:

«Wenn den Ulixes, wie die Mythen erzählen, da er doch schon zehn Jahre lang seit dem Kampf um Ilion in der Verbannung herumirrte und sich zehn Jahre lang nach der Heimat sehnte, wenn also diesen Ulixes dennoch die Lotophagen mit der Süße ihrer Früchte zurückhalten konnten, wenn die Gärten des Alkinoos ihn zögern ließen, wenn endlich gar die Sirenen mit ihrer Stimme Sang ihn bestrickt und beinahe in den berüchtigten Schiffbruch der Lust gelockt hätten, würde er nicht die Ohren der Gefährten gegen die Töne des reizenden Liedes mit Wachs verstopft haben – wieviel mehr müßten da nicht fromme Männer von der Bewunderung der himmlischen Tatsachen verzaubert werden! Da gibt es ja nicht nur den Saft der süßen Beeren zu kosten, sondern das Brot, das vom Himmel kam. Nicht nur die grünen Gärten des Alkinoos gibt es da zu schauen, sondern die Mysterien Christi.

Nicht verkleben, sondern öffnen soll man da die Ohren, um die Stimme Christi zu vernehmen. Denn wer dieser Stimme lauscht, braucht keinen Schiffbruch zu fürchten. Der soll sich nicht wie Ulixes mit physischen Stricken an den Mastbaum binden, sondern mit den Banden des Geistes seine Seele an das Holz des Kreuzes fesseln. Dann wird er nicht von den Lockungen der Lust betört werden und nicht wird er den Schiffskurs seines Lebens in die Gefahr der Sinnengier steuern.

Dichterische Fabelkunst malte nämlich den Mythos aus: Mädchen sollen an klippenreichem Meeresgestade gehaust haben. Sie verführten mit süßer Stimme die Seefahrer, um dieses Ohrenschmauses willen den Kurs des Schiffes abzulenken, dann gerieten diese Getäuschten in verborgene Untiefen, verräterisch war der Landungsplatz – und die Sirenen verschlangen sie in traurigem Schiffbruch.

Das alles ist Dichtung, Schein und eitle Bilderkunst, nichts wie Rauch: Meer, Frauenstimme, Küsten und Untiefen, bloße Einbildung. Aber – welches Meer ist abgründiger als diese treulose Welt, diese wandelbare, diese tiefe, diese vom Dräuen der unreinen Geister aufgewühlte Welt? Was sinnbilden die Mädchen anderes als die Reize der entnervenden Lust, welche die Kraft des betörten Geistes weibisch macht? Was bedeuten jene Untiefen anderes als die Klippen unseres Seelenheils? Denn nichts droht so sehr im Verborgenen als die Gefahr der Weltlust: während sie den Sinnen schmeichelt, schlägt sie über das Schiff des Lebens herein und zerschellt die Kraft des Geistes gleichsam an den Klippen des Fleisches[189].»

Das ist nun echtester Ambrosius. Er moralisiert gerne, aber geistvoll. Er flicht mit wahrem Vergnügen Erinnerungen aus der weltlichen Bildungszeit ein, um daraus in kunstvoll gewundenen Gedankengängen eine christliche Wahrheit zu bebildern. Aber das Wesentliche ist die gleiche Einsicht, die schon in den Anfängen der Deutung unseres Mythos lebendig war: daß die Bindung an das Kreuzholz Sieg bedeute. Holz ist *Tropaion* – darin liegt das Mysterium, das Ungeheure, das sich ins Einfache hineinhüllt. Die Christen des vierten Jahrhunderts, die sich den Odysseusmythos auf ihren Sarkophagen abbilden ließen, wollten damit den Kreuztriumph andeutend verkünden. Der Marmorsarg des jugendlichen Römers Aurelius Romanus, den wir abbilden (Abb.), ist dafür das schönste Zeugnis. Da steht Odysseus am Mastbaum, dessen Antenne mit dem ragenden Holz die von den Christen ehrfürchtig gegrüßte Kreuzform bildet. Der Ithaker trägt den tiaraförmigen Reisehut, der ihn als Fremdling und Seefahrer kennzeichnen soll – genau wie schon auf den hellenistischen Vasenbildern. Das Motiv ist, wie uns Plinius[190] berichtet, eine Invention des Malers Nikomachos, und wie bekannt es auch den Christen war, zeigt eine gelegentliche Bemerkung des Hieronymus, der sagt, der jüdische Hohepriester habe eine Tiara getragen, «wie wir sie an Odysseus auf den gemalten Bildern sehen»[191]. Odysseus ist der Reisende schlechthin: darum steht seine Figur auf den Särgen der Menschen, die die Seefahrt zum ewigen Hafen angetreten haben. Aber der Christ, der da in den Tod ging, war ein ‹Wissender›, und seine Heimfahrt ist ein Sieg, denn er hat sich an das Kreuzholz angebunden. «O Mensch, fürchte nicht die lautbrüllenden Wogen im Meere dieses Lebens», so heißt es in einer griechischen Predigt, «denn das Kreuz ist dein Vorbild der nie zerbrechenden Festigkeit, damit du dein Fleisch annagelst an die unendliche Ehrfurcht vor dem Gekreuzigten und so gelangest mit ungeheurem Gewinn in den Hafen der Ruhe[192].»

Mit Paulinus von Nola, dem Freund des Augustinus, kommen wir in die Zeit, wo aus dem Mythologem eine blasse Allegorie wird. Die Bildreihe, mit der er das Schiff der Kirche beschreibt, ist verwirrend reich, aber losgelöst von der Einfachheit des reinen Symbols. Aber auch hier drängt doch noch einmal der Mythos ans Licht, und das Mysterium des Mastbaums wird zusammengeschaut mit dem Bild vom Wurzelstock Jesse: «In diesem Schiff steht als Mastbaum das Reis aus der Wurzel Jesse. Dieser Baum lenkt den Vierruderer unseres Leibes. Und wenn wir jenen alten Mythos des Poeten umdeuten dürfen zur Wahrheit des Propheten, so müssen wir uns an diesen Mastbaum mit den Fesseln der Freiheit anbinden, müssen unsere Ohren des Herzens, nicht des Leibes, mit dem Glauben, nicht mit Wachs, verschließen. Alsdann werden wir gefeit sein gegen alle Reize dieser Erdenwelt und können ohne Gefahr an den Klippen der Lust wie an den Felsen der Sirenen vorübersegeln[193].»

Der unmittelbare Grund, warum trotz solcher Künste einer intellektuell gewordenen Allegorie die christliche Deutung des Mythos bis ins Mittelalter weiterlebte, liegt in einer Predigt, die man im Mittelalter oft gelesen und abgeschrieben hat. Maximus von Turin, ein Nachahmer des Ambrosius und seiner Gedanken, hat eine Homilie zu Ehren des Kreuzes Christi gehalten, die das Mysterium des Holzes preist unter dem Bilde des homerischen Mythos. Wir heben aus den eingehenden Predigtworten nur heraus, was für die Deutung des gebundenen Odysseus wichtig ist:

«Wenn also schon der Mythus von jenem Ulixes erzählt, es habe ihn die Bindung an den Mastbaum vor aller Gefahr behütet: wie viel lauter muß ich da verkünden, was in aller Wirklichkeit geschehen ist! Nämlich, daß in unseren Zeiten der Mastbaum des Kreuzes das gesamte Menschengeschlecht gerettet hat aus der Gefahr des Todes. Seitdem Christus der Herr sich an das Kreuzholz hat anfesseln lassen, können auch wir die lockenden Gefahren der Welt mit verklebten Ohren durchsegeln. Nicht hält uns mehr zurück das verderbende Lauschen auf das Irdische, nicht mehr drehen wir den geraden Kurs aufs bessere Leben ab und laufen auf die Klippen der Wollust. Denn der Mastbaum des Kreuzes läßt den Menschen, der an ihn gebunden ist, sicher in die Heimat gelangen. Ja, nicht nur das: selbst die Gefährten, die um den Mastbaum versammelt sind, beschützt er mit seinem kraftspendenden Schatten. Daß das Kreuz uns wirklich nach vielen Irrfahrten ins Vaterhaus heimführt, versichert der Herr, da er am Kreuzholz dem Schächer erklärt: Heute noch wirst du mit mir im Paradies sein. Ja, dieser Schächer: lange war er auf irrender Fahrt, war schiffbrüchig, und niemals wäre er zum Vaterland des Paradieses heimgekehrt, aus dem einst der erste Mensch ausgezogen war, wenn er nicht an den Mastbaum eines Kreuzes gebunden worden wäre. So ist denn das Kreuz wie ein Mastbaum im Schiffe der Kirche. Mitten im süßen und tödlichen Schiffbruch dieser Welt bleibt dieses Schiff allein unversehrt. Wer immer in diesem Schiff sich an den Mastbaum des Kreuzes anbinden läßt, braucht sich nicht mehr fürchten vor dem süßschmeichelnden Sturmwind der unkeuschen Lust. So also und darum hing Christus der Herr am Kreuze, um das ganze Menschengeschlecht aus dem Schiffbruch der Welt herauszuretten[194].»

Wir stehen am Ende, aber auch am Höhepunkt unserer Symbolgeschichte vom gebundenen Odysseus. Denn so kühn wie der Prediger des fünften Jahrhunderts hat keiner vor ihm und nach ihm den Mythos gedeutet. Wie in dem Gedicht, das wir beim «Mysterium des Kreuzes» kennenlernten, von Christus dem Gekreuzigten als «unserem Orpheus» gesprochen wurde, so ist der Erlöser am Kreuz hier in Wahrheit «unser Odysseus». Und alle, die er rettet, vom gekreuzigten Sünder angefangen, sind die Gefährten im homerischen Schiff der Kirche. Das war doch wohl nur möglich zu einer Zeit, da der Mythos selbst im frommen Denken des längst christlich gewordenen Volkes zu verblassen begann. Das Mittelalter steigt langsam empor, und die Welten Homers versinken. Aber wo immer die späte Zeit der Nachfahren in karolingischen Schreibstuben und auf den Kanzeln des frühen Mittelalters vom Mythos der Sirenen erzählt, da ist auch noch die Grundform theologischen Denkens und Glaubens lebendig, aus der sich antike Christen einst den Mut und das Recht nahmen, mit homerischen Bildern christliche Wahrheit darzustellen: die glaubende Sehnsucht nach der ‹süßen Heimkehr› in ein Vaterland, das schöner ist als das Land der Griechen[195]. Noch in der Odysseuspredigt des mittelalterlichen Honorius klingen alle Motive der Deutung nach, die dem Mythos durch die Großen unter den Kirchenvätern gegeben ward. «Ulixes aber bedeutet den Weisen. Ohne Gefahr segelt er an den Sirenen vorüber: das will sagen, das Christenvolk, das wahrhaft weise ist, gleitet im Schiff der Kirche sicher über die Wogen dieser Welt. Denn es bindet sich durch die Gottesfurcht an den Mastbaum des Schiffes, das ist an das Kreuz Christi. Und so entkommt es ohne Harm jeder Gefahr. Siegend fährt es ein in die Freuden der Heiligen[196].» Auf dem letzten

Odysseusbild der Herrad von Landsperg (Abb.) steht der Herzog Ulixes aufrecht am Kreuzbaum, die Sirenen aber stürzen ins Meer, genauso und in uralter Beharrung der Tradition wie auf dem Vasenbild des fünften vorchristlichen Jahrhunderts. «Ad sanctorum gaudia», sagte Honorius am Ende seiner Predigt. Und das gleiche sagen die Sarkophage aus Marmor, in die Christen sich legen ließen, um als himmlische Seefahrer überzusetzen in den Port des Heils: Odysseus am Kreuz schmückt die Stätten des Todes. Und wenn man die Gruftplatten der Katakomben mit dem Bild eines Schiffes schmückte, das mit schwellenden Segeln dem mächtigen Leuchtturm entgegenfährt, wenn man daneben kritzelte: In pace; wenn die antiken Christen dieses geliebte Schiff ihrer Kirche und ihrer Seele auf Goldgläsern und Gemmen und Lampen abbildeten, so sollte dies alles immer nur die große Leidenschaft dieses im Glauben gebundenen und dadurch siegreich freien Geschlechtes aussprechen: wir fahren heim [197]. Von dem Gestade des Jenseits aus, das sie in kühner Meerfahrt glaubend und sterbend und die Welt überspringend erreicht haben, schauen sie zurück auf die Erde. Und siehe, alles verklärt sich, alles wird zum Symbol der bildlosen Wahrheit. Das geliebte blaue Meer der griechischen Heimat, die herrlichen Schiffe, die Kreuzfigur des Mastbaums, der Leuchtturm im Hafen und die mütterlichen Arme der schützenden Molen: alles wird auf einmal durchsichtig auf ein Höheres und Wahreres hin. Und mit der gelösten Freiheit eines Menschen, der in Christus die Wahrheit gefunden hat, greifen die griechischen Christen auch zurück in die goldenen Reichtümer ihres Homer, um seine Mythen zu konsekrieren im Logos. Wie Lampen leuchtet ihnen das griechische Licht: aber es ist entzündet an der Sonne, sagte Clemens. Wie die Morgenröte ist das alles und wie phantastische Schatten, sagte Methodius. Symbole sind's und Vorbilder, um die nackte Wahrheit darinnen zu erfassen. Alles, was wahr und schön gewesen ist in der Welt der griechischen Seele, ist von dem Gott gesprochen und geschaffen, der uns seinen Logos gesandt hat. Und noch einmal möge uns Clemens das erhabene Wort aus Sophokles vorsprechen:

«Und solcher Art ist Gott, das weiß ich ganz gewiß:
Für Weise ist voll Rätseln stets sein göttlich Wort,
für Schwache schlicht lehrt es mit wenig Worten viel.»

Alle Sinnbilder sind undeutlich, sagte dazu der gleiche Clemens, damit das Suchen sich bemühe, in den Sinn des Rätselhaften einzudringen und so zum Finden der Wahrheit aufsteige.

Darin also liegt die Kraft des christlichen Humanismus, und die Symbolgeschichte des gebundenen Odysseus hat es uns gezeigt, daß der erlöste Mensch vom Ewigen her die neugewordene Erde überhaupt erst so zu erkennen und zu lieben vermag, wie es dem wahrsten Wesen des Geschaffenen entspricht. Nur in der Loslösung von der Welt vermag der Mensch den innersten Wert des Humanen zu umarmen. Nur der Verzichtende findet, und nur der Gebundene ist frei. Alles Irdische enthüllt seine scharfe und schöne Gestalt erst in dem Licht, das aus jener Pforte strömt, durch die man nur im Tode eingeht.

Odysseus wacht in der langersehnten Heimat auf, ohne sie zu erkennen. Und Pallas Athene bedeutet ihm, er sei zu Hause. Da singt Homer[198]:

«... Und Entzücken durchfuhr den hehren Dulder Odysseus, freudig erkannt' er, wie von dem lieben Lande der Väter Pallas Athene sprach ...»

Den christlichen Odysseus durchfährt ein Entzücken, wenn er der kommenden Heimat gedenkt und ihrer Mysterien, die noch in keines Menschen Herz drangen. Aber vom Licht des Ewigen aus verklärt sich ihm alles. Er liebt das Humane, weil es in Gott ist. Und auf den Sarkophag des Todes schreibt er das Wort des Clemens:

Τοῖς λιμέσι οὐρανῶν.

# NACHWORT

Der Aufstieg unserer Psychagogie ist am Höhepunkt angelangt. Aus dem dunklen Schoß des Mysteriums haben wir uns emporgemüht durch die Seelenheilung bis zu jener süßen Heimkehr, die uns in den mythischen Bildern des Heiligen Homer das Endziel erschauen ließ, das allen Aufstieg erst mit göttlichem Sinn erfüllt. Entkleiden wir nun die Erkenntnisse, aus denen einst die christliche Deutung der griechischen Mythen geboren wurde, der bunten Bilder; legen wir beiseite, was zur Darstellung dieser Symbolgeschichte an gelehrten Belegen, notgedrungen fast, vorzubringen war, und suchen wir zu ertasten, was die Sehnsucht der griechischen und der christlichen Humanisten zu greifen suchte: die hüllenlose Schöngestalt der Wahrheit.

Da heben sich drei Erkenntnisse ins Licht, entsprechend der dreifachen Stufung unseres Aufstiegs: sie zeigen die Not an, in der wir Barbaren von heute leben, sie bieten aber auch das Pharmakon, das uns zur Genesung helfen könnte.

Die erste Erkenntnis gab uns der Blick in das Mysterion. Was der fromme Genius der Hellenen noch geahnt hat, ist von der Kirche, ehe es ganz abstarb, in das Licht der von ihr gehüteten Offenbarung Gottes heimgeholt worden. Die Kirche «erbte die Prächte, die nur starrend schliefen». Ohne Mysterium muß alle Religion zur dürren Ratio erstarren. Die Kirche allein hat das Mysterion bewahrt. Mit ihrem Sacramentum hat sie Sonne und Mond, Wasser und Brot, Öl und Liebe des Fleisches konsekriert, und sie wird niemals aufhören, die Menschen zu lehren, daß sich hinter den Schleiern des Sichtbaren die ewigen Geheimnisse bergen, und daß man nur vom Wort Gottes her, das in der Kirche fortlebt, den Sinn der irdischen Dinge erkennen kann. Seitdem das Abendland sich von der Hüterin des Mysteriums abgewandt hat, ist es an der Unfruchtbarkeit seiner bloßen Ratio gestorben. Am Leben bleiben werden nur die Völker, die sich aus dem Mutterschoß der Mysterien wiedergebären lassen.

Das ist die tiefe Einsicht, die einmal Hugo von Hofmannsthal zu dem Wort drängte – und ihm verdanken wir die erste Anregung, dieses Buch zu schreiben: «Es ist dieser weite Horizont der katholischen Kirche das einzige großartige Altertum, das uns im Abendland geblieben ist – alles andere ist ja nicht groß genug, es bleibt uns fast nichts. Ich sehe den Moment, ja, er ist eigentlich schon da, wo uns dieser ganze Humanismus des deutschen achtzehnten und beginnenden neunzehnten Jahrhunderts als eine paradiesische Episode erscheinen wird, aber durchaus Episode[1].»

Die zweite Erkenntnis barg sich in den Bildern von der seelenheilenden Blume. Nie war der Hellene nur ein Mensch des Diesseits, und nie bloß ein Liebhaber der marmornen Schönheit des Körpers. Er wußte um das Grundgesetz aller wahren Humanität, und Platon, der größte der Griechen, hat das am schärfsten gesehen: daß die Seele nur heil wird am Göttlichen, weil sie gottentsprungen und gottessüchtig ist. Nie kann sie nur aus sich sie selbst werden. Sie bedarf einer göttlichen Botschaft und einer göttlichen Hilfe. Denn eine Schwinge des Geistes ist geheimnisvoll gebrochen, und ein Pferd des Seelengespanns zieht dämonisch zum Abgrund: so steht es für immer im Phaidros. Die christliche Botschaft des Logos kam diesen Ahnungen vom Himmel her entgegen. Sie hat sie überhöhend bestätigt mit ihrem urmächtigen Wissen vom dämonengewirkten Sündenfall. Aber sie hat sie auch bewahrt vor einer sublimen Verachtung des Fleisches durch die Kunde, daß in der Menschwerdung Gottes und in der Vergöttlichung des Menschenleibes am Ende der Tage der dunklen Wurzel unseres Geschlechts ein göttlich lichtes Haupt geschenkt werde. Damit ist das irdische Leben der gähnenden Sinnlosigkeit entrissen, aus der alle Krankheit der Seele wuchert. Seitdem das Abendland der göttlichen Botschaft nicht mehr glaubend sich auftut, und seitdem der Mensch des bloßen Wissens und des gesetzlosen Könnens nur mit sich selbst spricht, ist schwärendes Siechtum im Land der Seelen. Alle Raison und alle Aufgeklärtheit werden die scheinbar so jenseitig ungreiflichen und doch so gegenwärtigen Tatsachen nicht weg haben können, die da sind Gott und Daimon: sie kehren als seelenfressende Mächte wieder. Heilung ist nur gegeben im Glauben. Nur der himmlische Mensch ist ein irdischer Mensch, alle anderen sind Torso oder ausgehauener

Wurzelstock. Human wird der homo nur in Gott. Das hat ein tiefblickender Seelenarzt in die Worte geprägt, die trefflich aussprechen, was wir mit den Symbolen der Seelenheilung verhüllend angedeutet haben: «Die Aufgabe, den Menschen in seiner Würde zu bewahren, heißt, den Boden der offenen Welt der Menschen verlassen, auf dem wir alle so sicher zu stehen glauben.» Und in dem mythischen Bild vom Stab des greisen Menschen, das die Sphinx der Griechen verkündete, lehrt er die gleiche Einsicht: «Erst gelehnt auf den Stab eines jenseits unserer Menschenwelt liegenden Grundes ist das Menschenbild vollkommen[2].»

Die dritte Erkenntnis reift wie eine edle Frucht aus den beiden ersten. Der aus dem Mysterium wiedergeborene und im Glauben zum Seelenheil gelangte Mensch ist schon jetzt heimgekehrt in den Port des Ewigen. Dort hat er von nun an seine statio tranquilla, den ruhig unerschütterten Standort. Denn schon seine Geburt aus dem Mysterium ist zugleich die ‹Ankunft im Hafen›. Und seine schmerzlich langsame Heilung ist, trotz allen Gefahren, eine der Landung bereits gewisse Seefahrt des Lebens. Das aber ist die wundersame Sicherheit des Christen, die alle scheinbare Tragik des ungesicherten Lebens aufhebt. In Wahrheit ist ja schon jetzt alles glückselig zu Ende, in einem jugendfrischen Neubeginn. Und weil dies so ist, darum kann der Christ, schon jetzt ein göttlich Zurückblickender, alles Irdische in der Verklärung schauen und umarmen. Alle geliebten Dinge dieser Welt gehören ja schon zu seiner ‹neuen Erde›, vom Weidenzweig bis zum Sonnenball, von Homer bis zu Platon. Die ganze Schöpfung ist sein Mysterium geworden, und die Geschichte des Geistes ist auf seinem Schiff in die ewige Geborgenheit eingefahren. Der am Holz Gebundene ist der Freie. Er verfügt über die Blumen und die Sterne, über Hellas und über die Welt, mit der paulinischen Geste des Besitzenden: Alles ist euer, ihr aber seid Christi, Christus aber ist Gottes. Und daher ist es gekommen, daß der wahre Humanismus nur bei ihm geborgen ist, und daß der Odysseus am Kreuzbaum das herrliche Wort der Griechen singen darf:

«Wie die Blumen die Erd' und wie die Sterne den Himmel zieren, so zieret Athen Hellas und Hellas die Welt[3].»

Diese gelassene Sicherheit der umarmenden Geste, in der sich
Hellas und Kirche finden, ist die feinste Frucht eines wahren Humanismus. Dem Abendland ist sie abgedorrt von dem Augenblick
an, da es nicht mehr die Gestade der jenseitigen Heimat suchte.
Dante hat in der Gestalt seines Ulisse diesem abendländischen Sündenfall genialen Ausdruck gegeben[4]. Das ist nicht mehr der heimatfreudige Odysseus der letzten Gesänge in Homers Epos, sondern
der Unselige, den es aus der Geborgenheit im Vaterhaus wieder
hinaustrieb in die gottlose Kühnheit eigenmächtiger Weltbezwingung. Er hat geendet im Schiffbruch am Magnetberg, der ihn zauberisch anzog. Aber der Berg, an dem Ulisse scheitert, ist zugleich
der Berg des Purgatorio. Wird ihn das schiffbrüchige Abendland
besteigen, damit es wieder würdig werde, «zum Himmel sich zu
schwingen»? Sicher nur dann, wenn der Mensch zu beten beginnt
mit den Worten des erhabenen Logosgebetes, das der Christ und
Grieche Clemens[5] geschrieben hat und mit dem wir dieses Buch
von den griechischen Mythen und dem christlichen Mysterium beschließen wollen:

«Gib, da wir auf deine Botschaft horchen, die Ähnlichkeit mit deinem
Bild in uns vollkommen zu gestalten. Gib, daß wir in Frieden unser
Leben führen. In deinen Staat wollen wir heimkehren nach der Seefahrt
sonder Schiffbruch durch die Wogen der Sünde, durch heitere Meerstille
dahingetragen vom Hauch des Heiligen Geistes, der unaussprechlichen
Weisheit.»

# Anhang

ANMERKUNGEN · ABBILDUNGEN UND IHRE QUELLEN
AUTORENREGISTER · SACHREGISTER

# ANMERKUNGEN

*Vorwort*

1 *Porphyrios*, Vita Pythagorae 37.
2 Die Eranos-Tagungen finden jährlich im August in Ascona am Lago Maggiore statt.
3 Col. 3, 11.
4 Col. 1, 16.
5 *Justinos*, Apologia I, 46.
6 *Clemens Alexandrinus*, Stromata V, 14, 116, 1.
7 Fragmente der attischen Komiker III, p. 483, Nr. 395.
8 Stromata V, 5, 29, 4/6.
9 Die Weide als Symbol der Keuschheit in der Antike und im Christentum: Zeitschr. f. kath. Theologie 65 (1932) p. 231/253. – Odysseus am Mastbaum: Zeitschr. f. kath. Theologie 65 (1941) p. 123/152.
10 Stromata V, 4, 24, 1. 2.
11 Phaidros 249 CD; *Clemens*, Stromata V, 2, 14, 2.
12 *Isidor von Pelusion*, Epistula II, 228 (PG 78, 665 A).
13 Protreptikos XII, 118, 4.
14 Lobgesänge und Psalmen. Übertragungen der griechisch-katholischen Dichter des 1. bis 5. Jahrhunderts: Berlin 1923, Einleitung S. 20.
15 Siebenter Ring (1. Aufl.) S. 128.

*Erster Teil . Mysterion*

1 Protreptikos XII, 119, 1 (GCS I, p. 84, Z. 6 f.).
2 Col. 1, 26.
3 Oratio 39, 11 (PG 36, 345 C).
4 G. Lafaye, Histoire du culte des divinités d'Alexandrie, Paris 1884, p. 108.
5 F. Bratke, Die Stellung des Clemens Alexandrinus zum antiken Mysterienwesen: Theologische Studien und Kritiken 1887, p. 654.
6 Isaak Casaubonus, Exercitationes de rebus sacris, Genf 1655.
7 Fr. Nork, Der Mystagog oder Deutung der Geheimlehren und Feste der christlichen Kirche, Leipzig 1838.
8 J. J. Bachofen, Die Unsterblichkeitslehre der orphischen Theologie, Basel 1867, p. 47.
9 R. Reitzenstein, Die hellenistischen Mysterien nach ihren Grundgedanken und Wirkungen, Leipzig 1910, 3. Auflage 1927.
10 R. Reitzenstein, Das iranische Erlösungsmysterium, Leipzig 1921. – Die Vorgeschichte der christlichen Taufe, Leipzig-Berlin 1929.
11 C. Clemen, Der Einfluß der Mysterienreligionen auf das älteste Christentum, Gießen 1913.
12 ebenda, p. 4.
13 W. Bousset, Kyrios Christos, 2. Auflage Göttingen 1921.
14 ebenda, p. 139.
15 W. Leipoldt, Sterbende und auferstehende Götter, Leipzig 1923.
16 A. Loisy, Les mystères païens et le mystère chrétien, Paris 1930.
17 So nach der guten Zusammenfassung bei K. Prümm, Der christliche Glaube

und die altheidnische Welt, Leipzig 1935, II, p. 472.
18 ebenda, p. 267.
19 S. Angus, The Mystery-Religions and Christianity, Auflage London 1928.
20 Das zweibändige Hauptwerk wurde eben genannt. Dazu kommt als zweites: Christentum als Neuheitserlebnis, Durchblick durch die christlich-antike Begegnung, Freiburg 1939. – Als drittes: Das antike Heidentum nach seinen Grundströmungen, München 1942. – Dazu vgl. noch B. Heigl, Antike Mysterienreligionen und Urchristentum, Münster 1932. Und das immer noch aufschlußreiche Werk von G. Anrich, Das antike Mysterienwesen in seinem Einfluß auf das Christentum, Göttingen 1894. Den Stand der neuesten Forschung entnimmt man am besten dem umfangreichen Aufsatz von R. Follet und K. Prümm, Mystères: Supplément au Dictionnaire de la Bible, Paris 1957, Sp. 1-225.
21 Hauptwerk (neben einer Fülle von anderen Arbeiten): Das christliche Kultmysterium (2. Aufl.), Regensburg 1935. – Antike und christliche Mysterien: Bayrische Blätter für das Gymnasialschulwesen 53 (1927), 329. – Vgl. auch: Mysterium, Gesammelte Arbeiten Laacher Mönche, Münster 1926.
22 C. Söhngen, Symbol und Wirklichkeit im Kultmysterium, Bonn 1937.
23 Ausführliche Zusammenfassung der antiken, neutestamentlichen und altchristlichen Wortgeschichte von μυστήριον bei G. Kittel, Theologisches Wörterbuch zum Neuen Testament, IV, Stuttgart 1942, p. 809–834 (bearbeitet von Bornkamm). – Vgl. auch E. Marsh, The use of Μυστήριον in the writings of Clement of Alexandria: Journal of Theol. Studies 37 (1936), 64–80. – K. Prümm, Mysterion von Paulus bis Origenes: Zeitschr. f. kath. Theologie 61 (1937), 391–425. – J. De Ghellinck, Pour l'histoire du mot sacramentum, Löwen 1924.
24 K. Prümm, Das antike Heidentum, p. 308.
25 Aus Wissenschaft und Leben II, Gießen 1911, p. 191.
26 G. Kittel, Die Religionsgeschichte u. das Urchristentum, Gütersloh 1932.
27 ebenda, p. 9.
28 E. Fascher, Vom Verstehen des Neuen Testamentes, Gießen 1930, p. 2.
29 Apostelgeschichte 14,17.
30 Vgl. dazu vor allem E. de Jong, Das antike Mysterienwesen in religionsgeschichtlicher, ethnologischer und psychologischer Beleuchtung (2. Auflage), Leiden 1919. – K. Prümm, Materialnachweise zur völkerkundlichen Beleuchtung des antiken Mysterienwesens: Anthropos 28 (1933), p. 759 ff. – Das antike Heidentum, p. 219.
31 F. Kern, Die Welt, worein die Griechen traten: Anthropos 24 (1929), 167–219; 25 (1930), 195 ff., 793 ff. – M. P. Nilsson, The Minoan-Mycenean Religion and its survival in Greek Religion, Lund-Oxford 1927. – K. Prümm, Neue Wege einer Ursprungsdeutung antiker Mysterien: Zeitschr. f. kath. Theologie 57 (1933), p. 89 ff., 254 ff. – K. Prümm, An Quellen griechischen Glaubens: Biblica 11 (1930), p. 266 ff.
32 K. Prümm, Das antike Heidentum, p. 300, Anm. 1. – Vgl. dazu U. von Wilamowitz, Der Glaube der Hellenen II, Berlin 1932, p. 260.
33 K. Latte, Religiöse Strömungen in der

Frühzeit des Hellenismus: Die Antike I (1925), p. 153 ff.
34 Fr. Cumont, Die orientalischen Religionen im römischen Heidentum (3. Aufl.), Berlin-Leipzig 1931, p. 24.
35 K. Prümm, Das antike Heidentum, p. 306 f.
36 Alte Sonnenkulte und die Lichtsymbolik in der Gnosis und im frühen Christentum, Eranos-Jahrbuch Bd. X 1943, Zürich 1944.
37 De legibus II, 14, 36.
38 A. J. Festugière, L'idéal religieux des Grecs et l'Evangile, Paris 1932, Exkurs über die «Philosophischen Mysterien».
39 J. Pascher, Der Königsweg zur Wiedergeburt und Vergottung bei Philon von Alexandreia, Paderborn 1931.
40 Vgl. dazu K. Prümm, Der christliche Glaube und die altheidnische Welt, I, p. 290 ff.: Die Vorstufe griechischer mütterlicher Gottgestalten. - K. Prümm, Die Endgestalt des orientalischen Vegetationsheros in der hellenistisch-römischen Zeit: Zeitschr. f. kath. Theologie 58 (1934), 463.
41 Beide Zitate nach A. Dieterich, Mutter Erde (2. Aufl.), Leipzig 1913, p. 37 f.
42 H. Hepding, Attis. Seine Mythen und sein Kult, Gießen 1903, p. 98.
43 So K. Latte, Religiöse Strömungen, p. 154 f.
44 Stobaios, Flor. IV, 107 (vgl. N. Turchi, Fontes historiae mysteriorum aevi hellenistici, Rom 1923, Nr. 118).
45 Aufbewahrt bei Synesios, Dion c. 7 (PG 66, 1136 A).
46 Corpus Inscriptionum Latinarum VI, 510. - H. Hepding, Attis, p. 89.
47 Corpus VI, 1779. Hepding, p. 205. - Andere Zeugnisse zu dieser Häufung der Mysterienweihen bei G. Anrich, Das antike Mysterienwesen, p. 55.

48 C. Clemen, Der Einfluß der Mysterienreligionen auf das älteste Christentum, Gießen 1913, p. 81 f.
49 Das antike Mysterienwesen, p. 130 bis 154.
50 Vgl. oben Anm. 23, p. 25. Dazu noch H. von Soden, Mysterion und Sacramentum in den ersten zwei Jahrhunderten der Kirche: Zeitschr. f. d. neutest. Wissenschaft 12 (1911), p. 188 bis 227.
51 *Kyrillos von Alexandrien*, Contra Julianum, Einleitungsschreiben an Kaiser Theodosios (PG 76, 508 D).
52 Protreptikos XII, 119, 1-120, 2 (GCS I, p. 84, Z. 4-29).
53 Protrept. II, 12, 1; 23, 1; 27, 1, 2 (GCS I, p. 11; 17; 20).
54 Vgl. D. Deden, Le Mystère Paulinien: Ephemerides Theolog. Lovanienses 13, (1936), p. 405-442.
55 Protreptikos XII, 119, 1 (GCS I, p. 84, Z. 8 f.).
56 Matth. 13,11; Mark. 4,11; Luk. 8,10.
57 Vgl. dazu K. Prümm, Mysterium und Verwandtes bei Hippolyt und bei Athanasius: Zeitschr. f. kath. Theologie 63 (1939), p. 207 ff.; 350 ff.
58 Ps.-Chrysostomos, Weihnachtshomilie (PG 59, 687).
59 K. Prümm, Das antike Heidentum, p. 308.
60 Die Religionsgeschichte und das Urchristentum, Gütersloh 1932, p. 124 f.
61 Der Sieg des Christentums über die Religionen der alten Welt (Festgabe für L. Ihmels, unter dem Titel: «Das Erbe Martin Luthers und die gegenwärtige theologische Forschung»), Leipzig 1928, p. 66.
62 Psyche I (6. Aufl. 1910), p. 312.
63 Die Religionsgeschichte und das Urchristentum, p. 116 f.
64 Vgl. dazu noch K. Latte, Schuld und

Sünde in der griechischen Religion: Archiv für Religionswissenschaft 20 (1920/21), p. 254 ff.
65 A. Boulanger, Orphée. Rapports de l'Orphisme et du Christianisme, Paris 1925, p. 102. – K. Prümm, Christentum als Neuheitserlebnis, p. 142 f.
66 Poimandres, Leipzig 1904, p. 180, Anm. 1.
67 In seiner Abhandlung über die «Heilsbedeutung der Taufe auf Christus»: G. Kittel, Theologisches Wörterbuch zum Neuen Testament I, Stuttgart 1933, p. 539.
68 L'idéal religieux des Grecs, p. 219.
69 Ichthys I, Münster 1928 (Neudruck), p. 7* – Vgl. auch Dölgers grundsätzliche Abhandlungen: «Mysterienwesen und Urchristentum» und «Zur Methode der Forschung» in: Theologische Revue 15 (1916), 385 ff.; 433 ff.
70 Die Religionsgeschichte und das Urchristentum, p. 132.
71 Mark. 4,34.
72 Das antike Heidentum, p. 331.
73 Das Christentum als Neuheitserlebnis, p. 415–417.
74 K. Prümm, Das antike Heidentum p. 328, Anm. 3.
75 Vgl. F. Dölger, die sechs Bände seiner von ihm selbst bestrittenen Zeitschrift «Antike und Christentum».
76 De veterum Philosophorum silentio mystico, Gießen 1919.
77 Aufbewahrt bei Eusebius, Praeparatio evangelica III, 7 (PG 21 180 B).
78 Corpus Hermeticum II, 1; II, 11. – Vgl. G. Anrich, Das antike Mysterienwesen, p. 70.
79 Jamblichos, Vita Pythagorae 17, 35 (vgl. Anrich, p. 69).
80 Eine Reihe von Zeugnissen dazu vgl. bei Anrich, p. 157.
81 Vgl. Anrich, p. 158.

82 Ecclesiastica Hierarchia I, 1 (PG 3, 372 A). Vgl. dazu H. Koch, Pseudo-Dionysius Areopagita in seinen Beziehungen zum Neuplatonismus und Mysterienwesen, Mainz 1900, p. 108 ff.
83 Somnium Scipionis I, 2, 17. – Saturn. V, 13, 40.
84 Stromata V, 4, 24, 2 (GCS II, p. 341, Z. 1–4).
85 Sophokles, Fragmentum incertum 704 (GCS II, p. 341, Z. 6–8).
86 1 Kor. 2,7.
87 Homilie VII, 2, zum ersten Korintherbrief (PG 61, 56 C).
88 Sermo 96, 1 (PL 52, 469 D).
89 Stromata V, 4, 19, 2 (GCS II, p. 338, Z. 22–26).
90 Die orientalischen Religionen im römischen Heidentum, Vorrede, p. XI.
91 Fr. Cumont, a. a. O., p. 65.
92 Tractatus in Joannem VII 6 (PL 35, 1440 C).
93 Attis, Seine Mythen und sein Kult, p. 179.
94 Ebd., p. 200, Anm. 7.
95 Die Belege dazu bei Fr. Cumont, a. a. O., p. 58–60; p. 231, Anm. 60.
96 Miscent praecantationibus suis nomen Christi (PL 35, 1440 B).
97 Protreptikos XII, 119, 3; 120, 1 (GCS I, p. 84, Z. 17 ff.).

*Das Mysterium des Kreuzes*

1 Carmen II, 6 (Vexilla Regis prodeunt): Analecta Hymnica 50 (Leipzig 1907), p. 74.
2 Timoth. 3,16.
3 So Bornkamm bei G. Kittel, Theologisches Wörterbuch zum Neuen Testament IV, Stuttgart 1942, p. 826.
4 Einführung in das Wesen der Mythologie, p. 248.

## ANMERKUNGEN

5 Apologia I, 13 (Otto I, p. 42).
6 *Melito von Sardes*, Fragment 13 (Otto IX, p. 419). Deutsche Übersetzung bei E. Hennecke, Neutestamentliche Apokryphen (2. Aufl.), Tübingen 1924, p. 598.
7 Timaios 36 BC. – Vgl. dazu den Kommentar bei O. Appelt, Platons Dialoge Timaios und Kritias, Leipzig 1922, p. 159 f.
8 Zeitschrift für die neutestamentliche Wissenschaft 14 (1913), p. 273–285.
9 Apologia I, 60, 1 (Otto I, p. 160).
10 Epideixis I, 34 (Deutsche Übersetzung des nur armenisch überlieferten Textes bei S. Weber, Bibliothek der Kirchenväter IV, Kempten-München 1912, p. 607).
11 Adversus haereses V, 18, 3 (Harvey II, p. 374 f.).
12 Sie sind fast alle gesammelt in den auch heute noch unerschöpflichen drei Foliobänden von J. Gretser, De sancta Cruce, Regensburg 1734. – Vgl. auch O. Zöckler, Das Kreuz Christi. Religionshistorische und kirchlich-archäologische Untersuchungen, Gütersloh 1875.
13 Catechesis 13, 28 (PG 33, 805 B).
14 Oratio de resurrectione (PG 46, 621 bis 625). – Catechesis magna 32 (PG 45, 81 C).
15 *Andreas von Kreta*, In sanctam Crucem (PG 97, 1021 C).
16 Vgl. auch De Antichristo 61 (GCS I, 2, p. 42, Z. 14–16).
17 Divinae Institutiones IV, 26, 36 (CSEL 19, p. 383, Z. 7–11).
18 De errore profanarum religionum 27 (CSEL 2, p. 121, Z. 6–8).
19 Unter der Führung des Augustinus, der oft von den kosmischen Dimensionen des Kreuzes spricht (vgl. PL 35, 1949 f.; PL 38, 371 f.; 903 f.). – Vgl. Richard v. S. Viktor (PL 196, 524 f.); Honorius Aug. (PL 172, 946); Thiofrid von Echternach (PL 157, 385 ff.).
20 Didache 16, 6 (Funk I, p. 36, Z. 12).
21 Th. J. Lamy, S. Ephraem Syri Hymni et Sermones II, Mecheln 1886, p. 407, Z. 3–6. – Kyrillos Jer., Catechesis 13, 41 (PG 33, 821 A): «Mit Jesus wird das Kreuz wieder vom Himmel her kommen, denn das Tropaion wird vor dem Basileus einherziehen.» – Vgl. auch W. Bousset, Der Antichrist in der Tradition der alten Kirche, Göttingen 1895, p. 154 ff.
22 Sermo 59, 7 (PL 54, 341 C).
23 Vgl. dazu O. Casel, Das christliche Festmysterium, Paderborn 1941, p. 102–108; p. 206–214.
24 M. Lot-Borodine, La grâce déifiante des sacrements d'après Nicolas Cabasilas: Revue des sciences phil. et théologiques 25 (1936), p. 315.
25 Oracula Sibyllina VI, 26–28 (GCS, p. 132).
26 Martyrium Andreae 19 (Lipsius-Bonnet, Acta Apostolorum apocrypha II, 1, Leipzig 1898, p. 54, Z. 23 ff.).
27 Vgl. dazu R. Reitzenstein, Poimandres, p. 242 ff.
28 Actus Vercellenses 37, 38 (Lipsius, Acta Apost. apogr. I, p. 92–94).
29 Epheserbrief 9, 1 (Funk I, p. 220, Z. 12.)
30 Apologia I, 55 (Otto I, p. 150 f.).
31 Apologeticum 16, 6–8 (CSEL 69, p. 42 f.).
32 Octavius 29, 6, 7 (CSEL 2, p. 43).
33 Homilia 50 De cruce Domini (PL 57, 341 f.).
34 Oratio 4, 18 (PG 35, 545 C). – Oratio 43, 70 (PG 36, 592 B).
35 Catechesis magna 36 (PG 45, 92 D).
36 De errore prof. rel. 27, 1 (CSEL 2, p. 120, Z. 12 f.).

37 *Ps.-Athanasius*, De passione Domini (PG 28, 1056 B).
38 Selecta in Ezechiel (PG 13, 800 A).
39 Comment. in Isaiam 2 (PG 70, 441 B).
40 So (von uns etwas zusammengefaßt) in der Oratio de incarnatione Verbi 47 (PG 25, 180 f.).
41 Vgl. dazu Dictionnaire d'Archéologie chrétienne XII (Paris 1936), Sp. 2735 bis 2755; Abbildung des Orpheuskreuzes ebd. Fig. 9249. – A. Boulanger, Orphée. Rapports de l'Orphisme et du Christanisme, Paris 1925, p. 7.
42 Unbekannter Dichter (12. Jahrhundert) der Ostersequenz «Morte Christi celebrata». Text bei A. Mai, Nova Patrum Bibliotheca I, 2, Rom 1852, p. 208. – Deutsche Übertragung von Fr. Wolters, Hymnen und Sequenzen, Berlin 1914, p. 156.
43 *Justin*, Dialogus 114 (Otto II, p. 466).
44 *Hippolyt*, De Antichristo 2 (GCS I, 2, p. 4, Z. 17).
45 Dialogus 91 (Otto II, p. 330).
46 Epistola Barnabae 12 (Funk I, p. 74 bis 78).
47 1. Kor. 10, 6.11.
48 Sermo 300, 4 (PL 38, 1138 D).
49 Adversus Marcionem III, 18 (CSEL 47, p. 406, Z. 7-11).
50 Hebr. 9,23.
51 *Justin*, Dialogus 91, 1 (Otto II, p. 330).
52 H. Rahner, Das Schiff aus Kreuzholz: Zeitschr. f. kath. Theologie 67 (1943), p. 1-21.
53 Vgl. dazu F. Piper, Der Baum des Lebens, Berlin 1863. – A. Wünsche, Die Sagen vom Lebensbaum und Lebenswasser. Altorientalische Mythen (Ex Oriente Lux I, 2), Leipzig 1905. – Fr. Kampers, Mittelalterliche Sagen vom Paradiese und vom Holze des Kreuzes Christi, Köln 1897. – L. von Sybel, ξύλον ζωῆς: Zeitschrift für die neutestamentliche Wissenschaft 19 (1920), p. 85–91; 20 (1921) p. 93 f. – R. Bauerreiss, Arbor Vitae. Der Lebensbaum und seine Verwendung in Liturgie, Kunst und Brauchtum des Abendlandes, München 1938.
54 Vgl. auch das Henochbuch 24, 3-6; 25, 1-7 (Deutscher Text bei P. Rießler, Altjüdisches Schrifttum, Augsburg 1938, p. 371 f.).
55 Apok. 2,7; 22,2.
56 Apok. 22,14.
57 Vgl. dazu R. E. Schlee, Ikonographie der Paradiesflüsse, Leipzig 1937. – W. von Reybekiel, Der Fons Vitae in der christlichen Kunst: Niederdeutsche Zeitschrift für Volkskunde 12 (1934), p. 87–136.
58 *Ps.-Cyprian*, Carmen de Pascha vel de ligno vitae (CSEL 3, p. 305–308).
59 J. Wilpert, Die römischen Mosaiken und Malereien, Textband I, Freiburg 1916, p. 193, 223, 227.
60 C. Bezold, Die Schatzhöhle. Syrisch und deutsch herausgegeben, 2 Bände, Leipzig 1883–1888. – Deutscher Text auch bei P. Rießler, Altjüdisches Schrifttum, p. 942–1013.
61 Schatzhöhle II, 12–16.
62 IV, 3.
63 VI, 17, 18.
64 Text der äthiopischen Version bei E. Trumpp, Der Kampf Adams oder das christliche Adambuch des Morgenlandes: Abhandlung der bayrischen Akademie d. Wissensch. Hist.-phil. Klasse XV, 3 (1880). – Auszüge bei Fr. Kampers, a. a. O., p. 16–25. – Vgl. auch F. Piper, Adams Grab auf Golgatha: Evangelischer Kalender (Berlin) 1861, p. 17 ff.
65 Kampers, p. 23.
66 Kampers, p. 24.

67 Vgl. noch A. Mussafia, Sulla legenda del legno della Croce: Sitz.-Ber. der Wiener Akademie der Wissenschaften 1869, p. 165-216. — H. Rahner, Das Schiff aus Holz: Zeitschrift für kath. Theologie 67 (1943), p. 10 f.
68 Adv. haer. V, 17, 4 (Harvey II, p. 372).
69 Vgl. Eph. 2,13,14.
70 Sermo 6 in Hebdomadam Sanctam 17 (Lamy I, p. 502).
71 Oratio 4 in resurrectionem Domini (PG 46, 684 AB).
72 Homilia 4 in Exaltationem Crucis (PG 132, 183-204).
73 Ps.-Chrysostomus, In magnam Parasceve (PG 50, 812).
74 De fide orthodoxa IV, 11 (PG 94, 1132 f.).
75 De Genesi ad litteram VIII, 4, 5 (PL 34, 375 f.). – De Genesi contra Manichaeos II, 22 (PL 34, 213 f.). – De catechizandis rudibus 20 (PL 40, 335 f.).
76 Ps.-Augustinus, Sermo de Adam et Eva et Sancta Maria (A. Mai, Nova Patrum Bibliotheca I, 1, Rom 1852, p. 3).
77 Summa Theologica III, q. 46, a. 4.
78 Farbige Abbildung bei G. Leidinger, Meisterwerke der Buchmalerei aus Handschriften der bayrischen Staatsbibliothek München, München 1921, Tafel 38.
79 De Pascha Homilia 6 (PG 59, 743 bis 746). Deutsche Übersetzung bei H. de Lubac, Katholizismus als Gemeinschaft, Einsiedeln 1943, p. 420-424.

## Das Mysterium der Taufe

1 De baptismo 1 (CSEL 20, p. 201, Z. 3).
2 Epist. Barnabae 11, 8 (Funk I, p. 72, Z. 24 f.).
3 Epheserbrief 18, 2 (Funk I, p. 228, Z. 1).
4 Röm. 6, 3.4.
5 *Gregor von Nazianz*, Oratio 40, 28 (PG 36, 400 B).
6 Vgl. dazu P. Gennrich, Die Lehre von der Wiedergeburt in dogmengeschichtlicher und religionsgeschichtlicher Beleuchtung, Berlin 1907. – R. Perdelwitz, Die Mysterienreligion und das Problem des ersten Petrusbriefs, Gießen 1911. – J. Leipoldt, Die urchristliche Taufe im Licht der Religionsgeschichte, Leipzig 1928.- R. Reitzenstein, Die Vorgeschichte der christlichen Taufe, Berlin-Leipzig 1929. Zur Kritik: J. Dey, $\Pi\alpha\lambda\iota\gamma\gamma\epsilon\nu\epsilon\sigma\iota\alpha$, Münster 1937. – K. Prümm, Der christliche Glaube und die altheidnische Welt II, p. 273 ff.: Paulinische Tauflehre und Christusmystik in ihrem Verhältnis zum hellenistischen Mysterienkult.
7 So A. Oepke bei G. Kittel, Theologisches Wörterbuch zum Neuen Testament I, Stuttgart 1933, p. 541-543: Die Taufe als synkretistisches Mysterium.
8 Vgl. J. Steinbeck, Kultische Waschungen und Bäder im Heidentum und Judentum und ihr Verhältnis zur christlichen Taufe: Neue kirchliche Zeitschrift 21 (1910), p. 778 ff. – Vollständige Zusammenstellung des Materials jetzt bei A. Oepke (Kittel I, 528-533).
9 Matth. 28,19.
10 Vgl. dazu K. Prümm, Christl. Glaube u. altheidn. Welt II, p. 270 ff.: Christliche Taufe u. Zauberhandlung.
11 A. Oepke (bei Kittel I, p. 542, Z. 15-17).

12 Eph. 5,26.
13 De baptismo 2 (CSEL 20, p. 201, Z. 20 f.).
14 Catechesis magna 36 (PG 45, 92 D).
15 Missale Gothicum, Collectio ad fontes benedicendos (PL 72, 274 B).
16 Carmina latina epigraphica II, p. 420, Nr. 908 (Bücheler).
17 Vgl. dazu K. Prümm, Das Christentum als Neuheitserlebnis, p. 167 ff.: Das Mysterium der christlichen Taufe.
18 Das folgende stützt sich auf F. J. Dölger, Zur Symbolik des altchristlichen Taufhauses. Das Oktogon und die Symbolik der Achtzahl: Antike und Christentum 4 (1934), p. 153–187.
19 Theon von Smyrna, Expositio rerum mathematicarum (ed. Hiller, p. 105, Z. 12).
20 Dialogus cum Tryphone 138, 1, 2 (Otto II, p. 486). – Vgl. auch Dial. 41, 4 (Otto II, p. 138 f.).
21 Excerpta ex Theodoto 80, 1 (GCS Clemens III, p. 131, Z. 24 ff.).
22 *Clemens Al.*, Stromata IV, 25, 160 (GCS II, p. 319, Z. 12). – Taufquell als Mutterschoß und Grab auch bei Kyrillos Jer., Mystagog. Catech. 2, 4 (PG 33, 1080 C), bei Ps.-Dionysius Areopagita, Eccl. Hier. II, 2, 7 (PG 3, 396 C), bei Augustinus, Sermo 119, 4 (PL 38, 674 D): vulva matris aqua baptismatis. – Vgl. auch A. Dieterich, Mutter Erde, p. 114.
23 Selecta in Psalmos (Lommatzsch XI, p. 358 f.). Vgl. dazu H. Rahner, Taufe und geistliches Leben bei Origenes: Zeitschrift für Aszese und Mystik 7 (1932), p. 205–223.
24 Glaphyra in Exodum 2 (PG 69, 441 BC).
25 Instructio psalmorum 14 (CSEL 22, p. 12, Z. 24).
26 Epistula 55, 9, 13, 15 (CSEL 34, p. 188, 194 f., 201). Eine Fülle weiterer Texte bei Dölger, a. a. O., p. 165 ff.
27 Stromata VI, 13, 107 f. (GCS II, p. 485 f.).
28 Lateinischer Text auch bei Dölger, a. a. O., p. 155, samt einer wörtlichen Prosaübersetzung.
29 De mysteriis 4, 20 (PL 16, 394 C).
30 Contra Julianum VI, 19, 62 (PL 44, 861 A). Vgl. auch De catechizandis rudibus 20 (PL 40, 325).
31 *Ps.-Augustinus*, De symbolo ad catechumenos (PL 40, 659 D).
32 Dem Folgenden liegt zugrunde das reichbelesene Werk von P. Lundberg, La typologie baptismale dans l'ancienne Eglise (Acta Seminarii neotestamentici Upsalensis X), Upsala-Leipzig 1942, p. 167 ff.: La croix dans le fleuve.
33 Epheserbrief 18, 2 (Funk I, p. 228, Z. 1).
34 Vgl. dazu J. Kosnetter, Die Taufe Jesu. Exegetische und religionsgeschichtliche Studien. Wien 1936, p. 223 ff.
35 Vgl. Eranos-Jahrbuch 1943, p. 335 f. und weiter unten, p. 109 f.
36 Taufwasserweihe des Jakob von Sarug (H. Denzinger, Ritus Orientalium, Würzburg 1863, p. 244).
37 Lukaskommentar II, 91 (CSEL 32, 4 p. 94, Z. 14 f.).
38 Itinerarium c. 11 (CSEL 39, p. 200, Z. 14–16).
39 Vgl. dazu G. de Jerphanion, La voix des monuments, Paris 1930, p. 183 ff. – K. Künstle, Ikonographie der christlichen Kunst, Freiburg 1928, p. 377 f. – J. Wilpert, Die römischen Mosaiken und Malereien, Textband II, Freiburg 1916, p. 777–780.
40 Text bei F.C. Conybeare, Rituale Armenorum, Oxford 1905, p. 427. –

Auch bei Lundberg, a.a. O., p. 170 f. – Vgl. zum Ganzen A. Franz, Die kirchlichen Benediktionen im Mittelalter I, Freiburg 1909, p. 70–75.
41 R. Bauerreiss, Arbor Vitae. Der Lebensbaum und seine Verwendung in Liturgie, Kunst und Brauchtum des Abendlandes, München 1928, p. 48 bis 50.
42 Vgl. A. Franz, Die kirchlichen Benediktionen I, p. 549–551.
43 So H. Usener, Archiv für Religionswissenschaft 7 (1904), p. 294 ff. – A. Dieterich, Mutter Erde, p. 114. – C. G. Jung, Seelenprobleme der Gegenwart, p. 172.
44 Vgl. die Belege bei H. Scheidt, Die Taufwasserweihegebete im Sinne vergleichender Liturgiegeschichte, Münster 1935.
45 Abbildung im Lexikon für Theologie und Kirche IX, Freiburg 1937, Tafel nach Sp. 1020. – Auf einem Elfenbein im Britischen Museum zwei Leuchter im Jordan: Abbildung im Dictionnaire d'Archéologie chrétienne II (Paris 1910), p. 363, fig. 1297.
46 Vgl. R. Bauerreiss, a.a.O., p. 50–57: Symbolik der Osterkerze als Lebensbaum und Kreuzsymbol.
47 *Ps.-Athanasius*, De Pascha (PG 28, 1080 f.).
48 1 Joh. 3, 2.
49 Münster 1918 (Liturgiegeschichtliche Forschungen II).
50 Vgl. dazu W. Bousset, Die Himmelsreise der Seele: Archiv für Religionswissenschaft 4 (1901), p. 136 ff.; 229 ff. – R. Reitzenstein, Himmelswanderung und Drachenkampf in der alchemistischen und frühchristlichen Literatur: Festschrift für Fr. C. Andreas, Leipzig 1916, p. 33–50. – Vorträge der Bibliothek Warburg, herausgegeben von Fr. Saxl, 1928/29: Über die Vorstellungen von der Himmelsreise der Seele, Berlin-Leipzig 1930.
51 Text bei F. C. Conybeare, Rituale Armenorum, p. 335.
52 La typologie baptismale, p. 73 ff. – Vgl. auch die Gebete bei C. R. Allbery, A Manichean Psalm-Book, Stuttgart 1938, p. 132 und 166. – A. Rücker, Die «Ankunft im Hafen» des syrisch-jakobitischen Festrituals und verwandte Riten: Jahrbuch für Liturgiewissenschaft 3 (1923), p. 78 bis 92. – T. Arvedson, Das Mysterium Christi, Upsala 1937, p. 204 ff.
53 Odysseus am Mastbaum: Zeitschr. f. kath. Theologie 65 (1941), p. 123 bis 152. – Das Meer der Welt: ebd. 66 (1942), p. 89–118. – Das Schiff aus Holz: ebd. 66 (1942), p. 196–227; 67 (1943), p. 1–21.
54 *Ps.-Chrysostomus*, In triduanam resurrectionem Domini (PG 50, 824).
55 Oratio 39, 1 (PG 36, 336 A).
56 De cereo paschali, Verse 17–26: Analecta Hymnica 50 (Leipzig 1907), p. 217.
57 Vgl. F. J. Dölger, Lumen Christi: Antike und Christentum 5 (1936), p. 1–43.
58 Phaidros 250 B.
59 Protreptikos XI, 11, 114 (GCS I, p. 80, Z. 13–29).

*Das christliche Mysterium von Sonne und Mond*

1 Johanneskommentar VI, 55 (GCS IV, p. 164, Z. 21).
2 Diels, Fragmente der Vorsokratiker (4. Aufl.), 21 B 40. – Aufbewahrt bei Plutarch, Über das Gesicht auf

der Scheibe des Mondes 2 (Bernardakis V, p. 403, Z. 10).
3 Über die Vorsehung II, 77 (Aucher, p. 96).
4 Dies der Titel seines religionsgeschichtlichen Werkes, herausgegeben bei Migne PG 21, Sp. 22/1408.
5 Ammianus Marcellinus XXV, 3, 6/9. Vgl. Joseph Bidez, Julian der Abtrünnige, München 1940, p. 347.
6 Zitiert nach J. Bidez a.a.O., p. 348.
7 Fragmenta Philosophorum Graecorum (ed. Mullach I, p. 518, Z. 25 ff.).
8 Exameron IV, 1, 2 (CSEL 32, 1, p. 111, Z. 22/25).
9 Gal. 3, 24.
10 Aus dem Sonnenhymnus eines Anonymus (Macrobius oder vielleicht Dracontius?): Anthologia Latina (ed. Riese) I, 1, (2. Aufl.), p. 300 f. – Zu der Sonnentheologie des Macrobius, vgl. seine Saturnalia I, 23 (Eyssenhardt, p. 127 f.).
11 Zweite Strophe aus dem Hymnus «Splendor paternae gloriae». Text am bequemsten bei H. Lietzmann, Lateinische altkirchliche Poesie (Kleine Texte 47/49), Berlin 1910, p. 10. – Analecta Hymnica 50 (Leipzig 1907), p. 11.
12 Die orientalischen Religionen im römischen Heidentum (3. Aufl.), Leipzig 1931, p. 163.
13 Diese Prinzipien werden hier entwickelt nach den Grundsätzen meines Lehrers Franz Joseph Dölger † und nach den beiden grundlegenden Werken von Karl Prümm, Der christliche Glaube und die altheidnische Welt, 2 Bände, Leipzig 1935; und: Das antike Heidentum nach seinen Grundströmungen. Ein Handbuch zur biblischen und altchristlichen Umweltkunde, München 1941.
14 Gal. 4, 3. 9.
15 Rede gegen die Griechen 9 (Otto, Corpus Apologetarum VI, Jena 1851, p. 42). – Vgl. auch H. Rahner, Mysterium Lunae: Zeitschrift für katholische Theologie 64 (1940), p. 126 f.
16 Mal. 4, 2; Lukas 1, 78.
17 Apologia I, 46 (Otto, Corpus Apologetarum I, Jena 1876, p. 128). Apologia II, 8 und 13 (ebd. p. 222; 236 f.). Zur Lehre des Justinos vom «samenartigen Logos», die dann bei Clemens von Alexandrien und Origenes ausgebaut wird, vgl. K. Prümm, Das antike Heidentum, p. 190 ff.
18 Critical and Historical Essays 12: Milman's Christianity, London 1871, II. Band, p. 231/34. – Neuestens wiedergegeben bei H. de Lubac, Katholizismus als Gemeinschaft, Einsiedeln 1943, p. 407/409.
19 Sap. 13, 2. 3.
20 Aufbewahrt bei *Origenes*, Gegen Celsus V, 13 (GCS II, p. 14).
21 Gegen Celsus V, 11 (GCS II, p. 12).
22 *Origenes*, Genesisfragmente (Migne PG 12, 84 B).
23 Erklärung zu Psalm 118, Lamed Nr. 5 (CSEL 22, p. 459, Z. 17–19).
24 Joh. 1, 9.
25 Joh. 1, 14.
26 Kommentar zu Psalm 118, achte Rede Nr. 57 (CSEL 62, p. 186, Z. 14–17).
27 Vgl. dazu F. J. Dölger, Sonne und Sonnenstrahl als Gleichnis in der Logostheologie des christlichen Altertums: Antike und Christentum 1 (1929), p. 271–290. – M. Schmaus, Die psychologische Trinitätslehre des hl. Augustinus, Münster 1927.

# ANMERKUNGEN

28 Fr. J. Dölger, Konstantin der Große und der Manichäismus. Sonne und Christus im Manichäismus: Antike und Christentum 2 (1930), p. 301 bis 314.
29 Fr. J. Dölger, Sol Salutis. Gebet und Gesang im christlichen Altertum (Liturgiegeschichtliche Forschungen 4/5), Münster 1925. – F. J. Dölger, Die Sonne der Gerechtigkeit und der Schwarze. Eine religionsgeschichtliche Studie zum Taufgelöbnis, Münster 1918.
30 Max Pulver, Gnostische Erfahrung und gnostisches Leben im frühen Christentum: Eranos-Jahrbuch, Bd. VIII/1940/41, p. 231, Zürich 1942 – Max Pulver, Jesu Reigen und Kreuzigung nach den Johannes-Akten: Eranos-Jahrbuch, Bd. IX/1942, p. 141, Zürich 1943. – Max Pulver, Die Lichterfahrung im Johannes-Evangelium, im Corpus Hermeticum, in der Gnosis und in der Ostkirche Eranos-Jahrbuch, Bd. X/1943, p. 253, Zürich 1944 – Max Pulver, Vom Spielraum gnostischer Mysterienpraxis: Eranos-Jahrbuch, Bd. XI/1944, p. 277, Zürich 1945 – Max Pulver, Das Erlebnis des Pneuma bei Philon: Eranos-Jahrbuch, Bd. XIII/1945, p. 111, Zürich 1946.
31 R. Jolivet, Dieu soleil des esprits. La doctrine augustinienne de l'illumination, Paris 1934.
32 H. Dörries, Zur Geschichte der Mystik. Erigena und der Neuplatonismus, Leipzig 1925.
33 Cl. Bäumker, Witelo, ein Philosoph und Naturforscher des XIII. Jahrhunderts (= Beiträge zur Geschichte der Philosophie des Mittelalters III, 2), Münster 1908, p. 357–467.
34 Hildegard von Bingen, Scivias I, 3. Vision (Migne PL 197, 405 f.); Liber divinorum operum I, 2. Vision, Nr. 35 (PL 197, 781 f.); II, 5. Vision, Nr. 37 (PL 197, 935–937). – Vgl. dazu H. Liebschütz, Das allegorische Weltbild der hl. Hildegard von Bingen, Leipzig 1931, p. 83 ff.
35 Eph. 5, 32.
36 Genesishomilie 1, 7 (GCS VI, p. 8, Z. 21).
37 Breviarium Romanum, Antiphon zum Magnificat des Festes Mariä Geburt am 8. September.
38 Exameron IV, 8, 32 (CSEL 32, 1, p. 138, Z. 15–20).
39 Vgl. Apostelgeschichte 2, 31–36; 3, 16; 4, 10; 17, 3; Römerbrief 1, 4; 6, 5–11; 1. Korintherbrief 15, 12–19. – Religionsgeschichtlich besonders bemerkenswert ist die Predigt des Paulus auf dem Athener Areopag über «Jesus und die Anastasis»; dafür hielten ihn die Athener für «einen Herold neuer Gottheiten»: Apostelgesch. 17, 18, 31 f.
40 1. Korintherbrief 11, 26.
41 Matthäus 28, 1. Markus 16, 2, 9. Lukas 24, 1. Johannes 20, 1, 19.
42 Apostelgesch. 20, 7. 1. Korinther 16, 2.
43 Über den hellenistischen Wortsinn von κυριακόν vgl. A. Deißmann, Neue Bibelstudien, Marburg 1897, p. 44 ff. – A. Deißmann, Licht vom Osten, Tübingen 1909, p. 258 f.
44 Didache 14, 1 (F. X. Funk, Patres Apostolici I, Tübingen 1901, p. 32). – Apokalypse 1, 10. – Magnesierbrief 9, 1 (Funk I, p. 236).
45 1. Korinther 11, 20.
46 Zur Geschichte des christlichen Sonntags, wie sie hier kurz umrissen wird, vgl. folgende von mir hier benützte Literatur: Th. Zahn, Geschichte des Sonntags, vornehmlich

in der alten Kirche (= Skizzen aus dem Leben der alten Kirche), Erlangen-Leipzig 1894, p. 196–240. – E. Schürer, Die siebentägige Woche im Gebrauche der christlichen Kirche der ersten Jahrhunderte: Zeitschrift für die neutestamentliche Wissenschaft 6 (1905), p. 1 ff. – F. Boll, Hebdomas: Realenzyklopädie der klassischen Altertumswissenschaft von Pauly-Wissowa-Kroll VII (Stuttgart 1912), 2547–2578. – Fr. Boll und A. Bezold, Sternglaube und Sterndeutung (3. Aufl. besorgt von W. Gundel), Leipzig 1926, p. 183 ff. – H. Dumaine, Dimanche: Dictionnaire d'Archéologie chrétienne et de Liturgie von Cabrol-Leclercq IV (Paris 1921), Sp. 858 bis 994, mit reichstem Literaturnachweis.

47 Magnesierbrief 9, 1 (Funk I, p. 236 f.).
48 Zur Deutungsgeschichte von Lukas 1, 78 in der christlichen Sonnensymbolik vgl. F. J. Dölger, Sol Salutis (2. Aufl.), Münster 1925, p. 149 bis 156: Oriens ex alto, Christus im Bild der Morgensonne.
49 Römerbrief 2, 2 (Funk I, p. 254).
50 Apologia I, 67 (Otto, Corpus Apologetarum I, p. 184 f.).
51 Epistolarum X, 96 (ed. Merrill, p. 301, Z. 1–13). – Zur Interpretation der Pliniusstelle vgl. F. J. Dölger, Sol Salutis, p. 103 ff.: Das an Christus gerichtete Carmen der Christen Bithyniens. Die Liturgie vor Sonnenaufgang.
52 Ad nationes 1, 13 (CSEL 20, p. 83 f.). – Apologeticum 16, 9–11 (CSEL 69, p. 43 f.).
53 Vgl. dazu Quellen und Literatur bei F. Boll: Realenzykl. der klass. Altertumswiss. VII, Sp. 2578. – Fr. Cumont, Die orientalischen Religionen im römischen Heidentum (3. Aufl.), Leipzig-Berlin 1931, p. 152 f. und p. 295, Anm. 25.
54 Enarratio in Psalmum 93, 3 (PL 37, 1192).
55 Fr. Boll: Realenzykl. d. klass. Altertumswiss. VII, Sp. 2577, Z. 30 bis 67.
56 P. Batiffol, La paix constantinienne et le Catholicisme, Paris 1911, Exkurs A: Sol invictus, p. 69–76. – Reiches Material dazu auch bei H. Dumaine: Dict. d'Archéologie IV, Sp. 874–876.
57 Vita Constantini IV, 18 (GCS I, p. 124; PG 20, 1165).
58 Inschrift des 2. Jahrhunderts aus Rom, veröffentlicht im Dictionnaire d'Archéologie chrétienne et de Liturgie II (Paris 1910), Sp. 629. – Andere Inschriften aus christlicher Zeit mit Vermerk des Heliostages vgl. Dict. d'Archéologie IV, Sp. 873 f.
59 Anecdota Maredsolana III, 2 (ed. G. Morin, Maredsous 1897), p. 418, Z. 7–19.
60 Homilie 61 (PL 57, 371).
61 Historia Francorum III, 15 (PL 71, 254).
62 Etymologiae V, 30 (PL 82, 216).
63 Fr. Boll: Realenzykl. d. klass. Altertumswiss. VII, Sp. 2578, Z. 61–67.
64 Darauf machte mich im Laufe der Tagung Herr Dr. M. Pulver aufmerksam.
65 Vgl. für die griechische Überlieferung etwa Eusebius, Psalmenkommentar zu Psalm 21, 30 (PG 23, 213). – Basilius, De Spiritu Sancto 27, 66 (PG. 32, 192). – Weiteres Material bei H. Dumaine: Dict. d'Archéolo-

gie IV, 884–886. – Für die lateinische Überlieferung genügt es, auf Tertullian hinzuweisen, De oratione 23 (CSEL 20, p. 196). – Noch heute heißt in der Sprache der byzantinischen Liturgie «ἀναστάσιμος» einfach «sonntäglich».
66 Johannes 18, 28; 19, 14.
67 Nach dem Bericht des Irenäus bei Eusebius, Kirchengeschichte V. 24 (GCS II, 1, p. 496).
68 Exodus 12, 6. 18.
69 Zu den verwickelten Problemen der jüdischen Astronomie und Osterberechnung, der Bestimmung von Jahr, Monat und Tag des Todes Jesu, vgl. die genaue Berichterstattung bei U. Holzmeister, Chronologia Vitae Christi, Rom 1933, p. 156 bis 222.
70 Vgl. 1. Korintherbrief 5, 6/8.
71 Vgl. dazu H. Leclercq, Pâques: Dictionnaire d'Archéologie chrétienne XIII, Paris 1937, Sp. 1522 bis 1531, und reiche Literaturangaben, Sp. 1571–1574.
72 Vita Constantini III, 17–20 (GCS I, p. 84–87).
73 Über das Gebet 7 (GCS II, p. 316, Z. 10 f.). – Vgl. H. Rahner, Mysterium Lunae: Zeitschr. f. katholische Theologie 63 (1939), p. 327.
74 *Ps.-Augustinus*, Sermo 164, 2 (PL 39, 2067).
75 Vgl. dazu den Artikel «Helios»: Realenzykl. d. klass. Altertumswiss. VIII (Stuttgart 1912), Sp. 58–93; besonders Sp. 90–93: Helios als Nachtsonne. Fahrt des Helios im Sonnenbecher.
76 Ilias 18, 11.
77 Die antiken und christlichen Belege dazu bei F. J. Dölger, Sol Salutis (2. Aufl.), Münster 1925, p. 336 bis 364: Christus als Sonne im Totenreich.
78 Kommentar zum Buche Ecclesiastes (PL 23, 1015).
79 Metamorphosen IX, 22 (Ausgabe von Helm I, p. 220, Z. 3 f.). – XI, 23 (Helm p. 285, Z. 14 ff.).
80 So etwa bei Hilarius, Tractatus in Psalmum 67, 6 (CSEL 27, p. 280, Z. 7 ff.). Ähnlich schon bei Ps.-Origenes, Kommentar zu Job 1, 3 (PG 17, 399 f.). – Vgl. die Darstellung bei H. Rahner, Mysterium Lunae: Zeitschr. f. kathol. Theologie 63 (1939), p. 433; 440.
81 Expositio in Psalmum 67, 34 (PG 27, 303 D).
82 Exameron IV, 2, 7 (CSEL 32, 1, p. 115, Z. 5–9).
83 Enarratio in Psalmum 103, Sermo 3, 21 (PL 37, 1374 CD).
84 Bruchstück aus seiner verlorenen Schrift «Über das Taufbad», entdeckt und herausgegeben von J. B. Pitra, Analecta Sacra II, Paris 1884, p. 3–5. – Text ebenso bei E. J. Goodspeed, Die ältesten Apologeten, Göttingen 1914, p. 310 f. – Übersetzung und ausführlicher Kommentar bei F. J. Dölger, Sol Salutis (2. Aufl.), p. 342–345.
85 1 Petr. 3, 19; 4, 6.
86 Wichtigste Literatur zum christlichen und religionsgeschichtlichen Problem der Höllenfahrt Jesu: K. Gschwind, Die Niederfahrt Christi in die Unterwelt. Ein Beitrag zur Exegese des Neuen Testamentes und zur Geschichte des Taufsymbols, Münster 1911. – J. Kroll, Gott und Hölle, Leipzig 1932. – L. Ganschinietz, Katabasis: Realenzykl. d. klass. Altertumswiss. X (Stuttgart 1919), Sp. 2359–2449. – Vor allem

K. Prümm, Der christliche Glaube und die altheidnische Welt II, Leipzig 1935, p. 17–51: Die Niederfahrt des Herrn und antike Abstiege in die Unterwelt.

87 Evangelia apocrypha (ed. H. Tischendorf, 2. Aufl.), Leipzig 1876, p. 391 f.

88 Kommentar zum Matthäusevangelium IV, 27 (PL 26, 212 A). – Vor ihm schon Cyrillus von Jerusalem, Katechese IV, 10 (PG 33, 469 A), und Katechese XIII, 3 (PG 33, 813 B).

89 Vgl. dazu L. Hautecour, Le Soleil et la Lune dans les Crucifixions: Revue archéologique 2 (1921), p. 13. – J. Reil, Christus am Kreuz in der Bildkunst der Karolinger, Leipzig 1930, p. 98 ff. – Man vergleiche daneben die antiken Bilder des Sol: G. Thiele, Antike Himmelsbilder, Berlin 1898. – Über Darstellungen des Sol im Sonnenwagen auf altchristlichen Mosaiken vgl. J. Wilpert, Die römischen Mosaiken und Malereien, Textband I, Freiburg 1916, p. 265 f.

90 Petri Abaelardi Hymnarius Paraclitensis, Paris 1891, p. 113. – Zitiert auch bei F. J. Dölger, Sol Salutis (2. Aufl.), Münster 1925, p. 353.

91 Vgl. H. Detzel, Christliche Ikonographie I, Freiburg 1894, p. 418.

92 *Ps.-Epiphanius*, Homilie auf den «Großen Sabbat» (PG 43, 440 C; 441 B).

93 Sol Salutis (2. Aufl.), Münster 1925, p. 354, Anm. 4.

94 Aus dem Hymnus «Te Deum», der doch wohl dem Niketas von Remesiana (Ende des vierten Jahrhunderts) zugeschrieben werden muß. Kritischer Text bei A. E. Burn, Niceta of Remesiana, Cambridge 1905, p. 83–91.

95 Protreptikos XI, 114, 1–4 (GCS I, p. 80).

96 Vgl. Augustinus, Epistola 55, 1, 2, 5 (CSEL 34, p, 170 f.; 174). – H. Rahner, Mysterium Lunae Zeitschr. f. kathol. Theologie 63 (1939), p. 435 bis 437.

97 Tractatus II, 38 (PL 11, 483).

98 Vita Constantini IV, 22 (GCS I, p. 125, Z. 26–30).

99 De errore profanarum religionum 22, 1 (CSEL 2, p. 112, Z. 3 f.).

100 Ebda 24, 2, 4 (CSEL. 2, p. 114 f.).

101 Markus 16, 2.

102 Zeno von Verona, Tractatus II, 49 (PL 11, 504 f.).

103 Tractatus II, 52 (PL 11, 508).

104 Cathemerinon V, 127–132 (CSEL 61, p. 30). Die Übersetzung ist von mir.

105 Hebräerbrief 2, 14.

106 Appendix zu den Gedichten des Paulinus von Nola, Carmen II, Verse 51 f.; 60–63 (CSEL 30, p. 349). – Vgl. zum Ganzen F. J. Dölger, Sol Salutis, p. 364–379: Christus als Sonne der Auferstehung und Sol invictus.

107 De errore profanarum religionum 19, 1 (CSEL 2, p. 104, Z. 28).

108 Saturnalia I, 23, 21 (Eyßenhardt, p. 127 f.).

109 Johannes 8, 12.

110 De errore profanarum religionum 19, 1, 2 (CSEL 2, p. 105, Z. 2–9).

111 Römerbrief 6, 3. 4.

112 Vgl. dazu H. Rahner, Pompa diaboli. Ein Beitrag zur Bedeutungsgeschichte des Wortes πομπή – pompa in der urchristlichen Taufliturgie: Zeitschr. f. kathol. Theologie 55 (1931), p. 239–273. – F. J. Dölger,

Die Sonne der Gerechtigkeit und der Schwarze, Münster 1918, p. 1 bis 10: Die Abschwörung des Teufels nach Westen und die Zusage zu Christus nach Osten nach dem altchristlichen Taufritual.

113 Divinarum Institutionum II, 9 (CSEL 19, p. 142 f.).

114 Über die Schöpfung der Welt, Rede 5, 5 (PG 56, 477).

115 Mystagogische Katechese 1, 2, 4 (PG 33, 1068 f.).

116 Kommentar zum Propheten Amos III, 6, 14 (PL 25, 1068).

117 Epheserbrief 5, 14.

118 Vgl. dazu M. Dibelius bei H. Lietzmann, Handbuch zum Neuen Testament III, 2, Tübingen 1913, S. 118. – F. J. Dölger, Sol Salutis, p. 365 f.

119 Protreptikos IX, 84, 2 (GCS I, p. 63, Z. 15–20).

120 Oracula Sibyllina, Fragment I, Verse 28–30. Aufbewahrt bei Theophilos von Antiochien, Ad Autolycum II, 36 (Otto, Corpus Apologetarum VIII, Jena 1861, p. 168). Zitiert bei Clemens von Alexandrien, Protreptikos VIII, 77, 2 (GCS I, p. 59). – Kritischer Text bei J. Geffcken, Oracula Sibyllina (Berliner Ausgabe, Leipzig 1902, p. 229, Z. 29 f.).

121 Ode Salomos 15, Verse 1, 2 und 6 (Übersetzung aus dem Syrischen bei Ungnad-Staerk, Die Oden Salomos: Kleine Texte von H. Lietzmann 64, Bonn 1910, p. 16 f. – Auch bei H. Greßmann, Die Oden Salomos: E. Hennecke, Neutestamentliche Apokryphen, 2. Aufl., Tübingen 1924, p. 450 f.).

122 Sol Salutis, p. 367. – Acta Thomae 27 (Acta Apostolorum Apocrypha II, 2, ed. Bonnet, p. 143, Z. 4–10). Deutsche Übersetzung auch bei E. Hennecke, Neutestamentliche Apokryphen (2. Aufl.), Tübingen 1924, p. 266.

123 Vgl. dazu F. J. Dölger, Lumen Christi. Untersuchungen zum abendlichen Lichtsegen in Antike und Christentum. Der feierliche Lichtruf in der römischen und mozarabischen Liturgie: Antike und Christentum 5 (1936), p. 1–43.

124 Liber Mozarabicus Sacramentorum (ed. M. Férotin, Paris 1912, Sp. 250, Z. 7). – Vgl. dazu H. Rahner, Die Gottesgeburt. Die Lehre der Kirchenväter von der Geburt Christi im Herzen des Gläubigen: Zeitschr. für kathol. Theologie 59 (1935), p. 396.

125 Zitiert zu Justinus, Dialog mit Tryphon 88 bei Otto, Corpus Apologetarum II, Jena 1877, p. 321, Anm. 9. – Vgl. auch F. J. Dölger, Aqua ignita. Wärmung und Weihe des Taufwassers: Antike und Christentum 5 (1936), p. 175–183. – H. Rahner, Mysterium Lunae: Zeitschr. f. kathol. Theologie 64 (1940), p. 73.

126 Unter den pseudoaugustinischen Predigten, wahrscheinlich von Caesarius von Arles, Sermo 172 (PL 39, 2075).

127 Osterhomilie 9, 2 (PG 77, 581). – Vgl. dazu andere Texte bei H. Rahner, Osterlyrik der Kirchenväter: Schweizerische Kirchenzeitung 110 (1942), p. 169–172. – Th. Michels, Das Frühlingssymbol in österlicher Liturgie, Rede und Dichtung: Jahrbuch für Liturgiewissenschaft 6 (1926), p. 1–15.

128 Ostersequenz Verse 18–22 (Analecta Hymnica 53, Leipzig 1911, p. 66). Die hier gebotene Übertragung

schließt sich an eine im Rhythmus der Sequenz genaue Übersetzung an, die mir Prof. W. von den Steinen mitteilte. – Als Nachhall dieser antik christlichen Lyrik der österlichen Sonnenfreude sind auch zu werten die Abbildungen der Exsultetrollen, die zu dem entsprechenden Text des Exsultet der römischen Osternachtfeier (nox sicut dies illuminabitur; gaudeat et tellus tantis irradiata fulgoribus, et aeterni Regis splendore illustrata, totius orbis se sentiat amisisse caliginem) darstellen, wie Christus als Sonne das Dunkel des Erdkreises erleuchtet. Vgl. M. Avery, The Exultet Rolls of South Italy, Princeton 1936, II. Band, Tafel 100, 4; Tafel 131, 3 und Tafel 156, 7. – In diesem Zusammenhang möchte ich auch die christliche Bronzelampe aus Selinunt erwähnen, die F. J. Dölger (Antike und Christentum 5 [1936], p. 33 ff.) beschrieben und in Abbildung Tafel 2 wiedergegeben hat. Sie trägt die Schrift DEO GRATIAS, diente also zu dem abendlichen Lichtsegen, aus dem sich auch die Liturgie des Lichtbringens in der Osternacht gebildet hat: Lumen Christi, Deo gratias. Um die Schrift ist ein kreisrunder Kranz von Blüten, wie Dölger meint. Aber es ist nun nach dem, was H. Leisegang, Eranos-Jahrbuch 1939, p. 154, gesagt hat, doch wohl anzunehmen, daß dieser «Kranz» nichts anderes sein soll als die Sonnenscheibe mit Strahlen: also ein Symbol des «Lumen Christi», des «Lichts ohne Abend», für das der Christ sein «Deo gratias» sagt.

129 Wichtigste Literatur, die hier unmittelbar benutzt wurde: a) Zum antiken Bereich. F. Pfister, Epiphanie: Realenzykl. d. klass. Altertumswiss., Supplementband IV (Stuttgart 1924), Sp. 277–323. – W. Schmidt, Geburtstag im Altertum (= Religionsgeschichtl. Versuche und Vorarbeiten VII, 1), Gießen 1908. – b) Zum christlichen Bereich. H. Usener, Das Weihnachtsfest (2. Aufl.), Bonn 1911. – K. Holl, Der Ursprung des Epiphanienfestes: Gesammelte Aufsätze zur Kirchengeschichte, Tübingen 1928, II. Band, p. 123–154. Abdruck aus den Sitzungsberichten der Berliner Akademie 1917, p. 402 ff. Wir zitieren hier nach der erstgenannten Ausgabe. – O. Casel, Die Epiphanie im Lichte der Religionsgeschichte: Benediktinische Monatsschrift 4 (1922), p. 13 ff. – Thibaut, La solennité de Noël: Echos d'Orient 20 (1920), p. 153 ff. – B. Botte, Les origines de la Noël et de l'Epiphanie, Löwen 1932 (Hauptwerk, auf das sich das Folgende stützt). – K. Prümm, Zur Entstehung der Geburtsfeier des Herrn in Ost und West: Stimmen der Zeit 135 (1939), p. 207–225.

130 Die hier führenden Werke sind in zeitlicher Folge: H. Greßmann, Das Weihnachtsevangelium, Göttingen 1914. – W. Bousset, Kyrios Christos, Göttingen 1921. – H. Leisegang, Hagion Pneuma, Leipzig 1922. – E. Norden, Die Geburt des Kindes, Leipzig 1931. – M. Dibelius, Jungfrauensohn und Krippenkind: Sitzungsberichte der Heidelberger Akademie der Wissenschaften, Hist.-Phil. Klasse 22 (1932).

131 K. Prümm, Der christliche Glaube und die altheidnische Welt I, Leipzig 1935, p. 279. Hier auf p. 255–281 ei-

ne eingehende Darlegung und Kritik der «religionsgeschichtlichen» Erklärung der Jungfrauengeburt. Vgl. auch J. Gresham-Machen, The Virgin Birth of Christ, New York und London 1930. - Fr.X. Steinmetzer, Jungfrauensohn und Krippenkind: Theol.-praktische Quartalschrift 88 (1935), p. 15-25, 237-253.
132 Röm. 6, 9.
133 Kolosserbrief 1, 18; Apokalypse 1, 5.
134 Apostelgeschichte 13, 33.
135 *Ps.-Epiphanius*, Homilie auf den Großen Sabbat (PG 43, 441 D).
136 Aetia Romana 2 (Bernardakis II, p. 251).
137 Stromata VII, 7, 43 (GCS III, p. 32, Z. 33).
138 Lukas 1, 78; Lukas 2, 32.
139 2. Korintherbrief 5, 17.
140 Ausführlich dargestellt bei H. Rahner, Die Gottesgeburt: Zeitschrift für katholische Theologie 59 (1935), p. 333-418.
141 1. Petrusbrief 2, 2.
142 Zur Entstehung der Geburtsfeier, p. 222.
143 Hebräerbrief 1, 3.
144 Epheserbrief 5, 8; 1. Thessalonicherbrief 5, 5.
145 *Ps.-Chrysostomus*, Weihnachtshomilie (PG 61, 763).
146 Stromata I, 145, 6 (GCS II, p. 90). Nach seinen Angaben setzte man damals die Geburt Christi auf den 20. Mai. Seine eigenen Berechnungen führen auf den 18. November. Nach Epiphanius hielten die Aloger den 21. Mai für den Tag der Herrengeburt: Panarion 51, 29, 2 (GCS II, p. 300, Z. 9).
147 Nach dem kritisch nicht gesicherten Text in seinem Danielkommentar IV, 23 (GCS I, 1, p. 242, Z. 1-3) und nach den Angaben auf der Ostertafel der Hippolytstatue (Text und Abbildung in: Dict. d'Archéologie VI, Paris 1925, Sp. 2423 f.) setzt Hippolyt den Geburtstag Christi auf den 2. April. Es könnte indes sein, daß er auch den 25. Dezember annahm. Jedenfalls steht fest, daß bereits er (um das Jahr 205) als Geburtstag einen Mittwoch angab, also den Tag der Sonnenschöpfung im Sinne des Sechstagewerks.
148 De Pascha computus 19 (CSEL 3, p. 266, Z. 9-12).
149 Das urchristliche Material dazu bei F. J. Dölger, Die Sonne der Gerechtigkeit und der Schwarze, Münster 1918, p. 100-110.
150 De Pascha computus 19 (CSEL 3, p. 267, Z. 7-9).
151 Panarion 51, 22, 3-11 (GCS II, p. 284-287).
152 So schon J. Wellhausen, Skizzen und Vorarbeiten (1887), p. 46. - Vgl. K. Prümm, Der christl. Glaube u. d. altheidn. Welt I, p. 271. - Es scheint ferner, daß Epiphanius bei seinem Bericht von der «jungfräulichen» Mutter des arabischen Dusares einem groben sprachlichen Mißverständnis zum Opfer fiel. Vgl. C. Clemen, Der Einfluß der Mysterienreligionen auf das älteste Christentum, Gießen 1913, p. 63.
153 Panarion 51, 30 (GCS II, p. 301). - Botte, Les origines, p. 72-74.
154 Zur Religionsgeschichte des Aion vgl. C. Lackeit, Aion. Zeit und Ewigkeit in Sprache und Religion der Griechen I, Königsberg 1916. - L. Troje, Die Geburt des Aion: Archiv für Religionswissenschaft 22 (1923), p. 87 ff. - H. Sasse, Aion: Theologisches Wörterbuch zum

Neuen Testament von G. Kittel, Stuttgart 1933, I. Band, p. 197-208. - O. Weinreich, Aion in Eleusis: Archiv für Religionswissenschaft 19 (1916-19), p. 174 ff. - R. Eisler, Das Fest des «Geburtstags der Zeit» in Nordarabien: Archiv für Religionswissenschaft 15 (1912), p. 628 ff.

155 Saturnalia I, 18 (Eyßenhardt, p. 112). Vgl. auch H. Leisegang: Eranos-Jahrbuch 1939, p. 159-165.

156 Carmina de seipso I, 38, vv. 15-18 (PG 37, 1326). - Vgl. H. Rahner, Mysterium Lunae: Zeitschrift für kath. Theologie 63 (1939), p. 340.

157 Collectio historiarum quarum meminit Divus Gregorius in carminibus suis 52 (PG 38, 464). Hier jedoch übersetzt nach einem besseren Text, den K. Holl (a.a.O., p. 145) nach einem Codex der Bodleiana bietet.

158 Die Geburt des Kindes, p. 388. - Botte, p. 71. - Prümm, Zur Entstehung der Geburtsfeier, p. 208.

159 Vgl. dazu das Material bei F. Pfister: Realenzykl. d. klass. Altertumswiss. Supplementband IV, Sp. 310. - W. Schmidt, Geburtstag im Altertum, p. 86 f.

160 Über die wesentlich höhere Sinngebung der neutestamentlichen Epiphanie vgl. K. Prümm, Der christl. Glaube u. d. altheidn. Welt I, p. 208 ff.: Die Erscheinung und Ankunft Jesu und die Epiphanie und Parusie der Herrscher. - Vgl. Titusbrief 2, 11; 3, 4. - 2. Timotheusbrief 1, 10.

161 Stromata I, 146, 1, 2 (GCS II, p. 90).

162 Die Quellen dazu eingehend bei H. Rahner, Die Gottesgeburt: Zeitschrift für kath. Theologie 59 (1935), p. 362 f.

163 Pfingsthomilie 1 (PG 50, 454).

164 a.a.O., p. 126. Botte, p. 14.

165 Homilie auf die Theophanie und die Neugetauften (PG 64, 43-46).

166 Oratio 39 auf das Fest der Lichter (PG 36, 336-360).

167 Oratio 40, 5 über die Taufe (PG 36, 364 B). - Das von Gregor etwas umgestaltete Wort aus Platon findet sich in der Politeia VI, 19, 508 C.

168 Oratio theologica II, 29, 30 (PG 36, 68 f.).

169 Aus einer uns heute verlorenen Schrift.

170 Hymnus auf die Epiphanie I, Strophe 11, 12 (ed. Th. J. Lamy, Ephraem Syri Hymni et Sermones I, Mecheln 1882, p. 10).

171 Hymnus auf die Geburt Christi im Fleische 6 (Lamy II, Mecheln 1886, p. 498). Vgl. auch Hymnus 2 (Lamy II, p. 448).

172 Fr. Cumont, Le Natalis Invicti: Académie des Inscriptions et Belles-Lettres, Comptes rendus, Bruxelles 1911, p. 292-298. - Fr. Cumont, La célébration du Natalis Invicti en Orient: Revue d'histoire des religions 82 (1919), p. 85 ff. - J. Noiville, Les origines du Natalis Invicti: Revue des Etudes anciennes 38 (1936), p. 145 ff.

173 Vgl. dazu R. Ganschinietz, Jao: Realenzykl. d. klass. Altertumswiss. IX. (Stuttgart 1914), Sp. 708, Z. 1-33. - Über Cornelius Labeo: Realenzykl. d. klass. Altertumswiss. IV (1900), Sp. 1351.

174 Corpus Inscriptionum latinarum I, 1, Berlin 1893, p. 256.
Th. Mommsen, Chronica minora (Monum. Germaniae hist. Auct. Ant. IX. p. 71).

175 Vgl. dazu G. Brunner: Jahrbuch für Liturgiewissenschaft 13 (1935), p.

ANMERKUNGEN 353

178–181. – K. Prümm, Zur Entstehung, p. 215.
176 A. Wilmart, La collection des 38 homélies latines de St. Jean Chrysostome: Journal of Theological Studies 19 (1918) p. 305–327. – Kritischer Text dieser Abhandlung «De solstitiis et aequinoctiis» bei B. Botte, Les origines, p. 93–105. Unsere Stelle p. 105, Z. 434–439.
177 Homilie auf die Geburt des Herrn: G. Morin, Hieronymi Presbyteri tractatus sive homiliae (Anecdota Maredsolana III, 2), Maredsous 1897, p. 397, Z. 9–13.
178 Über diese späten solaren Formen des syrischen Kults vgl. Fr. Cumont, Die orientalischen Religionen im römischen Heidentum (3. Aufl.), Leipzig 1931, p. 122 f. – Über die Adonishöhle am römischen Janiculus, vgl. K. Prümm, Das antike Heidentum, p. 267.
179 Nach der Angabe des Paulinus von Nola, Epistola 31, 3 (CSEL 29, p. 270, Z. 1–4).
180 Epistola 58, 3 (CSEL 54, p. 532).
181 De errore profanarum religionum 8 (CSEL 2, p. 89 f.).
182 Sermo 194, In Natali Domini 11, 1 (PL 38, 1015 C).
183 Oratio 39, 14 (PG 36, 349 B).
184 Oratio 38, 2 (PG 36, 313 A).
185 Homilia in S. Philogonium (PG 48, 752 D).
186 Weihnachtshomilie 1 (PG 77, 1436 A). Kritischer Text jetzt bei E. Schwartz, Acta Conciliorum Oecumenicorum I, 1, 4, Berlin-Leipzig 1928, p. 10, Z. 4.
187 Sermo 196, 1 (PL 38, 1019 A). Vgl. dazu W. Roetzer, Des hl. Augustinus Schriften als liturgiegeschichtliche Quelle, München 1930, p. 38 bis 43.

188 Sermo 196, 1 (PL 38, 999 A).
189 Sermo 190, 1 (PL 38, 1007 C).
190 Sermo 22, In Nativitate Domini 2, 6 (PL 54, 198).
191 Sermo 27, In Nativitate Domini 7, 4 (PL 54, 218 f.).
192 Ebda. 7, 6 (PL 54, 221 A).
193 Text bei J. S. Assemani, Bibliotheca Orientalis II, Rom 1721, p. 164.
194 Weihnachtshomilie 2 (PL. 57, 537). Darin am Schluß ein hymnisch klingender Lobgesang auf Christus als «Sol novus» (539 BC.).
195 Missale Gothicum, In Nativitate Domini (PL. 72, 227 A).
196 Aus dem Calendarium eines antiochenischen Astrologen etwa des Jahres 200 p. C., mitgeteilt von Fr. Boll, Sitzungsberichte der Heidelberger Akademie der Wissenschaften XVI (1910), p. 16.
197 Weihnachtshomilie (PG 49, 351 A). Vgl. dazu H. Usener, Das Weihnachtsfest (2. Aufl.), Bonn 1911, p. 379–384 (Interpretation der Homilie von H. Lietzmann).
198 Jakobusbrief 1, 17.
199 Darüber handelt eingehend meine Aufsatzreihe mit dem Titel: Mysterium Lunae, Zeitschrift für katholische Theologie 63 (1939), 311–349, 428–442. – 64 (1940), 61–80, 121 bis 131. Darin sind die antiken und christlichen Belege für alle hier folgenden Ausführungen vorgelegt.
200 Exameron IV, 7, 29 (CSEL 32, 1, p. 134, Z. 26).
201 Exameron IV, 8, 32 (CSEL 32, 1, p. 137, Z. 18 f.).
Exameron IV, 8, 32 (CSEL 32, 1, p. 137, Z. 27 f.).
202 Ad Autolycum II, 15 (Corpus Apologetarum VIII, p. 100, Z. 14 f.).
203 Enneade V, 6, 4 (Deutsche Über-

- tragung bei R. Harder, Plotins Schriften II, Leipzig 1936, p. 43 f.).
204 Philosophiae Consolatio I, Metrum 5, Verse 5–9 (CSEL 67, p. 13 f.).
205 H. Diels, Fragmente der Vorsokratiker (4. Aufl., Berlin 1922), 18 B 15.
206 Cicero, De natura deorum III, 11, 27 (Plasberg, p. 128, Z. 15).
207 Plutarch, De facie in orbe Lunae 26 (Bernardakis V, p. 463, Z. 13 f.).
208 Ebda. 30 (Bernardakis V, p. 472, Z. 8 f.).
208a Mathesis I, 4, 9 (Kroll-Skutsch I, p. 13, Z. 10 ff.) – I, 10, 4 (p. 38, Z. 10-13).
209 Plutarch, De Iside et Osiride 54 (Bernardakis II, p. 528, Z. 8 f.).
210 Vgl. dazu, abgesehen von dem Material in «Mysterium Lunae», auch H. Usener, Kleine Schriften II, Leipzig 1913, p. 252.
211 De mensibus IV, 80 (Wünsch, p. 133, Z. 8).
212 Apokalypse 12, 1/6.
213 De Antichristo 61 (GCS I, 2, p. 41). Ausführlich dargestellt bei H. Rahner, Die Gottesgeburt: Zeitschr. f. kath. Theologie 59 (1935), p. 349 ff.
214 Symposion VIII, 6 (GCS p. 88, Z. 5–11).
215 Symposion VIII, 7 (GCS p. 89 f.).
216 Hexaemeron 5 (PG 89, 913 CD).
217 Enarrationes in Psalm. 142, 3 (PL 37, 1846).
218 Ps.-Augustinus, Sermo 370, 4 (PL 39, 1659). Über die Lehre des Augustinus vgl. H. Rahner, Die Gottesgeburt, p. 387–391.
219 Osterhomilie 3 (PL 67, 1048).
220 Berengaud von Trier, Kommentar zur Apokalypse, Visio 4, 6 (PL 17, 877 A). Andere Zeugnisse vgl. in: Die Gottesgeburt, p. 398 f.
221 So etwa auf einer Darstellung des apokalyptischen Weibes aus einer Beatushandschrift der Pariser Nationalbibliothek (Eranosarchiv). – Vgl. W. Neuss, Die Apokalypse in der altspanischen und altchristlichen Bibelillustration, 2 Bände, Münster 1931. – H. Wölfflin, Die Bamberger Apokalypse, München 1918, Tafel 29.
222 Hortus deliciarum, Ausgabe von A. Straub u. G. Keller, Straßburg 1879–1899, Tafel LXXVI.
223 Sermo 192, 3 (PL 38, 1013 C).
224 Zeugnisse bei F. J. Dölger, Die Sonne der Gerechtigkeit und der Schwarze, Münster 1918, p. 102 bis 104. – Andere bei B. Botte, Les origines, p. 37.
225 Hymnus auf die Weihnacht «Intende qui regis Israel», Strophe 5. Text in den Analecta Hymnica 50 (Leipzig 1907), p. 14. – Auch bei H. Lietzmann, Lateinische altkirchliche Poesie (= Kleine Texte 47 bis 49), Bonn 1910, p. 10.
226 Sermo 146 (PL 52, 591 C).
227 Weihnachtshomilie (PG 49, 359 BC). – Ganz ähnlich spricht Augustinus, Sermo 186, 1, In Nativitate Domini 3 (PL 38, 999 A): Istum diem nobis non Sol iste visibilis, sed ... visceribus fecundis Virgo Mater nobis effudit. In dieser Diktion vom «fließenden Licht» spricht noch heute die römische Liturgie in der Präfation der hl. Jungfrau: lumen aeternum mundo effudit Jesum Christum Dominum nostrum.
228 Cathemerinon XI, Verse 1–4, 11 bis 16 (CSEL 61, p. 63 f.).
229 Clavis Melitonis III, 6 (Ausgabe von J. B. Pitra, Spicilegium Solesmense II, p. 65). Andere Belege für Maria als Mond vgl. bei F. X. Kraus, Realen-

zyklopädie der christlichen Altertümer II, Freiburg 1886, p. 766, wo besonders auf das für die mittelalterliche Symbolik wichtige «Buch der Natur» des Konrad von Megenberg hingewiesen wird. Neues, bei Kraus nicht genanntes Material dazu bei H. Rahner, Mysterium Lunae: Zeitschr. f. kath. Theol. 64 (1940), p. 80. Ebenso bei J. Kreuser, Christliche Symbolik, Brixen 1868, p. 186 u. 207 f. (Ein heute ganz vergessenes Werk, das viel Neues bringt; so macht der Verfasser aufmerksam auf zwei gotische «Mondmarien» aus Ulm und Straubing).

230 Vgl. H. Swarzenski, Vorgotische Miniaturen der ersten Jahrhunderte deutscher Malerei, Leipzig 1927, p. 43.

231 M. Vloberg, La Vierge et l'Enfant dans l'art français II, Grenoble 1934, p. 110 f.

232 Hymnus «In rosa vernat lilium», Strophe 2. Lateinischer Text in: Analecta Hymnica 20 (Leipzig 1895) p. 69. – Deutsche Übertragung von Fr. Wolters, Hymnen und Sequenzen, Berlin 1914, p. 172.

233 Vgl. F. J. Dölger, Sol Salutis (2. Aufl.), Münster 1925, p. 220–242: Die Gebets-Ostung als Ausdruck der Sehnsucht nach dem Paradies. – Die schöne Bezeichnung für Christus als «Sonnenlicht ohne Abend» stammt aus dem Hymnus am Ende des Symposions des Methodios von Philippi (GCS p. 133, Z. 5). Vgl. dazu noch F. J. Dölger, Lumen Christi: Antike und Christentum 5 (1936), p. 10 f.

234 Epistola 18, 24 (PL 16, 979 B). Darin steht 18, 30 (980 B) die bekannte Stelle, wo Ambrosius zu den lunaren Muttergottheiten der Spätantike auch «die Mithra der Perser» zählt. Wie Dölger zeigte, hat hier Ambrosius wohl Herodot vor sich gehabt, der I, 132 sagt, die Perser verehrten «Mitra als Aphrodite»: vgl. den Aufsatz «Die Himmelskönigin von Karthago»: Antike und Christentum 1 (1929) p. 93 f.

235 Exameron IV, 8, 31 (CSEL 32, 1, p. 137, Z. 7–14).

236 Lk 23, 45: vgl. oben p. 157 f.

237 So schon bei Alexander von Alexandrien, der sicher aus Melito von Sardes schöpft, so daß diese Erwähnung des am Kreuz trauernden Mondes bis ins zweite Jahrhundert hinaufreicht: De anima et corpore (PG 18, 600 C).

238 PG. 97, 1409 A.

239 *Giselbert von Westminster*, Judendialog (PL 159, 1034 B).

240 H. Detzel, Christliche Ikonographie I, Freiburg 1894, p. 418.

241 Homilie 23, 5 zum Buch Numeri (GCS VII, p. 217 f.).

242 Symposion VIII, 6 (GCS p. 88).

243 Exameron IV, 8, 32 (CSEL 32, 1, p. 137, Z. 19–27).

244 Enarrationes in Psalm. 10, 4 (PL 36, 133).

245 Enarrationes in Psalm. 103, Sermo 3, 19 (PL 37, 1373).

246 Sermo 136 (PL 38, 753).

247 In Somnium Scipionis I, 21, 33 (Eyßenhardt, p. 566, Z. 15–21).

248 So nennt *Firmicus Maternus* das Taufwasser: De errore profanarum religionum 2 (CSEL 2, p. 77, Z. 13).

249 Hexaemeron 4 (PG 89, 900 BC).

250 *Justinos*, Apologia I, 61 (Corpus Apologetarum I, p. 166).

251 *Methodios*, Symposion VIII, 15, 16 (GCS p. 103, Z. 11 f. und öfters hier).

252 Tractatus II, 43, 1 (PL 11, 494 A).
253 Philipperbrief 2, 15.
254 *Severianus von Gabala*, Rede 3, 5 über die Weltschöpfung (PG 56, 453 C).
255 Tractatus I, 16, 8 (PL 11, 380 f.).
256 Hexaemeron 4 (PG 89, 911 D).
257 Aus dem hymnischen Lobpreis auf die Kirche am Ende des Werkes über das Hexaemeron, wo Anastasios das Ave Maria, die Visionen des Protoevangeliums und der Sonnenjungfrau der Apokalypse auf die Kirche anwendet (PG 89, 1076 CD).
258 Paradiso XXIII, 25-30.
259 Exhortatio martyrii 13 (GCS I, p. 13 f.).

*Seelenheilung*

1 Enarr. in Psalmos 51, 12 (PL 36, 607 C).
2 Moralia in Job VIII, 48, 81 (PL 75, 851 A). - Vgl. auch XII, 47, 52 (PL 75, 1012 A).
3 R. Heim, Incantamenta magica Graeca Latina (Jahrbücher für klassische Philologie, Supplementband 19, Leipzig 1892) Nr. 129, p. 505 f. - Poetae lat. minores I, 140 f. - Th. Hopfner, Griechisch-ägyptischer Offenbarungszauber I, Leipzig 1921, p. 122 f.
4 Anthologia Palatina XV, 12 (Vermutlich, aber nicht ganz sicher von Kaiser Leo dem Weisen 886/912; vgl. dazu dessen sicher echtes Gedicht gegen die Musen, das ebenfalls mit «ἔρρε μοι» beginnt: P. Matranga, Anecdota Graeca II, Rom 1850, p. 559).
5 Odyssee X, 302/306. Nach der Vossischen Übersetzung, die P. von der Mühll, Basel 1943, p. 133 herausgegeben hat. - Bildliche Darstellungen des Moly-Mythos aus der Antike sind uns erhalten: 1. in einer Gemme, Odysseus darstellend, wie er das eben von Hermes erhaltene Kräutlein Moly mit der linken Hand in die Höhe hält. Abbildung bei Fr. Inghirami, Galleria Omerica, Fiesole 1831/36, Bildband II, Tafel 49. - 2. in der Tabula Rondanini, einem heute verschollenen Bas-Relief aus der Sammlung des Marchese Rondanini, künstlerisch eng verwandt mit der Tabula Iliaca im Kapitolmuseum zu Rom; beide Tafeln dienten offenbar Schulzwecken und stellen die homerischen Erzählungen in ihren verschiedenen Phasen dar; auf unserer Tafel also den Mythos von Odysseus und Kirke, mit den erklärenden Beischriften: «Aus der Erzählung an Alkinoos im zehnten (Buch)»; zwischen den beiden Gestalten des Odysseus und Hermes steht ausdrücklich angegeben «Tὸ Μῶλυ»; unter dem Bild der Gefährten steht: «Die in Tiere verwandelten Gefährten.» Beste Abbildung und Beschreibung bei A. Barthélemy in den Mémoires de l'Académie des Inscriptions et Belles-Lettres XXVIII (Paris 1761) Tafel II zwischen p. 578/79. Auch bei O. Jahn, Griechische Bildchroniken, Bonn 1873, Tafel IV. - Bei A. Baumeister, Denkmäler des klassischen Altertums, München-Leipzig 1887, II, p. 783, Abb. 839.
6 Von alter Literatur habe ich gelesen: G.W. Wedel, Propempticon inaugurale de Moly Homeri in specie, Jena 1713. - D.W. Triller, Moly Homericum detectum cum reliquis ad fabu-

lam Circaeam pertinentibus, Leipzig 1716. – J. H. Dierbach, Flora Mythologica oder Pflanzenkunde in bezug auf Mythologie und Symbolik der Griechen und Römer, Frankfurt 1833, p. 192 f. – C. Senoner, Über Homers Moly: Österreichische Blätter für Literatur und Kunst 5 (1848) 37 ff. – Von neueren Untersuchungen: J. Murr, Die Pflanzenwelt in der griechischen Mythologie, Innsbruck 1890, p. 208 ff. – F. Schmiedeberg, Über die Pharmaka in der Ilias und Odyssee, Straßburg 1918, p. 22 ff. – E. Buchholz, Die drei Naturreiche nach Homer (= Homerische Realien I, 2) Leipzig 1873, p. 216 ff. – Th. Hopfner, Griechisch-ägyptischer Offenbarungszauber I, Leipzig 1921, p. 115, 126, 137, 192. – A. Abt, Die Apologie des Apuleius von Madaura und die antike Zauberei, Gießen 1908, p. 103.
7 Inferno IV, 88.
8 Ps.-Theophrast, Hist. plant. IX, 15, 7 (Wimmer I, p. 251).
9 Metamorph. XIV, 291 f. – Noch Gregor v. Nazianz sagt, das Wort «Moly» sei für die Griechen eine von den Göttern erfundene Bezeichnung gewesen: Oratio c. Julianum 1, 105 (PG 35, 641 B).
10 Über den chtonischen Charakter der Lauch- und Zwiebelpflanzen vgl. Th. Hopfner, Offenbarungszauber I, p. 136 f.
11 Stromata VII, 4, 26 (GCS III, p. 19).
12 Plinius, Nat. hist. XXV, 26 (Mayhoff IV, p. 124 f.).
13 Ps.-Apuleius Platonicus, Herbarius 48 (Corpus Medicorum Latinorum IV, Leipzig-Berlin 1927, p. 98).
14 De materia medica III, 47 (Wellmann II, p. 60, Z. 11 ff.).
15 XII, p. 80, 82, 101 (Kühn).
16 So neuerdings Murr a.a.O.; Buchholz a.a.O.; F. Marzell, Die Zauberpflanze Moly: Der Naturforscher 2 (1926), p. 523 ff.
17 De materia medica III, 46 (Wellmann II, p. 59, Z. 14). – Ähnlich Galenos XII, 940; XIII, 211 E; 257; 605 A. – Vgl. dazu E.H.F. Meyer, Geschichte der Botanik II, Königsberg 1855, p. 192 f.
18 Die persischen Glossen der Alten (= Gesammelte Abhandlungen, Leipzig 1866, p. 172/175).
19 A. Merx, Proben der syrischen Übersetzung von Galenus' Schrift über die einfachen Heilmittel: Zeitschr. d. Deutschen Morgenländischen Gesellschaft 39 (1885), p. 282. – Auch im griechischen Ducange wird «βήρασσα» mit «μῶλυ» gleichgesetzt. Vgl. weitere Quellenangaben jetzt bei E. A. Sophokles, Greek Lexikon of the Roman and Byzantine Periods, Cambridge 1914, s. v. βήσασα und ἄρμαλα.
19a Herbarius 90 (Corp. Med. Lat. IV, p. 163, Z. 46 f.)
20 III, fol. 84 d (ed. H. Stadler, Romanische Forschungen 10, 1898, p. 399, Z. 9 ff.)
21 Offenbarungszauber I, p. 127. – II, p. 62 und 93.
22 Therapeutica II (Puschmann I, p. 133/135). Vgl. auch E.H.F. Meyer, Gesch. d. Botanik II, p. 379 ff.
23 Nat. hist. XX, 131/143.
24 Vgl. die Texte bei A. Franz, Die kirchlichen Benediktionen im Mittelalter I, Freiburg 1909, p. 417 ff. Hier auch weitere Quellen zur mittelalterlichen Magie der Raute. Vgl. noch zur teufelsabwehrenden Kraft der Raute die Verse im Hortulus des

Walafried Strabo (PL 114, 1122 f.) und Hrabanus Maurus, De universo XIX, 9 (PL 111, 532).
25 Conrad Geßner, Historia plantarum et vires, Basel 1541, fol. 134 b.
26 Odyssee X, 292. – Zur Sinngeschichte von «φάρμακον» vgl. die wichtige Abhandlung bei A. Abt, Die Apologie des Apuleius von Madaura und die antike Zauberei, Gießen 1908, p. 112/115.
27 Scholia Graeca in Homeri Odysseam (ed. Dindorf, Oxford 1855, II, 467).
28 Suidae Lexicon (ed. Adler, Lexicogr. graeci III) s.v. μῶλυ. Suidas fügt allerdings auch noch die Deutung auf «Bergraute» hinzu. – Ganz im Sinne eines allgemeinen Pharmakons deutet das Moly der sogenannte Anonymus De herbis, ein griechisches Pflanzengedicht unbekannter Datierung, wo c. 13 das homerische Kraut als Gegengift besungen wird (ed. bei Fabricius, Bibl. Graec. II, 630 ff.; und von Lehrs in den Poetae bucolici et didactici bei Didot II, p. 173 ff.). Vgl. E.H.F. Meyer, Gesch. d. Botanik II, p. 336/340.
29 Nat. hist. XXV, 127.
30 Nat. hist. XXI, 180.
31 So Triller a.a.O.; Schmiedeberg a.a.O.; Vgl. auch Plinius XXV, 150, wo die schwarze Nießwurz an Wirkung dem Mandragoras gleichgesetzt wird. Ebenso Apuleius, De magia 32 (Helm p. 22 f.). – Über Nieswurz in den Zauberpapyri vgl. A. Abt a.a.O., p. 134. – Auch bei den christlichen Schriftstellern ist der Elleborus bekannt als Pharmakon, vor allem gegen «insania». Vgl. Irenäus, Adv. haer. II, 30, 1 (Harvey I, p. 362). – Tertullian, De spectaculis 27 (CSEL 20, p. 26, Z. 19 f.). –

Sulpicius Severus, Vita Martini 6, 5 (CSEL 1, p. 117, Z. 2).
32 J. Berendes, Die Pharmazie bei den alten Kulturvölkern I, Halle 1891, p. 131.
33 Artikel «Moly» bei Pauly-Wissowa RE XVI (1933), Sp. 33, Z. 47/65 (Steiner).
34 K. Kerényi, Hermes der Seelenführer: Eranos-Jahrbuch 1942. Hier p. 24 Hermes als Spender des Moly. Rhein-Verlag Zürich 1943.
35 Metamorph. II, 720; II, 818: velox Cyllenius. – Vergil, Aen. IV, 258: Cyllenia proles. – Zum Berg Kyllene als Kultort des Hermes vgl. W.H. Roscher, Mythol. Lexikon I (1886/1890), Sp. 2342 f.
36 Roscher a.a.O., I, 236. – Über Hermes als Logos vgl. RE XIII (1926), Sp. 1061 f. (H. Leisegang). – E. Orth Logios, Leipzig 1926, p. 77 ff. (über Hermes Logios).
36a Pap. Paris. 2289 f. – Vgl. dazu Th. Hopfner, Offenbarungszauber II, p. 2. – Martianus Capella, De nuptiis Mercurii I, 36 (Kopp p. 79).
37 De magia 31 (Helm p. 37, Z. 19). – Über Hermes als chthonischen Gott vgl. A. Abt, Die Apologie des Apuleius von Madaura, p. 229 f., p. 117 f.
38 Corpus Inscr. Latin. XIII, 12005. – Vgl. dazu RE XV (1931), Sp. 996.
39 Etymol. VIII, 9,8 (PL 82, 311 B).
40 De magicis artibus (PL 110, 1097/1099).
41 Contra Symmachum I, vv. 88/94 (CSEL 61, p. 222).
42 Vgl. darüber Th. Hopfner, Offenbarungszauber II, p. 1/19.
43 W.H. Roscher, Mythol. Lexikon II (1890/97), Sp. 1193/1214. – W. Roscher, Selene und Verwandtes, Leipzig 1890, p. 144. – Th. Hopfner,

Offenbarungszauber I, p. 115 f. – H. Rahner, Das Meer der Welt: Zeitschr. f. kath. Theologie 66 (1942), p. 89 ff.
44 II, 15.
45 Adversus nationes IV, 14 (CSEL 4, p. 152, Z. 3).
46 Civitas Dei XVIII, 17 (CSEL 40, 2, p. 288 f.).
47 Etymol. XVIII, 28, 2 (PL 82, 654 B).
48 Memorabilia I, 3, 7 (Mücke p. 74).
49 Vgl. dazu Fr. Wehrli, Zur Geschichte der allegorischen Deutung Homers im Altertum (Dissertation), Basel 1928, p. 52/64. – S. Weinstock, Die platonische Homerkritik und ihre Nachwirkung: Philologus 82 (1926), p. 121 ff.
50 Kleanthes, Fragment 526 (Arnim, Stoicorum veterum fragmenta I, 118). – Apollonios, Lex. Homeric. (Bekker p. 114). – Über die Logoslehre des Kleanthes vgl. RE XI (1921), Sp. 566.
51 Deipnosophistae I, 10 E (Kaibel I, p. 23, Z. 14/16). – Ganz gleich bei Ps.-Plutarch, De vita Homeri 126 (Bernardakis VII, p. 400, Z. 11/14): «Der klugbesonnene Mann (Odysseus) unterlag solcher Verwandlung nicht, denn er hatte von Hermes, das ist vom Logos, die Leidenschaftslosigkeit (τὸ ἀπαθές) erhalten.»
52 Scholia Graeca (Dindorf II, p. 467, Z. 19 f.). – So auch bei Hesychius, Lexikon s. v. μῶλυ (Schmidt II, p. 135): «Moly bedeutet den Logos, durch den das All zu reifer Vollendung gebracht wird (μωλύνεται).»
53 Problemata Homerica 73 (Editio Bonnensis, Leipzig 1910, p. 97, Z. 6/13).
54 c. 16 (Mythographi Graeci ed. Westermann p. 216, Z. 7/12).

55 Anthologia Palatina X, 50.
56 Phaidros 264 C. – Kratylos 407 E.
57 Hymni Orphici 28, 1, 4 (ed. W. Quandt, Berlin 1941, p. 23).
58 Vgl. dazu R. Heintze, Xenokrates, Leipzig 1892, p. 143 ff. – RE XIII (1926) Sp. 1057 f. (H. Leisegang).
59 Act. 14, 12.
60 Apologia I, 22 (Otto I, p. 70, Z. 1 f.).
61 Elenchos IV, 48, 2 (GCS III, p. 70, 16 f.).
62 Recognitiones X, 41 (PG 1, 1441 B).
63 VII, 14 (CSEL 40, 1, p. 321 f.).
64 Über seine religiöse Bedeutung vgl. K. Prümm, Das antike Heidentum nach seinen Grundströmungen, München 1942, p. 94 f.; p. 177. – J. Lebreton, Histoire du dogme de la Trinité II, Paris 1928, p. 68/80. – Th. Hopfner, Offenbarungszauber I, p. 9.
65 Oratio XXIX, 6 (Hobein p. 346, Z. 15/23).
66 *Synesios,* Hymnus III, vv. 558/567 und 592/598 (PG 66, 1601 f.). Deutsche Übertragung von Fr. Wolters, Lobgesänge und Psalmen. Übertragungen der griechisch-katholischen Dichter des I. bis V. Jahrhunderts, Berlin 1923, p. 82/84.
67 Alexandra 678 f. (Kinkel p. 29). Vgl. dazu G. H. Hermann, Opuscula V, Leipzig 1834, p. 242 f. – RE XIII, Sp. 2340, Z. 32/40.
68 Fabulae 125, 8 (Rose p. 90).
69 Priapea 68, 21 f. (Baehrens, Poetae latini minores I, p. 81 f.):
«Hic legitur radix, de qua flos
 aureus exit,
quam cum moly vocat, mentula
 moly fuit.»
Hier ist immerhin bemerkenswert, daß der Dichter die ‹weiße› Blume

des Moly ‹flos aureus›, ‹Goldblume› nennt. Das erinnert an die Bemerkung bei Plinius XXV, 26, die griechischen Pflanzenmaler hätten die Moly-Blume ‹gelb› (luteum) gemalt. Weiß und gold sind also offenbar vertauschbar, eben das Symbol für ‹licht›. Inwieweit das zusammenhängt mit der ‹Goldblume› der Alchimisten, zu dem ja das Chrysanthemon und das Moly gehören, vermag ich nicht zu beurteilen. Vgl. C. G. Jung, Psychologie und Alchemie, Zürich 1944, p. 116, Anm. 1. Vermutlich gehört hierher auch der ‹flos citrinus› der Pflanze ‹Lunatica› oder ‹Berissa›, über die wir später im Zusammenhang mit dem Mandragoras sprechen.

70 Heroikos 665 (Kayser p. 134).
71 De Iside et Osiride 78 (382 F; 383 A).
72 Ebd. 68 (378 B).
73 Ebd. 46 (369 E).
74 Ebd. 46 (369 E).
75 Die persischen Glossen der Alten (= Gesammelte Abhandlungen, Leipzig 1866, p. 172 ff.).
76 Bernardakis-Ausgabe II, Leipzig 1889, p. 519, Z. 21.
77 Lagarde a.a.O., p. 174.
78 Offenbarungszauber I, p. 127.
79 Oratio XXVII (Petavius p. 340 A/D). Vgl. auch Oratio XXVI (p. 330 B).
80 Epitomos Diegesis 5 (Mythographi Graeci, ed. A. Westermann, p. 335, Z. 16/35).
81 Mythographi Graeci, p. 190, Z. 17/22.
82 Man hat sogar an eine schwindelhafte Erfindung durch Ptolemaios Chennos gedacht: vgl. W.H. Roscher, Mythol. Lexikon III (1902/1909), Sp. 2506.

83 Bibliotheca 190 (PG 103, 620 C).
84 In Odysseam 1658 (ed. Leipzig 1825, p. 381, Z. 9/16).
85 Scholia Graeca in Odysseam (Dindorf II, p. 467, Z. 17 f.): φασὶν θάνατον ἐπιφέρειν τῷ ἀνασπῶντι» – Eustathios vergleicht das Moly darum dem ebenso tödlich gefährlichen Mandragoras (p. 381, Z. 29/31).
86 Apologia I, 46 (Otto I, p. 128).
87 Stromata VII, 16, 93/95 (GCS III, p. 66/68).
87a VII, 16, 94, 5 (p. 67, Z. 3): δεῖ τῷ τῆς ἀληθείας ἐραστῇ ψυχικῆς εὐτονίας».
88 VII, 16, 95, 1/3 (p. 67, Z. 10/19).
89 Vgl. L. Cerfaux, La gnose simonienne. Nos sources principales: Recherches de science religieuse 16 (1926), p. 16 ff. – Vgl. auch RE III A, 1 (1927), Sp. 180 ff. (H. Lietzmann).
89a Elenchos VI, 9/18 (GCS III, p. 136/145).
90 Vgl. *Irenäus*, Adv. haer. I, 23, 2/4 Harvey I, p. 191/195). – *Philastrius*, Haer. 29 (CSEL 38, p. 14 f.). – *Ps.-Clemens*, Homilia II, 25 (PG 2, 93 AB). Recognitiones II, 8/12 (PG 1, 1251/1254). – Über die homerische Allegorie im System der Simonianer vgl. H. Waitz: Realenzykl. f. protest. Theologie XVIII (Leipzig 1906), p. 361.
91 *Ps.-Clemens*, Homilia II, 25 (PG 2, 93 B): Παμμήτωρ καὶ σοφία. – Vgl. auch W.H. Roscher, Mythol. Lexikon I, Sp. 171.
92 Elenchos VI, 19, 1 (GCS III, p. 145, Z. 6/10).
93 Ebd. VI, 15, 3/16, 2 (GCS III, p. 141, Z. 16 bis p. 142, Z. 5).
94 Ebd. VI, 9, 4 (GCS III, p. 136, Z. 18/21).

95 Philosophiae Consolatio IV, 4, 29 (CSEL 67, p. 92, Z. 9).

96 De reditu suo 525 f. (Baehrens, Poetae latini minores V, p. 23).

97 Contra Celsum IV, 93 (GCS I, p. 366 f.). – Vgl. übrigens schon Platon, Phaidon 81 E und 82 A. – Clemens Alex., Protrept. I, 4 (GCS I, p. 5, Z. 6 ff.).

98 Vgl. dazu J. Bernhart, Heilige und Tiere, München 1937, ein Buch, das eine Fülle antik christlicher Zeugnisse bringt «für die geheimnisvolle Fühlung zwischen heiligen Menschen und dem Tier, dem Obersten und dem Untersten im Reich der Seele» (Vorwort). – Vgl. auch R. Reitzenstein, Hellenistische Wundererzählungen, Berlin 1906.

99 IV, 3, 25 (CSEL 67, p. 87, Z. 17/19). Voraus geht eine eingehende Schilderung einzelner Tiere, die den menschlichen Leidenschaften zugeordnet sind, kurze Striche zu einer psychischen Zoologie. – Deutsche Übertragung von K. Büchner, Boethius Trost der Philosophie (= Sammlung Dieterich 33) Leipzig 1933.

100 IV, 3. Metrum «Vela Neritii ducis» (p. 87 f.).

101 IV, 6. Metrum, vv. 46/48 (p. 104).

102 IV, 7. Metrum, v. 8 (p. 105).

103 IV, 7. Metrum, vv. 32/35 (p. 106): «superata tellus sidera donat»; das ist der Inbegriff des platonisch-christlichen Seelenaufstiegs.

104 Allegoriae in Odysseam X, vv. 30/32 (ed. P. Matranga, Anecdota Graeca I, Rom 1850, p. 280).

105 Allegoriae X, v. 113 f. (p. 283). – Die alten Allegorien zu Moly bringt Tzetzes auch in seinen Scholien zu Lykophron 679 (ed. Müller, Leipzig 1811, II, p. 735).

106 Narratio errorum Ulyssis (Matranga II, p. 528, Z. 2/7).

107 Prothesis in Odysseam (Matranga II, p. 504 f.).

108 Odysseae Homeri libri XXIV, nuper a Simone Lemnio Emporico Rheto Curiensi heroico latino carmine facti. Basileae 1549 apud Oporinum, p. 34* des Einleitungsgedichtes an den Großconnétable de Montmorency.

109 Commentariorum et disputationum in Genesim tomi IV, Mainz 1612, Nr. 79, p. 109.

110 Odyssea. Das seind die allerzierlichsten und lustigsten vier und zwantzig bücher des eltisten kunstreichsten Vatters aller poeten Homeri von der zehen jährigen irrfart des weltweisen griechischen fürstens Ulissis. Übersetzt von Simon Schaidenreißer, Augsburg 1537, p. 2* der Vorrede.

111 Israel Hiebner von Schneebergk, Mysterium sigillorum, herbarum et lapidum, oder Vollkommene Chur und Heilung aller Kranckheiten, Schäden und Leibes- auch Gemüthsbeschwerungen durch underschiedliche Mittel ohne Einnehmung der Artzney, Erfurt 1651, p. 41.

112 Daniel Stolcius de Stolcenberg, Viridarium Chymicum, Frankfurt 1624, Tafel XXX. – Vgl. dazu J. Read, Prelude to Chemistry. An outline of Alchemy, its Literature and Relationships, London 1939, p. 259.

113 Michael Maier(us), Septimana Philosophica, qua aenigmata aureola de omni naturae genere a Salomone Israelitarum sapientissimo Rege ... enodantur, Frankfurt 1620, p. 126 f.

114 Vgl. dazu C. G. Jung, Psychologie und Alchemie, Zürich 1944, p. 116, A. 1.

115 Ein philosophischer und chemischer Traktat, genannt Der kleine Bauer ... Von der Materia und Erkenntnis des einigen und wahren subjecti universalis magni et illius praeparatione, Straßburg 1618, p. 215.
116 H. Khunrath, Vom Hyleatischen, das ist Pri-Materialischen Catholischen oder Allgemeinen Natürlichen Chaos ... Confession, c. 7, Frankfurt 1597, p. 343 f. – Ausgabe Frankfurt 1708, p. 147.
117 Odyssee X, 329/331.
118 Leipzig-Berlin 1912, p. 269, 281, 384f.
119 Roger Acham, The Scholemaster or plaine and perfite way of teaching children to unterstant, write and speake in Latin tong, London 1570 (Neuausgabe: English reprints 23, London 1870, p. 71/78).

*Mandragora, die ewige Menschenwurzel*

1 Orph. Argonaut. 922 f. (G. Hermann, Leipzig 1805, p. 170). – Vgl. dazu J. H. Dierbach, Flora mythologica, Frankfurt 1833, p. 194 f.
2 Verae historiae II, 33 (Reitz II, p. 128).
3 Dioskurides, De mat. medica IV, 75, 7 (Wellmann II, p. 233): μώριον. – Plinius, Nat. hist. XXV, 147 (IV, p. 164 Mayhoff). – Corp. Gloss. Lat. III, 569 (Goetz): moron, id est mandragora. – Dioscurides Langobardus IV, 72 (ed. H. Stadler p. 42, Z. 11 f.): Das Morion wächst an schattigen Erdhöhlen, es macht verrückt und gibt tiefen Schlaf.
4 Darüber später eingehend. Der alte D.W. Triller, Moly Homericum p. 15, meint darum, der Mandragoras sei das Giftkraut der Kirke gewesen; eben deshalb nennt er das Moly das «celebratissimum remedium anticircaeum» (p. 22).
5 Zum botanischen und magischen Wesen des Mandragoras ist folgende Literatur benützt worden: J. Schmidel, Dissertatio de Mandragora, Leipzig 1671. – Ch. Brewster Randolph, The Mandragora of the Ancients in Folklore and Medicine: Proceedings of the American Academy of Arts and Sciences 40 (1905) p. 487/537. – Verhandlungen der Berliner Gesellschaft für Anthropologie, Ethnologie und Urgeschichte, 17. Oktober 1891 = Zeitschrift für Ethnologie 23 (1891) p. (726/746); mit Beiträgen von F. von Luschan, P. Ascherson und R. Beyer. – Artikel «Mandragoras» bei RE XIV (1928) Sp. 1028/1037 (Steier). – H. Bächtold-Stäubli, Handwörterbuch des deutschen Aberglaubens I, Berlin-Leipzig 1927, Sp. 312/324. Alles Weitere aus der reichen Literatur ist mit Hilfe dieser grundlegenden Arbeiten leicht zu erreichen. – Wir sagen hier entweder «der Mandragoras» oder «die Mandragore». Die erstere Sprechweise ist richtiger, wie P. Ascherson a.a.O. p. 729, Anm. 1 gezeigt hat; die zweite hat sich dennoch eingebürgert.
6 Zur Etymologie vgl. die Angaben bei RE XIV, Sp. 1028. – Ebenso P. de Lagarde, Persische, armenische und indische Wörter im Syrischen, Nr. 172 (= Gesammelte Abhandlungen, p. 67).
7 Hist. plant. VI, 2, 9 (Wimmer I, p. 162). Vgl. jedoch die richtige Beschreibung in Caus. plant. VI, 4, 5 (Wimmer II, p. 210).

8 Ps.-Theophrast, Hist. plant. IX, 8, 8; 9, 1 (Wimmer I, p. 240).
9 De materia medica IV, 75 (Wellmann II, p. 233/237).
10 Nat. hist. XXV, 147/150 (IV, p. 164 f. Mayhoff). - Nat. hist. I, 25, 94 (I, p. 85, Z. 4 f.).
11 Ps.-Dioskurides, De herbis femininis 15 (ed. H.F. Kästner: Hermes 31, 1896, p. 599 f.) - Dioscurides Langobardus IV, 71/72 (ed. H. Stadler, Romanische Forschungen 11, 1901, p. 40/42).
12 Aus exegetischer Literatur über den Mandragoras wurde benützt: Livinus Lemnius, Herbarum atque arborum quae in Bibliis passim obviae sunt, Antwerpen 1566, c. 2: De natura et conditione Mandragorae. - J.G. Wetzstein, Über die Dûdâ' îm im Hohenlied 7, 14: bei Fr. Delitzsch, Biblischer Commentar über die poetischen Bücher des Alten Testaments, IV. Band, Hoheslied und Kohelet, Leipzig 1875, p. 439/445. - H.B. Tristram, The natural History of the Bible, London 1898 (9. Aufl.), p. 466 ff. - L. Fonck, Streifzüge durch die biblische Flora, Freiburg 1900, p. 132 ff. - J. Frazer, Jacob and the Mandrakes: Proceedings of the British Academy 8 (1917), p. 346 ff. - J. Löw, Die Flora der Juden, Leipzig-Wien 1924, III, p. 363 ff.
13 Contra Faustum Manichaeum XXII, 56 (CSEL 25, p. 651 f.). - Wörtlich wiederholt bei Isidor von Sevilla, Quaest. in Vetus Test. 25, 19 f. (PL 83, 262 BC).
14 Exameron III, 9, 39 (CSEL 32, 1, p. 85, Z. 18 f.). Ambrosius verteidigt hier die Existenz der Giftkräuter, die nicht der Güte des Schöpfers widerspreche, mit dem Hinweis auf die Tatsache, daß es auch «böse Engel» gebe (p. 84, Z. 15).
15 Hexaemeron II, 4 (PG 29, 101 D). Vorher (101 B) hat Basilius die Hauptarten der giftigen Pharmaka aufgezählt: Nieswurz, Eisenhut, Mandragoras und Opiumsaft. - Vgl. dazu etwa noch die lateinische Metaphrase des Basilius von Eustathius (PL 53, 913 AC). - Ephraem, In Genesim 30 (Opera Syriace-Latine I, Rom 1737, p. 84). - Isidor, Etymol. XVII, 9, 30 (PL 82, 627 BC); hier wird der Mandragoras auch mit den «mala Matiana» verglichen, einer Apfelsorte, die den Namen von Matius, einem Freund des Augustus, erhielt; vgl. Plinius, Nat. hist. XV, 14, 15 (II, p. 527, Z. 12 Mayhoff).
16 Am ausführlichsten bei Brewster Randolph a.a.O., wo im Anhang die Texte im Original gesammelt wurden.
17 Hist. plant. IX, 9, 1 (l, p. 240). Das gleiche beweist ja auch die hier gegebene magische Vorschrift, daß der Begleiter des Rhizotoms während des Ausgrabens erotische Murmelsprüche, so stark er kann, ausstoßen müsse.
18 De mat. med. IV, 75 (Wellmann II, p. 233, Z. 12 f.) - Plinius, Hist. nat. XXV, 147 (IV, p. 164, Z. 12 Mayhoff): Mandragoram alii Circaeum vocant.
19 RE XIV, Sp. 1031, Z. 9 f.
20 Wird doch z.B. den Apothekern (pigmentarii) gesetzlich verboten, die aus Mandragoras hergestellten Aphrosidiaka leichtfertig auszuhändigen. Vgl. Marcianus in den Digesten 48, 8, 3: ut pigmentarii, si cui temere mandragoram dederint, poe-

na teneantur (Mommsen II, 819, Z. 28/30).
21 Hesychius, Lexicon s.v. Mandragoritis (Ausgabe M. Schmidt, Jena 1861, II, p. 69). – Vgl. auch RE I, 2768. – RE XIV, 1038.
22 Dioscurides Langobardus IV, 71 (Stadler, p. 40, 14 f.).
23 Über den erotischen Gebrauch von Mandragoras im Nahen Osten vgl. F. von Luschan a.a.O., p. 726 ff., mit 6 Abbildungen von Mandragorenweibchen aus Damaskus, Konstantinopel und Antiochien.
24 Die Quellenzeugnisse dazu bei RE XIV, 1033 und bei Randolph, p. 516 ff.
25 Celsus, Libri VIII de Medicina III, 18, 12 (Corp. Med. Latin. I, p. 125, Z. 1). Vgl. auch Macrobius, Sat. VII, 6, 7 (Eyssenhardt II, p. 419, Z. 29 f.).
26 Marcellus, De medicamentis VIII, 8, 12 (Corp. Med. Latin. V, p. 54, Z. 24); XX, 143 (p. 168, Z. 23). – Vgl. auch Caelius Aurelianus, Acutarum sive celerum passionum II, 4, 20 (Amann). – Q. Serenus Sammonicus, Liber medicinalis 54, v. 989 (Poetae lat. minores III, p. 153).
27 So schon nach Dioskurides IV, 75, 7. Aber noch der langobardische Dioscurides berichtet uns von dem Mandragoras: «Wenn man davon trinkt, wird man verrückt oder man schläft ein. Und in eben der Körperhaltung, in der ein Mensch nach dem Trank niederfällt, bleibt er drei bis vier Stunden regungslos liegen. Die ärztlichen Chirurgen aus dem Osten gebrauchen ihn auf diese Weise» (Stadler, p. 42, Z. 11/21).
28 Lexicon 136 (Lexicographi Graeci III, p. 317, ed. A. Adler). – Vgl. auch Hesychius Lex. (II, p. 69): οἰνικὸν καὶ ὑπνοτικόν. Auch in der persischen Pharmazie spielt der Mandragoras als Narkotikum eine Rolle. Vgl. J. Berendes, Die Pharmazie bei den alten Culturvölkern I, Halle 1892, p. 43; p. 222 f.
29 Ps.-Dioscurides, De herbis femininis 15 (ed. Kästner im Hermes 31, 1896, p. 600).
30 Etymol. XVIII, 9, 30 (PL 82, 627 C).
31 Ps.-Cassiodor, Expositio in Canticum 7, 13 (PL 70, 1099 B). – Haymo (PL 117, 349 BC). – Ps.-Thomas von Aquin (Parma-Ausgabe XIV, Parma 1863, p. 382).
32 Expositio in Cant. 7 (PL 164, 1281 C).
33 Randolph, p. 515 und 534 f.
34 So von Steier RE XIV, Sp. 1036, Z. 10 f. gegen G. Hopf, Zwei uralte Pflanzenorakel: Kosmos 4 (1907) p. 244.
35 De mat. med. IV, 75 (Wellmann II, p. 234, Z. 12).
36 Res rust. X, 19 f., Carmen de cultu hortorum (Lundström, p. 5).
37 Corp. Gloss. Lat. III (Goetz), 585.
38 Exkurs über die Dûdâ im Hohenlied 7, 14, p. 441.
39 Libri quinque Canonis (arabisch), Rom 1593, I., p. 187, 19. Zitiert von P. de Lagarde, Gesammelte Abhandl., p. 67. – Vgl. auch das persische Lexikon von Richardson, zitiert bei Wetzstein a.a.O., wo gesagt wird, die Perser bezeichneten den Mandragoras mit «merdumgiâ», «the man plant, on account of the strong resemblance of the root to the human figure».
40 Nach der Mitteilung von Fr. von Luschan a.a.O., p. 728.
41 Etymol. XVII, 9, 30 (PL 82, 627 B).
42 Vgl. zum Folgenden Th. Hopfner,

Mageia: RE XIV, Sp. 319 ff. – A. Abt, Die Apologie des Apuleius von Madaura und die antike Zauberei, Gießen 1908, p. 87 ff. – Zur Fortdauer der Kräutermagie im christlichen Mittelalter vgl. außer Abt p. 91 f., vor allem A. Franz, Die kirchlichen Benediktionen im Mittelalter I, Freiburg 1909, p. 393 ff.

43 Metamorph. VII, 192/198.
44 Hist. plant. IX, 8, 8 (Wimmer I, p. 240). Der Verfasser bemerkt jedoch ausdrücklich IX, 8, 5 (p. 239, Z. 6f.), es handle sich hier um Zauberpraktiken, die von den Rhizotomen und den Pharmakonhändlern nur unternommen werden, um ihren Waren größeren Wert zu geben, und um sich wichtig zu tun, um aus dem magischen Wurzelziehen sozusagen eine «Tragödie» zu machen (ἐπιτραγῳδοῦντες) – ein hübsches Wort gegen die medizinischen Scharlatane aller Zeiten.
45 Nat. hist. XXV, 148 (IV, p. 164, Z. 19/21).
46 Vgl. dazu C. A. Lobeck, Aglaophamus, sive de Theologiae mysticae Graecorum causis II, Königsberg 1829, p. 915; p. 930. – Fr. J. Dölger, Die Sonne der Gerechtigkeit und der Schwarze, Münster 1918, p. 80 f. – Th. Hopfner, Griechisch-ägyptischer Offenbarungszauber I, Leipzig 1921, p. 45; 81 f. – Über die Magie des Mandragoras außerhalb des griechischen Raums vgl. E. Brugsch, Die Alraune als altägyptische Zauberpflanze: Zeitschr. f. ägyptische Sprache 29 (1891), p. 31 ff. Gegen ihn Fr. Heide: Tidsskrift for historisk botanik 1 (1918), p. 8 ff. Vgl. dazu auch RE XIV, Sp. 1032, Z. 8/28. – Über den Mandragorasbrauch im Fernen Osten vgl. A. Eckardt, Ginseng, die Wunderwurzel des Ostens: Festschrift für Wilhelm Schmidt, Wien 1928, p. 220 ff. – Abbildungen der ägyptischen Nofretete mit einem Mandragoras, und eines chinesischen Ginseng: Ciba-Zeitschrift, Sondernummer «Die Arznei und ihre Zubereitung», 18. Juni 1942, Abbildung p. 15 und p. 21.
47 Nat. hist. XXV, 50 (IV, p. 132, Z. 18 f.). «Dein qui succisurus est, ortum spectat: et precatur, ut id liceat sibi concedentibus diis facere.» – Vgl. auch F. J. Dölger, Sol Salutis (2. Aufl.), Münster 1925, p. 56.
48 Vgl. dazu die Quellen bei A. Abt a.a. O., p. 126/130. – RE VII (1912), Sp. 2769/2782.
49 Schol. Theocr. II, 12 (ed. C. Wendel, p. 272, Z. 5). – Vgl. auch Apuleius, Apol. 31 (Helm, p. 37, Z. 20): «manum potens Trivia». – RE VII, 2773 f. – Am schönsten kommt dies zum Ausdruck in der Hekate-Beschwörung, die uns Hippolyt, Elenchos IV, 35, 5 (GCS III, p. 62), aufbewahrt hat:

«Unterirdische, höllische, himmlische Bombo, so komme,
Göttin des Wegs, des Dreiwegs, du glühende nächtige Leuchte,
Feindin des Lichts und Freundin der Nacht und traute Genossin,
die sich ergötzt am Hundegebell und strömendem Blute,
wandelt über die Leichen und über die Gräber der Toten,
lechzend nach Blut, den sterblichen Menschen ein Grauen.»

50 Praep. evangelica IV, 22 (PG 21, 304 C).
51 Vergil, Aen. VI, 247 ff. Vgl. dazu E.

Norden, Aeneis Buch VI, Leipzig 1916, p. 64 und 204. – Pariser Zauberpapyrus 1403. – Fr. J. Dölger, Sol Salutis, p. 347.
52 Pariser Zauberpapyrus 2557. – W. H. Roscher, Selene und Verwandtes, Leipzig 1890, p. 83.
53 Pariser Zauberpapyrus 1432 ff. – Vgl. RE VII, Sp. 2776, Z. 40 ff.
54 Vgl. dazu die Nachricht bei Plinius, Nat. hist. XXX, 18 wo nach einem magischen Bericht bei Apion dem Grammatiker von der Pflanze «Hundskopf», «Cynocephalia», erzählt wird, die Wurzel derselben sei «divina et contra omnia veneficia», aber sie sei nur mit tödlicher Gefahr zu ziehen: «si tota erueretur, statim eum qui eruisset, mori». Eben dagegen aber schützt das magische Wissen um den rechten Zauberbrauch.
55 Vgl. E. von Lippmann, Alraun und schwarzer Hund: Abhandlungen und Vorträge zur Geschichte der Naturwissenschaften I, Leipzig 1906, p. 190 ff.
56 Über den Hund als chthonisches Tier der Hekate vgl. Hopfner, Offenbarungszauber I, p. 112 f. – RE VIII (1913), Sp. 2577 ff. – Bekannt sind die unheimlichen Verse bei Theokrit II, 10 ff., wo die Zauberin in der einsamen, mondhellen Nacht flüstert:
«Auf denn, Selene, leuchte mir schön, du schweigende Göttin,
dir gilt jetzo mein Sang – und dir da unten, Hekate,
die du winselnde Hunde verscheuchst, wenn du schreitest
über die Grüfte der Toten und über den dunkelen Blutstrom.
Heil dir, Hekate, du Göttin voll Grauen ...»
57 Testamentum Salomonis (eine jüdisch-griechische Zauberschrift; vgl. über sie Hopfner, Offenbarungszauber I, p. 160 f.), (PG 122, 1330 f.).
58 «ψυχοβόρους κύνας»: Hymnus III, vv. 86/98 (PG 66, 1595). Deutsche Übertragung von Fr. Wolters, Lobgesänge und Psalmen, Berlin 1923, p. 67 f.
59 Herbarius 131 (Corp. Med. Lat. IV, p. 222, Z. 2): «quia magna est visio ac beneficia eius». Es muß jedoch sicher «vis» statt «visio» heißen; vgl. die Lesart der St. Galler Handschrift des Ps.-Apuleius, wo gesagt wird: «magna est virtus ac beneficia eius.»
60 Ebd. p. 224: «quia tantam fertur ipsa herba habere divinitatem, ut qui eam evellet, eodem momento illum (canem) decipiat.» Der Bericht schließt dann (p. 225, Z. 50 f.) mit dem Lobpreis: »Herbae Mandragorae quantumcumque in medio domo habeat, omnia mala expellit.»
61 Bellum Judaicum VII, 6, 3 (Niese VI, p. 450 f.).
62 Vgl. P. de Lagarde, Persische, armenische und indische Wörter im Syrischen, Nr. 172 (= Gesammelte Abhandl., p. 67).
63 Zur Interpretation vgl. Ph. Kohout, Flavius Josephus' Jüdischer Krieg, Linz 1901, p. 778 ff. – P. Ascherson a.a.O., p. 730, Anm. 3. – Th Hopfner, Offenbarungszauber I, p. 128.
64 Antiquitates Judaicae VIII, 2, 5 (Niese II, p. 153 f.). Vgl. dazu P. Ascherson a.a.O., p. 732, wo das hübsche Urteil wiedergegeben wird, das einst der biedere Johann Weyer, Von Verzeuberungen, Basel 1565, p. 883, über diesen Mandragorenzauber des Eleazar gefällt hat: «Hierzu können wir nicht anderst sagen, daß die drey alle zumal, Josephus

nämlich als ein Jud, Vespasianus als ein Heyd, und Eleazarus der Hebreer, von dem Teuffel gefatzet und umbgetrieben seyen worden.»
65 Vgl. dazu Fr. J. Dölger, Der Einfluß des Origenes auf die Beurteilung der Epilepsie und Mondsucht im christlichen Altertum: Antike und Christentum 4 (1934), p. 95/109.
66 Nach dem bei Wetzstein a.a.O., p. 441 zitierten persischen Lexikon von Richardson: «The Arabians call it (the mandrake) the ‹devil's candle›, on account of its shining appearance in the night from the number of glow-worms which cover the leaves.»
67 Nach dem arabischen Botanik-Lexikon Malajesa (= Arabische Hss. Berlin, Sect. Wetzstein II, 1170), zitiert bei Wetzstein a.a.O., p. 442. – Über das Lexikon Malajesa vgl. auch E. H. F. Meyer, Geschichte der Botanik III, Königsberg 1856, p. 241 ff. – Aus diesem Grund sagte ja auch Ps.-Apuleius (p. 222, Z. 3 f.) vom Mandragoras: «nocte tamquam lucerna sic lucet caput eius». Von der Pflanze Aglaophotis sagt das gleiche Diodor von Tarsus in seiner (verlorenen) Schrift über das Schicksal, sie fliehe vor dem Suchenden und leuchte in der Nacht: vgl. Photius, Bibliotheca 223 (PG 103, 853 B).
68 J. Löw, Die Flora der Juden III, Wien-Leipzig 1924, p. 365.
69 p. 779, Anm. 180.
70 Zur Lage von Baaras und der ganzen, vulkanisch-unheimlichen Gegend vgl. Hieronymus, De situ et nominibus loc. hebr. (PL 23, 880 A). – M. Hagen, Atlas Biblicus, Paris 1907, Sp. 19. – Ph. Kohout a.a.O., p.

779 f. – F. M. Abel, Géographie de la Palestine, Paris 1933, I, p. 460 f.
71 Aelian, Hist. animal. XIV, 27 (Jacobs, p. 328 f.).
72 Nat. hist. XXIV, 160.
73 Plinius ebd. – Vgl. auch Th. Hopfner, Offenbarungszauber I, p. 117. – RE V (1903), Sp. 138.
74 De mat. medic. III, 147.
75 De herbis c. 11, vv. 139 ff. Vgl. dazu E.H.F. Meyer, Geschichte der Botanik II, Königsberg 1855, p.336/340.
76 Offenbarungszauber I, p. 128.
77 Vgl. W. H. Roscher, Selene und Verwandtes, p. 70 f.; p. 109. – Zum Kraut «$\sigma\epsilon\lambda\eta\nu\iota\tau\iota\delta o\varsigma$» in den Zauberpapyri vgl. den Index von Wessely, und A. Abt a.a.O., p. 91. – Bei den Römern ist das etruskische Land mit Vorzug die Gegend der magischen Kräuter; in den Felshöhlen bei der Stadt Luna (bei Strabo V, 222 heißt sie $\Sigma\epsilon\lambda\eta\nu\eta\varsigma$ $\pi\acute{o}\lambda\iota\varsigma$») sollen Medea und Kirke ihre Pharmaka präpariert haben. Vgl. dazu RE XIV, Sp. 320 (Th. Hopfner).
78 Zur «Mondkrankheit» vgl. noch W. H. Roscher, Selene und Verwandtes, p. 68 f.; p. 167; und den dort (p. 185) gegebenen Beitrag von N. G. Politis. – Realenzykl. f. d. protest. Theologie und Kirche XIII (1903), p. 343 f. – H. Rahner, Mysterium Lunae: Zeitschr. f. kath. Theologie 64 (1940), p. 69; p. 121, Anm. 1 a.
79 Zitiert nach Wetzstein a.a.O., p. 441.
80 PG 122, 1317 A. Hier wird nur gesagt, der wundertätige Fingerring sei Salomon durch den Erzengel Michael gebracht worden; es ist aber sicher an einen Ring zu denken, der unter dem Edelstein ein Wurzelstück von der «Salomonspflanze» geborgen trägt.

81 Vgl. dazu die hermetische Schrift «Περὶ βοτανῶν χυλήσεως», ed. G. Roether im Anhang zur Ausgabe des Lydos, De mensibus, Leipzig-Darmstadt 1827, p. 313 ff. – Der syrische Hermes Trismegistos (Ibn al Baithar), ed. Sontheimer II, 14, 606 f. Darüber Genaueres weiter unten. Vgl. zum Ganzen auch E.H.F. Meyer, Geschichte der Botanik II, p. 340/48. – Th. Hopfner, Offenbarungszauber I, p. 118. – Ascherson a.a.O., p. 731.
82 p. 442, Anm. 1.
83 Traktat «Der kleine Bauer», p. 259.
84 In rem publicam Platonis (ed. Kroll, Leipzig 1899, I, p. 121, Z. 19).
85 Vgl. J. Löw, Aramäische Pflanzennamen, Leipzig 1881, p. 239.
86 Wetzstein a. a. O., p. 443.
87 Das älteste Bild ist die Darstellung aus der Wiener Dioskurides-Handschrift: die Göttin Heuresis überreicht dem Dioskurides eine Mandragorenwurzel und führt an der Hand den toten schwarzen Hund. Abbildung bei P. Buberl, Der Wiener Dioskurides und die Wiener Genesis, Leipzig 1937, Tafel III (= Die illuminierten Handschriften und Inkunabeln der Nationalbibliothek zu Wien VIII, Teil 4). – Unsere beiden hier wiedergegebenen Bilder: 1. Die Mandragore aus dem Herbarius des Ps.-Apuleius (= Corpus Medicorum latinorum IV, p. 223); 2. Mandragore mit Hund und Rhizotom: Federzeichnung aus einem italienischen Kräuterbuch des 15. Jahrh. Abbildung aus Philobiblon, Zeitschrift für Bücherliebhaber 5 (1932), p. 149. – Zu anderen Bildern vgl. J. F. Payne, English Medicine in the Anglo-Saxon times, London 1904, Bildanhang.
88 Romeo und Julia, IV. Akt, 3. Szene. – Vgl. dazu noch B. Sigismund, Die Pflanze als Zaubermittel: Mitteilungen des botanischen Vereins für Thüringen 3 (1889), p. 290 ff. – Zum Weiterleben des Zaubers vgl. das Buch von Schmidel, Leipzig 1671, wo im § 53 die «christliche» Wendung beschrieben wird: am Freitag vor Sonnenaufgang läßt der Rhizotom mit verstopften Ohren die Wurzel durch einen Hund ziehen, nachdem er eine dreifache Kreuzfigur um die Mandragore beschrieben hat. – Andere Zeugnisse bei W. Grimm, Deutsche Mythologie II, p. 1153 ff. Nun verstehen wir besser die Verse aus Goethes Faust II, 4979 f.: «Der eine faselt von Alraunen, der andre von dem schwarzen Hund.
89 Moralia in Job XII, 5, 7 (PL 75, 989 f.).
90 Enchiridion 99 (PL 40, 278 D).
91 De Iside et Osiride 364 C.
92 Vgl. dazu Syrische Schatzhöhle II, 7/12, wo die Formung des Adam aus den vier Urelementen beschrieben wird: R. Riessler, Altjüdisches Schrifttum außerhalb der Bibel, Augsburg 1928, p. 944. – Wie dieses Urelement der Erde gedacht war, sieht man gut aus dem (slawischen) Henochbuch, das den Essenerkreisen des ersten Jahrhunderts nahesteht. Hier (XXVI, 1) sagt der Schöpfer: «Ich rief und sagte, es solle aus dem Unsichtbaren ein sichtbareres festes Ding kommen. Da kam Aruchas hervor, fest, schwer und ganz schwarz»: Riessler, p. 461.
93 So zuerst bei Flavius Josephus, Antiqu. Jud. I, 1, 2 (Niese I, p. 9, Z. 8/12): «Der Mensch wurde Adam

genannt, denn dieses Wort heißt im Hebräischen ‹rot›; er war ja aus roter, gekneteter Erde gebildet – so ist nämlich die jungfräuliche und wahre Erde beschaffen.» Das wiederholt später Hieronymus, De nom. hebr. (PL 23, 773) und Isidor, Etym. VII, 6, 4 (Pl 82, 275 A), und von ihnen hat es das Mittelalter, vgl. Vinzenz von Beauvais, Speculum naturale XXIX, 2. Vgl. H. Rahner: Zeitschr. f. Aszese und Mystik 17 (1942), p. 74. – Wie lebendig diese uralte Vorstellung auch in der Alchemie fortdauert, zeigt uns H. Kunrath, Vom Hyleatischen, das ist Pri-Materialischen ... Chaos, Ausgabe Frankfurt 1708, p. 52: «Adamah, das ist limo terrae rubrae, der Roten Erden / Laimb / Letten oder dicken Primaterialischen Schlamm, daraus Adams leib formieret war.»

94 Vgl. J. von Duhn, Rot und tot: Archiv f. Religionswissenschaft 9 (1916), p. 1 ff. – E. Rohde, Psyche I (9. Aufl.), p. 226. – Th. Hopfner, Offenbarungszauber I p. 155 f. – F. J. Dölger, Die Sonne der Gerechtigkeit, p. 82.

95 So im Papyrus Ebers. Vgl. A. Wiedemann, Magie und Zauberei im alten Ägypten: Der alte Orient VI (1905), p. 26.

96 L. Troje, Eine alte Schöpfungsdarstellung in San Marco = Anhang zu R. Reitzenstein, Die Vorgeschichte der christlichen Taufe, Leipzig 1929, p. 317/327, mit Abbildung.

97 Hildegard, Physica I, 56 (PL 197, 1152 A). Vgl. dazu A. Franz, Die kirchlichen Benediktionen im Mittelalter I, p. 420.

98 Contra Faustum Manichaeum XXII, 56 (CSEL 25, p. 651, Z. 18 f.).

99 PL 83, 262 BC.

100 Comment. in Genesim III, 17 (PL 107, 600 CD). – Allegoriae in Scripturam (PL 112, 995 B).

101 Compendium in Cant. 7 (PL 100, 661 B).

102 So schon Nilus von Ankyra (in der Prokop-Katene PG 87, 2, 1736 D). – Bei den Lateinern Ps.-Gregor (PL 79, 538 B). Justus von Urgel (PL 67, 989 B).

103 Enarrat. in Cant. 7 (PL 115, 623 BC).

104 *Alanus von Lille*, Elucidatio in Cant. 7 (PL 210, 103 AB).

105 Williram, Deutsche Paraphrase des Hohenliedes c. 128 (ed. J. Seemüller: Quellen und Forschungen zur Sprachgeschichte der germanischen Völker XXVII, Straßburg 1878) p. 58, Z. 1/21: «Díe árzat wurze stinkent uile dráho in unseren porten. Odor virtutum an den apostolis unte án îro successoribus dér lókket iro auditores, daz síe per eos veluti per portas îlen intrare ad vitam. Iro praedicatio diu ist ôuh quasi odor mandragorae, quae in radicibus suis similitudinem habet humani coporis, uuánte síe sînt omnibus omnia facti unte kúnnon compati et consimilari auditorum infirmitati ...»

106 Contra Faustum XXV, 56 (CSEL 25, p. 651, Z. 4 f.).

107 Historia schol. in Genesim 76 (PL 198, 1117 A).

108 Physica I, 56 (PL 197, 1151 BC).

109 Aus einer Erfurter Handschrift zitiert bei J. u. W. Grimm, Deutsches Wörterbuch I, Leipzig 1854, p. 246.

110 Das Buch der Natur V, 48 (ed. Fr. Pfeiffer, Stuttgart 1861, p. 407).

111 Expositio in Ps. 118, sermo 19, 24 (CSEL 62, p. 434, Z. 11/16). Im Mittelalter wörtlich wiederholt bei

Werner, Deflorationes Patrum (PL 157, 1152) und Wilhelm v. St. Thierry in dem aus Ambrosius zusammengestellten Hoheliedkommentar (PL 15, 1951 AB).
112 Ebd. Z. 17/23.
113 Epist. 22, 21, 3 (CSEL 54, p. 172, Z. 3/5). – Vgl. auch Prokop, Comment. in Genesim 30 (PG 87, 1, 439). – Fulgentius Afer, De aetatibus mundi 5 (Helm p. 145, Z. 27 ff.).
114 Physiologus 43 (ed. F. Sbordone, Milano 1936, p. 128/133). – Fr. Lauchert, Geschichte des Physiologus, Straßburg 1889, p. 271/273. – Vgl. dazu M. Wellmann, Der Physiologos. Eine religionsgeschichtlich-naturwissenschaftliche Untersuchung: Philologus Supplementband XXII, 1, Leipzig 1930.
115 Vgl. dazu Plinius, Nat. hist. VIII, 5, 12. – Elephant und Elfenbein als christliches Symbol der Keuschheit: Ps.-Cassiodor (PL 70, 1087 B); Gregor (Paterius) (PL 79, 524 B); Isidor (PL 82, 436 B): Hrabanus (PL 111, 464 CD). – Vgl. auch J. Baum, Die Schaffhauser Elefanten: Neue Zürcher Zeitung 21. Mai 1944, Nr. 854 (23).
116 Sbordone p. 128, Z. 2/5.
117 So im byzantinischen Physiologos (Sbordone, p. 168, Z. 60).
118 Ibn al Baithar (ed. Sontheimer II, 14, 606 f.).
119 Wellmann a.a.O., p. 41.
120 Biblos chronikè I (PG 158, 120 B).
121 Vgl. Hugo de Folieto (= Ps.-Hugo von Sankt Victor) (PL 177, 72/74). Im anglonormannischen Bestiaire des Philippe de Thaun (ed. Th. Wright) c. 16 steht eine ausführliche Botanik und Magie der Mandragore. Desgleichen im Bestiaire des Klerikers Guillaume. Vgl. dazu F. Lauchert a.a.O., p. 129 und 145.
122 Text bei Lauchert p. 286. Im älteren deutschen Physiologos heißt die Mandragore «chindelina wurz», Kindleinswurzel: Lauchert p. 118
123 Metamorph. X, 11 (Helm p. 245, Z. 1 f.).
124 Strategemata II, 5, 12 (Gundermann p. 60, Z. 14 f.).
125 (Ps.?) Demosthenes, Philipp. IV, 6 (Butcher I, p. 131, Z. 27/29). – Vgl. auch Lukian, Demosthenis Encomium 36 (Reitz III, p. 517).
126 Republ. 488 C.
127 Exameron III, 9, 39 (CSEL 32, 1, p. 85, Z. 18 f.). – Vgl. Basilius, Hexaemeron V, 4 (PG 29, 101 D).
128 Protreptikos X, 103, 2 (GCS I, p. 74, Z. 7 f.).
129 Glaphyra in Genesim IV, 11 (PG 69, 220 A). So auch Prokop, In Genesim 30 (PG 87, 1, 439).
130 In Canticum IV, 11 (PG 81, 197 CD). Vgl. noch Michael Psellos, Comm. in Cant. (PG 122, 676 C).
131 Allegorica Expositio in Cant. 7 (PL 91, 1203 f.).
132 Glossa ordinaria zu Cant. 7, 14 (PL 113, 1164 A) und zu Genesis 30, 14 PL 113, 157 AB).
133 Expositio in Genesim 30 (PL 164, 211 A). – Expos. in Cant. 7 (PL 164, 1281 C).
134 Physica I, 56 (PL 197, 1152 A). Vgl. dazu G. Killermann: Naturwiss. Zeitschrift. Neue Folge 16 (1917) p. 141.
135 Deutsche Paraphrase des Hohenliedes 128 (Seemüller p. 58, Z. 12/21)
136 Vgl. dazu H. Lewy, Sobria ebrietas. Untersuchungen zur Geschichte der antiken Mystik, Gießen 1928.
137 Thomas Cisterciensis, Comment. in Cant. XI (PL 206, 759 D).

138 Angelomus, Enarrat. in Cant. 7 (PL 115, 623 B). – Rupert von Deutz, Comment. in Cant. XI (PL 168, 949 A). Und Beda sagt: «Mandragora habens radicem formam hominis imitantem»; und Williram: «in radicibus suis similitudinem habet humani corporis»; und Bruno von Asti: «hominis imitantur imaginem»; und Konrad von Megenberg, der Vermittler aller botanischen Weisheiten ans späte Mittelalter und an die Alchemisten: «diu gleicht dem menschen, sam Avicenna spricht.» Allegorica Expos. in Cant. 7 (PL 91, 1203 A). Seemüller, p. 58, Z. 5 f. Expositio in Genesim 30 (PL 164, 211 A). Buch der Natur V, 48 (Pfeiffer p. 406).
139 Vgl. Th. Hopfner, Offenbarungszauber II, p. 90 f.
140 Testamentum Salomonis (PG 122, 1329 B).
141 Physica I, 56 (PL 197, 1151 A).
142 Enarrat. in Cant. 217 (PG 40, 136 B). Zu seinen Quellen vgl. W. Riedel, Die Auslegung des Hohenliedes in der jüdischen Gemeinde und der griechischen Kirche, Leipzig 1898, p. 77.
143 Fragment seines Hoheliedkommentars, aufbewahrt in der Katene des Prokop (PG 87, 2, 1737 A).
144 Comment. in Cant. 7 (PG 87, 2, 1737 B).
145 Comment. in Cant. (PG 152, 1073 B).
146 Explanatio in Canticum XI (ed. H. Bottino und J. Martini, Rom 1843, p. 210 f.).
147 Comment. in Genesim 30 (PL 91, 257 C).
148 Expositio in Psalterium 51, 7 (PL 70, 375 B).
149 PL 113, 921 A.
150 De Jacob Patriarcha II, 3, 13 (CSEL 32, 2, p. 40, Z. 15 f.).
151 De civitate Dei XX, 29 (CSEL 40, 2, p. 503/505).
152 Comment. in Cant. 7 (PL 195, 1239 f.).
153 Vgl. dazu H. Rahner, Mater Ecclesia, Einsiedeln 1944, p. 21.
154 Enarrat. in Cant. 7 (PL 162, 1222 D).
155 Comment. in Cant. VI, 31 (PL 203, 473 D).
156 Kommentar «Sonet vox tua» c. 7 (Thomas von Aquin, Opera omnia XIV, Parma 1863, p. 421). – Vgl. M. Grabmann, Die echten Schriften des hl. Thomas von Aquin, Münster 1920, p. 189/191.
157 Trudperter Hohelied 125, 11/30 (ed. H. Menhardt, Halle 1934 = Rheinische Beiträge zur germanischen Philologie Bd. 22, p. 263 f.).
158 Expositio in Cant. (PL 172, 347/496).
159 J. A. Endres, Das St. Jakobsportal in Regensburg und Honorius Augustodunensis, Kempten 1903, p. 30.
160 Honorius, Sigillum B. Mariae 7 (PL 172, 514 D).
161 Expos. in Cant. IV (PL 172, 485 A).
163 Ebd. 471 f.
164 So schon ausführlich im Prolog (172 353 BC) und später öfter (475 B, 477 BC). Vgl. auch den unbekannten Autor eines Hoheliedkommentars, der Honorius nachgebildet ist (PL 172, 539 D).
165 Ein Verzeichnis dieser Miniaturen aus München, Wien, Lambach und St. Florian vgl. bei Endres a.a.O., p. 32 ff. und bei K. Künstle, Ikonographie der christlichen Kunst, Freiburg 1928, p. 319. – Dazu kommt noch eine Miniatur aus St. Paul in Kärnten (Wickhoff III, p. 95, fig. 49 und 50).

166 Die «Freunde» bei Honorius und auf den Miniaturen sind die Apostel und Lehrer, die als «duftende Mandragoren an den Pforten», das ist an der Ecclesia stehen; so schon bei Williram. Das hat seinen künstlerischen Ausdruck gefunden am Jakobsportal zu Regensburg, wo die «Lehrer» an der Pforte abgebildet sind, und neben ihnen eine nackte Zwergfigur – unsere Mandragore. Vgl. Endres p. 64.

167 Vgl. etwa Bartholomäus Anglicus, De genuinis rerum proprietatibus XVII, 104 (ed. Frankfurt 1601). – Vinzenz von Beauvais, Speculum naturale X, 97 (Ausgabe Straßburg 1476), die vollständigste Sammlung der antiken und christlich symbolischen Nachrichten im Mittelalter. – K. Gessner, Historia plantarum, Basel 1541, p. 94 ff.

168 Expositio moralis et mystica in Canticum Canticorum, Köln 1622, II. Band, p. 499 ff. – Sehr belesen in den symbolischen Quellen ist auch Cornelius a Lapide, Commentarius in Canticum (Ausgabe Paris 1868) VIII, p. 202.

169 J. H. Newman, Der Traum des Gerontius vv. 291/294 (Deutsche Ausgabe von Th. Haecker, Freiburg 1939, p. 25).

170 Ein philosophischer und chemischer Traktat, genannt der Kleine Bauer... Von der Materia und Erkenntis des einzigen und wahren subjecti universalis magni et illius praeparatione, Straßburg 1618, p. 118.

*Heiliger Homer*

1 2 Petr. 3, 13
2 Purgatorio I, 4/6.
3 Protagoras 316 D.

4 An den Kanzler von Müller am 30. Mai 1814. Vgl. dazu O. Regenbogen, Griechische Gegenwart. Zwei Vorträge über Goethes Griechentum, Leipzig 1942, p. 11.

5 Elenchos V, 8, 1 (GCS Hippolyt II, p. 89, Z. 7 f.).

6 Aus dieser seltsamen Literatur führe ich an: Zacharias Bogan, Homerus hebraizon sive comparatio Homeri cum Scriptoribus sacris quoad normam loquendi, Oxford 1658. – G. Croesius, Ὅμηρος ἑβραῖος, Dortrecht 1704. – F. B. Koester, Erläuterungen der hl. Schrift aus Homer, Kiel 1833.

7 Wir wissen es vor allem aus der «Mahnrede an die Hellenen», die dem zweiten Jahrhundert entstammt und fälschlich Justinos zugeschrieben wird, daß die Christen der Ansicht waren, Homer sei in Ägypten gewesen und habe dort die Schriften des Moses und der Propheten gelesen, genau so wie später Platon. Vgl. Mahnrede c. 14 (Otto, Corpus Apologetarum III, 2, p. 58); c. 24 (p. 82) und c. 28 (p. 96, Z. 12/14): «Wir wollen zeigen, daß der Dichter vieles aus der göttlichen Geschichte der Propheten in sein Werk übernommen hat.» Auch nach Clemens von Alexandrien ist Homer an gewissen Stellen von der Hl. Schrift abhängig, vgl. Strom. V, 14, 99, 5 (GCS II, p. 392); V, 14, 100, 5 (II, p. 393, Z. 4 f.). – Nach Isidor von Sevilla lebte Homer zu den Zeiten des Samuel und Saul – und die mittelalterlichen Chroniken denken ebenso. Vgl. PL 83, 1029 A.

8 Im Sinne des Wortes, das Justinos, Apologia II, 10 (Otto I, p. 226) ausgesprochen hat: «Was immer auch

# ANMERKUNGEN

die Gesetzgeber und Denker jemals Treffliches gesagt und gefunden haben, das ist von ihnen gemäß dem kleinen Anteil am Logos (κατὰ λόγου μέρος), der ihnen zugemessen wurde, durch Forschen und Anschauen mühsam erarbeitet worden.» – Oder Apologia II, 13 (Otto I, p. 236 f.): «Als Christ erfunden werden, das ist, ich gestehe es, das Ziel meines Betens und meines angestrengten Ringens. Nicht als ob die Lehren der Dichter und der Geschichtsschreiber denen Christi fremd gewesen seien, denn jeder von ihnen hat Treffliches gesagt, je nachdem er Anteil hatte an dem in Keimen ausgestreuten Logos Gottes und je nachdem er ein Auge hatte für das diesem Logos Verwandte.»

9 Republ. X, 606 E. – Vgl. dazu W. Jaeger, Paideia. Die Formung des griechischen Menschen, Berlin-Leipzig 1936, I, p. 63–88: Homer als Erzieher.
10 Stromata V, 14, 116, 1 (GCS II, p. 404, Z. 15 f.).
11 Abbildung entnommen aus R. und E. Boehringer, Homer. Bildwerke und Nachweise I, Tafelband Nr. 119. Breslau 1939.
12 Text bei O. Regenbogen, Griechische Gegenwart, p. 13 f.
13 Inferno IV, 95 f.
14 Epistula 70 an Eutropius (PG 37, 136 A).
15 Philosophiae Consolatio V, Metrum 2 (CSEL 67, p. 110).
16 Unbekannter griechischer Dichter. Übersetzung aus H. Rüdiger, Griechische Gedichte mit Übertragungen deutscher Dichter, Leipzig 1936, p. 12 f.

*Der Weidenzweig vom Jenseitstor*

1 Odyssee X, 491, 534; XI, 47.
2 X, 496.
3 X, 502.
4 X, 508–512 (Übertragung von Thassilo von Scheffer, München-Leipzig 1918, p. 171)
5 ... Καὶ ἰτέαι ὠλεσίκαρποι.
6 A. Rüegg, Die Jenseitsvorstellungen vor Dante und die übrigen literarischen Voraussetzungen der Divina Commedia I, Einsiedeln 1945, p. 27. Vgl. auch P. Von der Mühll, Zur Erfindung in der Nekyia der Odyssee: Philologus 93 (1938).
7 XI, 12.
8 XI, 96; 137.
9 XI, 100.
10 XI, 134–137.
11 XI, 15 f.
12 XI, 93 f.
13 Abbildung bei K. Wörmann, Die antiken Odysseelandschaften, München 1877. – Auch bei J. Gramm, Die ideale Landschaft. Ihre Entstehung und Entwicklung, Freiburg 1912, Tafelband Nr. 11 b.
14 Odyssee X, 506.
15 J. Gramm a.a.O., Textband, p. 77.
16 Odyssee XVII, 208–211.
17 Ilias XXI, 349. – Vgl. dazu E. Buchholz, Homerische Realien I, 2, Leipzig 1873, p. 239 f.
18 Pausanias VII, 4, 4 (Hitzig I, 2, p. 705). – VIII, 23, 5 (III, 1, p. 45).
19 Athenaios XV, 12 (Kaibel III, p. 485, Z. 5 ff.). – Pausanias III, 16, 11.– Zu Artemis Lygodesma vgl. auch das Material bei Pauly-Wissowa RE II (1895), Sp. 1393 und XIII (1927), Sp. 2286 f. – Zum Agnos vgl. RE I (1894), Sp. 832–834.
20 Genauere Belege vgl. bei H. Rahner,

Die Weide als Symbol der Keuschheit in der Antike und im Christentum: Zeitschr. f. kath. Theologie 56 (1932), p. 231–253.
21 Diodor V, 4. – Vgl. dazu M. P. Nilsson, Griechische Feste, Leipzig 1906, p. 315 ff. – Pauly-Wissowa RE VI, A 1 (1936), Sp. 15–28: Thesmophorien.
22 E. Fehrle, Die kultische Keuschheit im Altertum (= Religionsgesch. Versuche und Vorarbeiten VI, 22), Gießen 1910, p. 141 ff.
23 Vgl. dazu C. G. Jung und K. Kerényi, Einführung in das Wesen der Mythologie, Rhein-Verlag, Zürich 1951.
24 Nach dem Bericht bei Suidas, Lexikon s. v. Θεσμοφόρος und Σφάκτριαι (ed. Bernhardy, Halle 1843, I, Sp. 1171; II, Sp. 996). – Vgl. auch das Chorlied in Aristophanes «Frauen am Thesmophorienfest», Vers 1150f.
25 Hist. plant. III, 1, 1 (Wimmer, p. 32, Z. 10). – III, 13, 7 (p. 51, Z. 11).
26 Georgica II, 13, 110.
27 Festus, De verborum significatu (Lindsay, p. 440, Z. 5 f.).
28 Etymologion 479, 27 (Gaisford, Sp. 1373).
29 Über die chthonische Bedeutung des Weinstocks vgl. Artemidor, Oneirokritika V, 39: «Er deutet im Traum den Tod an; denn durch ihr Hervorsprießen aus der Erde ist die Rebe ein Symbol des Todes, auch wird sie zur Zeit ihrer schönsten Reife der Früchte beraubt.» Vgl. dazu Th. Hopfner, Griechisch-ägyptischer Offenbarungszauber I, Leipzig 1921, p. 133.
30 Quaestiones convivales II, 7, 1 (Bernardakis IV, p. 84, Z. 16 ff.).
31 De materia medica I, 103 (Wellmann I, p. 95, Z. 12 ff.).
32 Ebd. I, 104 (p. 96, Z. 17 f.).
33 Hist. plant. III, 1, 3 (Wimmer I, p. 51). Vgl. auch Caus. plant. II, 9, 14 (Wimmer II, p. 66). – Caus. plant. IV, 4, 1 (II, p. 248).
34 Nikanderscholien zu Theriaka 71 (ed. Schneider u. Keil, p. 10, Z. 20 ff.).
35 Nat. hist. XVI, 26, 110 (Mayhoff III, p. 29, Z. 1 ff.). Vgl. auch XXIV, 9, 37 (IV, p. 74, Z. 3 f.), wo des Lygos und Agnos und deren Verwendung beim Thesmophorienfest gedacht wird.
36 Th. Hopfner, Offenbarungszauber, p. 133.
37 Genaue Angaben hierzu bei H. Rahner: Zeitschr. f. kath. Theologie 56 (1932) p. 248.
38 Tiergeschichten IV, 23 (Hercher, p. 89, Z. 9 ff.). Vgl. auch IX, 26 (p. 227, Z. 27 ff.).
39 Geoponica XI, 13 (Beckh, p. 334, Z. 1 ff.). Bemerkenswert ist hier die Variante zu Odyssee X, 510: κλῆθροι = Erlen (statt des zu den Pappeln gehörigen μακραί = hoch).
40 Etymologion Mega XI, 49 (Gaisford 29, 55 f.).
41 Gaisford 1687, 50.
42 In Odysseam 1667, 20 (ed. Leipzig 1825, p. 391). Wie lange diese Keuschheitsmagie mit Weidenblüten noch weiterlebte, mag mit einem Beispiel aus vielen belegt werden. Bei J. Hiebner von Schneebergk, Mysterium sigillorum, herbarum et lapidum, Erfurt 1651, p. 68 f. heißt es: «Weiden ... verlieren ihren Samen, ehe denn er reif wird; damit die Natur zu verstehen gibt, daß der Same, wann er antipathisch gebraucht wird, unfruchtbar mache ... und vertreibet alle venerischen Begierden.»

43 Problemata Homerica 70 (ed. Bonnensis, Leipzig 1910, p. 92).
44 Apologia I, 18 (Otto I, p. 58 f.).
45 Das Material zur Geschichte und jüdischen Symbolik des Laubhüttenfestes vgl. bei H. Strack und P. Billerbeck, Kommentar zum Neuen Testament aus Talmud und Midrasch, München 1924, II, Exkurs 5, p. 774-812.
46 Leviticus 23, 40.
47 Vgl. H. Rahner: Zeitschr. f. kath. Theologie 56 (1932), p. 236 f.
48 Isaias 44, 3. 4.
49 Zacharias 14, 16.
50 Job 40, 22 (LXX); 40, 17 (Vulg.).
51 Psalm 137 (136), 2.
52 Similitudo VIII, 1, 1 (Funk, Patres Apostolici I, Tübingen 1901, p. 554, Z. 32).
53 VIII, 1, 18 (p. 558, Z. 12-17).
54 VIII, 2, 1 (p. 558, Z. 18-21).
55 VIII, 3, 6 (p. 562, Z. 16 f.).
56 VIII, 2, 7 (p. 560, Z. 8 f.).
57 VIII, 3, 2 (p. 560, Z. 27-562, Z. 3).
58 VIII, 2, 9 (p. 560, Z. 20-23).
59 Vgl. dazu H. Rahner, Flumina de ventre Christi: Biblica (Rom) 22 (1941), p. 269-302, 367-403.
60 Commentarius in Isaiam 44, 4 (PG 24, 401 D). Nach Hieronymus (PL 24, 154 C) ist Eusebius ganz abhängig von Origenes.
61 Expositio in Psalterium 136, 2 (PL 70, 975 C).
62 Exameron III, 13, 53 (CSEL 32, p. 96, Z. 12-15).
63 *Arnobius Junior*, Commentarius in Psalmos 136 (PL 53, 541 BC).
64 Comment. in Isaiam XII, 44 (PL 24, 435 BC).
65 Tractatus in Psalmos 136, 6 (CSEL 22, p. 727, Z. 15 bis p. 728, Z. 10).
66 Comment. in Leviticum (PG 87, 1, 778).
67 Symposion IV, 3 (GCS, p. 48, Z. 20 f.).
68 Sozomenos, Kirchengeschichte V, 18 (PG 67, 1269 BC) — Metaphrasis in Psalterium (PG 33, 1520 B).
69 Vgl. dazu F. Tournier, Les «Deux Cités» dans la littérature chrétienne: Etudes 123 (1910), p. 644 ff. - H. Rahner: Zeitschr. f. kath. Theologie 56 (1932), p. 234 und Zeitschr. f. Aszese und Mystik 17 (1942), p. 75.
70 Selecta in Psalmos 136, 2 (PG 12, 1657 C).
71 Enarratio in Psalmos 136, 6 (PL 37, 1764 CD).
72 Psalmorum Expositio 136, 2 (PL 51, 391 A).
73 Vgl. etwa Haymo von Halberstadt (PL 116, 658 C). Remigius von Autun (PL 131, 799 B). Bruno von Köln (PL 152, 1357 A). Bruno von Segni (PL 164, 685 C). Gerhoh von Reichersberg (PL 194, 906 B).
74 Adnotationes mysticae in Psalmos (PL 196, 361 ff.).
75 Expositio Psalmorum (PL 142, 492 D).
76 In beatum Job 40, 17 (PG 93, 429 D). - Diese Bemerkung ist aufschlußreich für die Weise, wie sich die griechische Kirche, bis hinein in diese Symbolwelt, gegen eine fleischfeindliche Askese gewehrt hat, gegen eine Gnosis, die in der Ehe ein Teufelswerk sah. Darum fühlt sich selbst Methodius, der Lobredner der Jungfräulichkeit, in seiner Symbolik vom keuschen Weidenzweig veranlaßt, auch die in heilig gehaltener Ehe Lebenden (οἱ πρὸς τὰς ἑαυτῶν ἁγνεύοντες γαμετάς) mit den Kränzen des himmlischen Weidenbaums

zu schmücken: Symposion IX, 4 (GCS p. 119, Z. 17 f.).
77 Moralia in Job XXXIII, 5 (PL 76, 676 B/D).
78 Über den Behemoth-Leviathan als Sinnbild des Teufels, des Hades und des Höllenrachens vgl. H. Rahner, Das Meer der Welt: Zeitschr. f. kath. Theologie 66 (1942), p. 107 ff.
79 Loblied auf die Jungfräulichkeit (= Carmina moralia II, 1, Vv. 529–532), (PG 37, 562).
80 Exodushomilie IX, 4 (GCS Origenes VI, p. 244, Z. 11–20).
81 Symposion IX, 2 (GCS, p. 115, Z. 26 bis p. 116, Z. 1). Die «nackte Wahrheit erfassen» (νοεῖν τὴν ἀλήθειαν γυμνήν): Sympos. IX, 1 (p. 115, Z. 3).
82 Symposion IV, 5 (p. 50, Z. 20–22).
83 IV, 5 (p. 50, Z. 24). Vgl. Platon, Timaios 73 D; 85 E.
84 IV, 5 (p. 51, Z. 1 f.). Vgl. Platon, Axiochos 366 A; 370 D.
85 IV, 2 (p. 47, Z. 15–18).
86 Phaidros 246 B; 250 B.
87 IV, 3 (p. 48, Z. 11–15).
88 IV, 3 (p. 48, Z. 18–20).
89 IV, 3 (p. 48, Z. 20 bis p. 49, Z. 9).
90 Comment. in Leviticum 6 (PG 93, 1098 A bis 1100 B).
91 De virginitate 13 (PG 46, 381 A).
92 Comment. in Zachariam XII, 44 (PL 24, 435 BC).
93 Paradiso II, 34–36.
94 Odyssee X, 513–515.
95 Ezechielhomilie I, 5 (GCS Origenes VIII, p. 330, Z. 12 bis p. 331, Z. 2). Das hier genannte Zitat «aus irgend einem Buch» wurde, wohl nicht mit Recht, auf Hermas, Similitudo VIII, 2, 1 bezogen.
96 Jeremiashomilie II, 1 (GCS VIII, p. 291, Z. 8–11).
97 Symposion IX, 4 (GCS, p. 118, Z. 18 bis p. 119, Z. 10).
98 IX, 5 (p. 119, Z. 29 bis p. 120, Z. 1).
99 IX, 1 (p. 114, Z. 5 f.).
100 IX, 5 (p. 120, Z. 10–26).
101 Comment. in Zachariam 111 (PG 72, 265 D; 268 AB).
102 Moralia in Job XXXIII, 5 (PL 76, 676 A). Wörtlich wiederholt bei Garnerus (PL 193, 336 D) und Hervaeus (PL 181, 422 A).
103 Etymol. XVII, 7, 47 (PL 82, 617 A).
104 Vgl. den Clavis Melitonis VII, 12 (ed. Pitra, Spicilegium Solesmense II, p. 365). – Ps.-Hieronymus, Breviarium in Psalmos (PL 26, 1304 BC). – Bruno von Würzburg, Expositio in Psalmos (PL 142, 493 A).
105 De Universo XIX, 6 (PL 111, 519 CD).
106 Speculum naturale XIII, 95 (Ausgabe Nürnberg 1493).
107 De Trinitate et operibus eius, In Leviticum II, 37 (PL 167, 827 B).
108 De laudibus Mariae Virginis XII, 6, 27 (= Albertus Magnus, Opera omnia XXXVI, p. 815, ed. Borgnet).

*Odysseus am Mastbaum*

1 Odyssee I, 57 f.
2 Protreptikos IX, 9, 86, 2 (GCS 1, p. 64, Z. 27–31). – Vgl. Platon, Republ. 611 D.
3 Protreptikos IX, 9, 88, 2 (GCS I, p. 65, Z. 26 f.).
4 Ebd. (p. 65, Z. 27 f.).
5 Odyssee XII, 45; 159.
6 XII, 158.
7 XII, 187.
8 XII, 186–190.
9 XII, 192 f. – Vgl. auch XII, 52.
10 XII, 155; 115.

11 XII, 166–169.
12 Vgl. Kirkes Voraussage XII, 41–46: «Wer sich den Sirenen unwissend nahte und jemals ihre Gesänge vernahm, der kehrte nie wieder nach Hause. Nein, hellsingend haben ihn die Sirenen bezaubert dort am grünen Ufer. Rings liegt vermoderter Männer bleiches Gebein gehäuft ...»
13 XII, 156 f.
14 XII, 160–162.
15 Die antiken und christlichen Belege zu dieser Symbolgeschichte bei H. Rahner, Odysseus am Mastbaum: Zeitschr. f. kath. Theologie 65 (1941), p. 123–152.
16 Odysseae Homeri libri XXIV, nuper a Simone Lemnio Emporico Rheto Curiensi heroico latino carmine facti, Basel 1549, Einleitungsgedicht.
17 Opera omnia, Baseler Ausgabe I, p. 520 ff.
18 Neuhochdeutsche Wiedergabe des lateinisch und deutsch 1523 und 1524 erschienenen «Lehrbüchlein» (Quo pacto ingenui adolescentes formandi sint») bei G. Finsler, W. Köhler, A. Rüegg, Ulrich Zwingli, Eine Auswahl aus seinen Schriften, Zürich 1918, p. 372.
19 Basel 1516–1520, Einleitung Folio V verso. – Vgl. dazu G. Finsler, Homer in der Neuzeit von Dante bis Goethe, Berlin-Leipzig 1912, p. 377 f.
20 Ad adolescentes 4 (PG 31, 572 B).
21 Vgl. dazu F. Wehrli, Zur Geschichte der allegorischen Deutung Homers im Altertum, Basel 1928. – E. Wüst bei Pauly-Wissowa, Realenzyklop. XVII (1937), Sp. 1913 ff.
22 Republ. 377 E. 598 D. 605 C. Reiches Material zu diesen Versöhnungsversuchen zwischen Platon und Homer vgl. bei W. Schmid und O. Stählin, Geschichte der griechischen Literatur I, 1, München 1929, p. 129 ff.
23 Aus den Jahren um 160 v. Chr. Abbildung zugänglich bei E. Bethe, Die griechische Dichtung, Potsdam 1929, p. 1.
24 Octavius 23, 2 (CSEL 2, p. 32, Z. 25 f.). 25 Apologia II, 10 (Otto I, p. 226).
25 Apologia II, 10 (Otto 1, p. 226).
26 Apologeticus XIV, 4 (CSEL 69, p. 38, Z. 14 f.). – Ad nationes I, 10 (PL 1, 575 A).
27 Oratio contra Julianum I, 118 (PG 35, 657 AB).
28 Stromata V, 1, 2, 2 (GCS II, p. 326, Z. 24).
29 Ad nationes I, 10 (PL 1, 575 B).
30 Elegiarum V, 27 f. – Vgl. etwa noch Manilius, Astronomica V, 8 f.: «Cuius ex ore profusos omnis posteritas latices in carmina duxit.» Weitere Zeugnisse bei J. Tolkiehn, Homer und die römische Poesie, Leipzig 1900, p. 21–25.
31 Epistola 52, 3 ad Nepotianum (CSEL 54, p. 418, Z. 6 f.).
32 Confessiones I, 14 (CSEL 33, p. 20, Z. 17 f.).
33 Philosophiae Consolatio V, 2. Metrum (CSEL 67, p. 110).
34 Saturnalia V, 13.
35 Vita Hilarionis, Prologus (PL 23, 29 A).
36 Vita Martini 26 (CSEL 1, p. 136, Z. 12 f.).
37 Variarum I, 39 (PL 69, 535 A).
38 Vgl. etwa Gottschalk und Wigbord an Karl d. Gr. (Mon. Germ. Hist., Poetae Latini I, p. 97, Z. 54). – Sedulius Scottus (Poetae lat. III, p. 172, Z. 71 f.). – Früher schon Clau-

dius Claudianus (MHG Auct. antiquissimi X, p. 300, Z. 13).
39 Republ. 390 A.
40 H.W. Tischbein, Homer nach Antiken gezeichnet, Göttingen 1801, I, 3. Heft, p. 8.
41 Epistolarum I, 2, 21 f.
42 De constantia sapientis 2.
43 Oratio ad Gentiles 1 (Otto III, 2, p. 4).
44 De autexusio I, 1–4 (GCS Methodius, p. 145 f.).
45 Stromata VI, 11, 89, 1 (GCS II, p. 476, Z. 14–25).
46 Clemens gebraucht für das «Zusammenbringen» oder das «Beisteuern» dieser helfenden Gedanken das prägnante Wort «ἐρανιστέον». Das ruft unmittelbar die Vorstellung wach von einem «Eranos», einem von Freunden liebend zusammengesteuerten Gelage. Noch Gregor von Nazianz spricht einmal von dem «Eranos der Menschenliebe» («ἔρανος τῆς χρηστότητος»), den die Menschen sich einander geben sollten, weil sie Menschen sind: Oratio XIV, 6 (PG 35, 864 D).
47 Ad adolescentes 4 (PG 31, 572 BC).
48 *Fulgentius*, Fabulae secundum philosophiam moraliter expositae II, 8. – Vgl. dazu RE XVII (1937), Sp. 1910, Z. 18–22.
49 Speculum Ecclesiae (PL 172, 857 A).
50 Vgl. außer unserer Arbeit «Odysseus am Mastbaum», wo das Material zur christlichen Deutung des Sirenenmythos am vollständigsten zusammengefügt ist, noch G. Weikker, Der Seelenvogel in der alten Literatur und Kunst, Leipzig 1902, p. 83 f. – R. Garucci, Storia dell'arte cristiana, Prato 1872, I, p. 258 ff. – J. Wilpert, I sarcofagi cristiani antichi, Rom 1929/1935, Textband, p 14 ff.
51 Die neueste Zusammenstellung aller Denkmäler bei E. Wüst: RE XVII, Sp. 1974, Z. 60 ff.
52 Apologia adversus libros Rufini 22 (PL 23, 473 B).
53 Adversus Celsum II, 76 (GCS Origenes I, p. 198, Z. 20).
54 Libanius an Basilius; aufbewahrt unter den Briefen des Basilius als Epistola 354 (PG 32, 1089 B). – Zu den Sirenen als Töchter des Acheloos vgl. G. Weicker, Der Seelenvogel, p.46 f.
55 Epistola 32 (PG 66, 1361 B).
56 Hexaemeron IV, 6 (PG 29, 92 B). – A. v. Humboldt, Kosmos, Stuttgart 1857, II, p. 29.
57 Exameron IV, 6, 26 (CSEL 32, 1, p. 133, Z. 14–17).
58 Genaue Belege dazu bei H. Rahner, Das Meer der Welt: Zeitschr. f. kath. Theologie 66 (1942), p. 91 ff. – Das Schiff aus Holz: ebd. 66 (1942), p. 206 ff. und 67 (1943), p. 2 ff.
59 Epigramm 17 (= Anthologia Palatina VII, 630). Vgl. K. Müller, Die Epigramme des Antiphilos von Byzanz, Berlin 1935, p. 68 f.
60 Vgl. Manilius, Astronomica V, 32 bis 56.
61 Hyginus, Fabulae 277. – Anthologia Latina 743 (Riese II, p. 215).
62 Synesios schildert einmal, mit Versen aus Aratos, diese «saturnischen» Zeiten: De providentia II, 5 (PG 66, 1273 AB). Weitere Zeugnisse bei H. Rahner: Zeitschr. f. kath. Theologie 66 (1942), p. 91.
63 Epistolae piscatoriae I, 3 (Schepers, p. 4 f.).
64 Anthologia Lyrica Graeca, Leipzig 1936, I, p. 26.

65 Sententiae 18 (Mullach, Fragmenta Philosoph. Graec. I, p. 515). Vgl. auch Sententia 17 (p. 514): das Schiff ist «ein Haus ohne Fundament, ein immer offenes Grab, ein seefahrender Tod».
66 Satire XII, 57-59. Vgl. auch Sat. XIV, 288 f.
67 Bei Diogenes Laertios I, 103 (Hicks I, p. 108, Z. 1 f.).
68 Phainomena 298.
69 Carmina I, 2, 31, vv. 1-4 (PG 37, 910 f.). - Vgl. auch Oratio XVIII, 31 (PG 35, 1024 f.). - Carmina II, 1, 1, vv. 307-319 (PG 37, 993 f.). - Carmina II, 1, 11, vv. 124-174 (PG 37, 1037-1041).
70 Medea 301 f. - Vgl. auch Horaz, Carmina I, 3, 25 f. und das Paetuslied des Properz, Eleg. III, 7, wo die gleiche Stimmung ausgedrückt wird.
71 Epigramm 23 (= Anthologia Palatina IX, 29).
72 Vgl. die Zusammenstellung der Namen bei A. Boeckh, Urkunden über das Seewesen des attischen Staates (1840), p. 84-93. - Vollständiger jetzt bei F. Miltner: RE Supplement V (1931), Sp. 946.
73 De natura hominis I, 75 (PG 40, 533 A). Vgl. dazu W. Jaeger, Nemesios von Emesa, Berlin 1914, p. 134.
74 Syrische Theophanie I, 54 (GCS Eusebius III, 2, p. 66, Z. 25-31).
75 Epistula ad Lucilium 76, 13.
76 Carmina I, 2, 9, vv. 141-144 (PG 37, 678 f.).
77 Carmina I, 2, 1, vv. 684 f. (PG 37, 574 A). II, 1, 23 (PG 37, 1282 A).
78 Anthologia Palatina X, 65. Übersetzung von F. Piper, Mythologie der christlichen Kunst I, 1, Weimar 1847, p. 218. - Vgl. noch Seneca, Marcia 17, wo im Bild einer Seereise nach Syrakus das Lebensgeschick versinnbildlicht wird.
79 Epitomos Diegesis 12 (Mythographi Graeci ed. Westermann, p. 352).
80 Auf einem alexandrinischen Schiff, das dem Kastor und Pollux geweiht war, kam er in Puteoli an: Apostelgeschichte 28, 11-13.
81 Fragment 3 zu Prov. 30, 19 (GCS Hippolyt I, 2, p. 165).
82 Über die Segnungen Jakobs 20 (Texte und Untersuchungen 38, Leipzig 1912, p. 35, Z. 11-18).
83 De Patriarchis 5, 27 (CSEL 32, 2, p. 140, Z. 5-7).
84 Vgl. dazu H. Rahner: Zeitschr. f. kath. Theologie 65 (1941), p. 136 f.
85 Protreptikos X, 89, 2 (GCS I, p. 66, Z. 12-15).
86 Matthäuskommentar 11 (GCS X, p. 43, Z. 8 f.).
87 1. Timotheusbrief 1, 19: «Einige haben am Glauben Schiffbruch erlitten.»
88 Oratio 22 (PG 85, 267 A; 269 A); hier wird in dem fast barocken Stil der spätgriechischen Rhetorik das gute Schiff der Kirche geschildert, wie es mit knatternden Segeln und ächzenden Tauen durch das Wogengebrüll fährt.
89 Artemidor, Oneirokritika (Traumbuch) II, 23 (Hercher, p. 115 f.); und II, 68 (p. 159 f.). - Vgl. auch die rednerische Verwendung dieser Symbole bei Dion Chrysostomos, Oratio 63 (Budé II, p. 184, Z. 15-25).
90 Paidagogos III, 11, 59, 2 (GCS I, p. 270, Z. 7 f.). Die Handschriften lesen hier entweder οὐρανοδρομοῦσα (= himmelwärts fahrend) oder οὐριοδρομοῦσα (= mit günstigem Segelwind fahrend).
91 Abbildung bei Haas-Leipoldt, Bil-

deratlas zur Religionsgeschichte. Die Religionen in der Umwelt des Urchristentums, Leipzig 1926, Nr. 119. - Vgl. dazu W. Wittmann, Das Isisbuch des Apuleius, Stuttgart 1938, p. 47 f. - Weiteres Material zur Frage bei F. G. Welcker, Alte Denkmäler III: Griechische Vasengemälde, Göttingen 1851, p. 248-254: Euplöa. - A. Alföldi, A Festival of Isis in Rome under the Christian Emperors of the IVth Century (Dissertationes Pannonicae II, 7) Budapest 1937, p. 44-55.

92 Ein antikes Euploia-Gebet vgl. bei Anthologia Palatina IX, 9. - Christliche Gebete bei Gregor von Nyssa (PG 44, 1013 D; 1016 A); bei Victricius von Rouen (PL 20, 444 B). Ein noch heute in der römischen Liturgie gebrauchtes Euploia-Gebet von klassischer Nüchternheit betet um «gute Fahrt» für das Kirchenschiff: «Exaudi nos, Domine Deus noster, et Ecclesiam tuam inter mundi turbines fluctuantem clementi gubernatione moderare, ut tranquillo cursu portum perpetuae securitatis inveniat.»
«Erhöre uns, Herr unser Gott, und lenke deine Kirche, die da im Wogenschwall der Welt hintreibt, mit milder Steuerkunst, damit sie gute Fahrt habe und den Port der ewigen Sicherheit finde.»

93 Fragment 98 (Diels I, (3. Aufl.), p. 257).

94 *Vinzenz von Lerin*, Commonitorium 20 (PL 50, 666 B).

95 *Ps.-Clemens*, Epistola ad Jacobum 13 (PG 2, 49 A).

96 Georgica I, 303 f.

97 Exameron V, 11, 34 (CSEL 32, 1, p. 168, Z. 11-14).

98 Epistola XXIII, 30 (CSEL 29, p. 187, Z. 23-25).

99 Porphyrius, Vita Plotini 22 (Deutsche Übertragung in der Plotinausgabe von R. Harder, V. Band, Leipzig 1937, p. 192).

100 Quis dives salvetur 36, 1 (GCS III, p. 183, Z. 19-22).

101 *Ps.-Makarios*, Pneumatische Homilien 44, 6 (PG 34, 781 D).

102 Protreptikos X, 93, 2 (GCS I, p. 68, 17). Hier wird das Wort zwar im Zusammenhang mit einer anderen Bildreihe geprägt, nämlich mit militärischem Sinn: es ist eine «herrliche Gefahr, überzulaufen vom Satan zur Schlachtreihe Gottes». Der Sinn ist jedoch der gleiche, wie in den mehr nautischen Symbolen.

103 Odyssee XII, 184 f.

104 Protreptikos XII, 12, 118, 1-4 (GCS I, p. 83, Z. 8-24).

104a De autexusio I, 1-3 (GCS, p. 145, Z. 3 bis p. 146, Z. 6).

105 Anthologia Palatina I, 14 (118).

106 Capitulationes libri Josue, Praefatio (PL 28, 464 B).

107 Vgl. dazu, abgesehen von G. Weikker, Der Seelenvogel, neuestens F. Zwicker: RE III A, 1 (1927), Sp. 288-308.

108 Odyssee XII, 46.

109 Apologeticus VII, 5 (CSEL 69, p. 19, Z. 1 f.).

110 Elenchos VII, 12, 1 (GCS Hippolyt III, p. 190, Z. 27).

111 Epigramm III, 64.

112 Republ. 617 B. - Vgl. Plutarch, Tischgespräche IX, 14, 6. - Macrobius, In somnium Scipionis II, 3, 1. - RE III A, 1, Sp. 298, Z. 14-30.

113 Fragmentum incertum 911. - Clemens, Stromata IV, 26, 172, 1 (GCS II, p. 324, Z. 19-24).

114 Kratylos 403 D.
115 Symposion 216 A.
116 Phaidros 259 A.
117 Helena 168 f. – Vgl. auch Fragmentum 777.
118 Abbildungen bei Weicker, Der Seelenvogel, p. 180 f., Bild 90 und 91.
119 De incredibilibus 14.
120 Proklos, Comment. in Platonis Cratylum 157. – In Rempubl. 34, 10.
121 Odyssee XII, 189–191.
122 Metamorph. V, 535.
123 De finibus V, 49.
124 Vgl. Anthologia Palatina IX, 184; XIV, 102. – Synesios, Epist. 138 (PG 66 1529 A). – Manuel Philes, Carmina XI, 1 (Martini, p. 21).
125 Job 30, 29: ἀδελφὸς γέγονα σειρήνων.
126 Isaias 13, 21, 22: καὶ ἀναπαύσονται ἐκεῖ σειρῆνες.
127 Comment. in Isaiam (PL 24, 216 B). Unter den «Wölfen und Hunden» versteht Hieronymus hier die Hunde der Skylla, wie er später ausdrücklich berichtet (PL 24, 432 C). Auch Augustinus spricht in dem gleichen symbolischen Zusammenhang einmal von den Hunden der Meere (PL 39, 1885 CD). Immer sind es «seelenfressende Hunde», genau wie im Symbolismus vom Mandragoras. – Weiteres zur christlichen Symbolik der Skylla-Hunde vgl. bei H. Rahner, Zeitschr. f. kath. Theologie 66 (1942), p. 116.
128 Isaias 34, 13: καὶ ἔσται ἔπαυλις σειρήνων.
129 Jeremias 50, 39 (= LXX 27, 39): θυγατέρες σειρήνων.
130 Michäas 1, 8: πένθος ὡς θυγατέρων σειρήνων.
131 Isaias 43, 20.
132 Cyrillus, Comment. in Isaiam (PG 70, 908 D; 748 A; 364 D). – Vgl. dann Olympiodor, In beatum Job (PG 93, 317 D). – Prokop von Gaza (PG 87, 2, 2090 A; 2396 A). – Theophylakt (PG 126, 1064 C).
133 Comment. in Isaiam 13, 21 (PG 24, 189 D).
134 Comment. in Isaiam 43, 20 (PG 24, 400 D).
135 Comment. in Michaeam I, 10 (PG 71, 653 D; 656 A).
136 Fragment 96 zu Klagelied 4, 3 (GCS Origenes III, p. 270, Z. 9–14).
137 Stromata I, 10, 48, 6 (GCS II, p. 32, Z. 8 f.).
138 Ebd. (p. 32, Z. 10): Σειρῆνας δὲ παραπλεύσας εἰς ἀρκεῖ.
139 Graecarum affectionum curatio, Oratio VIII, 1 (PG 83, 1008 A).
140 Stromata VI, 10, 80, 5 (GCS II, p. 472, Z. 1–3): καθάπερ οἱ παῖδες τὰ μορμολυκεῖα.
141 Stromata IV, 26, 172, 2 (GCS II, p. 324, Z. 24 f.).
142 Cohortatio ad gentiles 36 (Otto III, 2, p. 116 f.).
143 De opificio mundi (PG 85, 1037 A; 1073 B).
144 Basilius, Ad adolescentes 2 (PG 31, 586 D; 569 A). Epistola I, 1 (PG 32, 221 A). – Cyrillus, Comment. in Isaiam (PG 70, 908 A).
145 Elenchos VII, 13, 1–3 (GCS III, p. 190 f.).
146 Physiologus 13 (Lauchert, p. 245 f.). – Die neueste kritische Ausgabe des Physiologus von F. Sbordone, Florenz-Mailand 1936, bringt p. 51 ff. den bisher vollständigsten, aber etwas wirren Kommentar zum Sirenenmythos aus den Kirchenvätern.
147 Comment. in Michaeam I, 1 (PL 25, 1158 C). – Die Häresie des Jovinian

ist «Sirenengesang»: Adv. Jovinianum I, 4 (PL 23, 25 B).
148 Cohortatio 36 (Otto III, 2, p. 188, Z. 3f.).
149 Symposion VIII, 1 (GCS, p. 81, Z. 16 f.).
149a *Ps.-Basilius*, Isaiaskommentar 276 (PG 30, 604 C).
150 Protreptikos XII, 118, 2 (GCS I, p. 83, Z. 16).
151 Elenchos VII, 13, 3 (GCS III, p. 191, Z. 8).
152 Explanatio Psalmorum 43, 75 (CSEL 64, p. 315, Z. 6–20).
153 De fide ad Gratianum III, 1, 4 (PL 16, 590 C).
154 Epistola 54, 13 (CSEL 54, p. 479, Z. 6).
155 Epistola 22, 18 (CSEL 54, p. 167, Z. 10–12). Vgl. auch Epistola 82, 5 (CSEL 55, p. 112, Z. 8 f.).
155a Epistola 9, 6 (PL 58, 620 C).
156 Epistola 145 (PG 66, 1541 A).
157 Epistola 16, 7 (CSEL 29, p. 121, Z. 18–22).
158 Regula 1 (PL 72, 881 D; 882 A).
159 *Ps.-Bernardus*, De modo bene vivendi 57 (PL 184, 1285 D). – Zum Fortleben des Sirenenmythus in Mittelalter und Neuzeit vgl. die Angaben bei H. Rahner, Zeitschr. f. kath. Theologie 65 (1941), p. 142, Anm. 84 und 86.
160 Monumenta Germaniae Historica, Poetae Latini IV, p. 244, Z. 53–56.
161 Speculum Ecclesiae, Homilie auf Septuagesima (PL 172, 855 CD).
162 Hortus deliciarum, Ausgabe von Straub-Keller, Straßburg 1879/99, Bildband, Tafel 57 und 58; Textband p. 43 f.
163 Sermo de Sanctis 22 (PL 217, 555 CD); Sermo de Communibus 6 (PL 217, 617 C).
164 Odyssee V, 253 (Übersetzung von Voß).
165 Auch Odyssee V, 317 ist ἐπίκριον die Segelstange, also das zum ἴκριον, dem Mastbaum, quergestellte Holz. Auch von daher ist es bemerkenswert, daß später das Kreuzholz Christi mit dem sonst seltenen ἴκριον bezeichnet wird. Vgl. Theodoret (PG 80, 1308 C; 1756 B; PG 83, 1012 A). Suidas, Lexikon s. v. ἴκριον.
166 De verborum significatu (ed. O. Müller, p. 310, Z. 2).
167 Oneirokritika II, 5 (Hercher, p. 152, Z. 6).
168 Octavius 29, 6–8 (CSEL 2, p. 43, Z. 10–15).
169 Adversus Marcionem III, 18 (CSEL 47, p. 406, Z. 25 f.). – Ad nationes I, 12 (CSEL 20, p. 82, Z. 3 f.).
170 Apologia I, 55, 3 (Otto I, p. 150, Z. 13 f.).
171 De Antichristo 59 (GCS I, 2, p. 39 f.). Eine Reihe weiterer Listen von nautischen Symbolen vgl. bei H. Rahner, Das Schiff aus Holz. Schiffskataloge der patristischen Literatur: Zeitschr. f. kath. Theologie 66 (1942), p. 198–205.
172 Explanatio Psalmorum 43, 17 (CSEL 64, p. 355, Z. 8–16).
173 Oratio 1 zu Christi Auferstehung (PG 46, 624 D; 625 A).
174 Oratio 27, 5 (PG 65, 813 BC).
175 *Ps.-Ambrosius*, Sermo 46, 4, 10 (PL 17, 697 AB).
176 De vitis Patrum V, Verba Seniorum 7, 18 (PL 73, 896 D).
177 *Ps.-Augustinus*, Sermo 247, 7 (PL 39, 2204 A).
178 Miscellanea VIII, 6 (PL 88, 276 C).
179 Speculum Ecclesiae (PL 172, 944 D). – Scala caeli maior 1 (PL 172, 1230 C).

# ANMERKUNGEN

180 Ezzoleich Vv. 395–397; 405 f. (= Kleinere deutsche Gedichte des XI. und XII. Jahrhunderts, herausgegeben von A. Waag, Halle 1916, p. 15 f.).
181 Protreptikos XII, 118, 4 (GCS I, p. 83, Z. 24–30).
182 Elenchos VII, 13, 2, 3 (GCS III, p. 191, Z. 3–11).
183 Carmina II, 1, 1, Vv. 582–585 (PG 37, 566 A).
184 *Maximus von Turin*, Homilie 49 (PL 57, 339 C).
185 De Trinitate IV, 15, 20 (PL 42, 901 D; 902 A). – Tractatus in Joannem II, 2, 3 (PL 35, 1389 f.).
186 De autexusio I, 4 (GCS, p. 146, Z. 13–16).
187 De fide ad Gratianum III, 1, 4 (PL 16, 590 C).
188 Expositio in Lucam IV, 2 (CSEL 32, 4, p. 139, Z. 14 f.).
189 Ebd. IV, 2, 3, (p. 139, Z. 16 bis p. 141, Z. 3).
190 Nat. hist. XXXV, 128. Vgl. RE XVII (1936), Sp. 465, Z. 59 ff.
191 Epistola 64, 13 (CSEL 54, p. 599, Z. 12).
192 *Germanus von Konstantinopel*, Homilie auf das hl. Kreuz (PG 98, 240 C).
193 Epistola XXIII, 30 (CSEL 29, p. 186, Z. 19–26).
194 Homilia 49, De Cruce Domini 1 (PL 57, 339 f.).
195 Vgl. etwa Aldhelm, Chartae 1 (Mon. Germ. Hist. Auctores antiquiss. XV, p. 508, Z. 8 f.). – Dungal Scottus, Epistola 6 (Mon. Germ. Hist. Epistolae IV, p. 581, Z. 12 f.).
196 Speculum Ecclesiae (PL 172, 857 A).
197 Vgl. dazu G. Stuhlfauth, Das Schiff als Symbol der altchristlichen Kunst: Rivista di Archeologia cristiana 19 (1942), p. 111–141.
198 Odyssee XIII, 250–252.

## Nachwort

1 C. J. Burckhardt, Erinnerungen an Hofmannsthal und Briefe des Dichters (= Sammlung Klosterberg) Basel 1944, p. 79 f.
2 G. Bally, Vom Ursprung und von den Grenzen der Freiheit, Basel 1945, p. 118, 122.
3 Unbekannter griechischer Dichter, Übersetzung von J. G. Herder (= Griechische Gedichte mit Übertragungen deutscher Dichter, herausgegeben von H. Rüdiger, Leipzig 1936, p. 12 f.).
4 Inferno XXVI, 55–142. – A. Rüegg, Die Jenseitsvorstellungen vor Dante, Einsiedeln 1945, II, p. 108–117: Ulisse.
5 Paidagogos III, 12, 101, 1 (GCS I, p. 291, Z. 1–6).

# ABBILDUNGEN UND IHRE QUELLEN

1. *Homer, Dante und ein anderer Dichter*     Titelbild
   Handzeichnung Raffaels (Windsor). Aus R. und E. Boehringer: Homer-Bildnisse I, Tafel 119.

                                                                                                     nach Seite

2. *Das Mysterium des Kreuzbaumes*     64
   Salzburger Miniatur von 1481 (München).

3. *Die Ecclesia als Apokalyptische Frau*     96
   Aus Herrad von Landsperg, Hortus deliciarum.

4. *Odysseus mit Schwert und Moly*     160
   Antike Gemme aus Ingbirami. Galleria Omerica II, Tafel 49.

5. *Hermes gibt Odysseus das Moly*     176
   Sogenannte Tabula Rondanini.

6. *Mandragorenwurzel mit Hund*     208
   Aus dem Herbarius des Ps.-Apuleius (= Corpus Medicorum Latinorum IV, Leipzig–Berlin 1927, ed. E. Howald und H. Sigerist, S. 223).

7. *Mandragore mit Hund und Rhizotom*     224
   Aus einem italienischen Kräuterbuch des 15. Jahrhunderts. Federzeichnung, Privatbesitz. Abbildung in Philobiblon, Zeitschrift für Bücherliebhaber 5 (1932) S. 149.

8. *Krönung der Königin Mandragora*     224
   Miniatur aus der Handschrift München Clm 5118 (Hoheliedkommentar des Honorius) 12. Jahrhundert.

9. *Krönung der Mandragora*     224
   Miniatur aus Sankt Florian, Cod. XI, 80. Vom Jahre 1301. (Bild aus der Sammlung Goldschmidt, Basel, Kunstmuseum.)

10. *Odysseus am Mastbaum*     320
    Vasenbild aus Vulci (5. Jahrhundert) British Museum.

11. *Odysseus am Mastbaum des Kreuzes*     320
    Christlicher Sarkophag (4. Jahrhundert) Rom, Thermenmuseum.

12. *Herzog Ulixes am Mastbaum*     320
    Aus dem Hortus deliciarum der Herrad von Landsperg.

# AUTORENREGISTER

*Abaelard* 111
*Acham, Roger* 195 f.
*Actus Vercellenses* 62
*Adambuch*, äthiopisches 70
*Aedesius*, röm. Aristokrat 54
*Aelian* 210 f., 253
*Aischylos* 33
*Alanus v. Lille* 219[104]
*Albertus Magnus* 279 f., 280[108]
*Alciphron* 292[63]
*Aldhelm* 326[195]
*Alexander Al.* 153[237]
*Alexander v. Tralles* 168
*Alkuin* 218 f.
*Ambrosius* 77, 80–82, 91, 96, 100, 109, 142, 150, 153 f., 201, 220, 223, 226, 232, 262, 291, 295, 297, 311 f., 317 f., 322 –324
*Ammianus Marcellinus* 90[5]
*Anarchis* 292
*Anastasius Sinaita* 148, 156 f.
*Andreasakten* 62 f.
*Andreas v. Kreta* 60[15], 153
*Angelomus von Luxeuil* 219
*Angelomus* 227[138]
*Anselm v. Laon* 233
*Anthologia Palatina* I, 14: 300; VII, 630: 291 f.; IX, 29: 293[71]; IX, 184: 303[124]; X, 50: 173; X, 65: 294; XV, 12: 164
*Antiphilos* 293
*Antoninus Placentinus*, Itinerar 83[38]
*Apollinaris von Laodicea* 265 f.
*Aponius* 230 f.
*Apuleius* 34, 109, 170, 206[49], 223
*Aratos* 292
*Archelaos v. Priene* 285
*Argonautica* 197

*Aristophanes* 250[24]
*Arnobius* 171
*Arnobius Junior* 262 f.
*Artemidor* 250[29], 296[89], 316
*Athanasius* 65, 109
*Athenaios* 172, 248[19]
*Augustinus* 35, 53 f., 61[19], 67, 72, 80 f., 97, 103, 109, 113, 137 f., 148 f., 150[227], 155, 162, 171, 174, 200 f., 216, 218 f., 232, 266 f., 287, 322
*Avicenna* 203, 227[138]

*Barnabasbrief* 67, 74
*Basilides*, Gnostiker 131
*Basilius* 104[85], 201, 284 f., 289, 291, 308
*Basilius v. Seleukia* 296
*Bauer, Der kleine*, alchemist. Traktat 193[115], 214, 238[170]
*Beatusapokalypse* 149
*Beda* 224 f., 227[138], 231
*Berengaud v. Trier* 149[220]
*Boethius* 144 f., 186[95], 188 f., 243, 287
*Böhme, Jakob* 98
*Bruno v. Asti* 202, 225
*Bruno v. Köln* 267[73]
*Bruno v. Segni* 267[73]
*Bruno v. Würzburg* 267

*Caesarius v. Arles* 149
*Casaubonus, Isaak* 21
*Cassiodor* 231 f., 261 f., 287
*Celsus*, Platoniker 95 ,202[25]
*Christophanes Conteleonti* 190 f.
*Chronograph vom Jahre 354* 134
*Chrysologus* 52, 150
*Chrysostomus* 37 f., 52, 132, 137, 140, 150
*Cicero* 31, 145[206]

*Clavis Melitonis* 151, 278[104]
*Claudius Claudianus* 287[38]
*Clemens Al.* 10–12, 14, 19, 25, 37–40, 42, 48, 51 f., 54, 79 f., 88, 113, 117 f., 122, 124, 131, 166, 182 f., 187[97], 223, 243, 243[7], 281 f., 286, 288 f., 289[46], 295–299, 307, 310, 320, 327 f., 332; Excerpta aus Theodot 79
*Columella* 203
*Constitutiones Apostolicae* 38
*Cornelius Labeo* 134
*Cyrill Al.* 65, 79, 120, 138, 223 f., 277 f., 306
*Cyrill Jer.* 36, 60, 111[88], 117

*Dante* 287; Inferno IV, 88: 165; IV, 95 f.: 243; XXVI, 55–142: 332; Purgatorio I, 4–6: 242; XXIII, 73–75: 72; Paradiso II, 34–36: 275; XXIII, 25–30: 158
*Demokrit* 211
*Demosthenes* 75, 223
*De Pascha computus* 124 f.
*Didache* 61, 101
*Diodor* 249
*Dioscurides* 167 f., 198[3], 199, 201, 202[27], 203, 211, 227, 251
*Dioscurides Langobardus* 168, 198[3], 199[11], 201[22]
*Drepanius* 87 f.
*Dungal Scottus* 326[195]

*Eckehart* 98
*Empedokles* 90, 146, 296
*Ephräm* 61, 69, 71, 132 f., 201[15]
*Epiphanius* 124[146], 126–129, 132
*Epitomos Diegesis* 179[80], 294[79]
*Erasmus* 284
*Euripides* 33, 302
*Eusebius* 90, 103, 104[65], 113, 206, 261, 293, 306
*Eusthatios* 179 f., 253 f.
*Ezzolied* 319, 319[180]

*Festus* 250, 316
*Firmicus Maternus* 60 f., 65, 113–116, 137, 145, 155[248]
*Flavius Josephus* 208 f., 216[93]
*Frontinus* 223
*Fulgentius* 289[48]
*Fulgentius Afer* 221[113]

*Galenus* 167, 167[17]
*Geoponica* 253[39]
*George, Stefan* 15
*Gerhoh v. Reichersberg* 267[73]
*Germanus v. Konstantinopel* 324
*Geßner, Konrad* 168
*Giselbert v. Westminster* 154[239]
*Glossa ordinaria* 225, 231 f.
*Goethe* 214[88], 242 f.
*Gottschalk* 287[38]
*Gregor d. Gr.* 162, 215, 268, 278
*Gregor Naz.* 20, 64, 74[5], 87, 129, 132, 136 f., 166[9], 243, 269, 286, 289[46], 292–294, 321 f.
*Gregor Nyss.* 60, 64, 72, 77, 274, 318
*Gregor v. Tours* 104

*Harveng, Philipp v.* 233
*Haymo v. Halberstadt* (?) 202
*Henochbuch* 68[54], 216[92]
*Heraklit*, homerische Probleme 172 f., 255, 302 f.
*Hermas* 259–261, 276[95]
*Hermes Trismegistos* 221[118]
*Herrad v. Landsperg* 83, 149, 314 f., 327
*Hesychius Jer.* 273 f.
*Hiebner v. Schneebergk* 192
*Hieronymus* 104, 108, 111, 117, 136, 210[70], 216[93], 221, 261[60], 263, 274 f., 286 f., 290, 300, 304 f., 309, 312, 312[155], 324
*Hilarius* 80, 96, 263 f.
*Hildegard v. Bingen* 98, 217[97], 220, 225, 228
*Hippolyt* 60, 62, 66[44], 124, 147, 174, 184 bis 186, 206[49], 242 f., 295, 301, 308–310, 317, 321

*Hölderlin* 16
*Homer* 13 f.; Odyssee I, 57 f.: 281; V, 253: 316; V, 317: 316; X, 292: 169[26]; X, 302–306: 164 f.; X, 491: 245; X, 496: 245; X, 502: 245; X, 506: 247; X, 510: 253[39]; X, 508–512: 245; XI, 12: 246; XI, 15 f.: 246; XI, 47: 245; XI, 93 f.: 247; XI, 96: 246; XI, 100: 246; XI, 134–147: 246; XII, 41–46: 283; XII, 45: 282; XII, 46: 301; XII, 155: 115; XII, 156 f.: 283; XII, 158: 282; XII, 159: 282; XII, 160–162: 283; XII, 166–169: 283; XII, 184 f.: 298; XII, 186–190: 282; XII, 187: 182; XII, 189–191: 303; XII, 192 f.: 282; XIII, 250–252: 328; XVII, 208–211: 248; Ilias XVIII, 11: 108; XXI, 349: 248; Homer und Bibel 243[6], 243[7], 265, 272 f., 311 f.; «Heiliger Homer» 14, 242–244; Homer in stoischer u. platonischer Allegorese 171[49]; bei den Kirchenvätern 284–291; patristische Allegorie 285; allegorische Deutung durch Basilius 289; Lobpreis durch die Kirchenväter 243 f.; bei Dante 243
*Homerscholien* 169[27]
*Honorius Aug.* 61[19], 234–237, 289, 314, 319, 319[179], 326
*Horaz* 287 f., 293[70]
*Hrabanus Maurus* 168[24], 170, 218, 278[105]
*Hugo de Folieto* 222[121]
*Hyginus* 176, 292[61]

*Ignatius Ant.* 42, 63, 74, 81, 101 f.
*Innozenz III.*, Papst 315
*Irenäus* 59 f., 71, 105[67], 169[81], 184[90]
*Isidor v. Sevilla* 104, 170 f., 200[13], 201[15], 202[30], 204, 218, 227, 243[7], 278[103]

*Jakob v. Sarug* 82[36]
*Johannes Damasc.* 72
*Johannes Lydos* 146
*Johannes Tzetzes* 190
*Julian*, Kaiser 37, 90

*Justinus* 9, 42, 57, 59, 63, 66 f., 78 f., 94, 102, 119[125], 156[250], 174, 181, 243[8], 255, 285[25], 286, 317
*Justus v. Urgel* 219[102]
*Juvenal* 292

*Khunrath, Heinrich*, Alchemist 193 f., 216[93]
*Kleanthes* 172
*Konstantin d. Gr.* 106, 113
*Kosmas* 129

*Lactantius* 60, 116 f.
*Leander v. Sevilla* 313
*Leo d. Gr.* 61, 138 f.
*Leo d. Weise*, byzant. Kaiser 164[4]
*Libanios*, Rhetor 290[54]
*Lukian v. Samosata* 197, 223[125]
*Lykophron* 176

*Macrobius* 50 f., 91, 91[10], 116, 129, 134, 155, 202[25], 287, 302[112]
*Maierus, Michael* 192 f.
*Manilius* 286[30], 292[60]
*Marcellus, De medicamentis* 202[26]
*Martial* 301
*Martianus Capella* 170[36]a
*Matthaeus Cantacuzenus* 229 f.
*Maximus v. Tyrus* 174 f.
*Maximus v. Turin* 64, 104, 139, 322[184], 325 f.
*Megenberg, Konrad v.* 220, 227[138]
*Melito v. Sardes* 57, 109 f., 109[84], 153[237]
*Methodius* 147 f., 152[233], 154, 156, 265, 268[76], 270–273, 276 f., 288, 299, 309 f., 322
*Michael Psellos* 224[180]
*Minucius Felix* 63, 285, 317

*Naassenerpredigt* 62
*Nemesios* 293
*Newman, J. H.* 94, 237
*Nikanderscholien* 252[34]

*Nikephoros Gregoras* 190
*Nilus v. Ankyra* 219[102], 229
*Notker der Stammler* 120

*Oden Salomons* 118[121]
*Olympiodor* 268[76]
*Oracula Sibyllina* 62[25], 118[120]
*Origenes* 35, 65, 79, 89 f., 95, 99, 107, 154, 158, 187, 224, 261[60], 266, 269 f., 276, 290, 296, 306
*Orphische Hymnen* 174
*Ovid* 166, 170, 204 f., 286, 303

*Pascal* 43
*Paulinus v. Nola* 115[106], 136[179], 297, 313, 324 f.
*Paulus* 8 f., 19, 22 f., 29, 35 f., 39, 41, 51, 56, 59, 67, 74 f., 77, 81, 95, 99, 100[39], 174, 218, 296; Bedeutung von mysterion 39–42, 51; Theologie der Taufe 74 f., 77, 85
*Pausanias* 248
*Pereira, Benedikt S.J.* 191
*Petrus Comestor* 219 f.
*Philastrius* 184[90]
*Philo Al.* 32, 90
*Philo v. Carpasia* 229, 229[142]
*Philostratos* 176
*Photios* 179
*Physiologus* 221, 221[114], 309[146]
*Pilatusakten* 110 f.
*Platon* 7, 10, 12 f., 58 f., 88, 132, 132[167], 174 f., 187[97], 223, 242 f., 271[84], 272[86], 285, 287, 302
*Plinius* 166 f., 169, 199, 201[15], 205 f., 211, 221[115], 252, 252[35], 324
*Plinius Junior* 102
*Plotin* 144
*Plutarch* 34, 90[2], 122, 145, 176–178, 216, 251, 302[112]
*Poimandres* 62
*Porphyrius* 297[99]
*Priapea* 68, 176
*Proklos* 214, 303[120], 318

*Prokop v. Gaza* 221[113], 224[129], 229, 264, 306[132]
*Properz* 293[70]
*Prosper v. Aquitanien* 267
*Prudentius* 115, 150, 170
*Ps.-Ambrosius* 318[175]
*Ps.-Apuleius* 167[13], 168, 207 f., 210[67]
*Ps.-Athanasius* 65[37], 85
*Ps.-Augustinus* 72[76], 81[31], 107, 119[126], 149, 319[177]
*Ps.-Basilius* 310
*Ps.-Bernardus* 313[159]
*Ps.-Cassiodor* 202[31]
*Ps.-Chrysostomus* 42, 72[73], 87[54], 123 f.
*Ps.-Clemens* 174, 184[90], 184, 297[95]
*Ps.-Cyprian* 69
*Ps.-Dionysius Areopagita* 37, 50
*Ps.-Dioscurides* 199, 202
*Ps.-Epiphanius* 111[92], 122[135]
*Ps.-Gregor* 219[102]
*Ps.-Hippolyt* 72 f.
*Ps.-Justinus* 243[7], 288, 307 f., 309
*Ps.-Makarius* 298[101]
*Ps.-Plutarch* 172[51]
*Ps.-Theophrast* 168[8], 199, 201
*Ps.-Thomas v. Aquin* 233, 233[156]
*Ptolemaios Hephaistion* 179
*Puente, Luis de la* 237
*Pythagoras* 7, 10, 30, 49, 211, 227, 307

*Remigius v. Autun* 267[73]
*Richard v. St. Victor* 61[19], 267
*Rupert v. Deutz* 227[138], 279
*Rutilius Namatianus* 186 f.

*Schaidenreißer, Simon* 191
*Scholia Graeca in Odysseam* 180[85]
*Scotus Eriugena* 98
*Sedulius Scottus* 287[38]
*Sekundus, Philosoph* 90 f., 292
*Seneca* 288, 293
*Severianus v. Gabala* 117, 156[254]
*Shakespeare* 214
*Sidonius Apollinaris* 312

Solon, Elegien 292
Somnium Scipionis 51
Sophokles 51, 327
Stolcius, Daniel 192
Sulpicius Severus 169[31], 287
Synesios v. Kyrene 175, 207, 290, 303[144], 313
Syrische Schatzhöhle 69 f., 216[92]

Tatianus, Apologet 93
Tertullian 37, 63, 67, 74, 76, 102[52], 169[81] 286, 301, 317
Testamentum Salomonis 207[57], 213[80], 228
Themistios 179[79], 180
Theodoret 224, 307, 316[165]
Theokrit 171, 207[56]
Theokritscholien 206[49]
Theon v. Smyrna 78[19]
Theophanes Kerameus 72
Theophilos Ant. 143 f.
Theophrast 199, 205, 250–252
Thiofrid v. Echternach 61[19]
Thomas v. Aquin 72, 202

Thomas Cisterciensis 226 f.
Thomasakten 118
Trudperter Hohelied 233[157], 234

Venantius Fortunatus 55, 72, 319
Vergil 170[35], 206[51], 250, 297
Vettius Valens 91
Vinzenz v. Beauvais 216[93], 237[67], 278[106]
Vinzenz v. Lerin 296[94]
Vitae Patrum 319[176]

Walafried Strabo 168[24]
Wilhelm v. St. Thierry 220[111]
Williram 219[105], 226
Witelo 98
Wolbero v. Köln 232 f.

Xenophon 171

Zacharias, Rhetor 308
Zauberpapyrus v. Paris 206
Zeno v. Verona 113–115, 156 f.

# SACHREGISTER

*Achtzahl*, hl. Zahl im Taufmysterium 77 f., Zahl der Geretteten in der Arche 78, Sacramentum octavi bei Hilarius und Augustinus 80, Hymnus auf die Achtgestalt des Baptisteriums bei Ambrosius 80 f.
*Adam*, erschaffen aus roter Erde 216, 216[93], begraben am Ort des Kreuzes 69 f., als weiße Gestalt durch die Begnadigung 216[96], als Wurzelstock des ganzen Menschengeschlechtes 216, als Ursprung der Sündigkeit 222, als Radix apostatica bei Augustinus 216 f., Adam und Christus 69 f., und Kreuzholz 71, bei Dante 72
*Adambuch*, äthiopisches 70[64]
*Adonis*, Kult in Rom und Bethlehem 136, 136[178]
*Aglaophotis* = Gichtrose 211 f., 213[67]
*Agnos* = Weidenbaum (Keuschlamm) 251, 257 f., 268, 271, 274–277
*Aion* 137, Feier der Geburt des 128, Fest des 129[154], 133
*Alraune* (Mandragore) 203, in der altgermanischen Magie 213 f., und schwarzer Hund 207, als Zauberpflanze im Ring des Salomon 213[80]
*Antenna crucis* 87, 87[53]
*Antike und Christentum* 327–332, Grundsätze ihrer Auseinandersetzung 92[13], 93–97, Grundsätze der Vergleichung 112
*Apotaxis* im Taufritual 116 f.
*Arche Noe* 70, 78
*Attis* 75
*Auferstehung des Fleisches* in der antiken Theologie 255

*Baaras* = Mandragore 209 f., apotropäisches Mittel gegen Wahnsinn 209
*Babylon* als Symbol des irdischen Lebens 276, als Inbegriff des Teuflischen 266 f.
*Behemoth* im Weidengebüsch (Job 40, 17), allegorische Deutung 258, (Leviathan) als Sinnbild des Teufels und der Hölle 268[78]
*Besasa*, syrische Bezeichnung für Moly 167 f.
*Christentum*, Vorbereitung durch die Hellenen nach Justinus und Clemens Al. 9–11, 15 f., beeinflußt von hellenischen Mysterien? 47–54, grundsätzliches Verhältnis zu den Mysterien bei Clemens Al. 38–40, im Formwandel bis ins 4. Jahrhundert 35–38, als Seefahrt in die Heimat 282 f.
*Christus* als Mittelpunkt des christlichen Mysteriums 19, als Mittelpunkt des Mysteriums der Erlösung 42, als Mittelpunkt der Geschichte 10, 12 f., und Adam 70, als zweiter Adam 71, als Noe des neuen Geschlechtes 78 f., Geburtsfest am 6. Januar 130 f. (s. Epiphanie, Weihnacht), Geburtsdatierung auf den 28. März 125 f., Todestag und Auferstehung 105 f., Grab als Mutterschoß 122, Höllenfahrt 110–113, als Haupt der Gesamtmenschheit unter dem Bild der Mandragore 232 f., als Haupt der Mandragore 215, als Haupt der kopflosen Menschenwurzel 229 f., als Sonne 93 f. 96 f., 97[27], als wahre Sonne 116, als Sonne der Gerechtigkeit 125 f., als neugeborene Sonne der Gerechtigkeit 140, als österlich aufer-

## ANHANG 391

stehende Sonne 114 f., als Morgensonne 102[48], Geburt als Sonnenaufgang 122, als Sol 118, als Sol novus 139, 139[194], 149, als Lumen de lumine 97, als Sonne im Totenreich 108[77], Christus und Kirche im Bild von Sonne und Mond 99, Christus als Sonne, Fortleben dieser Symbolik 98, als «unbesiegte Sonne» (Sol invictus) 122, als Helios 118, als auferstehender Helios 114, als Sol im Sonnenwagen 111[89], 114 f., als Phaeton 129, als Apollo-Helios 115, als Hermes der Wahrheit 183 f., im Hades als Rhizotom des Adamsgeschlechtes 229, als Orpheus 65 f., als Odysseus 325 f., als Odysseus am Kreuzholz festgebunden 319 f.
*Chronograph vom Jahre 354*, Datierung des Weihnachtsfestes 134 f.
*Circe* s. Kirke
*Elefant*, Mythos im Physiologus 221, als Symbol der Keuschheit 221 f.
*Epilepsie* 209[65], als Mondkrankheit 212
*Epiphaniefest* 121[129], 124–133, Datierung auf den 6. Januar 127, 129, ältester Versuch einer kultischen Datierung der Geburt Christi 124–126, als einziges Geburtsfest Christi 132 f., Nachtfeier der Geburt des Aion in Alexandrien 128, griechischer Hymnus auf Epiphanie 83, Schilderung der christlichen Kultfeier 126 f.
*Eranos*, griechische Wortgeschichte 289[46]
*Eranos-Tagungen* 7, 11, 31, 33, 90, 98, Jahrbuch 82[85]
*Eschatologie* im Bild der Mandragore 232 bis 234, bei Hermas 260 f.
*Euploia* 296 f., Gebet um 300, als Sicherheit des Heils im Schiff der Kirche und im Gebundensein an das Kreuzholz 318 f.
*Eutonie*, seelische, des Christen 182
*Exsultet* der Osternacht 119
*Exsultetrollen* 84, 120[128]
*Frühling* als Symbol der Geburt 123 f.,

der österlichen Neugeburt 119 f., des Taufmysteriums 107 f.
*Geburtstag* als Sonnenaufgang 122
*Gigantenkampf* bei der Entstehung des Moly 180 f.
*Gnostiker*, der christliche 51 f.
*Gottesgeburt* aus der Kirche 147 [213]
*Harmala*, kappadokische Bezeichnung für Moly 167
*Hekate* als Herrin der Unterwelt 206[49], als «schwarze», Persephone, hat Schlüsselgewalt zum Hades 206, Gebet zu 207[56], als Gegensatz zu Hermes 206, Herrin der Hunde 207[56], in der Magie 206 f.
*Helios* 108[75], solarer Pantheismus im 4. Jahrhundert 136 f., Kult 136, Nachtfahrt 112 f., Helios und Selene in der hellenistischen Mondsymbolik 144 f., als Bild Christi und der Kirche 148
*Hermes* 170[34], 172, als Logos 174, als Gott der Magier 170 f., 170[87], Vergleichung mit Christus 183 f.
*Himmelsreise der Seele* 86, 86[50], bei Dante 242
*Höllenfahrt Christi* 110–113
*Holz*, symbolisches Vorbild des Kreuzes 67 f.
*Humanismus*, christlicher 7–10, 328
*Humanismus der Neuzeit*, Deutung der Odyssee 284, 284[18], 284[19], 284[21]
*Hund*, irdische Verkörperung der Dämonen 207, und Mandragore 207 f., in der Magie der Mandragore 206 f., beim Ziehen der Mandragorenwurzel 210 f., schwarzer, in magischen Praxis 207, seelenfressender 207, 217[58], Hunde der Skylla in der Allegorese der Kirchenväter 319
*Isis* 75, Gebet zu 216, Schiff der 296, Isismysterium 109
*Jao* als Sonne 134
*Jenseitsvorstellungen* bei Dante 245[6]
*Jerusalem* als Symbol des ewigen Laubhüttenfestes 276

*Juden*, eschatologische Bekehrung zu Christus 232 f.

*Karthago*, Kult der Himmelskönigin 153[234]

*Kirche* als Mysterium 55 f., und spätantiker Sonnenkult 98 f., als wahre Luna 99 f., 153, als apokalyptische Frau auf der Mondsichel 147–149, als Luna patiens 153 f., Lobpreis auf die geistige Selene 157 f., Lobpreis auf die sterbende Kirche 154 f., Kirche als abnehmender Mond 154 f., als Schiff in Gefahr und Sicherheit 294 f., als Schiff mit dem Mastbaum des Kreuzes 315 – 328, als Mutterschoß und Schiff 296 f., als vorweggenommener Landungsplatz 295, als Hafen des Heils 295 f., Urbeginn des jenseitigen Lebens 263, und Maria 141 f., Ecclesia und Synagoga 233

*Kirke* 171–173, und Odysseus, allegorische Deutung 171 f.

*Kreuz* als Mysterium 55–73, als kosmisches Mysterium 58–66, als «Zeichen der Ausspannung am Himmel» 61, als biblisches Mysterium 66–71, Lobpreis des kosmischen und biblischen Mysteriums 72 f., sibyllinischer Hymnus 62, Hymnus in den Andreasakten 62 f., Jesu Tod am Tag der Venus 106 f., als Mittelpunkt der Heilsgeschichte 67 f., als Mittelpunkt des Kosmos 71 f., als Grundfigur der Weltdinge 63 f., als heimliche Weltgestalt 60 f., und platonisches Achsenkreuz 58 f., als «Holz» 67 f., als Holz des Unheils und des Heils 71, als Holz Christi und als Mastbaum der Kirche 321 f., als «Holz im Wasserquell» 68 f., als Lebensbaum 70 f., als paradiesischer Baum des Lebens 68 f., als Mastbaum, an den der Christ sich anbinden läßt 322, als Mastbaum im Schiff der Kirche 315–328, als Mastbaum und Antenne in der christlichen Symbolik 317 f., und Taufsakrament 75 f., und Taufe, Mysterium vom Holz im Wasser 81–85, Kreuzholz im Jordan als Symbol des Taufmysteriums 82 f., Vorbilder im Alten Testament 66 f., Kreuz in der urchristlichen Theologie 66 f., in der Theologie des Irenäus 59 f., des Augustinus 72, Zeichen für die Dialektik zwischen Schwäche und Kraft 64 f., paradoxes Wunder 65

*Kyllene* 170[85], als Kultgegend des Hermes 166 f.

*Laubhüttenfest*, eschatologische Deutung 264, 274, christliche Allegorese 273 f., mit Weidenzweigen, Symbolik des Origenes 269 f., mystische und eschatologische Deutung bei Cyrill von Alexandrien 277 f.

*Lebensbaum* s. *Kreuz*

*Logos* als Hermes 174, Lehre vom samenartigen 9, 93 f., 94[17], 243[8]

*Luna* als Bild des Menschen 144, als mütterliches Prinzip der Natur 145 f., als vermittelndes Prinzip zwischen Sonne und Erde 146, als Spenderin des befruchtenden Wassers und des nächtlichen Taus 146, als Prinzip des Gebärens 146, als Grenze zwischen Finsternis und Sonnenlicht 155, Gebet des Firmicus Maternus zu 145, als Mysterium Christi 141[199], 142, als Symbol der Kirche 142 f., als Sinnbild der Auferstehung 156 f. (s. *Kirche, Mond, Sonne*)

*Mandragore*, die (der Mandragoras) 197 – 238, Etymologie 198 f., botanische Bestimmung 198–204, medizinische Verwendung 201–203, als Pharmakon 201[15], 201[20], als Narkotikum 199, 223, als Narkotikum in der Allegorie der Kirchenväter 222–226, Nahrung des Elefanten 221, antike Symbolik 197 f., als Kraut der Hekate 206 f., als Mondkraut 212 f., «Teufelslicht» 210[66], in

ANHANG 393

der Alchemie 214, 238, Zauberpraxis beim Pflücken 208 f., Magie und allegorische Bedeutung 204-214, christliches Fortleben der antiken Magie 230 f., christliche Deutung 215-238, als anthropomorph 227 f., Wurzel in Menschengestalt 203 f., als menschenähnliche Pflanze ohne Kopf 228 f., eschatologische Allegorese 231 f., in der Bibel (Gen. 30, 14-16. – Hohelied 7, 14) 199 f., 200[12], christliche Allegorese der Bibeltexte 217 f., Allegorie in der Hohelieddeutung 219[105], 226 f., in den Kommentaren zum Hohenlied 219 f., im Hohenlied nach der Deutung des Aponius 230 f., als Erotikon in der christlichen Allegorese 219 f., Wurzel aus der Erde des Adam 224, aus der Erde des Adam, Symbolik bei Hildegard von Bingen 228, als Sinnbild der christlichen Tugenden 218 f., als Symbol der Mystik 226 f., als Symbol der Liebe zwischen Christus und der Kirche 220 f., und Christi Hadesfahrt 229f., als Symbol für Maria 219, und Frühling in der christlichen Allegorese 217 f., Fortleben der allegorischen Bedeutung 237 f., Fortleben im christlichen Aberglauben 214[88], Krönung der Königin Mandragore mit dem Haupt Christus 235 f., Krönung der Königin Mandragore auf mittelalterlichen Miniaturen 236[165], 236[166], bildliche Darstellung 214[87]

*Manichäismus*, Sonnenkult 97[28]

*Maria*, Jungfrauengeburt 131, 133, 138, 143, und Kirche als Mutter Christi 141 f., als Gebärerin des Sonnenlichts Christus 149 f., als Vorbild der gebärenden Kirche 84, und Kirche als apokalyptische Frau 146-149, Ablehnung der marianischen Deutung der apokalyptischen Frau durch Methodius 148, als Frau auf dem Mond 151 f., im Symbol der Mandragore 219, symbolisiert durch den Weidenzweig 279 f.

*Mastbaum* und Antenne 298, Antenne als Kreuzgestalt 316 f., als Inbegriff der nautischen Sicherheit 318, s. *Kreuz*

*Mithras* 75, 153[234], Kult bei den Persern 177 f.

*Moly*, botanische Deutung 165-169, als Zwiebelgewächs, heilkräftig und zaubergeladen 166 f., als Goldblume 176[69], mythologische Deutung 169-181, und der Mythos vom Gigantenkampf 180f., Zauberkraut des Hermes (Odyssee X, 305) 161, 164-195, schwarze Wurzel und weiße Blüte als Symbol des Bösen und Guten im Menschen 175 f., spätplatonische Allegorese 176 f., neuplatonische Allegorese 178 f., neuhumanistische Allegorese 190-196, christliche Deutung 181-196, christlich-gnostische Allegorese 184-187, Allegorese der byzantinischen Theologie 190, als Logos 172[52], alchemistische Deutung 192-195, als Symbol der Seelenheilung 173 f., als «seelenheilende Blume» 164, 178 f., als Symbol der christlichen Seelenheilung 181 f., bildliche Darstellung 164[5]

*Mond*, Symbolik bei Plotin 144, und Sonne als Bild der Beziehung zwischen Kirche und Christus 142 f., Trauer bei der Kreuzigung des Herrn 153 f., Phasen als Symbol des christlichen Lebens 157, (s. *Kirche, Luna, Sonne*)

*Mysterien*, griechische und hellenistische, in ihrer Entfaltung und ihrem Absterben 29-35, sog. Lesemysterien 32, 34, und jüdischer Monotheismus 54, kein unmittelbarer Einfluß auf das Christentum 22-24, Verhältnis zum Christentum: neuester Stand der Forschung 25-29, Wesenszüge der christlichen Mysterien 42-47

*Mysterium*, Wortgeschichte 25[23], 37, 42,

Wortsinn 12, im Neuen Testament 40, christliches, von Sonne und Mond 89 - 158, des Kreuzes 55-73, der Taufe 74-88, christliches, Lobpreis bei Clemens Al. 88
*Mythen*, griechische, in christlicher Deutung: Erklärung des Buchtitels 11 f., griechische, Verhältnis zum christlichen Mysterium 19, und ihr Verhältnis zum Christentum: Stand der Forschung heute 19-25, ältere Literatur zur Frage 21 f.
*Narkose*, seelische, durch Mandragore 225 f.
*Nekyia* in der Odyssee 255, 265
*Octogon* der altchristlichen Baptisterien 80 f., s. *Achtzahl*
*Odysseus* 14, als Inbegriff des menschlichen Geschicks 164, 169 f., als Vorbild des Menschen 172 f., als Vorbild der Seefahrt des Lebens 189 f., Hadesfahrt (Odyssee XI) 245 f. (s. *Nekyia*), Kritik des Platon 287, Lob auf 287, Lob der griechischen Kirchenväter 288, im Urteil des patristischen Humanismus 288 f., als Vorbild Christi 325 f., als Vorbild des Christen 312, als Vorbild der christlichen Heimkehr 328, Heimfahrt nach Ithaka: Symbolik 281-284, 299, als Vorbild der christlichen Seelenreise 182 f., als Vorbild der christlichen Seelentherapie 183 f., als Vorbild des «Wissenden, der nicht auf Häresien hört» 309, als Vorbild der Weisheit bei den Kirchenvätern 289, Sirenenfahrt und Mastbaum des Kreuzes: christlicher Lobgesang auf Homer bei Ambrosius 323 f., Odysseus, der festgebundene und die Sirenen bei Clemens Al. 320, bei Hippolyt und Gregor von Nazianz 321, bei Maximus von Turin 325 f., Odysseus am Mastbaum 316 f., mittelalterliche Predigt 326[96], bei Dante 332, Odysseelandschaften 247[13], Seefahrt auf altchristlichen Darstellungen 324, Bilder bei Herrad von Landsperg 327
*Ogdoas*, sakramentale Bedeutung der Achtzahl 77, 77[18], 78, Lobpreis auf das österliche Mysterium bei Origenes 79 (s. *Achtzahl*)
*Orpheus* 30, 49, Bild des gekreuzigten Christus 65 f.
*Osiris* als Hermes-Logos 177
*Ostern*, und die Achtzahl 78 f., Ostermond 152-158, ursprünglichste Kultfeier 105-120, nach dem Frühlingsvollmond 152 f., und Weihnachtsgeburt 122, nächtliche Vigilie 113 f., Hymnus auf die Osternacht 115, Osterkerze kein phallisches Symbol 84 f., Osterfeststreit 106
*Ostung*, Gebetsrichtung 152, 152[233]
*Pappel* als Symbol von Tod und Leben 257
*Persephoneia* 246
*Raffael* 287
*Raute* als Zaubergewächs 168
*Sacramentum*, Wortgeschichte 37[50]
*Salomon*, Zauberring 221 f.
*Salomonspflanze* 212
*Schiff* in der antiken Traumsymbolik 296, aus Holz, Allegorie 298, als Seelenschifflein 297, Dialektik von Tod und Leben im Symbol des Schiffs 292-294, Schiffahrt als Symbol des menschlichen Lebens 291 f., Leben als Schiffahrt, herrlich und todesgefährlich zugleich 294
*Selene* s. *Luna*, *Mond*
*Sirenen* 298, altgriechische Herkunft des Mythos und Deutungswandel 300 f., hellenistische Allegorie 302, als alleswissende und tödliche Gestalten 306 - 308, als Todeswesen 283, Symbol der erotischen Versuchung 310-315, in der Bibel 304 f., allegorische Deutung der Bibelbilder 305 f., Sirenen-

mythos in christlicher Deutung 298 – 300, christliche Deutungsgeschichte 303–315, Deutung durch die Kirchenväter 290 f., Deutung bei Hippolyt 308 f., bei Ambrosius 311–313, als Symbole der christlichen Häresien 308 f., Deutung bei Honorius 314, Wandlung des Mythos in die bloße Allegorie des Mittelalters 312 f., im Bilderbuch der Herrad von Landsperg 315[162]

*Sol novus* als Bezeichnung für Weihnacht 137, mystische Ansprache des Sol an das Menschengeschlecht 137

*Sonne*, Kult des Kaisers Aurelian 134, und Mond (Helios und Selene, Sol und Luna) in der spätantiken Symbolik 89 – 91, Gruß an die Sonne in den Mysterien 115 f., Kult der siegreichen Sonne und das Christentum 92 f., Kult der römischen Christen 138, Sonne als weihnachtliches Symbol Christi 140, Sonnenfest am 25. Dezember 134, Sonnenfinsternis beim Tod Christi 111 f., Untergang als Symbol des Todes 108 f., Ostersonne 100–120, Ostersonne und Auferstehung 113, österliches Sonnenlied 118, Sonnengesang auf Christus 110 f., auf Christus und das Taufmysterium 109 f., Sonne und Mond als «himmlische Buchstaben» und «heilige Geschöpfe», Lehre des Origenes 95 f.

*Sonntag* als achter und erster Tag 79, als Auferstehungstag 104, als «Herrentag» 103–105, Geschichte des christlichen Sonntags 100–105

*Synkretismus*, solarer 134

*Taufe* als Mysterium 74–88, Wesen und Ausgestaltung zum Mysterium 76 f., kein synkretistisches Mysterium 74 f., Mysterium des ewigen Lebens 77, christliche Taufe im Gegensatz zu den Mysterienfeiern 88, religionsgeschichtliche Entfaltung des Taufgelöbnisses 85–87, Taufwaschungen in den griechischen Mysterien 75 f., Mysterium der Vollendung 74, Mysterium der christlichen Vollendung 85, als Wiedergeburt 74[6], als neue Geburt Christi im Herzen des Gläubigen 122 f., als Mutterschoß 84, 148, 156, Geburt aus dem Mutterschoß der Kirche 146 f., Grab und Mutterschoß zugleich 79, 79[22], Geburt aus dem «feurigen Wasser» 155 f., als österliche Erleuchtung durch die Sonne Christus 116–119, als Zusage an Christus 117, als Entscheidung zwischen Christus und Belial 85, als Ankunft im Hafen 86 f., 297, Taufe Jesu im Jordan als Vorbild der christlichen Taufe 81–83, Symbolik der Taufwasserweihe 84 f., Taufe als Mysterium der Achtzahl 79 f., als Erlösung aus dem Schicksalsfatum 156

*Taurobolium* 23

«*Te Deum*», Hymnus 112[94]

*Teiresias* 54 f.

*Thesmophorien* 251 f.

*Wasser*, lebendiges, in der altchristlichen Symbolik 261–263

*Weidenbaum* (Agnos), Blätter als Medizin und als antikonzeptionelles Mittel 253 – 255, Zweig, hellenische Symbolik 247–254, als «fruchtverderbend», Symbol der Keuschheit und des mystischen Sterbens 169, mythische Bedeutung 14, in der Pflanzenmagie 252 f., Zweige beim Thesmophorienfest 249 f., als Symbol der Keuschheit und der Fruchtbarkeit 250 f., als Symbol der großen Muttergottheiten 248, als Symbol für Leben und Tod 248 f., 256, christliche Allegorese zu Ps 136,2, 266, Zweige in der Hl. Schrift (Is. 44,3; Zach. 14,16; Job 40,22; Ps 136,2) 257 f., allegorische Deutung der biblischen Weidenzweige 257–259, als «wasserliebende» Pflanze in der patristischen Allegorese 259–264, «fruchtverderbender» Baum (Odyssee XI, 510) 245, 252, 264–275, als «fruchtverderbend» in der Eschatologie der Kirchenväter 268–270, als «fruchtverderbend» und darum Symbol der Keuschheit in der Antike und in der Bibelauslegung 265–280, Zweig als Symbol der Jungfräulichkeit 274, Allegorie im Hirten des Hermas 259–261, Zweig, ekklesiologische Deutung bei Methodius 270 f., zusammenfassende Symbolik bei Methodius 270–274, als «fruchtverderbend» in der Theologie des Augustinus 266 f., als «fruchtverderbend» in der Allegorie des Mittelalters 267 f., Symbolik bei Gregor d. Gr. 268, Ps 136 in allegorischer Deutung 263 f., 272 f., Zweige beim Laubhüttenfest 256[45], 256 f., Symbol des seelischen Todes und der sterilen Unfruchtbarkeit des Geistes 266, Zweig als Symbol der eschatologischen Geistausgießung 257, Zweig als Vordeutung des himmlischen Laubhüttenfestes 275 f., Zweig beim Laubhüttenfest, mittelalterliche Allegorie 278 f.

*Weihnacht* 121–152, Entstehungsgeschichte des Festes 133–140, römischer Ursprung 134 f., liturgische Ausbreitung durch die ganze Kirche 135 f., als christliche Sonnenwende 140, Fest vom 25. Dezember als Sonnenwende 136, als christliches Fest der neugeborenen Sonne 138 f., Datierung auf den 25. Dezember als christliche Abwehr gegen den Geburtstag der Unbesiegten Sonne 135, Verlegung der Datierung vom 6. Januar auf den 25. Dezember 139, Mysterienfest zum Preis des wachsenden Lichtes am 25. Dezember 129 f., Ausbreitung des Festkultes am 25. Dezember im christlichen Osten 136–138, Mysterium des Weihnachtsmondes 143 bis 152, Weihnachten und Ostern 122 f., Hymnus des Ambrosius 150, als Sonnenfest bei Augustinus 138, Hymnus des Prudentius 150

*Weinstock*, chthonische Bedeutung 250[29]

*Wiedergeburt* im Mysterium 22, Lehre des Paulus 23

*Wurzel* als Symbol des Menschen 215, als Symbol des Unbewußten im Menschen 162 f.

# DIE GROSSEN ARCANA DES TAROT

## MEDITATIONEN

MIT EINER EINFÜHRUNG
VON
HANS URS VON BALTHASAR

Ausgabe A
in 4 Bänden, je Band ca. 190 Seiten, 13,9 × 21,4 cm, Paperback.
Band 1: ISBN 3-906-37101-8
Band 2: ISBN 3-906-37102-6
Band 3: ISBN 3-906-37103-4
Band 4: ISBN 3-906-37104-2

Ausgabe B
als Liebhaberausgabe in 2 Bänden, zusammen 772 Seiten, gebunden.
ISBN 3-906-37105-0

HERDER BASEL

Stimmen zu

# DIE GROSSEN ARCANA DES TAROT

Dieses Buch erhellt den Geist im wahrsten Sinn des Wortes und vermittelt ihm eine greifbare Vorstellung über das, was „die Welt im Innersten zusammenhält".
*Christa Meves*

... zur stark spirituell bestimmten Literatur gehört auch ein vierbändiges, sehr kostbares Werk, das sich einer ungewöhnlichen Verlegerinitiative verdankt: Herder-Basel bringt Meditationen eines unbekannten russischen Mystikers über das alte Tarot-Spiel. Man kann dieses Werk nicht rezensieren, so wie man den Hauptgedanken eines Buchs wiedergibt; denn die Gedankenführung ist nicht logisch diskursiv, der Autor schreibt eher kreisförmig. In immer neuen Annäherungen sucht er an Mystik, Magie, Philosophie, Transzendenz, Initiation, Genesung, Gewissen, Naturwissenschaft, Inspiration und theologische Inhalte heranzukommen.

Ein fremdes, darum hoch interessantes ... Opus. Man kann es nicht einfach „durchlesen", aber man kann immer wieder *darin* lesen.
*Wolfgang Teichert*
in: Deutsches Allgemeines Sonntagsblatt, 23. 10. 1983

Das Werk „Meditationen über die Großen Arcana des Tarot" gehört nach Meinung einiger, zu denen auch ich mich zähle, zu den bedeutendsten katholischen Büchern der letzten fünfzig Jahre. Es enthält ein Kompendium der hermetischen und mystischen Traditionen des Abendlandes, die der Autor auf eine überwältigend eindrucksvolle Art in den Strom katholischer Orthodoxie einmünden läßt. In der gegenwärtigen Phase seichter Aufklärung in der Theologie wirkt dieses Werk wie eine Offenbarung.
*Cordelia Spaemann*

„... man ist versucht zu sagen, daß es fast nichts gibt, das dem Menschen auf Erden begegnen kann, was nicht in irgendeiner Form in diesem Buch thematisiert wäre. Aber es erscheint alles auf eine überraschende, völlig neuartige, tiefe Weise betrachtet ...

Die Kirche, vom Bewußtsein des 20. Jahrhunderts oft als etwas Überkommenes, Veraltetes, in ihrem historischen Versagen Kritisierbares gesehen, wird vom Verfasser in einer überraschenden Weise neu beleuchtet und in einer unermeßlichen Tiefe dargestellt."
*Michael Frensch*
in: Hermetika, Zeitschrift für christliche Hermetik. 5. 4. 1984